国家出版基金项目
NATIONAL PUBLICATION FOUNDATION

中国近代中学科学教科书研究

中国近代中学数学教科书研究

◎ 郭金海 著

广西科学技术出版社

图书在版编目（CIP）数据

中国近代中学数学教科书研究/ 郭金海著. —南宁：广西
科学技术出版社，2022.6
（中国近代中学科学教科书研究）
ISBN 978 - 7 - 5551 - 1872 - 5

Ⅰ. ①中… Ⅱ. ①郭… Ⅲ. ①中学数学课—教材—研
究—中国—近代 Ⅳ. ①G633.62

中国版本图书馆CIP数据核字（2022）第 208593 号

中国近代中学科学教科书研究

中国近代中学数学教科书研究

郭金海　著

策　　划：黄敏娴　　　　　　　　责任编辑：彭溢楚
责任校对：苏深灿　冯　靖　　　　责任印制：韦文印
装帧设计：梁　良

出 版 人：卢培钊
出版发行：广西科学技术出版社
社　　址：广西南宁市东葛路 66 号　　邮政编码：530023
网　　址：http://www.gxkjs.com

印　　刷：广西壮族自治区地质印刷厂
地　　址：南宁市建政东路 88 号
邮政编码：530023
开　　本：787 mm×1092 mm　1/16
字　　数：495 千字　　　　　　　印　　张：38.5
版　　次：2022 年 6 月第 1 版
印　　次：2022 年 6 月第 1 次印刷
书　　号：ISBN 978 - 7 - 5551 - 1872 - 5
定　　价：98.00 元

丛书序

16 世纪末，欧洲天主教传教士来华，开启了中国科学史上的"西学东渐"时代。当时所译的欧洲科学著作，从徐光启和利玛窦合译《几何原本》前六卷（1607 年），到《崇祯历书》《律历渊源》等明末清初的官译或御制著作，其中不乏数学和天文学教本。19 世纪中叶以后，科学教科书伴随着西方科学传入中国而被翻译过来。上海墨海书馆、京师同文馆、江南制造局翻译馆，以及基督教新教组织的益智书会（英文译名是"学校教科书委员会"）等机构和组织都翻译或编译了不少科学教科书。但直至 20 世纪初，随着科举制的废除和新教育制度的全面推行，科学教科书才最终确立其在中国中小学教育中的主科教材地位，彻底改变了中国青少年的知识结构，成为中国现代新知识、新文化的重要源头。

中小学科学教科书的引入和发展，与近现代科学知识在清末民初的传播和中国近现代科学的发展有着密切的关系。教科书的编译、编撰，首先要解决名词术语的翻译和统一问题。我国的中小学科学教材，在 20 世纪前半叶，经历了从直接翻译日本和欧美国家教科书，到编译和自编教科书，再到最终实现教科书本土化的过程。

在"癸卯学制"实施的最初几年，各种翻译自日文的理科教科书占了中文教科书中的绝大多数。大量的留日学生成为教科书编译的主力军。他们将日本的教科书甚至自己所用的课堂讲义翻译为中文，并将之送回国内出版或直接在东京印刷后运送到国内销售。这些新的译书不仅采用了大量的日译术语，而且一律采用铅印洋装（数学教材和辅导用书开始采用横排），从内容、语言到形式都进行了更新，使得19世纪后半叶那种以口译、笔述结合翻译的科学教科书迅速成为明日黄花。

1906年，清末学部设图书编译局从事教科书的审定和教科书的编译工作。该局自行编译的教科书并不多，但经该局审定通过的教科书则有数百种之多。教科书的审定制度使直接编译的教科书逐步退出中小学和师范教育的主流市场，促进了普通教科书的本土化。至宣统年间，直接翻译的中小学教科书在官办中小学中已非常少见，取而代之的是国人自编或译编且经学部审定通过的教科书。

教科书的编撰者也从最初的教会学校出身的教师或归国留学生（如谢洪赉、伍光建等）和自学成才的教科书专业编者（如杜亚泉叔侄）等，过渡到以留日学生为主的编译者，直至五四运动前后形成了以在欧美国家学成归国的留学生为主的教科书编撰者群体的局面。至20世纪30年代，商务印书馆、文明书局、中华书局、科学书局、世界书局、开明书店等出版机构相继成为各种教科书的重要供应商。

科学教科书本土化的主要表现为教科书语言词汇实现了本土化。19世纪后半叶，采用口译与笔译相结合的翻译方法，主要由于其中的中国笔述者多不懂外语，因而没有很好地解决绝大多数科学术语和科学名词的翻译问题，对教科书译本不得不做大量删节，或虽勉强翻译过来，但让人无法卒读、难以理解。20世纪初，由于日文与中文的特殊关系，留日学生大量借用日语中的汉字新词汇，解决了基本术语词汇的汉语翻译问题。19世纪末20世纪初，关注和从事科学术语翻译的主要是传教士等在华外国人。到了五四运动前后，由博医会组织的医学名词审查会发展成为科学名词审查会之后，归国留学生很快就取代外国人，成为名词术语审定和统一工作的主力军。1932年国立编译馆成立后，其成为国民政府教育部官方的名词审定机构，各学科的著名科学家参加名词术语的翻译审定工作，各科名词相继正式颁布，为教科书的编撰和科学名词术语的本土化打下了坚实的基础。总之，在辛亥革命至抗日战争全面爆发前的约四分之一世纪内，中国的理科教科书基本完成了本土化，形成了有我国特色的现代中小学科学教科书体系。

教科书具有丰富的知识与文化内涵。对于中国近代科学教科书的研究，涉及具体知识的传播、语言与术语词汇的翻译转换、近现代中文科学语言的创制和学术语言的形成、中西文化交流，涉及各科知识系统的组织和结构、基本知识的表征（如核心概念、话语分析、科学方法、科学本质的有关表述等）和科学实验的方法与技能，以及教科书的使用情况和教学的具体问题，等等。近20多年来，教科书的研究日渐受到重视，成为近代科学史、翻译史、语言词汇史、学术史和中外文化交流史的重要研究对象。特别是随着网络技术的发展，大量近现代中外教科书及相关资源都不再难以获得，极大地推动了对中国近现代中小学科学教科书的研究，使其逐步成为中国近现代教育史、语言文化史和科技史等领域中的一个研究热点。

当此之时，广西科学技术出版社邀请几位中青年科技史才俊编著《中国近代中学科学教科书研究》丛书，是颇具远见卓识的。本丛书第一辑包括了数学、物理学、化学和生物学四个主要学科，几位作者以科学史的研究方法为主要切入点，结合教育史、课程史、知识文化史等视角，探究教科书的编撰和使用情况，尤其是对中国近代一些有代表性的科学教科书进行了深入剖析，探讨了对国外优秀教科书的借鉴、科学知识的发展与教科书更新的关系、知识单元的组织、科学术语和教科书的本土化经验、科学家参与教科书的编撰和审定、科技史知识在教科书中的运用、教科书所蕴含的科学观念等一系列问题。这些著作不仅是中国近现代教科书研究的重要收获，也是中国近现代科技史研究的重要成果，对当前我国的中小学科学教科书的编撰有较高的参考价值。

　　记得 30 多年前，我初读清末民初的理科教科书，就感到其内容及深度都超过我在初中和高中时使用的教材。1994 年，在上海辞书出版社图书馆书库里，我偶然见到原中华书局收藏的种种清末和民国时期的教科书，堪称洋洋大观。我进一步认识到教科书的研究不仅具有重要的学术价值，也很有现实意义。从那时候开始，我在不同的场合多次宣传教科书研究的意义。2010 年，我曾与郭金海、王广超和何涓等青年朋友组织过短期的"中国近现代教科书读书班"。转眼间 10 多年过去了，现在包括他们的研究成果在内的丛书即将问世，我很欣喜地写下自己的一些浅显的认识和感想。

　　是以为序。

2021 年 5 月

　　（王扬宗，中国科学院大学人文学院科技史系主任，教授，博士研究生导师，中国科学技术史学会常务理事）

前　言

我对中国近代中学数学教科书的研究起步于 2010 年王扬宗教授在中国科学院自然科学史研究所组织的"中国近现代教科书读书班"。后经中国科学院自然科学史研究所罗桂环研究员推荐，我承担了广西科学技术出版社副总编辑黄敏娴策划的《中国近代中学科学教科书研究》丛书中的《中国近代中学数学教科书研究》的撰著工作。最终成果即呈现在读者眼前的这本专著。

本书以国内外所藏相关教科书及其底本为基础，系统研究中国近代中学数学教科书。我试图将中国近代中学数学教科书置于相关政治、教育、文化等背景中加以探讨，重建从 19 世纪中叶到民国中后期中国中学数学教科书的发展历程，展现中国近代中学数学教科书的出版活动。通过案例，揭示一些具有代表性的中学数学教科书的编撰理念、编撰情况、内容、底本、特点，以及流传和影响。最终，考察中国近代中学数学教科书的演变过程和特征，分析中国近代中学数学教科书的发展动力，总结中国近代中学数学教科书发展的历史经验和教训。

中国近代中学数学教科书萌芽于 19 世纪中叶至甲午战争结束，发展于甲午战争后至民国中期，衰落于 1937 年 7 月抗日战争全面爆发之后。从 19 世纪中叶至甲午战争结束，中国中学数学教科书开始萌芽，有深刻的政治、教育背景。一是第一次鸦片战争结束后，第二次西学东渐展开，《几何原本》后 9 卷①、《代数学》②、《代微积拾级》③、《代数术》④ 等一批西方数学著作传入中国；二是第二次鸦片战争结束后，"算学"与国家"自强"产生直接关联并上升为意识形态。数学教育成为部分重要官办洋务学堂科学教育的重要内容。《几何原本》《代数学》《代微积拾级》在京师同文馆被用作教学用书⑤，《代数术》在上海广方言馆被用作教学用书⑥。同时，教会学校迅速增加，一些教会中学重视数学教育。作为基督教新教来华传教士的全国性教育组织，益智书会于 1877 年成立后有效地组织开展了教会学校教科书的编撰工作。

19 世纪中叶至甲午战争结束，以《形学备旨》和《代数备旨》为代表的中学程度的数学教科书，主要以美国和英国数学教科书为底本、由美国北长老会传教士狄考文（Calvin Wilson Mateer，1836—1908）及其合作者编译而成。这两种教科书对底本中有西方特质的内容，特别是问题、习题做了本土化的处理，都采用了西方国家通用的阿拉伯数码和西方数学符号，但以汉字表示已知量和未知量，算式以竖行书写，未能在数学知识表示形式上完全与国际接轨。

甲午战争后，中国中学数学教科书出现兴盛的局面，不仅出现了国人自编的中学数学教科书，而且在举国学习日本的热潮下，汉译日本中学数学教科书兴起。这一时期的中国中学数学教科书，无论是汉

---

① 该书于 1857 年由韩应陛刊刻。

② 棣么甘. 代数学 [M]. 伟烈亚力，口译，李善兰，笔受. 上海活字印刷本. 上海：[出版者不详]，1859.

③ 罗密士. 代微积拾级 [M]. 伟烈亚力，口译，李善兰，笔述. 上海：墨海书馆，1859.

④ 华里司. 代数术 [M]. 傅兰雅，口译，华蘅芳，笔述. 上海：江南机器制造总局，1874.

⑤ 郭金海. 京师同文馆数学教学探析 [J]. 自然科学史研究，2003，22（增刊）：53 - 56.

⑥ 郭金海. 晚清重要官办洋务学堂的中算教学——从上海广方言馆到京师同文馆 [J]. 汉学研究，2006，24（1）：369.

译日本、欧美中学数学教科书，还是国人自编中学数学教科书，都有风靡一时、多次再版、流传甚广之作，有些甚至在中华民国成立后仍再版和使用。

民国初期，由于南京临时政府禁用晚清学部颁行的教科书，北洋政府教育部颁行"壬子·癸丑学制"，晚晴政府颁行的"癸卯学制"被废除，适合新学制的新式教科书成为全国各级学校的亟需品。以中华书局、商务印书馆和科学会编译部为代表的图书编译出版机构，竞相出版新式教科书。这一时期，国人自编中学数学教科书占半数以上，取代汉译日本中学数学教科书，成为中学数学教科书的主体。这是中国近代中学教科书从翻译、编译为主的阶段走上自编为主的阶段的标志。这一时期，日本对国人自编中学数学教科书产生过深刻影响，模仿并改造日本教科书是民国初期国人自编中等学校数学教科书的一条重要途径。

民国中期，国人自编中学数学教科书种类增长较快，呈现"一纲多本"的蓬勃发展和多元化局面。在国人自编中学数学教科书中，初中数学教科书多于高中数学教科书，出版由世界书局、中华书局、商务印书馆、正中书局、开明书店等大出版机构担任主角。商务印书馆出版的"复兴教科书"中的中学数学教科书，大都特点明显，满足学习者的学习心理，由浅入深安排知识内容，知识体系较为完备，影响广泛而深远。"壬戌学制"颁行后，国人自编混合数学教科书的出现是中学数学教科书发展的一个突破。汉译中学数学教科书出现译自日本的数学教科书种类快速下降，译自美国的数学教科书成为绝对主体的转变。民国后期，中国自编中学数学教科书的出版活动明显衰落。

中国近代中学数学教科书的发展经历自 19 世纪中叶至甲午战争结束期间中外人士合作翻译、编译，到晚清甲午战争后国人翻译、编译为主，国人自编为辅，再到民国时期国人自编为主、国人翻译和编译为辅的转变。1895 年甲午战争后，中国中学数学教科书的发展主流发生第一次转向：由学习欧美转向学习日本。1922 年"壬戌学制"颁行后，中国中学数学教科书的发展主流发生第二次转向：由学习日本又转向学习欧美，特别是美国。国际化、本土化与对底本的模仿和改造贯穿于中国近代中学数学教科书的演变过程之中。社会政治、教育变革和民间力量推动是中国近代中学数学教科书发展的重要动力。从 19 世纪中叶到民国中后期，中国近代中学数学教科书的知识体系大致呈现出螺旋上升、不断改进的形态。

中国近代中学数学教科书的发展，留下了值得重视的历史经验，如包括中学数学教科书在内的科学教科书的发展，需要重视科学、民主的社会氛围和宽松、自由的图书出版环境；良好的中学数学教科书的产生需要较高数学素养的作者或具有中学教学经验的作者。同时也留下了社会动荡和中小学教科书国定制的推行对民国后期中学数学教科书的发展造成严重影响，中学数学教科书与社会隔膜太深，影响学习者所学知识在社会中的应用等值得吸取的历史教训。

郭金海

2022 年 4 月

目　录

绪　　论

　　教科书是基于一定教学目标、课程计划、课程标准，或者教学大纲，为特定课程编写的学生上课和复习用的基本教材。中国近代中学数学教科书自 19 世纪中叶第二次西学东渐大潮涌入中国开始萌芽，迄今已有 160 余年的历史。本书是系统研究中国近代中学数学教科书的学术专著，研究时段限于 19 世纪中叶至民国时期。

一、研究背景与意义

　　1842 年第一次鸦片战争失败后，晚清政府被迫打开国门向世界开放，西方传教士纷纷来华。随之，中国继明末清初之后掀起又一波西学东渐大潮，西方科学技术大量传入。19 世纪中叶，在中国传播西学的重镇墨海书馆，英国基督教新教传教士伟烈亚力（Alexander Wylie，1815—1887）和中国数学家李善兰（1811—1882）合译了《几何原本》后 9 卷、《代数学》① 和《代微积拾级》②。由此，中国近代中学数学教科书开始萌芽。19 世纪 60 年代，晚清政府兴起洋务运动，数学教育在晚清新式学堂陆续展开。1868 年李善兰出任京师同文馆算学教习后，将译著《几何原本》《代数学》《代微积拾级》用作该馆数学教学

---

① 棣么甘. 代数学［M］. 伟烈亚力，口译，李善兰，笔受. 上海活字印刷本. 上海：［出版者不详］，1859.
② 罗密士. 代微积拾级［M］. 伟烈亚力，口译，李善兰，笔述. 上海：墨海书馆，1859.

用书①。

1877 年 5 月 10—24 日，来华基督教新教传教士第一次全国大会在上海举行。会议决定成立一个委员会来准备一系列的教科书②。这个委员会定名为"School and Text Book Series Committee"，即"学校教科书委员会"，也称为"益智书会"。主要在益智书会的推动下，19 世纪 80 年代由教会学校编译的中学程度的中文数学教科书在中国开始出现。这些教科书虽然数量不多，但对晚清数学教育产生了广泛的影响。

1895 年甲午战争败于日本后，中国掀起了学习日本的热潮。20 世纪初，晚清政府兴学堂、颁行"癸卯学制"、废科举，中学数学教育在中国大规模展开。至 1912 年清朝覆灭，有大量日本中学数学教科书和不少欧美中学数学教科书被汉译，且有国人尝试自编了中学数学教科书。这些教科书成为中国中学生学习数学新知识的重要来源，对晚清新式中学数学教育的建立产生重要影响，促进了初等数学知识在中国的传播。

1912 年中华民国成立后进行了学制改革，废除了"癸卯学制"，颁行"壬子·癸丑学制"。中国教育事业再次发生巨变。1915 年，高举科学和民主两面大旗的新文化运动爆发。随着这场运动和报纸、杂志对科学的传播，国人对科学和民主，特别是科学的信仰和重视程度在晚清之后进一步提高。在这场运动的影响下，白话文取代了文言文，白话文教科书得到普及。国人自编的中学数学教科书日益增多。至1922 年"壬戌学制"颁行前，中华书局相继出版"中华教科书""新

---

①郭金海. 京师同文馆数学教学探析 [J]. 自然科学史研究，2003，22（增刊）：53-56.

②Anon. Committees[M]//Records of the General Conference of the Protestant Missionaries of China Held at Shanghai，May 10-24，1877. Shanghai：Presbyterian Mission Press，1878：18.

制中华教科书"，商务印书馆相继出版"共和国教科书""民国新教科书"，科学会编译部出版了实用主义教科书。这些大型成套的国人自编的教科书中都有中学数学教科书。同时，中国图书公司、平民书局、文明书局等机构也出版了中学数学教科书。

1922 年 11 月 1 日，"壬戌学制"颁行。中国中学由一级制变为二级制，分为初中、高中两级。1928 年 5 月，南京国民政府又颁行"戊辰学制"。1923 年至 1948 年，从北洋政府到国民政府 6 次出台中学课程标准。随着新学制的颁行和中学课程标准的制定和修订，世界书局、中华书局、商务印书馆、正中书局、开明书店等大出版机构和多家小出版机构、社团都出版了中学数学教科书。这些教科书大都是国人自编的中学数学教科书，有些是在大出版机构出版的套书之中。这些套书包括商务印书馆的"现代初中教科书""新学制高级中学教科书""复兴教科书"，中华书局的"新中学教科书"，世界书局的"新课程标准世界中学教本"，正中书局的"新课程标准适用"初中教科书、"建国教科书"和"新中国教科书"等。北平科学社、北平文化学社、华北科学社等社团，与中华书局、商务印书馆和世界书局等还出版了多种汉译中学数学教科书。从"壬戌学制"颁行到抗日战争全面爆发前，中国中学数学教科书蓬勃发展，达到有史以来的最佳时期。但抗日战争全面爆发后至 1949 年中华人民共和国成立前，中国中学数学教科书日趋式微。

审视这些史实，我们能够看出，中国近代中学数学教科书的发展，与晚清民国社会政治、教育变革，数学教育和国运的兴衰、数学知识的传播、中外学术交流活动的开展，以及出版机构、社团相关出版活动有着密不可分的关系。关于中国近代中学数学教科书的研究，涉及中国近现代数学史、数学教育史、数学交流史，以及出版史等领域，富有学术价值。系统研究中国近代中学数学教科书，有助于深入了解和认识中国近现代中学数学教科书和数学教育发展历程、晚清民国数学教育的理念和教学内容及其变迁，也有助于了解和认识日本与欧美对中国近代数学教育的影响，教科书翻译者、编译者、编撰者对中学数学教科书建设做出的努力和贡献。从广阔的学术视野出发，综合社会政治、教育、文化等背景，对中国近代中学数学教科书进行全面、系统研究，是一个具有重要学术意义的课题。开展这一研究，总结中国近代中学数学教科书发展的经验、教训，以及得失，也可以为现今中国的中学数学教育提供有益的历史借鉴。

二、已有研究及其不足

关于教科书的研究，国外学界起步较早。早在 1955 年，金（Angie Turner King）在美国匹兹堡大学即完成博士学位论文《1900 年前美国中学早期代数教科书分析》（*An Analysis of Early Algebra Textbooks Used in the American Secondary Schools before 1900*），分析了 1900 年前美国中学使用的代数教科书的内容[1]。1967 年，美国学者尼兹（John A. Nietz）发表论文《旧中学算术教科书的演变》（*Evolution of Old Secondary-School Arithmetic Textbooks*），考察了 1773—1900 年美国中学算术教科书的演变历程与特点[2]。但教科书仅被看作科学知识的储藏室，教科书在科学史中地位低下[3]。最近十余年，国外学界，尤其是西方学界日益重视教科书的研究。2012 年，国际著名科学史期刊 *ISIS* 第 1 期聚焦于主题"科学教科书"，刊登了如下 5 篇文章：维切多（Marga Vicedo）的《教科书的秘密生命》（*The Secret*

---

[1] KING A T. An Analysis of Early Algebra Textbooks Used in the American Secondary Schools before 1900 [D]. Pittsburgh：the Doctoral Thesis of University of Pittsburgh, 1955.

[2] NIETZ J A. Evolution of Old Secondary-School Arithmetic Textbooks [J]. The Mathematics Teacher, 1967, 60(4)：387-393.

[3] VICEDO M. The Secret Lives of Textbooks[J]. ISIS, 2012, 103(1)：83-87.

Lives of Textbooks)①，戈尔丁（Michael D. Gordin）的《翻译教科书：俄语、德语与化学语言》（*Translating Textbooks：Russian，German，and the Language of Chemistry*)②，夏皮罗（Adam R. Shapiro）的《在培训与普及之间：规范中等教育科学教科书》（*Between Training and Popularization：Regulating Science Textbooks in Secondary Education*)③，维切多的《玩游戏：心理学教科书谈爱》（*Playing the Game：Psychology Textbooks Speak Out about Love*)④，凯撒（David Kaiser）的《两部教科书的故事：体裁实验》（*A Tale of Two Textbooks：Experiments in Genre*)⑤。然而，至2022 年本书发稿时，国外学界尚未有关于中国近现代科学教科书的专门研究。

在我国，魏庚人、李俊秀和高希尧对中国近代中学数学教科书研究较早。1989 年，他们编著的《中国中学数学教育史》出版。该书系统考察了晚清至民国的中学数学教育发展历程，其中有大量内容涉及中学数学教科书⑥。尽管书中对中学数学教科书的研究还不够深入，但该书提供了关于中国近代中学数学教科书的丰富信息，为学界进一步研究中国近代中学教科书打下了较为坚实的基础。

进入 21 世纪以来，我国学界关于中国近现代中学数学教科书的研

①VICEDO M. The Secret Lives of Textbooks[J]. ISIS，2012，103(1)：83 - 87.

②GORDIN M D. Translating Textbooks：Russian，German，and the Language of Chemistry[J]. ISIS，2012，103(1)：88 - 98.

③SHAPIRO A R. Between Training and Popularization：Regulating Science Textbooks in Secondary Education[J]. ISIS，2012，103(1)：99 - 110.

④VICEDO M. Playing the Game：Psychology Textbooks Speak Out about Love [J]. ISIS，2012，103(1)：111 - 125.

⑤KAISER D. A Tale of Two Textbooks：Experiments in Genre[J]. ISIS，2012，103 (1)：126 - 138.

⑥魏庚人，李俊秀，高希尧. 中国中学数学教育史 [M]. 北京：人民教育出版社，1989.

究日益增多，目前已有大量研究成果问世，可以分为四类。第一类是综合性研究。具有代表性的成果有章建跃主编的《中国百年教科书史：中学数学卷》①和《中国百年教科书专题研究：中学数学卷》②。前书考察了自晚清到 21 世纪初中国中学数学教科书的发展情况，对部分教科书做了研究，并总结了中国中学数学教科书百年变迁的基本经验。后书以专题的形式，考察了从晚清到中华人民共和国成立后中学数学教学目的的历史变迁，中学数学教科书内容选择、结构体系的历史变迁，探讨中学数学教科书代数、立体几何、解析几何、三角、统计与概率、函数（包括微积分）、平面几何内容的演变脉络、编写特点及其启示。这两部著作视野开阔，内容丰富，史料性强，但关于晚清民国中学数学教科书的发展历程，缺乏综合政治、教育、文化等背景的深入研究，关于其中教科书的个案研究大都是史料的罗列。

关于中国近现代中学数学教科书的综合性研究成果，还有代钦的论文《民国时期初中数学教科书发展及其特点》③，代钦和刘冰楠的论文《民国时期高中数学教科书发展及其特点》④。前文考察了民国时期初中数学课程设置演变、教科书制度演变，以及部分国人自编和翻译的初中数学教科书，分析了民国时期初中数学教科书的特点。后文考察了民国时期的教科书制度、部分国人自编和翻译的高中数学教科书，分析了民国时期高中数学教科书的特点。这两篇论文对了解民国时期初中和高中数学教科书概况、教科书制度颇有帮助，但对国人自编和翻译的初中、高中数学教科书仅是简略的介绍，对初中、高中数学教

①章建跃.中国百年教科书史：中学数学卷［M］.北京：人民教育出版社，2021.
②章建跃.中国百年教科书专题研究：中学数学卷［M］.北京：人民教育出版社，2021.
③代钦.民国时期初中数学教科书发展及其特点［J］.数学通报，2014，53（8）：1-8，11.
④代钦，刘冰楠.民国时期高中数学教科书发展及其特点［J］.数学通报，2015，54（4）：1-7.

科书特点的分析较为宏观。

第二类是关于某一数学科目的教科书研究。如陈婷的博士学位论文《20 世纪我国初中几何教科书编写的沿革与发展》，系统考察了 20 世纪中国初中几何教科书编写的发展历程与演变的主要因素，总结了演变过程中值得借鉴的经验①。在该文基础上，2019 年陈婷出版了专著《中国初中几何教科书百年回眸》②。再如，刘冰楠的博士学位论文《中国中学三角学教科书发展史研究（1902—1949）》，考察了 1902—1949 年中国三角学教科书的发展脉络与编写特点③。张美霞的博士学位论文《清末民国时期中学解析几何学教科书研究》，考察了清末民国时期中学解析几何教科书的发展历程，分析了不同时期中学解析几何教科书的特征④。张彩云的博士学位论文《中国中学几何作图教科书发展史（1902—1949）》，考察了 1902—1949 年中国中学几何作图教科书的发展脉络、特点，分析了影响因素⑤。常红梅的博士学位论文《中国初中算术教科书发展史研究（1902—1949）》，考察了 1902—1949 年中国初中算术教科书的发展历程，分析了不同时期具有代表性的初中算术教科书的编写理念、编排形式、内容体系、编写特点，总结了影响这一时期中国初中算术教科书变迁的内部和外部主要因素、整体发展特点⑥。王靖宇的硕士学位论文《中国近现代高中立体几何

①陈婷. 20 世纪我国初中几何教科书编写的沿革与发展［D］. 重庆：西南大学，2008.

②陈婷. 中国初中几何教科书百年回眸［M］. 北京：人民教育出版社，2019.

③刘冰楠. 中国中学三角学教科书发展史研究（1902—1949）［D］. 呼和浩特：内蒙古师范大学，2015.

④张美霞. 清末民国时期中学解析几何学教科书研究［D］. 呼和浩特：内蒙古师范大学，2018.

⑤张彩云. 中国中学几何作图教科书发展史（1902—1949）［D］. 呼和浩特：内蒙古师范大学，2019.

⑥常红梅. 中国初中算术教科书发展史研究（1902—1949）［D］. 呼和浩特：内蒙古师范大学，2020.

教科书研究（1902—1949）》，考察了 1902—1949 年中国立体几何教科书的出版情况，分析了 5 种具有代表性的立体几何教科书①。这些研究成果主要关注所研究的数学教科书的发展情况，对中国近代中学数学教科书的整体发展历程缺乏研究，底本研究较为欠缺。

第三类是关于具体教科书、数学教育家或数学家的教科书研究。如祝捷的博士学位论文《狄考文〈形学备旨〉和〈代数备旨〉研究》，对美国北长老会传教士狄考文及其合作者编译的两部中学程度的数学教科书《形学备旨》和《代数备旨》的内容、编写特点、影响等进行了系统研究，考证了《形学备旨》的底本②。该文关于《形学备旨》底本的研究颇见功力，但确定的底本并不完全。同时，该文缺乏对《代数备旨》底本的考察。狄考文编译《代数备旨》时选用了几种底本，对该书底本的确定存在难度，学界迄今没有任何研究。因而，《代数备旨》采用了什么底本，至本书厘清该问题前还未明了。

再如，张涛的硕士学位论文《温德华氏数学教科书之研究》，考察了晚清至民国时期国人翻译、编译的美国数学教育家温德华士（George Albert Wentworth，1835—1906）的数学教科书③。李瑶的硕士学位论文《清末民国时期三套中学数学教科书的比较研究》，考察了晚清至民国时期中国中学数学教科书的发展历程、民国时期四川中学数学教科书的使用情况，从晚清汉译日本中学教科书、"复兴教科书"中的中学数学教科书、民国后期四川普遍使用的中学数学教科书中各选出部分进行了比较分析④。陈婷的论文《20 世纪 20 年代末中国初中混合数

---

①王靖宇. 中国近现代高中立体几何教科书研究（1902—1949）［D］. 呼和浩特：内蒙古师范大学，2012.

②祝捷. 狄考文《形学备旨》和《代数备旨》研究［D］. 合肥：中国科学技术大学，2017.

③张涛. 温德华氏数学教科书之研究［D］. 呼和浩特：内蒙古师范大学，2014.

④李瑶. 清末民国时期三套中学数学教科书的比较研究［D］. 成都：四川师范大学，2018.

学教科书考察》，考察了初中混合数学教科书的由来，对张鹏飞编撰的《新中学教科书初级混合法算学》做了个案研究，分析了 20 世纪 20 年代末中国初中混合数学教科书的优点、存在的问题和停止使用的原因①。陈婷和吕世虎的论文《二十世纪混合数学教科书的先河——〈布利氏新式算学教科书〉之考察》，考察了 20 世纪 20 年代国人翻译的美国布利氏（Ernst Rudolph Breslich，1874—?）的《布利氏新式算学教科书》的编写背景、提纲、体例特点②。这些研究成果较为零散，有的仅是对研究对象的简单考察。

第四类是关于数学教科书中某一知识的研究。如张冬莉的博士学位论文《中国数学教科书中勾股定理内容设置变迁研究（1902—1949）》，系统研究了 1902—1949 年勾股定理在中国中学数学教科书中的发展特点、影响，以及变迁的因素③。常红梅和代钦的论文《中国初中算术教科书中分数概念表述演变考（1902—1949）》，考察了晚清至民国时期中国初中算术教科书中分数概念表述的演变情况④。这些研究成果较为深入，但仅是中国近代中学数学教科书整体研究的一小部分。

关于中国近现代教科书，目前我国也有不少研究成果。如王建军的《中国近代教科书发展研究》，系统考察了晚清西方教科书的传入情况，研究了晚清至民国初期国人自编的教科书⑤。汪家熔的《民族

---

①陈婷. 20 世纪 20 年代末中国初中混合数学教科书考察 [J]. 教育学报，2010，6（2）：48 - 53.

②陈婷，吕世虎. 二十世纪混合数学教科书的先河——《布利氏新式算学教科书》之考察 [J]. 数学教育学报，2013，22（2）：84 - 86，102.

③张冬莉. 中国数学教科书中勾股定理内容设置变迁研究（1902—1949）[D]. 呼和浩特：内蒙古师范大学，2020.

④常红梅，代钦. 中国初中算术教科书中分数概念表述演变考（1902—1949）[J]. 数学通报，2019，58（8）：6 - 12，18.

⑤王建军. 中国近代教科书发展研究 [M]. 广州：广东教育出版社，1996.

魂——教科书变迁》对晚清至民国时期的教科书进行了探讨①。毕苑的《建造常识：教科书与近代中国文化转型》发掘了中国近代教科书的诞生、发展与文化转型的关联，以及教科书展现的中国文化近代化的内涵②。石鸥的《百年中国教科书论》回顾了晚清至中华人民共和国成立期间教科书的百年发展历程，考察了商务印书馆的"最新教科书""共和国教科书"，清朝学部国定版教科书、中华书局的"中华教科书"，以及中华人民共和国第一套教科书③。石鸥、吴小鸥和方成智的《中国近现代教科书史》系统研究了晚清至 2010 年的一百余年中国普通中小学的教科书④⑤。覃兵和胡蓉的《近代中华书局理科教科书文本研究》对民国时期中华书局理科教科书的发展脉络、内容选择、内容特点、表层属性、影响等进行了研究。⑥ 这些研究成果大都侧重对中国近现代教科书发展历程的宏观论述，对中国中小学理科教科书研究不多，对中国中学数学教科书关注甚少。覃兵和胡蓉的《近代中华书局理科教科书文本研究》是其中关于中国近代理科教科书的主要研究成果之一，但没有对民国时期中华书局的中学数学教科书进行考察。

　　总体而言，关于中国近现代中学数学教科书、中国近现代教科书，国内学界研究成果较多，为人们了解和认识中国近现代中学数学教科书发展历程和其中部分教科书，以及其中一些知识的演化等提供了重要参考依据。然而，现有的研究成果存在如下明显的不足：第一，对

---

① 汪家熔. 民族魂——教科书变迁 [M]. 北京：商务印书馆，2008.

② 毕苑. 建造常识：教科书与近代中国文化转型 [M]. 福州：福建教育出版社，2010.

③ 石鸥. 百年中国教科书论 [M]. 长沙：湖南师范大学出版社，2013.

④ 石鸥，吴小鸥. 中国近现代教科书史：上册 [M]. 长沙：湖南教育出版社，2012.

⑤ 石鸥，方成智. 中国近现代教科书史：下册 [M]. 长沙：湖南教育出版社，2012.

⑥ 覃兵，胡蓉. 近代中华书局理科教科书文本研究 [M]. 北京：光明日报出版社，2016.

于中国近代中学数学教科书发展历程，尚缺乏从宽广的学术视野，综合政治、教育、文化等背景进行的较为翔实的整体性研究。第二，对于中国近代中学数学教科书缺乏深入的案例研究，特别是对具有代表性的教科书的底本研究还相当薄弱。这将影响人们对教科书知识来源、编译情况、编撰策略、国外影响因素，以及教科书出新之处的认识。第三，关于中国近代中学数学教科书的演变与发展特征，虽然已有不少论述，但缺乏依据充分的论据所做的具体而深入的研究成果。

三、关注的学术问题与研究框架

本书以国内外所藏相关教科书及其底本为基础，综合政治、教育、文化等背景，对中国近代中学数学教科书进行系统研究，主要关注如下学术问题：第一，中国近代中学数学教科书的整体发展历程与政治、教育、文化等背景。第二，中国近代中学数学教科书的出版活动，代表性中学数学教科书的编撰理念、编撰情况、内容、底本、特点、流传和影响等。第三，中国近代中学数学教科书的演变特征、发展动力与历史启示。在内容编排上，本书共分五章：

第一章在晚清社会变革与数学教育展开的背景下，探讨中国近代中学数学教科书萌芽的过程与具有代表性的中学程度的中文数学教科书。首先，考察从两次鸦片战争、甲午战争到八国联军入侵导致的晚清社会变革与晚清从官办洋务学堂数学教育到"癸卯学制"下中学数学教育展开的情况。然后，论述在第二次西学东渐和益智书会推动下，西方数学著作和教科书在中国的引进经过，以揭示中国近代中学数学教科书萌芽的过程。接着，对美国北长老会传教士狄考文及其合作者编译的具有代表性的中学程度的中文数学教科书《形学备旨》和《代数备旨》进行个案研究。

第二章研究晚清甲午战争后的中学数学教科书。首先，考察甲午战争后汉译日本中学数学教科书兴起的背景，这些教科书的种类、底本作者、编译者、编译情况，以及流传与影响。然后，论述晚清甲午战争后的汉译欧美中学数学教科书的种类、作者，探究这些教科书的底本、编译情况。接着，探讨晚清甲午战争后国人自编中学数学教科书的种类、作者，考察这些教科书的编撰情况。

第三章考察民国初期的中学数学教科书。首先，论述民国初期的教育、文化和思想变革。然后，介绍民国初期中学数学教科书的出版活动，对这一时期的国人自编中学数学教科书、汉译中学数学教科书进行统计分析。接着，对"中华教科书"中的中学数学教科书、王永炅和胡树楷合编的新制数学教本、"共和国教科书"中的中学数学教科书、"民国新教科书"中的数学教科书、实用主义中学数学教科书进行个案研究，考察这些教科书的内容、特点、底本，以及流传与影响等诸方面。

第四章研究民国中后期的中学数学教科书。首先，考察"壬戌学制"和"戊辰学制"的制定和颁行情况。然后，聚焦于《新学制课程标准纲要》的制定与此后国民政府教育部先后5次修订和颁布相应的课程标准，论述民国中后期中学数学课程的标准化历程。接着，介绍民国中后期中学数学教科书的出版活动，对这一时期的国人自编初中、高中数学教科书，以及汉译中学数学教科书进行统计分析。最后，对这一时期具有代表性的"复兴教科书"中的中学数学教科书、段育华编撰的《新学制混合算学教科书》、陈建功编撰的高中数学教科书进行个案研究。

第五章作为结语，以前四章为基础，考察中国近代中学数学教科书的演变过程和特征，分析中国近代中学数学教科书的发展动力，总结中国近代中学数学教科书发展的经验和教训。

四、需要说明的问题

第一，在时段划分上，本书依据中国政治、学制变革与教科书本身的发展演变，将中国近代中学数学教科书的发展历程划分为 4 个阶段：第一个阶段起于 19 世纪中叶第二次西学东渐大潮涌入中国之际，讫于 1895 年甲午战争结束。第二个阶段起于甲午战争结束，讫于 1911 年 12 月 31 日即中华民国成立前夕。第三个阶段为民国初期，起于 1912 年 1 月 1 日中华民国成立，讫于 1922 年 10 月 31 日即"壬戌学制"颁行前夕。第四个阶段为民国中后期，起于 1922 年 11 月 1 日"壬戌学制"颁行，讫于 1949 年 9 月 30 日即中华人民共和国成立前夕；以 1937 年 7 月抗日战争全面爆发为分水岭，这一时期分为前后两个阶段。

第二，晚清民国时期，大量教会中学、我国著名中学直接使用英文原版数学教科书。上海的伊文思书店等直接贩卖或翻印包括中学数学教科书在内的英文原版教科书。傅种孙联合北平师范大学附中教师创办的算学丛刻社，亦影印过一些流行较广的高中英文数学课本出售。1937 年 7 月抗日战争全面爆发后，革命根据地、沦陷区也有中学数学教科书。因史料、时间和笔者精力所限，本书对这些教科书都未能涉及。对于这些缺憾，只能俟本书再版时加以弥补。

第一章
从西学东渐到中学数学教科书的萌芽

1840 年 6 月，英国东方远征军入侵中国，第一次鸦片战争爆发。由于在第一次鸦片战争中战败，已是强弩之末的清朝政府被迫打开国门向世界开放，西方传教士纷纷来华。通过中外人士努力，19 世纪中叶中国继明末清初之后掀起第二次西学东渐大潮，西方科学技术大量传入。当时中国传播西学的重镇墨海书馆、江南制造局译介了数学著作，其中部分数学译著被官办洋务学堂用作数学教学用书。19 世纪 60 年代至 20 世纪初，中国从官办洋务学堂到"癸卯学制"下的中学，都开展了数学教育。主要在益智书会的推动下，19 世纪 80 年代由教会学校编译的中学程度的中文数学教科书在中国开始出现。19 世纪中叶至 1895 年甲午战争结束，中国中学数学教科书一直处于萌芽状态。本章在晚清社会变革与数学教育展开的背景下，探讨中国近代中学数学教科书萌芽的过程，对美国北长老会传教士狄考文及其合作者编译的具有代表性的中学程度的中文数学教科书《形学备旨》和《代数备旨》进行个案研究。

第一节　晚清社会变革与数学教育的展开

在世界文明史上，以数学教育制度为有机组成部分的近代教育制度起源于西方，进入 19 世纪后得到快速发展。19 世纪末至 20 世纪初，欧洲和北美各国已经有比较完整的小学、中学数学教育①。中国的数学教育历史悠久，在汉代已有文字可考，在隋朝隶属于国学。康熙年间设有算学馆。乾隆四年（1739 年）起数学由国子监管辖。至迟于乾隆五十年（1785 年）国子监设算学馆。道光年间国子监仍设有算学馆②③。明末，随着耶稣会传教士来华，第一次西学东渐大潮涌入，西方科学技术开始传入中国。至清初，利玛窦（Matteo Ricci，1552—1610）、穆尼阁（Johannes Nikolaus Smogulecki，1610—1656）等耶稣会传教士通过与国人译书、传授知识等方式，传入了欧几里得几何学、算术笔算法、对数和三角学等西方数学知识④。康熙年间，宫廷中还有康熙向年轻人讲授欧洲数学的活动⑤。然而，在 1723—1841 年的 100 余年间，由于清政府奉行闭关锁国政策，西方科学技术的传入基本中断，中国的学校从官学、私塾到书院都游离于世界潮流，基本保持着传统封建教育的模式。

　　1840—1842 年英国发起的第一次鸦片战争，对中国政局造成严重的冲击，揭开了中国近代教育革命的序幕。这次鸦片战争战败后，晚清政府先于 1842 年与英国签订《南京条约》，被迫割让香港，开放沿海之广州、福州、厦门、宁波、上海 5 处通商口岸，后于 1844 年与美国、法国相继签订《望厦条约》《黄埔条约》，允许美国人和法国人在这 5 个城市设立医院、教堂及办学。由此，晚清政府打开国门向世界开放，第二次西学东渐大潮涌入中国，晚清教育开始发生变革。变革

① 叶澜. 中国教师新百科・中学教育卷 [M]. 北京：中国大百科全书出版社，2002：396 - 397.
② 李俨. 唐宋元明数学教育制度 [M] //李俨. 中算史论丛：第四集. 北京：科学出版社，1955：238 - 239 .
③ 李俨. 清代数学教育制度 [M] //李俨. 中算史论丛：第四集. 北京：科学出版社，1955：281 - 287.
④ 杜石然，等. 中国科学技术史稿 [M]. 北京：北京大学出版社，2012：344 - 349.
⑤ 郭书春. 中国科学技术史・数学卷 [M]. 北京：科学出版社，2010：656 - 657.

的一个重要方面是，英国、美国、法国等国的传教士纷纷在香港、广州、福州、厦门、宁波、上海开办教会学校，通过传播西学辅助传教。1860 年前，这六个地区属于基督教新教的教会学校就有 50 所，有学生一千余人。不过，这些教会学校绝大多数程度较浅，相当于小学①。

1856 年，英国、法国在美国和俄国支持下发动第二次鸦片战争。这次战争迫使晚清政府与西方列强签订更为屈辱的《天津条约》《瑷珲条约》和《北京条约》，以 1860 年晚清政府的彻底失败而告终。这加快了传教士们传教的步伐，也促进了教会学校的大量创办和西学的广泛传播。

经过两次鸦片战争的失败，晚清政府部分官员深刻认识到西方列强坚船利炮的威力和中西实力的差距，觉察到中国正面临"数千年来未有之变局"（李鸿章语）②，需要一种新的政策来走上自强与富国之路。于是，晚清政府兴起洋务运动。为培养各类洋务人才，晚清政府在洋务运动时期设立数十所新式学校。在这场运动中，奕䜣、李鸿章、左宗棠等朝廷重臣认识到"算学"与国家"自强"之间的重要关联。采西学、制洋器是国家自强之道，而数学乃西人制器之根本的思想，在这些领袖人物中达成了共识。1867 年 1 月 28 日，主持总理事务衙门的恭亲王奕䜣等人在呈同治皇帝的奏折中即指出：

> 盖以西人制器之法，无不由度数而生，今中国议欲讲求制造轮船、机器诸法，苟不藉西士为先导，俾讲明机巧之原，制作之本，窃恐师心自用，徒费钱粮，仍无裨于实际，是以臣等衡量再三，而有此奏。……夫中国之宜谋自强，至今日而已亟矣。识时务者，莫不以采西学、制洋器为自强之道。

---

① 熊月之. 西学东渐与晚清社会 [M]. 北京：中国人民大学出版社，2011：226-227.
② 梁启超. 李鸿章传 [M]. 何卓恩，评注. 武汉：湖北人民出版社，2004：95.

疆臣如左宗棠、李鸿章等，皆能深明其理，坚持其说，时于奏牍中详陈之。上年李鸿章在上海设立机器局，由京营拣派兵弁前往学习；近日左宗棠亦请在闽设立艺局，选少年颖悟子弟，延聘洋人教以语言文字、算法、画法，以为将来制造轮船、机器之本。由此以观，是西学之不可不急为肄习也，固非臣等数人之私见矣①。

这些主张反映了奕䜣、李鸿章、左宗棠等人的上述思想。此前，奕䜣等人于 1866 年 12 月 11 日呈同治皇帝的奏折中还指出"洋人制造机器、火器等件，以及行船、行军，无一不自天文、算学中来"②。这说明他们也认识到天文、数学对西人行船、行军的重要作用。在洋务运动之初，以冯桂芬为代表的有识之士还大胆提出"一切西学皆从算学出"的观点，强调"西人十岁外，无人不学算。今欲采西学，自不可不学算，或师西人，或师内地人之知算者俱可"③。

在这些思想和认识的主导下，数学在随第二次西学东渐传入的西方科学中的地位陡然增高。数学教育成为部分重要官办洋务学堂科学教育的重要内容。1867 年，经过以奕䜣为首的洋务派大臣与以大学士倭仁为首的保守派官僚之间的激烈的天算馆之争，晚清最重要的洋务学堂京师同文馆还增设了天文算学馆，专门开展数学、天文教育。1868—1882 年，李善兰担任京师同文馆算学教习。1863 年成立的上海广方言馆较京师同文馆开办数学教育还早④。此外，广州同文馆、福

①奕䜣，等. 同治五年十二月二十三日总理各国事务奕䜣等折［M］//中国史学会. 洋务运动：第二册. 上海：上海人民出版社，2000：23-24.
②奕䜣，等. 同治五年十一月初五日总理各国事务奕䜣等折［M］//中国史学会. 洋务运动：第二册. 上海：上海人民出版社，2000：22.
③冯桂芬. 采西学议［M］//冯桂芬. 校邠庐抗议. 上海：上海书店出版社，2002：56.
④郭金海. 晚清重要官办洋务学堂的中算教学——从上海广方言馆到京师同文馆［J］. 汉学研究，2006，24（1）：355-385.

州船政学堂①、广东实学馆②、天津水师学堂③、天津武备学堂④等都开设数学课程。这些官办洋务学堂教学程度不高，至多相当于国外的中学。以京师同文馆和上海广方言馆为代表的官办洋务学堂的数学教学内容，还含有中国传统数学知识，但传入的西方数学知识占较大比例⑤。

图 1-1　京师同文馆算学教习李善兰与他的学生（中间坐者为李善兰）

1860 年第二次鸦片战争结束后，由于不平等条约允许传教士深入

①吴赞诚. 光绪五年七月初二日（1879.8.19）督办福建船政吴赞诚奏［M］//朱有瓛. 中国近代学制史料：第一辑上册. 上海：华东师范大学出版社，1983：442.

②佚名. 光绪七年五月十三日（1881.6.9）江海关道禀南洋大臣刘（附拟西学章程》［M］//朱有瓛. 中国近代学制史料：第一辑上册. 上海：华东师范大学出版社，1983：479-482.

③李鸿章. 光绪十年十一月初五日（1884.12.21）水师学堂请奖片［M］//朱有瓛. 中国近代学制史料：第一辑上册. 上海：华东师范大学出版社，1983：504-506.

④李鸿章. 光绪十三年十月二十五日（1887.12.9）武备学堂请奖折［M］//朱有瓛. 中国近代学制史料：第一辑上册. 上海：华东师范大学出版社，1983：535-536.

⑤郭金海. 晚清重要官办洋务学堂的中算教学——从上海广方言馆到京师同文馆［J］. 汉学研究，2006，24（1）：355-385.

中国内地活动、洋务派官员主张学习西学、洋务运动需要大量人才等，教会学校迅速增加。到 1875 年左右，教会学校总数增至约 800 所，学生约 2 万人。这些教会学校仍多为小学，但已有少量中学①。1875—1899 年，教会学校增至约 2000 所，学生增至 4 万人以上。其中，中学约占 10%，即约有 200 所②。较为著名的教会中学有上海圣芳济书院、上海中西书院、天津究真中学堂、山东登州文会馆等。在西学东渐、"算学"与国家"自强"产生直接关联并上升为意识形态的社会背景下，一些教会中学也重视数学教育。由美国监理会传教士林乐知（Young John Allen，1836—1907）在上海创办的中西书院是其中之一。据 1881 年林乐知在《万国公报》公布的《中西书院课程规条》，中西书院设有如下 8 年制课程③：

第一年　认字写字、浅解辞句、讲解浅书、习学琴韵，年年如此；

第二年　讲解各种浅书、练习文法、翻译字句、习学西语，年年如此；

第三年　数学启蒙、各国地图、翻译选编、查考文法；

第四年　代数学、讲求格致、翻译书信等；

第五年　考究天文、勾股法则、平三角、弧三角；

第六年　化学、重学、微分、积分、讲解性理、翻译诸书；

第七年　航海测量、万国公法、全体功用、翻书作文；

第八年　富国策、天文测量、地学、金石类考、翻书作文④。

---

①顾长声. 传教士与近代中国［M］. 上海：上海人民出版社，1983：227 - 228.
②同上书，第 228 页。
③课程表中标点，为笔者所加。
④林乐知. 中西书院课程规条［J］. 万国公报，1881，666：136.

该 8 年制课程共 34 门，自然科学类课程 15 门，包括数学启蒙、代数学、讲求格致、考究天文、勾股法则、平三角、弧三角、化学、重学、微分、积分、航海测量、天文测量、地学、金石类考，而数学课程就有 7 门，即数学启蒙、代数学、勾股法则、平三角、弧三角、微分、积分，占自然科学类课程的近一半。

美国北长老会传教士狄考文在山东创办的登州文会馆①，亦重视数学教育。登州文会馆分备斋和正斋，学制 9 年。备斋 3 年，为小学程度。正斋 6 年，为中学程度。1891 年，正斋自然科学类课程共 17 门，包括代数备旨、形学备旨、圆锥曲线、八线备旨、测绘学、格物水力汽热磁、量地法、航海法、格物声光电、地石学、代形合参、物理测算、化学、动植物学、微积分学、化学辨质、天文揭要②。其中，数学课程 6 门，包括代数备旨、形学备旨、圆锥曲线、八线备旨、代形合参、微积分学，占自然科学类课程的 35.3%。

晚清政府兴起洋务运动不久，中国的东亚近邻日本于 1868 年开始明治维新。此后，日本逐步走上侵略扩张的道路，制定了以侵占中国为基本目标的"大陆政策"。1894 年，日本挑起甲午战争。这场战争以中国战败，1895 年 4 月 17 日中日双方签订《马关条约》而告终③。这一结果意味着晚清政府进行 30 余年的洋务运动的失败，对中国朝野上下造成巨大而沉痛的刺激。

甲午战争后，清朝部分官员和有识之士认识到兴学对国家自强的重要性，提出改革教育的主张。一种主张是派遣留学生到日本学习。1898 年 6 月 1 日，山东道监察御史杨深秀在进呈光绪皇帝的奏折中提出："我今欲变法而章程未具，诸学无人，虽欲举事，无由措理，非派

---

①登州文会馆在 1864 年狄考文创办的登州蒙养学堂的基础上建成。
②王元德，等. 登州书院（文会馆）的创立及其规章（节选）[M]//陈谷嘉，邓洪波. 中国书院史资料：下册. 杭州：浙江教育出版社，1998：2092-2093.
③郑天挺，谭其骧. 中国历史大辞典 [M]. 上海：上海辞书出版社，2010：464.

才俊出洋游学，不足以供变政之用。特泰西语言文字不同，程功之期既远，重洋舟车，饮食昂贵，虚靡之费殊多，故郑重兹事，迟迟未举。臣以为日本变法立学，确有成效，中华欲游学易成，必自日本始。政俗文字同则学之易，舟车饮食贱则费无多。"①

1903 年，张之洞（1837—1909）奉召拟定《奖励游学毕业生章程》，其中规定"中国游学生在日本各学堂毕业者，视所学等差，给以奖励"，包括"在普通中学堂五年毕业得有优等文凭者，给以拔贡出身，分别录用""在文部省直辖高等学堂暨程度相等之各项实业学堂三年毕业得有优等文凭者（在学前后通计八年），给以举人出身，分别录用""在大学堂专学某一科或数科，毕业后得有选科及变通选科毕业文凭者（在学前后通计或十一年，或十年），给以进士出身，分别录用""在日本国家大学堂暨程度相当之官设学堂，三年毕业，得有学士文凭者（在学前后通计十年，较选科学问尤为全备），给以翰林出身""在日本国家大学院五年毕业，得有博士文凭者（在学前后通计十六年），除给以翰林出身外，并予以翰林升阶"等②。这种奖励制度是将中国留日学生的留学教育层次、毕业文凭等级与通过科举考试取得的拔贡、举人、进士、翰林等功名直接挂钩，对于国人赴日本留学起到推动作用。1905 年晚清政府废除实行了 1000 余年的科举制度，又促使许多国人选择到日本接受新式教育。

当时有大量中国学生告别国内学堂，争相东渡日本学校学习，盛况空前。关于这一情况，1906 年日本学者青柳笃恒记述道："学子互相约集，一声'向右转'，齐步辞别国内学堂，买舟东去，不远千里，

---

①佚名. 山东道监察御史杨深秀请议游学日本章程片 [M] //陈学恂，田正平. 中国近代教育史资料汇编：留学教育. 上海：上海教育出版社，2007：333.

②张之洞. 筹议约束鼓励游学生章程折（附章程）[M] //舒新城. 中国近代教育史资料：上册. 北京：人民教育出版社，1980：182-187.

北自天津，南自上海，如潮涌来。"① 由此，中国留日学生人数不断攀升，至清朝覆灭已至少数以万计②。他们成为向国内传入西方科学的重要力量。

另一种主张是广设学校。代表人物有御史陈其璋、刑部左侍郎李端棻。1895 年陈其璋向光绪皇帝奏请推广学堂。1896 年 6 月 12 日，李端棻向光绪皇帝奏请推广学校，"以励人才，而资御侮"，提出"自京师以及各省府州县皆设学堂"③。光绪皇帝重视陈其璋、李端棻的奏折，均令总理各国事务衙门议奏。关于陈其璋的奏折，总理各国事务衙门"请旨饬下沿江、沿海将军督抚于已设学堂者量为展拓，未设学堂者择要仿行"④。关于李端棻的奏折，总理各国事务衙门认为所陈各节"诚为切要"，强调"综观环球各国三十年来，莫不以兴教劝学为安内攘外之基""业经奉旨通行各省遵办"⑤。

还有一种主张是改革书院。戊戌变法期间，康有为（1858—1927）于 1898 年 7 月 3 日向光绪皇帝提出有关书院改革的建议。他建议将"公私现有之书院、义学、社学、学塾，皆改为兼习中西之学校，省会之大书院为高等学，府州县之书院为中等学，义学、社学为小学"⑥。光绪皇帝基本采纳了康有为的建议，并于 7 月 10 日发布上谕："即将各省府厅州县现有之大小书院，一律改为兼习中学、西学之学校。至于学校阶级，自应以省会之大书院为高等学，郡城之书院为中等学，州县之书院为小学，皆颁给京师大学堂章程，令其仿照办理，其地方

---

①实藤惠秀. 中国人留学日本史 [M]. 谭汝谦，林启彦，译，北京：北京大学出版社，2012：29.
②舒新城. 近代中国留学史 [M]. 长春：吉林出版集团股份有限公司，2017：41.
③李端棻. 李侍郎端棻请推广学校折 [J]. 时务报，1896（6）：5-8.
④佚名. 总署议覆李侍郎推广学校折 [J]. 时务报，1896（7）：6-7.
⑤同④.
⑥康有为. 康工部奏请饬各省改书院淫祠为学堂折 [J]. 知新报，1898（63）：7.

自行捐办之义学、社学等，亦令一律中西兼学，以广造就。"① 此后由于慈禧太后的反对②，晚清政府书院改学堂的改革中断。

不过，1900 年八国联军入侵使晚清政府再次遭受重创后，慈禧太后不得不赞成变法，推行新政。1901 年 9 月 14 日晚清政府颁布上谕，重启书院改学堂的改革："除京师已设大学堂，应行切实整顿外，著各省所有书院，于省城均改设大学堂，各府及直隶州均改设中学堂，各州县均改设小学堂，并多设蒙养学堂。"③ 由此，全国兴起书院改学堂的热潮。这虽然使晚清教育面貌有所变化，但全国尚无统一的学制，各级学堂的修业年限和课程等还存在参差不齐的问题，仍制约着晚清教育的发展。而且光绪皇帝于 1902 年 1 月 10 日的谕旨中强调"兴学育才实为当今急务。京师首善之区，宜加意作育，以树风声"④。在这种情况下，管学大臣张百熙（1847—1907）主持编订《钦定学堂章程》，即"壬寅学制"，于 1902 年 8 月 15 日进呈晚清政府。《钦定学堂章程》参考了"欧、美、日本诸邦之成法"，包括《钦定大学堂章程》《钦定高等学堂章程》《钦定中学堂章程》《钦定小学堂章程》《钦定蒙学堂章程》⑤。其中，《钦定中学堂章程》"定府治所设学堂为中学堂"，规定"中学堂之设，使诸生于高等小学卒业后而加深其程度，增添其科目，俾肆力于普通学之高深者，为高等专门之始基"。

《钦定学堂章程》并未施行，后经张之洞与张百熙、荣庆会商厘

①爱新觉罗·载湉. 光绪二十四年五月二十二日（1898.7.10）上谕［M］//朱有瓛. 中国近代学制史料：第一辑下册. 上海：华东师范大学出版社，1986：442.

②叶赫那拉·杏贞. 光绪二十四年九月三十日（1898.11.13）懿旨［M］//朱有瓛. 中国近代学制史料：第一辑下册. 上海：华东师范大学出版社，1986：453.

③爱新觉罗·载湉. 光绪二十七年八月初二日（1901.9.14）上谕［M］//朱有瓛. 中国近代学制史料：第一辑下册. 上海：华东师范大学出版社，1986：454.

④张百熙. 钦定学堂章程［M］. 清光绪间石印本.［出版地不详］：［出版者不详］，［1903］.

⑤同④.

定，改定为《奏定学堂章程》，即"癸卯学制"，于 1904 年 1 月 13 日奏呈光绪皇帝，即日由晚清政府颁行。《奏定学堂章程》包括《学务纲要》《大学堂章程》《高等学堂章程》《中学堂章程》《高等小学堂章程》《初等小学堂章程》等 20 册①。"癸卯学制"在立学宗旨上规定"无论何等学堂，均以忠孝为本，以中国经史之学为基"，这反映出"癸卯学制"尚未脱离封建意识的束缚。不过，它的颁行使中国初步形成全国统一的从学前教育到类似研究生教育的学校教育制度，是中国教育发展历程中的一块里程碑。

按照"癸卯学制"的规定，从初等小学到通儒院毕业共需 25 年或 26 年。中学堂 5 年，"令高等小学毕业者入焉，以施较深之普通教育，俾毕业后不仕者从事于各项实业，进取者升入各高等专门学堂均有根柢为宗旨，以实业日多，国力增长，即不习专门者亦不至暗陋偏谬为成效"。"癸卯学制"规定中学堂课程共 12 门：修身、读经讲经、中国文学、外国语（东语、英语或德语、法语、俄语）、历史、地理、数学、博物、物理及化学、法制及理财、图画、体操。数学课程 5 年均有开设：第 1 年算术，第 2 年算术、代数、几何、簿记，第 3 年代数、几何，第 4 年代数、几何，第 5 年几何、三角。在数学课程中，算术之笔算"讲加减乘除、分数、小数、比例、百分算，至开平方、开立方而止"，算术之珠算"讲加减乘除而止"。簿记一科旨在使学生"知诸账簿之用法及各种计算表之制式"。对于中学堂数学教师，"癸卯学制"规定："凡教算学者，其讲算术，解说务须详明，立法务须简捷，兼详运算之理，并使习熟于速算。其讲代数，贵能简明解释数理之问题；其讲几何，须详于论理，使得应用于测量、求积等法。"由这些规定可见，晚清政府重视中学数学教育，对算术、簿记两科内容

---

① 张百熙，荣庆，张之洞. 奏定学堂章程 [M]. 湖北学务处本. [武昌]：湖北学务处，[1904].

和数学教师的教学有较为明确的规定，但对代数、几何、三角 3 科内容没有任何规定，教师只能依据所选教材进行这 3 科的教学。

1909 年 5 月 15 日，经晚清政府学部奏请，中学堂仿德国制度，分为文科与实科，课程仍按上述 12 门教授，学生皆 5 年毕业。文科以读经讲经、中国文学、外国语、历史、地理为主课，而以修身、"算学"、博物、理化、法制及理财、体操为通习；实科以外国语、"算学"、物理、化学、博物为主课，而以修身、读经讲经、中国文学、历史、地理、图画、手工、法制及理财、体操为通习。主课各门课时较多，通习各门课时较少。文科"算学"课程如下：第 1 年算术，第 2 年算术、代数，第 3 年代数、几何，第 4 年代数、几何，第 5 年代数、几何、三角；实科"算学"课程如下：第 1 年算术，第 2 年代数、几何，第 3 年代数、几何，第 4 年三角、解析几何，第 5 年解析几何、"微积初步"①②。文科和实科"算学"课程都删除了"癸卯学制"规定的中学堂"算学"课程中的簿记。但较"癸卯学制"规定的中学堂"算学"课程，实科"算学"课程增设了 2 门，即解析几何、"微积初步"。

"癸卯学制"颁行后，晚清政府紧接着又于 1905 年废除科举制度。从此科举不再是士人的进身之路，新式教育成为国人成长的重要选择。在这样的形势下，全国中学数量和学生人数不断增长。据统计，1907 年为 419 所，学生总数为 31682 人；1908 年为 440 所，学生总数为 36364 人；1909 年为 460 所，学生总数为 40468 人③。由此，中学数学教育在晚清大规模展开。

---

① 佚名. 学部：奏变通中学堂课程分为文科、实科折［M］//璩鑫圭，唐良炎. 中国近代教育史资料汇编——学制演变. 上海：上海教育出版社，1991：552 - 560.

② 佚名. 学部：奏改订中学文、实两科课程折［M］//璩鑫圭，唐良炎. 中国近代教育史资料汇编——学制演变. 上海：上海教育出版社，1991：560 - 561.

③ 陈翊林. 最近三十年中国教育史［M］. 长春：太平洋书店，1932：112 - 114.

第二节 西方数学著作和教科书的引进

《南京条约》签订后，上海于 1843 年正式开埠，是开埠最早的通商口岸，也是日后受西学影响最深的城市。上海开埠之后，英国伦敦会传教士麦都思（Walter Henry Medhurst，1796—1857）和雒魏林（William Lockhart，1811—1896）于 1843 年 12 月抵达上海，将伦敦会设在南洋的巴达维亚印刷所迁到上海，定名墨海书馆①。此后，墨海书馆不仅汇聚了麦都思、伟烈亚力等西方传教士，还有包括李善兰、王韬、管嗣复等在内的一些中国学者②，成为上海传播西学的重镇。

墨海书馆成立后引进了几部在西方具有影响力的数学著作。其中，最主要的是由伟烈亚力口译、李善兰笔述的《几何原本》后 9 卷、《代数学》③ 和《代微积拾级》④，后两种著作均于 1859 年初版。1868 年李善兰出任京师同文馆算学教习后，将这些数学译著用作该馆数学教学用书⑤。其中，《几何原本》的原作者是古希腊的欧几里得（Euclid，公元前 330—公元前 275），原书有 6 卷、13 卷和 15 卷等不同的版本⑥。伟烈亚力和李善兰所译后 9 卷的底本似是英国数学家巴罗（I-

---

① 熊月之. 西学东渐与晚清社会 [M]. 北京：中国人民大学出版社，2011：144.

② 同①147.

③ 棣么甘. 代数学 [M]. 伟烈亚力，口译，李善兰，笔受. 上海活字印刷本. 上海：[出版者不详]，1859.

④ 罗密士. 代微积拾级 [M]. 伟烈亚力，口译，李善兰，笔述. 上海：墨海书馆，1859.

⑤ 郭金海. 京师同文馆数学教学探析 [J]. 自然科学史研究，2003，22（增刊）：53-56.

⑥ 王渝生. 几何原本提要 [M] //郭书春. 中国科学技术典籍通汇·数学卷：第五册. 郑州：河南教育出版社，1993：1145-1146.

saac Barrow，1630—1677）的英译本①。1865 年，该 9 卷译本和利玛窦、徐光启合译的《几何原本》前 6 卷，由曾国藩资助一并付梓②。《代数学》的底本是英国数学家德·摩根（Augustus De Morgan，1806—1871）的《代数学基础》（*The Elements of Algebra*）③。《几何原本》和《代数学》的内容多为初等数学知识。其中，《几何原本》在西方被用作数学教科书。在译书过程中，伟烈亚力和李善兰创制了变数、已知数、未知数、函数、系数、指数、单项式、多项式、微分、积分、轴、切线、法线、渐近线等一批沿用至今的数学名词④。这对后来国人编译中学和大学数学教科书产生积极影响。

图 1-2　《几何原本》　　图 1-3　《代数学》书页　图 1-4　《代数术》书页
15 卷本

　　江南机器制造总局（简称"江南制造局"）是上海传播西学的另一个重镇。在这一重镇，英国人傅兰雅（John Fryer，1839—1928）和中国数学家华蘅芳（1833—1902）通过口译、笔述的形式，于 19 世

---

①钱宝琮. 中国数学史 [M]. 北京：科学出版社，1981：324.

②欧几里得. 几何原本 [M]. 利玛窦，伟烈亚力，口译，徐光启，李善兰，笔受. 清刻本.［出版地不详］：［出版者不详］，1865.

③郭书春. 中国科学技术史·数学卷 [M]. 北京：科学出版社，2010：754.

④同③.

纪 70 年代合译出版了《代数术》①《三角数理》②《微积溯源》③ 等数学译著。《代数术》于 1872 年初版④，译自英国数学家华里司（William Wallace，1768—1843）为《大英百科全书》（*The Encyclopaedia Britannica or Dictionary of Arts，Sciences，and General Literature*）第 7 版撰写的条目 "Algebra"⑤，包括后来我国中学所教授的大量代数学知识。《代数术》在上海广方言馆被用作数学教学用书⑥。

19 世纪 80 年代，通过传教士和国人的合作，教会学校编译的中学程度的中文数学教科书在中国开始出现。这一方面与 1860 年第二次鸦片战争结束后，教会学校在规模和水平上都得到发展的背景密切相关；另一方面是由于在华新教传教士全国大会和益智书会的推动。

1877 年 5 月 10—24 日，来华基督教新教传教士第一次全国大会在上海举行，教育是大会的一个重要议题。在会上，巴色会传教士黎力基（Rudolph Lechler，1824—1908）提出出版教科书的问题："如果手头有必要的教科书，教学工作将会方便很多。然而，情况并非如此。作为教育机构负责人，传教士们不得不为他们教授的不同科学课

---

①华里司. 代数术［M］. 傅兰雅，口译，华蘅芳，笔述. 上海：江南机器制造总局，1874.

②海麻士. 三角数理［M］. 傅兰雅，口译，华蘅芳，笔述. 上海：江南机器制造总局，1877.

③华里司. 微积溯源［M］. 傅兰雅，口译，华蘅芳，笔述. 上海：江南机器制造总局，1874.

④傅兰雅. 江南制造总局翻译西书事略［M］//王扬宗. 近代科学在中国的传播：下册. 济南：山东教育出版社，2009：500.

⑤刘秋华. 傅兰雅翻译的数学著作的底本问题［J］. 自然辩证法通讯，2015，37（6）：14‐15.

⑥郭金海. 晚清重要官办洋务学堂的中算教学——从上海广方言馆到京师同文馆［J］. 汉学研究，2006，24（1）：369.

程编写讲义。学生虽然得到这些讲义，但并非出版物。"① 美国北长老会传教士狄考文指出教育对基督教的重要性，认为"基督教和教育本身是完全不同的，但它们具有强烈的紧密联系在一起的天然的亲密关系"。狄考文还强调："教育在培养把西方文明的科学、艺术引进中国的人才方面是重要的。中国与世隔绝的日子已屈指可数。不管她愿意与否，西方文明与进步的潮流正朝她涌来。这种不可抗拒的潮流可能将遍及全中国。不仅如此，许多中国人都在探索，渴望学习使得西方如此强大的科学。科学的名声已传遍中国的每一个角落。"② 美国北长老会传教士丁韪良（W. A. P. Martin，1827—1916）呼吁编写历史与地理、数学与物理科学、心理与社会科学等领域的书籍。他说："如果这些领域的书籍编撰得好，则会引起大清帝国领导阶层的注意。日本已经公开采纳西方模式。中国虽然没有承认，但已慢慢朝着这一方向前进。正在对科学书籍需求的增长，是知识革命即将发生的许多迹象之一。"③ 英国伦敦布道会教士韦廉臣（Alexander Williamson，1829—1890）建议任命一个委员会，以形成一个永久的董事会负责管理出版的书籍④。文学委员会（The Committee on Literature）建议任命一个委员会来准备一系列的适合当前教会学校需要的小学丛书，并

①LECHLER R. On the Relation of Protestant Missions to Education[M]//Records of the General Conference of the Protestant Missionaries of China Held at Shanghai，May 10 - 24，1877. Shanghai：Presbyterian Mission Press，1878:169.

②MATEER C W. The Relation of Protestant Missions to Education[M]//Records of the General Conference of the Protestant Missionaries of China Held at Shanghai，May 10 - 24，1877.Shanghai：Presbyterian Mission Press，1878:171 - 180.

③MARTIN W A P. Secular Literature[M]//Records of the General Conference of the Protestant Missionaries of China Held at Shanghai，May 10 - 24，1877. Shanghai：Presbyterian Mission Press，1878：227 - 235.

④Anon. Discussion[M]//Records of the General Conference of the Protestant Missionaries of China Held at Shanghai，May 10 - 24，1877. Shanghai：Presbyterian Mission Press，1878：225.

建议委员会由丁韪良、韦廉臣、狄考文、林乐知、黎力基、傅兰雅组成①。

最终，这次大会决定成立一个委员会来准备一系列的教科书②，并做出如下决议：成立文学常务委员会，负责查明不同传教站出版的可供一般使用的图书和正在准备出版的图书，保障适用于教会学校的包括算术、几何、天文、自然哲学等学科的教科书的准备工作等③。这个委员会定名为"School and Text Book Series Committee"，即"学校教科书委员会"，也称为"益智书会"，其首届委员即文学委员会建议的上述 6 人④，丁韪良任主席。

益智书会是基督教新教来华传教士的一个全国性教育组织，也是中国近代最早编辑出版教科书的机构。1877 年其成立后召开了几次会议，对教科书编撰和名词术语统一工作做出安排。按照安排，益智书会计划准备初级和高级两套中文教科书。这两套教科书均采用最浅文理（the Simplest Wen-li）的表述形式。所涉科目包括算术、几何、初等代数、测量、自然哲学、天文学、地质学、矿物学、化学、植物学、动物学、解剖学、生理学、自然地理学、政治和描述地理学、神学地理学、自然史、古代史纲要、近代史纲要、中国史、英国史、美国史、

---

① Anon. Reports of Committees［M］//Records of the General Conference of the Protestant Missionaries of China Held at Shanghai，May 10 - 24，1877. Shanghai：Presbyterian Mission Press，1878：473.

② Anon. Committees［M］//Records of the General Conference of the Protestant Missionaries of China Held at Shanghai ，May 10 - 24，1877. Shanghai：Presbyterian Mission Press，1878：18.

③ Anon. Resolutions［M］//Records of the General Conference of the Protestant Missionaries of China Held at Shanghai，May 10 - 24，1877. Shanghai：Presbyterian Mission Press，1878：20.

④ Anon. Committees［M］//Records of the General Conference of the Protestant Missionaries of China Held at Shanghai，May 10 - 24，1877. Shanghai：Presbyterian Mission Press，1878：18.

西方工业、语言、语法、逻辑、心理哲学、政治经济学、声乐、器乐和绘画等。益智书会决定，凡已出版适于其中任一套教科书和这些科目的中文著作、已准备编撰这些书或愿意编撰这些书的人，都应该被要求立刻与秘书联系，提出副本和相关详情。所有感兴趣的人也应被邀请提出建议。这两套教科书名词术语的命名应与已有出版物尽可能统一和协调。为了确保统一，计划从本土或源自国外的不同科目的出版物编制技术术语和专有名词词汇表。为了落实编制词汇表的工作，益智书会建议作者或译者提供使用的术语和名词的英文和中文词汇表，应该仔细查阅纯粹的本地书籍和当时作者不在中国的源自国外的中文书籍，并将所用术语和名词制成分开的词汇表等①。

　　1885 年，英国伦敦会传教士慕维廉（William Muirhead，1822—1900）继任益智书会主席。次年，美国监理公会传教士潘慎文（Alvin Pierson Parker，1850—1924）和中国基督教士颜永忠加入益智书会。这次人员调整后，益智书会对教科书编撰和名词术语统一工作提出一些重要建议。对于教科书的编撰，益智书会建议不是译作，而是特别编撰的原创性著作。要求编撰者比较相关学科的外国最好的著作，挑选其中最适合的一部作为基础，再将所掌握的民族文学、民间格言、国家风俗习惯等知识运用于手头的工作，编撰出可对中国人产生深刻影响的著作。这些著作不仅可以指导读者，而且可供教师用于教学。关于名词术语统一工作，益智书会要求编撰者将所用的人名和地名、表示科学公式的词语列表，尽早交给秘书。益智书会进行比较后，将

---

①WILLIAMSON A. Report of the School and Text Book Series Committee ［M］// Records of the General Conference of the Protestant Missionaries of China Held at Shanghai，May 7 - 20，1890. Shanghai：American Presbyterian Mission Press，1890：712 - 714.

提出得到认可的供编撰者参考的"术语集"①。

益智书会成立后,其名词术语统一工作实际进展缓慢,但教科书编撰工作成绩显著。至 1890 年,已出版书籍四五十种,包括单册地图及图表在内约 30000 册②。不过,当时随着教会学校的发展和学生的增加,教会学校教育问题与日俱增。益智书会主席慕维廉、总编辑傅兰雅等都希望对益智书会进行重组,为解决教育问题提供更有效的帮助。1890 年 5 月 7—20 日,在华基督教新教传教士第二次全国大会在上海举行。在会上,慕维廉提出大力提高益智书会的执行效率是迫切的事情,希望任命一个新的委员会③。傅兰雅郑重地提出主要由有实际经验的教育家组成新的委员会,认为这些教育家知晓教会学校使用的教科书和中国学校必需的东西④。于是,这次大会决定成立"中国教育会"(The Educational Association of China),取代"学校教科书委员会",以扩大益智书会的功能与组织,使教育工作走向协调统一。"中国教育会"的中文名称,沿用"益智书会"之名。狄考文出任新的

①WILLIAMSON A. Report of the School and Text Book Series Committee [M] // Records of the General Conference of the Protestant Missionaries of China Held at Shanghai,May 7 - 20,1890. Shanghai:American Presbyterian Mission Press,1890:712 - 714.

②FRYER J. General Editor's Report[M]//Records of the General Conference of the Protestant Missionaries of China Held at Shanghai,May 7 - 20,1890.Shanghai:American Presbyterian Mission Press,1890:715 - 717.

③Anon. Reports of the School and Text Book Series Committee[M]//Records of the General Conference of the Protestant Missionaries of China Held at Shanghai,May 7 - 20,1890. Shanghai:American Presbyterian Mission Press,1890:518.

④FRYER J.General Editor's Report[M]//Records of the General Conference of the Protestant Missionaries of China Held at Shanghai,May 7 - 20,1890. Shanghai:American Presbyterian Mission Press,1890:716.

益智书会主席，傅兰雅任总编辑兼总干事①②。该会下设出版委员会，负责准备教科书和接收"学校教科书委员会"的书籍和其他资产③。此后，益智书会的教科书编撰工作得到进一步的推进，其名词术语统一工作也取得一定的成绩。1905 年，该会取消"益智书会"之名，中文名称改为"中国教育会"④。1915 年，"中国教育会"又更名为"中国基督教教育会"（China Christian Educational Association）⑤⑥。

可以说，益智书会的成立是基督教会在中国教育事业的一个历史转折点。益智书会成立后，基督教在中国的教育事业发生了从传教士各自努力到传教士有组织的共同努力的历史转变⑦。这一转变推动了基督教士的教科书编撰和名词术语统一工作。主要在益智书会的推动下，自 19 世纪 80 年代起，《形学备旨》《代数备旨》《代形合参》《八线备旨》等中学程度的几何、代数、解析几何、三角学等中文数学教科书在中国出版。1892 年还出版了在小学和中学程度的学堂均有使用的算术教科书《笔算数学》⑧。这些教科书均由西方传教士与国人合作编译。它们虽然数量不多，但对晚清数学教育产生了广泛的影响。其中，《形学备旨》《代数备旨》《笔算数学》在这些教科书中颇具代表性。

---

①王扬宗. 清末益智书会统一科技术语工作述评［J］. 中国科技史料，1991，12（2）：10.

②王树槐. 基督教教育会及其出版事业［J］. "中央研究院"近代史研究所集刊，1972（2）：373 - 375.

③GREGG A H.China and Educational Autonomy：The Changing Role of the Protestant Educational Missionary in China，1807 - 1937［M］.Syracuse：Syracuse University Press，1946：21.

④同①9 - 18.

⑤同③81.

⑥程湘帆. 中华基督教教育会成立之经过［M］//朱有瓛，高时良. 中国近代学制史料：第四辑. 上海：华东师范大学出版社，1993：53.

⑦同③11 - 28.

⑧狄考文. 笔算数学［M］. 邹立文，述. 上海：上海美华书馆，1892.

第三节　初等几何学教科书《形学备旨》

《形学备旨》由狄考文选译，邹立文笔述，刘永锡参阅，1885 年（即光绪十一年）由上海美华书馆初版①。它是中国较早的中学程度的中文初等几何学教科书。

一、《形学备旨》的选译者与笔述者、参阅者

《形学备旨》的选译者狄考文是中国近代著名基督教来华传教士。他于 1836 年出生于美国宾夕法尼亚州坎伯兰县（Cumberland Country），读小学时就展现出数学天赋，任课老师曾为他单独教授代数学。他 17 岁时，进入亨特斯顿（Hunterstown）一所规模不大的学院接受高等教育。1855 年进入美国宾夕法尼亚州杰弗逊学院（Jefferson College）就读。1857 年毕业后，出任宾夕法尼亚州比弗学院（The Academy at Beaver）校长，任职至第三个学期时离开该校，入读西方神学院（Western Theological Seminary）。1861 年毕业前夕，他向美国长老会差会部提交赴海外传教申请书，稍后被接受②。

1863 年 7 月，狄考文携新婚不久的妻子，从纽约登船，历经约半年的艰辛旅程，于次年 1 月初抵达山东省登州。抵达后不到 3 个月，狄考文夫妇便有创建一所学校的想法。1864 年 9 月，他们创办了登州蒙养学堂③。1873 年学校更名为登州男子高等学堂，1877 年又更名为

---

①笔者所见《形学备旨》最早的版本是 1897 年上海美华书馆版。参见：狄考文. 形学备旨［M］. 邹立文，笔述，刘永锡，参阅. 上海：上海美华书馆，1897.

②费舍. 狄考文传：一位在中国山东生活了四十五年的传教士［M］. 关志远，苗凤波，关志英，译. 桂林：广西师范大学出版社，2009：1-29.

③同②：30-80.

登州文会馆①。1904 年，文会馆迁至潍县，与从青州迁入的广德书院大学班合并为广文学堂②③。1870—1872 年间，狄考文赴上海主持美国长老会在中国创办的出版机构美华书馆的工作④。后来他编译的数学教科书《形学备旨》《代数备旨》《笔算数学》均最先由美华书馆出版。狄考文是益智书会最早的委员之一。作为主席，他也是 1890 年成立的新的益智书会核心人物。他 1908 年病逝于青岛，享年 72 岁。狄考文在中国长达 45 年，为中国近代教育事业发展和数学教科书建设做出卓著贡献。

图 1-5　狄考文

图 1-6　《形学备旨》

邹立文，字宪章，原籍登州蓬莱，后迁居平度鲁家邱。1875 年参加乡试，名列前茅⑤。1877 年 1 月毕业于登州文会馆，是该馆首届 3

①郭大松，杜学霞. 中国第一所现代大学——登州文会馆［M］. 济南：山东人民出版社，2012：4.
②王神荫. 王神荫记齐鲁大学校史［M］//朱有瓛，高时良. 中国近代学制史料：第四辑. 上海：华东师范大学出版社，1993：479.
③佚名. 沿革述略［J］. 山东济南私立齐鲁大学文理两学院一览，1931：3.
④同①97-98.
⑤同②474.

位毕业生之一①。毕业后，留任登州文会馆西学教习②。协助狄考文编译了《形学备旨》《代数备旨》《笔算数学》等数学教科书。刘永锡，字恩九，登州莱阳县人。1881 年毕业于登州文会馆。曾任平度宋哥庄蒙学教习、登州文会馆教习、京师大学堂化学教习、青岛礼贤书院教习、山东高等学堂化学教习、青岛美懿女学堂教习等职③。为《形学备旨》成书，他准备了习题，做了画图、参阅全书的工作。

二、《形学备旨》的底本与底本作者

狄考文在《形学备旨》④ 序中提到该书底本："是书之作大都以美国著名算学之士鲁米斯所撰订者为宗，不取夸多斗靡，惟用简便之法包诸形之用。"鲁米斯是伟烈亚力和李善兰合译的《代微积拾级》的底本作者、19 世纪美国著名科学家罗密士（Elias Loomis，1811—1889）。但狄考文仅说明《形学备旨》的主要底本是罗密士的数学著作，并未详述书名。1894 年出版的《益智书会书目》，指出《形学备旨》是依据 "Loomis 的《几何初基》编译的，但据 Robinson，Peck，Watson 等人所撰著作有所增补"⑤。这虽然较狄考文说明得具体，但并未给出罗密士著作的全名和 Robinson、Peck、Watson 等人所撰何书。

据祝捷的研究，《形学备旨》的整体框架、绝大部分定义、定理和

①郭大松，杜学霞. 中国第一所现代大学——登州文会馆 ［M］. 济南：山东人民出版社，2012：214，262.

②佚名.《文会馆志》记齐鲁大学前身登州文会馆的创立规章等 ［M］//朱有瓛，高时良. 中国近代学制史料：第四辑. 上海：华东师范大学出版社，1993：464.

③同②134.

④狄考文. 形学备旨 ［M］. 邹立文，笔述，刘永锡，参阅. 上海：上海美华书馆，1897.

⑤傅兰雅. 益智书会书目 ［M］//王扬宗. 近代科学在中国的传播：下册. 济南：山东教育出版社，2009：618-619.

习题参照罗密士的《几何与圆锥曲线基础》（*Elements of Geometry and Conic Sections*）及其修订本翻译；个别定义、少数定理和部分习题参照美国罗宾逊（Horatio Nelson Robinson，1806—1867）的《几何、平面和球面三角基础》（*Elements of Geometry，and Plane and Spherical Trigonometry；with Numerous Practical Prolems*）①、美国派克（William Guy Peck，1820—1892）的《几何与圆锥曲线手册》（*Manual of Geometry and Conic Sections，with Applications to Trigonometry and Mensuration*）②、英国沃森（Henry William Watson，1827—1903）的《平面与立体几何基础》（*The Elements of Plane and Solid Geometry*）③ 编译④。

罗密士 1811 年出生于美国康涅狄格州威灵顿（Willington）的一个小村庄。1830 年毕业于耶鲁学院⑤。1844 年入纽约市立大学，任数学和自然哲学教授。此后他编撰了《几何与圆锥曲线基础》⑥、《代数论》（*A Treatise on Algebra*）⑦、《代数学基础：为初学者设计》（*Elements of Algebra：Designed for Beginners*）（简称"《代数学基

---

①ROBINSON H N. Elements of Geometry，and Plane and Spherical Trigonometry；with Numerous Practical Problems[M]. New York：Ivison，Phinney，Blakeman &. Co，1867.

②PECK W G. Manual of Geometry and Conic Sections，with Applications to Trigonometry and Mensuration[M]. New York：A. S.Barnes & Company，1876.

③WATSON H W. The Elements of Plane and Solid Geometry[M]. London：Longmans，Green，and Co，1871.

④祝捷.《形学备旨》底本考 [J]. 自然科学史研究，2019，38（1）：76‐86.

⑤耶鲁大学的前身。

⑥LOOMIS E. Elements of Geometry and Conic Sections[M]. New York：Harper & Brothers，Publishers，1849.

⑦LOOMIS E. A Treatise on Algebra[M]. New York：Harper & Brothers，Publishers，1846.

础》"）①、《解析几何与微积分基础》（*Elements of Analytical Geometry and of the Differential and Integral Calculus*）② 等多部数学教科书和《天文学基础》（*Elements of Astronomy*）③、《气象学专论》（*A Treatise on Meteorology*）④ 等其他教科书。1860 年转任耶鲁学院教授，直至 1889 年逝世。罗密士是一位博学多才的科学家，在物理学、天文学、气象学等研究领域均有建树。但相对其研究工作而言，罗密士编撰数学教科书的名望更高⑤。

图 1-7　罗密士

罗密士编撰的教科书，自 19 世纪 40 年代下半叶起陆续由美国哈珀兄弟出版公司出版，形成罗密士教科书丛书。《几何与圆锥曲线基

①LOOMIS E. The Elements of Algebra：Designed for Beginners［M］. New York：Harper & Brothers，Publishers，1856.

②LOOMIS E.Elements of Analytical Geometry and of the Differential and Integral Calculus［M］. New York：Harper & Brothers，Publishers，1851.

③LOOMIS E. Elements of Astronomy ［M］.New York：Harper & Brothers，Publishers，1870.

④LOOMIS E. A Treatise on Meteorology ［M］. New York：Harper & Brothers，Publishers，1872.

⑤NEWTON H A. A Memoir of Elias Loomis［M］. Washington：Government Printing Office,1891:741-770.

础》于 1847 年初版①，在内容安排上很大程度效仿法国数学家勒让德
（Adrien‐Marie Legendre，1752—1833）的《几何原理》（*Éléments
de géométrie*）②，在证明上汲取了欧几里得《几何原本》的逻辑方法。
罗密士在该书中也对勒让德《几何原理》的内容做了修改，如将勒让
德的几个命题降为了推论③。1871 年，罗密士在该书附录增加了三角
学的内容，将书名改为《几何、圆锥曲线与平面三角学基础》（*Ele-
ments of Geometry，Conic Sections and Plane Trigonometry*）④。
1872 年，《几何、圆锥曲线与平面三角学基础》修订版出版⑤，我们也
称其为《几何与圆锥曲线基础》的修订本。在修订本中，罗密士对原
书做了多处修订。

　　《几何与圆锥曲线基础》出版后赢得广泛的赞誉。美国罗切斯特大
学（Rochester University）教授杜威（C. Dewey）认为罗密士将勒让
德几何学更加欧几里得化，因此该书更有价值。美国布鲁克林女子学
院（Brooklyn Female Academy）数学教授格雷（Alonzo Gray）说：
"我使用罗密士的《几何与圆锥曲线基础》有几年了，经仔细考察和与
欧几里得、勒让德的著作比较，发现它比其中任一部都好。教师将发
现这是一部优秀的教科书，对于它述及的美妙科学合适地给出了清晰

①笔者所见该书最早版本是 1849 年版，但据该书 1872 年版对罗密士系列教科书
　的介绍，该书于 1847 年初版。参见：LOOMIS E. Elements of Geometry, Con-
　ic Sections and Plane Trigonometry［M］. New York：Harper & Brothers, Pub-
　lishers，1872：4.
②该书出版于 1794 年，是具有世界影响力的几何教科书。
③LOOMIS E. Elements of Geometry and Conic Sections［M］. New York ：Harper
　& Brothers，Publishers，1849：v‐vi.
④LOOMIS E. Elements of Geometry, Conic Sections and Plane Trigonometry［M］.
　New York ：Harper & Brothers, Publishers，1871.
⑤LOOMIS E. Elements of Geometry, Conic Sections and Plane Trigonometry［M］.
　New York ：Harper & Brothers ,Publishers，1872.

的看法。"①

　　《几何与圆锥曲线基础》及其修订本在 19 世纪后半叶是美国颇具影响力的数学教科书。该书出版后不断再版和重印，1863 年已出至 24版②。至 1872 年，该书及其修订本已发行 80000 册③。1880 年和 1895年，《几何、圆锥曲线与平面三角学基础》还被相继重印发行④⑤。

 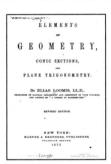

图 1-8　罗密士的《几何与圆锥曲线基础》及其修订本

　　也许正因如此，狄考文编译《形学备旨》时，选择罗密士《几何与圆锥曲线基础》及其修订本作为主要底本。但狄考文对它们并不是简单照本翻译，而是主要选择了其中的平面几何和立体几何内容，并适当选择了罗宾逊、派克和沃森上述著作的内容进行了编译。

　　同时，狄考文也参考了利玛窦、徐光启、伟烈亚力、李善兰合译的《几何原本》15 卷本。对此，狄考文在《形学备旨》序中写道：

①LOOMIS E. Elements of Geometry and Conic Sections [M]. New York：Harper &. Brothers,Publishers,1858:3-4.

②LOOMIS E. Elements of Geometry and Conic Sections [M]. New York：Harper &. Brothers，Publishers，1863.

③LOOMIS E. Elements of Geometry, Conic Sections and Plane Trigonometry[M]. New York ：Harper &. Brothers ,Publishers,1872：4.

④LOOMIS E. Elements of Geometry , Conic Sections and Plane Trigonometry[M]. New York：Harper &. Brothers ,Publishers,1880.

⑤LOOMIS E. Elements of Geometry ,Conic Sections and Plane Trigonometry[M]. New York ：Harper &. Brothers ,Publishers,1895.

第由上古以及近世，无论中外，算学之著作惟推希利尼国之欧几里得为最。……夫欧氏算书原分一十三卷，后有人增补两卷，共为一十五卷，久已译为华文，名《几何原本》。前六卷系明时利玛窦所翻，后九卷乃咸丰时伟烈亚力所译。今余作此形学一书与《几何原本》乃同而不同。……此书虽较小于《几何原本》，而《几何原本》之真有用者，要无一不载，即于其外所增添者亦复不少。盖欧氏算书虽数经译为英文，终未闻有译七、八、九、十卷者，即或有之，亦属好书之家自为翻之。而孰意伟烈亚力竟不惜心力，甘费资材，舍诸更美更妙之法，而翻泰西之所不屑翻者。即其余诸卷亦有多题无甚大用，不过为好奇者之所乐观耳。更有许多要题及近世新得，不在欧氏书内。故西国每译是书，无不将诸要题增补于各卷之后，以完其理。而伟烈亚力竟绝未增补。此吾之所不解也。兹形学一书乃删其无用之费题，增其至要之妙理，且多变其证法，用近世名士所得至妙至简之证①。

这段话清楚地说明，狄考文阅读过《几何原本》，在《形学备旨》中吸纳了书中"真有用"的内容，删除了书中"无用之费题"，改变了书中多种证法。

通过比较，我们发现《形学备旨》有些内容源自《几何原本》。如关于"线"的定义，《形学备旨》为"有长而无广者为线"，《几何原本》为"线有长无广"；关于"直角"的定义，《形学备旨》和《几何原本》的插图和图上文字完全相同，均为线段甲乙垂直于水平直线丙丁，垂足为乙，但与罗密士的《几何与圆锥曲线基础》及其修订本对应内容不同。再如，《形学备旨》卷1第5题与《几何原本》卷1第15

---

①狄考文. 形学备旨 [M]. 邹立文，笔述，刘永锡，参阅. 上海：上海美华书馆，1897.

题的结构、用词都颇为相似，见表 1-1。

表 1-1　《形学备旨》卷 1 第 5 题与《几何原本》卷 1 第 15 题比较表①

《形学备旨》卷 1 第 5 题	《几何原本》卷 1 第 15 题
凡两直线相交，其交角必等。 解○设甲乙与丙丁为两直线，相交于戊。题言甲戊丙角必等于丁戊乙角。又甲戊丁角必等于丙戊乙角。 证○甲戊直线偕丁丙直线所作之甲戊丙与甲戊丁两角必等于两直角（见第二题②）。又丁戊直线偕甲乙直线所作之甲戊丁与丁戊乙两角亦等于两直角。故甲戊丙与甲戊丁两角之和必等于甲戊丁与丁戊乙两角之和（见自理第一）。由此二等度各减公用之甲戊丁角，则甲戊丙角必等于丁戊乙角矣（见自理第三）。照样可证甲戊丁角等于丙戊乙角，故题言凡两直线云云。 一系○两直线相交，所作之四角，必等于四直角。 二系○数直线相交于一点，所作之诸角必等于四直角。	凡两直线相交作四角，每两交角必等。 解曰：甲乙与丙丁两线相交于戊。题言甲戊丙与丁戊乙两角，甲戊丁与丙戊乙两角各等。 论曰：丁戊线至甲乙线上，则甲戊丁、丁戊乙两角与两直角等（本篇十三）。甲戊线至丙丁线上，则甲戊丙、甲戊丁两角与两直角等（本篇十三）。如此即丁戊乙、甲戊丁两角亦与甲戊丁、甲戊丙两角等（公论十）。试减同用之甲戊丁角，其所存丁戊乙、甲戊丙两角必等（公论三）。又丁戊线至甲乙线上，则甲戊丁、丁戊乙两角与两直角等（本篇十三）。乙戊线至丙丁线上，则丁戊乙、丙戊乙两角与两直角等（本篇十三）。如此即甲戊丁、丁戊乙两角亦与丁戊乙、丙戊乙两角等（公论十）。试减同用之丁戊乙角，其所存甲戊丁、丙戊乙两角必等。 一系：推显两直线交于中点上作四角与四直角等。 二系：一点之上两直线相交，不论几许线、几许角，定与四直角等（公论十八）。

资料来源：狄考文选译，邹立文笔述，刘永锡参阅《形学备旨》，上海美华书馆，1897；利玛窦、伟烈亚力口译，徐光启、李善兰笔受《几何原本》，清刻本，1865。

可见，这两题都是先列出命题，再分别以"解"和"题言"、"解

---

① 除○外，表中其他标点符号均为本书作者所加。
② 括号中文字在原文中为小号字，下同。

曰"和"题言"解释命题,然后都进行证明,最后均列出"一系""二系"。而且,这两题所用插图基本相同。罗密士的《几何与圆锥曲线基础》及其修订本有对应《形学备旨》此题的内容,其证法与《形学备旨》的相似度高于《几何原本》的证法;此题后列出了对应《形学备旨》"一系""二系"的"系1""系2",但插图是一条水平直线 AB 与斜向直线 CD 相交[①②],与《形学备旨》《几何原本》的差异较大。因此,狄考文编译此题时同时参考了《几何原本》和罗密士的《几何与圆锥曲线基础》或其修订本。

综上可知,《形学备旨》并非依据单一底本编译而成,其底本不仅有罗密士的《几何与圆锥曲线基础》及其修订本、罗宾逊的《几何、平面和球面三角基础》、派克的《几何与圆锥曲线手册》、沃森的《平面与立体几何基础》,还有利玛窦、徐光启、伟烈亚力、李善兰合译的《几何原本》15 卷本。

三、《形学备旨》的内容与编译情况

1884 年,狄考文向益智书会递交了《形学备旨》手稿[③]。《形学备旨》1897 年第 3 次印刷本共 10 卷,其目录和内容见表 1-2。

①LOOMIS E.Elements of Geometry and Conic Sections[M].New York:Harper & Brothers,Publishers,1849:16-17.

②LOOMIS E.Elements of Geometry,Conic Sections and Plane Trigonometry[M]. New York:Harper & Brothers,Publishers,1872:21-22.

③费舍.狄考文传:一位在中国山东生活了四十五年的传教士[M].关志远,苗凤波,关志英,译.桂林:广西师范大学出版社,2009:104.

表 1-2　《形学备旨》目录和内容一览表

目录	内容
形学凡例	介绍学生学习该书的注意事项、要诀，教师教授该书的注意事项、方法
开端	介绍"形学"、点、线段、曲线、面、曲面、体、角、直角、锐角、钝角、余角、外角、平行线、平面图形、三角形、等边三角形、等腰三角形、直角三角形、钝角三角形、锐角三角形、三角形的底、正方形、长方形、平行四边形、梯形、多边形、对角线、全等三角形、相似三角形，以及"自理""证""题""可作""系""案"等 40 个定义；介绍 6 种可以作图的情况、14 个基本公理，以及该书所用符号
卷 1　直线及三角形	介绍关于直线、线段、三角形、四边形、多边形等的 34 个性质、定理；设习题 21 道
卷 2　比例	介绍数量单位、比例、可公度量、不可公度量、四率连比例、三率连比例、反比例、合比、分比等的定义，关于比例的 19 个性质、定理等；设习题 8 道
卷 3　圆及角之度	介绍圆、直径、弧、弦、弓形、割线、切线、圆心角、扇形、外切图形、内切图形、内切圆、外接圆等定义，关于圆与角的 22 个性质、定理等；设习题 19 道
卷 4　多边形之较与度	介绍全等形、面积相等形、相似形、三角形的高、平行四边形的高、梯形的高等的定义；以 37 个问题，介绍梯形、三角形、矩形、平行四边形等的面积公式、性质、定理，以及完全平方公式、平方差公式的几何证明等；设习题 13 道
卷 5　求作	以 35 个问题，介绍做线段平分线、线段等分线、直线垂线、等角、弧和角的平分线、平行线、三角形的角、三角形、平行四边形、圆心、圆的切线、内切圆、弓形、圆内接三角形、按比例分线段、四率比例线、中率比例线、多边形、矩形、两圆公切线等的作图方法；设习题 32 道

续表

目录	内容
卷 6　有法多边形及圆面	介绍正多边形及其边心距、半径、中心角的定义；以 14 个问题，介绍正多边形的性质及其面积公式，相似正多边形、圆内接正方形和外切正方形的作法、圆内接正十边形的作法，用圆内接和外切正多边形求圆周率的方法等；设习题 18 道
卷 7　平面及体角	介绍平面的垂线、平行线，两平面平行、多面体的定义；以 19 个问题，介绍两直线相交、两平面相交、两线交点的垂线、点到平面的垂线和斜线、两平面交线、两平行平面、多面体的面和角等的性质、定理；设习题 13 道
卷 8　棱体	介绍棱体（含棱柱、棱锥、棱台）、棱体的对角线、相似棱体、正棱体、棱柱、正棱柱、平行棱体（两底为矩形的棱柱）、正方体、棱锥、棱锥的高、正棱锥、棱台等的定义；以 20 个问题，介绍棱柱、平行棱体、棱锥的性质，正棱柱的侧面积公式、直角平行棱体体积公式、棱柱体积公式、正棱锥侧面积公式、棱锥体积公式，说明正多面体仅有 5 种等
卷 9　圆体三种	介绍圆柱及其内接体、外切体，圆锥及其内接体、外切体，圆台、球、球的直径、球的切面、球带、球台、球心体的定义；以 11 个问题，介绍圆柱体侧面积公式、体积公式，圆锥体侧面积公式、体积公式，圆台侧面积公式、球表面积公式、球体体积公式、球台体积公式等
卷 10　弧角形	介绍弧角、弧三角形、弧多边形、弧尖劈、弧棱锥体、圆轴等的定义；以 19 个问题，介绍弧三角形、弧多边形、球面圆、球等的性质、定理，以及弧多边形的面积公式等
总习题	设习题 37 道

资料来源：狄考文选译，邹立文笔述，刘永锡参阅《形学备旨》，上海美华书馆，1897。

其中，"自理"即公理，"证"即证明，"题"即问题、命题、定理，"可作"即作图公理，"系"即推论，"案"即按语。比较可知，《形学备旨》在结构上主要参考了罗密士的《几何与圆锥曲线基础》及其修订本关于平面几何和立体几何的框架。而罗密士的《几何与圆锥曲线基础》及其修订本如同欧几里得的《几何原本》，都是用公理化方法建立起逻辑演绎体系的著作。因此，《形学备旨》也是一部用公理化方法建立起逻辑演绎体系的数学教科书。其内容涵盖平面几何和立体几何的大量知识，由浅入深，循序渐进，自成系统，安排基本合理。除第 8—10 卷外，各卷还设有一定数量的习题，供学生练习和巩固所学知识之用。这改变了此前引进的数学译著鲜有习题的局面。这些是《形学备旨》的最大优点。

《形学备旨》的另一个优点是设有"形学凡例"，介绍学生学习该书的注意事项、要诀，教师教授该书的注意事项、方法。这是狄考文和邹立文编译时加入的，其所用底本均未载。"形学凡例"共 11 条，多条内容具体，深中肯綮。例如，第 1 条："此书原为要学，凡欲洞悉其理者，非熟习不可。若视如闲书，以为一览之余即能揭其底蕴焉，已大误矣。"第 2 条："此书共十卷，二百余题，皆一脉贯通。凡在后之题，各凭前题以为证。故学者必循次第，断不得躐等而进也。"其中，"二百余题"并非指习题，而是指书中以问题的形式介绍的性质、定理等。第 6 条："书中之各界、各题、各系，学者必温习精熟，以备用时易于援引。即先生考课亦宜常使其重叙所已学之诸题。"其中，"界"即定义。第 7 条："先生命学生证题，必先使之画图，后按书理用己之言语解证。凡图中甲乙丙丁等字亦须随口以竿指明，口一言及某字，竿即指定某字。毋①得乱行指挥，令闻者不知何所视也。"第 8 条："题证间所引用之前题、前系，学者不只当举其数，且更宜叙其

_____

①原文将"毋"误植为"母"。

词。如是听者固可了然于心，即证者亦可熟练各题，愈知各题之用矣。"第 11 条："学此书之要诀有二：一在聚精会神以察其理，二在按图以记其证。盖理明则画图必易，图明则记证之层次不难。使未能准理以画图，按图以记证，则证者实难措一辞矣。"当时中国新式科学教育起步不久，本土教师基本不了解教学法，仅简单地要求学生死记硬背①，学生大都不知道该如何具体学习。在这种情况下，"形学凡例"对指导学生学习《形学备旨》和教师教授该书的重要性不言而喻。"形学凡例"也反映出《形学备旨》不是专为学生编撰的教科书，而是适于学生和教师共同使用的教科书。这符合前述益智书会提出的，编撰的著作不仅可以指导读者，而且可供教师用于教学的要求②。

从编译情况看，《形学备旨》从卷的标题、卷内结构到内容都主要参考了罗密士的《几何与圆锥曲线基础》或其修订本。罗密士的《几何与圆锥曲线基础》及其修订本平面和立体几何部分均为全书前 10 卷，两书第 1—3 卷和第 5—9 卷标题相同。在卷的标题上，《形学备旨》第 2—3 卷和第 6—8 卷分别与罗密士的《几何与圆锥曲线基础》及其修订本第 2—3 卷和第 6—8 卷相同；《形学备旨》第 4 卷与罗密士的《几何与圆锥曲线基础》修订本第 4 卷相同；《形学备旨》第 9 卷与罗密士的《几何与圆锥曲线基础》第 10 卷相同。这些由表 1－3 可以看出。

①MATEER C W. School Books for China[J]. The Chinese Recorder and Missionary Journal ,1877,8(5):428.

②WILLIAMSON A. Report of the School and Text Book Series Committee[M]// Records of the General Conference of the Protestant Missionaries of China Held at Shanghai, May 7－20,1890. Shanghai：American Presbyterian Mission Press，1890：712－714.

表 1-3 《形学备旨》与《几何与圆锥曲线基础》
及其修订本平面和立体几何内容目录比较表

《形学备旨》	《几何与圆锥曲线基础》及其修订本
卷 1 直线及三角形	Book Ⅰ General Principles①
卷 2 比例	Book Ⅱ Ratio and Proportion
卷 3 圆及角之度	Book Ⅲ The Circle，and the Measure of Angles
卷 4 多边形之较与度	Book Ⅳ The Proportions of Figures（修订本：Comparison and Measurement of Polygons）
卷 5 求作	Book Ⅴ Problems②
卷 6 有法多边形及圆面	Book Ⅵ Regular Polygons，and the Area of the Circle
卷 7 平面及体角	Book Ⅶ Planes and Solid Angles
卷 8 棱体	Book Ⅷ Polyedrons
卷 9 圆体三种	Book Ⅸ Spherical Geometry
卷 10 弧角形	Book Ⅹ The Three Round Bodies（修订本：Measurement of the Three Round Bodies）

资料来源：狄考文选译，邹立文笔述，刘永锡参阅《形学备旨》，上海美华书馆，1897；Elias Loomis, *Elements of Geometry and Conic Sections*（New York：Harper & Brothers, Publishers, 1849）；Elias Loomis, *Elements of Geometry, Conic Sections and Plane Trigonometry*（New York：Harper & Brothers, Publishers，1872）.

———————————

①《几何与圆锥曲线基础》修订本在目录上第 1 卷标题为 "Rectilinear Figures"，
 但正文中该卷标题为 "General Principles"。
②《几何与圆锥曲线基础》及其修订本在目录上第 5 卷标题均为 "Problems Relating to the Preceding Books"，但正文中该卷标题皆为 "Problems"。

比较可知，《形学备旨》各卷内容也主要取材于与之标题相同的罗密士的《几何与圆锥曲线基础》或其修订本各卷。《形学备旨》第1、第5、第10卷在罗密士的《几何与圆锥曲线基础》及其修订本中没有标题相同的卷。但这3卷内容实际主要取材于罗密士的《几何与圆锥曲线基础》或其修订本第1、第5、第9卷，仅是卷的标题不同而已。也就是说，除对从罗密士的《几何与圆锥曲线基础》或其修订本第9、第10两卷所选内容对调安排在第10、第9卷外，《形学备旨》其他8卷内容主要依次取材于罗密士的《几何与圆锥曲线基础》或其修订本平面和立体几何部分第1—8卷。狄考文和邹立文编译《形学备旨》时做此对调，应与他们认识到对调后书中最后3卷知识衔接更为紧密有关。这3卷依次为"棱体""圆体三种""弧角形"。其中，"棱体"主要包括棱柱、棱锥、棱台；"圆体"主要包括圆柱、圆锥、球；"弧角形"主要包括弧角、弧三角形、弧多边形、弧棱锥体等，相关定义和知识与球密切相关。从知识衔接的角度看，将"弧角形"放于"圆体"后，显然较将"圆体"放于"弧角形"后合理；"圆体"与"棱体"均属立体几何体，将"圆体"安排在"棱体"后也符合认知逻辑。

在卷内结构上，罗密士的《几何与圆锥曲线基础》及其修订本平面和立体几何部分基本都是先介绍定义，再介绍定理并进行证明。《形学备旨》亦是如此。不同之处：罗密士的《几何与圆锥曲线基础》未设习题，修订本于第6卷后集中设置了前6卷习题、第10卷后集中设置了关于第7—10卷原理的习题，而《形学备旨》第1—7卷后均设有习题，第10卷后集中设置了全书的习题。《形学备旨》对习题设置做出这样的改变，使各卷知识点和习题有机地结合起来，便于学习者学习各卷知识后即进行习题演练，也便于学习者学习完全书后进行总体性习题演练。

在内容上，《形学备旨》主要取材于《几何与圆锥曲线基础》或其修订本。对于具体知识点，《形学备旨》中有些是直译或基本直译，有些则进行了改编。《形学备旨》"开端"中的定义、基本公理大都是对选取自罗密士的《几何与圆锥曲线基础》或其修订本内容的基本直译。如"形学"即几何的定义,取材于罗密士的《几何与圆锥曲线基础》修订本,原文分别为"论各形之理,并度其大小,为形学""Geometry is the science which treats of the properties of figures,of their construction,and of their measurement"。"余角"的定义也取材于罗密士的《几何与圆锥曲线基础》修订本,原文分别为"凡两角之和等于一直角,其两角即互为余角。如图丁丙乙为直角,则丁丙己即为己丙乙之余角。又己丙乙亦为丁丙己之余角""When the sum of two angles is equal to a right angle,each is called the complement of the other. Thus,if BCD is a right angle,BCE is the complement of DCE,and DCE is the complement of BCE"。其中插图的形状相同,仅是修订本插图所标字母"ABCDE"在《形学备旨》插图中以"甲乙丙丁己"替换。

《形学备旨》"开端"中的 14 个基本公理,第 1—7 个和第 9 个直译自罗密士的《几何与圆锥曲线基础》。如第 1 个基本公理,前书为"多度各与他度等,即彼此等",后书为"Things which are equal to the same thing are equal to each other";第 2 个基本公理,前书为"等度加等度,合度即等",后书为"If equals are added to equals,the wholes are equal";第 3 个基本公理,前书为"等度减等度,余度即等",后书为"If equals are taken from equals,the remainders are equal";第 4 个基本公理,前书为"不等度加等度,合度不等",后书为"If equals are added to unequals,the wholes are unequal";第 5 个基本公理,前书为"不等度减等度,余度不等",后书为"If equals are taken from unequals,the remainders are unequal"。

《形学备旨》"开端"中关于"平行线""外角"等的定义,则是对底本内容做了改编。如"平行线""外角"这两个定义,均取材于罗密士的《几何与圆锥曲线基础》修订本。关于平行线的定义,底本原文为"Paralled straight lines are such as are in the same plane,and which，being produced ever so far both ways，do not meet，as *AB*，*CD*"，《形学备旨》原文为"两直线方向相同者，为平行线。平行线自两端各引长至无穷，不得相遇，亦不得相离。如图甲乙与丙丁是也"。其中，*AB* 和 *CD*，甲乙和丙丁，各为一对平行线。底本并无表示"亦不得相离"的内容。关于"外角"的定义，《形学备旨》和底本的插图分别援用了上述关于"余角"定义的各自插图。底本原文为"When the sum of two angles is equal to two right angles，each is called the supplement of the other. Thus，if *ACE* and *BCE* are together equal to two right angles，then *ACE* is the supplement of *BCE*"，《形学备旨》原文为"凡两角之和等于两直角，其两角即互为外角。如己丙甲与己丙乙两角之和等于两直角，则己丙甲即为己丙乙之外角。又己丙乙亦为己丙甲之外角"。底本亦无内容相当于"又己丙乙亦为己丙甲之外角"之意。

关于一些命题、定理等的证明，《形学备旨》对底本内容也做了改编。《形学备旨》第 1 卷第 6 题的证明便是其中之一。该题及其证明取材于罗密士的《几何与圆锥曲线基础》第 1 卷命题 6 及其证明或其修订本第 1 卷命题 6 及其证明。除个别单词和标点外，罗密士的《几何与圆锥曲线基础》及其修订本的这两个命题及其证明相同。《形学备旨》和罗密士的《几何与圆锥曲线基础》修订本《几何、圆锥曲线与平面三角学基础》的证明见表 1-4。

表 1-4　《形学备旨》第 1 卷第 6 题与《几何、圆锥曲线基础与平面三角学基础》第 1 卷命题 6 证明比较表

《形学备旨》	《几何、圆锥曲线与平面三角学基础》
两三角形，若相当之两腰及其间之角各等，则两形必等。其两底及余两角两两相等。 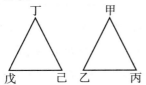 　　解〇设甲乙丙与丁戊己为两三角形。甲乙边等于丁戊边，甲丙边等于丁己边，又甲角等于丁角。题言两形必等，即乙丙底等于戊己底，而乙角等于戊角，丙角等于己角。 　　证〇试将甲乙丙三角形置于丁戊己三角形上。令甲点落于丁点，甲乙边落于丁戊边。只因甲乙等于丁戊，故乙点必落于戊点。又因甲角等于丁角，故甲丙边必落于丁己边，且因甲丙等于丁己，故丙点必落于己点，而乙丙边自必落于戊己边矣。若云不然，即两点间有二直线，与理不合（见自理十二）。如是两形既处处相合，即彼此等（见自理十三）。是乙丙底等于戊己底，而乙角等于戊角，丙角等于己角也。故题言两三角形云云。	If two triangles have two sides, and the included angle of the one equal to two sides and the included angle of the other, each to each, the two triangles will be equal, their third sides will be equal, and their other angles will be equal, each to each. 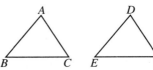 　　Let ABC, DEF be two triangles, having the side AB equal to DE, and AC to DF, and also the angle A equal to the angle D; then will the triangle ABC be equal to the triangle DEF. 　　For, if the triangle ABC be applied to the triangle DEF, so that the point A may be on D, and the straight line AB upon DE, the point B will coincide with the point E, because AB is equal to DE; and AB, coincide with DE, AC will coincide with DF, because the angle A is equal to the angle D. Hence, also, the point C will coincide with the point F, because AC is equal to DF. But the point B coincides with the point E, therefore the base BC will coincide with the base EF (Ax. 11), and will be equal to it. Hence, also, the whole triangle ABC will coincide with the whole triangle DEF, and will be equal to it, and the remaining angles of the one will coincide with the remaining angles of the other, and be equal to them, viz., the angle ABC to the angle DEF, and the angle ACB to the angle DFE. Therefore, if two triangles, etc.

　　资料来源：狄考文选译，邹立文笔述，刘永锡参阅《形学备旨》，上海美华书馆，1897；Elias Loomis, *Elements of Geometry*, *Conic Sections and Plane Trigonometry* (New York：Harper & Brothers, Publishers, 1872), p. 22.

左栏"甲乙丙丁戊己"对应右栏"ABCDEF"。比较可见，《形学备旨》证明"丙点必落于己点"前的内容基本译自《几何、圆锥曲线与平面三角学基础》证明 C 点与 F 点重合即"the point C will coincide with the point F"前的内容。《形学备旨》此后的内容，则与底本存在明显的差异：《形学备旨》未直接给出乙丙等于戊己的结论，而是先述"乙丙边自必落于戊己边"，再说明"若云不然，即两点间有二直线，与理不合"，继而推出三角形甲乙丙与三角形丁戊己处处相合，然后证出乙丙等于戊己。底本则是先证出 BC 与 EF 相等，然后得出三角形 ABC 与三角形 DEF 重合、相等的结论。

《形学备旨》的一个明显特点是使用了浅文理的表述形式。浅文理是一种介于文言和白话之间的语言形式①。1877 年益智书会成立不久，狄考文在《教务杂志》发表《中国教科书》一文，指出用于中国人的教科书应该尽可能通俗易懂，强调中国大部分学生是平庸的，教科书采用文理的表述形式不利于中国学生学习，采用这种形式最大的缺点是学生在能够阅读教科书之前必须成为学者②。狄考文主张使用浅文理的表述形式编译教科书。因此，《形学备旨》的表述形式大体介于文言和白话之间。

同时，《形学备旨》采用了西方国家已通用的阿拉伯数码和西方数学符号。此前在福州的美国美以美会传教士基顺（Otis Gibson）的初

---

①王广超. 中国近代物理教科书初步研究［M］. 广州：广东人民出版社，2019：191.

②MATEER C W. School Books for China［J］. The Chinese Recorder and Missionary Journal，1877，8(5)：431.

等算术小册子①采用了阿拉伯数码和西方使用的符号②③。除此之外，中国出版的数学著作均援用中文"一""二""三"……表示数字，甚少使用现代数学符号。狄考文将基顺这本小册子用于登州文会馆的教学，发现阿拉伯数码优于中文数字，于是就加以使用。1878年，狄考文在发表于《教务杂志》的《用中文书写的数学》一文中，说明了他主张使用阿拉伯数码的原因。他认为：一是阿拉伯数码并非被任何一个国家所专有，而是在欧洲国家和北美、南美，以及西亚、印度所使用，很有可能在世界通用。二是阿拉伯数码特别适用于书面的计算方法，而中文数字是不适用的。三是阿拉伯数码仅有11笔④，而中文数字有25笔之多，使用阿拉伯数码有益于省笔。四是阿拉伯数码所占空间少、不易混淆⑤。

《形学备旨》使用的西方数学符号包括"＋""－""×""÷""＞""＜""$\sqrt{}$"等。这主要是狄考文出于与西方接轨考虑的结果。此前伟烈亚力、李善兰等合译的数学著作均使用"⊥""丅"分别表示加号和减号。对于《形学备旨》为何使用"＋""－"，而未使用"⊥""丅"表示加号和减号，狄考文在书中做出了说明："此正负二号⑥，乃泰西诸国所通行者，但伟烈亚力译书因用中国数目字，恐与十字、一字相混，即将正号改为⊥，负号改为丅。此所改之两号，中国固皆未

---

①据王扬宗的研究，基顺此书为《西国算法》（又名《西国算学》），1866年出版。参见：王扬宗. 清末益智书会统一科技术语工作述评 [J]. 中国科技史料，1991，12（2）：13.

②MATEER C W. Mathematics in Chinese [J]. The Chinese Recorder and Missionary Journal，1878，9(5)：374.

③郭大松，杜学霞. 中国第一所现代大学——登州文会馆 [M]. 济南：山东人民出版社，2012：133.

④狄考文在《代数备旨》"代数凡例"中改称12笔。参见：狄考文. 代数备旨 [M]. 邹立文，生福维，笔述. 上海：上海美华书馆，1890.

⑤同②374－375.

⑥指"＋""—"。

有，即于西国乃以其一为垂线号，其二亦未尝有，故究不甚合用也。"
这明确表明与西方接轨是狄考文使用"＋""—"的初衷。

为了适应中文的竖写方式，《形学备旨》中文字、公式采用了竖写
的方式，而不是西方通行的横写方式。《形学备旨》亦未采用西方通行
的方式，不以英文字母标示图形和图形上的点，而是以中文天干中的
字甲、乙、丙、丁、戊、己、庚、辛、壬、癸标示。1884 年向益智书
会递交《形学备旨》手稿前后，狄考文对使用浅文理表述形式、阿拉
伯数码、西方数学符号和公式竖写方式等，有如下自述：

> 它是我付出了大量心血和劳动的成果。……该书用浅文
> 理写成，为了使文笔流畅、意义准确，我做出了艰辛的努力。
> 在书中我使用了几个公式来介绍西方的数学符号，对此我在
> 书的开头部分就进行了详细的解释和说明。……数学符号是
> 一种世界语言，所有的文明国家都会使用它，而且不到万不
> 得已是不应该轻易对其做出改变的。在本书的编纂过程中曾
> 给予我极大帮助的几位年轻人坚持认为我们不应该将西方的
> 数学符号替换为中文的表达方式，也不应该将二者混杂在一
> 起使用，而是应该原封不动地照搬过来。书中唯一的改变就
> 是在公式的书写上采用了竖排而非横排的方式——这也是为
> 了适应中文书写格式而不得不做出的改变①。

此外，《形学备旨》有些文字是以中国人的口吻表述的。如"此正
负二号，乃泰西诸国所通行者""西国亦有用、代此乘号者"等。这是
狄考文为使中国人感觉到该书就是为他们准备的所做的努力。1877
年，他于《中国教科书》一文中就指出：编撰教科书不能仅仅是翻译，
而是要使中国人感觉这就是为他们准备的教科书②。

①费舍. 狄考文传：一位在中国山东生活了四十五年的传教士 ［M］. 关志远，苗
　凤波，关志英，译. 桂林：广西师范大学出版社，2009：104.
②MATEER C W. School Books for China［J］. The Chinese Recorder and Missionary
　Journal，1877，8（5）：430.

　　科学教科书是供教学用的核心科学教材，为学生、教师和科学共同体提供公认的科学知识。而这些科学知识是以科技名词术语来表述的。这就决定使用得当且统一的科技名词术语对科学教科书及其知识传播至关重要。狄考文和邹立文编译《形学备旨》时，虽然已有传教士分散进行的和益智书会等组织进行的名词术语统一工作，但成就均不大，科技名词术语译名混乱问题相当严重。在这种情况下，狄考文和邹立文既采用了已出版的中文数学译著中的名词术语，也创制了一些新的数学名词术语。如《形学备旨》中"点""线""垂线""面""平面""角""直角""锐角""钝角""三角形""平行线""圜""方体""棱体""圆柱体""圆锥体"等名词术语，《几何原本》均已使用①。

　　《形学备旨》中的名词"形学"为狄考文创制，其对应的英文名词为"geometry"。明末利玛窦和徐光启合译《几何原本》时，将"geometry"译成"几何"。但狄考文认为"几何"的意思是数量，将它作为"geometry"的译名不如用作"arithmetic"或"algebra"的译名合适。他还指出《几何原本》底本的内容远超出"geometry"的范围，几乎涵括了该书撰写时期古希腊数学的全部内容②。对此，狄考文在《形学备旨》中说明道：

　　　　余作此形学一书，与《几何原本》乃同而不同。其所以不名几何，而名形学者，诚以几何之名所概过广，不第包形学之理，举凡算学各类悉括于其中。且欧氏创作是书非特论各形之理，乃将当时之算学几尽载其书，如第七、八、九、十诸卷专论数算，绝未论形，故其名几何也亦宜。而今所作之书乃专论各形之理，归诸形于一类，取名形学，正以几何为论诸算学之总名也③。

①欧几里得. 几何原本［M］. 利玛窦，伟烈亚力，口译，徐光启，李善兰，笔受. 清刻本.［出版地不详］:［出版者不详］，1865.

②MATEER C W. Mathematics in Chinese[J].The Chinese Recorder and Missionary Journal,1878, 9(5)：373.

③狄考文. 形学备旨［M］. 邹立文，笔述，刘永锡，参阅. 上海：上海美华书馆，1897.

"形学"被狄考文创制后与"几何"同时被用作"geometry"的译名。20 世纪初,清朝学部编订名词馆将"形学"统一为"geometry"的译名①。中华民国成立后,"形学"与"几何"又被同时使用,至1924 年科学名词审查会还决定同时使用这两个译名②,但"形学"相对"几何"已处于劣势,后来被"几何"所取代。除"形学"外,狄考文与邹立文编译《形学备旨》时还创制了名词术语"等腰三角形""顶角"和"圆心角"③。这 3 个名词术语至今仍被沿用。

四、《形学备旨》的流传与影响

1885 年《形学备旨》出版后,被人们广泛接受,并流行开来。无锡俟实学堂算学教习丁福保于 1899 年出版的《算学书目提要》中指出:"是书有许多要题,为《几何》④ 所不载,故近世学者咸以是书为宗。"⑤ 至 1910 年,《形学备旨》已被印刷 20 余次,并有上海美华书馆铅印本、益智书会本、京都同文馆校刊本、求贤书院本、登郡文会馆本、上海益智书局石印本、成都算学书局刊本、上海算学书局古今算学丛书本等版本⑥。《形学备旨》出版后先被部分教会学校用作数学教科书。如 1891 年,狄考文将该书用于登州文会馆正斋第二年课程⑦。榕城格致书院、杭州育英义塾等教会学校,也使用该书教学。甲午海战后,晚清政府加快了学习西学的步伐,国人对科学教科书的

①学部编订名词馆.数学中英名词对照表[M].北京大学图书馆藏铅印本.北京:[出版者不详],[1910].

②科学名词审查会.算学名词[J].科学,1926,11(8):1130.

③祝捷.狄考文《形学备旨》和《代数备旨》研究[D].合肥:中国科学技术大学,2017:33.

④《几何》指《几何原本》。

⑤丁福保.算学书目提要[M].丁福保,述.无锡:俟实学堂,1899.

⑥李迪.中国算学书目汇编[M].北京:北京师范大学出版社,2000:269-271.

⑦王元德,等.登州书院(文会馆)的创立及其规章(节选)[M]//陈谷嘉,邓洪波.中国书院史资料:下册.杭州:浙江教育出版社,1998:2092-2093.

需求日益增加。由此，《形学备旨》进入晚清私塾、书院和新式学堂①。长沙时务学堂就使用了该书②。1902年，湖广总督张之洞在上奏光绪皇帝的《筹定学堂规模次第兴办折》中，将《形学备旨》纳入湖北省学堂暂用的"旧时课本"③。1903年，《京师大学堂暂定各学堂应用书目》中，"算学门"的用书包括《形学备旨》④。《形学备旨》中的名词术语也被一些国人编译的几何教科书采用。如1906年出版的何崇礼的《中等教育几何学教科书》中的名词术语多源于《形学备旨》⑤。1908年，《形学备旨》未被列入学部审定中学暂用书目⑥。此后，其流行趋势遂急转直下，走向被新式初等几何教科书取代的结局。

第四节　初等代数学教科书《代数备旨》

《代数备旨》是中国较早的中学程度的中文初等代数学教科书。该书由13章本和下卷组成。其13章本由狄考文选译，邹立文、生福维笔述，1890年或1891年由上海美华书馆初版⑦；下卷由狄考文译，范震亚校录，1902年由上海会文编译社初版⑧。

---

①祝捷.《形学备旨》的特点与影响初探［J］. 中国科技史杂志，2014，35（1）：21.

②梁启超. 时务学堂学约［M］//中西学门径书. 上海：大同译书局，1898.

③张之洞. 湖广总督张之洞：筹定学堂规模次第兴办折［M］//璩鑫圭，唐良炎. 中国近代教育史资料汇编——学制演变. 上海：上海教育出版社，1991：105.

④教育部. 第一次中国教育年鉴［M］. 上海：开明书店，1934：118.

⑤何崇礼. 中等教育几何学教科书［M］. 上海：科学会编译部，1906：1.

⑥佚名. 本部审定中学暂用书目表［J］. 学部官报，1908（57）：2-3.

⑦《代数备旨》13章本初版封面印有"大清光绪十六年岁次庚寅上海美华书馆镌印"，时间是1890年。但该书内"光绪十七年正月十六日狄考文序"的日期是1891年2月24日. 参见：狄考文. 代数备旨［M］. 邹立文，生福维，笔述. 上海：上海美华书馆，1890.

⑧狄考文. 代数备旨：下卷［M］. 范震亚，校录. 上海：上海会文编译社，1902.

一、《代数备旨》的笔述者与校录者

《代数备旨》13 章本笔述者生福维，字范五，山东平度人，1880 年毕业于登州文会馆，曾任烟台会文书院、登州文会馆教习[1]。《代数备旨》13 章本出版前数年，狄考文已进行该书的编译工作。但因两次更换笔述者而拖延了完稿时间。最初的笔述者是与他合译《形学备旨》的邹立文。但邹氏完成几章后，因其他事而中止工作。嗣后，狄考文延请生福维续做笔述工作。生福维嗜好数学，是一位合适的人选。狄考文本以为会"速竣其功"，但生福维中途逝世，笔述工作不得不再次中止。无奈之下，狄考文又请回邹立文。最终邹立文完成《代数备旨》的笔述工作，并将所有译稿修改、审定[2]。

图 1-9 《代数备旨》13 章本

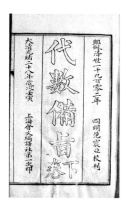

图 1-10 《代数备旨》下卷

下卷校录者范震亚，浙江四明（今宁波）人，曾任教于浙江绍兴大通师范学堂[3]。范氏自 15 岁嗜好数学，对狄考文编译的《代数备

①郭大松，杜学霞.中国第一所现代大学——登州文会馆［M］.济南：山东人民出版社，2012：133.

②狄考文.代数备旨［M］.邹立文，生福维，笔述.上海：上海美华书馆，1890.

③朱赞卿.大通师范学堂［M］//绍兴市档案馆.绍兴与辛亥革命.南京：凤凰出版社，2011：165-166.

旨》13 章本尤为推崇。1902 年，范氏在《代数备旨》下卷序中说：
"余自束发以来，性嗜数学，迄今十有余载。暇览诸作，唯狄君考文所
译《代数备旨》一书井井有条，法理兼备，犁犁不繁，浅深递进，阐
诸家所未发，详前人所不周，法由理立，题因术设，足令学习者一目
了然，并心研究。固代数之圭臬，而算学之基础也。"但范氏对该书只
译至二次方程感到惋惜。不料，1899 年秋①范氏得到狄考文所译《代
数备旨》下卷书稿，遂将其珍藏。由于同人要求将其"公之同好"，范
氏决定出版书稿。出版前，范氏对书稿做了校正、润色工作，并对不
完备的内容做了补充。正如范氏在《代数备旨》下卷序中所说："余也
不揣固陋，重为校正，加以润色，又从而增其所未备，融于篇中。"②

二、《代数备旨》的编译原因与内容

狄考文编译《代数备旨》，一方面是因为益智书会的推动和教会学
校数学教学的需要；另一方面则与伟烈亚力、李善兰合译的《代数
学》，傅兰雅和华蘅芳合译的《代数术》等代数学著作存在不同的缺
点，均不适于用作教科书密切相关。对于后一个原因，狄考文在《代
数备旨》序中有明确的说明：

> 于咸丰年间，伟烈亚力先生有一译本名《代数学》。近年
> 傅兰雅先生有一译本名《代数术》。此二书虽甚工雅，然而学
> 者仍难就绪。盖人作书，意各不同，有为阐发数理，以备好
> 算家考查而作者，有为务求新异，以显其独得之奇者。观伟
> 公所译之原本，特欲显其艺能小巧，故未能始终详明，令人
> 由浅以及深也。而傅公所译之原本，乃欲备述代数之大旨，
> 以供人之查检，是为已知者之涉猎而作，非为未知者之习学

①范震亚在《代数备旨》下卷序中说是"己亥之秋"，即 1899 年秋。
②狄考文. 代数备旨：下卷 [M]. 范震亚，校录. 上海：上海会文编译社，1902.

而作也。况此二书，皆无习问，学者无所推演，欲凭此以习

代数，不亦难乎①?

这段文字表明：在狄考文看来，《代数学》是追求新异、显示技巧之作，内容并非周详、令人明白，内容编排亦非由浅入深、循序渐进。《代数术》讲述代数学大意，适合已有基础的数学爱好者查阅，并不适合初学者学习。这两部著作都未设习题供学生练习演算能力，这不利于学生学习代数知识。

1882 年 3 月，狄考文向益智书会报告说他的代数学课本即《代数备旨》手稿已经完成，只需在出版前做一些修改和调整②。据 1890 年或 1891 年上海美华书馆出版的 13 章本和 1902 年上海会文编译社出版的下卷，《代数备旨》13 章本正文前有"代数凡例"；下卷各章与 13 章本统一排序，共 11 章。该书内容见表 1 - 5。

表 1 - 5　《代数备旨》内容一览表

目录		内容
13 章本	代数凡例	介绍学生学习和教师教授该书的注意事项，说明该书所用数字为阿拉伯数码、所用算式为竖写及其原因，习题答案列于书末的原因
	第 1 章　开端	介绍全书基本定义、术语、符号、公理等；设习题 32 道
	第 2 章　加法	介绍代数式加法相关定义、代数式加法法则等；设习题 64 道
	第 3 章　减法	介绍代数式减法相关定义、代数式减法法则、定理等；设习题 44 道
	第 4 章　乘法	介绍代数式乘法相关定义、代数式乘法法则等；设习题 74 道

①狄考文. 代数备旨 ［M］. 邹立文，生福维，笔述. 上海：上海美华书馆，1890.

②费舍. 狄考文传：一位在中国山东生活了四十五年的传教士 ［M］. 关志远，苗凤波，关志英，译. 桂林：广西师范大学出版社，2009：104 - 105.

续表

目录		内容
13章本	第5章 除法	介绍代数式除法相关定义、代数式除法法则等；设习题76道
	第6章 生倍	"生倍"指"公生"和"公倍"。该章介绍公约数、最大公因数、公倍数、最小公倍数等的定义，最大公因数、最小公倍数等的求解法则；设习题40道
	第7章 命分	"命分"指相除。该章介绍整式、杂式（含有分式的代数式）等的定义，命分公理，分式的性质、约分、通分，整式与杂式的互化，分式的加、减、乘、除的运算及化简法则等；设习题154道
	第8章 一次方程	介绍方程、方程根、方程次数等的定义，方程消元法等；关于一次方程因变化而得的根的5种情况、行程问题的讨论；设习题220道
	第9章 偏程	"偏程"指不等式。该章介绍不等式相关定义、性质、解法等；设习题16道
	第10章 方	"方"指幂。该章介绍幂、乘方相关定义、性质，多项式乘方运算法则、二项式定理等；设习题88道
	第11章 方根	介绍方根、开方、负数方根等相关定义，单项式、多项式、数字、分数、开三次方等开方法则；设习题80道
	第12章 根几何	"根几何"指根式。该章介绍根式相关定义，根式开方、四则运算法则、化简、根式方程的求解，纯虚数乘除法则等；设习题245道
	第13章 二次方程	介绍二次方程相关定义、解法，二元二次方程组的解法、一元二次方程根与系数的关系、虚根等；设习题233道
	《代数备旨》总答	各章习题答案
下卷	第14章 论无定方程	"无定方程"指不定方程。该章介绍不定方程的定义、解法等；设习题28道
	第15章 论三次之正杂各方程解法	介绍仅有三次项、含有二次或一次项等类型的三次方程的解法，方程根与系数的关系等

续表

目录		内容
下卷	第 16 章　论四次方程之解法	介绍四次方程的解法；设习题 21 道
	第 17 章　论有实根之各次解法	介绍根为实数的方程的解法
	第 18 章　论求略近之根	介绍求方程近似根的方法；设习题 22 道
	第 19 章　论自方程之式	"自方程之式"亦称"自方程式"，即恒等方程，指两端代数式相同或两端经化简相同的方程。该章介绍自方程式的性质、定理等
	第 20 章　论分数拆股之法	"分数拆股"指分式拆分。该章介绍分式拆分的方法；设习题 7 道
	第 21 章　论二项例之类	"二项例"指二项式任意次方的级数展开法。该章介绍二项例和相关知识；设习题 39 道
	第 22 章　论无穷方根开为级数之法	介绍以级数展开求数的任意次方根近似值的方法、分式的级数展开等知识；设习题 17 道
	第 23 章　论泛系数之法	"泛系数"指不定系数。该章介绍将分式展开为无穷级数的不定系数法；设习题 6 道
	第 24 章　论回级数求总之法	"回级数"即循环级数，为前一项或前数项与后一项或后数项有关，且有规律的级数。该章介绍回级数的公关数①及求和方法；设习题 9 道
	《代数备旨》下卷总答	设各章习题答案

资料来源：狄考文选译，邹立文、生福维笔述《代数备旨》，上海美华书馆，1890；狄考文译本，范震亚校录《代数备旨》（下卷），上海会文编译社，1902。

---

① "公关数"指级数通项公式中的系数。《代数备旨》也称其为"法数之系数"。如该书所举之例，级数 $1+4$ 天$+11$ 天$^2+34$ 天$^3+101$ 天^4 中第 1 项乘 3 天^2，第 2 项乘 2 天，结果相加得第 3 项的值；第 2 项和第 3 项分别乘 3 天^2 和 2 天，结果相加得第 4 项的值。3 和 2 即"公关数"。

可见，《代数备旨》除未涉及对数、排列和组合等初等代数学基本知识点外，涵盖了初等代数学大量基础知识和二项式、级数等少量高等数学知识。13 章本有类似现代数学教科书前言的"代数凡例"，设习题 1366 道，题量甚大，下卷有 8 章亦设有习题，共 149 道，供学习者演练和巩固所学知识。

三、《代数备旨》的底本

关于《代数备旨》的底本，《益智书会书目》做过介绍，狄考文也做过说明。1894 年出版的《益智书会书目》中介绍，《代数备旨》由"登州文会馆狄考文牧师翻译，使用的底本为 Loomis 的《代数学》，并据 Robinson 的《高中代数》加以补充"①。其中，"Loomis"和"Robinson"分别是 19 世纪美国著名科学家罗密士、美国数学家罗宾逊，也都是《形学备旨》的底本作者。该介绍并不全面，其所言《代数学》和《高中代数》亦并非《代数备旨》底本的准确书名。在 13 章本序中，狄考文对《代数备旨》的底本有如下说明：

> 今此书系博采诸名家之著作辑成，并非株守故辙，拘于一成本也。书中次序规模，则以鲁莫氏为宗，而讲解则多以拉本森为宗，其无定方程，则以投地很得为宗。总以取其所长为是。此诸原本皆为西国教读之名书。所用名目、记号，无不详以解之。所言诸理，无不明以证之。其诸算式亦无不先作解以显其所以，后立法以示其当然。盖其一切法术，俱由法问推出。且每立一法，必加习问或兼设题问，令学者习演，以至于纯熟也②。

这段话表明：《代数备旨》并非局限于一部底本，而是以鲁莫氏、

①傅兰雅. 益智书会书目［M］//王扬宗. 近代科学在中国的传播：下册，济南：山东教育出版社，2009：616 - 618.
②狄考文. 代数备旨［M］. 邹立文，生福维，笔述. 上海：上海美华书馆，1890.

拉本森、投地很得 3 位西方著名学者的名著为底本编译而成，并吸纳了这些名著的优点。但狄考文并未说明究竟采用了这 3 位学者的何种著作。

笔者通过查阅 19 世纪欧美相关数学教科书，将其与《代数备旨》相互比较，确认鲁莫氏即罗密士，拉本森即罗宾逊，探明投地很得是英国数学家、科学史家托德亨特（Isaac Todhunter，1820—1884）。

（一）罗密士的《代数论》修订版

罗密士的代数学著作主要有两本，都在美国纽约哈珀兄弟出版公司出版的他的教科书丛书之中。一本是《代数论》，于 1846 年初版，是罗密士专为纽约市立大学学生撰写的[①]，适用于有一般学习能力和资质的十五六岁的青年人。在他看来，这本书不仅适合他的学生的需求，也适合美国大学学生的普遍需求[②]。该书出版后被美国许多学院和高中使用[③]，广为流行，至 1864 年已出第 26 版[④]。后因该书铅版印量超过 60000 册，必须报废，罗密士对该书进行了大幅度的修订。其修订版至迟于 1869 年出版[⑤]。另一本是《代数学基础》，是一本更为

[①] 罗密士于《代数论》1846 年版序中说明该书是特别为纽约市立大学（New York University）学生撰写的。

[②] LOOMIS E. A Treatise on Algebra[M].New York：Harper & Brothers，Publishers，1846：iii.

[③] LOOMIS E. The Elements of Algebra：Designed for Beginners [M]. New York：Harper & Brothers，Publishers，1856：vii.

[④] LOOMIS E. A Treatise on Algebra[M].New York：Harper & Brothers，Publishers，1864.

[⑤] LOOMIS E. A Treatise on Algebra[M].New York：Harper & Brothers，Publishers，1869.

基础的代数学教科书，适用于刚学完算术的学生①。该书于 1851 年初版②，颇为流行，至 1868 年已出第 23 版③。

《代数论》初版共分 21 章，依次为"定义和记号""加法""减法""乘法""除法""分式""简单方程""两个或两个以上未知量的方程""一次方程论""乘方""开方和方根""二次方程""比和比例""数列""最大公因数—排列和组合""二项式的乘方""多项式的开方""无穷级数""方程通论""数字方程解法""对数"。从第 2 版至修订版前，该书有修订的情况。如初版第 15 章"最大公因数—排列和组合"，在 1850 年出版的第 4 版中改为"最大公因数—连分数—排列和组合"④。至修订版时，全书扩展为 22 章，前 5 章与初版相同，第 6—22 章依次为"最大公因数—最小公倍数""分式""一次方程""多个未知量的方程""问题讨论""乘方""开方""根式""二次方程""比和比例""数列""连分数—排列和组合""二项式定理""级数""对数""方程一般理论""高次数字方程"。在框架结构上，《代数论》修订版与初版差异很大。修订版不仅修订了部分章名，也调整了部分章的顺序。

《代数备旨》13 章本有 12 章章名与《代数论》修订版的基本一致：《代数备旨》13 章本前 8 章章名与《代数论》修订版前 8 章章名基本一致；《代数备旨》13 章本第 10—13 章章名与《代数论》修订版第 11—14 章章名基本一致。

---

①LOOMIS E. The Elements of Algebra：Designed for Beginners[M]. New York：Harper & Brothers，Publishers，1856：vii.

②笔者所见罗密士《代数学基础》最早的版本是 1856 年出版的第 6 版。据该书所注"根据国会法案，哈珀兄弟出版社于 1851 年登记"推测，其初版时间为 1851 年。参见：LOOMIS E. The Elements of Algebra ：Designed for Beginners [M]. New York：Harper & Brothers，Publishers，1856.

③LOOMIS E. The Elements of Algebra ：Designed for Beginners[M]. New York：Harper & Brothers，Publishers，1868.

④LOOMIS E. A Treatise on Algebra[M]. New York：Harper & Brothers，Publishers，1850：203-214.

罗密士的《代数学基础》1856 年第 6 版共分 14 章，依次为"初步定义与基本原理""加法""减法""乘法""除法""分式""一次方程""两个未知量的方程""三个或三个以上未知量的方程""乘方""开方和方根""二次方程""比和比例""数列"①。至第 23 版，该书框架未变。《代数备旨》13 章本在框架结构上虽然前 5 章与《代数学基础》前 5 章基本一致，但自第 6 章起差异明显。

| 图 1-11　《代数备旨》13 章本 | 图 1-12　罗密士《代数论》修订版 |
| 第 1 章"开端"（局部） | 第 1 章"定义和记号"（局部） |

　　《代数备旨》13 章本第 1 章"开端"、第 4 章"乘法"、第 5 章"除法"、第 6 章"生倍"、第 7 章"命分"、第 10 章"方"、第 13 章"二次方程"等都有内容编译自《代数论》修订版。例如，《代数备旨》13 章本第 1 章"开端"中"几何学"的定义便是编译自《代数论》修订版第 1 章"定义和记号"中"数学"的定义，见表 1-6。

---

①LOOMIS E. The Elements of Algebra：Designed for Beginners[M]. New York：Harper &. Brothers，Publishers，1862：vii.

表 1-6 《代数备旨》13 章本第 1 章中"几何学"与《代数论》
修订版第 1 章中"数学"的定义

《代数备旨》13 章本 第 1 章"开端"	《代数论》修订版第 1 章"定义和记号"
第二款　几何学 　　论几何相关之理为几何学，即各种算学之总名也。几何学分纯杂二等。纯几何学者，即但究其理，弗施于物，如数学、代数学、形学、八线学等是也。杂几何学者，即以究得之理，参于各物学中，如量地法系以八线之理量地之大小，格物测算系以代数学与形学算诸款之要题，天文系以形学之理，究各曜之大小、远近等是也。	2. Mathematics is the science of quantity, or the science which treats of the properties and relations of quantities. It employs a variety of symbols to express the values and relations of quantities, and the operations to be performed upon these quantities, or upon the numbers which represent these quantities. 　　3. Mathematics is divided into *pure* and *mixed*. Pure mathematics comprehends all inquiries into the relations of magnitude in the abstract, and without reference to material bodies. It embraces numerous subdivisions, such as Arithmetic, Algebra, Geometry, etc. 　　In the mixed mathematics, these abstract principles are applied to various questions which occur in nature. Thus, in Surveying, the abstract principles of Geometry are applied to the measurement of land; in Navigation, the same principles are applied to the determination of a ship's place at sea; in Optics, they are employed to investigate the properties of light; and in Astronomy, to determine the distances of the heavenly bodies.

　　资料来源：狄考文选译，邹立文、生福维笔述《代数备旨》，上海美华书馆，1890；Elias Loomis, *A Treatise on Algebra* (New York: Harper & Brothers, Publishers, 1869), p. 9.

　　由此可见，《代数备旨》13 章本第 1 章中"几何学"的定义相对简略，但定义内容大都可从《代数论》修订版第 1 章中关于"数学"的定义即第 2、第 3 款中找到意思相同的语句。狄考文将"mathematics"翻译为"几何学"，是由他对"几何"一词的认识决定的。他认为"几何"所指范围很广，既包括"形学"即"geometry"，亦包括当时称为"算学"（主要指算术）的各类知识。1884 年，他在《形学备旨》序中即说："几何之名所概过广，不第包形学之理，举凡算学各类悉括于其中。"在该序中，他就指出"几何为论诸算学之总名也"。

再如，《代数备旨》13 章本第 4 章第 46 款"合式无关于相乘之序"编译自《代数论》修订版第 4 章"乘法"第 56 款部分内容。前书第 46 款为"数几何无论按何序乘之，其合必同。如 $2 \times 3 \times 4$，与 $2 \times 4 \times 3$，与 $4 \times 3 \times 2$，其合俱为 24。又如甲×乙×丙，与甲×丙×乙，与乙×丙×甲，此三元无论代何数，其合俱同"，后书第 56 款相关内容是"When several quantities are to be multiplied together, the result will be the same in whatever order the multiplication is performed""For the same reason，$2 \times 3 \times 4$ is equal to $2 \times 4 \times 3$, or $4 \times 3 \times 2$, or $3 \times 4 \times 2$, the product in each case being 24. So，also，if a，b，and c represent any three numbers，we shall have abc equal to bca or cab"。

《代数备旨》13 章本编译自《代数论》修订版的内容，不仅有课文，还有习题。例如，前书第 5 章"除法"第 55 款后"习问"第 9 题为"12 甲^4 也^{6}① －16 甲^5 也^5＋20 甲^6 也^4－28 甲^7 也^3 被－4 甲^4 也^3 除，等于若干"，除甲表示 a，也表示 y 外，该题与后书第 5 章"除法"第 78 款后例题第 8 题相同。后书第 8 题为"Divide $12a^4y^6$ －$16a^5y^5+20a^6y^4-28a^7y^3by-4a^4y^3$"。除符号以甲表示 a、乙表示 b、丙表示 c、天表示 x、也表示 y、人表示 z 外，前书第 10 章"方"第 144 款后"习问"第 1—7 题，分别与后书第 11 章"乘方"第 185 款后例题第 3—9 题相同。

同时，《代数备旨》下卷第 18 章"论求略近之根"第 18—22 道习题，分别编译自《代数论》修订版第 21 章"方程一般理论"第 444 款例题第 1—5 题。其中，前书第 18 道习题："今有天^3＋3 天^2－4 天＋1 ＝0，欲令变为他式，而令变式之根比原式之根大于 1。问变式如何？"

① 该项在《代数备旨》13 章本中原为"12 甲^2 也^6"，将甲的指数 4 误为 2。

后书例题第 1 题："Find the equation whose roots are greater by 1 than those of the equation $x^3 + 3x^2 - 4x + 1 = 0$. We must here substitute $y-1$ in place of x. Ans. $y^3 - 7y + 7 = 0$."狄考文及其合作者编译时，删除了"We must here substitute $y-1$ in place of x"和答案。

《代数备旨》有些内容是罗密士的《代数学基础》与《代数论》修订版共有的，但有些内容是《代数论》修订版有，而《代数学基础》没有的。例如，《代数备旨》13 章本第 5 章"除法"第 56 款后"习问"第 17 题为"甲^4－天^4 被甲－天除，等于若干"；除甲表示 a，天表示 b 外，该题与《代数学基础》第 5 章"除法"第 76 款例题第 20 题、《代数论》修订版第 5 章"除法"第 80 款后第 20 题均相同，后两题都是"Divide $a^4 - b^4$ by $a - b$"。《代数备旨》13 章本第 5 章"除法"第 56 款后"习问"第 7 题为"天^6－也^6 被天^3＋2 天^2 也＋2 天也^2＋也^3 除，等于若干"；除天表示 a，也表示 b 外，该题与《代数论》修订版第 5 章"除法"第 80 款后第 9 题相同，第 9 题为"Divide $a^6 - b^6$ by $a^3 + 2a^2 b + 2ab^2 + b^3$"。而此题是《代数学基础》没有的。

《代数备旨》有的问题是罗密士的《代数学基础》与《代数论》修订版共有的，三者解法基本相同，但结果与《代数论》修订版的相同，而与《代数学基础》的不同。《代数备旨》13 章本第 13 章"二次方程"第 201 款"题问"第 1 题即如此。该题为"今有二数，其和与大者相比，若十比七，且其和与小者相乘等于二百七十。问二数各若干"。解法是"设 10 天等于二数之和，则 7 天等于大者，而 3 天等于小者。按问中条理，将和与小者相乘，遂得方程如下 10 天×3 天＝270，以天方之系数除两端天^2＝9，开两端之方天＝±3。故大数等于±21，小数等于±9"。《代数论》修订版第 14 章"二次方程"第 255 款后"问题"第 1 题与之相同，题、解法和结果为"What two numbers are those whose sum is to the greater as 10 to 7, and whose sum, multiplied by the less, produces 270? Let $10x =$ their sum.

Then $7x =$ the greater number, and $3x =$ the less. Whence $30x^2 = 270$，and $x^2 = 9$；therefore $x = \pm 3$，and the numbers are ± 21 and ± 9"。《代数学基础》第 12 章"二次方程"第 164 款后例题第 12 题与《代数论》修订版该题相同，解法和结果为"Let $10x$ represent the sum. Then $7x$ will represent the greater number，and $3x$ will represent the less. Whence $30x^2 = 270$，and $x^2 = 9$；therefore $x = 3$，and the numbers are 21 and 9"[1]。与《代数备旨》和《代数论》修订版不同的是，《代数学基础》由"$x^2 = 9$"得出"$x = 3$"，而不是"$x = \pm 3$"，结果是大数为 21，小数为 9。

由上述可知，罗密士《代数论》修订版是《代数备旨》13 章本和下卷的底本之一。《代数备旨》在底本上与《代数学基础》没有关系。狄考文编译《代数备旨》13 章本时，模仿了《代数论》修订版的部分框架结构。

（二）罗宾逊的《新大学代数》

罗宾逊在编撰大学和中学数学教科书方面颇有建树。他编撰有《新大学代数：一部用于大学和中学的包括多种新颖独特方法的理论和实践专著》（*New University Algebra：A Theoretical and Practical Treatise，Containing Many New and Original Methods and Applications for Colleges and High Schools*）（简称"《新大学代数》"）。该书于 1862 年或稍后初版，是美国大学和中学流行的代数学教科书。笔者所见其最早版本为 1863 年版[2]。其内容共分 9 章。第 1 章由"定义和记号""整量""分式"3 部分组成，没有统一的章名；第 2—9 章依

①LOOMIS E. The Elements of Algebra：Designed for Beginners ［M］.New York：Harper & Brothers，Publisher，1868：200.

②ROBINSON H N. New University Algebra：A Theoretical and Practical Treatise，Containing Many New and Original Methods and Applications for Colleges and High Schools ［M］.New York：Ivison，Phinney & Co,1863.

次为"简单方程""乘方与根""根式""二次方程""比例，排列与组合""数列""方程的性质""高次数字方程的解法"。该书 1864 年①、1868 年②、1872 年③亦有再版；1878 年更名为《新大学代数：一部专为大学和中学设计的理论和实践专著》（*New University Algebra：A Theoretical and Practical Treatise，Designed for Use in Colleges and High Schools*），以新的电版印刷再版④。该书从 1863 年版至 1878 年版，结构体系没有变化，仅有个别单词、格式有所修改。

同时，罗宾逊编撰有《新初等代数：包括学校和学院的科学入门知识》（*New Elementary Algebra：Containing the Rudiments of the Science for Schools and Academies*）（简称"《新初等代数》"），于 1859 年或稍后初版。笔者所见该书最早版本为 1866 年版⑤。该书于 1875 年以新的电版印刷再版，书末增加一个 12 页的供学生准备大学入学考试的材料，其他内容未变⑥。1879 年该书也有出版，较 1875 年

①ROBINSON H N. New University Algebra：A Theoretical and Practical Treatise，Containing Many New and Original Methods and Applications for Colleges and High Schools[M].New York：Ivison，Phinney & Co,1864.

②ROBINSON H N. New University Algebra：A Theoretical and Practical Treatise，Containing Many New and Original Methods and Applications for Colleges and High Schools [M].New York：Ivison，Phinney，Blakeman & Co,1868.

③ROBINSON H N. New University Algebra：A Theoretical and Practical Treatise，Containing Many New and Original Methods and Applications for Colleges and High Schools[M].New York：Ivison，Blakeman，Taylor & Company，1872.

④ROBINSON H N. New University Algebra：A Theoretical and Practical Treatise，Designed for Use in Colleges and High Schools[M].New York：Ivison，Blakeman，Taylor & Co,1878.

⑤ROBINSON H N. New Elementary Algebra：Containing the Rudiments of the Science for Schools and Academies[M].Chicago：S. C. Griggs & CO,1866.

⑥ROBINSON H N. New Elementary Algebra：Containing the Rudiments of the Science for Schools and Academies [M].New York：Ivison，Blakeman，Taylor & Co，1875.

版没有变化①。在上述两本代数教科书之前，罗宾逊还编撰有《代数学初论：理论与实践》（*An Elementary Treatise on Algebra：Theoretical and Practical*），1846 年初版②；《代数学初论：为那门科学设计的入门课程》（*An Elementary Treatise on Algebra：Designed as First Lessons in That Science*），1850 年初版③，1856 年出至第 9 版④。

罗宾逊的这 4 种代数教科书在一级结构上与《代数备旨》差异都较大。但经比对，《代数备旨》13 章本各章与下卷第 19—24 章都有大量内容编译自《新大学代数》。例如，《代数备旨》13 章本第 1 章"开端"中"几何"的定义，编译自《新大学代数》第 1 章中"定义和记号"部分"量"的定义。其中，"几何"的定义为"凡可权、可量、可度、可测者，皆名曰几何，即如分、两、远近、时刻等是也。几何之度法，系取同类之他几何为准个，以显其多寡也"；"量"的定义是"Quantity is anything that can be increased，diminished，or measured；as distance，space，weight，motion，time. A quantity is measured by finding how many times it contains a certain other quantity of the same kind，regarded as a standard. The conventional standard thus used is called the *unit of measure*"。除"量"的定义的最后一句外，这两个定义基本相同。罗宾逊《新初等代数》中"量"的定义为"*Quantity* is anything that can be measured or compared；as dis-

---

①ROBINSON H N. New Elementary Algebra ：Containing the Rudiments of the Science for Schools and Academies [M].New York：Ivison，Blakeman，Taylor & Co，1879.

②ROBINSON H N. An Elementary Treatise on Algebra：Theoretical and Practical [M]. Cincinnati：Jacob Ernst，1846.

③ROBINSON H N. An Elementary Treatise on Algebra：Designed as First Lessons in That Science[M]. Cincinnati：Jacob Ernst，1850.

④ROBINSON H N. An Elementary Treatise on Algebra：Designed as First Lessons in That Science[M]. Cincinnati：Jacob Ernst，1856.

tance，space，motion，time"，与《代数备旨》13 章本中"几何"的定义明显不同。

《代数备旨》13 章本第 1 章"开端"介绍的 11 条"自理"即公理，与《新大学代数》第 1 章中"定义和记号"部分的"公理"基本相同，且排列顺序相同，见表 1-7。

表 1-7　《代数备旨》13 章本第 1 章中"自理"与
《新大学代数》第 1 章中"公理"的内容

《代数备旨》13 章本第 1 章中"自理"	《新大学代数》第 1 章中"公理"
理之天然而易知者为自理。以下之自理寔为代数学之基址，学者宜加意焉。 　第一，等几何各加等几何，其总即等。 　第二，等几何各减等几何，其余即等。 　第三，等几何各被等几何所乘，其合即等。 　第四，等几何各被等几何所除，其分即等。 　第五，凡几何以他几何又加又减，其多寡不改。 　第六，凡几何以他几何又乘又除，其多寡不改。 　第七，数几何各与他几何相等，彼此即等。 　第八，等几何之同次方亦等。	An Axiom is a self-evident truth. The following axioms underlie the principles of all algebraic operations： 　1. If the same quantity or equal quantities be added to equal quantities，the sums will be equal. 　2. If the same quantity or equal quantities be subtracted from equal quantities，the remainders will be equal. 　3. If equal quantities be multiplied by the same，or equal quantities，the products will be equal. 　4. If equal quantities be divided by the same，or equal quantities，the quotients will be equal. 　5. If a quantity be both increased and diminished by another，its value will not be changed. 　6. If a quantity be both multiplied and divided by another，its value will not be changed. 　7. Quantities which are respectively equal to the same quantity，are equal to each other.

续表

《代数备旨》13 章本第 1 章中"自理"	《新大学代数》第 1 章中"公理"
第九，等几何之同次根亦等。 　　第十，全几何大于其分。 　　第十一，全几何等于其诸分之和。	8. Like powers of equal quantities are equal. 9. Like roots of equal quantities are equal. 10. The whole of a quantity is greater than any of its parts. 11. The whole of a quantity is equal to the sum of all its parts.

资料来源：狄考文选译，邹立文、生福维笔述《代数备旨》，上海美华书馆，1890；Horatio N. Robinson, *New University Algebra：A Theoretical and Practical Treatise，Designed for Use in Colleges and High Schools*（New York and Chicago：Ivison，Blakeman，Taylor & Co，1878），pp. 15 - 16.

　　比较可见，表1 - 7中《代数备旨》13 章本第1章"自理"内容中仅"学者宜加意焉"与《新大学代数》第1章中"公理"内容不同。罗宾逊的《代数学初论：理论与实践》引言"定义和公理"中有8条"公理"，虽然各条在《代数备旨》13 章本第1章"自理"中都有相同的自理，但不足11条，与《代数备旨》的"自理"不能一一对应。罗宾逊的《代数学初论：为那门科学设计的入门课程》第1章前有"公理"共9条，各条在《代数备旨》13 章本第1章"自理"中也都有相同的自理，但亦不足11条，与《代数备旨》的"自理"不能一一对应。

　　《代数备旨》13 章本第1章"开端"第31款"演代数式"的12道习题，完全编译自《新大学代数》第1章中"定义和记号"部分第40款的前12道习题，且排列顺序相同。其中，前书第1题为"设如有甲方加丙之四倍，问其代数式如何？答：甲²＋4丙"；后书第1题为"Give the algebraic expression for the square of *a* increased by 4 times *b*. Ans. a^2+4b"。前书第2题为"今自天乘地之七倍，减人乘

物之五倍，问其代数式如何？答：7 天也－5 人勿"；后书第 2 题为
"Give the algebraic expression for 7 times the product of x and y, di-
minished by 5 times the cube of z". 前书第 3 题为"今自甲方减物三
方之五倍，其较数以十二乘之，并以甲＋乙除之。问其代数式如何？

答：$\dfrac{(甲^2－5\,勿^3)12}{甲＋乙}$"；后书第 3 题为"Indicate the quotient of 12

times the square of a minus 5 times the cube of b, divided by the sum
of a and c". 前书第 8 题为"设如张、王、李有银不等。张银 4 甲两，
王银等于张银甲倍，李银较王银之三倍不足二两。问李银几何？答：
$12\,甲^2－2$"；后书第 8 题为"A has $4m$ dollars，B has m times as
many dollars as A，and C has 3 times as many dollars as B wanting d
dollars；how many dollars has C?"《代数备旨》13 章本仅是第 2、第
8 题对《新大学代数》第 2、第 8 题略有改编，并增加了第 2、第 3、
第 8 题的答案。

《代数备旨》13 章本第 1 章"开端"第 32 款后"习问"的 20 道
题，均编译自《新大学代数》第 1 章中"定义和记号"部分第 41 款的
习题。具体而言，前书第 1 章第 32 款后第 1—16 题、第 17 题、第
18—20 题，分别编译自后书第 1 章第 41 款的第 1—16 题、第 18 题、
第 21—23 题。编译时，前书用甲、乙、丙、丁、己、庚分别表示后书
习题中的 a，b，c，m，n，d。如前书第 4 题为"今求甲丁＋丙^2－丁
庚^4 之同数若干"，编译自后书第 4 题"$am＋c^2－md^4$"。

又如，《代数备旨》13 章本第 2 章"加法"第 33—36 款及 36 款
后的"法术"的内容编译自《新大学代数》第 1 章中"整量"部分
"加法"第 44—49 款的内容。前书除符号以甲表示 a 外，第 36 款的 4
个"法问"的问题，与后书第 1 章中"整量"部分"加法"第 48 款的
4 个例子相同，且排序相同。前书第 36 款前两个"法问"在罗密士的
《代数论》修订版第 2 章"加法"第 40 款有大致相同的内容，但后两

个"法问"没有。因此，《代数备旨》13 章本第 2 章的这些内容编译自《新大学代数》，而不是罗密士的《代数论》修订版。

除符号以甲表示 a、乙表示 b、丙表示 c、丁表示 d、天表示 x、也表示 y，未直接提供答案外，《代数备旨》13 章本第 2 章"加法"第 39 款后"习问"第 1、第 4、第 8、第 9 题，分别与《新大学代数》第 1 章中"整量"部分"加法"第 51 款后的练习例题第 6、第 4、第 8、第 10 题相同。如《代数备旨》第 39 款后第 8 题为"今有 3 天＋2 天也，及乙天＋丙天也，及(甲＋乙)天＋2 丙丁天也，分生数加之宜若干"；《新大学代数》第 51 款后第 8 题为"Add $3x+2xy$，$bx+cxy$，and$(a+b)x+2cdxy$. Ans. $(a+2b+3)x+(2cd+c+2)xy$"。

《代数备旨》13 章本第 3 章"减法"的内容大都编译自《新大学代数》第 1 章中"整量"部分"减法"的相关内容。前书第 3 章的习题都编译自后书第 1 章中"整量"部分"减法"的例题和习题。除符号以甲表示 a、乙表示 b、丙表示 c、丁表示 d、天表示 x、也表示 y、壬表示 p、未表示 q、午表示 r、戊表示 s、子表示 m、人表示 z，大部分习题未直接提供答案外，《代数备旨》13 章本第 3 章"减法"第 41 款后"习问"的 22 道题，在《新大学代数》第 1 章中"整量"部分"减法"第 56 款后的练习例题中都有相同的例题；《代数备旨》13 章本第 3 章"减法"第 42 款后"习问"的 9 道题，与《新大学代数》第 1 章中"整量"部分"减法"第 57 款后的 9 道例题对应相同；《代数备旨》13 章本第 3 章"减法"第 43 款后"习问"的 13 道题，与《新大学代数》第 1 章中"整量"部分"减法"第 61 款的 13 道习题对应相同。

《代数备旨》13 章本第 4 章"乘法"部分内容编译自《新大学代数》第 1 章中"整量"部分的"乘法"和"公式与一般法则"的相关内容。除符号如上述中文表示相应英文字母，并以癸表示 h，丑表示 n，大部分习题未直接提供答案外，《代数备旨》13 章本第 4 章第 47

款后"习问"的 22 道题，与《新大学代数》第 1 章中"整量"部分"乘法"第 68 款后的 22 道练习例题对应相同；《代数备旨》13 章本第 4 章第 48 款后"习问"第 1—6 题，第 7、第 8 题，第 10、第 11 题，第 13—17 题，分别与《新大学代数》第 1 章中"整量"部分"乘法"第 69 款后练习例题第 1、第 3—5、第 6、第 2 题，第 7、第 8 题，第 10、第 11 题，第 13—17 题基本相同；《代数备旨》13 章本第 4 章第 49 款后"习问"的 10 道题，与《新大学代数》第 1 章中"整量"部分"乘法"第 69 款后练习例题第 18—27 题对应相同；《代数备旨》13 章本第 4 章第 52 款后"习问"第 7—25 题，分别与《新大学代数》第 1 章中"整量"部分"乘法"第 70 款后练习例题第 1—19 题对应相同。

《代数备旨》13 章本第 5 章"除法"部分内容编译自《新大学代数》第 1 章中"整量"部分的"除法""整除""倒数、0 次幂与负指数""$a^m \pm b^m$ 类型的量的整除性""因式分解"的相关内容。除符号如上述中文表示相应英文字母，并以寅表示指数 c，以卯表示指数 d，习题未直接提供答案外，《代数备旨》13 章本第 5 章第 54 款后"习问"的 14 道题，与《新大学代数》第 1 章中"整量"部分"除法"第 78 款后练习例题前 14 题相同；《代数备旨》13 章本第 5 章第 55 款后"习问"第 3—7 题，与《新大学代数》第 1 章中"整量"部分"除法"第 78 款后练习例题第 17—21 题相同；《代数备旨》13 章本第 5 章第 56 款后"习问"第 1—10 题、第 11—15 题、第 18—20 题，分别与《新大学代数》第 1 章中"整量"部分"除法"第 79 款后练习例题第 1—10 题、第 13—17 题、第 20—22 题相同；《代数备旨》13 章本第 5 章第 65 款后"习问"第 30 题，与《新大学代数》第 1 章中"整量"部分"因式分解"第 95 款后练习例题第 10 题相同。

《代数备旨》13 章本第 6 章"生倍"内容大都编译自《新大学代数》第 1 章中"整量"部分"最大公因数""最小公倍数"。除符号如上述中文表示相应英文字母，且未直接提供答案外，《代数备旨》13

章本第 6 章"生倍"第 69 款后"习问"的 14 道题，与《新大学代数》第 1 章中"整量"部分"最大公因数"第 105 款后的 14 道练习例题对应相同；《代数备旨》13 章本第 6 章"生倍"第 73 款后"习问"的 10 道题，与《新大学代数》第 1 章中"整量"部分"最小公倍数"第 109 款后的 10 道练习例题对应相同；《代数备旨》13 章本第 6 章"生倍"第 74 款后"习问"第 1—4 题、第 5—7 题，分别与《新大学代数》第 1 章中"整量"部分"最小公倍数"第 110 款后练习例题第 1—4 题、第 6—8 题对应相同。

　　《代数备旨》13 章本第 7 章"命分"内容大都编译自《新大学代数》第 1 章中"分式"部分的内容。除符号如上述中文表示相应英文字母，未直接提供答案外，《代数备旨》13 章本第 7 章第 87 款后"习问"前 14 题，与《新大学代数》第 1 章中"分式"部分"约分"第 124 款后的 14 道练习例题对应相同；《代数备旨》13 章本第 7 章第 88 款后"习问"的 11 道题，与《新大学代数》第 1 章中"分式"部分"约分"第 125 款后的 11 道练习例题对应相同；《代数备旨》13 章本第 7 章第 89 款后"习问"的 12 道题，与《新大学代数》第 1 章中"分式"部分"约分"第 126 款后的 12 道练习例题对应相同；《代数备旨》13 章本第 7 章第 90 款后"习问"第 1—6 题，第 7—13 题，第 14—15 题，分别与《新大学代数》第 1 章中"分式"部分"约分"第 127 款后练习例题第 1、第 3—5、第 7、第 8 题，第 9—15 题，第 17—18 题相同；《代数备旨》13 章本第 7 章第 92 款后"习问"的 8 道题，与《新大学代数》第 1 章中"分式"部分"约分"第 128 款后的 8 道练习例题对应相同；《代数备旨》13 章本第 7 章第 93 款后"习问"第 2—6 题，第 7、第 8 题，第 9、第 10 题，第 11、第 12 题，分别与《新大学代数》第 1 章中"分式"部分"加法"第 129 款后练习例题第 1—5 题，第 7、第 8 题，第 10、第 11 题，第 12、第 13 题对应相同；《代数备旨》13 章本第 7 章第 94 款后"习问"第 3—11 题，与《新大学代数》第 1 章中"分式"部分"减法"第 130 款后练习例题第 2—10 题相同；《代数备旨》13 章本第 7 章第 95 款后"习问"第 1—6 题，第 7—13 题，第 18 题，分别与《新大学代数》第 1 章中"分式"部分"乘法"第 132 款后练习例题第 2、第 4—8 题，第 10—16 题，第 17 题相同；《代数备旨》13 章本第 7 章第 97 款后"习问"第 1—6 题、第 7—9 题、第 10—15 题，分别与《新大学代数》第 1 章中"分式"部分"除法"第 133 款后练习例题第 2—7 题、第 9—11 题、第 13—18 题相同；《代数备旨》13 章本第 7 章第 99 款后"习问"第 2—10 题、第 13 题，分别与《新大学代数》第 1 章中"分式"部分"复杂形式的约分"第 135 款后练习例题第 1—9 题、第 10 题相同。

再如，《代数备旨》13 章本第 8 章"一次方程"、第 9 章"偏程"的内容大都编译自《新大学代数》第 2 章"简单方程"。《代数备旨》13 章本第 10 章"方"和第 11 章"方根"的内容部分编译自《新大学代数》第 3 章"乘方与根"。《代数备旨》13 章本第 12 章"根几何"的内容大都编译自《新大学代数》第 4 章"根式"。《代数备旨》13 章本第 13 章"二次方程"的内容大都编译自《新大学代数》第 5 章"二次方程"。《代数备旨》13 章本第 8—13 章的习题主要编译自《新大学代数》相应章的练习例题，因数量较大，不逐一细述。

《代数备旨》下卷第 19—24 章主要编译自《新大学代数》第 7 章"数列"。《代数备旨》下卷第 19 章"论自方程之式"编译自《新大学代数》第 7 章"数列"的"恒等方程"。《代数备旨》下卷第 20 章"论分数拆股之法"主要编译自《新大学代数》第 7 章"数列"的"有理分式拆分"的内容，其中前书第 20 章习题第 3—7 题，分别编译自后书第 7 章中的"有理分式拆分"的练习例题第 2、第 1、第 3、第 4、第 5 题。

《代数备旨》下卷第 21 章"论二项例之类"部分内容编译自《新大学代数》第 7 章"数列"的"二项式定理""二项式公式的应用"和

"代换法"的内容，其中前书第 21 章习题第 1—3 题，分别编译自后书第 7 章中的"二项式公式的应用"第 377 款前 3 道例题；前书第 21 章习题第 4、第 6、第 8—16 题，分别编译自后书第 7 章中的"二项式公式的应用"的练习例题第 1、第 3、第 5、第 10—第 15、第 19、第 21 题；前书第 21 章习题第 19 题，编译自后书第 7 章中的"代换法"第 378 款第 2 道例题；前书第 21 章习题第 20—22、第 35 题，分别编译自后书第 7 章中的"代换法"第 378 款后练习例题第 1—3、第 5 题；前书第 21 章习题第 37—39 题，分别编译自后书第 7 章中的"代换法"第 379 款后练习例题第 5—7 题。

《代数备旨》下卷第 22 章"论无穷方根开为级数之法"编译自《新大学代数》第 7 章"数列"的"不尽根的级数展开"和"分式的级数展开"，前书第 22 章第 52 款后习题第 1 题，编译自后书第 7 章中"不尽根的级数展开"第 380 款的第 1 道例题；前书第 22 章第 52 款后习题第 2—4 题、第 5—8 题，分别编译自后书第 7 章中"不尽根的级数展开"第 380 款后练习例题第 1—3 题、第 5—8 题；前书第 22 章第 53 款后习题第 1 题，编译自后书第 7 章中"分式的级数展开"第 381 款；前书第 22 章第 53 款后习题第 4—8 题，编译自后书第 7 章中"分式的级数展开"第 381 款后练习例题第 3—7 题。

《代数备旨》下卷第 23 章"论泛系数之法"编译自《新大学代数》第 7 章"数列"的"不定系数法"，前书第 23 章的 6 道习题，全部编译自后书第 7 章中"不定系数法"的练习例题，具体分别编译自第 1、第 2、第 4、第 5、第 7、第 8 题。《代数备旨》下卷第 24 章"论回级数求总之法"编译自《新大学代数》第 7 章"数列"的"循环级数"，前书第 24 章习题第 1 题编译自后书第 7 章中"循环级数"第 391 款的例题；前书第 24 章习题第 2 题、第 3 题、第 5 题、第 6 题、第 7 题、第 8 题、第 9 题，分别编译自后书第 7 章中"循环级数"第 391 款后练习例题第 1 题、第 2 题、第 5 题、第 4 题、第 6 题、第 7 题、第 8 题。

经统计，《代数备旨》下卷第 20—24 章共有 55 道习题编译自《新大学代数》第 7 章，占《代数备旨》下卷习题总数 149 道的 36.9%，即逾三分之一。

（三）托德亨特的《大学和学校用代数学：配有大量例题》

托德亨特早年就读于伦敦大学学院（University College, London）夜校，成为德·摩根的学生。1842 年和 1843 年相继在伦敦大学获得学士和硕士学位。在德·摩根的建议下，他于 1844 年进入剑桥大学圣约翰学院（John's College）任教。托德亨特一生编撰多部数学教科书，是英国著名数学教科书编撰者①②。他的《大学和学校用代数学：配有大量例题》（*Algebra for the Use of Colleges and Schools：With Numerous Examples*）于 1860 年前初版，1866 年出至第 4 版③，1875 年出至第 7 版④，在英国具有一定的影响，是《代数备旨》下卷底本之一。

《代数备旨》下卷第 14 章"论无定方程"的习题第 2、第 3、第 4、第 5、第 6、第 7 题分别编译自托德亨特的《大学和学校用代数学：配有大量例题》第 46 章"一次不定方程"末的第 5、第 3、第 6、第 7、第 8、第 10 道例题⑤。前书第 2 题为"3 天＋7 也＝250，求天、也之同数若干"，编译自后书第 5 道例题"$3x＋7y＝250$"；前书第 3 题为"19 天＋5 也＝119，求天、也之同数若干"，编译自后书第 3 道例题"$19x＋5y＝119$"；前书第 4 题为"13 天＋19 也＝1170，求天、也之

①MAYOR J E B. In Memoriam：Isaac Todhunter [M]. Cambridge：Macmillan & Bowes, 1884：3 - 4.

②JOHNSON W. Isaac Todhunter (1820—1884)：Textbook Writer, Scholar, Coach and Historian of Science[J]. Int. J. Mech. Sci, 1996, 38(11)：1231 - 1270.

③TODHUNTER I. Algebra for the Use of Colleges and Schools：With Numerous Examples[M]. London：Macmillan and Co, 1866.

④TODHUNTER I. Algebra for the Use of Colleges and Schools：With Numerous Examples[M]. London：Macmillan and Co, 1875.

⑤同④393.

同数若干"，编译自后书第 6 道例题"$13x+19y=1170$"；前书第 5 题为"7 天-9 也$=29$，求天、也之同数若干"，编译自后书第 7 道例题"$7x-9y=29$"；前书第 6 题为"9 天-11 也$=8$，求天、也之同数若干"，编译自后书第 8 道例题"$9x-11y=8$"；前书第 7 题为"17 天-49 也$+8=0$，求天、也之同数若干"，编译自后书第 10 道例题"$17x-49y+8=0$"。

《代数备旨》下卷第 14 章"论无定方程"之"习问"第 13 题与托德亨特的《大学和学校用代数学：配有大量例题》第 46 章"一次不定方程"第 34 道习题相似，分别为"今有人买生畜一百只，共用银一百两。只知绵羊每只三两半，山羊每只一零三分之一两，猪每口五钱。问三畜各若干""A farmer buys oxen，sheep，and ducks. The whole number bought is 100，and the whole sum paid=**£**100. Supposing the oxen to cost **£**5，the sheep **£**1，and the ducks 1 s. per head；find what number he bought of each. Of how many solutions does the problem admit"①。这两道习题都是 3 种牲畜，牲畜数量和钱数均为 100，仅是牲畜种类、单价、货币单位不同，由此推断应该是前题编译自后题。

《代数备旨》下卷第 16 章"论四次方程之解法"第 18 道习题编译自托德亨特的《大学和学校用代数学：配有大量例题》第 54 章"不同种类的方程"第 759 款第 3 个方程，分别为"有 $\dfrac{天^2}{3}+\dfrac{48}{天^2}=10\left(\dfrac{天}{3}-\dfrac{4}{天}\right)$ 式，求其天之同数若干""$\dfrac{x^2}{3}+\dfrac{48}{x^2}=10\left(\dfrac{x}{3}-\dfrac{4}{x}\right)$"②。

①TODHUNTER I. Algebra for the Use of Colleges and Schools：With Numerous Examples[M].London：Macmillan and Co，1875：395.

②同①483.

（四）傅兰雅和华蘅芳合译的《代数术》

傅兰雅和华蘅芳合译的《代数术》① 也是《代数备旨》下卷底本之一。《代数备旨》下卷第 14—18 章课文，分别有内容改编自《代数术》第 21 卷、第 11—13 卷、第 15 卷、第 16 卷，见表 1-8。

表 1-8　《代数备旨》下卷改编自《代数术》内容一览表

《代数备旨》下卷		《代数术》	
第 14 章 论无定方程	第 1 款	第 21 卷 论未定之相等式	第 192 款
	第 2 款		第 193 款
	第 3 款		第 194 款
	第 4 款		第 195 款
	第 5 款		第 196 款
	第 6 款		第 197 款
	第 7 款		第 198—200 款
第 15 章 论三次之正杂各方程解法	第 8 款	第 11 卷 论三次之正杂各方式 解法	第 113 款
	第 19 款		第 114 款
	第 20 款		第 115、第 116 款
	第 21 款		第 117 款
第 16 章 论四次方程之解法	第 22 款	第 12 卷 论四次式之解法	第 122 款
	第 23 款		第 123 款
	第 24 款		第 124、第 125 款
	第 25 款		第 126 款
	第 26 款		第 127、第 128 款
	第 27 款	第 13 卷 论等职各次式之解法	第 131、第 133 款
	第 29 款		第 134、第 135 款

---

①华里司. 代数术 ［M］. 傅兰雅，口译，华蘅芳，笔述. 上海：江南机器制造总局，1874.

续表

《代数备旨》下卷		《代数术》	
第 17 章 论有实根之各次解法	第 31 款	第 15 卷 论有实根之各次式解法	第 144 款
	第 32 款		第 145 款
	第 33 款		第 146 款
	第 34 款		第 147、第 148 款
第 18 章 论求略近之根	第 35 款	第 16 卷 论求略近之根数	第 151、第 153 款
	第 36 款		第 154 款
	第 37 款		第 155 款
	第 38 款		第 156 款
	第 39 款		第 156 款
	第 40 款		第 157 款

资料来源：狄考文译本，范震亚校录《代数备旨》（下卷），上海会文编译社，1902；华里司辑，傅兰雅口译，华蘅芳笔述《代数术》，江南机器制造总局刻本，1874。

　　在《代数备旨》下卷第 14—18 章中，有 1 章即第 15 章有少量内容改编自《代数术》。该章共 14 款即第 8—21 款，有 4 款改编自《代数术》。其余 4 章则是每章绝大部分或全部内容都改编自《代数术》。其中，第 14 章共 7 款，全部改编自《代数术》；第 16 章共 9 款即第 22—30 款，有 7 款改编自《代数术》；第 17 章共 4 款即第 31—34 款，全部改编自《代数术》；第 18 章共 7 款即第 35—41 款，有 6 款改编自《代数术》。整体上，《代数备旨》下卷第 14—18 章共 41 款，有 28 款改编自《代数术》，占这 5 章款数的 68.3%。其中，不少内容与《代数术》对应内容高度相似。这从表 1-9 所列《代数备旨》下卷第 15 章第 8 款与《代数术》第 11 卷第 113 款各一段文字中可见一斑。

表 1-9　《代数备旨》下卷第 15 章第 8 款与《代数术》
第 11 卷第 113 款部分内容

《代数备旨》下卷第 15 章	《代数术》第 11 卷
第八款　凡三次之各方程式，并三次以上各方程式，皆可分为二种。其一为正方，一为杂方。其例与二次式分类之法相同。三次之正方式或如天³＝125（1），或如天³＝－27（2）。其公式为天³＝未。由此可见，如将（1）（2）两式各求其天之同数，只须两边各开立方，即可从（1）式得天＝5。从（2）式得天＝－3。其公式则为天＝∛未。人初观天³＝未之式，必以为其天只有一个同数，即以天³＝丙³之式变为天³－丙³＝0，得天＝丙之一个同数也。	第一百十三款　三次之各方式并三次以上各方式，皆可分为二种。其中一种为正方，一种为杂方。其例与二次式分类之法同。三次之正方式或如天三＝一二五〇，或如天三＝丅二七〇。其公式为天三＝未。由此可见，如欲将〇〇两式各求其天之同数，只须两边各开立方，即可从〇式得天＝⊥五。从〇式得天＝丅三。其公式则为天三＝√未。人初观天三＝未之式，必以为其天只有一个同数，即以未＝丙三，而从天三－丙三＝0，得天＝丙之一个同数也。

　　资料来源：狄考文译本，范震亚校录《代数备旨》（下卷），上海会文编译社，1902；华里司辑，傅兰雅口译，华蘅芳笔述《代数术》，江南机器制造总局刻本，1874。

　　通过比较可见，这两段文字的表述十分相似，甚至《代数备旨》下卷"人初观天³＝未之式，必以为其天只有一个同数"与《代数术》"人初观天三＝未之式，必以为其天只有一个同数"等文字基本相同。主要不同之处只是在表示数目时，《代数备旨》使用阿拉伯数码，《代数术》则使用中文；《代数备旨》以"天³＝丙³"表示《代数术》的"未＝丙三"。

　　《代数术》的底本是英国数学家华里司为《大英百科全书》第 7 版

撰写的条目"Algebra"①②。狄考文编译《代数备旨》下卷时，并未直接取材于《代数术》的底本。如在《代数术》的底本中，表 1 - 9 所列《代数术》第 11 卷第 113 款的原文如下：

Cubic equations，as well as equations of every higher degree，are，like quadratics，divided into two classes：they are said to be *pure* when they contain only one power of the unknown quantity；and *adfected* when they contain two or more power of that quantity.

Pure cubic equations are therefore of this form，$x^3 = 125$，or $x^3 = -27$，or，in general，$x^3 = r$；and hence it appears，that the value of the simple power of the unknown quantity may always be found without difficulty，by extracting the cube root of each side of the equation；thus，from the first of the three preceding examples we find $x = +5$，from the second，$x = -3$，and from the third，$x = \sqrt[3]{r}$.

It would seem at first sight that the only value which x can have in the cubic equation $x^3 = r$，or putting $r = c^3$，$x^3 - c^3 = 0$，is this one，$x = c$.③

这段原文介绍三次和三次以上方程的分类时，说明了正方程即纯方程和杂方程的定义：正方程为未知量项仅有一项的方程，杂方程为未知量项有两项或两项以上的方程。但表 1 - 9 所列《代数术》译文和

---

①刘秋华. 傅兰雅翻译的数学著作的底本问题［J］. 自然辩证法通讯，2015，37（6）：14 - 15.

②WALLACE W. Algebra［M］//The Encyclopaedia Britannica or Dictionary of Arts，Sciences，and General Literature，vol. II. Edinburgh：Adam and Charles Black，1842：420 - 502.

③同②454.

《代数备旨》下卷均未说明。这段原文没有与《代数备旨》下卷中"其例与二次式分类之法相同"的同义语句，而《代数术》有基本相同的文字"其例与二次式分类之法同"。表 1-9 左右两栏中，"天三＝一二五"与其对应的"天³＝125"，"天三＝丁二七"与其对应的"天³＝一27"，分别标有方程的序号㊀和（1）、㊁和（2），而这段原文中相应的方程没有标注序号。这段原文有如下一句："that the value of the simple power of the unknown quantity may always be found without difficulty."在表 1-9 左右两栏中，都没有与该句意义相同的文字。这表明《代数备旨》下卷第 15 章第 8 款直接编译自《代数术》第 11 卷第 113 款，并非编译自《代数术》底本。

《代数备旨》下卷第 14 章也有习题取材于《代数术》。该章第 8 道习题取材于《代数术》第 21 卷第 193 款第 3 题，该习题为"有欠人小洋钱一仟二百元，只有大小二种金钱能抵此债。其大金钱每元可抵小洋钱二十七元，小金钱每元可抵小洋钱二十一元。今欲用两种金钱还此欠项，问有几样配搭之法"。该章第 25—27 道习题，分别取材于《代数术》第 21 卷第 200 款第 1—3 题。

四、《代数备旨》的编译情况

狄考文及其合作者编译《代数备旨》时，主要参考《代数论》修订版的框架结构，综合了《代数论》修订版、《新大学代数》、《代数术》、《大学和学校用代数学：配有大量例题》等底本的内容，按照由浅入深的顺序对所选取的内容做了统筹编排。《代数备旨》13 章本"代数凡例"对这一编排方式做了说明，并对学习者提出要求："此书乃由浅及深，原有一定之序，故凡欲学之者，亦当按部就班，断不可躐等而进。设若学数款而又舍数款，则必不能得其明也。"还有一些其他要求，针对的对象不光是学习者，还有教师。如其中提出"此书文虽浅显，而理实深奥，非如闲书，一览之余，即能揭其底蕴也。故学

之者须专心致志，步步温习，方能得此书之精微矣""欲习此书者，必
先熟于数学，如加、减、乘、除、诸等、命分、小数，等等。否则其
理难穷，其事难终也""凡为师者，宜使诸生将书中之法术，一一解明
证出，观其是否明白，且书中之习问，又宜使其一一算清。至于当背
者，惟有法术而已，余者不必背也"。这些要求对于学习者和教师都是
有益的指导。

　　设习题是《代数备旨》的一个特点。这一特点是伟烈亚力和李善
兰所译《代数学》、傅兰雅和华蘅芳所译《代数术》不具备的。习题对
学习者演练和巩固所学知识是重要的。《代数备旨》13 章本和下卷均
附习题答案，即"总答"。"总答"列于书末，与现今一般数学练习册
编排方式相同。狄考文及其合作者这样编排，目的是先让学生"先依
书中之理，自出心裁而算之，后不过将答捡出对证之而已"。但《代数
备旨》13 章本有的章所设习题过多，如第 8 章 220 道，第 13 章 233
道，第 12 章 245 道，而这些章的法问相对较少，致使课文和习题失
衡。晚清学者彭致君在其《改正代数备旨补草》中就指出：《代数备
旨》"法问少而习题多，纵学者天资最高，亦有不能遍解之势，是教者
劳而学者不易"①。

　　《代数论》修订版、《新大学代数》、《大学和学校用代数学：配有
大量例题》、《代数术》都是用公理化方法建立起逻辑演绎体系的数学
教科书。《代数备旨》以这些教科书为底本，也不例外。《代数备旨》
13 章本第 1 章"开端"，共 32 款，介绍全书基本定义、术语、符号、
公理等。前 6 款分别介绍"几何""几何学""代数学""代数几何"
"已知之几何""未知之几何"的定义。第 7 和第 8 款分别介绍术语
"元字"和"同数"。第 10 至第 21 款介绍加、减、乘、除、方数、根

---

①彭致君. 改正代数备旨补草［M］. 清刻本.［出版地不详］：［出版者不详］，
　1903.

号等符号。第 22 至第 29 款分别介绍"系数""项""代数式""正项""负项""相似之项""不相似之项""次数""同次式""倒数"的定义；第 30 款"自理"介绍公理，如"等几何各加等几何，其总即等""等几何各减等几何，其余即等"等。第 32 款介绍"式之同数"的定义。

《代数备旨》13 章本接下来的每章，一般先以"款"的方式，给出相关定义、方法、定理等，并经常穿插"法问"及"解"，或例子予以说明，或给出"法术"，即法则。其中"款"的编号全书通排，依次排序。供学习者练习的"习问"一般都放于"法术"之后，但有时也放于介绍定义、术语、方法等的"款"后。每章的"款"并非在该章开篇全部列出。例如，第 2 章"加法"先介绍 4 个定义，即第 33 至第 36 款"代数加法""数学总""代数总""独项式相加"，然后给出 4 个"法问"及"解"予以说明。此后，给出 3 个"法术"，再给出 15 道"习问"。接着给出第 37 款"括弓式相加"，介绍相加方法后举例说明，随后给出 9 道"习问"。再如，第 4 章"乘法"，先介绍"代数乘法""合式无关于相乘之序""独项相乘"的定义、方法等，即第 45 至第 47 款，并进行说明，然后相继给出"法术""习问"，接着给出第 48 款"多项相乘"的两个"法问"及"解""法术""习问"等。又如，第 8 章"一次方程"，先自第 100 至第 109 款介绍"方程""两端""两端之正负""同数""数方程""字方程""自方程""方程之次""变方程""迁项"的定义，然后给出"法术""习问"，再于第 110 款介绍"去分数"的方法，然后给出"法术""习问"，之后以这种方式逐步地深入介绍一次方程相关知识。

《代数备旨》下卷与 13 章本的章的内容安排有所不同。下卷各章都以"款"的方式，给出相关定义、方法、定理等，在部分章的一些款下设"法问"和问题解法，各章均无"法术"。如《代数备旨》下卷第 14 章"论无定方程"由 7"款"组成，第 1 至第 3 款和第 5 款设"法问"，给出解法，未设"法术"；第 15 章"论三次之正杂各方程解法"由 14 "款"组成，各款下均未设"法问"和"法术"。

《代数备旨》13 章本和下卷内容都层次分明，条理清晰。在这点上，伟烈亚力和李善兰合译的《代数学》较之逊色。《代数学》共 13 卷，各卷仅有卷名，未设卷内标题，也未设"款""法问"等项①。其各卷内容层次感和条理性不强。

如同《形学备旨》，《代数备旨》13 章本也采用了浅文理的表述形式。《代数备旨》13 章本的表述形式大体介于文言和白话之间，虽然表述中仍留有文言的味道，但文字趋于白话，浅显易懂。这从《代数备旨》13 章本第 1 章"开端"之"代数学"的定义可窥一斑：

> 代数学居几何学中之一，乃以字代数，凡几何必以数明之，方可入于算学之界②，以号显其变通之法，其所以代之以字者，因欲广其算术，而显之以号者，乃欲简其算式焉③。

作为该书的笔述者，邹立文和生福维的工作是笔译书稿，邹立文对该书译稿做了修改、审定。笔译书稿必然要定文法，修改、审定译稿也可能修改文法。因此，邹立文和生福维是该书浅文理表述方式的落实者。

狄考文及其合作者编译《代数备旨》时，如同他与合作者稍早编译的《形学备旨》，也采用了西方国家已通用的阿拉伯数码和西方数学符号。但对于已知量，西方一般以英语字母表示，而《代数备旨》以中文天干、地支中的字表示；对于未知量，西方一般以 x, y, z, w 等英文字母表示，而《代数备旨》顺应中国数学传统，以天、地、人、物等字表示。只不过为了书写"地""物"时省笔，分别略去偏旁

---

① 棣么甘. 代数学 [M]. 伟烈亚力，口译，李善兰，笔受. 上海活字印刷本. 上海：[出版者不详]，1859.

② "凡几何必以数明之，方可入于算学之界"在原文中字号较小，为对前文的注释。这沿袭了中国古书的注释格式。

③ 狄考文. 代数备旨 [M]. 邹立文，生福维，笔述. 上海：上海美华书馆，1890.

"土""牛",但读时仍提倡读"地""物"。这些做法是《代数备旨》的缺点。这一缺点致使该书内的数学知识在表示形式上不能完全与国际接轨。同时,狄考文及其合作者使用中文表示已知量和未知量时,并未将中文与英文字母建立严格的对应关系。例如,他们在《代数备旨》13 章本中,有时以丁表示 m,有时以子表示 m,在《代数备旨》下卷则以丑表示 m。为了"顺中国写字之法"和"省纸张"①,《代数备旨》全书除文字外,算式也以竖行书写,并未采用西方已通行的横行写法。

狄考文及其合作者为了使中国人使用《代数备旨》时感受到这就是为他们所写的书,易于接受该书,对书中内容,特别是问题、习题的中国化即中国本土化做出了努力。以《代数备旨》13 章本第 8 章"一次方程"为例,该章大部分内容取材于罗宾逊《新大学代数》第 2 章"简单方程"。罗宾逊该书第 2 章先介绍了"方程"的定义:"An *Equation* is an expression of equality between two quantities. Thus, $x+y=a$ is an equation, signifying that the sum of x and y is equal to a."《代数备旨》13 章本第 8 章相应的内容为第 100 款方程的定义:"相等之两几何,以等号连之,为方程。如天+也=甲是也。"同时,该章做出注释:"代数之有方程,犹天元、四元之有如积也。"这就将方程与中算之天元术、四元术联系起来了。罗宾逊该书第 2 章有如下例题:"A and B have each the same annual income. A's yearly expenses are ＄800 and B's ＄1000, and A saves as much in 5 years as B saves in 7 years; how much is the annual income?"《代数备旨》13 章本第 8 章相应的内容为第 114 款"法问二":"今有张王二人,其每年之进项相同。张姓每年销用八百两,王姓每年销用一千两。如是张姓五年之蓄适等于王姓七年之蓄。问二人每年进项若干?"这显然是将 A 和 B 分别改为了中国人张和王,将美元单位改为了中国货币单位两。

①狄考文. 代数备旨 [M]. 邹立文,生福维,笔述. 上海:上海美华书馆,1890.

罗宾逊该书第 2 章第 193 款例题第 4 题："Two teachers，A and B，have the same monthly wages. A is employed 9 months in the year，and his annual expenses are ＄450；B is employed 6 months in the year，and his annual expenses are ＄300. Now A lays up in two years as much as B does in 3 years. Required the monthly wages of each."《代数备旨》13 章本第 8 章相应的内容为第 133 款后的第 3 道习题："今有赵孙二位先生，每月束脩相同。赵每年教读九月，用去洋银四百五十元。孙每年教读六月，用去洋银三百元。如是赵二年之余资，适等于孙三年所余。问每年各该束脩若干?"这是将 A 和 B 改为了两位中国教师——"赵孙二位先生"，将"wages"改为中国古代特指教师报酬的名词"束脩"，将美元名称改为中国使用的货币单位洋银。再如，《代数备旨》13 章本第 13 章"二次方程"第 217 款"题问"第 26 题："今一农人卖麦与包米，即域米也①，各得钱三十八千四百文。若包米多十六斗，而每斗价少四百文。问各斗数若干?"其中，"包米"为中国方言，指玉米。《代数备旨》中类似的内容还有不少。这些内容明显具有中国本土化的特征，中国人对其是易于接受的。

狄考文及其合作者编译《代数备旨》13 章本时，从罗宾逊《新大学代数》取材较多，但对后书内容并非整章节地照译，而是有选择地编译。例如，《代数备旨》13 章本第 1—7 章有大量内容取材于《新大学代数》第 1 章，但后书第 1 章"数学"、"重号"（Double Sign）、"分数指数"、"代换"（Substitution）等不少内容未被狄考文选择。

狄考文及其合作者对《代数备旨》13 章本中编译自《新大学代数》的一些章，加入《代数论》修订版的内容。例如，《代数备旨》13 章本第 6 章"生倍"内容大都编译自《新大学代数》第 1 章中"整量"部分的"最大公因数"和"最小公倍数"，但其第 68 款中"法术"后

①"即域米也"在原文中字号较小，为对包米的注释。

的第 1、第 2 问都编译自《代数论》修订版第 6 章 "最大公因数—最小公倍数" 第 93 款后例题第 1、第 2 题。《代数备旨》13 章本第 13 章 "二次方程" 内容大都编译自《新大学代数》第 5 章 "二次方程",但其第 201 款 "题问" 的 15 道问题,都编译自《代数论》修订版第 14 章 "二次方程" 第 255 款后的 15 道问题,其中第 5 题的数字与底本的不尽相同。

狄考文及其合作者编译《代数备旨》下卷时,对《代数术》和《新大学代数》的内容多有照搬之处,但也有一些改编。例如,《代数备旨》下卷第 17 章第 34 款介绍有系数为分数的方程的解法,内容如下:

若所设之各次式,其系数有为分数者,则依法变为他式。

令其首项之系数仍为一,其余各项俱为整数,而后用前款之法,求其变式之实根,则知原式之根矣。

今有 $天^3 - \dfrac{7}{4}天^2 + \dfrac{35}{4}天 - 6 = 0$ 式,求其实根。

先依上法,设 $天 = \dfrac{也}{4}$,变其式为

$$\dfrac{也^3}{64} + \dfrac{7也^2}{64} + \dfrac{35也}{16} - 6 = 0。$$

化之得 $也^3 - 7也^2 + 140也 - 384 = 0$。

以此式用前款之法求之,则得一根为 $也 = 3$。

所以 $天 = \dfrac{也}{4}$,亦即 $天 = \dfrac{3}{4}$ 为原式之一根也。

复以 $天 - \dfrac{3}{4}$ 约原式 $天^3 - \dfrac{7}{4}天^2 + \dfrac{35}{4}天 - 6 = 0$,则得 $天^2 - 天 + 8 = 0$。

按二次式常法解之,则得其二幻根,为 $天 = \dfrac{1}{2} + \dfrac{1}{2}\sqrt{-31}$ (1),$天 = \dfrac{1}{2} - \dfrac{1}{2}\sqrt{-31}$ (2)。

倘各次式其首项系数为一，其各项之系数曾经化为整数，而其各根不能在可度末项之诸数中求得，则可知此式，无论其为正方或为杂方，其根不能以整数及整数之分数明之①。

该款内容编译自《代数术》第 15 卷第 147、第 148 款。从开始到"按二次式常法解之，则得其二幻根"，基本是《代数术》第 147 款的全部内容。接下来求解出的两个复数根"天$=\dfrac{1}{2}+\dfrac{1}{2}\sqrt{-31}$""天$=\dfrac{1}{2}-\dfrac{1}{2}\sqrt{-31}$"是狄考文增加的内容。《代数术》第 15 卷第 147 款及其底本原文，均无这两个复数根的具体值。第 34 款最后一段以《代数术》第 15 卷第 148 款如下文字为底本编译："设有各次式，其首项之倍数为一，其各项之倍数俱为整数，而其各根不能在可度末项之诸数中求得，则可知此式无论为正方、为杂方，其根必不能以整数及整数之分数明之。"这段文字之后是对这一命题的证明，内容较长，具有一定难度，狄考文编译《代数备旨》下卷时将其删除，使其更简明。

狄考文及其合作者编译《代数备旨》时，主要沿用了《代数学》《代数术》中的名词术语，但也创制了"公生""公倍""命分""偏程""根几何""幻几何"等名词。其中，"公生"对应的英文是"common divisor"，即公因数；"公倍"对应的英文是"common multiple"，即公倍数；"命分"对应的英文是"fraction"，即分式、分数；"偏程"对应的英文是"inequality"，即不等式；"根几何"对应的英文是"radical quantity"，即根式；"幻几何"对应的英文是"imaginary quantity"，即虚量。这些名词在晚清的新名词之战中大都未能胜出。20 世纪初清朝学部编订名词馆统一数学名词时，仅保留了"命分"②。其他名词，除"公

---

①狄考文. 代数备旨：下卷［M］. 范震亚，校录. 上海：上海会文编译社，1902.
②学部编订名词馆. 数学中英名词对照表［M］. 北京大学图书馆藏铅印本.［出版地不详］：［出版者不详］，［1910］.

倍"被改为"公倍数"外，均被淘汰。

五、《代数备旨》的流传与影响

《代数备旨》13 章本于 1890 年或 1891 年初版后，再版和重印近 20 次①，被教会学校与清朝官办、私立新式学校、学堂广泛用作教科书。其中，教会学校包括榕城格致书院、杭州育英义塾、登州文会馆等，新式学校、学堂包括南阳公学师范、杭州求是书院、长沙时务学堂、贵阳经世学堂、扬州仪董学堂、瑞安普通学堂、绍兴中西学堂等②③④。梁启超所撰的《西学书目表》⑤、徐维则辑的《增版东西学书录》⑥，都收入了《代数备旨》。1902 年，湖广总督张之洞在上奏光绪皇帝的《筹定学堂规模次第兴办折》中，将《代数备旨》纳入湖北省学堂暂用的"旧时课本"⑦。1903 年，《京师大学堂暂定各学堂应用书目》中，"算学门"的用书包括《代数备旨》⑧。《代数备旨》13 章本出版后，还有一些注释性或补充性著作问世。如《代数备旨习草》、《代数备旨补式》、《代数备旨补草》、徐锡麟的《代数备旨全草》、袁纲维的《代数备旨题问细草》及彭致君的《改正代数备旨补草》等⑨⑩。

---

① 李迪. 中国算学书目汇编 [M]. 北京：北京师范大学出版社，2000：204 - 205.
② 祝捷. 狄考文《形学备旨》和《代数备旨》研究 [D]. 合肥：中国科学技术大学，2017：103 - 104.
③ 梁启超. 时务学堂学约 [M]//中西学门径书. 上海：大同译书局，1898.
④ 汤志钧，陈祖恩. 中国近代教育史资料汇编：戊戌时期教育 [M]. 上海：上海教育出版社，1993：225.
⑤ 梁启超. 西学书目表 [M]//中西学门径书. 上海：大同译书局，1898.
⑥ 徐维则. 增版东西学书录 [M]. 顾燮光，增补. 排印本. [出版地不详]：[出版者不详]，1902.
⑦ 张之洞. 湖广总督张之洞：筹定学堂规模次第兴办折 [M]//璩鑫圭，唐良炎. 中国近代教育史资料汇编——学制演变. 上海：上海教育出版社，1991：105.
⑧ 教育部. 第一次中国教育年鉴 [M]. 上海：开明书店，1934：118.
⑨ 李迪. 中国算学书目汇编 [M]. 北京：北京师范大学出版社，2000：206 - 207.
⑩ 彭致君. 改正代数备旨补草 [M]. 清刻本. [出版地不详]：[出版者不详]，1903.

因而，《代数备旨》13 章本对晚清中学数学教育发展、初等代数学传播和普及起到重要作用。

然而，《代数备旨》下卷于 1902 年出版后，仅于 1905 年再版①，流行程度远逊于 13 章本。这与《代数备旨》下卷内容设计相对《代数备旨》13 章本简略，版式和印刷相对不够精美有关。但更重要的原因是该书下卷出版后约 2 年，即 1904 年，晚清政府颁行"癸卯学制"，全国各地学校多采用新式中学数学教科书，《代数备旨》已开始走向被新式代数教科书取代而淡出历史舞台的结局。

本章小结

第一次鸦片战争后，在第二次西学东渐大潮中，以上海墨海书馆、江南制造局等教会机构、政府机构为据点的中外人士合作翻译西方数学著作的活动相继展开。从 19 世纪中叶开始陆续有欧美数学教科书被引进中国，成为中国近代中学数学教科书诞生的先声。第二次鸦片战争结束后，在西学东渐、"算学"与国家"自强"产生直接关联并上升为意识形态的背景下，不仅晚清官办洋务学堂，教会中学也重视数学教育。这为中国近代中学数学教科书的发展提供了必要的条件。1877年益智书会成立后，编撰和出版教科书成为基督教会在华教育事业的一项重要而有组织的工作。19 世纪 80 年代，教会学校编译的中学程度的中文数学教科书在中国开始出现。益智书会的推动和教会学校数学教学的需要是这类中学数学教科书出现的主要因素。

从 19 世纪中叶第二次西学东渐大潮涌入至甲午战争结束，中国数学教科书主要以欧美国家数学教科书为底本编译。编译采用外国人口

①李迪. 中国算学书目汇编［M］. 北京：北京师范大学出版社，2000：206 - 207.

译，中国人笔受的形式，由外国人主导。这些数学教科书有的是直译，有的是选译。以《形学备旨》《代数备旨》为代表的教会学校编译的中学程度的中文数学教科书，主要以美国和英国数学教科书为底本选译。《形学备旨》《代数备旨》均有与前言性质相当的凡例，内容由浅入深、循序渐进，安排基本合理。在数学知识表示形式上，两书都采用了西方国家通用的阿拉伯数码和西方数学符号，文字使用浅文理的表述形式。狄考文及其合作者编译《代数备旨》时，采用了适应和选择编译策略。他们将底本中带有西方特质的内容，特别是问题、习题做了中国本土化的处理。他们对底本内容做了有选择的编译，也增加了一些底本未有的内容。这些反映出狄考文及其合作者为编译出先进、适合于中国人且容易被中国人接受的数学教科书而付出的努力。但《代数备旨》存在以中文表示已知量和未知量时，未将中文与英文字母建立严格对应关系的不足。同时，以中文表示已知量和未知量，算式以竖行书写，未能在数学知识表示形式上完全与国际接轨。这折射出狄考文及其合作者面对中西文明的冲突也持有保守的一面。

19 世纪中叶至 1895 年甲午战争结束，尽管中国中学数学教科书一直处于萌芽状态，但教会学校编译的以《形学备旨》和《代数备旨》为代表的中学程度的中文数学教科书已接近西方规范的数学教科书。《形学备旨》和《代数备旨》较用于晚清官办洋务学堂数学教学的伟烈亚力和李善兰所译的《代数学》、傅兰雅和华蘅芳所译的《代数术》等数学著作有明显的进步。不仅如此，《形学备旨》、《代数备旨》13 章本出版后都广为流传，影响广泛，对甲午战争后中学数学教科书的发展做了一定的铺垫。

第二章
晚清甲午战争后中学数学教科书的兴盛

1895 年甲午战争败于日本后，中国掀起学习日本的热潮，同时继续向欧美学习。20 世纪初，衰落的晚清政府为救亡图存和富国强兵，以兴学育才为当务之急，采取兴学堂、颁行"癸卯学制"、废科举等教育改革举措，中学数学教育在中国大规模展开。甲午战争结束至中华民国成立前夕，有大量日本中学数学教科书和不少欧美中学数学教科书被汉译，且有国人尝试自编了中学数学教科书。这扭转了晚清新式中学数学教科书严重短缺的局面，对晚清新式中学数学教育体系的建立产生重要影响，促进了初等数学知识在中国的传播。本章考察甲午战争后的汉译日本中学数学教科书及其兴起的背景，论述这一时期的汉译欧美中学数学教科书，探讨这一时期国人自编的中学数学教科书，以展现晚清甲午战争后中学数学教科书兴盛的历史面貌，以及底本、编译、流传和影响等情况。

第一节　汉译日本中学数学教科书的兴起

甲午战争结束至中华民国成立前夕，有大量日本中学数学教科书被汉译。这并非历史的偶然，而是有着深刻的社会政治、教育与民间力量倡导、参与的背景。

一、汉译日本中学数学教科书兴起的背景

甲午战争的战败加重了中国的民族危机，但也给中国的现代化进程带来转机。当时清廷部分官员和有识之士认识到帝国主义列强对中

国瓜分豆剖的形势迫在眉睫，开始将学习日本作为救亡图存、富国强兵的一条新路。甲午战争结束的次年即 1896 年的农历三月底，晚清政府派遣的首批 13 名留日学生便抵达日本①。

自 1898 年起，主要由于日本于明治维新后崛起的经验值得效法，加上学习日本具有路近、费用少、文字相近、收效快速等优点，晚清朝野上下主张学习日本的呼声高涨。除前述山东道监察御史杨深秀外，晚清重臣张之洞也持有这种主张，并提倡广译日本书。1898 年，他在《劝学篇》中指出："日本，小国耳，何兴之暴也？伊藤、山县、榎本、陆奥诸人，皆二十年前出洋之学生也，愤其国为西洋所胁，率其徒百余人分诣德、法、英诸国，或学政治工商，或学水陆兵法，学成而归，用为将相，政事一变，雄视东方。……各种西学书之要者，日本皆已译之，我取径于东洋，力省效速，则东文之用多。……学西文者，效迟而用博，为少年未仕者计也。译西书者，功近而效速，为中年已仕者计也。若学东洋文，译东洋书，则速而又速者也。是故从洋师不如通洋文，译西书不如译东书。"② 同年 8 月，光绪皇帝下谕旨："现在讲求新学，风气大开，惟百闻不如一见，自以派人出洋游学为要。至游学之国，西洋不如东洋，诚以路近费省，文字相近，易于通晓。且一切西书均经日本择要翻译，刊有定本，何患不事半功倍。"③ 因此，全国掀起学习日本的热潮，留学日本和翻译日本书成为由晚清政府推动的事业。

当时国内一些有识之士关心日本书的翻译工作，迫切希望晚清政府快速推进这项工作，积极建言献策。如 1898 年，康有为向光绪皇帝

---

① 实藤惠秀. 中国人留学日本史［M］. 谭汝谦，林启彦，译. 北京：北京大学出版社，2012：1.

② 张之洞. 劝学篇［M］. 李凤仙，评注. 北京：华夏出版社，2002：87 - 102.

③ 佚名. 军机处传知总理各国事务衙门面奉之谕旨片［M］//陈学恂，田正平. 中国近代教育史资料汇编：留学教育. 上海：上海教育出版社，2007：3.

建议在京师设译书局，提出了针对译书局人员有限、日本书难以尽译、国人虽多但重科第的现实情况，调动国人译书积极性的奖励办法。他说："译日本之书，为我文字者十之八，其成事至少，其费日无多也。请在京师设译书局，妙选通人主之，听其延辟通学，专选日本政治书之佳者，先分科程并译之。不岁月后，日本佳书，可大略皆译也。虽然日本新书无数，专恃官局为人有几，又佳书日出，终不能尽译也，即令各省皆立译局，亦有限矣。窃计中国人多，最重科第，退以荣于乡，进仕于朝，其额至窄，其得至难也。诸生有视科第得失为性命者，仅以策论取之，亦奚益哉？臣愚请下令，士人能译日本书者，皆大赉之，若童生译日本书一种，五万字以上者，若试其学论通者，给附生。附生、增生译日本书三万字以上者试论通，皆给廪生。廪生则给贡生。凡诸生译日本书过十万字以上者，试其学论通者，给举人。举人给进士。进士给翰林。庶官皆晋一秩。"① 再如，1900 年张謇（1853—1926）在《变法平议》中向晚清政府建议"译书分省设局"，认为："今中国为先河后海之谋，宜译东书。即为同种同文之便，亦宜译东书。然各省同时并立学堂，并需课书。若专倚一省，不及供求取之殷，而各省辏兴，亦虑有复沓之弊。谓宜约分门类，就江南（苏州淮南书局并入）、上海、江西、湖北、湖南、山东、四川、浙江、福建、广东十处，原有书局经费，各认若干门，延致通才，分年赶译。"②

晚清政府支持设立图书编译机构。1898 年，京师大学堂设立译书局，由梁启超（1873—1929）办理，管学大臣孙家鼐（1827—1909）督率办理③。据 1902 年《京师大学堂译书局章程》，译书局当时"所

①康有为. 广译日本书设立京师译书局折［M］//张静庐，辑注. 中国出版史料补编. 北京：中华书局，1957：49.

②张謇. 变法平议·译书分省设局［M］//宋原放，汪家熔. 中国出版史料（近代部分）：第二卷. 武汉：湖北教育出版社，2004：22.

③梁启超. 梁启超奏议书局事务折［M］//北京大学校史研究室. 北京大学史料：第一卷. 北京：北京大学出版社，1993：191-193.

译各书，以教科为当务之急"，把翻译小学、中学教科书放在首位，具体规定为"教科书通分二等，一为小学，一为中学，其深远者，俟此二等成书后，再行从事"①。1902 年，京师大学堂于上海设立译书分局。该分局首批译成的书籍均是底本为日文的日本书②。1905 年，晚清政府成立学部，专职统管全国教育事务。次年 6 月，学部设立编纂各级各类学堂教科书的专职机构——编译图书局③。

不仅如此，甲午战争后，中国"无论士商官吏怦然心动，以为中国之制度远不及欧美之良，而欲自振兴不得不仿西法、读西学、知西史矣"④。以梁启超为代表的有识之士大力倡导译书。1897 年，梁启超在上海创办大同译书局，"以东文为主，而辅以西文"，并大声疾呼：

> 译书真今日之急图哉！天下识时之士，日日论变法。然欲变士，而学堂功课之书，靡得而读焉。欲变农，而农政之书，靡得而读焉。欲变工，而工艺之书，靡得而读焉。欲变商，而商务之书，靡得而读焉。欲变官，而官制之书，靡得而读焉。欲变兵，而兵谋之书，靡得而读焉。欲变总纲，而宪法之书，靡得而读焉。欲变分目，而章程之书，靡得而读焉。……故及今不速译书，则所谓变法者，尽成空言，而国家将不能收一法之效⑤。

这反映出梁启超对译书的急迫心情。究其原因，一方面是因为梁启超认识到吸收西方文明对明治维新后日本崛起的重要性，而译书是

①佚名. 京师大学堂译书局章程［M］//北京大学校史研究室. 北京大学史料：第一卷. 北京：北京大学出版社，1993：194.

②佚名. 上海译书分局为开办情形呈报京师大学堂［M］//北京大学校史研究室. 北京大学史料：第一卷. 北京：北京大学出版社，1993：193.

③关晓红. 晚清学部研究［M］. 广州：广东教育出版社，1993：85，377.

④佚名. 论译西学书［J］. 益闻录，1897（1694）：337-338.

⑤梁启超. 大同译书局叙例［M］//张品兴. 梁启超全集：第一册. 北京：北京出版社，1999：132.

日本吸收西方文明的一条重要途径；另一方面则是因为中国虽然自明末清初至甲午战争前通过中外人士合译了一些西书，但难以满足社会变革的需求。

在晚清政府的支持、推动和梁启超等人的倡导下，民间图书编译出版机构和社团如雨后春笋四处兴起。1897 年，大同译书局成立的当年，维新派就在上海创立译书公会，"以采译泰西东切用书籍为宗旨"①。至 20 世纪初，还有浙江特别译书局、杭州合众译书局、东亚译书局、新民译书局、会文学社②、新学会社③、农学社④等图书编译出版机构和社团陆续成立。自 1897 年起，也陆续有图书出版机构成立，编译出版教科书和其他图书。如 1897 年，中国近代重要出版机构商务印书馆在上海成立，其于 1902 年成立编译所⑤。编译所成立后，组织翻译了大量国外图书⑥，且邀请日本教育家伊泽修二担任编辑、教科书籍顾问⑦。1898 年，冯镜如与何澄一等在上海创立广智书局，

---

①佚名. 译书公会章程 ［M］//张静庐，辑注. 中国近代出版史料二编. 北京：中华书局，1957：90.

②会文学社成立于 1903 年，由汤寿潜与沈霖在上海创办，开始以编译出版教科书为主. 参见：邹振环. 20 世纪上海翻译出版与文化变迁 ［M］. 南宁：广西教育出版社，2001：76.

③新学会社于 1908 年由孙锵与江起鲲合资创办，最初开在宁波，后迁至上海. 参见：石鸥，吴小鸥. 简明中国教科书史 ［M］. 北京：知识产权出版社，2015：39.

④农学社于 1896 年由罗振玉与蒋廷散在上海创办，专门从事对国外农业方面著述的翻译. 参见：冯志杰. 中国近代翻译史·晚清卷 ［M］. 北京：九州出版社，2011：194-195.

⑤李家驹. 商务印书馆与近代知识文化的传播 ［M］. 北京：商务印书馆，2005：45.

⑥冯志杰. 中国近代翻译史·晚清卷 ［M］. 北京：九州出版社，2011：193-194.

⑦佚名. 日本教育家伊泽修二君传略 ［J］. 东方杂志，1904（11）：251.

以出版译著作为主要业务之一①②。1902 年文明书局成立，初称文明编译印书局，是我国较早编印系列新式教科书的机构之一③。同年，陈子沛、陈子寿兄弟于湖南长沙创设群益书社，1907 年于上海设分社，继于 1909 年在日本东京设分社，1912 年迁至上海设总社。群益书社早期以编译出版理科教科书为主④。

图 2-1 商务印书馆西铅印部

当时有不少留日学生热心创办图书编译出版机构和社团。1900 年，我国留学生在日本东京成立译书汇编社。这是我国留日学生首个翻译出版日本书籍的社团，以翻译大学教材为主。该社共有 14 名社员，社长戢翼翚是晚清政府派遣的首批 13 名留日学生之一⑤。1902 年，陆世芬等留日学生在东京成立教科书译辑社，"编译东西教科新

①许力以. 中国出版百科全书［M］. 太原：书海出版社，1997：575.

②邹振环. 20 世纪上海翻译出版与文化变迁［M］. 南宁：广西教育出版社，2001：58-67.

③姚一鸣. 中国旧书局［M］. 北京：金城出版社，2014：103-144.

④邹振环. 清末民初上海群益书社与《纳氏文法》的译刊及影响［M］//复旦大学历史学系，中外现代化进程研究中心. 中国现代学科的形成. 上海：上海古籍出版社，2007：91-100.

⑤实藤惠秀. 中国人留学日本史［M］. 谭汝谦，林启彦，译. 北京：北京大学出版社，2012：179-183.

书，备各省学堂采用"①②。据实藤惠秀的研究，教科书译辑社是译书汇编社的分社，专译中学教科书③。同年，戢翼翚和日本女教育家下田歌子合作创办作新社，先在东京设发行所，后在上海、北京、扬州等地设分社④。1904 年，福建省留日学生成立了闽学会⑤。晚清留日学生还成立了上海科学会编译部、湖南编译社等图书编译出版社团。上海科学会编译部总发行所位于上海四马路老巡捕房东首，主要编辑出版中学理科用书⑥。此外，1902 年成立于东京的清国留学生会馆⑦是我国留日学生社团，发行出版中国留日学生编译的图书。

　　1904 年"癸卯学制"颁行后，中学数学教育在晚清大规模展开。然而，国内中学程度的数学教科书屈指可数，体例也不完全符合教科书的规范。国内流传较广的数学译著，如傅兰雅和华蘅芳合译的《代数术》，知识已较为陈旧。其底本作者华里司生于 1768 年，卒于 1843 年，主要生活于 19 世纪 40 年代前的六七十年，书中未涉及 19 世纪以后的代数学知识。因此，中国亟须新式中学数学教科书。而"癸卯学制"主要是模仿日本学制的产物，规定的中学课程算术、代数、几何、三角，日本中学大都设置⑧。全国包括上海商务印书馆、文明书局、

①林煌天. 中国翻译词典［M］. 武汉：湖北教育出版社，1997：329.

②实藤惠秀. 中国人留学日本史［M］. 谭汝谦，林启彦，译. 北京：北京大学出版社，2012：183.

③同②.

④张泽贤. 民国出版标记大观续集［M］. 上海：上海远东出版社，2012：651.

⑤林煌天. 中国翻译词典［M］. 武汉：湖北教育出版社，1997：495.

⑥石鸥，吴小鸥. 简明中国教科书史［M］. 北京：知识产权出版社，2015：41.

⑦清国留学生会馆亦称中国留学生会馆或支那留学生会馆. 参见：刘德有，马兴国. 中日文化交流事典［M］. 沈阳：辽宁教育出版社，1992：668－669.

⑧1901—1902 年，李宗棠以安徽省特派官二品顶戴按察使衔湖北道员的身份，游历日本，考察学务。1902 年，他这次考察学务的成果之一《考察日本学校记》出版。书中记载的日本各中学课程虽然不尽相同，但当时日本中学大都设置算术、代数、几何、三角课程. 参见：李宗棠. 李宗棠文集·考察日本学校记［M］. 合肥：黄山书社，2019：483－601.

科学书局、群益书社等在内的多家出版机构激烈竞争出版教科书。

鉴于"应编各书，浩博繁难，断非数年所能蒇事，亦断非一局①所能独任"，晚清政府在"癸卯学制"中主张由京师大学堂译书局、京外官局、民间个人合力编译和编撰教科书，也允许各省中小学堂各学科教员"按照教授详细节目，自编讲义"。按照"癸卯学制"中《学务纲要》的规定，各省中小学堂各学科教员所编讲义在"每一学级终，即将所编讲义汇订成册，由各省咨送学务大臣审定，择其宗旨纯正、说理明显、繁简合法、善于措词、合于讲授之用者，即准作为暂时通行之本。其私家编纂学堂课本，呈由学务大臣鉴定，确合教科程度者，学堂暂时亦可采用，准著书人自行刊印售卖，予以版权"②。其中，私家指民间个人。

正是在这样的背景下，甲午战争后中国展开了一场别开生面的"学战"③，出现编译日本中学数学教科书的热潮，汉译日本中学数学教科书蓬勃兴起。

二、汉译日本中学数学教科书的种类、底本作者和译者

1904 年颁行的"癸卯学制"，规定中学堂"算学"课程分为算术、代数、几何、三角、簿记 5 门④。1909 年经学部奏请，中学堂分为文

---

①"一局"指京师大学堂译书局。

②张百熙，荣庆，张之洞. 奏定学堂章程［M］. 湖北学务处本.［武昌］：湖北学务处，［1904］.

③"学战"是时人的用语，与"兵战"对应。参见：周达. 日本调查算学记［M］. 上海：上海通社，1903：1；徐家璋. 中学教科书数学新编［M］. 东京：清国留学生会馆，1906，序.

④同②.

科和实科，实科"算学"课程增加解析几何、"微积初步"①。晚清汉译日本中学数学教科书自 1896 年或稍后开始出版，分为算术、代数、几何、三角、解析几何 5 类。其门类在"癸卯学制"规定的中学堂"算学"课程科目之内。据笔者亲见和对前人相关书目的调查，晚清汉译日本中学数学教科书至少有 109 种，见表 2-1。

　　从表 2-1 可见，这 109 种汉译日本中学数学教科书中几何类教科书最多，有 38 种，代数类次之，有 29 种，其后相继是三角类 22 种、算术类 18 种，最后是解析几何类 2 种。这 109 种教科书中各类的比重反映出时人对日本几何、代数、三角、算术、解析几何类教科书在取向上的细微差异。从表 2-1 还可以看出，1904—1909 年，即"癸卯学制"颁行的当年及其后 5 年是汉译日本中学数学教科书出版的高峰期。这折射出在学习日本的热潮下，"癸卯学制"的颁行对时人编译汉译日本中学数学教科书积极性的激发。

①佚名. 学部：奏变通中学堂课程分为文科、实科折［M］//璩鑫圭，唐良炎. 中
　国近代教育史资料汇编——学制演变. 上海：上海教育出版社，1991：552-
　560.

表 2-1 晚清汉译日本中学数学教科书一览表

类别	序号	书名	底本作者或机构①	译者②	出版机构、社团	出版年③
算术	1	算术条目及教授法	藤泽利喜太郎	王国维	上海教育世界社	1901
	2	算术教科书	藤泽利喜太郎	（日）西师意	山西大学译书院	1904
	3	中学适用算术教科书	桦正董	陈文	科学会编译部	1905
	4	新式数学教科书	泽田吾一、桦正董、长泽龟之助	程荫南	清国留学生会馆	1905
	5	新译算术教科书	桦正董	余焕东、赵缭	湖南编译社	1906
	6	最新算术教科书	东野十治郎	（日）西师意	东亚公司	1906
	7	近世算术	上野清	徐念慈	商务印书馆	1906
	8	中学教科书数学新编	布施氏④、桦正董、三轮桓一郎	徐家骅	清国留学生会馆	1906
	9	新式中等算术教科书	三轮桓一郎	谌兴凡	上海文盛编译书局	1907
	10	中学数学教科书	桦正董、上野清、藤泽利喜太郎、长泽龟之助	曾钧	文明书局	1907

①本栏仅对非日籍者注明国籍，未注明者均为日籍人员或机构。

②本栏仅对非中国籍者注明国籍，未注明者均为中国人士。

③本栏所注一般为初版时间，对未查到初版时间的教科书，标注再版时间；本栏空白者，出版时间不详。

④本"布施氏"为《中学教科书数学新编》序所述底本作者名，是徐家骅在日本留学时的一位日本教师。

续表

类别	序号	书名	底本作者或机构	译者	出版机构、社团	出版年
算术	11	中等算术教科书	田中矢德	崔朝庆	文明书局	1908
	12	订正算术教科书	桦正董	周京	上海科学编辑书局	1908
	13	师范及中学用女子算术教科书	小林盈	吴炤照	上海广智书局	1908
	14	中学校数学教科书：算术之部	桦正董	赵缭、易应麃	群益书社	1908
	15	中学校数学教科书：算术之部问题详解	桦正董	赵缭、易应麃	群益书社	—
	16	算术条目及教授法	藤泽利喜太郎	赵秉良	南洋官书局、会文学社、崇实斋	1908
	17	中学算术新教科书	藤泽利喜太郎	赵秉良	商务印书馆	1911
	18	陈文中等算术详草	桦正董	—	上海科学书局	—
代数	1	初等代数新书	富山房	范油吉等	会文学社	1903
	2	代数因子分解法	平井善太郎	黄乾元	昌明公司	1904
	3	最新代数学教科书	真野肇、宫田耀之助	权量①	中东书社编译部	1904
	4	改订代数学教科书	桦正董	彭世俊、陈尔锡、张藻六	清国留学生会馆	1905

①该书仅注武昌中东书社编译部印行，未注明具体编译者。据1909年《教育杂志》所刊《学部审定中学教科书提要》，该书编译者应为权量。参见：佚名．学部审定中学教科书提要：续［J］．教育杂志，1909，1（2）：9．

续表

类别	序号	书名	底本作者或机构	译者	出版机构，社团	出版年
	5	最新中学代数学教科书	桦正董	周藩	上海科学书局	1905
	6	初等代数学解式	宫崎繁太郎	知白	教科书译辑社	1905
	7	普通新代数教科书	上野清	徐虎臣	—	1905
	8	查理斯密小代数学	(英)查理斯密(Charles Smith)著，长泽龟之助英文增补	陈文转译	科学会编译部	1906
代数	9	初等代数教科书	长泽龟之助	松坪叔子①	湖南作民译社	1906
	10	中学适用代数学教科书	长泽龟之助	言湈章编译，言湈芝朴录	群益书社	1906
	11	代数学讲义	奥平浪太郎	施普	东京同文印刷社	1906
	12	最新代数教科书	泽田吾一	张务本，赵宪曾	河北译书社	1906
	13	最近代数学	三木清二	刘晓	点石斋	1906
	14	新体中学代数学教科书	高木贞治	周藩	文明书局、科学书局、群学社②	1906

①松坪叔子为中国人。

②据代钦的研究，该书由文明书局、科学书局、群益书局、群学社共同出版。参见：代钦．漫话清末中学数学教科书 [N]．中华读书报，2012-6-6。

续表

类别	序号	书名	底本作者或机构	译者	出版机构，社团	出版年
	15	代数因子分解全草	松冈文太郎	顾澄译，李方炀演草	文明书局	1906
	16	代数学讲义	上野清	周藩	上海科学书局	1907
	17	小代数学	宫本久太郎	李宗鉴	新学会社	1907
	18	代数学教科书	立花赖重	（日）金太仁作	东亚公司	1907
	19	初等代数学教科书	田中矢德	崔朝庆	商务印书馆	1907
	20	代数学教科书	渡边光次	（日）西师意	山西大学译书院	1907
	21	二十世纪新代数学	寺尾寿、吉田好九郎	周京	文明书局	1907
代数	22	二十世纪新代数学详草	寺尾寿、吉田好九郎	周京	文明书局	1907
	23	新代数学教科书	长泽龟之助	佘佰	东亚公司	1908
	24	中学校代数学教科书：代数之部	桦正董	赵缭、易应崐	群益书社	1908
	25	中学校代数学教科书：代数之部问题详解	桦正董	赵缭、易应崐	群益书社	—
	26	初等代数学	（英）查理斯密著、长泽龟之助增补	仇毅转译	群益书社	1908
	27	普通教育代数学教科书	上野清、长泽龟之助、高木贞治、（英）查理斯密	陈福咸	上海普及书局	1908
	28	大代数讲义	上野清	王家荥、张廷华	商务印书馆	1908

续表

类别	序号	书名	底本作者或机构	译者	出版机构、社团	出版年
代数	29	查理斯密初等代数学	（英）查理斯密	王家炎转译	商务印书馆	1908
几何	1	初等几何学	富山房	范迪吉等	会文学社	1903
	2	平面几何教科书	田中矢德	薛光曦	京师译学馆	1905
	3	初等平面几何学	菊池大麓	任允	教科书译辑社	1905
	4	几何学初步教科书	菊池大麓	周潘	上海科学书局	1905
	5	几何学初等教科书	菊池大麓	曾嶒	科学会社	1905
	6	几何学初步	小村氏	顾澄	上海科学书局	1905
	7	新撰几何学教科书：平面之部	林鹤一	邹肇元	新学会社	1905
	8	重译足本几何教科书	林鹤一	彭清鹏	上海普及书局	1906
	9	新几何学教科书：平面	长泽龟之助	周达	东亚公司	1906
	10	几何学教科书	威廉氏	（日）奥平浪太郎、（日）大胁瑛之助译朴、黄际遇再译	富山房书局	1906
	11	平面几何讲义录	上野清	叶懋宣、叶树宣	上海群学社	1906
	12	中等教育几何学教科书：平面之部	上野清	仇毅	群益书社	1906
	13	中学教育几何学教科书：平面	长泽龟之助	何崇礼	科学会编译部	1906

续表

类别	序号	书名	底本作者或机构	译者	出版机构，社团	出版年
	14	中等平面几何学阶梯	长泽龟之助	崔朝庆	会文学社	1906
	15	新几何学教科书：平面	长泽龟之助	曾杰	湖南广雅新译社	1907
	16	新译几何学教科书：平面	桦正董	曾钧	中国图书公司	1907
	17	新译几何学教科书：立体	桦正董	曾钧	中国图书公司	1907
	18	普通教育几何学教科书：平面之部	阪井英一	顾澄	理学社	1907
	19	平面几何学讲义	东京数学院	谷钟莴	群益书社	1907
	20	立体几何学讲义	奥平浪太郎	吴灼昭	上海广智书局	1907
	21	初等几何画详解	学海指针社	彭兆龙	清国留学生会馆	1907
几何	22	新几何学教科书：立体	长泽龟之助	张其祥	东亚公司	1908
	23	几何学教科书：平面	三轮桓一郎	叶懋宣，叶树宣	新学会社	1908
	24	普通教育立体几何学教科书	林鹤一	彭清鹏	上海普及书局	1908
	25	中学校数学教科书几何小教科书：平面	菊池大麓	仇毅	群益书社	1908
	26	平面几何学新教科书	菊池大麓	黄元吉	商务印书馆	1908
	27	立体几何学新教科书	菊池大麓	胡豫	商务印书馆	1908
	28	立体几何学教科书	高桥丰夫	胡文藻	宏文馆	1908
	29	实用几何学初步	（法）破鲁倍耳	（日）森外三郎译，华凤章转译	商务印书馆	1908

续表

类别	序号	书名	底本作者或机构	译者	出版机构、社团	出版年
几何	30	新式中学用器画	竹下富次郎	陶永辉	陶永辉自行发行	1908
	31	用器画教本	白濱徵	吴应机译绘	旅京江苏学堂	1908
	32	平面新几何学教科书详解	长泽龟之助	文锷	保阳官书局	1908
	33	几何学难题详解：平面部	白井义督	高慎儒	商务印书馆	1908
	34	几何学难题详解：立体部	三木清二	高慎儒	商务印书馆	1909
	35	中等教育几何学教科书：立体之部	上野清	仇毅	群益书社	1909
	36	几何学教科书	生驹万治	（日）金太仁作	东亚公司	1909
	37	用器画教科书几何画法	平濑作五郎	吴应机、吴应权	作新社、商务印书馆	1910
	38	新编初等几何学教科书	本森若太郎	张廷华	商务印书馆	1911
三角	1	中等教育克依其氏最新平三角法教科书	克依其	（日）原读吉	上海科学书局	1896①
	2	新撰三角法	松村定次郎	范迪吉	会文学社	1903
	3	平面三角法讲义录	上野清	乔冠英	三江师范学堂	1904
	4	初等三角教科书	上野清	蕉缘	上海科学仪器馆	1904

① 该书刊有明治二十九年即 1896 年上野清所写绪言，其出版年在该年或稍后。

续表

类别	序号	书名	底本作者或机构	译者	出版机构、社团	出版年
	5	近世平面三角法教科书	远藤又藏	湖南编译社	昌明公司	1905
	6	普通教育平面三角教科书	长泽龟之助	张修爵	上海普及书局	1906
	7	三角法教科书	林鹤一	松坪叔子	湖南作民译社	1906
	8	平面三角法教科书	桦正董	仇毅	群益书社	1907
	9	中等教育平面三角法教科书	远藤又藏	言焕彣、言焕彰	商务印书馆	1907
	10	球面三角法	饭岛正之助	周道章	理学社	1907
三角	11	球面三角法	长泽龟之助	包荣爵	新学会社	1907
	12	新三角法教科书	长泽龟之助	包荣爵	东亚公司	1907
	13	初等平面三角法	奥平浪太郎	周潘	文明书局	1907
	14	最新平面三角法教科书	原滨吉	无锡科学书公会	上海科学书局	1907
	15	最新平面三角法教科书详草	原滨吉	周潘	上海科学书局	1907
	16	新撰平面三角法教科书	(英) 凯西 (John Casey)	据日译本, 顾澄转译	商务印书馆	1908
	17	新编初等三角法教科书	饭岛正之助	周潘	商务印书馆	1908
	18	平面三角法	泽田吾一	赵秉良	南洋官书局	1908
	19	三角法讲义	奥平浪太郎	宋屿	上海广智书局	1908

续表

类别	序号	书名	底本作者或机构	译者	出版机构、社团	出版年
三角	20	平面三角法新教科书	菊池大麓、泽田吾一	王永炅	商务印书馆	1909
	21	中等平三角教科书①	（英）托德亨特①	（日）田中矢德译，崔朝庆转译	商务印书馆	1909
	22	三角法难题详解	白井义督	骆师曾	商务印书馆	1910
解析几何	1	解析几何学教科书	（英）查理斯密	（日）宫本藤吉原译、仇毅转译	群益书社	1908
	2	高等数学解析几何学	长泽龟之助	彭飙主	北京琉璃厂、第一书局、作新社、普及书局	1910

资料来源：表 2-1 所列部分图书；冯立昇：《中日数学关系史》，山东教育出版社，2009，第 234-246 页；王有朋主编《中国近代中小学教科书总目》，上海辞书出版社，2010，第 615-685 页；毕苑：《建造常识：教科书与近代中国文化转型》，福建教育出版社，2010，第 256-266 页；《近代中算著述记》，载李俨《中算史论丛》（第二集），中国科学院，1954，第 103-308 页；李迪主编《中国算学书目汇编》，北京师范大学出版社，2000。

①托德亨特即《代数备旨》底本作者之一，《中等平三角教科书》序中称其为"买宇德"。

　　在晚清汉译日本中学科学教科书中，数学教科书的引进规模最大。换言之，数学是晚清中学科学教育中引进汉译日本教科书力度最大的学科。据毕苑的统计，1890—1915 年汉译日本中小学教科书中，有物理类 19 种、化学类 27 种、地理类 38 种、矿物类 9 种、博物类 5 种、植物类 20 种、动物类 20 种、生理卫生类 14 种①。而表 2 - 1 所列晚清汉译日本中学数学教科书就有 109 种。自 1607 年利玛窦和徐光启合译的《几何原本》前 6 卷刊行至 1895 年的 288 年间，我国全部数学译著和外国人在中国所撰数学著作有 50 种左右，没有一种汉译日本著作②。由表 2 - 1 可知，1896 年或稍后，第一种汉译日本数学教科书《中等教育克依其氏最新平三角法教科书》由上海科学书局出版。1896—1911 年的 15 年里，汉译日本中学数学教科书数量约是这 288 年我国数学译著和外国人在中国所撰数学著作的 2 倍，也远多于这 15 年间我国译自欧美的数学著作。当时我国留日学生编译的汉译日本中学数学教科书有不少在日本印刷，但运返中国销售③。1912 年之后，汉译日本中学数学教科书虽然还有新作出版或旧作再版，但开始走向衰落。

　　在这 109 种教科书中，各类的底本都有多种著作，呈现出底本多样化的特点。其中，算术类多用桦正董、藤泽利喜太郎、长泽龟之助等人的著作作为底本，还用到小林盈、三轮桓一郎、田中矢德等人的著作作为底本；代数类多用桦正董、长泽龟之助、上野清等人的著作作为底本，还用到奥平浪太郎、三木清二、高木贞治、宫崎繁太郎、松冈文太郎、真野肇和宫田耀之助、寺尾寿和吉田好九郎等人的著作

---

①毕苑. 建造常识：教科书与近代中国文化转型 [M]. 福州：福建教育出版社，2010：246 - 284.

②笔者据李迪《中国算学书目汇编》统计. 参见：李迪. 中国算学书目汇编 [M]. 北京：北京师范大学出版社，2000：17 - 609.

③实藤惠秀. 中国人留学日本史 [M]. 谭汝谦，林启彦，译. 北京：北京大学出版社，2012：191.

作为底本；几何类多用菊池大麓、长泽龟之助、上野清、林鹤一、桦正董、三轮桓一郎等人的著作作为底本，还用到阪井英一、高桥丰夫、生驹万治等人的著作作为底本；三角类多用长泽龟之助、上野清、饭岛正之助、远藤又藏、奥平浪太郎等人的著作作为底本，还使用松村定次郎、原滨吉、菊池大麓和泽田吾一等人的著作作为底本。

这些底本作者中，桦正董、藤泽利喜太郎、上野清、长泽龟之助、菊池大麓、林鹤一等都是日本著名数学家和数学教育家。1902年，周达（1879—1949）受知新算社嘱托，赴日本调查数学情况，与上野清和长泽龟之助进行过深谈。周达对这两位日本数学家评价颇高："二君者彼邦畴人中之泰斗，译书等身。彼邦算学界中著述之富，舍二君外，殆无第三人矣。"[①] 这些底本作者的教科书在明治后期有不少被日本中学或师范学校使用，有的风行一时，被广泛采用。据1900年日本的一个调查，在46所中学和32所师范学校中，算术教科书使用藤泽利喜太郎的有40所，使用三轮桓一郎的有8所，使用桦正董的有7所，使用长泽龟之助的有6所，使用池田吾一的有6所，使用松冈文太郎的有3所；几何学教科书使用菊池大麓的有67所，使用长泽龟之助的有5所，使用其他教科书的有6所[②]。这个调查结果说明了藤泽利喜太郎、三轮桓一郎、桦正董、长泽龟之助、池田吾一的算术教科书和菊池大麓、长泽龟之助的几何学教科书在当时日本的中学或师范学校都有使用，尤以藤泽利喜太郎的算术教科书、菊池大麓的几何学教科书使用最广。

晚清汉译日本中学数学教科书的译者有中国留日学生、无留学经历的中国本土学者和日本学者，主体是中国留日学生。表2-1所列教科书译者共73人。其中，少数是日本学者，包括西师意、金太仁作和

---

① 周达. 日本调查算学记［M］. 上海：上海通社，1903：33.
② 《日本の数学100年史》编集委员会. 日本の数学100年史：上册［M］. 東京：岩波書店，1984：145.

上野清；一部分是无留学经历的本土学者，包括徐念慈、崔朝庆、顾澄、周达、佘恒①、王国维等；多数为中国留日学生，包括陈文②、赵缭③、余焕东④、徐家璋⑤、吴灼照⑥、范迪吉⑦、黄乾元⑧、彭世俊⑨、陈尔锡⑩、张藻六⑪、施普⑫、赵宪曾⑬、任允⑭、仇毅⑮、彭清

①佘恒，字雨东，曾任两江师范学堂算学教习。参见：长泽龟之助. 新代数学教科书 [M]. 佘恒，译. 上海：东亚公司，1908：序.

②曾汝璟. 序 [M] //陈文. 中学适用算术教科书. 上海：科学会编译部，1909：1-2.

③许康，许峥. 湖南历代科学家传略 [M]. 长沙：湖南大学出版社，2012：430.

④同③311.

⑤徐家璋. 中学教科书数学新编 [M]. 东京：清国留学生会馆，1906，序.

⑥李君明. 东莞文人年表 [M]. 广州：广东人民出版社，2015：1205.

⑦咏梅. 中日近代物理学交流史研究：1850—1922 [M]. 北京：中央民族大学出版社，2013：124.

⑧孝南区地方志编纂委员会. 孝南区志：1990—2008 [M]. 武汉：湖北人民出版社，2015：715.

⑨饶怀民. 同盟会代理庶务刘揆一传 [M]. 长沙：岳麓书社，2018：36.

⑩李翠平，寻霖. 历代湘潭著作述录：湘乡卷 [M]. 湘潭：湘潭大学出版社，2019：162-163.

⑪同⑨.

⑫周正环. 安徽当代先贤诗词选 [M]. 芜湖：安徽师范大学出版社，2018：329.

⑬刘真，王焕琛. 留学教育——中国留学教育史料：第二册 [M]. 台北："国立"编译馆，1980：826.

⑭陈敬第. 序文 [M] //任允. 无机化学. 上海：中国图书公司，1913：1.

⑮余焕东，赵缭. 新译算术教科书：上卷 [M]. 东京：湖南编译社，1906：2.

鹏①、黄际遇②、何崇礼③、谷钟琦④、张修爵⑤、周道章⑥、王永炅⑦、程荫南⑧、曾杰⑨等。这批留日学生虽然大都并非专攻数学，有的专业是医科（张修爵）、药科（谷钟琦）、路矿（徐家璋），但都通晓日文，这是他们翻译和编译汉译日本中学数学教科书的一大优势。

这批留日学生多为志学之士，翻译和编译日本数学教科书，是为了给国家兴学育才尽力。其中一些人所译之书的底本是其留学时所用的课本。如彭世俊、陈尔锡、张藻六所译《改订代数学教科书》的底本，就是他们留学时所用桦正董的同名教科书上卷⑩。彭世俊、陈尔锡、张藻六在所译《改订代数学教科书》绪言中说："迩来普通学教科书译自东西文者颇贡于我国学界。志学之士得以寻其塗辙精微博大，遂各因人之才力而至焉。然则教科书者不啻学海津梁，不可不郑重视之也。桦正董氏代数教科书条理井然，解析详尽，日本中学校几无不以此授徒。吾国人留学东京者率亦肄业此书。某等自课之余，特选译

---

① 《苏州通史》编纂委员，李峰. 苏州通史·人物卷：下卷 [M]. 苏州：苏州大学出版社，2019：91-92.

② 饶宗颐. 黄际遇教授传 [M] //陈景熙，林伦伦. 黄际遇先生纪念文集. 汕头：汕头大学出版社，2008：30.

③ 萨日娜. 东西方数学文明的碰撞与交融 [M]. 上海：上海交通大学出版社，2016：286.

④ 牛亚华. 清末留日医学生及其对中国近代医学事业的贡献 [J]. 中国科技史料，2003，24（3）：232.

⑤ 同④231.

⑥ 丛中笑. 王选的故事 [M]. 合肥：安徽少年儿童出版社，2015：2.

⑦ 吴家琼. 闽学堂沿革 [M] //福建省政协文史资料委员会. 文史资料选编：第一卷：教育编. 福州：福建人民出版社，2000：125.

⑧ 白战存. 民国前的鄂东教育 [M]. 武汉：武汉大学出版社，1991：134.

⑨ 湖南省革命烈士传编纂委员会. 三湘英烈传（旧民主主义革命时期）：第四卷 [M]. 长沙：国防科技大学出版社，2005：325.

⑩ 桦正董. 改订代数学教科书：上卷 [M]. 东京：三省堂，1902.

之，欲以饷同志。"①

三、汉译日本中学数学教科书的翻译与编译情况

晚清汉译日本中学数学教科书主要由国人独立翻译和编译。仅有《算术教科书》《最新算术教科书》《代数学教科书》《几何学教科书》《中等教育克依其氏最新平三角法教科书》等少数教科书由日本学者翻译。这改变了明末清初以降，中国引进的国外科学译著基本都由传教士口译、国人笔述的翻译和编译形式，是中国引进国外科学著作在翻译和编译形式上的一个进步。

对于底本，有些译者是经过慎重选择后决定的。如顾澄所译《新撰平面三角法教科书》为英国几何学家凯西原著，转译自日译本，该日译本的选定就是慎重选择的结果。上海商务印书馆编译所在《新撰平面三角法教科书》序中就说："此书原著者，英国 JOHN CASEY，经日本翻译，已不止一家。如佐之井愿，如东野十治郎，其所译之初等平面三角法，皆即此书。盖三角法之书，行世者虽不少，然或图学者之易解，而不免失于冗长，或文义高尚，力求简约，学者受之，又生困难之感。惟此书体例完善，详略适宜，于学校教科，最为合用。宜其自西徂东，纸贵一时也。无锡顾君澄，现择日本最善之本，重为迻译，于我国教者、学者，其裨益正非浅尟。"②

日本数学教科书在明治中期已采用阿拉伯数码和西方数学符号，并采用西方国家通行的文字、公式从左至右横排的形式。据冯立昇的研究，日本数学教科书采用文字、公式横排的方式始自明治二十年

---

① 桦正董. 改订代数学教科书［M］. 彭世俊，陈尔锡，张藻六，译述. 东京：清国留学生会馆，1905：绪言.

② CASEY J. 新撰平面三角法教科书［M］. 顾澄，编译. 上海：商务印书馆，1913，序.

（1887）出版的长泽龟之助所译查理斯密的《初等代数学》①。晚清汉译日本中学数学教科书普遍以日本明治后期的数学教科书为底本。

对于日本数学教科书数码、数学符号、文字和公式的西化做法，晚清有的汉译日本中学数学教科书没有完全采用，而是采用了文字、公式横竖混排，阿拉伯数码和汉字数字兼用，数学符号中西混合的形式。1908年上海文明书局出版的崔朝庆编译的《中等算术教科书》即采用这种形式②。晚清有的汉译日本中学数学教科书仍为竖排，未用阿拉伯数码，仍沿用伟烈亚力和李善兰等发明的数学符号，徐虎臣选译的《普通新代数教科书》是其中之一③。这反映出中西数学文化碰撞中存在的冲突。

图 2-2　原滨吉编译的《中等教育克依其氏最新平三角法教科书》封面和书页

然而，晚清大量汉译日本中学数学教科书学习日本，采用了对数码、数学符号、文字和公式进行西化的做法。1896年或稍后，第一部汉译日本数学教科书——上海科学书局出版的原滨吉编译的《中等教

①冯立昇. 中日数学关系史［M］. 济南：山东教育出版社，2009：251.

②田中矢德. 中等算术教科书：上下册［M］. 崔朝庆，编译. 上海：文明书局，1908.

③张莫宙. 中国近现代数学的发展［M］. 石家庄：河北科学技术出版社，2000：15.

育克依其氏最新平三角法教科书》就采用了阿拉伯数码、西方数学符号和文字、公式从左向右横排的形式①。1904 年中东书社编译部出版的权量编译的《最新代数学教科书》②，1905 年清国留学生会馆出版的彭世俊、陈尔锡和张藻六合译的《改订代数学教科书》③，1908 年上海商务印书馆出版的华凤章转译的《实用几何学初步》④，1909 年上海科学会编译部出版的陈文编译的《中学适用算术教科书》⑤ 等也都是如此。1906 年，周达在所译长泽龟之助的《新几何学教科书：平面》中不仅采用底本使用的阿拉伯数码、西方数学符号和文字、公式排印方式，而且明确指出：

> 我邦之译西书者并其算式而改之，非善法也。不佞于壬寅东游以后即主张改用西式，曾于《日本调查算学记》中反复言之。尔后数年间，学者译著各书间有采用此议者，可见风气之渐开矣。是编概用西式，自左向右横行，一变从前译籍之面目。学者习用之，自觉其较旧式为便也⑥。

这段话表明了周达受日本的影响，反对国人翻译西书将文字、公式竖排的方式，反映出汉译日本中学数学教科书采用西化的做法已逐渐被接受。

---

① 该书未印刷编译者姓名。上野清撰写了该书绪言，指出"此编纂原滨吉氏专从事于此，而与曩在本院所编纂之新算术为同种"。据此可知，该书编译者为原滨吉。参见 1896 年或稍后上海科学书局出版的《中等教育克依其氏最新平三角法教科书》的绪言。

② 中东书社编译部. 最新代数学教科书 ［M］. 武昌：中东书社，1904.

③ 桦正董. 改订代数学教科书 ［M］. 彭世俊，陈尔锡，张藻六，译述. ［M］. 东京：清国留学生会馆，1905.

④ 破鲁倍耳氏. 实用几何学初步 ［M］. 森外三郎，原译，华凤章，译述. 上海：商务印书馆，1908.

⑤ 该书初版于 1905 年，1909 年出版的是第 8 版。参见：陈文. 中学适用算术教科书 ［M］. 上海：科学会编译部，1909.

⑥ 长泽龟之助. 新几何学教科书：平面 ［M］. 周达，译. 东京：东亚公司，1913：5.

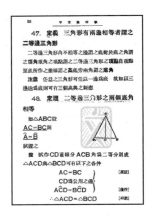

图 2-3　周达所译《新几何学教科书：平面》封面和书页

至晚清最后几年，汉译日本中学数学教科书已普遍采用西方通用的数码、数学符号和西方通行的文字、公式排版方式。这不仅促进了中国近代新式中学数学教育与世界接轨，而且对清末民初中国数学由传统向现代过渡的完成产生了重要影响。

晚清汉译日本中学数学教科书有些也没有完全拘泥于底本，而是做了一些改编。陈文编译的《中学适用算术教科书》具有代表性。该书主要以日本著名数学家桦正董的《改订算术教科书》为底本，正文前有正在日本留学的曾汝璟写的序、陈文写的例言和目录，正文包括7编，共35章，附录有"级数及省略计算"，并设有包括杂题的"总问"，最后给出全书例题、杂题答案。各编内容依次为"整数及小数""诸等法""整数之性质""分数""比例""百分算""开方"①。其中，"诸等法"即单位换算法和带单位数值的计算法；"百分算"又名百分法、子母法、折成法②。桦正董的《改订算术教科书》于1903年由东京三省堂出版③，出版后在日本风行一时④。该书出版两年后，即

①陈文. 中学适用算术教科书［M］. 上海：科学会编译部，1909.
②陈稼轩. 实用商业辞典［M］. 上海：商务印书馆，1935：287.
③桦正董. 改订算术教科书：上下册［M］. 東京：三省堂，1903.
④同①序.

1905 年陈文便编译出版了《中学适用算术教科书》。《中学适用算术教科书》采用了《改订算术教科书》的体例，基本采用了该书的框架，大部分内容照译自该书。但对于不适宜中国之处，悉数删除，"搜罗他书以补其缺"①。陈文变更了《改订算术教科书》的例题 300 余道②。最显著之处是陈文对"诸等法""百分算"两编进行了大量的改编。如在第 2 编"诸等法"中，站在中国的角度对"本国度量衡""外国度量衡、货币"的内容做了大量改编，并将例题中的日本名称、单位改为中国名称、单位，如将"富士山"改为"昆仑山"，将"东京到京都"改为"长江到汉口"，将"町"改为"顷"等③④。

　　客观而言，晚清汉译日本中学数学教科书编译水平参差不齐，有不少并不令人满意。1908 年，王家菼在其所译《查理斯密初等代数学》序中指出："我国旧译西算，自出板于制造局，三十年来无新面目。迩来风气大开，学校林立，教育者咸知斯学之不可忽也。而旧译之书，一鳞一爪，不足以为教科之用。且世界新理日出不穷，徒抱残守阙无以为研究之资。于是海内通人，采集欧美新著争译之，以供学者之用。乃二三年来，旁行象数之数，由东籍转译而出者，其数顿增。然则今日者其为我国数学界上革新之时代乎。所惜者，凡关于象数学之教科书，为现今所刊行，其能满足于人意者殆尠。盖以所据之原本，或非为当世有名之著作，则价值不高。又译笔稍不经意，动多乖谬。或措词未善，令人读之佶屈聱牙，易致误会。如是者皆不足为完全纯粹之教科书。"⑤ 从这段话可窥见当时汉译日本中学数学教科书令人满意者少的状况及其原因。

———————

①陈文. 中学适用算术教科书［M］. 上海：科学会编译部，1909，例言。
②同①例言.
③陈文. 中学适用算术教科书［M］. 上海：科学会编译部，1909：63 - 98.
④桦正董. 改訂算術教科書：上册［M］. 東京：三省堂，1903：77 - 114.
⑤查理斯密. 查理斯密初等代数学［M］. 王家菼，译述. 上海：商务印书馆，1919：序言.

　　其实，晚清汉译日本中学数学教科书令人满意者少，还有译者完全直译底本，不按照中国习惯对底本进行编译的原因。1906 年，东亚公司在日本学者西师意编译的东野十治郎的《最新算术教科书》的广告中就说："算数之书，行于世者，汗牛充栋。其为清人译成汉文者亦不鲜少也。顾近出之书，不过以日本现行之课本翻译其文者也。故如诸名数皆套用日本度量衡，且应用问题等亦有颇不适切于清人者。岂不斯学之一恨事乎？著者于数学驰名天下久矣。尝在学习院执教鞭者十数年于兹。顷者有鉴于此，用力于拣撰问题，说其理论也，亦务期平易简明。若其度量衡诸目，主取准于清国旧惯，以欲俾清国学生速通数理也。初学者一翻是书，则算数之学自应融会贯通矣。"①

　　由于译者一般都自行其是，晚清汉译日本中学数学教科书中的名词术语也未统一，较为混乱。译者有的完全移用日本原名，有的则使用中国数学译著中的译名、中国古籍中的译名或创制新名。译者完全移用日本原名，读者对内容难免半懂不懂、莫名其妙。1908 年，言澳彪在其弟言澳彰编译的《中学适用代数学教科书》再版序中指出，当时中等代数学教科书译本颇多，但适用的少的一个原因是"直译和文，语多格格不吐，致读者苦思，莫能解其意"②。周达编译《新几何学教科书：平面》时，使用了汉译《几何原本》中的译名，对于自认为《几何原本》中不甚妥帖的译名则另从中国古籍中寻找新名，若中国古籍中没有的则自创新名。如他在该书"译例"中说："是编正名、定义悉遵《几何原本》，其有旧名未甚妥帖者或新立名义为旧籍所无者，则斟酌一切当之名用之。不尽袭东文原名，致贻生吞活剥之诮也。"③

---

① 东野十治郎. 最新算术教科书 [M]. 西师意，译. 东京：东亚公司，1906：广告页.
② 长泽龟之助. 中学适用代数学教科书 [M]. 言澳彰，编译，言澳彪，补录. 上海：群益书社，1909：1.
③ 长泽龟之助. 新几何学教科书：平面 [M]. 周达，译. 东京：东亚公司，1913：5.

在当时名词术语不统一的情况下，有的汉译日本中学数学教科书则列有中西名词对照表性质的表格。如崔朝庆所译的《初等代数学教科书》列有"代数学中西名词合璧表"，列出了主要名词术语的英文原名和中文译名①。这是为规范名词术语所做的努力，有助于读者理解教科书中的知识内容。

四、汉译日本中学数学教科书的流传与影响

晚清汉译日本中学数学教科书不乏风靡一时、流传甚广之作，陈文编译的《中学适用算术教科书》是其中之一。清朝学部将该书纳入了审定的中学教科书，并对该书做了介绍：

> 自藤泽利喜太郎著《算术条目及教授法》，一矫旧日陵躐无序之弊，编辑教本者翕然宗之，而以桦正董氏《算术教科书》为最擅名。惟其中诸等法、百分算两编，不适吾国学子之用，自非另行编辑不可。而向之从事迻译者，于此处罔甚措意，其于数学进步阻碍实多。译者有鉴于此，特以平日所心得者摘要补入，甚便学者。是书之特色，计有数端：说理清晰，毫无翳障，一也；由浅及深，阶级犁然，二也；所载例题，于科学多有关系，三也。故言中学算术者，当以是书为最完备云。间有误刊之处，具详校勘表中，再版时当详加改正②。

其中指出了陈文编译该书所做有别于底本的工作和该书的特色，并给予该书高度评价。《中学适用算术教科书》于 1905 年初版后，多次再版，1912 年中华民国成立后仍被使用。1917 年该书已出至第 26

---

① 田中矢德. 初等代数学教科书 [M]. 崔朝庆，译辑. 上海：商务印书馆，1907：
　 1-3.
② 佚名. 学部审定中学教科书提要 [J]. 教育杂志，1909，1 (1)：8.

版①，可见其流传之广。

周达翻译的《新几何学教科书：平面》也具有代表性。该书以适用于日本中学和师范学校的长泽龟之助的同名教科书为底本②，1906年由东亚公司初版③。底本具有与其他学科相联系、着重应用、几何学中所用理论不单独成编、与用器画相联系等特点④。译本依次分为"直线""圆""面积""比例"4编，并设"补习问题"，附"几何学不能解问题之一例""几何学与代数学解法之比较"。除部分名词术语外，译本与底本从体例、框架到内容都相同。周达与长泽龟之助是相交多年的朋友，底本是1905年春长泽龟之助送给他并请他译成中文的。周达译成后适有日本之行，与长泽龟之助对译稿进行了商榷和改订⑤。因此，译稿对底本的忠实程度和文辞的畅达程度颇高，做到了严复提出的译事三难中的"信"和"达"⑥。

周达对此也十分自信。他在译本自序中说："长泽氏经历教育界垂二十余年，先后译著教科书无虑十数种，最后乃成此书，其完美可知也。译者谫陋于东西新旧象数之书，亦尝普及而涉猎之。尝慨《几何原本》之不合于教科，而后出之译本又多芜浅而不可用，恒思编一适当之书，以为学者标准。此编固不足以当之。然迻译之际，固汲汲以蕲于信达也。"⑦ 他在译本的"译例"中还强调："译者与著者相识有年，宗旨契合。迻译之际，既经审慎周详，书成又与著者重加商榷，

①陈文. 中学适用算术教科书［M］. 上海：科学会编译部，1917.

②長澤龜之助. 新幾何学教科書：平面［M］. 東京：日本書籍株式会社，1904.

③長澤龟之助. 新几何学教科书：平面［M］. 周达，译. 东京：东亚公司，1906.

④長澤龜之助. 新幾何学教科書：平面［M］. 東京：日本書籍株式会社，1904：5-9.

⑤長澤龟之助. 新几何学教科书：平面［M］. 周达，译. 东京：东亚公司，1913：1-6.

⑥另一难是"雅"。参见：赫胥黎. 天演论［M］. 严复，译. 上海：商务印书馆，1933：1.

⑦同⑤4.

则译本中亦可自信无疵累矣。"① 周达所译该书出版后多次重印，中华民国成立后仍被使用，至 1913 年已重印 16 次。

　　陈文转译自日本的《查理斯密小代数学》亦相当流行。该书以长泽龟之助英文增补的英国数学家查理斯密的《初等代数学》（*Elementary Algebra*）② 为底本，1906 年由上海科学会编译部初版。至 1909 年，《查理斯密小代数学》出至第 12 版③。中华民国成立后，该书仍被使用，1915 年已出至第 23 版。1932 年商务印书馆印行该书国难后第 1 版，次年即出至第 4 版④。王家菼转译的《查理斯密初等代数学》1908 年由上海商务印书馆初版，中华民国成立后也被使用，1919 年出至第 18 版⑤。

　　再如，黄元吉编译的《平面几何学新教科书》。该书以日本著名数学家菊池大麓的《几何学小教科书：平面几何学》为底本编译。译本分为"直线""圆""面积""比及比例"4 编，另列"杂问题""附录"；其与底本的体例、框架完全相同，内容基本相同⑥⑦。1908 年 3 月，《平面几何学新教科书》由商务印书馆初版，同年秋便再版⑧。至 1912 年 10 月，该书已出至第 9 版⑨。除黄元吉编译的这部教科书外，晚清以菊池

---

① 长泽龟之助. 新几何学教科书：平面 ［M］. 周达，译. 东京：东亚公司，1913：6.

② 该书于 1886 年出版，后由查理斯密增订后于 1890 年再版，是经典的初等代数教科书。参见：SMITH C. ELementary Algebra ［M］. London：Macmillan and Co.，1886；SMITH C. Elementary Algebra ［M］. London：Macmillan and Co.，1890.

③ 查理斯密. 查理斯密小代数学 ［M］. 陈文，译. 上海：科学会编译部，1909.

④ SMITH C. 查理斯密小代数学 ［M］. 陈文，译述. 上海：商务印书馆，1933.

⑤ 查理斯密. 查理斯密初等代数学 ［M］. 王家菼，译述. 上海：商务印书馆，1919.

⑥ 菊池大麓. 平面几何学新教科书 ［M］. 黄元吉，译述. 上海：商务印书馆，1908.

⑦ 菊池大麓. 幾何学小教科書：平面幾何学 ［M］. 東京：大日本図書株式会社，1899.

⑧ 同⑥.

⑨ 菊池大麓. 平面几何学新教科书 ［M］. 黄元吉，译述. 上海：商务印书馆，1912.

大麓的几何学教科书为底本的汉译中学数学教科书至少还有 5 种。这些教科书在晚清中学被不同程度地使用。1907—1912 年，郭沫若在四川读中学期间就使用过汉译的菊池大麓的几何学教科书。1955 年 12 月 8 日，郭沫若在日本早稻田大学以"中日文化的交流"为题的演讲中说："中国为了向日本学习，在派遣大批留学生去日本的同时，又从日本招聘了很多教师到中国来。我们当时又翻译了大量的日本中学用的教科书。我个人来日本以前，在中国的中学所学的几何学，就是菊池大麓先生所编纂的。"①

在东亚公司出版的教科书中，1906 年出版的周达、包荣爵翻译的《新数学教科书》，1907 年出版的包荣爵翻译的《新三角法教科书》，1908 年出版的佘恒翻译的《新代数学教科书》，均以长泽龟之助的教科书为底本，出版后都较为流行。至 1913 年，《新数学教科书》和《新代数学教科书》都重印了 6 次，《新三角法教科书》重印了 8 次②。

晚清汉译日本中学数学教科书是清朝最后 16 年中学数学教科书的主流，被广泛使用。据 1909 年刊行的《教育杂志》，清朝学部审定了一批中学教科书（含教学参考书）。其中，数学教科书有 12 种：（1）曹汝英著的《直方大斋数学》（上编 4 册，附卷 2 册）；（2）余焕东、赵缭辑译的《新译算术教科书》（2 册），湖南编译社本；（3）陈文编译的《中学适用算术教科书》（1 册），科学会本；（4）陈榥著的《中等算术教科书》（2 册），教科书译辑社本；（5）沈羽编的《算学自修书》（2 册），中国图书公司；（6）权量译的《最新代数学教科书》（1 册），中东书社本；（7）周藩译的《新体中学代数学教科书》（3 册），科学书局本；（8）陈文译的《查理斯密小代数学》（1 册），科学会本；（9）算学研究会编的《平

---

① 实藤惠秀. 中国人留学日本史 [M]. 谭汝谦，林启彦，译. 北京：北京大学出版社，2012：193.

② 长泽龟之助. 新几何学教科书：平面 [M]. 周达，译. 东京：东亚公司，1913：广告页.

面几何学教科书》（1 册）、《立体几何学教科书》（1 册），昌明公司；
（10）曾钧译的《新译几何学教科书》（2 册）①，中国图书公司；（11）
谢洪赉译的《最新中学教科书几何学：平面部》（1 册）、《最新中学教
科书几何学：立体部》（1 册），商务印书馆本；（12）谢洪赉编译的
《最新中学教科书三角术》（1 册），商务印书馆本②③。其中，有 7 种
即第（2）、（3）、（5）、（6）、（7）、（8）、（9）种为汉译日本中学数学教
科书，占这批教科书的一半以上。这些决定了汉译日本中学数学教科
书在晚清新式中学数学教育体系建立过程中担当着重要角色。

　　晚清部分汉译日本中学数学教科书的教学效果较好。当时一位名
叫萧屏的数学教师，以长泽龟之助的《几何学初步讲义录》为底本④，
编译了《中学几何学初步教科书》⑤。译本未出版前，他将其用于教
学，取得意想不到的效果。萧屏在该译本序中说："友人购赠日本长泽
龟之助氏《几何学初步教科书》⑥。初以其浅，未甚措意。继而译授学
生，无不言下顿悟，欣欣有得。再进以稍深之书，则忽然开朗，非复
前此之倦而思卧。盖今昔之心理异矣。客春重游鄂渚，承乏蚕业学堂，
复以是书讲授，学者亦能怡然了悟，无所扞格。其合于今日学生心理
盖无疑义，乃修改一过，付诸剞劂。"⑦

---

①2 册分别为《新译几何学教科书：平面）》《新译几何学教科书：立体》。
②佚名. 学部审定中学教科书提要［J］. 教育杂志，1909，1（1）：7 - 8.
③佚名. 学部审定中学教科书提要：续［J］. 教育杂志，1909，1（2）：9 - 12.
④長澤龜之助. 幾何學初步講義錄［M］. 東京：大日本中學會，［出版年不詳］.
⑤长泽龟之助. 中学几何学初步教科书［M］. 萧屏，译述. 上海：商务印书馆，
　　1912.
⑥这是萧屏原文，确切书名为《几何学初步讲义录》。
⑦同⑤序言.

第二节　汉译欧美中学数学教科书的翻译与编译

甲午战争后，中国在探索救亡图存、富国强兵道路的过程中，虽然掀起向日本学习的热潮，但没有停止向欧美学习的脚步。因此，晚清汉译日本中学数学教科书日益兴盛的同时，也有欧美数学教科书经翻译和编译引进中国，成为中学数学教科书。不过，甲午战争结束至中华民国成立前夕，汉译欧美中学数学教科书的数量明显少于汉译日本中学数学教科书。笔者查阅到的汉译欧美中学数学教科书和前人相关书目列出的共有 13 种，相当于表 2-1 所列 109 种汉译日本中学数学教科书的 11.9％，见表 2-2。

表 2-2　甲午战争后出版的汉译欧美中学数学教科书一览表（至 1911 年）

序号	书名	底本作者	译者	出版机构、社团①	出版年②
1	初等代数学	（英）查理斯密	陈榥	教科书译辑社	1905
2	最新中学教科书代数学	（美）宓尔（William J. Milne）	谢洪赉	商务印书馆	1905
3	最新中学教科书几何学：平面部	（美）宓尔	谢洪赉	商务印书馆	1906
4	最新中学教科书几何学：立体部	（美）宓尔	谢洪赉	商务印书馆	1906

①本栏标示"—"处，情况不详。

②本栏所注出版年一般为初版时间，对无法查到初版时间的教科书，标注再版时间。

续表

序号	书名	底本作者	译者	出版机构、社团	出版年
5	简明几何画法教科书	（英）白起德（William Burchett）	傅兰雅口译，徐建寅笔述	—	1906
6	最新中学教科书三角术	（美）费烈伯（Andrew W. Phillips），（美）史德朗（Wendell M. Strong）	谢洪赉	商务印书馆	1907
7	突氏大代数例题详解	（英）突兑翰多尔①	王宗浩	上海科学书局	1907
8	平面三角法	（英）翰卜林斯密士（J. Hamblin Smith）	李国钦、邓彬	群益书社	1908
9	温特渥斯解析几何学	（美）温德华士	郑家斌	科学会编译部	1908
10	汉译温德华士代数学	（美）温德华士	屠坤华	商务印书馆	1910
11	温特渥斯平面几何学	（美）温德华士	马君武	科学会编译部	1910
12	温特渥斯立体几何学	（美）温德华士	马君武	科学会编译部	1910
13	汉译温德华士三角法	（美）温德华士	顾裕魁	商务印书馆	1911

　　资料来源：表2-2序号为1—4、6、8—13的教科书；王有朋主编《中国近代中小学教科书总目》，上海辞书出版社，2010，第615-685页。

――――――――――

①应为英国数学家托德亨特的另一个中文名。

    这 13 种汉译欧美中学数学教科书，底本多数是美国的，少数是英国的。其中，美国的有 9 种，占 69.2%，英国的有 4 种，占 30.8%。在美国的 9 种中，最多的是温德华士的著作，有 5 种；其次是宓尔的著作，有 3 种；有 1 种是费烈伯和史德朗合著的著作。在英国的 4 种中，查理斯密、白起德、突兑翰多尔、翰卜林斯密士的著作各 1 种。这 13 种汉译欧美中学数学教科书均于 1904 年"癸卯学制"颁行后出版，分布于代数、几何、三角、解析几何 4 个科目。其中，几何的最多，有 5 种；代数的次之，有 4 种；三角的较少，有 3 种；解析几何的最少，有 1 种。其种类数量排序与表 2-1 所列汉译日本中学数学教科书代数、几何、三角、解析几何 4 类的排序一致。但与汉译日本中学数学教科书不同，这 13 种汉译欧美中学数学教科书中没有算术教科书。

    1904—1908 年，上海商务印书馆出版了晚清唯一一套完整的中小学教科书——"最新教科书"。表 2-2 序号为 2—4 和 6 的教科书属于这套"最新教科书"。从出版机构看，这 13 种汉译欧美中学数学教科书也是由上海商务印书馆出版的最多，有 6 种。

    这 13 种汉译欧美中学数学教科书共有 8 位底本作者。其中，温德华士、宓尔、查理斯密、翰卜林斯密士、突兑翰多尔、费烈伯都是 19 世纪享誉欧美的数学教科书编撰者。这在某种程度上反映出当时国人对欧美中学数学教科书不是盲目引进，而是着重选择名家的教科书。在这些底本作者中，温德华士是较为突出的一位。他是继罗密士之后，美国最著名的数学教科书编撰者之一。

    温德华士于 1835 年 7 月 31 日在美国新罕布什尔州的韦克菲尔德（Wakefield）出生，1906 年 5 月 24 日在该州多佛市逝世。他早年就读于家乡学校，1852 年进入菲利普斯埃克塞特学院（Phillips Exeter Academy）学习。离开该学院后，他到哈佛大学求学，从大学二年级读起，1858 年以优异成绩毕业。同年春，他返回母校菲利普斯埃克塞特学院任古代语言讲师。一年后他当选为该学院数学教授，并在此职位上一直干到 1892 年辞职。他撰著教科书的能力出众，是美国初等数学教科书的顶尖作者之一①。其一生撰著数学教科书至少 36 种②。

19 世纪 70 年代后期，温德华士对当时几何学中的定理分类和证明不满，于是将自己的证明运用于几何学教学。1878 年，他的教学成果《平面和立体几何学基础》（*Elements of Plane and Solid Geometry*）出版。该书出版后很快就受到欢迎，成为美国使用最广的几何教科书③。1879 年出至第 3 版④。尽管该书缺乏逻辑的严谨性，但它在外观的吸引力、内容安排的方法、表示的形式方面都有真正的创新⑤。1899 年，该书更名为《平面和立体几何学》（*Plane and Solid Geometry*），出版了修订版⑥。温德华士逝世后，经美国数学家史密斯（David Eugene Smith，1860—1944）修订，又于 1910 年、1911 年、1913 年等多次再版⑦。温德华士撰著的数学教科书还有《初等算术》（*An Elementary Arithmetic*）⑧、《学校代数》（*A School Algebra*）⑨、《代数

---

①FINKEL B F. Biography of George Albert Wentworth［J］. School Science and Mathematics，1907（7）：485－487.

②1903 年出版的温德华士的《平面三角和表》一书广告页列有温德华士的数学教科书 36 种。参见：WENTWORTH G A. Plane Trigonometry and Tables［M］. Boston：Ginn & Company，Publishers，1903.

③同①488.

④WENTWORTH G A. Elements of Plane and Solid Geometry［M］.Boston：Ginn and Heath，1879.

⑤同①488.

⑥WENTWORTH G A. Plane and Solid Geometry［M］.Boston：Ginn & Company，1899.

⑦WENTWORTH G，SMITH D E. Plane and Solid Geometry［M］.Boston：Ginn and Company，1913.

⑧WENTWORTH G A. An Elementary of Arithmetic［M］.Boston：Ginn & Co.，1893.

⑨WENTWORTH G A. A School Algebra［M］.Boston：Ginn & Company，1891.

学基础》(*Elements of Algebra*)①、《平面三角》（*Plane Trigonome-try*）②、《平面和球面三角》（*Plane and Spherical Trigonoetry*）③、《解析几何基础》（*Elements of Analytic Geometry*）④ 等。

宓尔是苏格兰裔美国数学教育家、哲学和法学博士，生于 1842 年⑤，卒于 1914 年，曾任纽约州立师范学院校长。其一生著有多部数学教科书，包括《初级算术》（*Intermediate Arithmetic*）⑥、《标准算术：包含中学和学院的完整课程》（*Standard Arithmetic：Embracing a Complete Course for Schools and Academies*）⑦、《中学代数：包含中学和学院的完整课程》（*High School Algebra：Embracing a Complete Course for High Schools and Academies*）⑧、《大学代数》（*Academic Algebra*）⑨、《平面几何学》（*Plane Geometry*）⑩、《平面和立体几何学》（*Plane and Solid Geometry*）⑪ 等。

查理斯密是英国数学家，生于 1844 年，卒于 1916 年，长期任职

---

①WENTWORTH G A. Elements of Algebra[M].Boston：Ginn & Company，Publishers，1897.

②WENTWORTH G A. Plane Trigonometry [M]. Boston： Ginn & Company，Publishers，1892.

③WENTWORTH G A. Plane and Spherical Trigonoetry[M].Boston：Ginn，Heath，& Co.，1882.

④WENTWORTH G A. Elements of Analytic Geometry[M].Boston：Ginn & Company，1886.

⑤宓尔的出生年，依据笔者的硕士研究生徐世宜的考证结果。

⑥MILNE W J. Intermediate Arithmetic[M].New York：American Book Company，1900.

⑦MILNE W J. Standard Arithmetic ：Embracing a Complete Course for Schools and Academies[M].New York：American Book Company，1892.

⑧MILNE W J. High School Algebra ：Embracing a Complete Course for High Schools and Academies [M].New York：American Book Company，1892.

⑨MILNE W J. Academic Algebra [M].New York：American Book Company，1901.

⑩MILNE W J. Plane Geometry[M].New York：American Book Company，1899.

⑪MILNE W J. Plane and Solid Geometry[M].New York：American Book Company，1899.

于剑桥大学西德尼萨塞克斯学院（Sidney Sussex College）。自 19 世纪 80 年代起，他编撰了《初等代数学》（*Elementary Algebra*）①、《代数论》（*A Treatise on Algebra*）②、《预备学校用初等代数学》（*Elementary Algebra for the Use of Preparatory Schools*）③、《圆锥曲线初论》（*An Elementary Treatise on Conic Sections*）④、《立体几何初论》（*An Elementary Treatise on Solid Geometry*）⑤、《几何的二次曲线》（*Geometrical Conics*）⑥ 等教科书。其中，《圆锥曲线初论》最为流行，1894 年已出至第 12 版。《初等代数学》和《代数论》于 1894 年分别出至第 5 版和第 4 版⑦。我国一般分别将其《初等代数学》《代数论》称为《小代数学》《大代数学》，或以"查理斯密"冠名，称之为《查理斯密小代数学》《查理斯密大代数学》。

　　作为英国数学家，翰卜林斯密士是查理斯密的前辈。他生于 1829 年，卒于 1901 年，长期任职于剑桥大学冈维尔与凯斯学院（Conville and Caius College）、圣彼得学院（St Peter's College）。他编撰的数学教科书有《初等代数学》（*Elementary Algebra*）⑧、《几何原本：含欧几里得卷Ⅰ至卷Ⅵ与卷Ⅺ和卷Ⅻ的一部分并配练习和注释》（*Elements of Geometry：Containing Books Ⅰ to Ⅵ and Portions of Books Ⅺ and*

①SMITH C.Elementary Algebra［M］.London：Macmillan and Co.，1886.

②SMITH C. A Treatise on Algebra［M］. London：Macmillan and Co.，1888.

③SMITH C，STRINGHAM I. Elementary Algebra for the Use of Preparatory Schools［M］.New York：The Macmillan Company，1896.

④SMITH C.An Elementary Treatise on Conic Sections［M］.London：Macmillan and Co.，1883.

⑤SMITH C.An Elementary Treatise on Solid Geometry［M］. London：Macmillan and Co.，1891.

⑥SMITH C. Geometrical Conics［M］. London：Macmillan and Co.，1894.

⑦1894 年出版的查理斯密《几何的二次曲线》在广告页介绍了这些著作的版次信息。参见：SMITH C. Geometrical Conics［M］. London：Macmillan and Co.，1894.

⑧SMITH J H.Elementary Algebra［M］.London：Rivingtons，1870.

XII of Euclid with Exercises and Notes）①、《算术论》（*A Treatise on Arithmetic*）②、《初等三角学》（*Elementary Trigonometry*）③、《几何圆锥曲线研究引论》（*An Introduction to the Study of Geometrical Conic Sections*）④ 等。另外，他还编撰有《初等流体静力学》（*Elementary Hydrostatics*）⑤、《初等静力学》（*Elementary Statics*）⑥ 等力学教科书。

费烈伯是美国数学家、哲学博士，生于 1844 年，卒于 1915 年。他与美国数学家史德朗合著有《三角学基础：平面和球面》（*Elements of Trigonometry：Plane and Spherical*）⑦、《对数和三角函数表：五位和四位》（*Logarithmic and Trigonometric Tables：Five Places and Four Places*）⑧。他们合著这两部著作时都在耶鲁大学任教。此外，费烈伯任耶鲁大学数学助理教授时与该校另一位数学助理教授毕比（W. Beebe）合著有《图解代数或一元方程理论的几何解释》（*Graphic Algebra or Geometrical Interpretation of the Theory of Equations of One Unknown Quantity*）⑨。费烈伯任教授时还和另一位耶鲁大学教授

①SMITH J H.Elements of Geometry：Containing Books I to VI and Portions of Books XI and XII of Euclid with Exercises and Notes [M].London：Rivingtons,1876.

②SMITH J H.A Treatise on Arithmetic[M].London：Rivingtons,1882.

③SMITH J H.Elementary Trigonometry[M].Toronto：Adam Miller & Co.,1879.

④SMITH J H.An Introduction to the Study of Geometrical Conic Sections[M].London：Rivingtons,1887.

⑤SMITH J H.Elementary Hydrostatics[M].Toronto：Adam Miller & Co.,1879.

⑥SMITH J H.Elementary Statics[M].London：Rivingtons,1890.

⑦PHILLIPS A W, STRONG W M. Elements of Trigonometry：Plane and Spherical[M].New York：Harper & Brothers Publishers,1899.

⑧PHILLIPS A W, STRONG W M. Logarithmic and Trigonometric Tables：Five Places and Four Places[M].New York：Harper & Brothers Publishers,1899.

⑨PHILLIPS A W, BEEBE W. Graphic Algebra or Geometrical Interpretation of the Theory of Equations of One Unknown Quantity[M].New York：Henry Holt and Company,1882.

费希尔（Irving Fisher）合著有《几何基础》（*Elements of Geometry*）①。19 世纪 90 年代，费烈伯的数学著作形成了"费烈伯和罗密士数学丛书（Phillips-Loomis Mathematical Series）"，美国图书公司和哈珀兄弟出版公司都出版过②③。

在表 2-2 所列译者中，谢洪赉所译中学数学教科书最多，有 4 种。谢洪赉（1873—1916），字邑侯，浙江绍兴人，早年毕业于美国基督教新教监理会创办的苏州博习学院。他是清末民初著名基督徒翻译家、著述家、我国译介欧美科学教科书的重要人物之一。在商务印书馆出版的"最新教科书"中，他共编译（纂）了 13 种理科类教科书④，对这套教科书的推出起到极其重要的作用。马君武次之，翻译有 2 种欧美中学数学教科书。马君武（1881—1940），字厚山，广西桂林人，民国教育家、政治家。他于 1901 年赴日本京都帝国大学留学，攻读化学。1905 年加入同盟会，1907 年留学德国柏林工业大学，学冶金。武昌起义后回国。1913 年再度留学德国，入柏林农科大学，获博士学位。20 世纪二三十年代，曾任总统府秘书长、广西省省长，上海大夏大学、北京工业大学、广西大学、上海中国公学校长⑤。

其他译者都是各译或两人合译 1 种。其中，傅兰雅是英国人，1860 年在伦敦海伯雷师范学院毕业⑥，1861 年受英国圣公会派遣来华，译有

---

①PHILLIPS A W，FISHER I. Elements of Geometry［M］. New York：American Book Company，1896.

②同①.

③PHILLIPS A W，FISHER I. Elements of Geometry［M］. New York：Harper & Brothers Publishers，1897.

④吴小鸥. 启蒙之光：浙江知识分子与中国近现代教科书发展［M］. 杭州：浙江工商大学出版社，2016：27.

⑤周川. 中国近现代高等教育人物辞典［M］. 福州：福建教育出版社，2018：20-21.

⑥同⑤728.

逾百种西学译著①，为晚清来华外国人中译介西学的代表人物之一。傅兰雅与徐建寅合译的《简明几何画法教科书》实际就是 1870 年他们合译出版的《运规约指》被书商改头换面的印本。陈榥（1872—1931），字乐书，浙江义乌人，1898 年入日本东京帝国大学造兵科留学②。在留日学生中，他翻译、编译科学教科书的成就突出。除表 2-2 所列《初等代数学》外，他还译有《中学物理教科书》③，自编有《中等算术教科书》④《物理易解》⑤《心理易解》⑥《实用教科书物理学》⑦ 等。李国钦（1887—1961），字炳麟，长沙人。他于 1903 年冬季考入湖南实业学堂矿科甲班，后升入湖南高等实业学堂矿业本科第一班，1910 年毕业后留校工作⑧。邓彬也是湖南高等实业学堂的学生。两者都通晓西文。《平面三角法》是他们就读湖南高等实业学堂时编译的⑨。屠坤华是安徽宣城人，在晚清或民国初期留学美国，获得药学博士学位⑩。

经笔者考察，厘清了如下 10 种汉译欧美中学数学教科书的底本：陈榥所译《初等代数学》以查理斯密《初等代数学》增订版为底本。查理斯密《初等代数学》的初版于 1886 年问世⑪，1890 年出版第 2 版即增

①王扬宗. 傅兰雅与近代中国的科学启蒙［M］. 北京：科学出版社，2000：8-9，51-70.

②浙江省政协文史资料委员会. 浙江近现代人物录［M］. 杭州：浙江人民出版社，1992：208.

③水岛久太郎. 中学物理教科书［M］. 陈榥，译补. 东京：教科书译辑社，1902.

④陈榥. 中等算术教科书：上下卷［M］. 东京：教科书译辑社，1906.

⑤陈榥. 物理易解［M］. 东京：教科书译辑社，1902.

⑥陈榥. 心理易解［M］. 东京：教科书译辑社，1905.

⑦陈榥. 实用教科书物理学［M］. 上海：商务印书馆，1918.

⑧许康，许峥. 湖南历代科学家传略［M］. 长沙：湖南大学出版社，2012：313.

⑨卜林斯密士. 平面三角法［M］. 李国钦，邓彬，译. 上海：群益社，1908，序.

⑩徐国利，高红. 影响历史的 100 个安徽第一［M］. 合肥：安徽文艺出版社，2012：239.

⑪SMITH C. Elementary Algebra［M］. London：Macmillan and Co.，1886.

订版①。增订版与初版主要不同之处是，增订版增加了"对数"和"记数法"两编及大量例题。陈榥所译《初等代数学》包括这两编，全书内容与查理斯密《初等代数学》增订版基本相同。

谢洪赉所译《最新中学教科书代数学》以美国宓尔1892年出版的《中学代数：包含中学和学院的完整课程》为底本②。谢洪赉所译《最新中学教科书几何学：平面部》《最新中学教科书几何学：立体部》，分别以宓尔的《平面和立体几何学》平面部和立体部为底本③。谢洪赉所译《最新中学教科书三角术》正文和附录部分内容，以费烈伯和史德朗出版的《三角学基础：平面和球面》为底本；《最新中学教科书三角术》附录中的"对数表"，以费烈伯和史德朗的《对数和三角函数表：五位和四位》为底本④。

马君武所译《温特渥斯平面几何学》《温特渥斯立体几何学》，分别以温德华士的《平面和立体几何学》平面和立体几何部分为底本。温德华士的《平面和立体几何学》是其《平面和立体几何学基础》的修订版，两书在结构上存在明显差异。这点从两书如下章节安排就能看出。1879年出版的温德华士的《平面和立体几何学基础》第3版在平面几何部分前，没有安排内容，该部分第1章为"直线图形"，依次包括如下各部分："引言""定义""直线""平面角""角度大小""叠加""数学术语""公理与公设""符号与缩写""垂线和斜线""平行线""三角形""四边形""一般多边形"；立体几何部分第1章为"平面和立体角"，依

①SMITH C. Elementary Algebra[M].London：Macmillan and Co.，1890.

②笔者的硕士研究生徐世宜首先发现这个结果。

③该结论是通过比较1899年出版的宓尔的《平面和立体几何学》与谢洪赉的这两部译著得出的。

④费烈伯和史德朗的这两部著作先于1899年出版，后于1926年再版。谢洪赉所用底本无疑是1899年的版本。笔者见到的是两书1926年的版本，《最新中学教科书三角术》的内容与它们基本一致。这说明两书1926年的版本较1899年的版本基本没有修订。

次包括如下各部分："线和平面""二面角""补充命题""多面角"①。
1899 年出版的温德华士的《平面和立体几何学》在平面几何部分前，安
排了内容，包括"引言""一般术语""一般公理""符号与缩写"；平面
几何部分第 1 章为"直线图形"，依次包括如下各部分："定义""直线"
"平面角""角的意义的外延""角的单位""垂线和斜线""平行线""三
角形""点的轨迹""四边形""一般多边形""对称""证明定理的方法"
"习题"；立体几何部分第 1 章为"空间的线和平面"，依次包括如下各部
分："定义""线和平面""二面角""多面角""习题"②。马君武所译
《温特渥斯平面几何学》《温特渥斯立体几何学》，分别与 1899 年出版的
温德华士的《平面和立体几何学》平面和立体几何部分的结构和内容基
本相同。

李国钦、邓彬所译《平面三角法》，以翰卜林斯密士的《初等三角
学》为底本③。顾裕魁所译《汉译温德华士三角法》，以温德华士的《平
面和球面三角》1895 年版或稍后出版的第 1 次修订版，或 1903 年出版
的第 2 次修订版为底本。郑家斌所译《温特渥斯解析几何学》以温德华
士的《解析几何基础》为底本。

这 10 种汉译欧美中学数学教科书的底本每编、每章均分若干款，
款全书统一编号。这是当时欧美科学教科书普遍使用的体例。这 10 种汉
译欧美中学数学教科书都以底本的这种体例编译，晚清汉译日本中学数
学教科书也大体如此。同时，这 10 种汉译欧美中学数学教科书对底本的
结构和内容都没有较大的改动。有的几乎是完全直译，马君武所译《温

①WENTWORTH G A. Elements of Plane and Solid Geometry [M]. Boston：Ginn and
  Heath，1879：vii－viii，3－72，251－285.
②WENTWORTH G A. Plane and Solid Geometry[M].Boston：Ginn & Company，1899：
  vii－ix，1－74，251－288.
③该结论是通过比较 1879 年出版的翰卜林斯密士的《初等三角学》与李国钦、邓彬
  这部译著得出的。

特渥斯平面几何学》《温特渥斯立体几何学》是其中的代表。

不过，上述汉译欧美中学数学教科书大都对底本内容有一定的改编和取舍。如谢洪赉所译《最新中学教科书代数学》的底本开方章第205 款为 "Root（Art. 19）. Names of Roots（Art. 20）. Sign of Evolution or Radical Sign（Art. 21）"①，该款在《最新中学教科书代数学》中被删除。而底本第206款为 "Evolution is the process of finding a root of a quantity"②，在《最新中学教科书代数学》中被编为第205款。《最新中学教科书代数学》增加第206款："幻几何者，指明负几何之偶次根式也，如$\sqrt{-4}$、$\sqrt{-甲}$。此外，皆曰真几何，如$\sqrt{25}$、$\sqrt{3}$、甲$^{\frac{1}{2}}$、4。"③ 其中，"幻几何"的定义是移用了底本 "Imaginary Quantities" 第365款虚数定义 "An Imaginary Quantity is an indicated even root of a negative quantity"④，但《最新中学教科书代数学》第20章"幻几何"第365款照译了底本第365款内容⑤，致使虚数定义在该书中出现了重复。底本开方章第207款介绍3条开方原理，第3条为 "An even root of a negative quantity is impossible or imaginary"⑥。《最新中学教科书代数学》舍去了这条原理，仅介绍了前两条⑦。

谢洪赉所译《最新中学教科书几何学：平面部》的底本在第1章

①MILNE W J. High School Algebra ：Embracing a Complete Course for High Schools and Academies[M].New York：American Book Company，1892：176.

②同①.

③宓尔. 最新中学教科书代数学：上册 [M]. 谢洪赉，译. 上海：商务印书馆，1905：310 .

④同①299.

⑤宓尔. 最新中学教科书代数学：下册 [M]. 谢洪赉，译. 上海：商务印书馆，1905：175.

⑥同①.

⑦同③.

之前介绍了预先定义、公理、符号等。其中，介绍的符号有 23 种①。《最新中学教科书几何学：平面部》舍弃了 7 种，介绍了 16 种②。陈榥所译《初等代数学》底本第 27 编 "对数" 第 262 款第 1 句为 "The Characteristic of the Logarithm of any number can be written down by inspection"③，陈榥翻译《初等代数学》时舍弃了这一句④。

再如，李国钦、邓彬所译《平面三角法》对底本第 1 编 "线的测量" 第 4 款、第 3 编 "角的测量" 第 24 款都做了改编，见表 2-3。

表 2-3　李国钦、邓彬所译《平面三角法》与底本部分内容对照表

所在编和款	译本《平面三角法》	底本翰卜林斯密士《初等三角学》
第 1 编 第 4 款	4. 令直角三角形，夹直角之边，为 [P]⑤ 与 q，弦为 r，则 $P^2 + q^2 = r^2$。若已知其二，即可求其第三者。如 $r=5$，$q=3$ $P^2+9=25$ $P^2=16$ $\therefore P=4$	4. Now suppose the measures of the sides of a right-angled triangle to be p, q, r respectively, the right angle being subtended by that side whose measure is r. 　　Then since the geometrical property of such a triangle, established by Euclid I. 47, may be extended to the case in which the sides are represented by numbers, or symbols standing for numbers. 　　$p^2+q^2=r^2$. 　　If any two of the numerical quantities involved in this equation are given, we can determine the third. 　　For example, if $r=5$ and $q=3$, 　　$p^2+9=25$, 　　$\therefore p^2=16$, 　　$\therefore p=4$.

①MILNE W J.Plane and Solid Geometry[M].New York：American Book Company，1899：20.

②宓尔. 最新中学教科书几何学：平面部 [M]. 谢洪赉，编译. 上海：商务印书馆，1906：14-15.

③SMITH C.Elementary Algebra[M].London：Macmillan and Co.,1890：338.

④SMITH C. 初等代数学 [M]. 陈榥，译. 东京：教科书译辑社，1908：427.

⑤此处原文脱字母 "P"。

续表

所在编和款	译本《平面三角法》	底本翰卜林斯密士《初等三角学》
第3编 第24款	Ⅱ.（The centesimal method）论百分度法 24.一直角分为一百度，每度分为一百分，每分分为一百秒者，百分度法也。其略记法为 g,′,″，如35度，56分84·53秒，可写为35 g. 56′. 84″·53。 此法以100进位，故化度分秒较易。	Ⅱ. The Centesimal Method 24. In this method we suppose a right angle to be divided into 100 equal parts, each of which parts is called a *grade*, each grade to be divided into 100 equal parts, each of which is called a *minute*, and each minute to be divided into 100 equal parts, each of which is called a *second*. Then the magnitude of an angle is expressed by the number of grades, minutes and seconds, which it contains. Grades, minutes and seconds are marked respectively by the symbols^g,′,″: thus, to represent 35 grades, 56 minutes, 84·53 seconds, we write 35^g. 56′. 84″·53. The advantage of this method is that we can write down the minutes and seconds as the decimal of a grade by inspection.

资料来源：翰卜林斯密士：《平面三角法》，李国钦、邓彬译，群益书社，1908，第2页，第9页；J. Hamblin Smith, *Elementary Trigonometry* (Toronto: Adam Miller & Co., 1879), pp. 2-3, 12.

由表2-3可见，关于第1编第4款，译本《平面三角法》对底本做了简化处理，基本舍弃了底本第2段文字。关于第3编第24款，译本未直译底本内容，简化了对"each of which parts is called a *grade*""each of which is called a *minute*""each of which is called a *second*"的翻译，并舍弃了"Then the magnitude of an angle is expressed by the number of grades, minutes and seconds, which it contains"。

在版式方面，谢洪赉所译《最新中学教科书几何学：平面部》《最新中学教科书几何学：立体部》延续狄考文编译的《形学备旨》《代数备旨》的传统，文字为竖排，全书算式也以竖行排印。其他11部汉译欧美中学数学教科书都采取西方通行的版式，从左至右横排。这11部教科书包括谢洪赉所译《最新中学教科书代数学》《最新中学教科书三角术》。

在数学符号方面，谢洪赉翻译的这 4 种教科书均基本采用狄考文编译《形学备旨》《代数备旨》时所用数学符号：采用阿拉伯数码和西方部分数学符号，以天干、地支中的字表示已知数和 x，y，z，w 以外的英语小写字母，以左边加"口"字的天干、地支中的字表示对应的英文大写字母，以天、地、人、物表示 x，y，z，w。只是对于"地""物"，没有像狄考文那样略去偏旁"土""牛"。除谢洪赉的这 4 种教科书外，其他 9 种汉译欧美中学数学教科书均采用西方通行的数学符号。

甲午战争后，尤其进入 20 世纪后，大量汉译日本中学数学教科书在版式和数学符号方面都与西方接轨。版式横排和采用西方通行的数学符号已成为编译数学和科学教科书不可抗拒的潮流。在这样的形势下，谢洪赉所译的欧美中学数学教科书兼有竖排和横排的情况，反映了当时他或者上海商务印书馆在版式上的摇摆心理。谢洪赉对数学符号的表示没有与时俱进，而是坚持承续狄考文等传教士的译书方式编译欧美中学数学教科书，一方面是因为他在教会学校学习过狄考文编译的《代数备旨》①，另一方面则是因为谢洪赉译书时中国科学教科书在翻译内容和形式上尚处于过渡状态。

从这 13 种汉译欧美中学数学教科书可以看出，译者对翻译或编译的教科书有不同程度的认知策略。教科书的认知策略是指为实现某些教育目标而对教科书采用的组织方法，涉及章节标题、习题作业、课程提要、前沿、附录、图标、复习题、着重号等②。陈榥所译《初等代数学》③，马君武所译《温特渥斯平面几何学》④《温特渥斯立体几何

①谢洪赉在《最新中学教科书代数学》（上册）"译例"中说："昔年髫龄入塾，数学毕业，续习代数，所用者为狄氏的《代数备旨》。"参见：宏尔. 最新中学教科书代数学：上册［M］. 谢洪赉，译. 上海：商务印书馆，1905：2.
②王广超. 中国近代物理教科书初步研究［M］. 广州：广东人民出版社，2019：95.
③SMITH C. 初等代数学［M］. 陈榥，译. 东京：教科书译辑社，1908.
④温德华士. 温特渥斯平面几何学［M］. 马君武，译. 上海：科学会编译部，1910.

学》①和顾裕魁所译《汉译温德华士三角法》②，对书中标题、大量名词术语都标注了对应的英文。陈榥还在书末自加了附录"希腊文字"。

　　谢洪赉所译《最新中学教科书代数学》《最新中学教科书几何学：平面部》《最新中学教科书三角术》正文前均有"译例"。在《最新中学教科书代数学》的"译例"中，谢洪赉介绍了底本及其特点、优点，译本改编原则和改订之处③。关于该书底本特点，谢洪赉说明底本使用归纳法编撰，并指出"此编开卷，即发问数十条，使学者藉以悟代数之为代数，本与数学一贯，法虽各殊，理无二致，则华君若汀④所谓既习数学而习代数时所有隔阂可以冰释之说也。各章俱引以此法，使学者循序前进，迎刃而解"⑤。

　　在《最新中学教科书几何学：平面部》的"译例"中，谢洪赉介绍了底本及其特点、优点，译本所用名词术语、度量衡、印刷所用字号的情况⑥。在《最新中学教科书三角术》的"释例"中，谢洪赉主要介绍了底本及其特色。关于特色，谢洪赉指出："作者原序，举本编之特色，计有左列七事。（1）本书论平三角、弧三角术俱极简明；（2）解三角形之诸公式特为表出；（3）演习之丰富；（4）以曲线代表法解三角函数、反函数、双线函数；（5）弧三角术中之图，以新法描摹，显豁异常；（6）论杂糅数与双线函数，俱新颖自在；（7）以图解弧三角形。"⑦

---

①温德华士. 温特渥斯立体几何学［M］. 马君武，译. 上海：科学会编译部，1910.

②温德华士. 汉译温德华士三角法［M］. 顾裕魁，译述. 上海：商务印书馆，1914.

③宓尔. 最新中学教科书代数学：上册［M］. 谢洪赉，译. 上海：商务印书馆，1905：1-2.

④华君若汀，指华蘅芳。华蘅芳，字畹香，号若汀。

⑤同③1.

⑥宓尔. 最新中学教科书几何学：平面部［M］. 谢洪赉，编译. 上海：商务印书馆，1906：1-2.

⑦费烈伯，史德朗. 最新中学教科书三角术［M］. 谢洪赉，编译. 上海：商务印书馆，1907，释例.

为了符合中国事理，谢洪赍对《最新中学教科书代数学》底本所用人名、地名等做了改订①。为了吸引读者的注意力，谢洪赍所译《最新中学教科书几何学：平面部》《最新中学教科书几何学：立体部》使用2号至5号铅字印刷；为了节省读者目力，标题使用了黑体字；部分内容加了着重号，以示重点。《最新中学教科书几何学：立体部》书末附底本未有的"几何学中西名目表"，以便读者理解书中名词术语②。出于同样的目的，李国钦、邓彬在所译《平面三角法》书末附有"中西数学名词合璧表"③。

图2-4 陈榥所译《初等代数学》书页（标题和名词术语标注了对应的英文）

图2-5 马君武所译《温特渥斯平面几何学》书页（标题和名词术语标注了对应的英文）

---

①宏尔. 最新中学教科书代数学：上册［M］. 谢洪赍，译. 上海：商务印书馆，1905：2.

②宏尔. 最新中学教科书几何学：立体部［M］. 谢洪赍，编辑. 上海：商务印书馆，1913：1-5.

③翰卜林斯密士. 平面三角法［M］. 李国钦，邓彬，译. 上海：群益书社，1908：1-46.

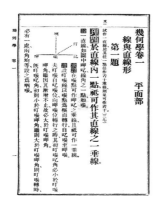

图 2-6　谢洪赉所译《最新中学教科书几何学：平面部》书页（文字用不同字号铅字印刷）

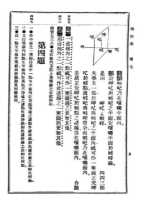

图 2-7　谢洪赉所译《最新中学教科书几何学：立体部》书页（重点内容以着重号标注）

　　顾裕魁所译《汉译温德华士三角法》对部分内容加了译者的"增注""补"，对相关内容做了注释、补充。如在第 2 编"直角三角形"第 14 章"直角三角形之面积"中，顾裕魁对例题Ⅸ第 52 题涉及的"直立面""水平线"做了"增注"："过一点及地球中心之直线或平面，谓之此点之直立线或直立面。过一点而在此点与直立线或直立面正交之直线或平面，谓之此点之水平线或水平面（又水平亦称地平）。"①又如在第 5 编"杂题"之"斜角三角形"例题 31 中，顾裕魁做了"补"。该例题为"向北进行之一船，见相距 8 哩之两灯台于正西线内。历一小时，其一台之方位在南西，而又一台在南南西。求此船每小时之速率。"顾裕魁的"补"如下："航海用之罗盘，各分四方为八等分，共得三十二方位，如次之 67 图。"此"补"无疑是对该例题中的方位名词"南西""南南西"的由来做的补充说明。"补"中的 67 图亦为顾裕魁所作。

①温德华士. 汉译温德华士三角法 ［M］. 顾裕魁，译述. 上海：商务印书馆，1914：36.

图 2-8 顾裕魁所译《汉译温德华士三角法》书页

（第 2 编第 14 章例题Ⅸ第 52 题的"增补"和第 5 编"斜角三角形"例题 31 的"补"）

在名词术语方面，谢洪赉所译《最新中学教科书代数学》采用了《代数术》《代数备旨》中的大量名词术语。其中，包括"劈生""生倍""大公生""小公倍""根几何"等；谢洪赉所译的《最新中学教科书几何学：平面部》和《最新中学教科书几何学：立体部》主要采用了汉译《几何原本》和狄考文所译《形学备旨》中的名词术语。原因是"二书吾国学界沿用已久也"①。同时，谢洪赉改订了个别名词，创制了少量新名词。具体而言，他将原有的"直角"改订为"正角"，创制了"配角"（corresponding angles）②、"补角"（supplementary angles 或 supplement）、"蚀角"（re-entrant angle）、"凸多边形"（convex polygon）等新名词③④。其中，"补角""凸多边形"沿用至今，其他改订和创制的名词被陆续淘汰。其他汉译欧美中学数学教科书有

---

① 宓尔. 最新中学教科书几何学：平面部［M］. 谢洪赉，编译. 上海：商务印书馆，1906：1.

② 谢洪赉所译《最新中学教科书几何学：立体部》书末"几何学中西名目表"中的相应英文名，下同。

③ 同①.

④ 宓尔. 最新中学教科书几何学：立体部［M］. 谢洪赉，编辑. 上海：商务印书馆，1913：1-5.

的名词术语来自日本。如李国钦、邓彬所译《平面三角法》中"joint stock company"译为"株式会社"①，明显采用了日本译名。这反映了日本对汉译欧美中学数学教科书的影响。

甲午战争后，汉译欧美中学数学教科书因为相对于汉译日本中学数学教科书规模甚小，在全国学习日本的热潮中只是中学数学教科书的支流。但由于有不少汉译日本中学数学教科书存在所选底本不佳和翻译粗制滥造的问题，一些底本价值高、翻译质量好的汉译欧美中学数学教科书虽然存在某些缺点，但仍得到认可。如谢洪赉所译《最新中学教科书三角术》被纳入清朝学部审定的中学教科书。学部对该书还有较高的评价：

> 近日新出之算学书，类皆翻自东籍，故不免于钩棘支离。译者独能不借径和文，直译西书，甚为难得。其曩译各书，算式太旧，不甚合教科之用。此则参酌于新旧之间，虽未必尽惬人意，然固胜于旧籍多矣。本编之特色计有七事，具见于作者原叙。其中如以曲线代表法解三角函数、反函数、双线函数，确为他书所未载。其余虽非罕见之作，然亦较他书为显豁。末附各表，最便检阅。惟既译是册以供中学教科之资，尤宜译有义蕴较深之书，以供专家研究之用。所望其赓续成编也②。

这段评语表明学部对汉译日本数学书存在问题的批评，表彰了《最新中学教科书三角术》为难得之作，并指出了其特别之处和优点。其中，"曩译各书，算式太旧"指谢洪赉所译《最新中学教科书几何学：平面部》《最新中学教科书几何学：立体部》算式以竖行排印，数学符号守旧。"参酌于新旧之间"则是指《最新中学教科书三角术》虽然数学符号仍守旧，但算式从左至右横排，版式符合新潮。

---

① 翰卜林斯密士. 平面三角法 ［M］. 李国钦，邓彬，译. 上海：群益书社，1908：23.

② 佚名. 学部审定中学教科书提要：续 ［J］. 教育杂志，1909，1（2）：12.

当时的汉译欧美中学数学教科书不乏中华民国成立后仍被再版和使用之作。如顾裕魁所译《汉译温德华士三角法》于 1923 年出至第 11 版[①]，马君武所译《温特渥斯平面几何学》于 1922 年出至第 5 版[②]，谢洪赉所译《最新中学教科书代数学》于 1913 年出至第 9 版、《最新中学教科书几何学：立体部》于 1913 年出至第 4 版[③]。不过，这些教科书的再版次数和使用程度明显不及陈文所译《中学适用算术教科书》、王家芬所译《查理斯密初等代数学》等晚清汉译日本中学数学教科书。

第三节　国人自编中学数学教科书的尝试

甲午战争后，汉译日本中学数学教科书和汉译欧美中学数学教科书对晚清新式中学数学教育体系的建立发挥了不可替代的作用。但由于中外文化的差异，这些基本属于"舶来品"的教科书实际不能完全适用于中国的中学数学教育。因此，中国有必要自编教科书。当时一些国人进行了自编中学数学教科书的尝试。自 1904 年"癸卯学制"颁行的当年，这类教科书开始陆续出版。表 2-4 所列是笔者搜罗到的和从相关书目、文献查阅到的晚清国人自编的中学数学教科书，共 22 种。

---

① 温德华士. 汉译温德华士三角法 [M]. 顾裕魁，译述. 上海：商务印书馆，1923.

② 温德华士. 温特渥斯平面几何学 [M]. 马君武，译. 上海：商务印书馆，1922.

③ 宓尔. 最新中学教科书几何学：立体部 [M]. 谢洪赉，编辑. 上海：商务印书馆，1913.

表 2-4　晚清国人自编中学数学教科书一览表

序号	书名	编撰者	出版机构、社团①	出版年②
1	最新平面几何学教科书	黄传纶、刘采麟、杨清贵	清国留学生会馆	1904（上卷）、1905（下卷）
2	中学数学教科书	秦沅	开明书店	1904（上卷）、1905（下卷）
3	数学教科书	叶懋宣	通社久记书局	1904（上册）、1905（下册）
4	数学教科书	商务印书馆	商务印书馆	1904
5	初等代数学讲义	丁福保	文明书局	1905
6	中等算术教科书	陈榥	教科书译辑社	1905
7	平面几何学教科书	算学研究会	昌明公司	1906
8	平三角法教科书	算学研究会	昌明公司	1906
9	平面几何学教科书	梁楚珩	昌明公司	1906
10	中学代数学教科书	陈元鼎	商务印书馆	1906
11	最新中学教科书用器画	孙钺	商务印书馆	1906（第1、2卷）、1908（第3卷）
12	最新用器画教科书	郭德裕	上海启智学社	1907
13	普通教育代数教科书	顾澄	上海科学书局	1907
14	中学算术教科书	徐光连	商务印书馆	1907
15	最新算术教科书	石承宣	中国图书公司	1907
16	新编初等代数学教科书	顾裕魁	商务印书馆	1908
17	中学教科书小代数学	蒯寿枢	商务印书馆	1908
18	中学数学教科书	沈王钰	商务印书馆	1908
19	算术新教科书	陆费逵	文明书局	1908
20	算术新教科书	万声扬	凸版印刷公司	1908
21	新撰代数学教科书	饶时溥	—	1909
22	球面三角法新教科书	沈秉焯	商务印书馆	1911

资料来源：表 2-4 序号为 1—3、5—9、11—18、20 的教科书；王有朋主编《中国近代中小学教科书总目》，上海辞书出版社，2010，第 615-685 页；教育部编《第一次中国教育年鉴》，开明书店，1934，第 120 页；《学部审定中学教科书提要（续）》，《教育杂志》1909 年第 1 年第 2 期，第 9 页。

———————

① 本栏标示"—"处，情况不详。
② 本栏所注出版年一般为初版时间，对无法查到初版时间的教科书，标注再版时间。

这 22 种教科书集中于 1904—1911 年出版。其中，算术类的最多，有 9 种[1]；代数类的次之，有 6 种；几何类的再次之，有 5 种；三角类的最少，有 2 种。几何类教科书包括 3 种平面几何学教科书和 2 种几何作图教科书，但没有立体几何教科书。从已掌握的文献看，黄传纶、刘采麟、杨清贵的《最新平面几何学教科书》是首部国人自编的中学平面几何学教科书。孙钺的《最新中学教科书用器画》是首部国人自编的中学几何作图教科书。秦沅的《中学数学教科书》、叶懋宣的《数学教科书》、商务印书馆所编的《数学教科书》都是最早的国人自编中学算术教科书。丁福保的《初等代数学讲义》是首部国人自编的中学代数学教科书。

图 2-9　秦沅
《中学数学教科书》

图 2-10　顾澄
《普通教育代数教科书》

这些自编中学数学教科书的编撰者由我国留日学生与没有留学经历的本土学者组成。留日学生有刘采麟[2]、杨清贵[3]、秦沅[4]、陈楗、

①秦沅编的《中学数学教科书》、叶懋宣编的《数学教科书》、商务印书馆编的《数学教科书》、沈王钰编的《中学数学教科书》实质为算术教科书。

②汉阳县志编委会办公室. 汉阳县志资料选编：第三辑 [M]. [出版地不详]：[出版者不详]，[1983]：98.

③刘真，王焕琛. 留学教育——中国留学教育史料：第一册 [M]. 台北："国立"编译馆，1980：577.

④徐燕夫. 嘉定镇志 [M]. 上海：上海人民出版社，1994：421.

梁楚珩①、郭德裕②、蒯寿枢③、万声扬④等。其中，陈榥除自编的
《中等算术教科书》，也是汉译欧美中学数学教科书《初等代数学》的
编译者。除自编《中学数学教科书》，中华民国成立后秦沅与胞弟秦汾
合编有《民国新教科书代数学》⑤⑥《民国新教科书几何学》⑦。后两部
中学数学教科书多次再版，风行一时。没有留学经历的本土学者有丁
福保、顾澄和沈秉焯。除自编《普通教育代数教科书》，顾澄也是汉译
日本中学数学教科书《代数因子分解全草》《几何学初步》《普通教育
几何教科书（平面之部）》《新撰平面三角法教科书》的编译者。

图 2 - 11　陈元鼎《中学代数学教科书》封面和书页

　　这些自编中学数学教科书大都采用西方通行的数学符号、横排的
版式。其中，有些教科书编写严谨、规范，有特色，采用每编、每章

---

①《中华大典》工作委员会，《中华六典》编纂委员会. 中华大典・教育典・教育
　　制度分典：第六册［M］. 上海：上海古籍出版社，2012：724.

②佚名. 咨贵州巡抚为郭德裕续清官费文［J］. 官报，1908（22）：16 - 17.

③郭长海，李亚彬. 秋瑾事迹研究［M］. 长春：东北师范大学出版社，1987：229.

④湖北省地方志编纂委员会. 湖北省志人物志稿：第一卷［M］. 北京：光明日报
　　出版社，1989：68 - 69.

⑤秦汾，秦沅. 民国新教科书代数学：上卷［M］. 上海：商务印书馆，1918.

⑥秦汾，秦沅. 民国新教科书代数学：下卷［M］. 上海：商务印书馆，1918.

⑦秦沅，秦汾. 民国新教科书几何学［M］. 上海：商务印书馆，1920.

均分若干款，款全书统一编号的西式体例。陈元鼎所编《中学代数学教科书》具有代表性①。该书主要从上野清、长泽龟之助、三木清二、原滨吉、松冈文太郎、平井善太郎、藤泽利喜太郎等日本数学名家所译著之名作取材编辑而成。其分上下卷，共 20 编，269 款。上卷②共 12 编，167 款，正文前有编者序、引用书目、凡例、目录，正文后附上卷纲要、上卷"新定旧译名词对照表"。上卷各编依次为"界说""正量、负量、加法、减法及括弧""乘法及除法""方程式""联立一次方程式""乘除之公式""因数分括法""最高通因数、最低公倍数""分数式""一次方程式之续""一元二次方程式""联立二次方程式"。其中，"因数分括法""最高通因数"分别指因式分解法、最大公约数。

《中学代数学教科书》下卷③共 8 编，102 款，各编依次为"方乘、方根""分指数、负指数、无理根""比及比例""等差级数、等比级数""列法及组合法""二项式定理""指数之定理、对数、对数级数、复利及年金""不定方程式"。其中，"等差级数""等比级数"分别指等差数列、等比数列。下卷正文后有附录"代数几何"、下卷纲要、下卷"新定旧译名词对照表"。其中，"代数几何"介绍以代数方程解几何学应用问题的例题，并附 10 道问题。上下卷每编末尾均附该编提纲。

从整体上看，《中学代数学教科书》结构严谨，上下卷各编内容大致按照由浅入深排列，符合人们的认知逻辑。该书出版前，有些代数学著作将方程内容安排得比较靠后。如狄考文及其合作者编译的《代数备旨》13 章本，至第 8 章"一次方程"才介绍方程知识④。为了使

①1906 年该书初版标注编辑者为商务印书馆编译所，未标明具体编辑者陈元鼎。
　　以下所引该书初版，均按原标注注释。
②商务印书馆编译所. 中学代数学教科书：上卷 [M]. 上海：商务印书馆，1906.
③商务印书馆编译所. 中学代数学教科书：下卷 [M]. 上海：商务印书馆，1906.
④狄考文. 代数备旨 [M]. 邹立文，生福维，笔述. 上海：上海美华书馆，1890.

读者尽早认识代数知识的应用，陈元鼎所编《中学代数学教科书》将方程内容安排得比较靠前。关于这点，陈元鼎有如下说明："昔人作代数书，恒列方程式于卷末。学者、读者过半尚未识代数之用者比比皆是。此编于加减乘除后即继以简易之方程式，庶读者易于从此悟入。"①

20世纪初，我国引进的一些汉译日本和欧美中学数学教科书对方程内容已做了这样的安排。如权量所译真野肇、宫田耀之助的《最新代数学教科书》②，彭世俊、陈尔锡、张藻六所译桦正董的《改订代数学教科书》③，陈榥所译查理斯密的《初等代数学》④，谢洪赍所译宓尔的《最新中学教科书代数学》⑤ 都是将方程知识安排得比较靠前。这表明陈元鼎所编《中学代数学教科书》对方程内容的安排顺应时代的潮流。

陈元鼎所编《中学代数学教科书》讲求易解和速成，有明确的编写理念。陈元鼎在上卷"凡例"第1条即明确指出："本书以易解为宗旨，以速成为主义，于普通代数之理法搜罗大备，以充中学堂、师范学堂及高等小学堂之用。"同时，陈元鼎在"凡例"中介绍了该书的特色，以便读者了解该书。据其介绍，上卷第6编专授"乘除之公式"是该书特色之一。对此，陈元鼎说："代数之运用莫妙于公式，亦莫重于公式。故此书将乘除之公式分立一编，庶精神有所专注。苟能熟记，必收事半功倍之效。"⑥ 另一个特色是例题详，问题简。对此，陈元鼎

①商务印书馆编译所. 中学代数学教科书：上卷 [M]. 上海：商务印书馆，1906，凡例.

②中东书社编译部. 最新代数学教科书 [M]. 武昌：中东书社，1904.

③桦正董. 改订代数学教科书 [M]. 彭世俊，陈尔锡，张藻六，译述. 东京：清国留学生会馆，1905.

④SMITH C. 初等代数学 [M]. 陈榥，译. 东京：教科书译辑社，1908.

⑤宓尔. 最新中学教科书代数学：上册 [M]. 谢洪赍，译. 上海：商务印书馆，1908.

⑥同①.

指出："例解过少，则领会极难。问题过多，则厌倦易生。此编于例解则详之又详，于问题则简之又简，所以救其弊也。"① 每编末尾均附该编提纲，列出重要定义、定理、法则、知识点等，也是该书的一个特色。对此，陈元鼎讲道："每编之后另作提纲，将本编中各种理法囊括无遗，阅之可以团结精神，且易于记忆。"②

陈元鼎所编《中学代数学教科书》也讲求一定的教科书的认知策略。该书编名、每款起首名词术语、每款起首名词术语后的内容以不同字号铅字印刷。对于各种法则，均外加方框。对于值得注意之处，加"注意"予以说明。该书虽然主要取材于日本数学著作，但也有少量习题改编自中国传统数学著作中的著名问题。如上卷第4编"方程式"中问题7下的"例解"第15题改编自《孙子算经》卷下"雉兔同笼"问题③。第15题为"鸡、兔同笼不知其数。只云前有四十个头，后有百十四只足。问鸡、兔各若干只？"这说明当时有的自编中学数学教科书关注中国传统数学问题。

在名词术语方面，陈元鼎所编《中学代数学教科书》一般采用"从前所译"，但对"有未安且有前译所无者"，则采用长泽龟之助和上野清的译名。如遇日本俗语，有时也加以改订。为了避免已学代数者产生迷惑，《中学代数学教科书》上下卷都附有"新定旧译名词对照表"。其"新定旧译名词对照表"中，有些"新定"名词沿用至今。其中，包括"根""移项""公式""繁分数""虚数""极大值""极小值""无理根""公差""公比""二项式定理""复利"等。但该表中有些"新定"名词后来被淘汰，其"旧译"名词反而沿用至今。其中，包括

---

①商务印书馆编译所. 中学代数学教科书：上卷［M］. 上海：商务印书馆，1906，凡例.

②同①.

③《孙子算经》"雉兔同笼"题："今有雉、兔同笼，上有三十五头，下有九十四足。问雉、兔各几何？"参见：佚名. 孙子算经［M］//郭书春. 中国科学技术典籍通汇·数学卷：第1册. 郑州：河南教育出版社，1993：244.

"方乘"（旧译"乘方"）、"正数量"（旧译"正数"）、"负数量"（旧译"负数"）、"反商"（旧译"倒数"）等①。这反映了当时中国数学名词译名的混乱状况。

1906 年陈元鼎所编《中学代数学教科书》出版后，颇受欢迎，多次再版，流传广泛。中华民国成立后，该书被北洋政府教育部审定为中学代数教科书。1918 年，该书已出至第 12 版②。该书流行程度在晚清国人自编代数学教科书中首屈一指。

在晚清国人自编中学数学教科书中，陈榥所编《中等算术教科书》也具有代表性。在一个酷暑难耐的夏日，陈榥到朋友家晤谈。朋友正在学习算术，他阅其所用课本，发现质量不佳，书中充斥着不着边际、不可凭信的空话。陈榥认为人们每天都要或多或少用到算术，而"日日所由之理，笔于书而几如河汉，作书者之蔽也"。于是，他"寸心怦然，窃有所感，因欲手辑一编，以供世之采择"③。这是陈榥编撰《中等算术教科书》的动因。

《中等算术教科书》分上下卷，共 10 编④，结构比陈元鼎所编《中学代数学教科书》简单。上卷 4 编，正文前有蔡汝霖写的"序文"和陈榥写的"序文""例言八则"，各编依次为"数""四则""诸等数""整数之性质"。其中，"四则"介绍加减乘除四则运算知识。下卷 6 编，依次为"分数""比及比例""折扣及利息""开方法""级数""省略算及求积"。其中，"级数"指数列。上下卷每编均分若干款，但各编的款自行编号，未全书统一编号。上下卷各编门类皆按照当时"最普通之算术书分之"⑤。

---

①商务印书馆编译所. 中学代数学教科书：上卷［M］. 上海：商务印书馆，1906：1-3.
②陈元鼎. 中学代数学教科书：上下卷［M］. 上海：商务印书馆，1918.
③陈榥. 中等算术教科书：上卷［M］. 东京：教科书译辑社，1906：1.
④陈榥. 中等算术教科书：上下卷［M］. 东京：教科书译辑社，1906.
⑤同③.

　　《中等算术教科书》的内容安排由浅入深，层次分明，条理清晰，简单易懂。各款起首的名词术语、标题大都加下划线，文字兼用不同字号铅字排印。这有助于引起学生的注意和区分不同层次的内容。如该书下卷第 9 编"级数"第 5 款介绍"等差级数"定义："成级数之相邻二项，其差恒相等者，名曰等差级数。如 2，4，6，8，10……其每相邻二数之差皆为 2。又如 51，48，45，42，……其每相邻二数之差皆为 3。即各数为成等差级数也。"该款之首有"等差级数"4 字，加了下划线，字号与定义文字相同。所举的例子，即从"如 2，4，6，8，10"到"即各数为成等差级数也"为小号字。

　　《中等算术教科书》对于"名数、不名数"即有单位数和无单位数介绍得特别详细。这部分内容在上卷第 1 编"数"第 8 款："凡数不表特定之量者，为不名数。表特定之量者，为名数。名数下恒系以单位之称。不名数下恒不系以单位之称。如言三尺时，人知其不为三斤。言三元时，人知其不为三日。然第浑言三，则人意其不为三尺、三斤、三元、三日。而亦意其或为三尺、三斤、三元、三日。并可意其或为三万、三百、三块、三对。故三尺之三及三斤之三，于量有所专指，乃表特定之量之数也，为名数。而浑言三之三，于量无所专指，乃不表特定某量之数也，为不名数。然三尺及三斤，皆于三下系以斤与尺之称。浑言三，则于三下无所系之称。故凡数下有单位之称者为名数，无单位之称者为不名数。"这款内容除对定义本身的阐释外，所举实例细致入微，使人易于理解"名数"和"不名数"的定义。

　　在《中等算术教科书》中，陈榥使用了一些自创字。分、厘、豪、丝、忽在中国古代既用于表示长度、重量、货币的单位，又用于表示小数的名称。为了防止这两种意义相混，陈榥分别在"分""厘""毛""丝""勿"左边加竖心旁的字，来代替表示小数名称的分、厘、豪、丝、忽[①]。

---

①陈榥. 中等算术教科书：上卷［M］. 东京：教科书译辑社，1906：14-15.

"吾国心旁之写法，与竖立之除号颇相似"，是他如此创制这些字的原因①。陈榥所使用的自创字，还有分别在"十""百""千""禺"上加乘号"×"的字。这些字分别表示乘十、百、千、万②。当时他自创的这些字并未被广泛接受。这些字使用起来其实并不方便，是一个重要原因。学部在该书评语中就指出陈榥创制的这些字："殊涉诡异，且不适用。因如此写，不见为简，反见其繁"。③

　　不过，这只是陈榥的《中等算术教科书》的一个小问题。该书还是得到学部的认可，被纳入学部审定的中学数学教科书。学部在评语中认为该书"编纂准中学教授细目，立法说理，悉心参酌，以期于数学日有进步。……其条例未若连江陈氏《算术教科书》④ 之完密，而理论似较详瞻，审定尚合中等学校之用"⑤。陈榥所编《中等算术教科书》于1905年出版后，受到欢迎，次年即出至第5版。至1909年，已出至第7版。

　　在晚清国人自编中学数学教科书中，有少数版式竖排，算式横竖混排，采用中西混合的数学符号，属于由旧式向新式过渡的教科书。丁福保所编《初等代数学讲义》是其中之一⑥。该书序后有概论，将"自隶首作算数"至丁福保编撰该书间的4000余年划分为4个时期⑦，介绍前3个时期最有名的数学书和第4个时期各学堂最通行的数学书⑧。该概论只是对20世纪之前中国一些数学书的梳理，没有涉及

---

①陈榥. 中等算术教科书：上卷 ［M］. 东京：教科书译辑社，1906：1.
②同①104－105.
③佚名. 学部审定中学教科书提要：续 ［J］. 教育杂志，1909，1（2）：9.
④这是指陈文所译的《中学适用算术教科书》。
⑤佚名. 学部审定中学教科书提要：续 ［J］. 教育杂志，1909，1（2）：9.
⑥丁福保. 初等代数学讲义 ［M］. 上海：文明书局，1905.
⑦按照丁福保的分期，第1个时期："自黄帝至明隆庆间，为中算纯一之时代。"第2个时期："自明万历至国朝道光间，为西算东渐，古法中兴之时代。"第3个时期："自咸丰至光绪间，为西算发达之时代。"第4个时期："近年以来，为西算普及之时代。"参见：丁福保. 初等代数学讲义 ［M］. 上海：文明书局，1905：1－13.
⑧同⑤1－13.

《初等代数学讲义》的编撰宗旨、内容、特点或使用该书注意事项等问题，与讲义正文内容脱节。这也是该书的一个缺点。秦沅所编《中学数学教科书》也是版式竖排，算式横竖混排，但采用西方通行的数学符号，在形式上较丁福保所编《初等代数学讲义》有进步①②。这两种教科书出版后都流行不广，对晚清新式中学数学教育的影响有限。

孙钺所编《最新中学教科书用器画》是上海商务印书馆"最新教科书"中的一种。该书分为3卷。第1卷为平面几何画法，第2卷为视图画法③，第3卷为透视画法。第1卷正文前有"绪言"，介绍全书内容的安排和目的、对教师和学生的要求。其中明确指出："因欲便于教授，故合图式与解说为一，且欲使于教授时内有一定课程，故选定图题，因其难易而增减其数。后附类题及应用题，以为练习之用。解说概尚简括，教授之际，教者宜详细说明之。但用器画之目的，本以技术为主，故作图须精致、鲜明，而准确无差。如仅知理论而作图粗杂者，此为向来学中等图学者之积弊，不可不有以矫正之也。"④ 全书结构按内容由浅入深编排。第1—3卷均先设"总说"。第1卷后分"直线""圆""比例""面积""曲线"5编，卷末附"应用图"；第2卷后分"平面""立体、立体之切断及其解展""相贯体"3编⑤；第3卷后分"与画面成直角及四十五度角之画法""与画面成倾斜角之画法""与画面、地平面皆成倾斜角之画法"3编⑥。各编内容主要由定义、图题、练习题构成。其中，图题指作图的例题。

---

①秦沅. 中学数学教科书：上卷 [M]. 上海：开明书店，1904.

②秦沅. 中学数学教科书：下卷 [M]. 上海：开明书店，1905.

③第2卷至迟于1912年出版的第12版将"视图画法"改为"投影画法"。参见：孙钺. 最新中学教科书用器画：平面几何画、投影画 [M]. 上海：商务印书馆，1912.

④孙钺. 最新中学教科书用器画：第一卷 [M]. 上海：商务印书馆，1907：1-2.

⑤孙钺. 最新中学教科书用器画：平面几何画、投影画 [M]. 上海：商务印书馆，1912.

⑥孙钺. 最新中学教科书用器画：透视画 [M]. 上海：商务印书馆，1912.

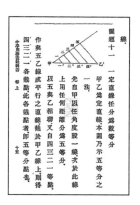

图 2－12　孙钺《最新中学教科书用器画》封面和书页

　　《最新中学教科书用器画》具有如下特点：一是"合图式与解说为一"。全书图题和绝大部分定义都有图，有解说。二是解说简括、易懂。书中定义大都用一句话就讲解得十分明白。如曲线的定义为"无论何处不成直线者也"；圆、圆周、圆心、半径、直径的定义为"圆者为以曲线围成之平面形，而自其内之一点至曲线，其距离皆相等者也。此一点，名圆心。其曲线，名圆周。自圆心至圆周之直线，名半径。两半径相接续而成一直线者，谓之圆径。"① 三是作图方法具体、明确，这体现于每道图题的作法中。如第 1 卷第 1 编"直线"图题 1"分定直线为二等分，甲乙为定直线"，作法为"以甲为圆心，以大于甲乙之半者为半径，画丙弧。又以乙为圆心，以同一之半径画丁弧。次作联两弧交点之线，即可得戊点，分定直线为二等分"②。第 1 编图题 2"作垂线于定直线上之一定点"，作法为"丙为甲乙定直线上之一点，丙为圆心，以任意之半径画弧，与甲乙线相交于丁及戊。次以丁及戊为圆心，以相等之半径，大于丁丙者画弧，得交点己。己丙相联，即得所求之线"③。

①孙钺. 最新中学教科书用器画：第一卷［M］. 上海：商务印书馆，1907.
②同①5－6.
③同①6－7.

《最新中学教科书用器画》版式和数学符号都很陈旧。其版式是竖排，使用汉字数字、以汉语天干地支等字标示图形，未采用阿拉伯数码和英文字母。尽管如此，该书出版后仍受到欢迎，前两卷风行一时，多次再版。1912 年即中华民国元年，该书前两卷合订为 1 册出至第 12 版①，第 3 卷出至第 5 版②。1924 年，其前两卷合订本已出至第 23 版③。

本章小结

甲午战争后，学习日本是晚清朝野上下最认可的一条救亡图存、富国强兵的新路，成为中国的社会热潮。译书尤其翻译日本书得到晚清政府的支持和推动，广大国人积极投入其中，从而图书编译出版机构和社团大量涌现。晚清政府在"癸卯学制"中还主张由京师大学堂译书局、京外官局、民间个人合力编译和编撰教科书，允许各省中小学堂各学科教员"按照教授详细节目，自编讲义"④。这有力地促进了晚清社会对国外著作特别是日本书的编译出版活动。伴随着官方和民间对新式教科书编译和出版工作的共同推进，甲午战争后汉译日本中学数学教科书日益增多。同时，中国没有停止向西方学习的脚步，甲午战争后也有少量汉译欧美中学数学教科书问世。晚清国外科学教科书的引进由此进入高潮。1904—1912 年间，国人还自编了一些中学数

---

① 孙钺. 最新中学教科书用器画：平面几何画、投影画 [M]. 上海：商务印书馆，1912.
② 孙钺. 最新中学教科书用器画：透视画 [M]. 上海：商务印书馆，1912.
③ 孙钺. 最新中学教科书用器画：平面几何画、投影画 [M]. 上海：商务印书馆，1924.
④ 张百熙，荣庆，张之洞. 奏定学堂章程 [M]. 湖北学务处本. [武昌]：湖北学务处，[1904].

学教科书。因此，晚清甲午战争后中学数学教科书出现兴盛的局面。这一局面的出现对"癸卯学制"后晚清新式中学数学教育体系的建立和数学教学活动的展开发挥了不可替代的作用。可以说，在晚清后期，社会、教育变革推动了中学数学教科书的发展，而中学数学教科书的发展又推动了教育变革的实施，进而又促进了社会的进步。

晚清甲午战争后汉译日本中学数学教科书的大规模引进，使中国近代中学数学教科书的引进主流发生从欧美到日本的历史转变。国人自编中学数学教科书的出现，则使中国近代中学数学教科书走上由翻译和编译到自编的转变之路。晚清甲午战争后，国人是中学数学教科书的主要译者和编撰者。这基本改变了19世纪中叶以降中国中学数学教科书由中外人士合作翻译、编译的局面。通过本土培养和留日教育，中国已拥有一大批数学教科书翻译、编译和编撰人才，是这种局面得以改变的关键。这些人才大都是中国留日学生，少数是没有留学经历的本土学者。晚清甲午战争后的中学数学教科书虽然水平参差不齐，版式和符号有新有旧，名词术语较为混乱，有不少未能尽如人意，但无论是汉译日本或汉译欧美中学数学教科书，还是国人自编中学数学教科书，都有风靡一时、多次再版、流传甚广之作，有些甚至在中华民国成立后仍再版和使用。其中，不少汉译日本或汉译欧美中学数学教科书，选取了日本、美国、英国数学、教育名家的名作为底本，奠定了这些汉译教科书在中国流行的基础。不过，1912年中华民国成立后，新的教育改革继起，新的中学数学教科书陆续出版，晚清甲午战争后的中学数学教科书逐渐被淘汰。

第三章
民国初期中学数学教科书的发展

　　1912 年，中华民国宣告成立，晚清政府覆灭。随后新政权进行了学制改革，废除了"癸卯学制"，颁行"壬子·癸丑学制"。中国教育事业再次发生巨变。但由于封建复古浪潮的冲击，"壬子·癸丑学制"的实施和中国教科书的现代化进程受到严重阻碍。此后由于新文化运动所起的关键作用，这一情况得到根本好转，中国发生影响深远的文化和思想变革。国人自编中学数学教科书开始走向繁荣，汉译日本和汉译欧美中学数学教科书逐渐衰落。本章论述民国初期的教育、文化和思想变革，介绍和分析民国初期的中学数学教科书的出版活动，对"中华教科书"中的中学数学教科书、王永炅和胡树楷合编的新制数学教本、"共和国教科书"中的中学数学教科书、"民国新教科书"中的数学教科书、实用主义中学数学教科书进行个案研究。

第一节　民国初期的教育、文化和思想变革

　　甲午战争结束至中华民国成立前夕，通过政府的教育改革与各类教科书的翻译、编译和编撰，中国教育的落后面貌得到改观。这虽然为日后中国科学事业的发展打下一定的基础，但未能根本扭转晚清政府的危局。1911 年 10 月 10 日，以武昌起义打响第一枪为标志，辛亥革命爆发。在辛亥革命的直接冲击下，统治中国 260 余年的清朝被推翻。1912 年 1 月 1 日，孙中山（1866—1925）在南京宣誓就任临时大总统，中华民国宣告成立。此后尽管中国政治长期动荡不安，甚至北

洋政府时期南北军阀割据混战，但教育事业仍得到政府的重视。

1912年1月3日，临时大总统孙中山任命蔡元培（1868—1940）为教育总长，景耀月（1882—1944）为教育次长。1月9日，南京临时政府教育部成立①。蔡元培和景耀月都是有学识、又拥护以孙中山为首的革命派的人物。蔡元培，字鹤卿，号孑民，民国著名教育家和学界领袖，1868年1月11日生于浙江绍兴府山阴县，1940年3月5日卒于香港。在光绪年间，他相继于1883和1889年中秀才和举人，后又于1892年中进士，被点为翰林院庶吉士，1894年授职翰林院编修。1898年弃官南下，其后相继任绍兴中西学堂监督、嵊县剡山书院院长、南洋公学特班教员。1901—1906年，他在上海发起中国教育会和爱国女学，倡设爱国学社，创立光复会，参加同盟会。1907年赴德国留学，一年后入莱比锡大学深造，武昌起义后归国②③。

图 3-1 蔡元培

①陈学恂. 中国近代教育大事记 [M]. 上海：上海教育出版社，1981：219.
②蔡元培. 蔡元培自述 [M]. 北京：中国言实出版社，2014：3-82.
③高平叔. 蔡元培年谱长编：第一卷 [M]. 北京：人民教育出版社，1999：6-393.

　　景耀月，字瑞星，号太昭、帝昭，1882 年生于山西省芮城县。早
年就读于山西令德堂、山西大学堂。1903 年中秀才，1904 年东渡日本
入早稻田大学攻读法律，1909 年获法学学士学位①。1905 年加入同盟
会，为同盟会山西支部负责人之一，并被选为山西留日同学会主席。
1910 年归国后，联络各方志士，策动武装起义。后又重返日本，与孙
中山、黄兴等策划举义。武昌起义前夕，返回上海②。

　　蔡元培和景耀月任职后不久，南京临时政府教育部发布《中华民
国教育部普通教育暂行办法通令》③（简称《通令》）和《普通教育暂
行课程之标准》④（简称《标准》）。这两个文件是关于中华民国成立
后统一全国教育事业，中小学校和师范学校（即旧制初级师范学堂）
学务、教科书、课程标准的应急性规定，也是服务于学制改革的预备
性规定。《通令》开宗明义地说明了制定暂行办法的目的："民国既立，
清政府之学制，有必须改革者。各省都督府或省议会鉴于学校之急当
恢复，发临时学校令以便推行，具见维持学务之苦心。本部深表同情。
惟是省自为令，不免互有异同，将使全国统一之教育界俄焉分裂，至
为可虑。本部特拟普通教育暂行办法若干条，为各地方不难通行
者。"⑤

　　《通令》共 14 条，其中要求：学堂均改称学校，监督、堂长应一
律通称校长。各州县小学校应于 1912 年 3 月 5 日一律开学。中学、初
级师范学校，视地方财力，亦以能开学为主。在新学制未颁行前，每

①周川. 中国近现代高等教育人物辞典［M］. 福州：福建教育出版社，2018：
　　615.
②辛亥革命武昌起义纪念馆. 辛亥革命人物像传［M］. 武汉：武汉大学出版社，
　　1993：98.
③佚名. 中华民国教育部普通教育暂行办法通令［J］. 教育杂志，1912，3（10）：
　　99-100.
④佚名. 普通教育暂行课程之标准［J］. 教育杂志，1912，3（10）：100-103.
⑤同③99.

年仍分两学期。阳历 3 月开学，至暑假为第 1 学期。暑假后开学，至来年 2 月底为第 2 学期。《通令》规定："中学校为普通教育，文实不必分科。""中学校、初级师范学校，均改为四年毕业。惟现在修业已逾一年以上骤难照改者，得照旧办理。""废止旧时奖励出身。初高等小学毕业者，称初高等小学毕业生。中学校、师范学校毕业者，称中学校及师范学校毕业生。"① 这废除了 1909 年起实行的中学文实分科制、"癸卯学制"规定的中学 5 年毕业制，以及学堂奖励出身制。

关于教科书，《通令》规定："凡各种教科书务合乎共和民国宗旨，清学部颁行之教科书一律禁用。""凡民间通行之教科书，其中如有尊崇满清朝廷及旧时官制、军制等课，并避讳抬头字样，应由各该书局自行修改，呈送样本于本部及本省民政司教育总会存查。如学校教员遇有教科书中不合共和宗旨者，可随时删改，亦可指出，呈请民政司或教育会通知该书局改正。"② 这两条规定都与中国改朝换代的政治背景密切相关，表明了中华民国对晚清官编教科书的坚决抵制，而对晚清民间通行的教科书留有使用余地。

《标准》共 11 条，其中规定了 15 门中学课程：修身、国文、外国语、历史、地理、数学、博物、理化、图画、手工、音乐、体操、法制经济，女子加课裁缝、家政。数学在 4 学年中均开设，每周 4 课时③。"癸卯学制"规定的中学堂课程中的读经讲经、中国文学，均不在《标准》规定的中学课程之中。读经讲经主要是晚清政府向学生灌输尊君、尊孔等思想的教学科目。在"癸卯学制"中，除中学堂外，读经讲经也是初等小学、高等小学、初级师范学堂、优级师范学堂的

---

①佚名．中华民国教育部普通教育暂行办法通令［J］．教育杂志，1912，3（10）：
　99－100．
②同①99．
③佚名．普通教育暂行课程之标准［J］．教育杂志，1912，3（10）：102．

教学科目①。按照《标准》的规定，初等小学、高等小学、师范学校的课程也取消了读经讲经②。这一举措对中国初等教育脱离封建意识束缚具有积极意义，是中国教育理念的一个进步。不过，《标准》规定的中学数学课程没有具体细分科目，学校在教学中需要自主安排数学课程的科目。

从学年开设率和每周课时来看，《标准》规定的中学数学课程在这15门科目中的地位较高。因为数学每学年都开设，学年开设率为100%，其他科目却不一定。这15门科目中仅有国文和外国语的每周课时数多于数学。其中，国文第1至第4学年，相继是8、8、6、4学时；外国语第1至第4学年，相继是6、6、7、7学时③。

1912年2月10日，蔡元培在《教育杂志》发表《新教育意见》一文，主张实行军国民主义教育、实利主义教育、德育主义教育、世界观教育、美育主义教育，认为前三者是隶属于政治之教育，后两者为超越政治之教育④。他指出："本此五主义而分配于各教科，则视各教科性质之不同，而各主义所占之分数亦随之以异。"⑤ 于是，他根据各门课程的不同性质，说明了这5种教育在各门课程中的差异。例如，他认为："算学，实利主义也。而数为纯然抽象者，希腊哲人毕达哥拉士以数为万物之原，是亦世界观之一方面，而几何学各种线体，可以资美育。"⑥ 他提出："物理、化学，实利主义也。原子、电子，小莫能破。爱耐而几⑦，范围万有，而莫知其所由来，莫穷其所究竟，皆

---

①张百熙，荣庆，张之洞. 奏定学堂章程 [M]. 湖北学务处本. [武昌]：湖北学务处，[1904].

②佚名. 普通教育暂行课程之标准 [J]. 教育杂志，1912，3（10）：100-103.

③同②102.

④蔡元培. 新教育意见 [J]. 教育杂志，1912，3（11）：18-27.

⑤同④25.

⑥同④26.

⑦"爱耐而几"为英文 energy 的中译名，意指能量。

世界观之导线也。视官、听官之所触，可以资美感者尤多。"① 他强调："博物学在应用一方面为实利主义，而在观感一方面多为美感。研究进化之阶段可以养道德，体验造物之万能，可以导世界观。"② 当时德国实行军国民教育，蔡元培到德国留过学，其主张实行军国民主义教育，是受到德国的影响。

早在 1906 年 3 月 25 日，光绪皇帝恩准学部的奏折，下谕旨将"忠君、尊孔、尚公、尚武、尚实"作为教育宗旨颁行于全国③。蔡元培认为"忠君与共和政体不合，尊孔与信教自由相违"④，因此未将"忠君""尊孔"纳入他对新教育的意见。他所主张的军国民主义教育、实利主义教育分别与"尚武""尚实"相当，其主张的德育主义教育与"尚公"大致相同。世界观教育、美育主义教育，则由蔡元培独立提出，不在这一教育宗旨之内⑤。因此，他对新教育的上述意见既继承了晚清政府颁行的部分教育宗旨，又对其有所发展。

关于学制，1912 年 4 月南京临时政府教育部结束前已大致拟订了草案，北洋政府教育部成立后做了修正⑥。1912 年 7 月 10 日至 8 月 10 日，北洋政府教育部在北京召开临时教育会议。这是中华民国成立后的第一次中央教育会议，被蔡元培称为"全国教育改革的起点"。⑦ 蔡元培在开幕式上做了演说，提倡中华民国实行新教育。他指出"君主或少数人结合之政府以其利己主义为目的"，并以晚清政府为例做了说

①蔡元培. 新教育意见 [J]. 教育杂志，1912，3（11）：26.

②同①.

③爱新觉罗·载湉. 光绪忠君尊孔上谕 [M] //北京师范大学历史系中国近代史组. 中国近代史资料选编：下册. 北京：中华书局，1977：252.

④同①27.

⑤同①27.

⑥蒋维乔. 民国教育部初设时之状况 [M] //舒新城. 近代中国教育史料：第四册. 上海：中华书局，1928：196.

⑦佚名. 临时教育会议日记 [J]. 教育杂志，1912，4（6）：1.

明："前清时代承科举余习，奖励出身，为驱诱学生之计，而其目的在使受教育者皆富于服从心、保守心，易受政府驾驭。"① 同时，他强调"现在此种主义已不合用，须立于国民之地位，而体验其在世界、在社会有何等责任，应受何种教育"②。在演说中，他还介绍了在《新教育意见》一文中提出的 5 种教育，认为民国成立之初，教育家要完成使受教育者养成能尽种种责任的能力的任务，不外乎实行这 5 种教育。他说这 5 种教育"以公民道德为中坚，盖世界观及美育皆所以完成道德，而军国民教育及实利主义则必以道德为根本"③。

这次会议由北洋政府教育部和参会议员共提出 92 件议案。会上虽然完全议决的议案只有全部议案的四分之一，即 23 件④，但对学制问题做了较为充分的讨论，并将相关议案形成了决议。其中，包括学校系统案、小学校令案、小学教育令施行规则案、中学校令案、师范学校规程案、高等师范学校规程案、女子高等师范学校规程案、实业学校令案、专门学校令案、大学校令案、学校管理规程案，以及教育宗旨案等⑤。

学校系统案由北洋政府教育部提出，先后共拟 4 稿。第一次分甲、乙、丙 3 说。甲说为 4 级制：初等小学校、高等小学校各 4 年，中学 5 年、大学 6 年。乙说为 5 级制：初等小学校、高等小学校各 4 年，中学 4 年、高等学 3 年，大学 3 年。丙说为 3 级制：小学 5 年、中学 7 年、大学 6 年。教育部拟采用甲说。后经 3 易其稿，教育部仍计划采用 4 级制，但定初等小学校 4 年、高等小学校 3 年、中学 4 年、大学预科 3 年、本科 3 年或 4 年；师范预科 1 年，本科 4 年；高等师范预

---

① 佚名. 临时教育会议日记［J］. 教育杂志，1912，4（6）：2.
② 同①.
③ 同①.
④ 同①15.
⑤ 同①4 - 15.

科 1 年，本科 3 年；实业学校分甲乙两种，各 3 年；专门学校预科 1 年，本科 3 年或 4 年。这次会议讨论时，与会议员对高等小学校和大学预科的年限争论热烈。关于高等小学校年限，有的主张 4 年，有的主张 2 年或 3 年。关于大学预科年限，有的主张 3 年，有的主张 2 年。后经审议，这次会议决定初等小学正名为小学校，4 年毕业，高等小学 3 年毕业，中学 4 年毕业，大学预科 1 年毕业；大学本科法、医专业各 4 年毕业，其余皆 3 年毕业；小学补习科 2 年毕业；师范学校预科和高等师范学校预科各 1 年毕业；师范学校本科 4 年毕业，高等师范学校本科 3 年毕业；甲乙两种实业学校各 3 年毕业；专门学校预科 1 年毕业，本科 3 年或 4 年毕业①。

教育宗旨案亦由北洋政府教育部提出。其内容为"注重道德教育，以实利及武勇两主义济之，又以世界观及美育养成高尚之风，以完成国民之道德"②。其中，武勇主义指威武勇猛的思想作风，与蔡元培提出的军国民主义的内涵相似。蔡元培主张实行的 5 种教育即军国民主义教育、实利主义教育、德育主义教育、世界观教育、美育主义教育，是该议案形成的主要根据。蔡元培在这次会议开幕式的演说中对这 5 种教育的看法与该议案的内容也基本一致。

这次会议决定教育宗旨案和参会议员提出的如下 3 个议案一并成立，交审查会并议：刘以钟和吴曾褆提出的"请决定相对的国家主义为教育方针案"，侯鸿鉴提出的"请明定教育方针案"，徐炯提出的"确定教育方针以固国本案"③。审查会的报告在形式方面赞成刘以钟和吴曾褆的议案，以国家为中心，而不违背世界进化的原则，并不妨碍个性的发展；在内容方面赞成北洋政府教育部的议案。审查会的决议是"注重道德教育，以国家为中心，而以实利教育与军国民教育辅

①佚名. 临时教育会议日记［J］. 教育杂志，1912，4（6）：5-6.
②同①7.
③同①7.

之。至美育一层，加入中小学校、师范学校教则内，俾知注意"①。这实际上是取消了教育宗旨案中的世界观教育和美育主义教育的内容，但对美育主义教育有所保留。当时参会议员"颇有主张将世界观与美育一并加入教则"，但因赞成者较少，最终未果②。这次会议讨论教育宗旨案前，经袁世凯（1859—1916）批准，蔡元培不再担任教育总长之职③④，应与世界观教育和美育主义教育被取消存在一定的关联。

1912 年 9 月 2 日，北洋政府教育部公布了《教育宗旨令》，规定教育宗旨为"注重道德教育，以实利主义教育、军国民主义教育辅之，更以美感教育完成其道德"⑤。其内容与上述临时教育会议的决议略有不同，删除了"以国家为中心"，增加了"更以美感教育完成其道德"。这体现出对学生德育的重视和对学生实利主义教育、军国民主义教育的要求。9 月 3 日，北洋政府教育部公布了《学校系统令》，内容与上述临时教育会议的决定基本相同，不同之处只是将大学预科由 1 年改为 3 年⑥；还公布了《学校学年、学期及休业日期规程令》⑦。9 月 28 日公布《小学校令》⑧《中学校令》⑨《师范教育令》⑩。10 月 22 日和 10 月 24 日，又相继公布《专门学校令》⑪《大学令》⑫。此后，还公布

①佚名. 临时教育会议日记 [J]. 教育杂志，1912，4（6）：7.

②同①7 - 8.

③同①7 - 8.

④陈学恂. 中国近代教育大事记 [M]. 上海：上海教育出版社，1981：288.

⑤佚名. 教育部公布教育宗旨令 [J]. 教育杂志，1912，4（7）：5.

⑥佚名. 教育部公布学校系统令 [J]. 教育杂志，1912，4（7）：5 - 6.

⑦佚名. 教育部公布学校学年、学期及休业日期规程令 [J]. 教育杂志，1912，4（7）：6 - 7.

⑧佚名. 小学校令 [J]. 中华教育界，1913（1）：1 - 7.

⑨佚名. 中学校令 [J]. 中华教育界，1913（1）：15 - 16.

⑩佚名. 师范教育令 [J]. 中华教育界，1913（2）：27 - 28.

⑪佚名. 教育部公布专门学校令 [J]. 教育杂志，1913，4（10）：33.

⑫佚名. 教育部公布大学令 [J]. 教育杂志，1913，4（10）：34 - 35.

了《中学校令施行规则》① 《法政专门学校规程》② 《工业专门学校规程》③ 《公立、私立专门学校规程》④ 等⑤。1913 年，北洋政府教育部又陆续公布《大学规程》⑥ 《私立大学规程》⑦ 《高等师范学校规程》⑧ 《中学校课程标准》⑨ 等各种法令，补充了学校系统令⑩。这些法令统称为"壬子·癸丑学制"。

"壬子·癸丑学制"规定了由初等小学校到大学本科的学校教育制度，学习年限共 17 或 18 年⑪。这较"癸卯学制"规定的 20 或 21 年缩短了 3 或 4 年。"壬子·癸丑学制"规定"小学校分初等小学校和高等小学校，修业期限分别为 4 年和 3 年"⑫，中学不再分文科与实科，修业年限 4 年，即"四三四制""中学校以完足普通教育，造成健全国民为宗旨"⑬。中学校开设的科目为修身、国文、外国语、历史、地理、数学、博物、物理、化学、法制、经济、图画、手工、乐歌、体操。女子中学校增加家事、园艺、缝纫 3 个科目，但园艺可不开设⑭。从初等小学校到中学校一直开设数学课程。初等小学校、高等小学校均开设算术⑮。中学校数学课程的要旨是"明数量之关系，熟习计算，

①佚名. 中学校令施行规则 [J]. 中华教育界，1913 (1)：16 - 25.
②佚名. 法政专门学校规程 [J]. 浙江公报，1912 (297)：8 - 13.
③佚名. 工业专门学校规程 [J]. 政府公报，1912 (199)：10 - 14.
④佚名. 公立、私立专门学校规程 [J]. 政府公报，1912 (200)：6 - 8.
⑤佚名. 大事记 [J]. 教育杂志，1912，4 (9)：59.
⑥佚名. 大学规程 [J]. 教育部编纂处月刊，1913，1 (4)：4 - 50.
⑦佚名. 私立大学规程 [J]. 政府公报，1913 (156)：5 - 6.
⑧佚名. 高等师范学校规程 [J]. 政府公报，1913 (291)：3 - 6.
⑨佚名. 中学校课程标准 [J]. 教育部编纂处月刊，1913，1 (3)：30 - 33.
⑩陈学恂. 中国近代教育大事记 [M]. 上海：上海教育出版社，1981：229 - 249.
⑪佚名. 教育部公布学校系统令 [J]. 教育杂志，1912，4 (7)：5 - 6.
⑫佚名. 小学校令 [J]. 中华教育界，1913 (1)：1 - 2.
⑬佚名. 中学校令 [J]. 中华教育界，1913 (1)：15.
⑭佚名. 中学校令施行规则 [J]. 中华教育界，1913 (1)：16.
⑮佚名. 小学校教则及课程表 [J]. 中华教育界，1913 (1)：7 - 15.

并使其思虑精确""宜授以算术、代数、几何及三角法，女子中学校数学可减去三角法"①。

1913年3月19日，北洋政府教育部颁布的《中学校课程标准》进一步明确了中学数学课程：第1学年算术、代数，每周学时数男生5，女生4；第2学年代数、平面几何，每周学时数男生5，女生4；第3学年代数、平面几何，每周学时数男生5，女生3；第4学年平面几何、立体几何、平三角大要，每周学时数男生4，女生3。《中学校课程标准》对于女子中学校，特别规定不设三角法，其余学科比照学期时数酌定并可以延长，算术授课时数为5学期以内，减少代数、几何两科时数②。1916年11月23日，北洋政府教育部鉴于"社会需用最广，无过簿记一科"，规定中学校第一学年数学时间内，分出1小时专授簿记。女子中学校家事科目内因本有家计簿记一项，应仍照旧章办理，毋庸再行添授③。因此，簿记亦成为各类中学校的数学课程之一。与1909年始设的中学堂实科课程相比，"壬子·癸丑学制"规定的中学校数学课程没有解析几何、"微积初步"，整体程度较低。

"壬子·癸丑学制"颁行之后，在怀有复辟帝制野心的中华民国大总统袁世凯主导下，封建复古浪潮在中国一度高涨。1913年10月31日，中华民国国会宪法起草委员会在北京天坛制定《中华民国宪法草案》即《天坛宪法草案》。该草案第19条规定"中华民国人民，依法律有受初等教育之义务，国民教育，以孔子之道为修身大本"④。1915年1月22日，袁世凯特定《教育纲要》，其中规定"各学校均应崇奉古圣贤，以为师法，宜尊孔以端其基，尚孟以致其用""中小学校均加

①佚名. 中学校令施行规则 [J]. 中华教育界，1913 (1)：16-17.
②佚名. 中学校课程标准 [J]. 教育部编纂处月刊，1913，1 (3)：31.
③佚名. 教育部咨各省区请转饬各中学校添授簿记文 [J]. 政府公报，1916 (322)：13.
④佚名. 中华民国宪法草案 [J]. 中华法学杂志，1947，5 (9/10)：18.

读经一科"①。嗣后，他颁布《教育要旨》，将"爱国""尚武""崇实""法孔孟""重自治""戒贪争""戒躁进"作为教育宗旨②。因此，中国的教育尤其中小学教育又被蒙上浓厚的封建色彩。这严重阻碍了"壬子·癸丑学制"的实施和中国教科书的现代化进程。

不过，就在袁世凯特定《教育纲要》和颁布《教育要旨》的同年，新文化运动拉开帷幕。这场运动以 1915 年 9 月 15 日《青年杂志》（《新青年》的前身）创刊为开始的标志，高举科学和民主两面大旗，激烈反对封建礼教，是中国现代化进程中人民观念层面的一次文化变革。该日，这场运动的领袖之一陈独秀（1879—1942）在《青年杂志》发表《敬告青年》，认为青年关系社会的兴衰，为使中国社会隆盛，向青年"谨陈六义"，即 6 条原则："自主的而非奴隶的""进步的而非保守的""进取的而非退隐的""世界的而非锁国的""实利的而非虚文的""科学的而非想像的"。在陈述第一义时，他说："等一人也，各有自主之权，绝无奴隶他人之权利，亦绝无以奴自处之义务。……我有手足，自谋温饱，我有口舌，自陈好恶。我有心思，自崇所信，绝不认他人之越俎，亦不应主我而奴他人。盖自认为独立自主之人格，以上一切操行，一切权利，一切信仰，唯有听命各自固有之智能，断无盲从隶属他人之理。"这是他对青年提出的解放思想、反对封建礼教的要求和希望。在论述最后一义时，陈独秀指出：

> 科学之兴，其功不在人权说下，若舟车之有两轮焉。今且日新月异，举凡一事之兴，一物之细，罔不诉之科学法则，以定其得失。从违其效，将使人间之思想云为一遵理性，而迷信斩焉，而无知妄作之风息焉。国人而欲脱蒙昧时代，羞为浅化之民也，则急起直追，当以科学与人权并重。士不知

①佚名. 大总统特定教育纲要 [J]. 中华教育界，1915，4（4）：4-6.
②佚名. 大总统颁定教育要旨 [J]. 教育月报，1915（10）：81-89.

科学，故袭阴阳家符瑞五行之说，惑世诬民，地气风水之谈，乞灵枯骨。农不知科学，故无择种去虫之术。工不知科学，故货弃于地，战斗生事之所，需一一仰给于异国。商不知科学，故惟识阛取近利，未来之胜算，无容心焉。医不知科学，既不解人身之构造，复不事药性之分析，菌毒传染，更无闻焉。惟知附会五行生克，寒热阴阳之说，袭古方以投药矣。其术殆与矢人同科。其想像之最神奇者，莫如"气"之一说。其说且通于力士羽流之术，试遍索宇宙间，诚不知此"气"之果为何物也。凡此无常识之思，惟无理由之信仰，欲根治之，厥维科学。夫以科学说明真理，事事求诸证实，较之想像武断之所为，其步度诚缓，然其步步皆踏实地，不若幻想突飞者之终无寸进也。宇宙间之事理无穷，科学领土内之膏腴待辟者，正自广阔。青年勉乎哉！①

这段话陈述了重视科学和人权（即民主）对国人摆脱愚昧、提高文明和素养的重要性，阐述了士、农、工、商、医 5 个社会阶层不知科学所导致的后果，体现了陈独秀期望青年追求科学和民主的强烈愿望。此文振聋发聩，为青年改造社会指明了努力的方向。1916 年正月，陈独秀又在《青年杂志》发表《一九一六年》一文，呼吁青年要尊重个人独立自主之人格，勿为他人附属品，认为"儒者三纲之说，为一切道德、政治之大原"，遵从"君为臣纲""父为子纲""夫为妻纲"，则无独立自主之人格②。

继陈独秀之后，新文化运动的另一位领袖李大钊（1889—1927）于 1916 年 9 月 1 日在《新青年》发表《青春》一文，认为中国要立于世界之林，在于通过中国青年的孕育，重返青春，要求中国青年冲破

---

①陈独秀. 敬告青年［J］. 青年杂志，1915，1（1）：1-6.
②陈独秀. 一九一六年［J］. 青年杂志，1916，1（5）：3.

封建传统和陈腐学说的桎梏，特立独行，自强不息，以青春之我，创建青春之国家。他在此文中讲道："吾族青年所当信誓旦旦，以昭示于世者，不在觍觍辩证白首中国之不死，乃汲汲孕育青春中国之再生。吾族今后之能否立足于世界，不任白首中国之苟延残喘，而在青春中国之投胎复活。……青年之自觉，一在冲决过去历史之网罗，破坏陈腐学说之囹圄，勿令僵尸枯骨束缚现在活泼泼地之我，进而纵现在青春之我，扑杀过去青春之我，促今日青春之我，禅让明日青春之我。一在脱绝浮世虚伪之机械生活，以特立独行之我，立于行健不息之大机轴，袒裼裸裎，去来无罣，全其优美高尚之天，不仅以今日青春之我，追杀今日白首之我，并宜以今日青春之我豫杀来日白首之我。此固人生唯一之蕲向，青年唯一之责任也。"①

　　陈独秀、李大钊等新文化运动领袖对袁世凯主导的尊孔教育和《天坛宪法草案》规定的"国民教育，以孔子之道为修身大本"进行了严厉的批评。1916 年 11 月 1 日，陈独秀在《新青年》发表《宪法与孔教》一文，提出："'孔教'本失灵之偶像、过去之化石，应于民主国家宪法不生问题。只以袁皇帝干涉宪法之恶果，《天坛草案》② 遂于第十九条附以尊孔之文，敷衍民贼，致遗今日无谓之纷争。然既有纷争矣，则必演为吾国极重大之问题。其故何哉？盖孔教问题，不独关系宪法，且为吾人实际生活及伦理思想之根本问题也。……西洋所谓法治国者，其最大精神乃为法律之前人人平等，绝无尊卑贵贱之殊。虽君主国亦以此为主宪之正轨，民主共和亦无论矣。然则共和国民之教育，其应发挥人权平等之精神，毫无疑义。"③ 陈独秀在此文最后指出："妄欲建设西洋式之新国家，组织西洋式之新社会，以求适今世之生存，则根本问题不可不首先输入西洋式社会国家之基础。所谓平等

①李大钊. 青春 [J]. 新青年，1916，2（1）：6-11.
②《天坛草案》指《天坛宪法草案》。
③陈独秀. 宪法与孔教 [J]. 新青年，1916，2（3）：1-3.

人权之新信仰，对于与此新社会、新国家、新信仰不可相容之孔教，不可不有彻底之觉悟，猛勇之决心，否则不塞不流、不止不行。"①1917 年 1 月 30 日，李大钊于《甲寅》日刊发表《孔子与宪法》一文，指出"孔子者，数千年前之残骸枯骨也。宪法者，现代国民之血气精神也。以数千年前之残骸枯骨，入于现代国民之血气精神所结晶之宪法，则其宪法将为陈腐死人之宪法，非我辈生人之宪法也。"②

随着新文化运动的推动和报纸、杂志对科学的传播，国人对科学的信仰和重视程度在晚清之后进一步提高。1923 年，胡适（1891—1962）在《科学与人生观》一书序中说："这三十年来，有一个名词在国内几乎做到了无上尊严的地位；无论懂与不懂的人，无论守旧和维新的人，都不敢公然对他表示轻视或戏侮的态度。那个名词就是'科学'。这样几乎全国一致的崇信，究竟有无价值，那是另一个问题。我们至少可以说，自从中国讲变法维新以来，没有一个自命为新人物的人敢公然毁谤'科学'的。"③从胡适所言可窥见当时科学在国人心目中的重要地位。

1916 年 9 月 7 日，经国务会议议决，1915 年袁世凯特定的《教育纲要》被撤销④。1916 年 10 月 9 日，北洋政府教育部公布修正 1915 年 7 月 31 日颁布的《国民学校令》和 1916 年 1 月 8 日颁布的《国民学校令施行细则》《高等小学校令施行细则》，将"读经"和相关内容

---

①陈独秀. 宪法与孔教 [J]. 新青年，1916，2（3）：5.
②丁守和，朱志敏. 五四风云人物文萃·李大钊 [M]. 北京：人民日报出版社，2005：61-62.
③胡适. 科学与人生观序 [M] // 亚东图书馆. 科学与人生观. 上海：亚东图书馆，1925：2-3.
④佚名. 咨京兆尹、各省长、都统《教育纲要》准国务会议议决撤销文 [J]. 教育公报，1916，3（11）：14.

删除①。1917 年 5 月 14 日，中华民国宪法审议会否决将孔教定为国教
的提案，将 1913 年制定的《天坛宪法草案》规定的"国民教育，以孔
子之道为修身大本"条文撤销②。1919 年 4 月，由范源濂、蔡元培、
秦汾、陈宝泉、蒋梦麟、蒋维乔、汤尔和、金邦正、王宠惠、吴敬恒
等 24 人组成的教育部教育调查会，通过以"养成健全人格，发展共和
精神"为中华民国教育新宗旨③。其中，健全人格包括 4 方面："私德
为立身之本，公德为服务社会、国家之本""人生所必需之知识、技
能""强健活泼之体格""优美和乐之感情"。共和精神包括两方面：
"发挥平民主义，俾人人知民治为立国根本""养成公民自治习惯，俾
人人能负社会、国家之责任"。④ 当时正值第一次世界大战结束，德国
的军国民主义教育广受诟病之际⑤。这一教育宗旨未纳入军国民教育，
而是注重造就具有健全人格、具有民治精神、自治习惯的能担负社会、
国家责任的新国民主义教育，体现了新文化运动时期中国教育观念的
进步。

　　新文化运动也提倡新文学和使用白话文。晚清维新运动时期，实
际已有国人积极倡导使用白话文。1898 年，举人裘廷梁就发表《论白
话为维新之本》，提出"愚天下之具，莫文言若，智天下之具，莫白话
若"，"文言兴而后实学废，白话行而后实学兴，实学不兴是谓无

---

① 这 3 个修正的法规和相应的北洋政府教育部令，参见：佚名. 部令第十七号
　［J］. 教育公报，1916，3（11）：1；佚名. 部令第十九号［J］. 教育公报，1916，
　3（11）：1；佚名. 部令第二十号［J］. 教育公报，1916，3（11）：1；佚名. 修
　正高小学校令施行细则［J］. 教育公报，1916，3（11）：2-3；佚名. 修正国民
　学校令［J］. 教育公报，1916，3（11）：3；佚名. 修正国民学校令施行细则
　［J］. 教育公报，1916，3（11）：3-4.
② 陈学恂. 中国近代教育大事记［M］. 上海：上海教育出版社，1981：292.
③ 佚名. 全国教育调查会［J］. 新教育，1919（3）：343-344.
④ 佚名. 中华民国教育新宗旨［J］. 新教育，1919（3）：1.
⑤ 卢绍稷. 中国现代教育［M］. 上海：商务印书馆，1935：24.

民"①。至 1902 年左右，白话文已颇流行，"但那时候作白话文的缘故，是专为通俗易解，可以普及常识，并非取文言而代之"②。

此后在新文化运动的推动下，白话文取代了文言文，白话文教科书得到普及。新文化运动的领袖胡适于 1917 年 1 月 1 日在《新青年》发表了《文学改良刍议》。该文指出"今日之中国，当造今日之文学，不必摹仿唐宋，亦不必摹仿周秦也"③。该文强调："以今世历史进化的眼光观之，则白话文学之为中国文学之正宗，又为将来文学必用之利器，可断言也。"④ 同时，该文认为："今日作文、作诗，宜采用俗语、俗字。与其用三千年前之死字（如'于铄国会，遵晦时休'之类），不如用二十世纪之活字。与其作不能行远，不能普及之秦汉六朝文字，不如作家喻户晓之《水浒》《西游》文字也。"⑤ 2 月 1 日，陈独秀于《新青年》发表《文学革命论》，甘冒全国学究之敌，高举"文学革命军"大旗，声援胡适。陈独秀在该文中提出三大主义：一为"推倒雕琢的阿谀的贵族文学，建设平易的抒情的国民文学"，二为"推倒陈腐的铺张的古典文学，建设新鲜的立诚的写实文学"，三为"推倒迂晦的艰涩的山林文学，建设明了的通俗的社会文学"⑥。这两篇都是提倡新文学和使用白话文的理论性文章。1918 年 5 月 15 日，鲁迅于《新青年》发表中国首部白话文小说《狂人日记》⑦，在实践层面上开启了中国近代的文学革命。

———————————

①裘廷梁. 论白话为维新之本 [J]. 中国官音白话报，1898 (19/20)：1-4.

②蔡元培.《中国新文学大系》总序 [M] // 蔡元培. 蔡元培经典，北京：当代世界出版社，2016：245-246.

③胡适. 文学改良刍议 [J]. 新青年，1917，2 (5)：3.

④同③10.

⑤同③10.

⑥陈独秀. 文学革命论 [J]. 新青年，1917，2 (6)：1.

⑦鲁迅. 狂人日记 [J]. 新青年，1918，4 (5)：414-424.

不仅如此，1919 年 8 月张一麐（1867—1943）于《新教育》发表《我之国语教育观》，主张将国语教育作为一种慈善事业，"用白话来做文字"，提出"若是将来做成一种教科书，推广到全国，那么我国一千个人中的九百九十三个不识字①的半聋、半瞎、半哑、半呆等同胞，仿佛添了一种利器，叫他把天生的五官本能完全发达，那不是一种最大的慈善事业么"②。1919 年 11 月 17 日，蔡元培在北京女子高等师范学校做了题为《国文之将来》的演讲。在演讲中，他强调"国文的问题，最重要的就是白话与文言的竞争。我想将来白话派一定占优胜的。白话是用今人的话来传达今人的意思，是直接的。文言是用古人的话来传达今人的意思，是间接的。间接的传达，写的人与读的人都要费一番翻译的工夫，这是何苦来"③。在此前后，全国教育联合会向北洋政府教育部呈送该会议决的推行国语，以期言文一致案，请予采择施行。国语统一筹备委员会函请北洋政府教育部将小学国文科改授国语，"迅予议行"④。当时以白话文取代文言文的呼声日益高涨，白话文取代文言文成为大势所趋。

1920 年 1 月 12 日，北洋政府教育部向各省发布命令，规定"自本年秋季起，凡国民学校一二年级先改国文为语体文，以期收言文一致之效"⑤。同年 4 月，教育部又规定截至 1922 年，凡用文言文编的教科书一律废止，采用语体文。此后大、中、小学各科教科书逐渐都

---

①张一麐此说源自中华基督教青年会全国协会总干事余日章所言，当时中国 1000 人中仅有 7 个识字。参见：张一麐. 我之国语教育观 [J]. 新教育，1919，1 (5)：522.

②张一麐. 我之国语教育观 [J]. 新教育，1919，1 (5)：524 - 525.

③蔡元培. 国文之将来（十一月十七日在北京女子高等师范学校演说）[J]. 新教育，1919，2 (2)：122.

④佚名. 大事记 [J]. 教育杂志，1920，12 (2)：1.

⑤同④1.

采用语体文。① 由此，白话文教科书得到普及。这对中国近代教科书的出版产生了深刻影响，也因白话文教科书易于理解而促进了中国近代科学教育的发展。

还值得注意的是，中华民国成立后，在中外人士的提倡、宣传下，实用主义教育思想在中国广泛传播。实用主义起源于欧洲，从培根（Francis Bacon，1561—1626）、洛克（John Locke，1632—1704）、卢梭（Jean Jacques Rousseau，1712—1778）、达尔文（Charles Robert Darwin，1809—1882）等专家、学者的著作中可以寻觅到实用主义的影子。19 世纪末至 20 世纪初，美国教育家杜威（John Dewey，1859—1952）将实用主义与教育联系起来，创立了实用主义教育思想②。至 20 世纪初，欧美有不少实用主义教科书和著作问世，有的传入了日本。黄炎培（1878—1965）是中国近代提倡和宣传这一思想的代表人物。他阅读过日本学者祯山荣次留学欧美后所著的《教育教授之新潮》，书中有关于德、美两国实用主义教育情况的介绍③。1913年，时任江苏省署教育司司长的黄炎培发表《学校教育采用实用主义之商榷》一文，该文结合中国初等和中等教育实际情况，主张学生所学应适于应用，提倡学校教育与生活、社会实际相联系的实用主义教育④。他呼吁要"打破平面的教育而为立体的教育"，即"欲渐改文字的教育而为实物的教育"⑤。该文发表后，一时赞成和反对是说者蜂起⑥。1914 年 2 月 27 日，他应邀在芜湖圣雅各高等学校向学生做了题

①毛礼锐，沈灌群. 中国教育通史：第五卷 [M]. 济南：山东教育出版社，1995：26.

②杨光富. 传奇教育家杜威 [M]. 太原：山西人民出版社，2018：22-28.

③黄炎培. 学校教育采用实用主义之商榷 [J]. 中华教育界，1913（11）：160-170.

④同③155-160.

⑤同③159.

⑥许汉三. 黄炎培年谱 [M]. 北京：文史资料出版社，1985：10-11.

为《实用教育主义之关系》的演讲。校长卢义德（Frank E. Lund①）深以实用主义为然②。

新文化运动时期，杜威于 1919 年 4 月至 1921 年 7 月来华，足迹遍及上海、北京、江苏、直隶、奉天、山东、山西、浙江、湖南、湖北、江西、福建、广东③等地，演讲 200 余次④。杜威来华期间，实用主义教育思想广为传播，有关译介实用主义哲学和教育的书籍和文章多至不可胜数，其影响日渐超过以赫尔巴特（Johann Friedrich Herbart，1776—1841）为代表的德国教育思想在中国近代教育界的主导地位⑤。

第二节　中学数学教科书的出版活动

中华民国成立后，废除"癸卯学制"，颁行"壬子·癸丑学制"。中国教育在动荡的政局中迎来新的变革。作为教师向学生传播知识的首要教材，教科书是当时新政权实施新学制的重要依靠。由于意识形态的影响，南京临时政府禁用晚清学部颁行的教科书，允许使用晚清民间通行的教科书，但如有尊崇清朝、旧时官制军制、需避讳的抬头、不合共和宗旨等内容，需由书局自行修改后再使用⑥。对于新学制，

---

①卢义德的英文名亦为 F. E. Lundt.

②许汉三. 黄炎培年谱 [M]. 北京：文史资料出版社，1985：11.

③吴健敏. 杜威的教育思想对 20 世纪中国教育改革的影响 [J]. 教育评论，2001，(6)：25.

④黎洁华. 杜威在华活动年表：上 [J]. 华东师范大学学报（教育科学版），1985 (1)：91.

⑤周洪宇，李永. 五四时期杜威访华与南京高师的关系考察 [J]. 南京师大学报（社会科学版），2019 (3)：25.

⑥佚名. 中华民国教育部普通教育暂行办法通令 [J]. 教育杂志，1912，3 (10)：99.

晚清教科书亦不完全适用。因此，全国各级学校亟需新式教科书。这为全国图书编译出版机构和社团提供了广阔的市场。

一、中华书局的中学数学教科书出版活动

在全国出版机构中，中华书局率先对新式教科书的出版采取了行动。中华书局于 1912 年 1 月 1 日即中华民国成立当天在上海成立，创办人是陆费逵、戴克敦、陈寅、沈颐、沈继方①。陆费逵（1886—1941），字伯鸿，幼名沧生，担任过文明书局的职员、商务印书馆出版部部长、《教育杂志》主编②，是中华书局首任局长。他对教科书、教育和立国之间的关系有深刻的认识，重视教科书的出版工作。中华民国成立前，他组织筹备中华书局时已策划出版新政权建立后使用的教科书。1912 年，中华书局成立不久后发表《中华书局宣言书》，其中说：

> 立国根本在乎教育，教育根本实在教科书。教育不革命，国基终无由巩固。教科书不革命，教育目的终不能达也。往者异族当国，政体专制，束缚抑压，不遗余力。……同人默察时局，眷怀宗国，隐痛在心，莫敢轻发。幸逢武汉起义，各省响应，知人心思汉，吾道不孤。民国成立即在目前，非有适宜之教科书，则革命最后之胜利仍不可得。爰集同志，从事编辑。半载以来，稍有成就。小学用书业已蒇事，中学、师范正在进行。从此民约之说，弥漫昌明，自由之花，煜皇灿烂③。

该宣言书指出了教科书对教育的重要性，呼吁编撰适当的教科书，

---

①石鸥，吴小鸥. 简明中国教科书史［M］北京：知识产权出版社，2015：60.
②李明霞. 陆费逵［M］// 朱汉国，杨群. 中华民国史：第九册. 成都：四川人民出版社，2006：91-92.
③佚名. 中华书局宣言书［J］. 中华教育界，1912，1（1）：21.

进行教科书革命，在当时思想先进，发人深省。

中华书局最早出版的中学数学教科书是孙祝耆的《中学校师范学校代数学教科书》。该书于 1913 年 5 月出版①，是民国最早出版的中学数学教科书之一。

自 1912 年正月开始，中华书局陆续出版"中华教科书"。这是中华民国第一套从小学到中学、师范学校系统的教科书。这套教科书出版后被各学校广泛采用，一时独领风骚，风行全国。1931 年陆费逵回忆说，中华书局"开业之后，各省函电纷驰，门前顾客坐索，供不应求"②。这与国内市场对"中华教科书"的需求旺盛密切相关。

在"中华教科书"中，中学数学教科书有赵秉良编撰的《中华中学代数教科书》③④《中华中学算术教科书》⑤⑥，均于 1913 年出版。中华书局出版"中华教科书"后，但因 1912 年 9 月 3 日北洋政府教育部公布法令，规定各学校以 8 月 1 日为学年之始，每学年分为 3 学期⑦，全国小学和中学等春季始业，每学年 2 学期的规定废除⑧，这套教科书便不适用了。为了改变这一被动局面，中华书局扩大编辑部，聘请范源濂为编辑部部长。他任职后组织出版了一套"新制中华教科书"。"新制中华教科书"分为初等小学、高等小学、中学和师范 4 类，学科

①孙祝耆. 中学校师范学校代数学教科书 ［M］. 上海：中华书局，1914：版权页.
②陆费逵. 中华书局二十年之回顾 ［J］. 中华书局图书月刊，1931 (1)：1.
③赵秉良. 中华中学代数教科书：第一册 ［M］. 上海：中华书局，1913.
④赵秉良. 中华中学代数教科书：第二册 ［M］. 上海：中华书局，1913.
⑤赵秉良. 中华中学算术教科书：上册 ［M］. 上海：中华书局，1913.
⑥赵秉良. 中华中学算术教科书：下册 ［M］. 上海：中华书局，1916：版权页.
⑦佚名. 教育部公布学校学年、学期及休业日期规程令 ［J］. 教育杂志，1912，4 (7)：6 - 7.
⑧该规定体现于1912 年 1 月南京临时政府教育部发布的《中华民国教育部普通教育暂行办法通令》。参见：佚名. 中华民国教育部普通教育暂行办法通令 ［J］. 教育杂志，1912，3 (10)：99.

门类相当齐全①。其中，包括王永炅和胡树楷编撰的《新制算术教本》②③《新制代数学教本》④⑤《新制平面几何学教本》⑥《新制立体几何学教本》⑦《新制平面三角法教本》⑧，1916 至 1918 年出版，均由北洋政府教育部审定，供中学、师范学校使用。

另外，1914 年，中华书局出版王雅南⑨编辑的《新制用器画》，为供中学、师范学校使用的几何作图教科书⑩。1916 年，中华书局出版佘恒编撰的《中学校师范学校平面三角法》（又名《新编平面三角法》），供中学、师范学校使用⑪。由于中学、师范学校及其他同等级学校教授三角法时间不多，佘恒根据其在两江师范学堂和其他各校任数学教师的经验，对该书应详、应略之处，做了慎重安排，以使其"无轻重不均之弊"⑫。1916 年 11 月 23 日，北洋政府教育部规定中学校第一学年数学时间内，分出 1 小时专授簿记⑬。根据该规定，1917 年中华书局出版秦开编撰的适用于中学，亦可供师范学校、甲乙种实业学校、商业补习学校等使用的《新制簿记教本》⑭。

---

① 王建军. 中国近代教科书发展研究［M］. 广州，广东教育出版社，1996：206.
② 王永炅，胡树楷. 新制算术教本：上卷［M］. 上海：中华书局，1921：版权页.
③ 王永炅，胡树楷. 新制算术教本：下卷［M］. 上海：中华书局，1921：版权页.
④ 王永炅，胡树楷. 新制代数学教本：上卷［M］. 上海：中华书局，1920：版权页.
⑤ 王永炅，胡树楷. 新制代数学教本：下卷［M］. 上海：中华书局，1918：版权页.
⑥ 王永炅，胡树楷. 新制平面几何学教本［M］. 上海：中华书局，1918：版权页.
⑦ 王永炅，胡树楷. 新制立体几何学教本［M］. 上海：中华书局，1918：版权页.
⑧ 王永炅，胡树楷. 新制平面三角法教本［M］. 上海：中华书局，1919：版权页.
⑨ 王雅南即王哲荛，曾师从江苏第一师范学校杨保恒，在江苏淮安、常州做过中学教师。参见：杨保恒. 序［M］∥王雅南. 新制用器画，上海：中华书局，1914.
⑩ 王雅南. 新制用器画［M］. 上海：中华书局，1914.
⑪ 佘恒. 中学校师范学校平面三角法［M］. 上海：中华书局，1916.
⑫ 同⑩编辑大意.
⑬ 佚名. 教育部咨各省区请转饬各中学校添授簿记文［J］. 政府公报，1916，（322）：13.
⑭ 秦开. 新制簿记教本［M］. 上海：中华书局，1918.

二、商务印书馆的中学数学教科书出版活动

中华民国成立后，面对广阔的教科书市场，国内重要出版机构商务印书馆未能赢得先机。但商务印书馆急起直追，一面改订其清末出版的教科书，一面"联合十数同志，日夕研究，本十余年编辑上、教授上之经验，从事于教科书之革新"[①]。中华书局的"中华教科书"问世的当年，即 1912 年，商务印书馆便开始推出"共和国教科书"。这是一套适用于初等小学校、高等小学校、国民学校、中学校、师范学校的教科书。其中，中学数学教科书于 1913 至 1917 年初版，有寿孝天编撰的《共和国教科书算术》[②]，骆师曾编撰的《共和国教科书代数学》[③][④]，黄元吉编撰的《共和国教科书平面几何》[⑤]《共和国教科书立体几何》[⑥]《共和国教科书平三角大要》[⑦]《共和国教科书用器画解说》[⑧]《共和国教科书中学用器画图式》[⑨]，刘大绅编撰的《共和国教科书簿记》[⑩]。《共和国教科书平三角大要》配有叶振铎所编的《共和国教科书平三角大要问题详解》作为参考书[⑪]。

商务印书馆出版"共和国教科书"的过程中，又推出一套供中学、师范学校等使用的"民国新教科书"。这套教科书共计 10 种，涉及物

①佚名．商务印书馆新编共和国教科书说明：1912 年［M］//陈学恂．中国近代
　教育史教学参考资料：中册．北京：人民教育出版社，1988：423．
②寿孝天．共和国教科书算术［M］．上海：商务印书馆，1913．
③骆师曾．共和国教科书代数学：上卷［M］．上海：商务印书馆，1916：版权页．
④骆师曾．共和国教科书代数学：下卷［M］．上海：商务印书馆，1913．
⑤黄元吉．共和国教科书平面几何［M］．上海：商务印书馆，1923：版权页．
⑥黄元吉．共和国教科书立体几何［M］．上海：商务印书馆，1916：版权页．
⑦黄元吉．共和国教科书平三角大要［M］．上海：商务印书馆，1921：版权页．
⑧黄元吉．共和国教科书用器画解说［M］．上海：商务印书馆，1920：版权页．
⑨黄元吉．共和国教科书中学用器画图式［M］．上海：商务印书馆，1913．
⑩刘大绅．共和国教科书簿记［M］．上海：商务印书馆，1917．
⑪叶振铎．共和国教科书平三角大要问题详解［M］．上海：商务印书馆，1921．

理学、化学、生理及卫生学、植物学、动物学、矿物学、算术、代数学、几何学、三角学 10 个科目。编撰者为王兼善、丁文江、徐善祥、秦汾、秦沅。他们均是受过专业训练的留学生，大都获学士或硕士学位。王兼善获英国爱丁堡大学理科学士学位和文艺科硕士学位，丁文江获英国格拉斯哥大学理科学士学位，徐善祥获美国耶鲁大学理科学士学位，秦汾为美国哈佛大学硕士，秦沅是日本东京物理学校毕业生①②。在这套教科书中，数学教科书有徐善祥和秦汾合编的《民国新教科书算术》③④，秦汾和秦沅合编的《民国新教科书代数学》⑤⑥《民国新教科书几何学》⑦，秦汾编撰的《民国新教科书三角学》⑧，1913至 1914 年初版。这些教科书都配有问题详解形式的参考书：叶振铎所编《民国新教科书代数学问题详解》⑨，崔朝庆所编《民国新教科书算术问题详解》⑩《民国新教科书几何学问题详解》⑪《民国新教科书三角学问题详解》⑫。此外，1920 年商务印书馆出版了黄鹤如编撰的《最新几何学教本》⑬。

———————

① 崔朝庆. 民国新教科书几何学问题详解 [M]. 上海：商务印书馆，1929：广告页.

② 徐燕夫. 上海市嘉定区嘉定镇志 [M]. 上海：上海人民出版社，1994：421.

③ 徐善祥，秦汾. 民国新教科书算术：上编 [M]. 上海：商务印书馆，1916.

④ 徐善祥，秦汾. 民国新教科书算术：下编 [M]. 上海：商务印书馆，1916：版权页.

⑤ 秦汾，秦沅. 民国新教科书代数学：上编 [M]. 上海：商务印书馆，1918

⑥ 秦汾，秦沅. 民国新教科书代数学：下编 [M]. 上海：商务印书馆，1918：版权页.

⑦ 秦沅，秦汾. 民国新教科书几何学 [M]. 上海：商务印书馆，1920：版权页.

⑧ 秦汾. 民国新教科书三角学 [M]. 上海：商务印书馆，1924：版权页.

⑨ 叶振铎. 民国新教科书代数学问题详解 [M]. 上海：商务印书馆，1927.

⑩ 崔朝庆. 民国新教科书算术问题详解 [M]. 上海：商务印书馆，1919.

⑪ 崔朝庆. 民国新教科书几何学问题详解 [M]. 上海：商务印书馆，1918.

⑫ 崔朝庆. 民国新教科书三角学问题详解 [M]. 上海：商务印书馆，1919.

⑬ 王有朋. 中国近代中小学教科书总目 [M]. 上海：上海辞书出版社，2010：651.

民国初期，商务印书馆也从国外引进一些数学教科书。例如，美国温德华士著，张彝译述的《汉译温德华士几何学》①；日本长泽龟之助著，萧屏译述的《中学几何学初步教科书》②。美国布利氏（Ernst Rudolph Breslich，1874—?）著，徐甘棠译述的《布利氏新式算学教科书》③，底本为《中学第一年数学》（*First-Year Mathematics for Secondary Schools*）④；布利氏著，王自芸译述的《布利氏新式算学教科书》第二编⑤，底本为《中学第二年数学》（*Second-Year Mathematics for Secondary Schools*）⑥。这两种译自布利氏的著作均为混合数学教科书。再如，英国高莆莱（Charles Godfrey，1873—1924）、薛顿思（A. W. Siddons）著，卫淑祎（R. M. Waller）⑦、谢美瑞（Mary Sayer）⑧ 分别编译的《普通代数学》⑨ 和《普通代数学》（下卷）⑩；美国霍克斯（Herbert E. Hawkes）、卢比（William A. Luby）、陶唐（Frank C. Touton）著，唐梗献、贺延年分别译述的《汉译何鲁陶三

①温德华士. 汉译温德华士几何学［M］. 张彝，译. 上海：商务印书馆，1912.
②长泽龟之助. 中学几何学初步教科书［M］. 萧屏，译. 北京：商务印书馆，1912.
③布利氏. 布利氏新式算学教科书［M］. 徐甘棠，译述. 上海：商务印书馆，1920.
④BRESLICH E R. First-Year Mathematics for Secondary Schools[M].Chicago：the University of Chicago Press，1916.
⑤布利氏. 布利氏新式算学教科书：第二编［M］. 王自芸，译述. 上海：商务印书馆，1922.
⑥BRESLICH E R. Second-Year Mathematics for Secondary Schools[M].Chicago：the University of Chicago Press，1916.
⑦卫淑祎为女士，英国人，毕业于剑桥大学格顿学院（Girton College，Cambridge），时为北京培华女学校教员。参见：高莆莱，薛顿思. 普通代数学［M］. 卫淑祎，编译. 上海：商务印书馆，1917：内封.
⑧谢美瑞为女士，英国人，毕业于剑桥大学算术科，时为北京笃志女学校教员。参见：高莆莱，薛顿思. 普通代数学：下卷［M］. 谢美瑞，编译. 上海：商务印书馆，1922：内封.
⑨高莆莱，薛顿思. 普通代数学［M］. 卫淑祎，编译. 上海：商务印书馆，1917.
⑩高莆莱，薛顿思. 普通代数学：下卷［M］. 谢美瑞，编译. 上海：商务印书馆，1922.

氏代数学》上下册①②，底本分别为《代数初级课程》（*First Course in Algebra*）③ 和《代数中级课程》（*Second Course in Algebra*）④；英国学者李查多生（George Richardson）、拉母（Arthur Stanley Ramsey）著，由郭凤藻、武崇经转译自日本菊池大麓和数藤斧三郎日译本的《近世平面几何学》⑤ 等。

三、科学会编译部的中学数学教科书出版活动

科学会编译部是由晚清留日学生在上海成立的图书编译出版社团。中华民国成立后，在实用主义教育思想与欧美、日本的影响下，科学会编译部和商务印书馆等社团和图书出版机构出版了实用主义教科书。自 1916 年起，科学会编译部出版中学用实用主义教科书，集中于理科。当时科学会编译部与商务印书馆进行了合作。这套教科书中的中学数学实用主义教科书，有陈文撰著的《实用主义中学新算术》⑥《实用主义几何学教科书：平面》⑦《实用主义几何学教科书：立体》⑧《实用主义代数学教科书》⑨《实用主义平面三角法》⑩，1916 至 1919 年初版。

---

①霍克斯，卢比，陶唐. 汉译何鲁陶三氏代数学：上册［M］. 唐榠献，译. 上海：商务印书馆，1920.

②霍克斯，卢比，陶唐. 汉译何鲁陶三氏代数学：下册［M］. 贺延，译. 上海：商务印书馆，1920.

③HAWKES H E，LUBY W A，TOUTON F C.*First Course in Algebra*［M］.Boston：Ginn and Company，1910.

④HAWKES H E，LUBY W A，TOUTON F C.*Second Course in Algebra*［M］.Boston：Ginn and Company，1911.

⑤郭凤藻，武崇经. 近世平面几何学［M］. 上海：商务印书馆，1919.

⑥陈文. 实用主义中学新算术［M］. 上海：科学会编译部，1919：版权页.

⑦陈文. 实用主义几何学教科书：平面［M］. 上海：科学会编译部，1917.

⑧陈文. 实用主义几何学教科书：立体［M］. 上海：科学会编译部，1917.

⑨陈文. 实用主义代数学教科书［M］. 上海：科学会编译部，1919.

⑩陈文. 实用主义平面三角法［M］. 上海：科学会编译部，1919.

四、其他机构和社团的中学数学教科书出版活动

民国初期的中学数学教科书除主要由中华书局、商务印书馆和科学会编译部出版，也有其他图书出版机构和社团出版。其中之一是中国图书公司。1913 年 5 月，中国图书公司出版张景良编撰的《中学代数学教科书》①②。该书与中华书局出版的孙祝著的《中学校师范学校代数学教科书》出版时间基本相同，也是民国时期最早出版的中学数学教科书之一。张景良的《中学代数学教科书》分上下卷，是张景良融合历年讲课稿与所采集的东西方新书中的新学理之作。关于这点，张景良在该书弁言中写道："予昔有数种教科书之作，颇堪行世，版易三十，足为学界欢迎之证。五年来南北奔驰，无暇继作。近以革政返里，将历年教授诸生之稿，复集东西新出之本，采其新理，重加编订，而成是书。"③

群益书社、文明书局和吉东印刷社都引入了日本中学数学教科书。1913 年，群益书社出版日本小林盈、稻垣作太郎著，黄邦柱翻译的《女子算术教科书》④⑤⑥。1914 年，群益书社又出版日本小林盈、稻垣作太郎著，黄邦柱和王应伟分别翻译的《女子代数教科书》⑦《女子几

---

①张景良. 中学代数学教科书：上卷 [M]. 上海：中国图书公司，1913.

②张景良. 中学代数学教科书：下卷 [M]. 上海：中国图书公司，1913.

③石甫. 弁言 [M] // 张景良. 中学代数学教科书：上卷 [M]. 上海：中国图书公司，1913：3.

④小林盈，稻垣作太郎. 女子算术教科书：上卷 [M]. 黄邦柱，译. 上海：群益书社，1913.

⑤小林盈，稻垣作太郎. 女子算术教科书：中卷 [M]. 黄邦柱，译. 上海：群益书社，1913.

⑥小林盈，稻垣作太郎. 女子算术教科书：下卷 [M]. 黄邦柱，译. 上海：群益书社，1913.

⑦小林盈，稻垣作太郎. 女子代数教科书 [M]. 黄邦柱，译. 上海：群益书社，1914.

何教科书》①；文明书局出版日本远藤又藏著，葛祖兰译《中学平面三角法教科书》②；吉东印刷社出版日本菊池大麓著，吴奎璧、言微辑译的《新式几何学教科书：平面部》③《新式几何学教科书：立体部》④。

五、民国初期中学数学教科书统计

为从整体上呈现民国初期中学数学教科书的出版情况，笔者制作了表 3－1 和表 3－2。两表书目按类别和出版时间排序。因视野所限，两表书目可能不全，但可以大体反映民国初期中学数学教科书的整体情况。

表 3－1　1912—1922 年国人自编中学数学教科书一览表

类别	序号	书名	作者	出版机构、社团	出版年⑤
算术	1	中华中学算术教科书（上下册）	赵秉良	中华书局	1913
	2	共和国教科书算术	寿孝天	商务印书馆	1913
	3	民国新教科书算术（上下编）	徐善祥、秦汾	商务印书馆	1913
	4	讲习适用算术教科书	顾树森	中华书局	1914
	5	中等算术教科书	黄际遇	商务印书馆	1915
	6	新制算术教本（上下卷）	王永炅、胡树楷	中华书局	1916、1917
	7	实用主义中学新算术	陈文	科学会编译部	1916
	8	新中学教科书算术	吴在渊、胡敦复	中华书局	1922

①小林盈，稻垣作太郎. 女子几何教科书［M］. 王应伟，译. 上海：群益书社，1914.

②远藤又藏. 中学平面三角法教科书［M］. 葛祖兰，译. 上海：文明书局，1914.

③菊池大麓. 新式几何学教科书：平面部［M］. 吴奎璧，言微，辑译. 吉林：吉东印刷社，1914.

④菊池大麓. 新式几何学教科书：立体部［M］. 吴奎璧，言微，辑译. 吉林：吉东印刷社，1914.

⑤除代数类序号 7、几何类序号 6、三角类序号 7 的教科书外，所注为初版时间。

续表

类别	序号	书名	作者	出版机构、社团	出版年
代数	1	中学校师范学校代数学教科书	孙祝耆	中华书局	1913
	2	中学代数学教科书（上下卷）	张景良	中国图书公司	1913
	3	中华中学代数教科书（第一、第二册）	赵秉良	中华书局	1913
	4	共和国教科书代数学（上下卷）	骆师曾	商务印书馆	1913
	5	民国新教科书代数学（上下编）	秦汾、秦沅	商务印书馆	1914
	6	新制代数学教本（上下卷）	王永炅、胡树楷	中华书局	1916、1917
	7	实用主义代数学教科书	陈文	科学会编译部	1919年第2版
	8	近世初等代数学	吴在渊	商务印书馆	1922
几何	1	共和国教科书平面几何	黄元吉	商务印书馆	1913
		共和国教科书立体几何	黄元吉	商务印书馆	1915
	2	民国新教科书几何学	秦汾、秦沅	商务印书馆	1914
	3	新制平面几何学教本	王永炅、胡树楷	中华书局	1917
	4	实用主义几何学教科书：平面	陈文	科学会编译部	1917
		实用主义几何学教科书：立体	陈文	科学会编译部	1917
	5	最新几何学教本	黄鹤如	商务印书馆	1920
	6	中等教育几何学教科书：立体之部	何崇礼	科学会编译部	1917年第7版

续表

类别	序号	书名	作者	出版机构、社团	出版年
几何	7	新制立体几何学教本	王永炅、胡树楷	中华书局	1917
	8	共和国教科书用器画解说	黄元吉	商务印书馆	1913
		共和国教科书中学用器画图式	黄元吉	商务印书馆	1913
	9	新制用器画	王雅南	中华书局	1914
	10	几何图学教科书：射影之部	谭柄锷	启明印刷局	1915
	11	几何画	王雅南	北京印书局	1917
	12	投影画	钱运生	平民书局	1921
三角	1	共和国教科书平三角大要	黄元吉	商务印书馆	1913
	2	民国新教科书三角学	秦汾	商务印书馆	1913
	3	平面三角法	孙祝耆	文明书局	1914
	4	中学校师范学校平面三角法	佘恒	中华书局	1916
	5	平面三角法教科书	王士楷	教育图书社	1917
	6	新制平面三角法教本	王永炅、胡树楷	中华书局	1918
	7	实用主义平面三角法	陈文	科学会编译部	1919 年第 3 版
	8	平面三角法讲义	匡文涛	商务印书馆	1919
簿记	1	共和国教科书簿记	刘大绅	商务印书馆	1917
	2	新制簿记教本	秦开	中华书局	1917

　　资料来源：算术类、代数类、簿记类全部教科书，几何类序号为 1—4 和 6—9、12 的教科书，三角类序号为 1—2、4—8 的教科书；王有朋主编《中国近代中小学教科书总目》，上海辞书出版社，2010，第 615 - 683 页。

表 3－1 所列 1912—1922 年国人自编中学数学教科书共 38 种。若包括几何画在内，几何教科书最多，有 12 种；算术、代数、三角教科书数量相同，均为 8 种；簿记教科书最少，仅 2 种。这主要由于簿记并非中学数学的主科，也与 1909 年晚清政府学部将簿记从中学堂数学课程中取消后，直至 1916 年 11 月 23 日北洋政府教育部才下令在中学数学课程中恢复簿记有关①。这 38 种教科书中，商务印书馆出版的最多，有 14 种；中华书局次之，出版 13 种；上海科学会编译部排名第三，出版 5 种；中国图书公司、启明印刷局、北京印书局、平民书局、文明书局、教育图书社各出版 1 种。可以说，民国初期商务印书馆和中华书局对国人自编中学数学教科书的出版在全国占统治地位。

这 38 种教科书共 27 位作者。其中，无留学经历的本土作者较多，如赵秉良、寿孝天、顾树森、吴在渊、孙祝耆、黄元吉、谭柄锷、佘恒、王士楷、匡文涛等。有留学经历的作者中，留学日本的较多，如黄际遇、王永炅、胡树楷、陈文、秦沅、何崇礼、刘大绅等；少数作者有留学美国经历，如徐善祥、秦汾、胡敦复等，这是此前中国中学数学教科书编译者中没有的现象。这 27 位作者中，有些数学素养较高，秦汾、胡敦复具有代表性。秦汾留学美国哈佛大学，专攻天文、数学，获硕士学位，1915 年到北京大学数学门任教②。胡敦复留学美国康奈尔大学，主修数学，获理学学士学位，返国后创办大同学院（1922 年 11 月改名大同大学）并教授数学③。吴在渊的数学素养在秦汾、胡敦复之下，但具有一定的数学水平，勤于编撰中学数学教科书。他编撰《新中学教科书算术》和《近世初等代数学》时，是大同学院

①佚名. 教育部咨各省区请转饬各中学校添授簿记文 [J]. 政府公报，1916，（322）：13.

②秦宝雄. 往事杂忆·童年岁月 [M] //《老照片》编辑部.《老照片》20 年精选集·肆·民间记忆. 济南：山东画报出版社，2018：118.

③张友余. 胡敦复 [M] // 中国科学技术协会. 中国科学技术专家传略：理学编·数学卷 1. 石家庄：河北教育出版社，1996：17－24.

的数学教师①。

表 3-2　1912—1922 年汉译中学数学教科书一览表

类别	序号	书名	原作者	译者	出版机构、社团	出版年②
算术	1	女子算术教科书（上中下卷）	（日）小林盈、（日）稻垣作太郎	黄邦柱	群益书社	1913
代数	1	女子代数教科书	（日）小林盈、（日）稻垣作太郎	黄邦柱	群益书社	1914
	2	普通代数学（上卷）	（英）高莆莱、（英）薛顿思	卫淑祎	商务印书馆	1917
	3	普通代数学（下卷）	（英）高莆莱、（英）薛顿思	谢美瑞	商务印书馆	1922
	4	汉译何鲁陶三氏代数学（上册）	（美）霍克斯、（美）卢比、（美）陶唐	唐梗献	商务印书馆	1920
	5	汉译何鲁陶三氏代数学（下册）	（美）霍克斯、（美）卢比、（美）陶唐	贺延年	商务印书馆	1920
几何	1	汉译温德华士几何学	（美）温德华士	张彝	商务印书馆	1912
	2	新辑几何（上册）	（英）率德辅（E. W. Sawdon）	傅骧伯	华美书局	1912
	3	几何学讲义：平面部	（日）上野清	张廷华	商务印书馆	1912
		几何学讲义：立体部	（日）上野清	张廷华	商务印书馆	1913
	4	中学几何学初步教科书	（日）长泽龟之助	萧屏	商务印书馆	1912

---

①高希尧. 吴在渊［M］// 中国科学技术协会. 中国科学技术专家传略：理学编·数学卷 1. 石家庄：河北教育出版社，1996：6-14.

②除几何类序号 7 教科书外，所注为初版时间。

续表

类别	序号	书名	原作者	译者	出版机构、社团	出版年
几何	5	女子几何教科书	（日）小林盈、（日）稻垣作太郎	王应伟	群益书社	1914
	6	新式几何学教科书：平面部	（日）菊池大麓	吴奎璧、言微	吉东印刷社	1914
		新式几何学教科书：立体部	（日）菊池大麓	吴奎璧、言微	吉东印刷社	1914
	7	新编初等几何学教科书	（日）森岩太郎	张廷华	商务印书馆	1916年第7版
	8	近世平面几何学	（英）李查多生、（英）拉母	郭凤藻、武崇经（转译自菊池大麓和数藤斧三郎日译本）	商务印书馆	1919
	9	解析几何学讲义	（日）宫本藤吉	匡文涛	商务印书馆	1918
三角	1	平面三角	（美）温德华士	沈昭武	文明书局	1912
	2	中等平三角新教科书	（英）托德亨特	马君武	商务印书馆	1913
	3	三角之部	（日）远藤又藏	王应伟、黄邦柱	群益书社	1913
	4	中学平面三角法教科书	（日）远藤又藏	葛祖兰	文明书局	1914
	5	最新中等教科书三角法	（美）葛蓝威尔（William Anthony Granville）	Liu Gwang Djao	山东基督教共合大学出版社（Shantung University Press）	1914

续表

类别	序号	书名	原作者	译者	出版机构、社团	出版年
混合数学	1	布利氏新式算学教科书	（美）布利氏	徐甘棠	商务印书馆	1920
	2	布利氏新式算学教科书（第二编）	（美）布利氏	王自芸	商务印书馆	1922

　　资料来源：算术类、几何类、三角类、混合数学类全部教科书，代数类序号为1—3、5的教科书；王有朋主编《中国近代中小学教科书总目》，上海辞书出版社，2010，第615-683页。

　　表3-2所列1912—1922年汉译中学数学教科书共22种。其中，几何教科书最多，有9种；代数、三角教科书次之，各5种；混合数学教科书排名第四，有2种；算术教科书最少，仅1种。商务印书馆出版的最多，有13种；群益书社次之，出版4种；文明书局排名第三，出版2种；华美书局、吉东印刷社、山东基督教共合大学出版社各出版1种。这表明民国初年几何、代数、三角类教科书是汉译中学数学教科书的主体，商务印书馆是主角，其他出版机构与之无法抗衡。

　　这22种教科书的原作者中，小林盈、稻垣作太郎、上野清、长泽龟之助、菊池大麓、森岩太郎、宫本藤吉、远藤又藏为日本学者，霍克斯、卢比、陶唐、温德华士、葛蓝威尔、布利氏为美国学者，高莆莱、薛顿思、率德辅、李查多生、拉母、托德亨特为英国学者。这22种教科书中，有10种即算术类序号1，代数类序号1，几何类序号3—7、9，三角类序号3、4的教科书的原作者为日本学者；有11种即以上10种和几何类序号8的教科书译自日文教科书；有7种即代数类序号4、5，几何类序号1，三角类序号1、5和混合类序号1、2的教科书的原作者为美国学者；有5种即代数类序号2、3，几何类序号2、8，三角类序号2的教科书的原作者为英国学者。可以说，民国初期汉译中学数学教科书一半译自日本数学教科书，一半译自美国和英国数学教科书。

这 22 种教科书共 21 位译者。其中，无留学经历的本土作者较多。少数作者有海外留学经历。如葛祖兰在日本早稻田大学师范研究科留学①，马君武先后在日本京都帝国大学、德国柏林工业大学留学②。有两位译者是英国学者，即卫淑祎和谢美瑞，均毕业于英国剑桥大学，当时分别任教于北京培华女学校、北京笃志女学校。卫淑祎和谢美瑞分别由黄志鑫、朱敏章帮助完成《普通代数学》上下卷的翻译工作③④。

第三节　"中华教科书"中的中学数学教科书

作为中华民国第一套从小学到中学、师范学校系统的教科书，"中华教科书"的出版宣告在帝制土崩瓦解、共和政权建立和教育变革的历史大潮中，中国近代教科书发展揭开了崭新的一页。"中华教科书"中的中学数学教科书是中华民国中学教科书的源头，其出版开启了中国近代中学数学教科书的新纪元。

一、编撰者生平

赵秉良，浙江诸暨人，晚清至民国时期知名教科书编译者。1897

①林煌天. 中国翻译词典 ［M］. 武汉：湖北教育出版社，1997：240.
②周川. 中国近现代高等教育人物辞典 ［M］. 福州：福建教育出版社，2018：20 - 21.
③高荪菜，薛顿思. 普通代数学 ［M］. 卫淑祎，编译. 上海：商务印书馆，1917.
④高荪菜，薛顿思. 普通代数学：下卷 ［M］. 谢美瑞，编译. 上海：商务印书馆，1922.

年浙江求是书院成立，正取学生 30 名，赵秉良是其中之一①。1901
年，赵秉良与邵章、汪熙、袁毓麐、孙翼中、陈汉第、项藻馨、戴克
敦、魏汝谐、陈敬第等浙省士民向浙江巡抚余联沅递呈公禀，吁请联
合各省督抚奏筹民款，请朝廷联合英国、日本和美国，向俄国宣
战②③。1907 年前后，他任职于江苏南通州师范学校④。1908 年前后
入商务印书馆编译所，与张元济、蒋维乔、高梦旦、寿孝天、骆师曾、
陆费逵等共事⑤。1912 年中华书局成立后，参加"中华教科书"和
"新制中华教科书"的编辑工作。

赵秉良在翻译数学著作、编撰中小学数学教材方面较有建树。
1908 年，他翻译出版日本藤泽利喜太郎的《算术条目及教授法》。该
书是藤泽利喜太郎自 1888—1889 年之交着手，历时 7 年即至 1895 年
完成的一部论述算术教授法和算术条目的数学著作，旨在改良当时日
本的算术教授法⑥。赵秉良将此书译为中文，旨在借该书为改良中国
算术教授法提供帮助。如他在该书中译本"叙言"中所说："鄙人所以
译述是书以供同志，俾从事于斯道者，借是书为改良之助，或亦有补
于万一乎。"⑦

宣统元年（1909 年），清政府《奏定检定小学教员章程》颁行，

---

① 许高渝. 从求是书院到新浙大：记述和回忆 [M]. 杭州：西泠印社出版社，
2017：5.
② 汪林茂. 浙江辛亥革命史料集：第二卷 [M]. 杭州：浙江古籍出版社，2013：
12 - 13.
③ 汪林茂. 浙江通史：第十卷清代卷下 [M]. 杭州：浙江人民出版社，2005：59 -
60.
④ 赵秉良. 叙言 [M] // 藤泽利喜太郎. 算术条目及教授法. 赵秉良，译述. 上海：
南洋官书局，1908：2 - 4.
⑤ 郑贞文. 我所知道的商务印书馆编译所 [M] // 郑炫，郑星. 郑贞文诗文选集.
福州：福建省文史研究馆，2017：47 - 48.
⑥ 藤泽利喜太郎. 原绪 [M] // 藤泽利喜太郎. 算术条目及教授法. 赵秉良，译述.
上海：南洋官书局，1908：2 - 4.
⑦ 同④1.

规定两年以下或两年以上但毕业为下等的官立初级师范简易科毕业生、民立初级师范简易科毕业生、师范传习所和讲习所毕业生、两年以下国外师范简易科和科学速成科毕业生，以及举贡生监中文明通和通晓各项科学者，充当小学教员，除风气晚开之偏僻地方可暂缓外，均须通过试验检定①。根据该章程，1910 年由郑孝胥、严复、伍光建、王季烈、夏曾佑、罗振玉、张元济发起的师范讲习社，刊行《师范讲义》杂志，"专为文理明通之人，预备应检定试验之用"②。1910—1911 年，赵秉良和寿孝天在《师范讲义》杂志以连载的形式合作发表《数学讲义》，介绍算术知识③。该讲义后于 1913 年由商务印书馆出版④。

1910 年，赵秉良与杜亚泉、骆师曾合作编辑出版《订正中外度量衡币比较表》⑤。1911 年，赵秉良编译出版藤泽利喜太郎的《中学算术新教科书》⑥⑦。1913 年，他在"中华教科书"中编撰了《中华中学算术教科书》⑧⑨《中华中学代数教科书》⑩⑪，在"新制中华教科书"中

---

①佚名. 奏定检定小学教员章程［J］. 师范讲义，1910（1）：1-10.

②佚名. 师范讲习社师范讲义简章［J］. 教育杂志，1910，2（6）：13.

③《数学讲义》的刊出情况和内容参见：《师范讲义》1910 年第 1 期第 1-26 页，1910 年第 2 期第 27-50 页，1910 年第 3 期第 51-76 页，1910 年第 4 期第 77-100 页，1910 年第 5 期第 101-126 页，1910 年第 6 期第 127-150 页，1910 年第 7 期第 151-164 页，1910 年第 8 期第 165-190 页，1911 年第 10 期第 191-212 页。

④寿孝天，赵秉良. 数学讲义［M］. 上海：商务印书馆，1921：版权页.

⑤赵秉良，杜亚泉，骆师曾. 订正中外度量衡币比较表［M］. 上海：商务印书馆，1924：版权页.

⑥赵秉良. 中学算术新教科书：上卷［M］. 上海：商务印书馆，1915：版权页.

⑦赵秉良. 中学算术新教科书：下卷［M］. 上海：商务印书馆，1915：版权页.

⑧赵秉良. 中华中学算术教科书：上册［M］. 上海：中华书局，1913.

⑨赵秉良. 中华中学算术教科书：下册［M］. 上海：中华书局，1916：版权页.

⑩赵秉良. 中华中学代数教科书：第一册［M］. 上海：中华书局，1913.

⑪赵秉良. 中华中学代数教科书：第二册［M］. 上海：中华书局，1913.

编撰了供高等小学校用的《新制中华算术教科书》① 和《新制中华算术教授书》②。应该说，在清末民初中小学数学教育史上，赵秉良是一位重要人物。

二、编撰理念与体例

"中华教科书"中的中学数学教科书，即赵秉良的《中华中学算术教科书》和《中华中学代数教科书》③。关于《中华中学算术教科书》的编撰理念，在上册的"编辑大意"中有如下说明："本书以日本理学博士高木贞治所著为蓝本，依吾国情形及教育部定章，增删损益之，期合吾国中学及师范之用""本书说明务求简明，问题务求精简，并多采科学材料""本书诸等数，凡关于货币、度量衡等，悉采吾国制度，'米突法'为世界所公用，吾国近亦有改用之议，故特加详""历以阳历为主，并说明其理""编制次序，皆依多年经验之所得分配，并依学生心理进行"。经笔者考证，《中华中学算术教科书》的底本为高木贞治编撰的《广算术教科书》④⑤ 和《新式算术教科书》⑥。"米突法"即米制，产生于1793年，1858年正式传入中国⑦。

---

① 该书分订九册，每三册配一学年三学期之用。参见：赵秉良. 新制中华算术教科书：第一册至第九册 [M]. 上海：商务印书馆，1915.

② 该书是与《新制中华算术教科书》配套的教师用书，亦分订九册，每三册配一学年之用。参见：赵秉良. 新制中华算术教授书：第一册至第九册 [M]. 上海：商务印书馆，1913.

③ 据《中华中学代数教科书》所印广告，赵秉良在这套教科书中还编撰有《中华中学几何教科书》（2册）、《中华中学三角教科书》（1册）。但笔者未查阅到这两种教科书。

④ 高木贞治. 廣算術教科書：上卷 [M]. 東京：開成館，1909.

⑤ 高木贞治. 廣算術教科書：下卷 [M]. 東京：開成館，1909.

⑥ 高木贞治. 新式算術教科書 [M]. 東京：開成館，1911.

⑦ 禾丛. 米制在我国的使用 [M] // 国际单位制推行委员会办公室. 国际单位制专辑之四. 北京：计量出版社，1981：1.

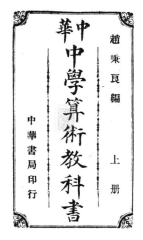 

图 3-2 赵秉良《中华
中学算术教科书》上册　　　图 3-3 赵秉良《中华
中学代数教科书》第一册

　　《中华中学代数教科书》的编撰理念在第一册的"编译大意"有说明："本书以日本理学博士高木贞治所著为蓝本，参酌拙编《算术教科书》，以供中等诸学校教授之用""材料之选择及排列，皆依教育部定章""书中各处列举重要之公式及法则，以便复习对照"。笔者考证出《中华中学代数教科书》的底本为高木贞治的《普通教育代数教科书》上卷①。"编译大意"所言的《算术教科书》即《中华中学算术教科书》。

　　赵秉良鉴于整式和分数式四则运算为方程式解法的预备知识，主张在《中华中学代数教科书》中删除方程式解法中的复杂代数计算，如整式和分数式的四则运算不断应用于方程式，则需简化，对有理式计算要花力气。如该书"编译大意"所说："整式及分数式之四则，皆可认为方程式解法之准备，故遇方程式之解法，删除复杂之代数计算。又同时如应用于不断之方程式，简单之，更致力于有理式之计算。"

　　赵秉良鉴于初学者不容易理解最大公约数和最小公倍数的复杂计算法，在《中华中学代数教科书》第 4 编"整式之续"第 3 章"最大

_____

①高木贞治. 普通教育代数教科书：上卷［M］. 東京：開成館，1909.

公约数及最小公倍数"后，又将该计算法单设于第 5 章"最大公约数及最小公倍数之续"。加之该计算法应用很少，他建议中学课程可将其省略或删除。他在《中华中学代数教科书》第一册的"编译大意"中即说明："最大公约数及最小公倍数之复杂计算法，则另设一编①而说明之，或者略其教授。因此等事项，初学者未易明瞭其义，且应用之处甚少，实际上中学课程不妨删除之。"另外，关于书中的习题，他做了通篇和课时上的考虑。正如赵秉良在该书"编译大意"中所说："练习问题，通全编而斟酌其时数以选定之。"

在体例上，《中华中学算术教科书》和《中华中学代数教科书》基本统一。这两种教科书分别先设"编辑大意"和"编译大意"，介绍其底本、编撰依据、供何种学校使用、编撰理念等。两书均采用编章式结构，都以西方和日本已通行的形式，将知识点按款统一编号，采用西方数学符号，文字、公式从左至右横排。略有不同的是，《中华中学算术教科书》中阿拉伯数码和中文数字混用，《中华中学代数教科书》全部采用阿拉伯数码。两书的习题均分"例题"和"问题"两种形式，有的置于章中，有的置于章末。两书各册正文后都附有问题的答案，下册或第二册正文后都附有补习问题及其答案。

三、内容、特点与底本

（一）《中华中学算术教科书》

赵秉良的《中华中学算术教科书》由陆费逵、姚汉章、戴克敦阅，分上下册②。上册由"编辑大意"、目录、正文、"答数（上卷）"构成，下册由目录、正文、补习问题、复利表、"答数（下卷）"、"补习

---

①"一编"系原文，应为一章。

②关于分册，还是分卷，《中华中学算术教科书》未做统一。其两册封面分别印有"上册""下册"字样，版权页注明分两册，而两册习题答案分别注明"答数（上卷）""答数（下卷）"，本书以其封面和版权页的标注为准。

问题答数"构成。上册 112 款，下册 58 款，共 170 款。上册正文分 5 编。第 1 编为"绪论"，分"命数法""记数法""小数" 3 章，介绍数、单位、名数、不名数、小数等的定义，命数法、数的写法和读法、小数的写法和读法、十进位法、特别记数法等知识。第 2 编为"四则"，分"加法""减法""乘法""除法" 4 章，介绍整数和小数的四则运算及其应用问题解法等知识。第 3 编为"诸等算"，分"诸等数""诸等数单位之变更""诸等数之四则" 3 章，介绍诸等数、通法①、命法②等的定义，"米突法"，长、面积、体积、重量的单位，时间的单位、平年、闰年、货币、通法和命法的应用，诸等数的四则运算，英美度量衡等知识。第 4 编为"整数之性质"，分章，介绍倍数、素数、公约数、最大公约数、公倍数、最小公倍数的定义，最大公约数求法、最小公倍数求法、倍数的和与差、倍数的倍数、2 的倍数、5 的倍数、4 的倍数、9 和 3 的倍数等知识。第 5 编为"分数"，分"分数总论""分数四则""循环小数" 3 章，介绍分数、带分数、真分数、假分数、约分、通分、循环小数等的定义，小数化分数之法、分数化小数之法、假分数化整数或带分数之法、整数化假分数之法、分数大小比较、分数四则运算、循环小数化分数之法、循环小数的计算等知识。

《中华中学算术教科书》下册由第 6—9 编组成。第 6 编为"比及比例"，分"比""比例""复比及复比例""比例之应用" 4 章，介绍比、反比、正比、比例式、正比例、反比例、复比、复比例，以及比例应用中的连锁法、比例配分、混合问题等知识。第 7 编为"分厘法"，分"分厘法应用""利息" 2 章，介绍分厘法、百分值、用钱、内折、外折等的定义，百分与比的关系、百分率和百分值原数求法、

---

①"通法"即将诸等数化为一个单位之数。参见：赵秉良. 中华中学算术教科书：上册［M］. 上海：中华书局，1913：75.

②"命法"即将用一个单位表示之数改为诸等数。参见：赵秉良. 中华中学算术教科书：上册［M］. 上海：中华书局，1913：76.

合计额和余金求法、租税、保险、内折和外折求法、利息、复利、公债和股份、折扣等知识。第 8 编为"开方",分"开平方""开立方"2 章,介绍指数、平方、立方、平方根、开平方、立方根、开立方等的定义,开平方法、开立方法等知识。第 9 编为"求积",未分章,介绍半径、直径、圆周率、弧度、角等的定义,矩形面积、平行四边形面积、梯形面积、三角形面积、圆面积的求法,勾股定理,长方体体积求法,直棱柱、圆柱体积和侧面积求法,锥体体积公式、圆锥侧面积求法,球面积和体积求法等知识。

相较于晚清陈榥所编《中等算术教科书》,《中华中学算术教科书》在结构和内容上基本没有突破,且缺少数列的内容。但与陈榥的《中等算术教科书》介绍知识一般采用演绎推理方式不同,《中华中学算术教科书》注重采用归纳推理方式。如《中华中学算术教科书》第 2 编"四则"第 3 章"乘法"介绍整数乘法时,先举例:"例如一时间行七十二里之汽车,则四时间可行几里。72 里加四次则得 288 里。72+72+72+72=288。"然后,给出知识点:

> 将同数叠加几次,称为乘,被加合之数曰被乘数,加合之次数曰乘数,加合而得之和数曰积。如上例七十二里,为(被乘数)[1],四为(乘数),而积为二百八十八里。于此义不可言七十二里乘四时间。乘数必为不名数,积则被乘数若为名数时,亦必为同种类之名数[2]。

《中华中学算术教科书》中这类内容较多,不逐一举例。这是《中华中学算术教科书》的特点之一。

《中华中学算术教科书》的文字大都简明扼要。对于定义、法则的介绍,不含所举例子,大都仅一两句话,且易懂。例如,比的定义为

---

[1]括号内文字为《中华中学算术教科书》原文,下同。
[2]赵秉良. 中华中学算术教科书:上册 [M]. 上海:中华书局,1913:24.

"甲数对于乙数之比，其意义为甲乙二数之关系，甲为乙之几倍或相当于乙几分之几"①；分厘法的定义为"以某数为标准，而以他数与之比较，所得之比以小数表之，特称之曰分厘法"②；分数除法法则为"甲数以乙之分数除之，则互换乙之分母与分子，以乘甲数"③；求复利的本利方法为"求复利之本利合计，则以每期之利率加1，视期数若干，即将此同数自乘若干次，以乘本金"④。

《中华中学算术教科书》的部分习题采用了科学材料。如第 2 编"四则"第 4 章"除法"中"问题第七"第 18 题："地球距太阳平均距离 147250000 启罗米突，而光之速度每秒行 309800 启罗米突。问太阳所发之光须经几秒而达于地球，但计算至小数第二位止。"其中，"启罗米突"为"kilometer"的中译名。再如，第 3 编"诸等算"第 2 章"诸等数单位之变更"中"问题第十一"第 9 题："声之速率每秒约 330.7 米突，若远见敌军放炮，从发光后 40 秒而闻声。问敌军相距若干。"第 6 编"比及比例"第 1 章"比"中"问题第二十八"第 12 题："地球表面之四分之一为陆地，而陆地之四分之三在北半球。问于北半球陆与海之面积相比如何。"这些习题不仅供学习者练习相应章的算术知识，也有助于学习了了解算术之外的科学知识。

《中华中学算术教科书》中有些习题在内容上属于中国问题，有利于国人接受该书。如第 2 编"四则"第 1 章"加法"中"问题第一"第 6 题："上海至芜湖 260 海里，芜湖至九江 198 海里，九江至汉口 140 海里，汉口至宜昌 370 海里。问自上海至宜昌共有若干海里。"第 12 题："前清入关以来，顺治 18 年，康熙 60 年，雍正 13 年，乾隆 60 年，嘉庆 25 年，道光 30 年，咸丰 11 年，同治 13 年，光绪 34 年，至

---

①赵秉良. 中华中学算术教科书：下册［M］. 上海：中华书局，1916：1.
②同①40.
③赵秉良. 中华中学算术教科书：上册［M］. 上海：中华书局，1913：144.
④同①73.

宣统 3 年，而光汉。问计祚若干年。"①

《中华中学算术教科书》讲求编辑策略。在定义中，被定义的名词术语字号较大。如"十进法"即十进位法的定义："表示各位为其右位之十倍者，而又为其左位十分之一，故于此种命数或记数法，称为十进法。"② 该定义中，"十进法"的字号较大。该书中法则的字号也较大，而且不少内容加了下划线。这些编辑策略的使用是为了提示学习者随时注意书中需要注意的内容。

《中华中学算术教科书》以高木贞治编撰的《广算术教科书》和《新式算术教科书》为底本。高木贞治（Teiji Takagi，1875—1960），日本数学家，对类域论的研究贡献卓著。他 1882 年入小学，3 年读完6 年课程，被当时的岐阜《日日新闻》誉为神童；1886 年入岐阜中学，15 岁毕业时成绩为全校第一名，被推荐免试进入第三高等中学校学习；中学时，桦正董做过他的数学教师。1894 年高木贞治经推荐进入东京帝国大学理科大学数学科学习，受教于菊池大麓和藤泽利喜太郎；1897 年毕业后，进入该校研究生院深造；1898 年到德国留学，先后在柏林大学、格丁根大学学习；1901 年返回日本，任教于东京帝国大学理科大学。1903 年他以论文《关于有理系数复数域上的阿贝尔域》，获博士学位，次年任东京帝国大学理科大学教授。1925 年当选日本帝国学术院会员，在日本这是最高的学术荣誉称号。③ 1940 年获日本最高科学荣誉文化勋章。④

《广算术教科书》和《新式算术教科书》分别于 1909 和 1911 年由

---

①赵秉良. 中华中学算术教科书：上册［M］. 上海：中华书局，1913：16 - 17.

②同①9.

③杜石然. 高木贞治［M］// 吴文俊. 世界著名数学家传记：下集. 北京：科学出版社，1995：1292 - 1299.

④中国大百科全书出版社编辑部. 中国大百科全书：数学［M］. 北京：中国大百科全书出版社，1988：263 - 264.

东京开成馆出版①②③。《广算术教科书》分上下卷，各卷5篇，共10篇，笔者未见其再版。《新式算术教科书》不分卷，共7篇，初版当年即1911年便订正再版④⑤，1913年出版修正3版⑥，1915年出版修正4版⑦，1922年出版修正5版⑧，1923年出版订正6版⑨，1924年相继出版修正7版和订正8版⑩。《中华中学算术教科书》在结构体系上与《广算术教科书》相仿，表3-3为两书目录比较表。

表3-3　赵秉良《中华中学算术教科书》与高木贞治《广算术教科书》目录比较表

	《中华中学算术教科书》		《廣算術教科書》
上册	第一编　绪论 　第一章　命数法 　第二章　记数法 　第三章　小数	上卷	第一篇　緒論
	第二编　四则 　第一章　加法 　第二章　减法 　第三章　乘法 　第四章　除法		第二篇　四則 　第一章　寄セ算（加法） 　第二章　引キ算（减法） 　第三章　掛ケ算（乘法） 　第四章　割リ算（除法） 　第五章　四則ノ应用
	第三编　诸等算 　第一章　诸等数 　第二章　诸等数单位之变更 　第三章　诸等数之四则		第三篇　諸等算 　第一章　諸等数 　第二章　諸等数ノ单位ノ变更 　第三章　諸等数ノ四则

①高木貞治. 廣算術教科書：上卷［M］. 東京：開成館，1909.
②高木貞治. 廣算術教科書：下卷［M］. 東京：開成館，1909.
③高木貞治. 新式算術教科書［M］. 東京：開成館，1911.
④同③.
⑤高木貞治. 新式算術教科書［M］. 東京：開成館，1913：版権頁.
⑥高木貞治. 新式算術教科書［M］. 東京：開成館，1913.
⑦高木貞治. 新式算術教科書［M］. 東京：開成館，1915.
⑧高木貞治. 新式算術教科書［M］. 東京：開成館，1923：版権頁.
⑨高木貞治. 新式算術教科書［M］. 東京：開成館，1923.
⑩高木貞治. 新式算術教科書［M］. 東京：開成館，1924.

续表

《中华中学算术教科书》		《廣算術教科書》	
上册	第四编　整数之性质	上卷	第四篇　整数ノ性質
	第五编　分数 　第一章　分数总论 　第二章　分数四则 　第三章　循环小数		第五篇　分数 　第一章　分数総論 　第二章　分数四則 　第三章　循環小数
	答数（上卷）		答
下册	第六编　比及比例 　第一章　比 　第二章　比例 　第三章　复比及复比例 　第四章　比例之应用	下卷	第六篇　比及ビ比例 　第一章　比 　第二章　比例 　第三章　複比及ビ複比例 　第四章　比例ノ応用 　　一　連鎖法 　　二　比例配合 　　三　混合
	第七编　分厘法 　第一章　分厘法应用 　第二章　利息		第七篇　歩合及ビ利息 　第一章　歩合算 　第二章　利息算 　第三章　歩合算及ビ利息算ノ応用
	第八编　开方 　第一章　开平方 　第二章　开立方		第八篇　開法 　第一章　開平 　第二章　開立
	第九编　求积		第九篇　求積
	补习问题 复利表 答数（下卷） 补习问题答数		第十篇　省略算 　第一章　省略算ノ方法 　第二章　省略算ノ応用
			復習問題集 複利表 現価表 答

　　资料来源：赵秉良编《中华中学算术教科书》（上册），中华书局，1913；赵秉良编《中华中学算术教科书》（下册），中华书局，1916；高木贞治：《廣算術教科書》（上下卷）（東京：開成館，1909）。

比较可见，除无"省略算"外，《中华中学算术教科书》在一级结构上与《广算术教科书》前 9 篇基本相同，且前书各编与后书相应篇排序一致。其中，前书第 7 编"分厘法"虽在名称上与后书第 7 篇"步合及利息"不同，但分厘法和步合算所指基本相同。因为"分厘法"即百分法①，而"步合算"指"百分比计算法、本利计算法"②。在二级结构上，《中华中学算术教科书》第 1、第 2 和第 7 编与《广算术教科书》相应篇有所不同。两书最后都附有复利表。

《中华中学算术教科书》有大量内容与《广算术教科书》的相同或基本相同。例如，《中华中学算术教科书》第 1 编"绪论"第 3 章"小数"第 9 款"小数之写法及读法"，与《广算术教科书》第 1 篇"绪论"第 7 款"小数的写法与读法"内容相同。《中华中学算术教科书》第 2 编"四则"第 2 章"减法"第 21 款"减法之验算"，与《广算术教科书》第 2 篇"四则"第 2 章"减法"第 17 款"减法之验算"内容相同。《中华中学算术教科书》第 5 编"分数"第 1 章"分数总论"第 84 款"小数为分数之一种"，与《广算术教科书》第 5 篇"分数"第 1 章"分数总论"第 105 款"小数为分数之一种"内容相同。《中华中学算术教科书》第 6 编"比及比例"第 2 章"比例"第 121 款"反比例"，与《广算术教科书》第 6 篇"比及比例"第 2 章"比例"第 144 款"反比例"内容基本相同。《中华中学算术教科书》第 9 编"求积"第 165 款"直角三角形"，与《广算术教科书》第 9 篇"求积"第 195 款"直角三角形"内容相同。《广算术教科书》对知识的介绍多采用归纳推理方式。该书以这一方式介绍知识的内容有不少被纳入《中华中学算术教科书》。因此，《中华中学算术教科书》亦具有对知识的介绍多采用归纳推理方式的特点。

①朱炳煦. 算术常识 ［M］. 上海：新中国书局，1935：91.
②王兴阁. 日汉辞海 ［M］. 沈阳：辽宁大学出版社，1996：1684.

　　《中华中学算术教科书》有大量习题与《广算术教科书》的相同或基本相同。例如，《中华中学算术教科书》第1编"绪论"第1章"命数法"末的例题1—5，分别与《广算术教科书》第1篇"绪论"第2款"命数法"末的例题1、2、4、7、8相同。《中华中学算术教科书》第2编"四则"第1章"加法"末"问题第一"第1—5题、第7题、第9—10题、第13题，分别与《广算术教科书》第2篇"四则"第1章"加法"末"问题第一"第1—5题、第7题、第9—10题、第13题相同。《中华中学算术教科书》第8编"开方"第2章"开立方"末"问题第五十"第1—4题、第5—8题、第9题、第10和第11题，分别与《广算术教科书》第8篇"开法"第2章"开立"末"问题第六十"第1—4题、第9—12题、第5题、第13和第14题相同。

　　《中华中学算术教科书》下册"补习问题"共182题，大都能在《广算术教科书》下卷的"复习问题集"中找到相同或基本相同的问题，如表3-4。

　　表3-4　《中华中学算术教科书》"补习问题"与《广算术教科书》
"复习问题集"的相同或基本相同问题表

《中华中学算术教科书》"补习问题"	《廣算術教科書》"复习问题集"
第1—38题	第1—38题
第39—49题	第44—54题
第51—70题	第56—75题
第76—85题	第82—91题
第87和第88题	第93和第94题
第92—94题	第98—100题
第95—98题	第101—104题
第100题	第106题

续表

《中华中学算术教科书》"补习问题"	《廣算術教科書》"复习问题集"
第 102—106 题	第 108—112 题
第 108 题	第 114 题
第 109 题	第 205 题
第 110—118 题	第 116—124 题
第 127—130 题	第 133—136 题
第 132—137 题	第 142—147 题
第 138—143 题	第 150—155 题
第 144 题	第 157 题
第 147—152 题	第 161—166 题
第 153 题	第 168 题
第 154—168 题	第 171—185 题
第 172—175 题	第 189—192 题
第 176 题	第 194 题
第 178 题	第 197 题
第 181 和第 182 题	第 202 和第 204 题

资料来源：赵秉良编《中华中学算术教科书》（下册），中华书局，1916，第110-138 页；高木贞治：《廣算術教科書》（下卷）（東京：開成館，1909），第265-311 页。

表 3-4 左栏共 152 题，占"补习问题"总数的 79.67％。每行左栏问题与同行右栏问题都相同或基本相同。每行左栏和右栏问题有两道以上的，相同或基本相同问题的前后排序一致。如第 1 行中，左栏第 1—38 题分别与右栏第 1—38 题相同或基本相同。《中华中学算术教科书》"补习问题"的其他 37 题，除第 50、第 170、第 179 题外，都能在《廣算术教科书》"复习问题集"中找到相仿的问题。如前书"补

习问题"第 75 题与后书"复习问题集"第 81 题相仿。前书第 75 题为"白米之价在北京每圆一斗二升五合,芜湖每斗计银圆七角二分。问北京较芜湖每斗之价高若干",后书第 81 题为"白米ノ价,東京ニラハ一圓ニツキ五升二合,大阪ニラハ一升ニツキ十八銭九厘ナルトキ,イジレガ一升ニツキ幾厘,一圓ニツキ幾合高キカ"。两题的题干都围绕白米价格展开,只是前书第 75 题为北京和芜湖的白米价格,第 81 题为东京和大阪的白米价格。

《中华中学算术教科书》上下册分别于 1913 年 8 月和 10 月出版。《新式算术教科书》修正 3 版于 1913 年 10 月出版。考虑到编撰需要一段时间,《中华中学算术教科书》仅能以 1911 年出版的《新式算术教科书》初版或再版为底本。笔者所见为《新式算术教科书》的初版。该书分"命数法、记数法"①"四则""诸等算""倍数、约数""分数""比及比例""步合算"7 篇,与《中华中学算术教科书》的结构体系差异较大。《新式算术教科书》初版末附有"补习问题集",《中华中学算术教科书》"补习问题"中仅有少数问题与其相同。但《中华中学算术教科书》有部分内容与《新式算术教科书》初版的相同,而与《广算术教科书》的相关内容不同。例如,《中华中学算术教科书》第 1 编"绪论"第 1 章"命数法"第 1 款"数、单位"和第 2 款"名数、不名数",分别与《新式算术教科书》初版第 1 篇"命数法、记数法"第 1 款"数、单位"和第 2 款"名数、不名数"内容相同,而与《广算术教科书》的相关内容不同。再如,《中华中学算术教科书》第 6 编"比及比例"第 1 章"比"第 113 款"比",与《新式算术教科书》初版第 6 篇第 1 章"比"第 75 款"比"的内容相同,而与《广算术教科书》的相关内容不同。

---

①原文在命数法和记数法之间空一格。为了规范,本书将空格改为顿号。下文于相同情况,同样处理。

由上述可知，《中华中学算术教科书》的结构体系和大量内容，模仿高木贞治的《广算术教科书》，亦有部分内容模仿高木贞治的《新式算术教科书》。但在模仿中，赵秉良对底本的结构体系和内容并未完全照搬。《中华中学算术教科书》在结构体系上，删除了《广算术教科书》第 10 篇"省略算"；与《广算术教科书》第 1 篇不同，将第 1 编"绪论"分为 3 章；与《广算术教科书》第 2 篇"四则"不同，第 2 编"四则"未设第 5 章"四则的应用"；第 7 编"分厘法"未按照《广算术教科书》第 7 篇"步合及利息"的 3 章结构设置。《中华中学算术教科书》有的编对底本内容删减较多。例如，《中华中学算术教科书》第 2 编"四则"将底本《广算术教科书》第 2 篇第 2 章第 19 款"减法的简便法"、第 20 款"减法续"，该篇第 3 章第 28 款"积的位数"、第 32 款"小数之积的注意之处"、第 33 款"累乘"，该篇第 4 章第 39 款"实、法、商及余数的关系"等内容均删除。

《中华中学算术教科书》有的编增加了注释性内容。例如，《中华中学算术教科书》第 9 编"求积"第 161 款矩形内容大都模仿《广算术教科书》第 9 篇"求积"第 191 款的矩形内容。后书第 191 款介绍"矩形面积＝底×高"之后，直接说明长的单位为尺、寸，面积的单位随之为平方尺、平方寸。而《中华中学算术教科书》在介绍矩形"面积＝底×高"后增加了注释性内容："于此处所谓底、高，为用同单位以表底边及高之数。所谓面积，为相当于长之单位，以表面积单位之数，本编常用之略语也。"该内容后，接编译自后书第 191 款介绍矩形"面积＝底×高"之后的文字，为"长之单位为步、尺或寸时，则面积之单位因之为平方步、平方尺或平方寸"。所增加的注释性内容，起到衔接的作用，使学习者可以自然地了解底、高、面积单位的情况。

《中华中学算术教科书》1913 年出版后有再版，1916 年出至第 6

版①。该书对民国初期中学算术教学具有一定的影响。

（二）《中华中学代数教科书》

赵秉良编的《中华中学代数教科书》由戴克敦、姚汉章、陆费逵阅，分第 1 册和第 2 册②。第 1 册由"编译大意"、目录、正文、"上卷答案"构成。第 2 册由目录、正文、补习问题集上、"上卷答案"、"下卷答案"、补习问题集上答案构成。第 1 册 50 款，第 2 册 40 款，全书共 90 款。第 1 册正文分 3 编。第 1 编为"绪论"，分"文字之用法""负数""正数及负数之四则"3 章，介绍代数式、等式、公式、负数、绝对值等的定义，代数式和文字的用法、记号、代数学的计算、简单的公式、数的大小比较、正数和负数的四则运算、关于 0 的四则运算等知识。第 2 编为"整式"，分"定义""整式之加法及减法""整式之乘法""整式之除法"4 章，介绍整式、多项式、系数、同类项等的定义，整式四则运算等知识。第 3 编为"一次方程式"，分"一元一次方程式""联立一次方程式"2 章，介绍方程式、根、恒等式等的定义，一元一次方程式解法与解应用题，联立二元一次方程式、联立三元一次方程式的解法与解应用题等知识。各编中均有例题、问题。③其中，例题分两种：一种是在款中，与现今有题目有解法的例题相同；另一种在款后，相当于练习例题，仅有题目，没有解法。问题即习题。

第 2 册正文由第 4—6 编组成。第 4 编为"整式之续"，分"乘除法公式""因数分解""最大公约数及最小公倍数""多项式之乘法及除法之续""最大公约数及最小公倍数之续"5 章，介绍约数、公约数、最大公约数、倍数、公倍数、最小公倍数等的定义，完全平方公式、

---

①赵秉良. 中华中学算术教科书：上册［M］. 上海：中华书局，1916：版权页.

②关于分册，还是分卷，《中华中学代数教科书》未作统一。其两册封面分别印有"第一册""第二册"字样，版权页注明分两册，而两册习题答案注明"上卷答案""下卷答案"，本书以其封面和版权页的标注为准。

③赵秉良. 中华中学代数教科书：第一册［M］. 上海：中华书局，1913：1-94.

平方差公式、二项式的积、立方和与立方差公式、立方公式、因数分解、最大公约数求法、最小公倍数求法、整式的次数、升幂和降幂、多项式的乘法和除法、多项式的最大公约数、两个整式以上的最大公约数求法、两个多项式的最小公倍数、两个整式以上的最小公倍数求法等知识。第 5 编为"分数式"，不分章，介绍分数式、约分、既约分数、通分、逆数、繁分数等的定义，分数式的变形、约分、通分、四则运算等知识。第 6 编为"一次方程式之续"，分"含分数式之方程式""文字方程式""方程式之不定及不可能"3 章，介绍含分数式的一次方程式的解法与解应用题、含分数式的一次联立方程式的解法、文字方程式解法与解应用题、不定方程和无根方程等知识。各编中均有例题、问题①。

如同《中华中学算术教科书》，《中华中学代数教科书》对知识的介绍亦注重采用归纳推理方式。如第 1 编"绪论"的第 3 章"正数及负数之四则"介绍代数和定义时，先举例："例如 5－3，虽表 5 减 3 之差，然即为 5 与－3 之和。又－7－(－3)＋(－2) 为－7＋3－2，即与－7，＋3，－2 之和等。"然后给出定义："凡计算多数之加法及减法，将其正数或负数之和计算之可也。如斯之和，特谓之代数和。"再如，第 4 编"整式之续"的第 3 章"最大公约数及最小公倍数"介绍最大公约数定义时，也是先举例再给出定义："例如a^2b^3，a^3b^2之二式，其公约数则为二式公共之约数，而不得含此外之因数。然二式公共之因数为 a 二方及 b 二方。此等之因数尽采之，则所作之积a^2b^2为一个之公约数，且凡于公约数中为因数最大之数也，故即名之曰二式之最大公约数。"

《中华中学代数教科书》也讲求编辑策略。在定义中，被定义的名词术语字号较大。同时，重要的知识点、提示性文字一般字号较大。

①赵秉良. 中华中学代数教科书：第二册［M］. 上海：中华书局，1913：1‐78.

如第 1 编第 2 章 "负数" 第 9 款 "负数之意义" 中，如下提示性文字字号较大："以一般言，计算之结果，于算术上通用之数外，尚有一种最紧要之新数。" 如下负数的定义字号较大："以记号（一）附书在数字之前，则所表之数，皆曰负数。" 再如，第 3 编 "一次方程式" 第 1 章 "一元一次方程式" 第 41 款中解一元一次方程式的如下方法字号较大："解一元一次方程式之法则，先去其分母而后去其括弧，其未知项与既知项各移在一边，而约束之。然后以未知数之系数，除其两边即得。"

《中华中学代数教科书》以高木贞治编撰的《普通教育代数教科书》上卷为底本。《普通教育代数教科书》是供日本中等学校使用的代数教科书，分上下卷，1904 年初版，1905 年订正再版，1907 年订正 4 版和修正 5 版，1909 年修正 6 版[1][2]。在结构体系上，《中华中学代数教科书》与《普通教育代数教科书》上卷基本相同，如表 3-5。

表 3-5　赵秉良《中华中学代数教科书》与高木贞治

《普通教育代数教科书》上卷目录比较表

	《中华中学代数教科书》	《普通教育代数教科書》上卷
第1册	第一编　绪论 　第一章　文字之用法 　第二章　负数 　第三章　正数及负数之四则	第一编　緒論 　第一章　文字ノ使用 　第二章　負数 　第三章　正数及ビ負数ノ四則
	第二编　整式 　第一章　定义 　第二章　整式之加法及减法 　第三章　整式之乘法 　第四章　整式之除法	第二编　整式 　第一章　定義 　第二章　整式ノ加法及ビ減法 　第三章　整式ノ乘法 　第四章　整式ノ除法

---

① 高木贞治. 普通教育代数教科书：上卷［M］. 東京：開成館，1909.
② 高木贞治. 普通教育代数教科书：下卷［M］. 東京：開成館，1909：版権頁.

续表

《中华中学代数教科书》	《普通教育代数教科書》上卷
第1册 第三编　一次方程式 　　第一章　一元一次方程式 　　第二章　联立一次方程式	第三編　一次方程式 　　第一章　一元一次方程式 　　第二章　聯立一次方程式
上卷答案	
第2册 第四编　整式之续 　　第一章　乘除法公式 　　第二章　因数分解 　　第三章　最大公约数及最小 　　　　　　公倍数 　　第四章　多项式之乘法及除 　　　　　　法之续 　　第五章　最大公约数及最小 　　　　　　公倍数之续	第四編　整式ノ続キ 　　第一章　乘除法公式 　　第二章　因数分解 　　第三章　最大公約数及ビ最小 　　　　　　公倍数 　　第四章　多項式ノ乗法及ビ除 　　　　　　法ノ続キ 　　第五章　最大公約数及ビ最小 　　　　　　公倍数ノ続キ
第五编　分数式	第五編　分数式
第六编　一次方程式之续 　　第一章　含分数式之方程式 　　第二章　文字方程式 　　第三章　方程式之不定及不 　　　　　　可能	第六編　一次方程式ノ続キ 　　第一章　分数式ヲ含メル方程式 　　第二章　文字方程式 　　第三章　方程式ノ不定及ビ不 　　　　　　可能
附录 　　补习问题集上 　　上卷答案 　　下卷答案 　　补习问题集上答案	附録第一 　　補習問題集上

　　资料来源：赵秉良编《中华中学代数教科书》（第一册、第二册），中华书局，1913；高木贞治：《普通教育代数教科書》（上卷）（東京：開成館，1909）。

　　比较可见，两书正文在结构体系上仅是第1编第1章章名略有不同。在附录部分，《中华中学代数教科书》第1册有"上卷答案"，即该册问题的答案；第 2 册除"上卷答案"，还有"下卷答案"即第 2 册问题的答案、"补习问题集上答案"。而《普通教育代数教科书》上卷未设这些内容。

《中华中学代数教科书》和《普通教育代数教科书》上卷都有 90 款。两书各款从标题到内容皆基本对应相同，绝大部分例题相同。不同的例题大都仅是货币名称、地名、物品、单位等有所不同。例如，《中华中学代数教科书》第 3 编第 1 章第 42 款中的例 1，题为"甲有银圆 56 圆，乙有银圆 12 圆，今甲给乙几圆，则甲所有银圆为乙所有之 3 倍"。与之对应的是《普通教育代数教科书》上卷第 3 编第 1 章第 42 款中的例 1，题为"甲ハ金 56 圓ヲ有シ，乙ハ金 12 圓ヲ有ス。今甲ヨリ金幾圓ヲ乙ニ與フルトキハ，甲ノ所有金ガ乙ノ所有金ノ 3 倍トナルカ"。前题中的货币为中国货币银圆，后题中的货币为金。除此之外，这两题的题干和数字相同，这两部教科书给出的解法也相同。

再如，《中华中学代数教科书》第 3 编第 1 章第 44 款后"问题第三"第 25 题，题为"有游历东三省之人，由上海至东三省用去所持银圆之四分之三，然路过天津时，得三十圆之汇票，由东三省至津京等处，又用去所持银圆之七分之三，由津回至上海，又用去其余银圆之五分之三，其旅费合计银圆百七十四圆。问此人动身之际，持几何之旅费"。与之对应的是《普通教育代数教科书》上卷第 3 编第 1 章第 44 款后"问题第三"第 25 题，题为"諸國ヲ遊歷スル人，東京ヲ出発ツテヨリ長崎ニ到著スルマデニ所持金ノ四分ノ三ヲ費シ，長崎ニテ三十圓ノ為替ヲ受取リ，九州旅行中ニ所持金ノ七分ノ三ヲ費シ，帰途ニ又残金ノ五分ノ三ヲ費シ，旅費合計百七十四圓ヲ費セリ。此人出発ノ際，幾許ノ旅費ヲ持チタリシカ"。这两题的题干和数字相同，不同之处是前题用中国地名、货币银圆，后题用日本地名、货币金。

通过比较，笔者还发现《普通教育代数教科书》上卷有少量例题是《中华中学代数教科书》没有的。如《普通教育代数教科书》上卷

第 3 编第 1 章第 41 款后例题第 12 题、第 6 编第 1 章第 84 款后例题第 6 题。《中华中学代数教科书》有少量例题、问题是《普通教育代数教科书》上卷没有的。如《中华中学代数教科书》第 1 编第 1 章第 6 款后例题第 9、10 题，附录补习问题集上第 57 题。

由上述可知，《中华中学代数教科书》高度模仿了《普通教育代数教科书》上卷，内容基本照译自后书。赵秉良在《中华中学代数教科书》中对《普通教育代数教科书》上卷中的少量例题、习题做了中国本土化的改编，但未改变题干和数字。同时，赵秉良在《中华中学代数教科书》中删除了《普通教育代数教科书》上卷少量例题，加入了少量《普通教育代数教科书》上卷没有的例题、问题。此外，赵秉良制作了问题的答案。

《中华中学代数教科书》1913 年出版后未再版，流传不广，对民国初期中学代数教学影响有限。

第四节　王永炅和胡树楷合编的新制数学教本

在中华书局出版的"新制中华教科书"中，王永炅和胡树楷合编的《新制算术教本》[1][2] 《新制代数学教本》[3][4] 《新制平面几何学教本》[5] 《新制立体几何学教本》[6] 《新制平面三角法教本》[7]，是一套适用于"壬子·癸丑学制"中学全部数学课程的教科书。这套数学教科

---

[1] 王永炅，胡树楷. 新制算术教本：上卷［M］. 上海：中华书局，1921.
[2] 王永炅，胡树楷. 新制算术教本：下卷［M］. 上海：中华书局，1921.
[3] 王永炅，胡树楷. 新制代数学教本：上卷［M］. 上海：中华书局，1920.
[4] 王永炅，胡树楷. 新制代数学教本：下卷［M］. 上海：中华书局，1918.
[5] 王永炅，胡树楷. 新制平面几何学教本［M］. 上海：中华书局，1918.
[6] 王永炅，胡树楷. 新制立体几何学教本［M］. 上海：中华书局，1918.
[7] 王永炅，胡树楷. 新制平面三角法教本［M］. 上海：中华书局，1919.

书的出版对中国中学数学教育产生了积极影响，在民国初期的中学数学教科书中具有代表性。

一、编撰者生平

王永炅，别号幼扶，生于 1887 年，福建闽侯人，早年留学日本，全科毕业于东京物理学校。毕业归国后，经 1909 年晚清政府第二届廷试游学毕业生，中格致科举人①，曾任福建优级师范学堂数学教师②、1907 年在北京设立的闽学堂数理教习③、交通部技士、军医学校教员、学部图书局编审员、北京工业大学④数学教授⑤和注册主任⑥。1928 年北京工业大学并入北平大学，此后王永炅继续任数学教授，兼任注册课主任⑦。王永炅对中国近代中学数学教科书和教材的建设贡献较大。早在 1905 年，他 18 岁时就与陈世雄合译出版了作为闽学会丛书之一的《平面三角教科书》⑧。1909 年，他又翻译出版日本菊池大麓和泽田

---

①刘真，王焕琛. 留学教育——中国留学教育史料：第二册［M］. 台北："国立"编译馆，1980：818，880.

②陈秉乾. 福建的优级师范［M］//福建省政协文史资料委员会. 文史资料选编：第一卷教育编. 福州：福建人民出版社，2000：363.

③吴家琼. 闽学堂沿革［M］//福建省政协文史资料委员会. 文史资料选编：第一卷教育编. 福州：福建人民出版社，2000：124-125.

④北京工业大学是由 1904 年成立的京师高等实业学堂演变而成的一所国立高等学校。1912 年京师高等实业学堂更名为高等工业学校，后又改称北京工业专门学校。1923 年秋，北京工业专门学校改建为北京工业大学。参见：唐钺，朱经农，高觉敷. 教育大辞书：下册［M］. 上海：商务印书馆，1930：970.

⑤马君武. 序［M］//王永炅，胡树楷. 数学公式. 上海：中华书局，1932：封面后第 1 页.

⑥佚名. 民国十五年国立北京工业大学机械工程系毕业同学录［M］. 北京："国立"北京工业大学，1926：18.

⑦佚名. 职教员录［J］. 国立北平大学一览：民国廿五年度，1936：548.

⑧陈世雄，王永炅. 平面三角教科书［M］. 东京：闽学会，1905.

吾一合作编撰的《平面三角法新教科书》①。中华民国成立后，他与胡树楷作为中华书局"新制中华教科书"的作者，合作编撰了上述 5 种中学数学教科书（以下简称"新制数学教本"）。此外，他们还合编有《数学公式》，由中华书局出版②。

图 3-4 王永炅

胡树楷，字友裴，江西吉安泰和县人，早年留学日本，毕业于东京物理学校③。1909 年，中国留日学生在东京成立数理化学会，创办《数理化学会杂志》④。胡树楷与朱叔麟、赵橘黄、秦汾等留日学生都是该会会员⑤⑥。胡树楷于《数理化学会杂志》发表数学文章《初等极

①菊池大麓，泽田吾一. 平面三角法新教科书 [M]. 王永炅，译述. 上海：商务印书馆，1909.

②王永炅，胡树楷. 数学公式 [M]. 上海：中华书局，1919.

③佚名. 民国十五年国立北京工业大学机械工程系毕业同学录 [M]. 北京：国立北京工业大学，1926：19.

④胡维德. 数理化学会杂志序 [J]. 数理化学会杂志，1909（1）：目录后第 1 页.

⑤至 1910 年，该会有会员 58 人. 参见：佚名. 本会会员姓名录 [J]. 数理化学会杂志，1910（3）.

⑥佚名. 新会员姓名录 [J]. 数理化学会杂志，1910（4）.

大极小论》①② 《梯形之重心》③ 《直角三角形三边之求法》④ 《行列式》⑤⑥《整数奇性之别解》⑦。1910 年其归国⑧，此后和王永炅一度一同执教于北京工业大学。据《民国十五年国立北京工业大学机械工程系毕业同学录》，胡树楷教高等代数和高等三角，王永炅教解析几何学⑨。1928 年北京工业大学并入北平大学后，胡树楷曾负责北平大学工学院图书馆图书课的工作⑩，但未停止钻研数学问题。1931 年，他在该院创办的《工学月刊》发表文章《双曲线函数（Hyperbolic functions）大意》⑪《巴斯卡尔氏定理（Pascal's theorem）之证明》⑫。20世纪 30 年代初，他担任交通大学北平铁道管理学院训育主任⑬，曾任北平图书馆协会监察委员⑭。1930—1931 年，指导交通大学北平铁道

---

①胡树楷. 初等极大极小论［J］. 数理化学会杂志，1909（1）：28 - 35.

②胡树楷. 初等极大极小论［J］. 数理化学会杂志，1909（2）：35 - 45.

③胡树楷. 梯形之重心［J］. 数理化学会杂志，1909（2）：66 - 73.

④胡树楷. 直角三角形三边之求法［J］. 数理化学会杂志，1910（3）：15 - 18.

⑤胡树楷. 行列式［J］. 数理化学会杂志，1910（3）：21 - 31.

⑥胡树楷. 行列式［J］. 数理化学会杂志，1910（4）：10 - 20.

⑦胡树楷. 整数奇性之别解［J］. 数理化学会杂志，1910（3）：45.

⑧佚名. 本会记事［J］. 数理化学会杂志，1910（3）.

⑨佚名. 民国十五年国立北京工业大学机械工程系毕业同学录［M］. 北京：国立北京工业大学，1926：18 - 19.

⑩胡树楷. 一年以来本院图书馆之回顾［J］. 工学月刊，1929（1）：5.

⑪胡树楷. 双曲线函数（Hyperbolic functions）大意［J］. 工学月刊，1931（4）：81 - 89.

⑫胡树楷. 巴斯卡尔氏定理（Pascal's theorem）之证明［J］. 工学月刊，1931（5）：49 - 55.

⑬佚名. 本院成立廿三遇纪念词［M］// 交通大学北平铁道管理学院学生自治会. 交大平院廿三周年纪念特刊. 北平：交通大学北平铁道管理学院学生自治会，1932：1 - 2.

⑭庄文亚. 全国文化机关一览［M］. 上海：世界文化合作中国协会筹备委员会，1934：233 - 234.

管理学院视察团赴日本考察①。

二、新制数学教本的内容

王永炅和胡树楷合编的《新制算术教本》《新制代数学教本》《新制平面几何学教本》《新制立体几何学教本》《新制平面三角法教本》，即新制数学教本，由陈槐、王祖训校阅。

《新制算术教本》分上下卷，分别于 1916 和 1917 年初版。全书共 8 编，凡 192 款。上卷正文由绪论和第 1—4 编组成，共 141 款。绪论分 14 款，依次为"量""数""单位""算术""命数法""数之读法""记数法""探位法""小数""小数命数法""小数记数法""单名数及复名数""数之直书法""罗马数字"。第 1 编为"整数、小数四则"，分 7 节，依次为"加法""减法""乘法""除法""四则杂题""四则之简法""四则应用杂题"。第 2 编为"复名数（诸等数）"，分 10 节，依次为"权度""万国权度通制""营造尺库平制""外国权度""货币""时""复名数之通法和命法""复名数之加减乘除""经度与时之关系""复名数之应用"。第 3 编为"整数之性质"，分 4 节，依次为"倍数及约数""素数及非素数""最大公约数""最小公倍数"。第 4 编为"分数"，分 6 节，依次为"总论""约分及通分""加法及减法""乘法及除法""繁分数""分数与小数之化法"。绪论有例题，各编均设例题和杂题②。

①方玉芬. 近代国人出国教育考察与中国教育改革［M］. 合肥：合肥工业大学出版社，2016：234.
②王永炅，胡树楷. 新制算术教本：上卷［M］. 上海：中华书局，1921.

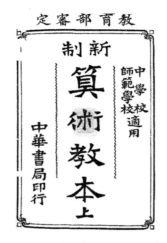

图 3-5　王永炅和胡树楷合编的《新制算术教本》上卷

《新制算术教本》下卷正文由第 5—8 编组成，共 51 款。第 5 编为"比及比例"，分 7 节，依次为"比""比例""单比例""复比例""连锁比例""配分比例""混合比例"。第 6 编为"折成法"，分 5 节，依次为"折成""利息""赋税""公债及股票""保险"。第 7 编为"开方法"，分 3 节，依次为"幂及根""开平方法""开立方法"。第 8 编为"级数"，即数列，分 3 节，依次为"级数""等差级数""等比级数"。各编均设例题。书末附全书"复习杂题"①。

《新制代数学教本》分上下卷，亦分别于 1916 和 1917 年初版。全书共 14 编，凡 239 款。上卷正文由第 1—9 编组成，共 143 款。第 1 编为"绪论"，分"字母之代用法""定义""代数上之数及各原则"3 章，介绍"方程式"、未知数、代数学、因数、幂、代数式及项、代数式的数值、整式、分数式等的定义，代数记号、符号、问题的代数解法、"方程式应用问题之解法"、代数上的数及其四则运算、"交换规则""结合规则""配分规则"等。第 2 编为"整式"，分"整式之加

---

① 王永炅，胡树楷. 新制算术教本：下卷［M］. 上海：中华书局，1921.

法、减法”“整式之乘法”“整式之除法”3 章，介绍同类项的定义、括弧用法、指数规则、整式的加减乘除运算等。第 3 编为“一次方程式”，分“一元一次方程式”“联立一次方程式”2 章，介绍一元一次方程、方程式的根等的定义，解方程式的公理、方法，二元一次联立方程式、三元一次联立方程式的解法，应用问题的解法等。第 4 编为“因数及倍数”，分“乘除之公式”“因数分解”“最高公因数”“最低公倍数”4 章，介绍完全平方、平方差、立方和、立方差、幂次相同两数和与差等公式，整式的因数、公因数、最高公因数、倍数、公倍数、最低公倍数等的定义，因数分解的方法、利用因数分解的代数运算、利用因数分解求方程式，整式最高公因数、最低公倍数的求法。第 5 编为“分数式”，未分章，介绍分数式的定义、性质，分数式化为最简的方法，分数式化为带分数式的方法，带分数式化为分数式的方法，分数式通分法，分数式的加法、减法、乘法，繁分数式的化简等。第 6 编为“分数方程式”，分“分数方程式”“字母方程式”“分数方程式及字母方程式之应用”“联立一次方程式”4 章，介绍分数方程式的定义和解法、字母方程式的定义和解法、分数方程式和字母方程式的应用、联立二元一次方程式的求根公式、联立一次方程式的求根方法等。第 7 编为“幂及幂根”，分“自乘法”“开方法”“多项式之平方根及立方根”“数之平方根”“数之立方根”5 章，介绍自乘法即指数幂的定义，指数运算法则、开方法，多项式的平方根和立方根的求法，数的平方根和立方根的求法等。第 8 编为“二次方程式（Ⅰ）”，分“一元二次方程式”“一元二次方程式之性质”2 章，介绍二次方程式、纯二次方程式等的定义，纯二次方程式的解法、完全二次方程式的解法、一元二次方程式的性质、二次方程式应用问题的解法等。第 9 编为“二次方程式（Ⅱ）”，分“准二次方程式”“根式方程式”“联立二次

方程式"3章，介绍准二次方程式定义①、复二次方程式的定义和解
法②、二项方程式的解法、根式方程式的定义和解法、二次方程组的
解法等。各编均设例题，第2、第3、第4、第6、第7、第9编设有杂
题。书末附第1—9编"中西名词对照表"③。

图 3-6　王永炅和胡树楷合编的《新制代数学教本》上卷

《新制代数学教本》下卷正文由第10—14编组成，共96款。第
10编为"指数及对数"，分"指数论""根式""对数"3章，介绍分数
指数、负指数的意义，含分数指数的多项式的乘除方法，根式的定义，
带根号的代数式和数值的化简，根式的乘法、除法、自乘法、开方法，
$a\pm\sqrt{b}$ 的平方根的求法、对数的定义与基本定理，对数表，对数的求
法和利用对数进行数值计算的方法，指数方程式的定义和解法，对数
方程式的定义和解法等。第11编为"比及比例"，分"比及量之关系"
"比例""对变法"3章，介绍优比、等比、劣比、反比、连比、复比、
比例、连比例、常数、变数等的定义，量之比，比例的反转定理、合

───────────────

①准二次方程式指依据二次方程的解法能解的高于二次的方程。
②复二次方程式指形如 $ap^2+bp+c=0$（p 为含未知数的式子）的方程。
③王永炅，胡树楷. 新制代数学教本：上卷 ［M］. 上海：中华书局，1920.

比定理、分比定理、加比定理等。第 12 编为"比例之应用"，分"单比例""复比例"2 章，介绍正比例、反比例的定义和应用，复比例问题的解法等。第 13 编为"级数"，分"等差级数""等比级数""调和级数""利息算法""年金算法"5 章，介绍"等差级数"、等差中项、"等比级数"、等比中项、调和级数、调和中项、单利、复利等的定义，"等差级数"的通项公式、前 n 项求和公式，"等比级数"的通项公式、前 n 项求和公式，单利算法、单利的反算法、复利算法、复利的反算法、年金算法等。第 14 编为"排列"，分"顺列及组合""二项式定理"2 章，介绍顺列、组合、阶乘的定义，顺列数和组合数的计算公式、顺列和组合问题的解法、二项式定理。各编均设例题和杂题。书末附 4 个附录，依次为"1—2500 的对数表"、"总复习题"、"Ⅰ. 剩余定理、对称式、交代式；Ⅱ. 不定方程式；Ⅲ. 方程式之难题"、第 10—14 编和第 3 个附录的"中西名词对照表"①。

《新制平面几何学教本》于 1917 年初版，共 5 编，凡 178 款。第 1 编前有绪论，介绍立体、面、线、点、图形、直线、平面、几何学、平面几何学、立体几何学、公理、距离的定义和几何学公理。第 1 编为"直线"，分"直线及角""平行线""多角形"3 章，介绍角、共轭、补角、余角、垂直、平行、多角形、对角线、"钝三角形"、"锐三角形"、不等边三角形、平行四边形等的定义与相关定理、引理。第 2 编为"圆"，分"弧及弦""圆心角及圆周角""切线及二圆之关系""内接形及外切形""轨迹""作图题"6 章，介绍圆、圆周、半径、径、弧、弦、弓形、圆心角、扇形、扇形角、圆周角、圆的切线、联心线、圆的内切和外切、圆的内接多角形、多角形的外接圆、圆的外切多角形、多角形的内切圆、傍切圆、轨迹等定义与相关定理、引理，作图公法、一些作图题的作法等。第 3 编为"比例"，分"比及比例"

———————————

① 王永炅，胡树楷. 新制代数学教本：下卷 [M]. 上海：中华书局，1918.

"线之比例及正多角形""作图题"3章，介绍可通约之量、两量之公度、不可通约之量、比例、等角、相当角、相当边、相似多角形等的定义与相关定理、引理，有关比例的作图法。第4编为"面积"，分"面积之比较""长及面积之测度""面积之关系""代数上之作图题""面积之比例"5章，介绍平面形的面积、三角形与平行四边形的底和高、射影、正射影等的定义，关于平面几何图形面积的定理和引理、几何学定理与代数学定理的关系、代数上的作图题等。第5编为"计算题"，不分章，为关于三角形、圆的6道计算题及其解答。第1—4编均设例题和复习题，第5编设例题。《新制平面几何学教本》正文后附4个附录，依次为"Ⅰ. 几何学不能解问题之一例；Ⅱ. 几何学与代数学解法之比较"，"总复习题""中西名词对照表"，书中部分例题、复习题和总复习题之计算问题的"答数"①。

图 3-7　王永炅和胡树楷合编的《新制平面几何学教本》

《新制立体几何学教本》于1917年初版，正文由3编组成，共103款。第1编为"直线及平面"，分"论空间中之直线及平面""二面角及多面角"2章，介绍平面，直线与平面相交、平行，平面的垂

___

①王永炅，胡树楷. 新制平面几何学教本［M］. 上海：中华书局，1918.

线、斜线，点至平面的距离、平行平面、二面角、直二面角、射影、多面角等的定义，关于空间中直线和平面、二面角、多面角的定理、引理。第 2 编为"多面体"，分"正多面体""角柱及角锥"2 章，介绍多面体、正多面体、角柱、圆柱、角锥、正角锥、圆锥、角台①、圆台、平行六面体等的定义，关于多面体的定理与引理。第 3 编为"球"，分"球及球面三角形""面积及体积"2 章，介绍球体、球面、球径、大圆、小圆、相切、球面上两点间的距离、球的截圆极距离、球面角、球面多角形、球带等的定义，关于球面、球面三角形，球的面积、体积等的定理和引理。各编均设例题和复习题。书末附 4 个附录：附录一"Ⅰ球之面积；Ⅱ圆锥之截面；Ⅲ桶之容量"、附录二"总复习题"、附录三"中西名词对照表"、附录四"答（计算问题）"。"答（计算问题）"是附录二"总复习题"中计算问题的答案②。

图 3-8　王永炅和胡树楷合编的《新制立体几何学教本》

《新制平面三角法教本》于 1918 年初版，正文由绪论和 9 编组成，共 65 款。绪论介绍三角法的定义、角的测法、"角之单位改算法"③。

①"角台"即棱台。
②王永炅，胡树楷. 新制立体几何学教本 [M]. 上海：中华书局，1918.
③"角之单位改算法"即角的单位换算法。

各编不分章。第 1 编为"锐角之三角函数",介绍三角函数的定义、用直线表示三角函数法、三角函数恒等式的证明方法、三角函数的求法等。第 2 编为"三角函数表用法",通过 4 个例子介绍由三角函数表求三角函数值和三角函数的角的方法。第 3 编为"直三角形之解法",介绍利用三角函数求解直角三角形的方法与相关应用问题。第 4 编为"任意角之三角函数",介绍正角和负角、三角函数定义的扩张、大于 360°角的三角函数、余角定义的扩张、补角定义的扩张、补角的三角函数、$-A$ 的三角函数、$180°+A$ 的三角函数、$90°+A$ 的三角函数、0°至 360°间各角的三角函数的变化等。第 5 编为"和差角之三角函数",介绍 $\sin(A+B)$ 和 $\cos(A+B)$、$\sin(A-B)$ 和 $\cos(A-B)$、$\tan(A+B)$ 和 $\tan(A-B)$、$\cot(A+B)$ 和 $\cot(A-B)$ 的公式,倍角正弦、余弦、正切、余切的公式、分角三角函数的公式、$\sin18°=\cos72°$的值、基本公式的变形。第 6 编为"对数",介绍对数的定义和记法、对数的重要性质、常用对数、对数的定理、对数的四则运算、对数表用法、三角函数的对数表用法等。第 7 编为"三角形之性质",介绍角的三角函数、正弦比例式、一角余弦与边的关系、半角的正切与三边的关系、两角相差一半的三角函数、三角形的面积。第 8 编为"三角形之解法",概述解三角形题的 4 种类型,分别介绍各类型题的解法,即已知 B、C 和 a,求 A、b、c 的方法,已知 a,b,c 求 A、B、C 的方法,已知 b、c 和 A,求 a、B、C 的方法,已知 a、b、A,求 c、B、C 的方法。第 9 编为"三角形解法之应用",介绍可近物体的高的测法、可见不可近物的高的测法、山高的测法、有可见不可近的点求测定其距离的方法、可见不可近的两点求测定其距离的方法。各编均设例题①。

---

① 王永炅,胡树楷. 新制平面三角法教本 [M]. 上海:中华书局,1919.

图 3-9 王永炅和胡树楷合编的《新制平面三角法教本》

《新制平面三角法教本》末尾附 6 个附录:"(Ⅰ) 1—2000 之五位对数表;(Ⅱ)每隔十分之三角函数对数表;(Ⅲ)每隔十分之三角函数表""总复习题""希腊字母""中西名词对照表""问题答数""公式表"①。"总复习题"分为两类:一类是针对该书第 1、第 3—5、第 7—9 编的知识的复习题,另一类是超出该书范围的知识,如"弧度法""反三角函数""三角方程式"及其习题。对于第二类"总复习题",该书说明"不适于中学程度,特列入附录中,并加总复习题以备余暇时间研究之用"②。

三、新制数学教本的底本

王永炅和胡树楷合编的新制数学教本,均以长泽龟之助编撰的"数学新教科书"中的相应教科书为底本改编而成。长泽龟之助(Kamenosuke Nagasawa,1860—1927)生于日本九州北部久留米藩的一

①王永炅,胡树楷. 新制平面三角法教本 [M]. 上海:中华书局,1919.
②王永炅,胡树楷. 新制平面三角法教本 [M]. 上海:中华书局,1919:编辑大
意.

个藩士家庭，1878 年毕业于长崎师范学校①，是日本明治和大正时期著名的数学教育家。他与我国清末民国数学家周达、崔朝庆有过交往。1902 年，周达受扬州知新算社嘱托东渡日本调查数学之事，与长泽龟之助进行了深谈②。此后周达翻译了长泽龟之助的《新几何学教科书：平面》，于 1906 年由东亚公司出版。长泽龟之助为这部译著作了序，称周达为"吾友"③。1905 年，崔朝庆为长泽龟之助的《解法适用数学辞书》写过序④。长泽龟之助勤于著述，一生著书、译书多达百余种。

在长泽龟之助的著作中，有一套属于中等教育程度的供中学、师范学校等使用的"数学新教科书"，共 7 种：《新算术教科书》⑤⑥《新代数学教科书》⑦《新几何学教科书：平面》⑧⑨《新几何学教科书：立体》⑩⑪《新三角法教科书》⑫《新对数表》⑬《数学补习新教科书》⑭。这套数学教科书由日本书籍株式会社于 1904 至 1905 年初版。1904 年，《新几何学教科书：平面》《新几何学教科书：立体》另由东京郁文舍和大阪积文社联合出版。

---

①徐喜平. 长泽龟之助的中等数学教材编译研究［M］. 北京：科学技术文献出版社，2018：15‐16.

②周达. 日本调查算学记［M］. 上海：上海通社，1903：33，43‐52.

③长泽龟之助. 序［M］//长泽龟之助. 新几何学教科书：平面. 周达，译. 东京：东亚公司，1906：1.

④崔朝庆. 数学辞书序［M］//長澤龜之助. 解法適用数学辞書. 東京：郁文舍，1905：1‐2。

⑤長澤龜之助. 新算術教科書：上卷［M］. 東京：日本書籍株式会社，1904.

⑥長澤龜之助. 新算術教科書：下卷［M］. 東京：日本書籍株式会社，1904.

⑦長澤龜之助. 新代数学教科書［M］. 東京：日本書籍株式会社，1905.

⑧長澤龜之助. 新幾何学教科書：平面［M］. 東京：日本書籍株式会社，1904.

⑨長澤龜之助. 新幾何学教科書：平面［M］. 東京：郁文舍，1904.

⑩長澤龜之助. 新幾何学教科書：立体［M］. 東京：日本書籍株式会社，1904.

⑪長澤龜之助. 新幾何学教科書：立体［M］. 東京：郁文舍，1904.

⑫長澤龜之助. 新三角法教科書［M］. 東京：日本書籍株式会社，1905.

⑬長澤龜之助. 新対数表［M］. 東京：日本書籍株式会社，1905.

⑭長澤龜之助. 数学補習新教科書［M］. 東京：日本書籍株式会社，1905.

　　《新算术教科书》于 1904 年初版，分上下卷①②，次年订正再版③④，1911 年合为一册由日本国定教科书共同贩卖所出版改订版⑤，1913 年由该所出至再订 4 版即大正版⑥。《新代数学教科书》于 1905 年初版⑦，次年订正再版⑧，1911 年由日本国定教科书共同贩卖所分上下卷出版⑨⑩，1912 年由该所订正再版发行⑪⑫。《新几何学教科书：平面》于 1904 年初版⑬⑭，次年订正再版⑮，1907 年出版订正 3 版⑯，1908 年由日本国定教科书共同贩卖所相继出版订正 4 版和第 5 版⑰⑱，

①長澤龜之助. 新算術教科書：上卷［M］. 東京：日本書籍株式会社，1904.

②長澤龜之助. 新算術教科書：下卷［M］. 東京：日本書籍株式会社，1904.

③長澤龜之助. 新算術教科書：上卷［M］. 東京：日本書籍株式会社，1905.

④長澤龜之助. 新算術教科書：下卷［M］. 東京：日本書籍株式会社，1905.

⑤長澤龜之助. 新算術教科書［M］. 東京：国定教科書共同販売所，1911.

⑥長澤龜之助. 新算術教科書［M］. 東京：国定教科書共同販売所，1913.

⑦長澤龜之助. 新代数学教科書［M］. 東京：日本書籍株式会社，1905.

⑧長澤龜之助. 新代数学教科書［M］. 東京：日本書籍株式会社，1906.

⑨長澤龜之助. 新代数学教科書：上卷［M］. 東京：国定教科書共同販売所，1911.

⑩長澤龜之助. 新代数学教科書：下卷［M］. 東京：国定教科書共同販売所，1911.

⑪長澤龜之助. 新代数学教科書：上卷［M］. 東京：国定教科書共同販売所，1912.

⑫長澤龜之助. 新代数学教科書：下卷［M］. 東京：国定教科書共同販売所，1912.

⑬長澤龜之助. 新幾何学教科書：平面［M］. 東京：日本書籍株式会社，1904.

⑭長澤龜之助. 新幾何学教科書：平面［M］. 東京：郁文舍，1904.

⑮長澤龜之助. 新幾何学教科書：平面［M］. 東京：日本書籍株式会社，1905.

⑯長澤龜之助. 新幾何学教科書：平面［M］. 東京：国定教科書共同販売所，1907.

⑰長澤龜之助. 新幾何学教科書：平面［M］. 訂正 4 版. 東京：国定教科書共同販売所，1908.

⑱長澤龜之助. 新幾何学教科書：平面［M］. 第 5 版. 東京：国定教科書共同販売所，1908.

1911 年又由该所出版新版①，1912 年改订再版②，1914 年出至再订 5 版即大正版③。《新几何学教科书：立体》于 1904 年初版④⑤，次年订正再版并出版订正 3 版⑥⑦，1907 年改由日本国定教科书共同贩卖所出版订正 3 版⑧，1908 年由该所出版订正 4 版⑨，1911 年又由该所出版新版⑩，1912 年订正再版⑪，1915 年出至再订 4 版即大正版⑫。《新三角法教科书》于 1905 年初版⑬，次年订正再版⑭，1911 年改由日本国定教科书共同贩卖所出版⑮，1912 年由该所订正再版⑯，1914 年出

①長澤龜之助. 新幾何学教科書：平面 ［M］. 東京：国定教科書共同販売所，1911.

②長澤龜之助. 新幾何学教科書：平面 ［M］. 東京：国定教科書共同販売所，1912.

③長澤龜之助. 新幾何学教科書：平面 ［M］. 東京：国定教科書共同販売所，1914.

④長澤龜之助. 新幾何学教科書：立体 ［M］. 東京：日本書籍株式会社，1904.

⑤長澤龜之助. 新幾何学教科書：立体 ［M］. 東京：郁文舎，1904.

⑥長澤龜之助. 新幾何学教科書：立体 ［M］. 訂正再版. 東京：日本書籍株式会社，1905.

⑦長澤龜之助. 新幾何学教科書：立体 ［M］. 訂正 3 版. 東京：日本書籍株式会社，1905.

⑧長澤龜之助. 新幾何学教科書：立体 ［M］. 東京：国定教科書共同販売所，1907.

⑨長澤龜之助. 新幾何学教科書：立体 ［M］. 東京：国定教科書共同販売所，1908.

⑩長澤龜之助. 新幾何学教科書：立体 ［M］. 東京：国定教科書共同販売所，1911.

⑪長澤龜之助. 新幾何学教科書：立体 ［M］. 東京：国定教科書共同販売所，1912.

⑫長澤龜之助. 新幾何学教科書：立体 ［M］. 東京：国定教科書共同販売所，1915.

⑬長澤龜之助. 新三角法教科書 ［M］. 東京：日本書籍株式会社，1905.

⑭長澤龜之助. 新三角法教科書 ［M］. 東京：日本書籍株式会社，1906.

⑮長澤龜之助. 新三角法教科書 ［M］. 東京：国定教科書共同販売所，1911.

⑯長澤龜之助. 新三角法教科書 ［M］. 東京：国定教科書共同販売所，1914：版權頁.

至再订 5 版即大正版①。

王永炅和胡树楷选取了上述《新算术教科书》《新代数学教科书》《新几何学教科书：平面》《新几何学教科书：立体》《新三角法教科书》的某一版本或 2 个及以上版本分别作为新制数学教本各书的底本。

（一）《新制算术教本》的底本：《新算术教科书》的几个版本

长泽龟之助《新算术教科书》1904 年初版，1905 年订正版，上卷均设绪论、第 1 编"整数、小数"、第 2 编"诸等数"、第 3 编"整数之性质"、第 4 编"分数"、第 5 编"比例"，以及"补习问题"；下卷均设第 5 编"比例（续）"、第 6 编"步合算"、第 7 编"开平开立"、第 8 编"标准时"，以及"补习问题"和附录"算术在几何学中的应用""算术和代数学的解法的比较"。《新算术教科书》1911 年由日本国定教科书共同贩卖所出版的改订版不分卷，正文保留绪论，合并了 1905 年订正版的第 5、第 6 两编，删除了 1905 年订正版的第 7、第 8 两编，全书压缩为 5 编：第 1 编"整数、小数"、第 2 编"诸等数"、第 3 编"整数之性质"、第 4 编"分数"、第 5 编"比例、步合算"。书末将 1905 年订正版的"补习问题"改为"复习杂题"，其中题目有所增删，在"复习杂题"后增设"试验问题"，以及全书例题、杂题和"试验问题"的答案。《新算术教科书》1913 年再订 4 版在一级结构上删除了 1911 年改订版的绪论，书末增加了"最近试验问题"，但未改变 1911 年改订版的 5 编结构和编名。

前文已述，王永炅和胡树楷合编的《新制算术教本》分上下卷。上卷设绪论和如下 4 编：第 1 编"整数、小数四则"、第 2 编"复名数（诸等数）"、第 3 编"整数之性质"、第 4 编"分数"。下卷设第 5 编"比及比例"、第 6 编"折成法"、第 7 编"开方法"、第 8 编"级数"，

———————————

①長澤龜之助. 新三角法教科書［M］. 東京：国定教科書共同販売所，1914.

书末附全书"复习杂题"①②。其中，"折成法"是指计算一部分之量对于全量之比的算法，亦称百分法，与《新算术教科书》中"步合算"的含义相同。在前 7 编一级结构上，《新制算术教本》与《新算术教科书》1904 年初版、1905 年订正版的相似度较高。

《新制算术教本》的绪论有较多内容与《新算术教科书》1904 年初版、1905 年订正版、1911 年改订版的相应内容相同或相仿。这主要包括《新制算术教本》"绪论"的"量""数""单位""算术""小数""小数命数法""小数记数法""单名数及复名数""数之直书法"等款的内容。

《新制算术教本》前 5 编均有内容与《新算术教科书》1904 年初版、1905 年订正版、1911 年改订版、1913 年再订 4 版的相同。而有些内容为《新算术教科书》1904 年初版和 1905 年订正版、1911 年改订版和 1913 年再订 4 版分别独有。

第一，《新制算术教本》第 5 编"比及比例"的"复比例""连锁比例""配分比例""混合比例"4 节在《新算术教科书》1904 年初版和 1905 年订正版第 5 编"比例"的"复比例附连锁法""比例配分""混合"3 节中有相关内容，在《新算术教科书》1911 年改订版和 1913 年再订 4 版中则没有。《新制算术教本》"连锁比例"第 153 款"连锁法"所举关于"茶三斤之价"的例子、例题 56，"配分比例"例题 74，明显分别模仿《新算术教科书》1904 年初版和 1905 年订正版"复比例附连锁法"的例题 37、39，"比例配分"例题 52。其中，关于"茶三斤之价"的例子为"茶三斤之价等于咖啡四斤之价。咖啡六斤之价等于糖二十斤之价。而糖十五斤之价等于米六升之价。问茶九斤之价等于米几升之价"。"复比例附连锁法"的例题 37 为"茶 3 斤ノ代金

---

①王永炅，胡树楷. 新制算术教本：上卷［M］. 上海：中华书局，1921.
②王永炅，胡树楷. 新制算术教本：下卷［M］. 上海：中华书局，1921.

ハ咖啡 4 斤ノ代金ニ等ツク咖啡 6 斤ノ代金ハ砂糖 20 斤ノ代金ニ等ツ
ク砂糖 15 斤ノ代金ハ米 6 升ノ代金ニ等ツキトキ茶 18 斤ノ代金ハ米
幾升ノ代金ト等ツキカ"。两者不同之处仅是关于"茶三斤之价"的例
子的问话中的茶为 9 斤，例题 37 问话中的茶为 18 斤。

第二，《新制算术教本》第 7 编"开方法"在《新算术教科书》
1904 年初版和 1905 年订正版第 7 编"开平开立"中有相关内容，而
在《新算术教科书》1911 年改订版、1913 年再订 4 版中均没有。《新
制算术教本》第 7 编"开方法"之"开平方法"第 176 款"普通开平
方之法"，以求 3969 的平方根的例子介绍普通开平方法，随后举了
114244 求平方根的例子。其"开立方法"第 181 款"普通开立方之
法"，以求 157464 立方根的方法介绍普通开立方法[①]。《新算术教科
书》1904 年初版和 1905 年订正版第 7 编"开平开立"之"开平"第
167 款介绍普通开平方法、"开立"第 172 款介绍普通开立方法，亦是
如此。

第三，《新制算术教本》第 6 编"折成法"与《新算术教科书》
1904 年初版和 1905 年订正版第 6 编"步合算"在第二层级结构上相
仿之处较多，且有部分内容相同。《新制算术教本》第 6 编"折成法"
分"折成""利息""赋税""公债及股票""保险" 5 节。《新算术教科
书》1904 年初版和 1905 年订正版第 6 编"步合算"分"步合""保
险""租税""利息算""票据及折扣""公债及股票" 6 节。《新制算术
教本》中的"折成""利息""赋税""公债及股票""保险"分别与
《新算术教科书》这两个版本中的"步合""利息算""租税""公债及
股票""保险"对应。《新制算术教本》"折成"一节第 156 款所举解释
"折成算法"的关于"某次战事"的例子，与《新算术教科书》这两个

[①]王永炅，胡树楷. 新制算术教本：下卷 [M]. 上海：中华书局，1921：105 -
107，116 - 119.

版本中的"步合"一节第 143 款为说明"步合"所举的关于"战争"的例子基本相同。《新制算术教本》"折成"一节第 157 款所列"成分""折额""原额"的 3 个公式与《新算术教科书》这两个版本中的"步合"一节第 145 款所列"步合""步合高""元高"的 3 个公式本质相同，只是所用名词不同。《新制算术教本》在 3 个公式后所举的前 3 个例子，与《新算术教科书》1904 年初版和 1905 年订正版在 3 个公式后所举的 3 个例子基本相同。《新制算术教本》的 3 个例子如下：例 1 "银 54 圆为 450 圆之几成"，例 2 "某校考试，考生之总数 340 人，及第者 25％，问及第者几人"，例 3 "某邑某年死亡 115 人，合总人口之 0.25％，问其时其地总人口若干"。《新算术教科书》1904 年初版和 1905 年订正版的 3 个例子如下：例 1 "金 54 圓ハ450 圓ノ何割ニ當ルカ"，例 2 "或試驗ニ受驗生ノ総数ハ340 人ニッテ共ノ2 割 5 分ハ及第セリト云フ及第生幾人ナルカ"，例 3 "某市ニ於テ或一年間ニ死亡 115 人アリテ総人口ノ2 厘 5 毛ニ當リット云フ其ノ時ノ総人口如何"。《新制算术教本》的 3 个例子的解法分别与《新算术教科书》1904 年初版和 1905 年订正版的 3 个例子的解法相同。

《新算术教科书》1911 年改订版和 1913 年再订 4 版在第 5 编"比例、步合算"中也包括《新算术教科书》1904 年初版、1905 年订正版"步合"一节第 143、145 款的上述内容。但《新算术教科书》1911 年改订版和 1913 年再订 4 版"步合算"的内容简略，仅有"步合"的内容，未有"保险""租税""利息算""公债及股票"等内容。《新制算术教本》第 6 编"折成法"的"利息"一节列有一张利率从 2 厘到 1 分 2 厘，期限为 30 期的"复利表"。《新算术教科书》1904 年初版和 1905 年订正版第 6 编"步合算"的"利息算"一节列有一张利率从 2 分到 1 割，期限为 35 季的复利表。这两个表格虽然不尽相同，但相仿。而《新算术教科书》1911 年改订版和 1913 年再订 4 版没有类似的复利表。

　　第四，《新制算术教本》第 5 编"比及比例"第 145 款"连比"的内容为《新算术教科书》1911 年改订版和 1913 年再订 4 版独有。《新制算术教本》"连比"这一款的内容先举如下例子介绍连比的定义："甲、乙、丙、丁四数，甲与乙之比为 3∶5，乙与丙之比为 5∶7，丙与丁之比为 7∶9，则甲、乙、丙、丁相互之比写作 3∶5∶7∶9，是为甲、乙、丙、丁四数之连比。"然后，这一款列举如下 3 个例子：一是连比 $\frac{3}{4}∶\frac{5}{6}∶\frac{7}{12}$ 化为单比的例子；二是甲与乙之比为 3∶4，乙与丙之比为 6∶7，求甲、乙、丙连比的例子；三是甲与乙之比为 3∶4，乙与丙之比为 5∶7，丙与丁之比为 2∶11，求甲、乙、丙、丁 4 数之连比的例子。《新算术教科书》1911 年改订版第 5 编"比例、步合算"第 147 款"连比"，以及该书 1913 年再订 4 版第 5 编"比例、步合算"第 109 款"连比"的内容，都是如此。而《新算术教科书》1904 年初版和 1905 年订正版均无"连比"的内容。

　　第五，《新制算术教本》绪论第 7 款"记数法"和《新算术教科书》1911 年改订版绪论第 8 款"记数法"内容相同，且均有数字 0—9 的写法图，并标记运笔顺序；而《新算术教科书》其他版本均无这 10 个数字的写法图和运笔顺序。

　　第六，《新制算术教本》有些内容为《新算术教科书》1913 年再订 4 版所独有。一是《新制算术教本》第 1 编"整数、小数四则"的"四则之简法"和"四则应用杂题"两节内容。《新算术教科书》1913 年再订 4 版第 1 编"整数、小数"分"计算的练习""四则杂题""四则之简便法""四则应用杂题"4 节，另有"杂题Ⅰ"。其中，"四则之简便法""四则应用杂题"为《新算术教科书》1904 年初版、1905 年订正版、1911 年改订版所未有。《新制算术教本》第 1 编"整数、小数四则"的"加法""减法""乘法""除法"4 节在《新算术教科书》1913 年再订 4 版第 1 编中仅有少量内容相同或相仿，但其"四则之简法"的内容与《新算术教科书》1913 年再订 4 版第 1 编"四则之简便法"的相同。《新制算术教本》的"四则之简法"分"加减之简法""乘除之简法"两款，分别通过 5 个例子和 9 个例子说明加法和减法、乘法和除法的简算方法。《新算术教科书》1913 年再订 4 版的"四则之简便法"分"加法、减法之简便法"和"乘法和除法之简便法"2 款，也分别通过与《新制算术教本》相同的 5 个例子和 9 个例子说明加法和减法、乘法和除法的简算方法。《新制算术教本》的"四则应用杂题"的多数内容与《新算术教科书》1913 年再订 4 版"四则应用杂题"的相同或相仿。

　　二是《新制算术教本》第 2 编"复名数（诸等数）"的"复名数之应用"的内容在《新算术教科书》中为 1913 年再订 4 版所独有。《新制算术教本》"复名数之应用"的内容对应《新算术教科书》1913 年再订 4 版第 2 编"诸等数"的"诸等数之应用"的内容。这类内容为《新算术教科书》1904 年初版、1905 年订正版、1911 年改订版所未有。"复名数之应用"的内容相继分"平行四边形之面积""三角形之面积""梯形之面积""圆周及圆面积""直角柱之面积及体积""直圆柱之面积及体积""角锥之体积""圆锥之面积及体积""球之面积及体积"9 款。《新算术教科书》1913 年再订 4 版第 2 编"诸等数"设"诸等数之应用"的内容，相继分"平行四边形之面积""三角形之面积""梯形之面积""圆周及圆面积""角墙之面积及体积""圆墙之面积及体积""角锥之体积""圆锥之面积及体积""球之面积及体积""方阵算"10 款。其中，"角墙"即直角柱，"圆墙"即直圆柱。"诸等数之应用"前 9 款标题及其排列顺序与《新制算术教本》"复名数之应用"9 款的相同。而且两书相对应的 9 款，内容基本相同，都举了相同的例子，插图亦相同。表 3－6 为《新制算术教本》和《新算术教科书》1913 年再订 4 版"圆锥之面积及体积"内容比较表。

表 3-6　　《新制算术教本》和《新算术教科书》
1913 年再订 4 版"圆锥之面积及体积"内容比较表

《新制算术教本》	《新算術教科書》
圆锥围面积之平方尺数等于底面之周围与斜高之尺数相乘积之半。体积之立方尺数等于底面积之平方尺数与高之尺数相乘积之三分之一。 　　例　试求底面半径 5 尺，高 1 丈 2 尺，斜高 1 丈 5 尺圆锥之围面积及其体积。 　　解　所求围面积之平方尺数为 5 × 3.1416 × 2 × 15 ÷ 2 = 235.62 平方尺。 　　所求体积之立方尺数为 5^2 × 3.1416 × 12 ÷ 3 = 314.16 立方尺。	例　圆錐ノ側面積ニ於ケル平方尺ノ数ハ，底面ノ周圍卜斜高卜ノ尺数ノ積ノ半分ニ等シク，又体積ニ於ケル立方尺ノ数ハ，底面積ニ於ケル平方尺ノ数ニ高サノ尺数ヲ乗ジタル積ヲ3ニテ除シタルモノニ等シト云フ。サレベ底面ノ半径 5 尺，高サ1 丈 2 尺，斜高 1 丈 5 尺ナル圆錐ノ側面積及ビ体積如何。 　　解　所要ノ側面積ニ於ケル平方尺ノ数ハ 　　5 × 3.1416 × 2 × 15 ÷ 2 = 235.62。 　　答　2 平方丈 35 平方尺 62 平方寸。 　　又所要ノ体積ニ於ケル立方尺ノ数ハ 　　5^2 × 3.1416 × 12 ÷ 3 = 314.16。 　　答　314 立方尺 160 立方寸。

　　资料来源：王永炅、胡树楷编《新制算术教本》（上卷），中华书局，1921，第 104 页；長澤龜之助：《新算術教科書》（東京：国定教科書共同販売所，1913），第 107 页。

　　比较可见，《新制算术教本》和《新算术教科书》1913 年再订 4 版关于"圆锥之面积及体积"的内容差别较小：《新制算术教本》将"例"置于例题前，《新算术教科书》将"例"置于内容之首；《新制算术教本》求解后未将得数以"答"的形式化为复名数，《新算术教科书》则在求解后将得数以"答"的形式化为复名数。

图 3-10　《新制算术教本》"复名数之应用"的内容（局部）

图 3-11　《新算术教科书》中"诸等数之应用"的内容（局部）

　　由上述可知，《新制算术教本》的底本并非限于《新算术教科书》的某个版本，而是包括《新算术教科书》1904 年初版或 1905 年订正版、1911 年改订版、1913 年再订 4 版。《新制算术教本》前 7 编一级结构主要模仿《新算术教科书》1904 年初版或 1905 年订正版。《新制算术教本》的绪论至少将《新算术教科书》1911 年改订版作为底本。《新制算术教本》第 1 编"整数、小数四则"将《新算术教科书》1913 年再订 4 版与 1904 年初版、1905 年订正版、1911 年改订版中的至少一种作为底本。《新制算术教本》第 2 编"复名数（诸等数）"至少以《新算术教科书》1913 年再订 4 版为底本。《新制算术教本》第 5 编"比及比例"将《新算术教科书》1904 年初版和 1905 年订正版中的一种与《新算术教科书》1911 年改订版和 1913 年再订 4 版中的一种作为底本。《新制算术教本》第 6 编"折成法"以《新算术教科书》1904 年初版或 1905 年订正版作为底本。《新制算术教本》第 7 编"开方法"将《新算术教科书》1904 年初版或 1905 年订正版作为底本。《新制算术教本》前 7 编有不少内容与底本相应内容相同或相仿。

（二）《新制代数学教本》的底本：《新代数学教科书》1911 年版或 1912 年版

　　长泽龟之助《新代数学教科书》1905 年初版[①]，与 1906 年订正版[②]的结构相同，均设绪论和如下 19 编：第 1 编"定义及原则"、第 2 编"整式的加减乘除"、第 3 编"一元一次方程式"、第 4 编"公式及因数"、第 5 编"最大公约数、最小公倍数"、第 6 编"分数式"、第 7 编"分数方程式、文字方程式"、第 8 编"联立一次方程式"、第 9 编"累乘及开方"、第 10 编"指数的理论"、第 11 编"根式"、第 12 编"二次方程式"、第 13 编"准二次方程式、无理方程式"、第 14 编"联

①長澤龜之助. 新代数学教科書［M］. 東京：日本書籍株式会社，1905.
②長澤龜之助. 新代数学教科書［M］. 東京：日本書籍株式会社，1906.

立二次方程式"、第 15 编"比、比例、变数法"、第 16 编"等差级数、等比级数、调和级数"、第 17 编"对数、复利、年金"、第 18 编"列方及组合"、第 19 编"二项式定理"。书末附 7 个附录，依次为"剩余定理、对称式、交代式""问题的意义""代数学的几何学应用""二次三项式""多项式的平方根、立方根""不等式""希腊字"；还列有"补习问题"和附表"1—2000 五位对数"、别表"代数学公式一览"。

《新代数学教科书》1911 年上下卷版①②和 1912 年订正版③④的结构相同，亦设绪论和 19 编，上卷至第 14 编截止。第 1—8 编和第 10—15 编的编名与初版和 1906 年订正版的相同。其第 9 编改为"累乘法，开方法，多项式的平方根、立方根，数的平方根，数的立方根"，增设第 16 编"比例的应用、复比例、比例配分、混合法"，将《新代数学教科书》1905 年初版和 1906 年订正版的第 16 编"等差级数、等比级数、调和级数"改为第 17 编，将《新代数学教科书》1905 年初版和1906 年订正版的第 17 编"对数、复利、年金"改为第 18 编"对数"，删除了《新代数学教科书》1905 年初版和 1906 年订正版的第 18 编"列方及组合"、第 19 编"二项式定理"，增加"步合算、保险、租税、利息算、票据及折扣、公债及股票、年金算"作为第 19 编。其中，第9 编和第 19 编的编名均以编内各部分内容排列，未对编内各部分内容高度概括，因而编名较长。《新代数学教科书》1905 年初版和 1906 年订正版各编均不设杂题，其 1911 年上下卷版和 1912 年订正版于第 2、

①長澤龜之助. 新代数学教科書：上卷［M］. 東京：国定教科書共同販売所，1911.

②長澤龜之助. 新代数学教科書：下卷［M］. 東京：国定教科書共同販売所，1911.

③長澤龜之助. 新代数学教科書：上卷［M］. 東京：国定教科書共同販売所，1912.

④長澤龜之助. 新代数学教科書：下卷［M］. 東京：国定教科書共同販売所，1912.

5、8、11、14、16、18、19编设杂题。《新代数学教科书》1911年上下卷版和1912年订正版的附录有9个，依次为"剩余定理、对称式、交代式""问题的意义""代数学的几何学应用""二次三项式""不等式""级数的和""列方及组合""二项式定理""希腊字"。另外，还列有"五位对数表""复习杂题""实验问题""问题答案""公式一览表"。

在整体结构上，《新制代数学教本》与《新代数学教科书》1905年初版和1906年订正版，1911年上下卷版和1912年订正版的差别都较大。《新制代数学教本》分14编，较《新代数学教科书》这4个版本都少5编。但《新制代数学教本》有大量内容与《新代数学教科书》1905年初版和1906年订正版，1911年上下卷版和1912年订正版的相同。而《新制代数学教本》以《新代数学教科书》1911年上下卷版或1912年订正版为底本，主要原因如下：

第一，《新制代数学教本》第1编"绪论"与《新代数学教科书》1911年上下卷版和1912年订正版相应内容的结构相仿，而与后书1905年初版和1906年订正版相应内容的结构明显不同。《新制代数学教本》第1编"绪论"分3章，23款。各款依次为"代数记号"，"问题之代数解法"，举例说明，解方程使用的各种运算，"改题文为方程式之法"，"方程式应用问题之解法"，"代数学"，"符号"，积、因数和系数的定义，"幂"，"代数式及项"，"代数式之数值"，"整式"，"括弧"，"代数上之数"，"绝对值"，"代数上之数之应用"，"代数上之数之加法、减法"，"交换规则及结合规则"，"代数上之数之乘法、除法"，"交换规则及结合规则"，"配分规则"，关于0的加减乘除。

《新制代数学教本》绪论与《新代数学教科书》1911年上下卷版和1912年订正版的绪论和第1编"定义及原则"对应，共22款。《新代数学教科书》这两个版本的绪论分6款，依次为"代数学上的符号及记号"、问题的代数学解法、举例说明、解方程使用的各种运算、

"将题文改为方程式"、"方程式应用问题之解法"。《新代数学教科书》这两个版本的第 1 编分 16 款，依次为"代数学"，"符号及记号"，积、因数和系数的定义，"幂"，"代数式及项"，"式之值"，"整式及分数式"，"括弧"，"代数的数"，"绝对值"，"代数的数的应用"，"代数的数的加法及减法"，"交换规则及结合规则"，"代数的数的乘法及除法"，"交换规则及结合规则"，"配分规则"。比较可见，除第 23 款关于 0 的加减乘除外，《新制代数学教本》绪论的结构与《新代数学教科书》1911 年上下卷版和 1912 年订正版的绪论、第 1 编的结构基本相同。

《新代数学教科书》1905 年初版和 1906 年订正版绪论的结构与 1911 年上下卷版和 1912 年订正版绪论的结构相同，与《新制代数学教本》绪论前 6 款结构基本相同。《新代数学教科书》1905 年初版和 1906 年订正版第 1 编分 17 款，依次为"代数学"，积、因数和系数的定义，"幂"，"根"，"式之值"，"代数式的类别"，"项"，"括弧"，"代数的数"，"绝对值"，"代数的数的应用"，"代数的数的加法及减法"，"交换规则及结合规则"，"代数的数的乘法及除法"，"交换规则及结合规则"，"配分规则"，代数的数的四则运算总结。此结构与《新代数学教科书》1911 年上下卷版和 1912 年订正版第 1 编结构不同，与《新制代数学教本》绪论第 6 款后的结构仅是部分相同，差异明显。

第二，《新制代数学教本》有的编从结构到内容与《新代数学教科书》1911 年上下卷版和 1912 年订正版相对应的编大都相同，而仅与《新代数学教科书》初版和 1906 年订正版相对应的编一小部分结构和内容相同。《新制代数学教本》第 7 编"幂及幂根"最具代表性。《新代数学教科书》初版和 1906 年订正版的第 9 编"累乘及开方"包括"累乘"、开方两部分内容。其中，"累乘"指数幂。《新代数学教科书》1911 年上下卷版和 1912 年订正版的第 9 编"累乘法，开方法、多项式的平方根、立方根，数的平方根，数的立方根"是在 1906 年订正版

第 9 编的基础上扩充了多项式的平方根、立方根，数的平方根、数的立方根的内容。《新制代数学教本》第 7 编包括"自乘法""开方法""多项式之平方根及立方根""数之平方根""数之立方根" 5 章①，不仅结构与《新代数学教科书》1911 年上下卷版和 1912 年订正版的第 9 编相仿，内容也有许多相同之处。

第三，《新制代数学教本》有的内容与《新代数学教科书》1911 年上下卷版和 1912 年订正版的相同，而与《新代数学教科书》1905 年初版和 1906 年订正版的不同。以《新制代数学教本》第 10 编"指数及对数"第 3 章"对数"第 172 款"求某数对数之法"为例，该节介绍了自 1 至 2500 的对数求法。《新代数学教科书》1911 年上下卷版和 1912 年订正版的相应内容在第 18 编"对数"第 219 款，该款介绍的是自 1 至 2500 的对数求法。《新代数学教科书》1905 年初版和 1906 年订正版的相应内容在第 17 编"对数、复利、年金"第 189 款，该款介绍的是自 1 至 2000 的对数求法。

第四，《新制代数学教本》有的编的内容为《新代数学教科书》1911 年上下卷版和 1912 年订正版所独有。如《新制代数学教本》第 4 编"因数及倍数"第 69 款介绍平方差的二项式，并举了计算 $1723^2 - 277^2$ 的例子。《新代数学教科书》这两个版本第 4 编"公式及因数"与该款对应的是第 60 款，举了相同的例子。但《新代数学教科书》1905 年初版和 1906 年订正版第 4 编与该款对应的第 61 款均未举例②③。

第五，《新制代数学教本》第 12 编为"比例之应用"，在结构和内容上与《新代数学教科书》1911 年上下卷版和 1912 年订正版第 16 编"比例的应用、复比例、比例配分、混合法"中"比例的应用""复比

①王永炅，胡树楷. 新制代数学教本：上卷 ［M］. 上海：中华书局，1920：157 - 186.
②長澤龜之助. 新代数学教科书 ［M］. 東京：日本書籍株式会社，1905：66.
③長澤龜之助. 新代数学教科书 ［M］. 東京：日本書籍株式会社，1906：66.

例"两部分相仿，都是依次介绍正比例、反比例、复比例等大致相同的知识，所举例题也大都相仿。例如，《新制代数学教本》第 12 编的例 1 为"糖 12 斤之价为 2 圆 6 角 4 分。问糖 15 斤之价几何"。解法为"命所求之价为 x 分，则糖之斤数与价值称正比例，故得$12^{斤}：15^{斤}＝264^{分}：x^{分}$，由是得 $x＝\dfrac{15×264}{12}＝330$。故所求之价为 3 圆 3 角"。《新代数学教科书》这两个版本第 16 编的例 1 为"砂糖 12 斤ノ代金ガ 2 圆 64 銭ナルトキハ，同ジ砂糖 15 斤ノ代金ハ何程ナルカ"。解法为"所要ノ代金ヲ x 銭トスルトキハ，砂糖ノ斤数ト代金トハ正比例ヲナスユエ$12^{斤}：15^{斤}＝264^{銭}：x^{銭}$，之ヨリ $x＝\dfrac{15×264}{12}＝330$。故ニ所要ノ代金ハ330 銭，即チ3 圆 30 銭ナリ"。两题仅是所用糖价单位有所不同。而《新代数学教科书》1905 年初版和 1906 年订正版都没有"比例之应用"的内容。

第六，《新制代数学教本》和《新代数学教科书》1911 年上下卷版和 1912 年订正版都各有部分编设有杂题。其中，《新制代数学教本》有 10 编设有杂题，《新代数学教科书》这两个版本均有 8 编设有杂题。《新制代数学教本》有的编的杂题与《新代数学教科书》这两个版本有的编的杂题基本或部分相同。例如，《新制代数学教本》第 2 编"整数"的"杂题Ⅰ"共有 30 道杂题，它们与《新代数学教科书》1911 年上下卷版和 1912 年订正版第 2 编"整式的加减乘除"的"杂题Ⅰ"的 30 道杂题基本相同。《新制代数学教本》第 4 编"因数及倍数"的"杂题Ⅲ"共有 32 道题，除第 27 题外，其余 31 道题与《新代数学教科书》1911 年上下卷版和 1912 年订正版第 5 编"最大公约数、最小公倍数"的"杂题Ⅱ"32 道题中的 31 道题基本相同。而《新代数学教科书》1905 年初版和 1906 年改订版均未设杂题。

第七，《新制代数学教本》"二项式定理"在结构和内容上与《新代数学教科书》1911 年上下卷版和 1912 年订正版附录"二项式定理"相仿。"二项式定理"是《新制代数学教本》第 14 编"排列"的第 2章。该章与《新代数学教科书》1911 年上下卷版和 1912 年订正版附录"二项式定理"都是依次介绍二项式定理、"公项"、$(1+x)^n$ 展开式系数的性质、帕斯卡三角形等大致相同的知识。"公项"即通项。其中，帕斯卡三角形的知识是《新代数学教科书》初版和 1906 年订正版所未有的。

综上所述，《新制代数学教本》以《新代数学教科书》1911 年上下卷版或 1912 年订正版为底本，但全书没有在结构上对底本进行整体或基本整体模仿，而是对绪论和一些编的结构和内容进行了整体模仿或部分模仿。《新制代数学教本》也模仿了《新代数学教科书》1911年上下卷版和 1912 年订正版设杂题的做法，前书有大量杂题与后书这两个版本的相同或相仿。而且，前书与后书这两个版本有不少例题基本相同。如《新制代数学教本》第 3 编"一次方程式"第 1 章"一元一次方程式"，除结构和内容与《新代数学教科书》1911 年上下卷版或 1912 年订正版第 3 编"一元一次方程式"的相仿，其末尾所列 30道"例题"与《新代数学教科书》这两个版本第 3 编末尾所列"例题"基本相同。

（三）《新制平面几何学教本》的底本：《新几何学教科书：平面》1911 年版或 1912 年版

长泽龟之助的《新几何学教科书：平面》初版即 1904 年版设绪论和 4 编[1][2]。第 1 编为"直线"，分"直线及角""平行线""多角形"3节。第 2 编为"圆"，分"弧及弦""中心角及圆周角""切线及二圆之关系""内接形及外切形""轨迹""作图题"6 节。第 3 编为"面积"，

---

① 長澤龜之助. 新幾何学教科書：平面［M］. 東京：日本書籍株式会社，1904.
② 長澤龜之助. 新幾何学教科書：平面［M］. 東京：郁文舍，1904.

分"面积之比较""长及面积之测度""面积之关系""作图题"4节。第4编为"比例",分"比及比例""关于线之比例""关于面积之比例"3节。书末有"补习问题",附"几何学上不能解决的问题一例""代数学和几何学解法的比较"。1905年订正再版时,该书结构未变,内容无明显变化。①

1907年由日本国定教科书共同贩卖所出版订正3版时,《新几何学教科书:平面》结构基本未变,仅是第2编"圆"的第1节改为"弦及弧",第3编"面积"第4节改为"代数的作图题",但在内容上做了修订,且各编均设了"杂题"②。该书1908年的订正4版③和第5版④与订正3版几乎没有区别。1911年日本国定教科书共同贩卖所出版的该书新版,未改变第5版的结构,但删除了书末的"补习问题",附录中增加了"复习杂题""试验问题""问题之答"。其中,"复习杂题"分6部分:"例言""直线""圆""面积""比例""计算问题"⑤。1912年该书改订再版时,结构未变,基本保持了1911年版的原貌⑥。

1914年,《新几何学教科书:平面》再订5版⑦即大正版出版时,在目录前增加了"预习事项",对二级结构即编下的节的标题做了一些修改。一是将第1编"直线"第1节由"直线及角"改为"角";二是

---

①長澤龜之助. 新幾何学教科書:平面 [M]. 東京:日本書籍株式会社,1905.

②長澤龜之助. 新幾何学教科書:平面 [M]. 東京:国定教科書共同販売所,1907.

③長澤龜之助. 新幾何学教科書:平面 [M]. 訂正4版. 東京:国定教科書共同販売所,1908.

④長澤龜之助. 新幾何学教科書:平面 [M]. 第5版. 東京:国定教科書共同販売所,1908.

⑤長澤龜之助. 新幾何学教科書:平面 [M]. 東京:国定教科書共同販売所,1911.

⑥長澤龜之助. 新幾何学教科書:平面 [M]. 東京:国定教科書共同販売所,1912.

⑦長澤龜之助. 新幾何学教科書:平面 [M]. 東京:国定教科書共同販売所,1914.

将第 2 编 "圆" 第 1 节由 "弦及弧" 改为 "弦、弧、中心角"，第 2 节由 "中心角及圆周角" 改为 "圆周角"；三是将第 4 编 "比例" 第 3 节由 "关于面积之比例" 改为 "关于面积之比例、轨迹"。另外，改善了正文中的插图，增加了泰勒斯（Thales，约公元前 625—公元前 547）、西尔维斯特（James Joseph Sylvester，1814—1897）、高斯（Carl Friedrich Gauss，1777—1855）、毕达哥拉斯（Pythagoras，约公元前 560—公元前 480）等一批数学家的简传和肖像。对于附录中的 "复习杂题"，大正版将 1912 年改订版 "比例" 的第 5 题用新题替换，删除了 1912 年改订版 "比例" 的最后两题（即第 31 题和 32 题）、"计算问题" 的前 3 题、第 7 题、第 43 题、第 48 题、第 53 题，第 55—57 题。

王永炅和胡树楷合编的《新制平面几何学教本》在结构体系上与《新几何学教科书：平面》1911 年版和 1912 年改订版最接近，如表 3 - 7。

其中，《新制平面几何学教本》的 "圆心角" 与《新几何学教科书：平面》的 "中心角" 的含义相同，均指圆内两半径间所夹的角。比较可见，《新制平面几何学教本》在结构上较《新几何学教科书：平面》1911 年版和 1912 年改订版多 1 编，即第 5 编 "计算题"。但进一步比较，可以看出《新制平面几何学教本》与《新几何学教科书：平面》这两个版本的前 3 部分，即绪论、第 1 编、第 2 编的结构基本相同。其中，《新制平面几何学教本》的 "复习题" 相当于《新几何学教科书：平面》这两个版本的 "杂题"，"复习题" 和 "杂题" 中有不少题目相同或相仿。仅有《新制平面几何学教本》第 2 编第 1 章为 "弧及弦"，而《新几何学教科书：平面》这两个版本的第 2 编第 1 节为 "弦及弧" 的区别。《新制平面几何学教本》第 3 和第 4 编虽与《新几何学教科书：平面》这两个版本第 3 和第 4 编的编名相反，但名称相同的编有部分二级结构相同。

表 3-7　《新制平面几何学教本》与《新几何学教科书：平面》

1911 年版、1912 年订正版目录比较表

《新制平面几何学教本》	《新幾何学教科書：平面》
绪论	緒論
第一编　直线	第一編　直線
第一章　直线及角	第一節　直線及ビ角
第二章　平行线	第二節　平行線
第三章　多角形	第三節　多角形
复习题〔1 至 16〕	雑題
第二编　圆	第二編　圓
第一章　弧及弦	第一節　弦及ビ弧
第二章　圆心角及圆周角	第二節　中心角及ビ圓周角
第三章　切线及二圆之关系	第三節　切線及ビ二圓ノ関係
第四章　内接形及外切形	第四節　内接形及ビ外切形
复习题Ⅰ〔1 至 11〕	雑題
第五章　轨迹	第五節　軌跡
第六章　作图题	第六節　作図題
复习题Ⅱ〔12 至 23〕	雑題
第三编　比例	第三編　面積
第一章　比及比例	第一節　面積ノ比較
第二章　线之比例及正多角形	第二節　長サ及ビ面積ノ測度
第三章　作图题	第三節　面積ノ関係
复习题〔1 至 15〕	雑題
第四编　面积	第四節　代数的作図題
第一章　面积之比较	第四編　比例
第二章　长及面积之测度	第一節　比及ビ比例
第三章　面积之关系	第二節　線ニ関スル比例
第四章　代数上之作图题	第三節　面積ニ関スル比例
复习题Ⅰ〔1 至 11〕	雑題
第五章　面积之比例	附録
复习题Ⅱ〔12 至 28〕	幾何学ニ於ケル不能問題ノ一例
第五编　计算题	代数学卜幾何学トノ解法ノ比較
附录一　Ⅰ. 几何学不能解问题之一例	復習雑題
Ⅱ. 几何学与代数学解法之比较	試験問題
	問題ノ答

续表

《新制平面几何学教本》	《新幾何學教科書：平面》
附录二　总复习题 　　　　例言 　　　　直线 　　　　圆 　　　　面积 　　　　比例 　　　　计算问题 附录三　中西名词对照表 附录四　答数	

资料来源：王永炅、胡树楷编辑：《新制平面几何学教本》，中华书局，1918；長澤龜之助：《新幾何學教科書：平面》（東京：国定教科书共同販売所，1911）；長澤龜之助：《新幾何學教科書：平面》（東京：国定教科书共同販売所，1912）。

　　《新制平面几何学教本》的附录与《新几何学教科书：平面》这两个版本的附录多有相同之处。前书"附录一"与后书这两个版本的前两个附录基本相同。前书"附录二"即"总复习题"与后书这两个版本附录中的"复习杂题"对应，都分"例言""直线""圆""面积""比例""计算问题"6 部分，且"总复习题"的"例言"和"复习杂题"的"例言"基本相同。除前书"总复习题"之"圆"的第 15、第 32 题，"面积"的第 15 题，分别改编自后书这两个版本的"复习杂题"之"圆"的第 6 题、第 41 和第 42 题、"面积"的第 18 题外，前书"总复习题"的其他题目全都在后书这两个版本的"复习杂题"中有相同的题目，且相同的题目在各自所在书中前后排列顺序一致。

　　不仅如此，《新制平面几何学教本》"总复习题"的一些题目在《新几何学教科书：平面》中为 1911 年版和 1912 年改订版所独有。其中 3 题为"总复习题"之"比例"的第 4 题、第 29 题、第 30 题。第 4 题为"OMN、OPQ 为二直线，且 MP、NQ 相交于 R 点。若 OM：$MP = ON$：NQ，则 $\triangle PQR$ 必为二等边三角形"，第 29 题为"圆轮之

面积等于以两圆周为平行两边，两半径之差为高之梯形面积"，第 30 题为"设于中心 O 之圆内，引 AB、CD 直交于二径。次以 D 为中心，DA 为半径，画 $\overset{\frown}{AEB}$，则 $ACBE$ 新月形等于 $\triangle DAB$"。这 3 道题分别与《新几何学教科书：平面》1911 年版和 1912 年改订版"复习杂题"之"比例"第 5 题、第 31 题、第 32 题相同。第 5 题为"OMN，OPQ ハ二ツノ直線ニテ MP，NQ ハ R ニ於テ出会フ，若ッ $OM:MP=ON:NQ$ ナレベ三角形 PQR ハ二等辺ナリ"，第 31 题为"圓輪ノ面積ハ，其ノ二ツノ圓周ニ等ッキ長サヲ有スル線分ヲ平行二辺トッ，二ツノ半径ノ差ニ等ッキ高サヲ有スル梯形ノ面積ニ等ッ"，第 32 题为"中心 O ナル圓ニ於テ互ニ垂直ナル二ツノ径 AB，CD ヲ引キ，次ニ D ヲ中心トッ，DA ヲ半径トッテ弧 AEB ヲ画ケバ，新月形 $ACBE$ ハ三角形 DAB ニ等ッ"。如前文所述，《新几何学教科书：平面》1914 年出版的大正版，将 1912 年改订版"复习杂题"之"比例"的第 5 题用新题替换，删除了 1912 年改订版"复习杂题"之"比例"的第 31 题和第 32 题。

《新制平面几何学教本》在内容上有些与《新几何学教科书：平面》1911 年版和 1912 年改订版相同或基本相同，而与《新几何学教科书：平面》其他版本存在明显差异。《新制平面几何学教本》第 2 编第 1 章"弧及弦"是其中之一。该章内容与《新几何学教科书：平面》1911 年版和 1912 年改订版第 2 编第 1 节"弦及弧"内容基本相同，都列了 19 道例题。《新制平面几何学教本》的这 19 道例题与《新几何学教科书：平面》这两个版本的 19 道例题基本相同，且前后顺序一致。《新几何学教科书：平面》初版和 1905 年改订版的第 2 编第 1 节"弧及弦"都有 16 道例题。《新几何学教科书：平面》1908 年订正 4 版和第 5 版的第 2 编第 1 节"弧及弦"则都有 17 道例题。而且《新制平面几何学教本》第 2 编第 1 章"弧及弦"在内容上与《新几何学教科书：平面》1914 年大正版的第 2 编第 1 节"弦、弧、中心角"差别较大。

再如，《新制平面几何学教本》第 4 编第 3 章 "面积之关系" 中毕达哥拉斯定理（即勾股定理）的证明，与《新几何学教科书：平面》1911 年版和 1912 年改订版第 3 编第 3 节 "面积之关系" 中毕达哥拉斯定理的证明基本相同，如表 3-8。

表 3-8 《新制平面几何学教本》与《新几何学教科书：平面》

1911 年版、1912 年改订版中毕达哥拉斯定理证明比较表

《新制平面几何学教本》	《新幾何学教科書：平面》
定理　直三角形斜边上之正方形等于余二边上正方形之和。 就 ABC 三角形，设 C 为直角，求证 $c^2 = a^2 + b^2$。 证 $BLMC = a^2$，$ACKH = b^2$，$AEGB = c^2$，且 $CF /\!/ AE$，又联结 HB 及 CE 作线。 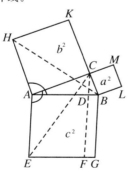 $K\hat{C}A$，$A\hat{C}B$ 各为直角，故 $K\hat{C}A + A\hat{C}B = 2\hat{R}$，$\therefore BCK$ 为一直线。 又 $C\hat{A}H = E\hat{A}B$	定理　直角三角形の斜辺上の正方形は，他の二辺上の正方形の和に等し。 ABC ハ C ヲ直角トスル三角形トセバ $c^2 = a^2 + b^2$ ナルコトヲ証セントス。 証 $BLMC = a^2$，$ACKH = b^2$，$AEGB = c^2$ トツ，$CF \parallel AE$ トス。 而ツテ HB 及ビ CE ヲ結ビ付ケヨ。 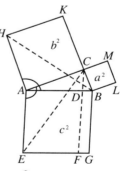 サテ $\widehat{KCA}$，$\widehat{ACB}$ ハ各直角ナルユエ $\widehat{KCA} + \widehat{ACB} = 2\hat{R}$，$\therefore BCK$ ハ一直線ナリ。［25 款］ サテ $\widehat{CAH} = \widehat{EAB}$　［何故カ］

续表

《新制平面几何学教本》	《新幾何学教科書：平面》
$B\widehat{A}H=E\widehat{A}C$ $HA=CA$ $BA=EA$ $\Big\}$ ［10 节 Ⅲ］［58 节 Ⅳ］ $\therefore \triangle HAB \equiv \triangle CAE$ ［45 节］ 然 BCK 为一直线，且与 HA 平行 $\therefore \triangle HAB = \frac{1}{2}\square ACKH$ ［147 节］ $\triangle CAE = \frac{1}{2}\square AF$ $\therefore \square ACKH = \square AF$ 同理得 $\square BLMC = \square BF$ $\therefore \square ACKH + \square BLMC = \square AEGB$ 即 $a^2 + b^2 = c^2$。	$\widehat{BAH}=\widehat{EAC}$ $\therefore\ HA=CA$ $BA=EA$ $\Big\}$ ［12 款 Ⅲ］［59 款 Ⅳ］ $\therefore\triangle HAB\equiv\triangle CAE,$ ［47 款］ 然ルニ BCK ハ一直線ニツテ AH ニ平行ス。［何故カ］ $\therefore\triangle HAB=\frac{1}{2}\square ACKH,$ ［125 款］ 又 $\triangle CAE=\frac{1}{2}\square AF,$ $\therefore\square ACKH=\square AF。$ 同様ニ $\square BLMC=\square BF。$ $\therefore\square ACKH+\square BLMC=\square AEGB,$ 即チ $a^2+b^2=c^2。$

资料来源：王永炅、胡树楷编辑《新制平面几何学教本》，中华书局，1918，第 135－136 页；長澤龜之助：《新幾何学教科書：平面》（東京：国定教科書共同販売所，1911），第 138－139 頁；長澤龜之助：《新幾何学教科書：平面》（東京：国定教科書共同販売所，1912），第 138－139 頁。

表 3-8 左右两栏中符号"≡"指全等，"□"指正方形，"▭"指矩形，右栏中"‖"指平行。左右两栏方括号内带数字的内容分别指方括号前的结论在《新制平面几何学教本》和《新几何学教科书：平面》1911 年版或 1912 年改订版中的依据。如左栏中的"［10 节 Ⅲ］"和"［58 节 Ⅳ］"分别指《新制平面几何学教本》第 10 款第 Ⅲ 条、第 58 款第 Ⅳ 条，分别为"等量各加等量，则其和彼此相等"，四边形内"各边及各角均等者，谓之正方形"。右栏中"［12 款 Ⅲ］""［59 款 Ⅳ］"分别指《新几何学教科书：平面》1911 年版或 1912 年改订版第 12 款第 Ⅲ 条、第 59 款第 Ⅳ 条，分别为"相等ツキ量ニ相等ツキ量ヲ加フレバ其ノ和ハ相等ツ"，四边形に於て，"総ての辺及び総ての

角が相等しきときは，之を正方形と云ふ"。

表 3－8 右栏中，长泽龟之助的《新几何学教科书：平面》对毕达哥拉斯定理采用的是欧几里得《几何原本》关于该定理的证明方法。利玛窦和徐光启合译之 6 卷本《几何原本》第 1 卷第 47 题毕达哥拉斯定理及其证明，证明方法也是通过全等三角形面积相等的性质与三角形面积等于同底、同高平行四边形面积之半的定理推导出该定理，本质与《新几何学教科书：平面》对该定理的证明方法相同①。

比较可见，除了方括号内的内容外，表 3－8 左右两栏对毕达哥拉斯定理的证明方法完全相同。因而，王永炅和胡树楷对《新几何学教科书：平面》中毕达哥拉斯定理的证明仅将方括号内的内容做了技术性处理，将该书证明方法原原本本地翻译后纳入了《新制平面几何学教本》。

总之，《新制平面几何学教本》是以《新几何学教科书：平面》1911 年版或 1912 年改订版作为底本。前书对后书这两个版本之一的主要结构和内容都做了模仿。由于主要内容模仿自《新几何学教科书：平面》，王永炅和胡树楷的《新制平面几何学教本》成为 1917 年至 20 世纪 20 年代初中国传播长泽龟之助的《新几何学教科书：平面》中直线、圆、比例、面积等平面几何知识的重要载体之一。

（四）《新制立体几何学教本》的底本：《新几何学教科书：立体》的几个版本

长泽龟之助《新几何学教科书：立体》的初版即 1904 年版设 3 编。第 1 编为"直线及平面"，分"空间中的直线及平面""二面角及多面角""作图题"3 节。第 2 编为"多面体"，分"多面体""面积及体积"2 节。第 3 编为"球"，分"球及球面三角形""面积及体积"2

---

① 欧几里得. 几何原本［M］. 利玛窦，口译，徐光启，笔受. 明万历三十五年刻本.［出版地不详］：［出版者不详］，1607.

节。书末有"补习问题"、"立体几何学所载大要"和"平面几何学所载大要"。其中，"立体几何学所载大要"和"平面几何学所载大要"分别是对立体几何学和平面几何学知识要点的总结①②。《新几何学教科书：立体》1905 年订正版③和订正 3 版④⑤的结构未变。1905 年订正版在内容上对初版的修订甚少，仅将第 1 编第 2 节第 26 款的定义做了补充。1905 年的订正 3 版对 1905 年订正版的修订集中于第 1 编，在第 1 节补充了第 7 和第 8 两款即两个"系"⑥ 的内容，改编了例题 5，删减了第 11 款的内容，将第 21 款两平行平面的距离的定义调至第 20 款推论"两平行平面所夹平行直线长相等"之前，并扩充了该推论内容及对调了款号；在第 1 编第 2 节，删减了第 26 款定义的内容。

1907 年日本国定教科书共同贩卖所出版的《新几何学教科书：立体》订正 3 版⑦，未改变全书的一级结构，但对调了第 1 编的第 2 和第 3 节，即将"作图题"改为第 2 节，将"二面角及多面角"改为第 3 节，将第 2 编第 2 节"面积及体积"改为"墙及锥"，第 3 编的二级结构未变。此版本对 1905 年订正 3 版的内容有不少增删。如第 1 编第 1 节"空间中的直线及平面"中删除了第 7 和第 8 款，将第 20 款两平行平面的距离的定义调至第 21 款推论"两平行平面所夹平行直线长相等"之后，并将第 20 和第 21 款款号分别改为 19 和 18，增加了第 23

---

①長澤龜之助. 新幾何学教科書：立体 [M]. 東京：日本書籍株式会社，1904.

②長澤龜之助. 新幾何学教科書：立体 [M]. 東京：郁文舍，1904.

③長澤龜之助. 新幾何学教科書：立体 [M]. 東京：日本書籍株式会社，1905.

④長澤龜之助. 新幾何学教科書：立体 [M]. 訂正再版. 東京：日本書籍株式会社，1905.

⑤長澤龜之助. 新幾何学教科書：立体 [M]. 訂正 3 版. 東京：日本書籍株式会社，1905.

⑥"系"即推论。

⑦長澤龜之助. 新幾何学教科書：立体 [M]. 東京：国定教科書共同販売所，1907.

款即不在同一平面的两条直线所成的角的定义①，增删了一些例题；第 1 编第 3 节"二面角及多面角"增删了少量例题；第 2 编第 2 节虽然节名改为"墙及锥"，但未改变 1905 年订正 3 版第 2 编第 2 节"面积及体积"的主要内容，只是增删了一些例题；第 3 编第 1 节"球及球面三角形"增加了第 79 款关于两球相切、内切和外切的定义，增删了一些例题；书末"补习问题"增加第 24—26 题。

1908 年日本国定教科书共同贩卖所出版的《新几何学教科书：立体》订正 4 版②相对 1907 年订正 3 版，结构未变，内容亦基本未变。1911 年该所出版的《新几何学教科书：立体》新版③保持了 1908 年订正 4 版的结构，但每编末都增设了"杂题"，将部分例题纳入了"杂题"，增删了若干例题，更新了插图，也修订了一些节的内容。如扩充了第 1 编第 2 节"作图题"开篇关于作图公法的介绍，删除了第 3 编第 1 节"球及球面三角形"第 76 款，将第 80 款改为第 83 款并调至定理"球的半径顶端与半径垂直的平面与球相切"的 3 个"系"之后，且增加了第 84 款，删除了第 3 编第 2 节"面积及体积"的第 98 款。

同时，《新几何学教科书：立体》1911 年版删除了 1908 年订正 4 版书末的"补习问题"，增设了"附录""复习杂题""试验问题""问题之答"。"附录"包括 3 个："关于球的面积""关于圆锥的截面""关于桶的容量"。"复习杂题"分 4 部分："直线及平面""多面体、墙、锥""球及球面形""计算问题"。"试验问题"分 6 部分："直线及平面""多面体""旋转体""轨迹""作图题""计算问题"。书末还增设

---

①该定义为"同一の平面上にあらざる二直線の為す角とは一点より各直線へ平行に引さたる直線の為す角を云ふ."参见：長澤龜之助. 新幾何学教科書：立体［M］. 東京：国定教科書共同販売所，1907：17.

②長澤龜之助. 新幾何学教科書：立体［M］. 東京：国定教科書共同販売所，1908.

③長澤龜之助. 新幾何学教科書：立体［M］. 東京：国定教科書共同販売所，1911.

"平面几何学公理、定理等一览"。据该书 1911 年新版目录显示，除该一览外，还有"立体几何学定理、公式一览"，但在该书中未见。长泽龟之助应该是将 1908 年订正 4 版的"平面几何学所载大要"和"立体几何学所载大要"分别改为了"平面几何学公理、定理等一览"和"立体几何学定理、公式一览"，但 1911 年出版时遗漏了"立体几何学定理、公式一览"。

相较于 1911 年版，《新几何学教科书：立体》1912 年订正版①的结构与正文内容均无变化，仅是在书末补充了"立体几何学定理、公式一览"。相较于 1912 年订正版，《新几何学教科书：立体》1915 年再订 4 版②即大正版的结构未变，但正文内容有不少修订之处。大正版第 1 编由 1912 年订正版的 39 款增至 51 款，第 6—7 款、第 9—11 款、第 14—16 款、第 19 款、第 23—24 款、第 28 款、第 39—40 款均为新增内容；第 3 款分系 1、系 2 和系 3，系 1 为 1912 年订正版第 3 款，系 2、系 3 为新增内容；第 8 款为 1912 年订正版第 5 款部分内容；第 13 款分系 1 和系 2，系 1 为 1912 年订正版第 8 款，系 2 为 1912 年订正版第 1 编例题 9；第 22 款分系 1 和系 2，系 2 为 1912 年订正版第 13 款，系 1 为新增内容；第 25 款分系 1、系 2 和系 3，系 1 由 1912 年订正版第 13 款改编而成，系 2 为 1912 年订正版第 14 款，系 3 为新增内容；第 42 款由 1912 年订正版第 29 和第 30 款合并而成。在大正版第 1 编，1912 年订正版第 4、第 23 款被删除。

《新几何学教科书：立体》大正版第 2 编由 1912 年订正版的 30 款减至 29 款（为第 52 至第 80 款），新增第 66 款（为 1912 年订正版第 2 编例题 26）、第 72 款；第 62 款分系 1、系 2、系 3 和系 4，以 1912 年

---

① 長澤龜之助. 新幾何学教科書：立体 [M]. 東京：国定教科書共同販売所，1912.

② 長澤龜之助. 新幾何学教科書：立体 [M]. 東京：国定教科書共同販売所，1915.

订正版第 50、第 51 和第 52 款分别为系 1、系 3、系 4，系 2 为新增内容；第 78 款分系 1 和系 2，以 1912 年订正版第 66 和第 67 款分别为系 1 和系 2。

《新几何学教科书：立体》大正版对 1912 年订正版各编例题均有增删，并删除了 1912 年订正版第 1 编杂题的第 3 题。相较于 1912 年订正版，该书大正版书末"附录"在"关于球的面积"后增加"关于球的体积"，在"问题之答"后增加两个表："圆周率及其倒数的幂和根"和"数的幂、根及倒数"。

在结构和附录上，王永炅和胡树楷的《新制立体几何学教本》与《新几何学教科书：立体》1911 年版和 1912 年订正版的相仿度最高。除第 1 编未设专节"作图题"外，《新制立体几何学教本》的结构与《新几何学教科书：立体》这两个版本的基本相同。《新制立体几何学教本》每编末也都有与"杂题"类似的"复习题"，书末共有 4 个附录，这些是《新几何学教科书：立体》1911 年版之前的版本所没有的。

同时，《新制立体几何学教本》的附录一"Ⅰ球之面积；Ⅱ圆锥之截面；Ⅲ桶之容量"和附录二"总复习题"，不仅结构分别与《新几何学教科书：立体》1911 年版和 1912 年订正版的"附录""复习杂题"基本相同，而且有大量内容和习题分别与后书这两个版本的"附录""复习杂题"相同。由于附录一无关于球的体积的专题，《新制立体几何学教本》的这一附录与《新几何学教科书：立体》大正版的附录存在明显的区别。

《新制立体几何学教本》与《新几何学教科书：立体》1911 年版和 1912 年订正版有大量内容相同或相仿，有的内容所在位置也相同。如《新制立体几何学教本》第 1 编复习题第 3 题与《新几何学教科书：立体》1911 年版和 1912 年订正版的第 1 编杂题第 3 题相仿。前题为"与不在同一直线上三定点成等距离之各点轨迹如何"，后题是"同一

ノ直線上ニアヲザル三ツノ定点ヨリ，等距離ニアル点ノ軌跡ヲ求メ
ヨ"，两题都是各书第 1 编末所列习题的第 3 题。而后题在《新几何学
教科书：立体》1907 年订正 3 版、1908 年订正 4 版都是第 1 编第 3 节
"二面角及多面角"的例题 45，在该书 1904 年初版，1905 年订正版、
订正 3 版和 1915 年的大正版中是没有的。

但《新制立体几何学教本》有少量内容与《新几何学教科书：立
体》大正版中的相同且表示形式相同。如《新制立体几何学教本》第
1 编第 10 款："系Ⅰ过一直线之一点，得作垂直之一平面，而唯限于
一。系Ⅱ过一直线外之一点，得作垂直之一平面，而唯限于一。"《新
几何学教科书：立体》大正版相应内容是第 1 编第 13 款："系 1. 一ツ
ノ直線上ノ一ツノ点ヲ過リテ，之ニ垂直ナル一ツノ平面ヲ作ルコト
ヲ得，而シテ唯一ツニ限ル。系 2. 一ツノ直線外ノ一ツノ点ヲ過リ
テ，之ニ垂直ナル一ツノ平面ヲ作ルコトヲ得，而シテ唯一ツニ限
ル。"《新几何学教科书：立体》其他版本中有的虽然有该系 1 和该系
2 的内容，但不是作为某一款的系 1 和系 2 表现出来的。如 1911 年新
版和 1912 年订正版是分别以第 1 编第 8 款和例题 9 表现出来的。

另外，《新制立体几何学教本》个别内容与《新几何学教科书：立
体》1911 年前各版本相应内容一致，而与 1911 年版和其后各年的版
本的表述不同。如《新制立体几何学教本》第 33 款为"一平面上一直
线之射影，亦为直线"，《新几何学教科书：立体》1907 年订正 3 版和
1908 年订正 4 版相应内容为"一ノ平面上ニ投ズル一ノ直線ノ射影ハ
一ノ直線ナリ"，后书的 1904 年初版和 1905 年订正 3 版相应内容为
"一ノ平面上ニ一ノ直線ノ射影ハ一ノ直線ナリ"，内容都是一致的。
而《新几何学教科书：立体》1911 年版和 1912 年订正版的相应内容
为"一ツノ平面上ニ投ズル一ツノ直線ノ射影ハ，其ノ上ノ任意ノ二
点ノ射影ヲ結ビ付クル一ツノ直線ナリ"，《新制立体几何学教本》该
款内容与其存在差异。

由上述可以推断，《新制立体几何学教本》以《新几何学教科书：立体》1911 年版或 1912 年订正版为主要底本，有少量内容参考了后书 1915 年的大正版和 1911 年前的某一版本。《新制立体几何学教本》模仿了主要底本的结构和大量内容。

（五）《新制平面三角法教本》的底本：《新三角法教科书》1911 年版、1912 年版或 1914 年版

长泽龟之助的《新三角法教科书》初版即 1905 年版①，正文包括绪论和 7 编，各编依次为"锐角的三角函数""直角三角形的解法""任意角的三角函数""复角的三角函数""三角形的性质""三角形的解法""三角形解法的应用"。绪论和各编下均分若干款，并均设"例题"，第 1—4 编和第 6 编有例子②。书末有附录："对数""对数表用法""三角函数的对数表用法""三角函数表用法"，附录后有附表："1—2000 的五位对数表""每 10 分为间隔的三角函数对数表""每 10 分为间隔的三角函数表"。附表后还有"补习问题""三角法公式一览"。

相较于初版，《新三角法教科书》1906 年订正版③的正文结构、内容、附录和附表均未变，删除了"三角法公式一览"，增加了全书问题的答案。该书 1911 年版④的正文结构、附录和附表与 1906 年订正版的相同，但附表后的"补习问题"之"复角三角函数"部分，增加了两角和差、倍角的三角函数公式的"别证"，"补习问题"后还增加了"希腊文字""试验问题""简易测量术"。同时，该书 1911 年版正文内容有不少修订之处。例如，第 1 编"锐角的三角函数"第 9 款介绍利

①長澤龜之助. 新三角法教科書［M］. 東京：日本書籍株式会社，1905.
②《新三角法教科书》的例子是有解答过程的例题，而书中的"例题"为习题，没有解答过程。
③長澤龜之助. 新三角法教科書［M］. 東京：日本書籍株式会社，1906.
④長澤龜之助. 新三角法教科書［M］. 東京：国定教科書共同販売所，1911.

用三角函数的相互关系证明三角函数恒等式的例子，1906 年订正版举了两个例子，1911 年版除这两个例子外，还增加了 4 个例子。第 2 编"直角三角形的解法"第 14 款介绍解直角三角形的 4 种情况。关于第 2 种情况，1911 年版和 1906 年订正版都举了如下例子：一直角三角形，锐角 $B=23°30'$，直角边 $a=575$，求另一个锐角 A 和直角边 b、斜边 c。关于这个例子，1911 年版与 1906 年订正版的求解方法相同，但表示方式有所不同。1906 年订正版中求 b 的表示方式是"$b=575\times 0.4348=250.$ ［近似数］"，求 c 的表示方式是"$c=\dfrac{575}{0.9171}=627.$ ［近似数］"。而 1911 年版中求 b 的表示方式是"$b=575\times 0.4348 ≒ 250$"，求 c 的表示方式是"$c=\dfrac{575}{0.9171} ≒ 627$"。关于第 3、第 4 种情况，1906 年订正版没有举例说明，而 1911 年版都加了例子。第 3 编"任意角的三角函数"第 20 款中，1911 年版和 1906 年订正版都列了任意角三角函数在直角坐标系中的正负值表，1911 年版所列如表 3 - 9。

表 3 - 9　《新三角法教科书》1911 年版第 3 编第 20 款所列任意角
三角函数在直角坐标系中的正负值表

分面	一	二	三	四
正弦及ビ余割	＋	＋	－	－
余弦及ビ正割	＋	－	－	＋
正切及ビ余切	＋	－	＋	－

資料来源：長澤龜之助：《新三角法教科書》（東京：国定教科書共同販売所，1911），第 34 頁。

表中"分面"指象限。与此表不同的是，1906 年订正版所列表无此表第 1 行内容，而是直接列出了任意角正弦和余割三角函数、余弦和正割三角函数、正切和余切三角函数在直角坐标系中的正负值。

再如，《新三角法教科书》第 4 编"复角的三角函数"第 30 款介绍两角和差的正切函数公式，其中关于 $\tan(A+B)=\dfrac{\tan A+\tan B}{1-\tan A\tan B}$ 的公式，1906 年订正版在正文中用代数方法做了推导，并在脚注中用几何方法做了证明；1911 年版在正文中使用了与 1906 年订正版相同的代数方法做了推导，但删除了该脚注。该编第 32 款介绍倍角的正弦函数和余弦函数公式，其中关于 $\sin 2A=2\sin A\cos A$ 的公式，1906 年订正版在脚注中用几何方法做了证明，而 1911 年版则删除了该脚注。该编第 35 款计算 $\sin 18°$ 即 $\cos 72°$ 的值，1906 年订正版使用代数方法求解，1911 年版使用了同样的代数方法，但增加了利用几何图形的几何解法。

由《新三角法教科书》1914 年出版的再订 5 版即大正版[①]的版权页，可知该书 1912 年亦订正再版。相较于 1911 年版，《新三角法教科书》大正版基本没有变化，仅是第 7 编"三角形解法的应用"第 49 至第 53 款插图有所改善。

王永炅和胡树楷合编的《新制平面三角法教本》[②] 正文由绪论和 9 编组成，较《新三角法教科书》多 2 编。《新制平面三角法教本》的绪论和 9 编中的 7 编，与《新三角法教科书》的绪论和 7 编大致对应，如表 3-10。

---

①長澤龜之助. 新三角法教科書［M］. 東京：国定教科書共同販売所，1914.
②王永炅，胡树楷. 新制平面三角法教本［M］. 上海：中华书局，1919.

表 3 - 10 《新制平面三角法教本》与《新三角法教科书》正文结构对照表

《新制平面三角法教本》	《新三角法教科书》
绪论	緒論
第一编 锐角之三角函数	第一编 鋭角ノ三角函数
第二编 三角函数表用法	第二编 直角三角形ノ解法
第三编 直三角形之解法	第三编 任意ノ角ノ三角函数
第四编 任意角之三角函数	第四编 複角ノ三角函数
第五编 和差角之三角函数	第五编 三角形ノ性質
第六编 对数	第六编 三角形ノ解法
第七编 三角形之性质	第七编 三角形解法ノ応用
第八编 三角形之解法	
第九编 三角形解法之应用	

资料来源：王永炅、胡树楷编辑《新制平面三角法教本》，中华书局，1919；長澤龜之助：《新三角法教科书》，（東京：国定教科书共同販売所，1911）。

《新三角法教科书》第 4 编"复角的三角函数"中的"复角"包括两角的和与差，倍角、分角，《新制平面三角法教本》第 5 编的内容与其一致。比较可见，除去第 2、第 6 编，《新制平面三角法教本》在结构上与《新三角法教科书》基本相同，且对应顺序一致。

除结构外，《新制平面三角法教本》有大量内容与《新三角法教科书》1905 年初版、1906 年订正版、1911 年版和 1914 年大正版的相应内容基本相同。例如，《新制平面三角法教本》第 1 编第 10 款"余角"、第 11 款"45°角之三角函数"，分别与《新三角法教科书》这 4 个版本的第 1 编第 10 款"余角"、第 11 款"45°角之三角函数"的内容基本相同，且相应内容插图相同。《新制平面三角法教本》第 3 编第 14 款直角三角形解法的 4 种情况、第 16 款"高及距离之简易测量"、第 17 款应用问题的 4 个例子，分别与《新三角法教科书》这 4 个版本的第 2 编第 13 款直角三角形解法的 4 种情况、第 15 款"高及距离测量的简易情况"、第 16 款应用问题的 4 个例子基本相同。《新制平面三角法教本》第 4 编第 18 款应用＋、－符号表示方向，第 20 款"正角及负角"、第 25 款"补角之三角函数",分别与《新三角法教科书》这 4 个版本的第 3 编第 17 款应用＋、－符号表示方向,第 19 款"正角及负角"、第 23 款"补角之三角函数"基本相同。

再如,《新制平面三角法教本》第 5 编第 30 款"$\sin(A+B)$ 及 $\cos(A+B)$ 之公式"、第 31 款"$\sin(A-B)$ 及 $\cos(A-B)$ 之公式",分别与《新三角法教科书》这 4 个版本的第 4 编第 28 款"$\sin(A+B)$ 及 $\cos(A+B)$ 之公式"、第 29 款"$\sin(A-B)$ 及 $\cos(A-B)$ 之公式"基本相同,相应内容插图相同。《新制平面三角法教本》第 7 编第 48 款"正弦比例式"、第 49 款"一角余弦与边值关系",分别与《新三角法教科书》这 4 个版本的第 5 编第 38 款"正弦比例式"、第 39 款"一角余弦与边值关系"基本相同,前书第 48 款与后书第 38 款插图相同。《新制平面三角法教本》第 8 编第 53 款任意三角形解法的 4 种情况,与《新三角法教科书》这 4 个版本的第 6 编第 43 款任意三角形解法的 4 种情况相同。《新制平面三角法教本》第 9 编第 58 款"可近物体之高的测法"、第 59 款"可见不可近之物之高之测法"、第 60 款"山高之测法"、第 61 款"有可见不可近之点,求测定其距离之法"、第 62 款"有可见不可近之二点,求测定其距离",分别与《新三角法教科书》这 4 个版本的第 7 编第 49 款"可近物体高之测定法"、第 50 款"可见不可近物高之测定法"、第 51 款"山高之测定法"、第 52 款"有可见不可近之点,求测定其距离之法"、第 53 款"有可见不可近之二点,求测定其距离之法"基本相同。

《新制平面三角法教本》还有许多例题与《新三角法教科书》这 4 个版本的例题相同。例如,《新制平面三角法教本》绪论第 1—3 题,第 6 和第 7 题,分别与《新三角法教科书》这 4 个版本的绪论第 1—3 题,第 8 和第 9 题相同。《新制平面三角法教本》第 1 编第 1—3 题,第 17 题,第 19—21 题,第 23—29 题,第 31—34 题,第 36—45 题,分别与《新三角法教科书》这 4 个版本的第 1 编第 1—3 题,第 20 题,第 24—26 题，第 28—30 和第 4—7 题，第 9、第 10、第 31、第 32 题，第 35—38 和第 40—45 题相同。《新制平面三角法教本》第 3—5 编和第 7—9 编也各有"例题"，分别与《新三角法教科书》这 4 个版本的第 2—4 编和第 5—7 编的"例题"相同，在此不逐一列出。

《新制平面三角法教本》有些内容是《新三角法教科书》1911 年版和 1914 年大正版所独有的。例如，《新制平面三角法教本》第 1 编第 8 款介绍利用三角函数的相互关系证明三角函数恒等式的例子中，例 3、例 5、例 6 分别与《新三角法教科书》这两个版本的第 1 编第 9 款的例 6、例 4、例 5 相同；这 3 个例子为这两个版本所独有，且《新制平面三角法教本》与这两个版本对应例子的证明方法基本相同。《新制平面三角法教本》第 3 编第 15 款介绍解直角三角形的 4 种情况。关于第 2 种情况，举了例子"$B=23°30'$，$a=575$，求 b，c，A"。这个例子与上述《新三角法教科书》1911 年版和 1906 年订正版第 2 编第 14 款所举例子相同。但《新制平面三角法教本》关于 c 的表示方式采用的是《新三角法教科书》1911 年版和 1914 年大正版的表达方式。《新制平面三角法教本》第 4 编第 21 款"三角函数定义之扩张"中列有任意角三角函数在直角坐标系中的正负值表，与表 3-9 相同。《新三角法教科书》1914 年大正版第 3 编第 20 款，列有相同的表。《新制平面三角法教本》第 5 编第 37 款计算 $\sin 18°$ 即 $\cos 72°$ 的值，采用了《新三角法教科书》1911 年版和 1914 年大正版所用的代数方法和几何图形的几何解法。

《新制平面三角法教本》的第 2 个附录"总复习题"之"和角之三角函数"有关于两角和差、倍角的三角函数公式的"别证"，与《新三角法教科书》1911 年版和 1914 年大正版的"补习问题"之"复角三角函数"中的两角和差、倍角的三角函数公式的"别证"基本相同，而《新三角法教科书》1905 年初版和 1906 年订正版没有该内容。

由此可见，《新制平面三角法教本》以《新三角法教科书》1911

年版或 1914 年大正版为底本。由于这两个版本差别甚小，1912 年订正版作为这两个版本之间的版本，一般与这两个版本不会存在明显差别。因此，《新三角法教科书》1912 年订正版也可能是《新制平面三角法教本》的底本。

《新制平面三角法教本》在较大程度上模仿了主要底本的结构。全书依照主要底本设有绪论，9 编中有 7 编的编名和排列顺序与主要底本的相同。全书体例亦模仿底本，绪论和各编与主要底本一样，都分若干款，均有"例题"，多数编有例子。全书正文大量内容与底本的基本相同，不少"例题"源自主要底本。

此外，《新制平面三角法教本》的附录亦模仿底本。附录"（Ⅰ）1—2000 之五位对数表；（Ⅱ）每隔十分之三角函数对数表；（Ⅲ）每隔十分之三角函数表"模仿底本的 3 个附表："1—2000 的五位对数表""每 10 分为间隔的三角函数对数表""每 10 分为间隔的三角函数表"。附录"总复习题""希腊文字""问题答数"与底本的"补习问题"、"希腊文字"、全书问题答案相当。

四、新制数学教本的出新之处

王永炅和胡树楷合编的新制数学教本的各书在结构上对底本有不同程度的模仿，在内容上有大量的模仿。因此，这套教科书属于主要模仿日本中学数学教科书的产物，创新性不强，但也有出新之处。

（一）《新制算术教本》对底本内容的增删与改编

由前文可知，《新制算术教本》的底本有 3 种：长泽龟之助的《新算术教科书》1904 年初版或 1905 年订正版、1911 年改订版、1913 年再订 4 版。《新制算术教本》前 7 编一级结构主要模仿《新算术教科书》1904 年初版或 1905 年订正版，而第 8 篇"级数"是这 3 种主要底本在结构和内容上都没有的，为《新制算术教本》一个主要出新之处。

王永炅和胡树楷对底本内容还有一些增删。如他们在《新制算术教本》第1编中，删除了底本的"乘法的简便法""乘法除法简便法""应用例"，增加了"实法商之关系""除法之结合规则""四则之简法""四则应用杂题"等。"四则应用杂题"介绍"叠积法""平均法""差额平均法""逆解法""归一法""行程算法""种树算法""和差算法""年龄算法""鸡兔算法""盈朒算法""数字算法"。"鸡兔算法"所举例题为"鸡、兔同笼，共有15头，38足。问鸡、兔各若干"，与中国古代数学著作《孙子算经》卷下"雉兔同笼"题相仿。"盈朒算法"即盈亏类问题算法，这类问题在中国古代称为"盈朒"问题。另外，《新制算术教本》第1编第4道例题列出中国18个省的各省人数，求这18个省的人口总数。《新制算术教本》第2编有"营造尺库平制"部分，介绍了中国的"关尺"。这些是王永炅和胡树楷将本土元素融入《新制算术教本》的表现，有助于拉近中国读者与该书的距离。

王永炅和胡树楷对主要底本内容也有改编。《新算术教科书》介绍知识时，有时采用简单枚举法，先举例，然后给出知识点；《新制算术教本》则是将之改编为先给出知识点，再举例。《新制算术教本》第3编第112款"约数之性质"是其中之一，如表3-11。

《新算术教科书》的这种表述方式属于归纳推理的方式，《新制算术教本》的这种表述方式则属于演绎推理的方式。《新制算术教本》没有模仿底本，而是采用截然相反的表述方式，反映出王永炅和胡树楷对于向中国学生教授相关算术知识更认可这种演绎推理方式。

表 3-11　《新制算术教本》"约数之性质"与其底本对应内容对照表

《新制算术教本》	《新算術教科書》
Ⅰ. 甲乙二数之公约数，亦为甲乙之和或差之约数。 　　例如，以 5 能除尽 25 及 40，亦能除尽二数之和 65 或二数之差 15。 Ⅱ. 某数之约数，亦为其倍数之约数。 　　例如，3 能除尽 15，则 15×2，15×3……等数，亦能以 3 除尽。 Ⅲ. 甲乙二数之公约数，亦为甲数任意若干倍，与乙数任意若干倍之和或差之约数。 　　例如，4 能除尽 12 及 28，而 12 及 28 之任意若干倍，如（12×5，28×3），按Ⅱ项亦得以 4 除尽。而按Ⅰ项又能以 4 除尽此等倍数之和（12×5＋28×3）或差（28×3－12×5）。	Ⅰ. 5ハ25 及ビ40ノ各ヲ整除スルュエ，又ソノ和 65，或ハ差 15ヲ整除スルュトヲ見ル。故ニ 　　二数の公約数は，其の和，又は差の約数なり。 Ⅱ. 3ハ15ヲ整除スルュエ，又 15×2，15×3，……ナル数ヲ整除スルュトヲ見ル。故ニ 　　或数の約数は，其の総ての倍数の約数なり。 Ⅲ. 4ハ12 及ビ28ヲ整除スルュエ，4ハ又 12 及ビ28ノ任意若干倍［例ヘバ12×5，28×3］ヲ整除ス可ク［Ⅱ］，故ニ是等ノ倍数の和［12×5＋28×3］，若シクハ差［28×3－12×5］ヲ整除ス可シ［Ⅰ］。故ニ 　　二数の公約数は，其の一の任意若干倍と他の一の任意若干倍との和，若しくは差の約数なり。

　　资料来源：王永炅、胡树楷编《新制算术教本》（上卷），中华书局，1921，第 113-114 页；長澤龜之助：《新算術教科書》（東京：国定教科書共同販売所，1911），第 109 页；長澤龜之助：《新算術教科書》（東京：国定教科書共同販売所，1913），第 121 页。

　　其次，《新制算术教本》改进了《新算术教科书》的一些内容。如《新算术教科书》第 3 编介绍了约数分别为 2、5，4 和 25，8 和 125，9 和 3 的整数的规律，《新制算术教本》在第 3 编则是将约数分别为 2、5 的整数的规律改进为一条适用于约数为 2 或 5 的整数的规律，并做了进一步的说明。《新算术教科书》关于约数分别为 2、5 的整数的规律的原文为"Ⅰ. 約数 2。或数ノ末位が零，又ハ偶数ナルトキハ，其ノ数ハ2ニテ整除セラル。Ⅱ. 約数 5。或数ノ末位が零，又ハ5ナルトキハ，其ノ数ハ5ニテ整除セラル"。《新制算术教本》改进为"Ⅰ. 約

数 2 与 5。凡数之末位为 2 或 5 之倍数者，其数亦必为 2 或 5 之倍数。若末位为零，其数亦必为 2 或 5 之倍数。凡数皆可认为末位为零之数与末位数之和。而末位为零之数皆 10 之倍数，即 2 与 5 之倍数，故末位若为 2 或 5 之倍数，则依前节之理，其数亦必为 2 或 5 之倍数"。同时，《新制算术教本》增加了约数为 11 的整数的规律。这些使得《新制算术教本》第 3 编的这部分内容相对《新算术教科书》的完善。

《新制算术教本》基本沿用《新算术教科书》的名词术语，"复名数"等个别名词采用了中国本土译名。"复名数"对应日译名"诸等数"。在《新制算术教本》之前，中国引入和自编的算术教科书普遍使用"诸等数"。1905 年，程荫南编译的《新式数学教科书》定义"诸等数"时，说明了"诸等数"又称"复名数"，但未采用"复名数"①。1910 年前后，清朝学部编订名词馆将"复名数"统一为"complex denominate number"的译名②。1913 年，商务印书馆出版的"共和国教科书"中的由寿孝天编撰的《共和国教科书算术》以"复名数"取代了"诸等数"③。1916 年《新制算术教本》上卷出版后，我国采用"复名数"的中学数学教科书逐渐增多，进入 20 世纪 30 年代后已较为普遍。中华书局出版的程廷熙、傅种孙合编的《新中学教科书初级混合数学》④，开明书店出版的周为群、刘薰宇、章克标、仲光然合编的《开明算学教本算术》⑤，商务印书馆出版的骆师曾编著的《复兴初级中学教科书算术》⑥，世界书局出版的王刚森编著的《新课程标准初中

①程荫南. 新式数学教科书 [M]. 东京：清国留学生会馆，1905：149.

②学部编订名词馆. 数学中英名词对照表 [M]. 北京大学图书馆藏铅印本. [出版地不详]：[出版者不详]，[1910].

③寿孝天. 共和国教科书算术 [M]. 上海：商务印书馆，1919：35.

④程廷熙，傅种孙. 新中学教科书初级混合数学：第二册 [M]. 上海：中华书局，1932：18 - 44.

⑤周为群，刘薰宇，章克标，等. 开明算学教本算术：上册 [M]. 上海：开明书店，1931：82 - 118.

⑥骆师曾. 复兴初级中学教科书算术 [M]. 上海：商务印书馆，1933：76 - 119.

算术》①，上海中学生书局出版的孙宗堃、胡尔康合编的《初中标准算学算术》② 等一批中学数学教科书都采用了"复名数"。

（二）《新制代数学教本》对底本结构的调整与内容的增改

《新制代数学教本》的底本为长泽龟之助《新代数学教科书》1911年上下卷版或1912年订正版。其在结构上与底本区别较大，有出新之处。一方面，《新制代数学教本》将底本部分编合并为若干新的编。具体而言，《新代数学教科书》第3编"一元一次方程式"和第8编"联立一次方程式"被合并为《新制代数学教本》第3编"一次方程式"，然后分为第1章"一元一次方程式"和第2章"联立一次方程式"。《新代数学教科书》第4编"公式及因数"、第5编"最大公约数、最小公倍数"被合并为《新制代数学教本》第4编"因数及倍数"，然后分为第1章"乘除之公式"和第2章"因数分解"、第3章"最高公因数"和第4章"最低公倍数"。《新代数学教科书》第13编"准二次方程式、无理方程式"和第14编"联立二次方程式"被合并为《新制代数学教本》第9编"二次方程式（Ⅱ）"，然后分为第1章"准二次方程式"、第2章"根式方程式"和第3章"联立二次方程式"。《新代数学教科书》第10编"指数的理论"、第11编"根式"、第18编"对数"被合并为《新制代数学教本》第10编"指数及对数"，然后分为第1章"指数论"、第2章"根式"、第3章"对数"。另一方面，《新制代数学教本》将《新代数学教科书》的附录"列方及组合""二项式定理"合并为第14编"排列"，并将这两个附录分别作为第1章"顺列及组合"、第2章"二项式定理"。

《新制代数学教本》也改进了底本的一些内容。如第14编"排列"

---

①王刚森. 新课程标准初中算术：上册 [M]. 上海：世界书局，1933：83-138.
②孙宗堃，胡尔康. 初中标准算学算术：下册 [M]. 上海：上海中学生书局，
　1935：13-40.

第 1 章第 223 款 "顺列",其对应《新代数学教科书》附录 "列方及组合" 第 19 款 "列方",后者仅介绍 "列方" 的定义,而前者不仅介绍 "顺列" 的定义,还举例进行说明,如表 3 - 12。

表 3 - 12　《新制代数学教本》第 223 款 "顺列" 内容与其底本对应内容对照表

《新制代数学教本》	《新代数学教科书》
223. 顺列　由若干物中,每次取出若干个(或全取出),能得种种顺序不同之列,其任一列,名曰此若干物之顺列。 　　例如由 a,b,c 三物,每次取出两物,依不同顺序排列之,则先置 a 于首,而以所剩之 b,c 附之,得 ab,ac。 　　次置 b 于首,而以所剩之 a,c 附之,得 ba,bc。 　　再置 c 于首,而以所剩之 a,b 附之,得 ca,cb。 　　故由三物中,取出二物,其顺列之数为 $2\times3=6$ 种。	19. 列方　若干ノ物ヨリ,一度ニ其ノ若干,或ハ悉皆ヲ取リテ,種種ニ列ベタル各ヲ列方ト云フ。

　　资料来源:王永炅、胡树楷编《新制代数学教本》(下卷),中华书局,1918,第 111 页;長澤龜之助:《新代数学教科書》(下卷)(東京:国定教科書共同販売所,1911),第 213 頁;長澤龜之助:《新代数学教科書》(下卷)(東京:国定教科書共同販売所,1912),第 213 頁。

　　较之《新代数学教科书》的对应内容,《新制代数学教本》对 "顺列" 知识的介绍,由于有实例对抽象定义的说明,较容易使人理解。

　　《新制代数学教本》上下卷的附录都有 "中西名词对照表",分别列有该卷各主要名词及其英文名。这也是该书的出新之处,有助于读者正确理解该书内容,对规范该书知识体系具有重要意义。表中名词译名基本来自其底本。有个别名词译名与其底本的相应名词不同。如《新制代数学教本》以 "顺列" 指 "permutation",而《新代数学教科书》为 "列方"。

(三)《新制平面几何学教本》对底本结构与内容的增改

　　《新制平面几何学教本》的底本为長泽龟之助的《新几何学教科书:平面》1911 年新版或 1912 年改订版。前书虽然在结构上大体模

仿底本，但一级结构增加了第 5 编"计算题"，并将"比例"一编置于
"面积"一编之前，将"面积之比例"一章置于"面积"一编中，在
"比例"一编中设"作图题"一章，打破了底本"面积"一编置于"比
例"之前，"面积之比例"置于"比例"一编中，"比例"一编中没有
作图题的安排。这使《新制平面几何学教本》在结构上较《新几何学
教科书：平面》更为完善。

《新制平面几何学教本》在内容上没有完全拘泥于底本的安排。首
先，王永炅和胡树楷从《新几何学教科书：平面》选材时，调整了部
分内容的放置位置。如《新几何学教科书：平面》第 3 编"面积"第
1 节"面积之比较"第 127 款以通过边数无限增多的圆内接正多边形
的周长和边心距求圆周和半径的例子，介绍极限知识，王永炅和胡树
楷未将该款置于《新制平面几何学教本》第 4 编"面积"，而是置于第
3 编"比例"第 2 章"线之比例及正多角形"。由于该款内容既与面积
知识相关，又与比例知识相关，王永炅和胡树楷的这种安排自有其理。
其次，《新制平面几何学教本》有些内容为《新几何学教科书：平面》
所未有。如《新制平面几何学教本》第 3 编第 3 章"作图题"、第 5 编
"计算题"。再如，《新制平面几何学教本》第 3 编第 1 章"比及比例"
第 117 款"可通约之量""两量之公度""公度之倍量"的定义，第
118 款"不可通约之量"的定义，第 3 编第 2 章"线之比例及正多角
形"第 124 款定理"过三角形之两边作一直线与第三边平行，必分此
两边成比例"，第 126 款定理"设一直线分三角形之两边成比例，则必
与第三边平行"等。

《新制平面几何学教本》对底本少数内容做了改进。如《新几何学
教科书：平面》第 2 编"圆"第 5 节"轨迹"第 104 款介绍决定 X 为
适合 A 条件的轨迹，须证明的命题，给出了两对命题，王永炅和胡树
楷将该款内容置于《新制平面几何学教本》第 2 编"圆"第 5 章"轨
迹"第 103 款，同时增加了 4 对命题的实例。这增强了该款内容的直

观性，有助于读者理解相应的内容。

《新制平面几何学教本》在附录中列有"中西名词对照表"，为书中主要中文名词及其英文名。表中名词译名基本来自其底本。有个别名词译名例外。如表示"central angle"的名词译名，《新几何学教科书：平面》为"中心角"，而《新制平面几何学教本》为"圆心角"。"圆心角"这一译名在利玛窦、伟烈亚力口译，徐光启、李善兰笔述的《几何原本》中已出现①。1906 年东亚公司出版的周达所译的《新几何学教科书：平面》的底本为长泽龟之助的《新几何学教科书：平面》1904 年初版或 1905 年订正版，将底本的"中心角"改译为"圆心角"②。王永炅和胡树楷合编《新制平面几何学教本》时，沿用了"圆心角"这一译名③。此后该译名得到广泛传播，一直沿用至今。

周达此译本底本陈旧，为照译之作，基本没有出新之处，在先进性和完善性方面与王永炅和胡树楷《新制平面几何学教本》都存在差距。

（四）《新制立体几何学教本》对底本结构的改订与内容的增设

《新制立体几何学教本》以长泽龟之助的《新几何学教科书：立体》1911 年新版或 1912 年订正版为主要底本。《新制立体几何学教本》在结构上基本模仿主要底本，与主要底本不同之处有二：一是第 1 编"直线及平面"没有"作图题"；二是第 2 编"多面体"第 2 节为"角柱及角锥"，而不是所对应的主要底本的"墙及锥"。在模仿过程中，王永炅和胡树楷吸纳了主要底本的大量内容，但也将少量主要底

①欧几里得. 几何原本 [M]. 利玛窦，伟烈亚力，口译，徐光启，李善兰，笔受. 清刻本. [出版地不详]：[出版者不详]，1865.

②长泽龟之助. 新几何学教科书：平面 [M]. 周达，译. 东京：东亚公司，1906：50.

③王永炅，胡树楷. 新制平面几何学教本 [M]. 上海：中华书局，1918：53.

本没有的内容加入《新制立体几何学教本》。如《新制立体几何学教本》第1编"直线及平面"第1章"论空间中之直线及平面"第2款定义"直线与平面唯共有一点时，谓之相交，无共有一点时，谓之平行"。

《新制立体几何学教本》在附录中列有"中西名词对照表"，为书中主要中文名词及其英文名。表中名词译名基本来自其主要底本之日译名。有个别名词译名与其主要底本的相应名词不同。如"prism"的译名，《新几何学教科书：立体》为"墙"，《新制平面几何学教本》则是"角柱"。1907年，曾钧所译的日本桦正董的《新译几何学教科书：立体》已使用"角柱"这一译名①，王永炅和胡树楫沿用了该译名。该译名在20世纪三四十年代被广泛使用，并一直沿用至今。

（五）《新制平面三角法教本》对底本内容的增改

《新制平面三角法教本》以长泽龟之助的《新三角法教科书》1911年版或1914年大正版为底本，也可能以该书1912年订正版为底本。《新制平面三角法教本》正文共9编，有2编即第2编"三角函数表用法"和第6编"对数"是其底本一级结构中所没有的。《新制平面三角法教本》的底本和《新三角法教科书》其他版本虽然均有附录"三角函数表用法"，但内容都仅是简单的一句话："此表用法准书中对数表用法和三角函数之对数表用法自明"。而《新制平面三角法教本》第2编"三角函数表用法"，通过4个例子介绍了由三角函数表求三角函数值和三角函数的角的办法，超出了《新三角法教科书》的知识范围。《新制平面三角法教本》在底本的基础上增加第2编，旨在便于读者学习第3编"直三角形之解法"时利用三角函数表进行计算。该书"编辑大意"指出"本书于直三角解法之前，另授三角函数表用法，以便

①桦正董：新译几何学教科书：立体［M］.曾钧，译.上海：中国图书公司，1907：32.

实地计算"。该书第 3 编第 15 款举了 4 个例子，后 3 个例子就都需要查三角函数表，求三角函数值。

《新制平面三角法教本》第 6 编"对数"介绍了对数的定义和记法、对数的重要性质、常用对数、对数的定理、对数的四则运算、对数表用法、三角函数的对数表用法等。第 6 编除部分内容，如对数表用法主要取材于底本外，大部分内容是底本和《新三角法教科书》其他版本所没有的。

同时，《新制平面三角法教本》有少量内容是在模仿底本的基础上改编的。第 1 编"锐角之三角函数"第 12 款"60°及 30°角之三角函数"是其中之一。《新三角法教科书》1911 年版和 1914 年大正版与该款对应的内容是第 1 编第 12 款，解法是先在正三角形 ABC 的顶角 A 向 BC 作垂线 AD，再利用直角三角形的边角关系和毕达哥拉斯定理求出 $BD=\dfrac{1}{2}AB$，$AD=\dfrac{\sqrt{3}}{2}AB$，再根据三角函数定义，求出 60°和 30°角的三角函数值。《新制平面三角法教本》第 12 款使用了相同的解法，但增设了关于 30°角、45°角、60°角的正弦函数和余弦函数表。

《新制平面三角法教本》在附录中亦列有"中西名词对照表"。表中名词译名基本来自其底本之日译名。有个别名词译名与其底本的相应名词不同。如"anti-trigonometric function"和"inverse trigono-metric function"的译名，《新三角法教科书》为"逆三角函数"，《新制平面三角法教本》则为"反三角函数"。在王永炅和胡树楷之前，包荣爵已将长泽龟之助的《新三角法教科书》译为中文并于 1907 年由东亚公司出版。该译本以《新三角法教科书》1905 年初版或 1906 年订正版为底本，为基本照译底本之作，不如《新制平面三角法教本》先进。笔者查到该译本 1914 年第 9 次发行本，其沿用了《新三角法教科书》的译名"逆三角函数"①。从已掌握的资料看，1918 年《新制平面三角法教本》出版前，中国尚无著作采用"反三角函数"这一译名。《新制平面三角法教本》是最早采用此译名的教科书。该书出版后，此译名日益被国人所采用，1938 年被收入科学名词审查会编印的《算学名词汇编》②，并一直沿用至今。

五、新制数学教本的特点与缺点

（一）新制数学教本的特点

新制数学教本学科门类较全，囊括中学数学的主要科目：算术、代数、平面几何、立体几何、平面三角学。其各书体例基本相同。目录前都有"编辑大意"，说明按照"部颁课程标准程度"或"部颁课程标准"编撰，介绍该书编撰宗旨，适用的学校、优点、特点，说明以某种方式组织书中某些内容的意图或对书中某些内容进行说明，或指出该书使用注意事项等。《新制代数学教本》《新制平面几何学教本》《新制立体几何学教本》《新制平面三角法教本》在书末均有附录，附录均含有"中西名词对照表"，以避免读者对数学名词理解产生歧义。如同其底本和欧美科学教科书普遍使用的体例，新制数学教本各书篇章内各款知识点全书统一编号，均采用阿拉伯数码、西方数学符号，并采用西方国家通行的文字、公式从左至右横排的版式。

新制数学教本在内容上统筹兼顾。对于不同教本都有必要纳入的知识，王永炅和胡树楷则在不同教本中各有侧重地予以介绍。如对于初等代数和初等三角学中的对数知识，他们在《新制代数学教本》中介绍了对数的定义与基本定理、对数表用法、利用对数进行数值计算的方法、对数方程式的定义和解法等；在《新制平面三角法教本》中

①长泽龟之助. 新三角法教科书［M］. 包荣爵，译. 东京：东亚公司，1914：141.
②曹惠群. 算学名词汇编［M］. 上海：科学名词审查会，1938：120.

则介绍了对数的定义和记法、对数的重要性质、常用对数、对数的定理、对数的四则运算、对数表用法、三角函数的对数表用法等。《新制代数学教本》的"编辑大意"称,"本书于对数一项仅述大意,其详细理论及应用,悉载《新制三角教本》[①] 中,以免彼此重复"。

再如,对于算术和代数中的比和比例知识,《新制算术教本》和《新制代数学教本》都设有专编介绍,内容则各有侧重。《新制算术教本》的介绍是在下卷第 5 编"比及比例",内容的重点是介绍比、比例、单比例、复比例、连锁比例、配分比例、混合比例,涉及比、正比、反比、单比、复比、连比、比例式、正比例、反比例、复比例、复比例式、连锁法、配分法、混合法等的定义,比例项的关系、单比例应用问题。《新制代数学教本》的介绍是在下卷第 11 编"比及比例"和第 12 编"比例之应用",内容的重点是介绍比及量的关系、比例、对变法、单比例和复比例的应用,涉及优比、等比、劣比、反比、连比、复比、比例、连比例、常数、变数等的定义,量之比,比例的反转定理、合比定理、分比定理、加比定理,正比例、反比例的定义和应用,复比例问题的解法等。

王永炅和胡树楷合编的新制数学教本均在"注意"标记下提出值得注意的知识点。如在《新制算术教本》中,关于求整数和小数的近似值的方法,就标注该标记,内容为"求至某位(不论整数与小数)之近似数者,宜于所求之位下,多计一二位,于所求某位之次位,比 5 大,则于其末位加 1,若比 5 小,则弃之,是曰弃四进五法"。《新制代数学教本》介绍"方程式应用问题之解法"时,列有例 2:"有甲乙二人,甲比乙大 8 岁,又甲年之 6 倍,等于乙年之 7 倍。问甲乙之年龄各几何?"解法是"命乙的年龄为 x 岁,甲的年龄为 $x+8$ 岁,依题意列一元一次方程 $7x=6(x+8)$,解得 $x=48$,故乙的年龄为 48 岁,

①《新制三角教本》指《新制平面三角法教本》。

甲的年龄为 56 岁"。该题最后将 $x=48$ 代入该方程进行了验算。对于验算，《新制代数学教本》标注"注意"，指出"验算即还原之法，答数有无差误，由此可以知之，是不可废之事也"。再如，《新制平面几何学教本》在给出凸多角形及其角、边、外角的定义后，标注"注意"，给出凹多角形的定义，指出凸多角形和凹多角形各边延长线的不同之处："若多角形非悉为劣角，至少有一角为优角者，则此多角形谓之凹多角形。凸多角形各边双方引长，本形皆在其一边。凹多角形各边双方引长，则有与本形相截者。"这种内容组织方式易于使读者注意到要点和掌握相关重要知识。它作为编撰者对教科书的一种编撰策略，是学习其底本的产物。长泽龟之助编撰的数学新教科书不乏标注"注意"的内容。"注意"所提示的内容一般都是值得注意的知识点。

《新制算术教本》对不同内容详略有别。如第 3 编"整数之性质"、第 4 编"分数"、第 8 编"级数"都仅有 10 或 20 余页，而第 1 编"整数、小数四则"、第 2 编"复名数（诸等数）"、第 5 编"比及比例"、第 6 编"折成法"则有 40 或 50 余页。《新制算术教本》这种针对不同知识采取的详略有别的编撰策略，是为了避免一味追求简明而造成知识遗漏，一味追求详尽而造成内容繁冗。正如该书"编辑大意"所言："教科书固以简明为主，然过简不免罣漏，过详不免繁冗，皆非所宜。本书慎重取舍，无过简过繁之弊。每说一理均举例以明之，而于算术中应备事项，仍悉举无遗。"

"每说一理均举例以明之"[①]，是《新制算术教本》的另一个特点。该书对于定义、法则、性质等，一般都举例说明。如该书第 142 款"比"中比的定义："比较二数大小之关系，而求一数所含他数之倍数或谓之分数、一数对于他数之比。例如 12 与 4 相比，则 12 为 4 之三

---

① 王永炅，胡树楷. 新制算术教本：上卷 ［M］. 上海：中华书局，1921：编辑大意.

倍，即 12 对 4 之比为 $\frac{12}{4}$。又 $\frac{9}{16}$ 与 $\frac{27}{32}$ 相比，则 $\frac{9}{16}$ 为 $\frac{27}{32}$ 之三分之二。因 $\frac{9}{16}$ 对于 $\frac{27}{32}$ 之比为 $\frac{9}{16}\Big/\frac{27}{32}$ 故也。由是观之，求甲数对于乙数之比，犹之以甲数为分子，以乙数为分母之分数也。"

再如，第 175 款"平方数之性质"第 4、第 5 条内容。第 4 条内容："平方数之一列数字，自右端第一位起每二位作一部，所分之部数等于平方根之位数。例如 $1^2=1$，$10^2=100$，$100^2=10000$，$1000^2=1000000$，$9^2=81$，$99^2=9801$，$999^2=998001$，$9999^2=99980001$。故一位数之平方，为一位或二位。二位数之平方，为三位或四位。三位数之平方，为五位或六位。反之平方数为一位或二位数者，其平方根必为一位数。平方数为三位四位者，其平方根必为二位数，平方数为五位或六位者，其平方根必为三位数。余类推。故欲知某数平方根之位数，可自某数之右端起，每二位画为一部，所画共若干部，即知根数共若干位。例如求 46656 平方根之位数，自右端起，每二数字截一勾点。因 4，66，56 分作三部，故知其根数共为三位。"第 5 条内容："二数之和之平方，等于二数平方之和，加以二数相乘积之二倍。例如 $13^2=(10+3)^2=(10+3)\times(10+3)=10^2+10\times3+3\times10+3^2=10^2+2(10\times3)+3^2=169$。又如 $47^2=40^2+2(40\times7)+7^2=2209$。又如 $123^2=(100+23)^2=100^2+2(100\times23)+23^2$ 或 $123^2=(120+3)^2=120^2+2(120\times3)+3^2$。"显然，这种说明方式直观、具体，学习者易于理解所学的知识。

新制算術教本　104

(四) 平方數之一列數字,自右端第一位起每二位作一部,所分之部數,等於平方根之位數。

例如

$1^2=1$　$10^2=100$　$100^2=10000$　$1000^2=1000000$

$9^2=81$　$99^2=9801$　$999^2=998001$　$9999^2=99980001$

故一位數之平方,爲一位或二位,二位數之平方,爲三位或四位,三位數之平方,爲五位或六位,反之平方數一位或二位者,其平方根必爲一位數,平方數三位四位者,其平方根必爲二位數,平方數爲五位或六位者,其平方根必爲三位數,除類推,故欲知某數平方根之位數,可自某數之右端起,每二位遙作一部,所審其若干部,即知根數其若干位。

例如求46656平方根之位數,自右端起,每二數一句數,因4,66,56分作三部,故知其根數其三位。

(五) 二數之和之平方等於二數平方之和,加以二數相乘積之二倍。

例如　$13^2=(10+3)^2=(10+3)\times(10+3)$

$=10^2+10\times3+3\times10+3^2$

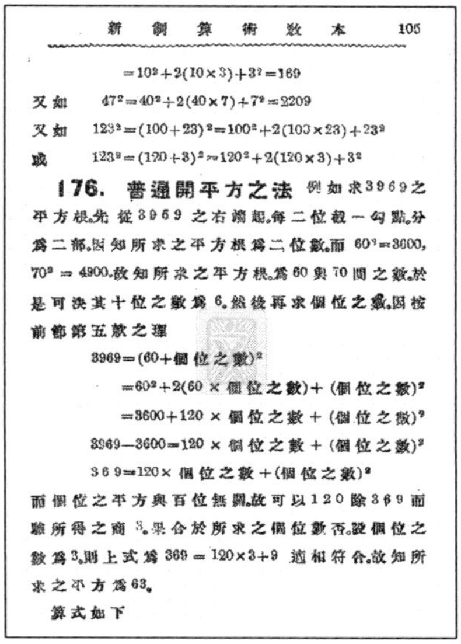

新制算術教本　105

$=10^2+2(10\times3)+3^2=169$

又如　$47^2=40^2+2(40\times7)+7^2=2209$

又如　$123^2=(100+23)^2=100^2+2(100\times23)+23^2$

或　$123^2=(120+3)^2=120^2+2(120\times3)+3^2$

176. 普通開平方之法 例如求3969之平方根,先從3969之右端起,每二位數一句點,分爲二部,因知所求之平方根爲二位數,而 $60^2=3600$, $70^2=4900$,故知所求之平方根爲60與70間之數,於是可決其十位之數爲6,然後再求個位之數,因按前節第五款之理。

$3969=(60+個位之數)^2$

$=60^2+2(60\times個位之數)+(個位之數)^2$

$=3600+120\times個位之數+(個位之數)^2$

$3969-3600=120\times個位之數+(個位之數)^2$

$369=120\times個位之數+(個位之數)^2$

而個位之平方與百位無關,故可以120除369而睇所得之商3,即合於所求之個位數否,設個位之數爲3,則上式爲369=120×3+9 適相符合,故知求之平方爲63。

算式如下

图 3-12　《新制算术教本》第 175 款"平方数之性质"第 4、第 5 条内容

《新制算术教本》有不少例题、杂题的取材大都结合当时的国民常识。如第 1 编"整数、小数四则"例题 105:"有甲乙二人,甲所有拾圆纸币之数等于乙所有壹圆纸币之数。甲所有壹圆纸币之数等于乙所有拾圆纸币之数。而甲所有之款比乙所有多 45 圆。两人所有拾圆纸币、壹圆纸币之总数皆 11。问两人所有之款各为若干。"第 2 编"复名数(诸等数)"例题 78:"学生某甲之住宅,距校 1 里 9 步 4 尺。某乙距校 1 里 340 步。甲乙相距 2 里 5 步 3 尺。甲生散步时,先访乙生然后归。问甲生自赴校至回家,共行路若干。"第 5 编"开方法"杂题 1:"雇人力车行 15 里之车价 4 角,以同比例行 19.5 里之价若干。"关于这一特点,《新制算术教本》的"编辑大意"有明确的说明:"本书于国民常识必不可少之事项——编入习题,以增进学者知识。"

《新制代数学教本》重视方程知识。其"编辑大意"指出"方程式为初等代数之应用,不可不加意研求"。在第 1 编"绪论"中,该书即介绍了"方程式应用问题之解法"。在其余 13 编中,第 3 编"一次

方程式"、第 6 编"分数方程式"、第 8 编"二次方程式（Ⅰ）"、第 9 编"二次方程式（Ⅱ）"，专门介绍一次方程、分数方程、二次方程的知识。为了引起读者的兴趣，该书介绍方程知识，尤其解法时，设了许多应用问题。第 3 编第 1 章"一元一次方程式"第 47 款、第 2 章"联立一次方程式"第 56 款，第 6 编第 3 章"分数方程式及字母方程式之应用"第 100 款、第 4 章"联立一次方程式"第 103 款，第 8 编第 2 章"一元二次方程式之性质"第 131 款，第 9 编第 3 章"联立二次方程式"第 143 款，均专门介绍"应用问题之解法"，设有大量应用问题。

分数方程、根式方程是初等代数学的两个难点。关于这两个难点，《新制代数学教本》"务取极简易之法解之，以免学者多所困难"[1]。从实际情况看，这一目标基本得到了落实。因为该书介绍的分数方程、根式方程的解法一般都简单易懂。我们由书中所述分数方程 $\dfrac{-2x^2}{x^2-1}+$

$\dfrac{x}{1-x}=-\dfrac{x}{x+1}-3$ 的两种解法，可见一斑。该分数方程被称为（1）式，该书第一种方法如下："（1）式两边，以分母之最小公倍数 x^2-1 乘之，得 $-2x^2-x(x+1)=-x(x-1)-3(x^2-1)$，即 $(x+1)(x-3)=0\cdots\cdots$（2）。由是得 $x=1$ 及 $x=3$。唯 3 为适合于（1）式之根，而 -1 则使（1）中第一及第三分数之分母为零，不能云为（1）式之根，故 -1 为题外之根。"[2] 第二种方法为"今若将（1）式各项悉移之左边，则 $\dfrac{-2x^2}{x^2-1}+\dfrac{x}{1-x}+\dfrac{x}{x+1}+3=0$，各项加之，得

$\dfrac{x^2-2x-3}{x^2-1}=0$，即 $\dfrac{(x+1)(x-3)}{(x+1)(x-1)}=0$，即 $\dfrac{x-3}{x-1}=0$，因之 $x-3=0$，

[1] 王永炅，胡树楫. 新制代数学教本：上卷 [M]. 上海：中华书局，1920：编辑大意.
[2] 王永炅，胡树楫. 新制代数学教本：上卷 [M]. 上海：中华书局，1920：127 - 128.

故 $x=3$"。① （1）式是一个较为复杂的分数方程。这两种解法都清晰明了，使人易于理解。

《新制代数学教本》对负数的定义和大小比较等知识是配合实例，由两数相减大于等于零递进到负数及其大小比较的步骤讲解的。其内容如下："在算术中，知 $8-5=3$。$7-5=2$。$6-5=1$。$5-5=0$。即 $a \geqslant b$ 时，$a-b$ 虽可由算术解释之，然若 $a<b$ 时，则 $a-b$ 不能由算术解释之。常例 $a<b$ 时，$a-b$ 亦置诸数之列中，名曰负数。例如 $4-5$ ＝（比 0 小 1 单位之数）即为负一。$3-5$ ＝（比 0 小 2 单位之数）即为负二。$2-5$ ＝（比 0 小 3 单位之数）即为负三。对于负数，称普通之数曰正数。合正数、负数，总称之曰代数上之数。正数之前，置（＋）号表之，负数之前，置（－）号表之，名曰性质之符号。例如 $+5$，$+8$，乃表正 5，正 8，-2，-27 乃表负 2，负 27。今将正数、负数，依大小之顺序排列如下：……-4，-3，-2，-1，0，$+1$，$+2$，$+3$，$+4$，……"② 负数不能由算术解释，其知识对于初学代数学的学生一般理解上存在困难。《新制代数学教本》对负数知识的这种讲解方式符合人们的认知逻辑，又直观，值得借鉴。

简明是长泽龟之助编撰的数学新教科书的一个显著特点。这一特点在王永炅和胡树楷合编的《新制平面几何学教本》中有明显的体现。该书正文绪论和 5 编不到 170 页，内容大都简单明了。对于这一特点，《新制平面几何学教本》"编辑大意"指出："教科本以简明为主，而于几何学尤要，本书即本斯旨编辑。虽篇幅无多，然能全体贯澈，应用之际已绰然有余。"长泽龟之助的《新几何学教科书：平面》注意代数学与几何学的会通，专门有附录"代数学与几何学解法之比较"。《新制平面几何学教本》继承了这一特点，附有与之基本相同的附录。

———————

①王永炅，胡树楷. 新制代数学教本：上卷［M］. 上海：中华书局，1920：128.
②王永炅，胡树楷. 新制代数学教本：上卷［M］. 上海：中华书局，1920：16.

《新制平面几何学教本》对于重要定理大都附注历史，即重视融入数学史。如第 1 编"直线"复习题第 10 题为如下定理："自三角形各角顶向对边作垂线，亦相交于一点。此点谓之三角形之垂心。"其脚注附注了历史："此定理为希腊数学家亚基默德（Archimedes，纪元前 287—212）所发见。其证法系近世德国数学大家盖乌司氏（Gauss，1777—1855）所案出。"第 3 编"面积之关系"第 158 款为毕达哥拉斯定理："直三角形斜边上之正方形等于余二边上正方形之和。"其脚注附注了历史："此为辟塔哥拉司氏（Pythagoras 西历纪元前 580 年生，约 501 年死）定理。此定理辟塔哥拉司氏以前，已为世所知，特自辟氏始证明耳。此定理为几何学中最重要之理。别示数个图解法如次……"该书附注历史的目的，是使读者对所学定理具有历史的观念，以便于记忆。正如该书"编辑大意"所言："本书于重要定理多附注历史，所以引起学者历史上之观念，俾便记忆。"长泽龟之助《新几何学教科书：平面》有部分内容注释了历史，该书序专门指出了这点。《新制平面几何学教本》这一特点是因袭其底本而来。

《新制立体几何学教本》亦具有简明的特点。全书正文 3 编，仅65 页。详述的知识仅有直线和平面的性质、角台。对此，该书"编辑大意"有如下说明："首章所论直线及平面之性质，所以启发空间之概念，植立体几何之根基，故言之稍详""多面体中所论角台、圆台、角锥、圆锥、角柱、圆柱，以角台最为概括，其余各种皆可视为角台之极限，故论角台之时不厌加详"。

《新制平面三角法教本》对于理论的介绍较为简明，但为了使读者易于领悟，对三角函数定义等重要知识则介绍甚详。对此，该书"编辑大意"讲道："中学科目较多，取材过丰，难期熟习，故本书理论，务以简明为主""本书首论三角函数，并列以线表示之法，反覆研究，不厌求详，期厚植首基，俾初学者易于领悟"。

（二）新制数学教本的缺点

王永炅和胡树楷合编新制数学教本时，抱有使"各书互相联络，一气呵成，无教材重复、理论歧异之弊"的理想①。但这一理想并未完全付诸实施。《新制代数学教本》和《新制平面三角法教本》关于对数表用法的内容即多有重复。对于该内容，两书均列举了用对数表求1374、17968 的对数的方法，都列举了常用对数值分别为 1.87157 和2.08756 的两个例子，介绍由常用对数值求真数的方法②③。《新制平面三角法教本》第 9 编"三角形解法之应用"第 65 款介绍"三角测量"时，提及该书卷首所揭之图为陆军测绘学校实测直隶卢龙县三角网图，但该书卷首并无此图。这是该书的一个明显的疏漏。

《新制代数学教本》的知识体系存在一些不足。该书第 13 编为"级数"，所指为现在所说的数列，但其第 4、第 5 章分别为"利息算法""年金算法"，内容与数列知识没有直接关系。同时，该书未涉及函数知识和狄考文编译的《代数备旨》④、谢洪赉翻译的《最新中学教科书代数学》⑤、陈福咸编译的《普通教育代数学教科书》⑥ 等清末代数学教科书已涉及的虚数知识。

六、新制数学教本的审定与传播

新制数学教本于 1916 至 1918 年初版。实际在 1915 年，王永炅和胡树楷已撰就这套教本的稿本。北洋政府对中小学教科书正实行审定

①王永炅，胡树楷. 新制算术教本：上卷 ［M］. 上海：中华书局，1921：编辑大意.
②王永炅，胡树楷. 新制代数学教本：下卷 ［M］. 上海：中华书局，1918：22 - 26.
③王永炅，胡树楷. 新制平面三角法教本 ［M］. 上海：中华书局，1919：69 - 72.
④狄考文. 代数备旨 ［M］. 邹立文，生福维，笔述. 上海：上海美华书馆，1890.
⑤宓尔. 最新中学教科书代数学：下册 ［M］. 谢洪赉，译. 上海：商务印书馆，1905：175 - 180.
⑥陈福咸. 普通教育代数学教科书 ［M］. 上海：普及书局，1908：243.

制，规定"小学校、中学校、师范学校教科用图书须经教育部审定""图书发行人应于图书出版前将样本呈请教育部审定"①。中华书局遂将这套教本的 5 种稿本呈请北京政府教育部审定。1915 年 5 月 22 日，北洋政府教育部对 5 种稿本均提出审查意见，将《新制算术教本》直接审定作为中学和师范学校教科书："此书说理明晓，而凡所取材皆与国民常识有关，秩序亦极合中学程度，准予审定作为中学校及师范学校教科用书，俟印刷成书送部覆核后再予公布可也。"②

对于余下的 4 种稿本，北洋政府教育部均有肯定的评价，但亦指出不足，要求修正后再印刷并呈交其审查。对于《新制代数学教本》，其审查意见如下："此书体例、取材均适中学程度，说理亦明白晓畅，且能由浅入深引起学者兴味，足征著者于代数教授极有经验。惟间有误抄及疏漏之处，尚须略加修改，方成完璧，应照签出各项修正，印刷成书后送部审查可也。"③ 对于《新制平面几何学教本》和《新制立体几何学教本》，其审查意见提出："此书体例极适中学程度，而取材亦颇新颖，文句亦极谨严、明白，且能由浅入深，反覆讨论，养成学者推理之习惯，堪称教科善本。惟其中尚有应改之处，特为签出，应俟改正、印刷成书后呈部审查可也。"④ 对于《新制平面三角法教本》，其审查意见如下："此书体例颇适中学程度，取材亦能引起学生兴味。惟辞句间有粗率之处，特为签出，再悉心修改，印刷成书后送部审查。"⑤

---

①佚名. 教育部修正审定教科用图书规程 [J]. 大同报，1914，20 (12)：32.

②佚名. 批中华书局新制算术教本二册俟印刷成书送核后再予公布 [J]. 教育公报，1915，2 (2)：64.

③佚名. 批中华书局新制代数教科书二册照签修正送部审查 [J]. 教育公报，1915，2 (2)：63-64.

④佚名. 批中华书局新制平面几何及立体几何教本两册照签改正再呈部审查 [J]. 教育公报，1915，2 (2)：64.

⑤佚名. 批中华书局新制三角教本一册照签改正送部审查 [J]. 教育公报，1915，2 (2)：64.

1918 年 8 月 21 日，北洋政府教育部批准《新制平面三角法教本》为中学和师范学校教科书，但仍有修正意见。其批示为"呈及《新制三角法教本》① 均悉。是书既经遵批改正，应准作为中学、师范教科用书。但书中词句尚有一二宜加修饰之处，应照签出各条，附勘误表随书发行，再版时改正，送部备案。又据第九编六五条，卷首尚有三角网图，亦应补入，以免前后不符。"② 其中，应补入之"三角网图"即该书遗漏的陆军测绘学校实测直隶卢龙县三角网图。

如同《新制算术教本》和《新制平面三角法教本》，正式出版的《新制代数学教本》《新制平面几何学教本》和《新制立体几何学教本》的封面都印有"中学校、师范学校适用"字样，表明北洋政府教育部对这 3 种教科书再审时亦批准作为中学和师范学校教科书。这意味着在北洋政府中小学教科书的审定制下，王永炅和胡树楷合编的新制数学教本有了进入中学和师范学校的通行证。这为它们在中学和师范学校的传播奠定基础。

《新制算术教本》在新制数学教本中最流行，1916 年出版后风行一时，其上卷至 1922 年 6 月出至第 21 版③，下卷至 1922 年 11 月出至第 18 版④。其次为《新制平面几何学教本》，1917 年出版后不断再版，至 1924 年 6 月出至第 12 版⑤。其余 3 种教科书流行程度相差不大。《新制代数学教本》1916 年出版，其上卷至 1920 年 2 月出至第 9 版⑥，下卷至 1919 年 2 月出至第 5 版⑦。《新制立体几何学教本》1917 年出

---

① 即《新制平面三角法教本》。

② 佚名. 批上海中华书局新制平面三角法教本一册准作中学、师范教科书，但有一二应照签改正附表送部备案 [J]. 教育公报，1918，5（14）：39.

③ 王永炅，胡树楷. 新制算术教本：上卷 [M]. 上海：中华书局，1922：版权页.

④ 王永炅，胡树楷. 新制算术教本：下卷 [M]. 上海：中华书局，1922：版权页.

⑤ 王永炅，胡树楷. 新制平面几何学教本，上海：中华书局，1924：版权页.

⑥ 王永炅，胡树楷. 新制代数学教本：上卷 [M]. 上海：中华书局，1920：版权页.

⑦ 王永炅，胡树楷. 新制代数学教本：下卷 [M]. 上海：中华书局，1919：版权页.

版，至 1920 年 7 月出至第 6 版①。《新制平面三角法教本》1918 年出版，次年 7 月出至第 4 版②。

1921 年度，南京高等师范学校入学考试，几何一科以商务印书馆出版的《汉译温德华士几何学》③ 或中华书局出版的"王永炅、胡树楷之几何教本"之程度为标准。该科考试范围：（1）比例；（2）相似多边形例题、作图题；（3）多边形之面积；（4）多边形之比较例题、作图题；（5）有法多边形、圆扇形及弓形之面积，各种有法多边形之作法④。由于考试范围限于平面几何学，"王永炅、胡树楷之几何教本"当指《新制平面几何学教本》。南京高等师范学校是当时南京第一高校，《新制平面几何学教本》作为该校入学考试参考书之一，表明该书在南京高等师范学校被认可，对报考该校考生具有重要影响。

1920 年或稍早，南京高等师范学校附属中学数学教师倪尚达对全国 480 所中等学校（含中学、师范学校、实业学校、女子学校）的数学学科教学状况做了调查。这些学校共使用 9 种算术教科书，王永炅和胡树楷的《新制算术教本》有 10 所中学、10 所女子学校使用，使用学校数量排名第 4；这些学校共使用 11 种代数教科书，王永炅和胡树楷的《新制代数学教本》有 10 所女子学校使用，使用学校数量排名第 7⑤。

---

①王永炅，胡树楷. 新制立体几何学教本 ［M］. 上海：中华书局，1920：版权页.

②王永炅，胡树楷. 新制平面三角法教本 ［M］. 上海：中华书局，1919：版权页.

③该书由张蟒译述，1912 年初版，1919 年 12 月出至第 12 版. 参见：温德华士. 汉译温德华士几何学 ［M］. 张蟒，译. 上海：商务印书馆，1919.

④商务印书馆编译所. 全国专门以上学校指南 ［M］. 上海：商务印书馆，1923：8.

⑤倪尚达. 全国中等学校数学科教授状况之调查 ［J］. 教育杂志，1920，12（5）：4-8.

第五节　"共和国教科书"中的中学数学教科书

如同王永炅和胡树楷合编的《新制数学教本》，商务印书馆出版的"共和国教科书"中的中学数学教科书也是民国初期具有代表性的中学数学教科书，涵盖算术、代数、平面几何、立体几何、三角、用器画、簿记 7 个科目，共 7 种。其中有寿孝天编撰的《共和国教科书算术》①，骆师曾编撰的《共和国教科书代数学》②③，黄元吉编撰的《共和国教科书平三角大要》④《共和国教科书平面几何》⑤《共和国教科书立体几何》⑥《共和国教科书用器画解说》⑦ 和《共和国教科书中学用器画图式》⑧，刘大绅编撰的《共和国教科书簿记》⑨。《共和国教科书立体几何》和《共和国教科书簿记》分别于 1915 年和 1917 年初版，其他 5 种均于 1913 年初版⑩。这些教科书对民国时期中学数学教育的影响超过王永炅和胡树楷合编的新制数学教本。

一、编撰者生平

寿孝天（1868—1941），生于浙江绍兴，谱名祖淞，别号忆罗室主

①寿孝天. 共和国教科书算术［M］. 上海：商务印书馆，1913.
②骆师曾. 共和国教科书代数学：上卷［M］. 上海：商务印书馆，1916：版权页.
③骆师曾. 共和国教科书代数学：下卷［M］. 上海：商务印书馆，1913.
④黄元吉. 共和国教科书平三角大要［M］. 上海：商务印书馆，1921：版权页.
⑤黄元吉. 共和国教科书平面几何［M］. 上海：商务印书馆，1923：版权页.
⑥黄元吉. 共和国教科书立体几何［M］. 上海：商务印书馆，1916：版权页.
⑦黄元吉. 共和国教科书用器画解说［M］. 上海：商务印书馆，1920：版权页.
⑧黄元吉. 共和国教科书中学用器画图式［M］. 上海：商务印书馆，1913.
⑨刘大绅. 共和国教科书簿记［M］. 上海：商务印书馆，1917.
⑩《共和国教科书用器画解说》和《共和国教科书中学用器画图式》算 1 种.

人，少失怙恃。幼年在绍兴著名私塾三味书屋读书①。1899 年前后，任教于绍兴中西学堂，与杜亚泉教授数学和理科课程②。1902 年 12 月至 1903 年 6 月蔡元培主持爱国女学期间，任该校教员③④。1903 年，寿孝天与杜亚泉、宗加弥、王子余、杜山佳、杜海生、徐锡麟等创办越郡公学，设于绍兴和畅堂附近的大能仁寺⑤⑥。1903 年冬，因经费短缺，越郡公学停办⑦。1904 年杜亚泉出任商务印书馆编译所理化部主任后，寿孝天、骆师曾到商务印书馆编译所做数学编辑工作⑧⑨。在商务印书馆编译所，寿孝天工作近 20 年⑩，1911 年前后出任过数学部部长⑪；他与杜亚泉重译了日本宫本藤吉翻译、德国高斯（F. G. Gauss）⑫ 编撰的《盖氏对数表》，于 1909 年出版⑬。在商务印书馆

① 寿宇. 怀念伯父寿孝天先生 ［M］// 绍兴县政协文史资料工作委员会. 绍兴文史资料选辑：第 14 辑，1995：107.
② 蔡元培. 我在教育界的经验 ［J］. 宇宙风，1937（55）：247 - 248.
③ 蔡元培. 书杜亚泉先生遗事 ［M］// 蔡元培，张昌华. 蔡元培文录. 北京：商务印书馆，2019：301.
④ 汤广全. 教育家蔡元培研究 ［M］. 济南：山东人民出版社，2016：67.
⑤ 蔡元培. 杜亚泉传 ［M］// 蔡元培，高平叔. 蔡元培论科学与技术. 石家庄：河北科学技术出版社，1985：316.
⑥ 吴先宁. 秋瑾徐锡麟 ［M］. 北京：团结出版社，2011：270 - 271.
⑦ 同⑤.
⑧ 同⑤.
⑨ 王建辉. 科学编辑杜亚泉 ［M］//《中国编辑研究》编辑委员会. 中国编辑研究（2001）. 北京：人民教育出版社，2002：579.
⑩ 杜耿孙. 商务印书馆的老编辑杜亚泉 ［M］// 浙江省政协文史资料委员会. 浙江文史集萃. 杭州：浙江人民出版社，1996：281.
⑪ 董涤尘. 我与商务印书馆 ［M］//1897—1992 商务印书馆九十五年：我和商务印书馆. 北京：商务印书馆，1992：268 - 269.
⑫ 此人并非德国大数学家高斯（Carl Friedrich Gauss，1777—1855），而是一位德国测绘工作者. 参见：郑鸳鸳. 杜亚泉与寿孝天译著《盖氏对数表》探析 ［J］. 广西民族大学学报（自然科学版），2018，24（3）：25.
⑬ 高斯. 盖氏对数表 ［M］. 宫本藤吉，原译. 杜亚泉，寿孝天，重译. 上海：商务印书馆，1909.

"共和国教科书"中，寿孝天编撰了中学使用的《共和国教科书算术》，于 1913 年出版①；编撰了初等小学校使用的《共和国教科书新算术》和《共和国教科书新算术教授法》，均于 1912 年出版②。1913 年，商务印书馆出版寿孝天和赵秉良 1910 至 1911 年于《师范讲义》杂志以连载形式合作发表的《数学讲义》③。在商务印书馆编译所，寿孝天发明新式算盘，其"运算灵便，又省默记"。1914 年，北洋政府农商部批准该发明为为期 5 年的专利④。

骆师曾，浙江绍兴人，早年毕业于绍兴中西学堂⑤，1906 年由杜亚泉介绍入商务印书馆编译所工作，主要编辑小学教科书和参考书⑥⑦⑧。至迟于 1936 年，进入上海世界书局，任编辑⑨。骆师曾编撰多部中小学数学教材，其中包括商务印书馆"共和国教科书"中中学使用的《共和国教科书代数学》⑩⑪、高等小学校使用的《共和国教科

①寿孝天. 共和国教科书算术［M］. 上海：商务印书馆，1913.

②这两套书均分订八册，后者为教师用书。参见：寿孝天. 共和国教科书新算术：第一册至第八册［M］. 上海：商务印书馆，1912；寿孝天. 共和国教科书新算术教授法：第一册至第八册［M］. 上海：商务印书馆，1912.

③寿孝天，赵秉良. 数学讲义［M］. 上海：商务印书馆，1921；版权页.

④农商部批第一千八百九十号［J］. 政府公报，1914（947）：25.

⑤章景鄂. 记绍兴中西学堂［M］//汤志钧，陈祖恩，汤仁泽. 中国近代教育史资料汇编：戊戌时期教育. 上海：上海教育出版社，2007：333.

⑥董涤尘. 我与商务印书馆［M］//1897—1992 商务印书馆九十五年：我和商务印书馆. 北京：商务印书馆，1992：268 - 269.

⑦杜耿孙. 商务印书馆的老编辑杜亚泉［M］//浙江省政协文史资料委员会. 浙江文史集萃. 杭州：浙江人民出版社，1996：280.

⑧朱蔚伯. 商务印书馆是怎样创办起来的［M］//中国人民政治协商会议全国委员会、文史资料研究委员会. 文化史料丛刊：第二辑. 北京：文史资料出版社，1981：145.

⑨朱联保. 上海世界书局史忆［M］//全国政协文史资料委员会. 文史资料存稿选编·文化. 北京：中国文史出版社，2002：273 - 274.

⑩骆师曾. 共和国教科书代数学：上卷［M］. 上海：商务印书馆，1916.

⑪骆师曾. 共和国教科书代数学：下卷［M］. 上海：商务印书馆，1913.

书新算术》①，小学校高级使用的《新学制算术教科书》②、小学校初级使用的《基本教科书算术》③、初中使用的《复兴初级中学教科书算术》④、《初中几何教本》⑤⑥ 等。他还译有日本林鹤一的《三角法——三角函数》⑦，美国舒塞斯（Arthur Schultze）、塞末诺克（Frank L. Sevenoak）和斯通（Limond C. Stone）合著的《三 S 新平面几何学》⑧，编译有《袖珍平面几何学参考书》⑨ 等。骆师曾之子骆承绪对民国中学数学教科书建设亦有贡献，译有《三 S 平面几何学》⑩ 和《三 S 立体几何学》⑪。这两本译著均由骆师曾校订，译自舒塞斯、塞末诺克合著，斯凯勒（Elmer Schuyler）修订的《平面和立体几何学》（*Plane and Solid Geometry*）⑫。《三 S 平面几何学》出版后流行较广，

①该书与寿孝天所编《共和国教科书新算术》衔接，分订为六册。参见：骆师曾. 共和国教科书新算术：第一册至六册［M］. 上海：商务印书馆，1913.

②这套书根据 1922 年"壬戌学制"颁行后由全国教育联合会制定的《新学制课程标准纲要》中的《小学算术课程纲要》编纂，亦称《订正新新学制算术教科书》，分订为四册。参见：骆师曾. 新学制算术教科书：第一册至第四册［M］. 上海：商务印书馆，1924.

③该书依据 1929 年国民政府教育部颁布的《小学课程暂行标准》编纂，分订为八册。参见：骆师曾. 基本教科书算术：第一册至第八册［M］. 上海：商务印书馆，1931.

④骆师曾. 复兴初级中学教科书算术［M］. 上海：商务印书馆，1933.

⑤骆师曾. 初中几何教本：上册［M］. 上海：开明书店，1939.

⑥骆师曾. 初中几何教本：下册［M］. 上海：开明书店，1939.

⑦林鹤一. 三角法：三角函数［M］. 骆师曾，译. 上海：商务印书馆，1930.

⑧SCHULTZE, SEVENOAK, STONE. 三 S 新平面几何学［M］. 骆师曾，译. 上海：世界书局，1946.

⑨骆师曾. 袖珍平面几何学参考书［M］. 上海：世界书局，1935.

⑩SCHULTZE, SEVENOAK, SCHUYLER. 三 S 平面几何学［M］. 骆承绪，译. 上海：世界书局，1939.

⑪SCHULTZE, SEVENOAK, SCHUYLER. 三 S 立体几何学［M］. 骆承绪，译. 上海：世界书局，1940.

⑫SCHULTZE A., SEVENOAK F L., SCHUYLER E. *Plane and Solid Geometry*［M］. New York：The Macmillan Company，1925.

1948 年出至第 16 版①。

　　黄元吉，江苏吴江震泽人，字肇成、肇臣②，1905 年入商务印书馆做编译工作③。在商务印书馆"共和国教科书"中，他编撰了中学使用的《共和国教科书平三角大要》④《共和国教科书平面几何》⑤《共和国教科书立体几何》⑥《共和国教科书用器画解说》⑦和《共和国教科书中学用器画图式》⑧；译有多部日本中学数学教科书和少量日本小学数学教科书，有菊池大麓的《平面几何学新教科书》⑨，林鹤一、矢田吉熊的《代数学：幂法开法及无理虚数》⑩，东利作的《平面几何学：圆》⑪，林鹤一、武田登三的《平面几何学：面积》⑫，林鹤一、津村定一的《代数学：因数分解》⑬，林鹤一、菅集人的《平面几何学：

————————

①SCHULTZE，SEVENOAK，SCHUYLER. 三 S 平面几何学［M］. 骆承绪，译. 上海：世界书局，1948.

②董振声，潘丽敏. 吴江艺文志：下册［M］. 北京：国家图书馆出版社，2011：703.

③朱蔚伯. 商务印书馆是怎样创办起来的［M］// 中国人民政治协商会议全国委员会，文史资料研究委员会. 文化史料丛刊：第二辑. 北京：文史资料出版社，1981：145.

④黄元吉. 共和国教科书平三角大要［M］. 上海：商务印书馆，1913.

⑤黄元吉. 共和国教科书平面几何［M］. 上海：商务印书馆，1913.

⑥黄元吉. 共和国教科书立体几何［M］. 上海：商务印书馆，1915.

⑦黄元吉. 共和国教科书用器画解说［M］. 上海：商务印书馆，1913.

⑧黄元吉. 共和国教科书中学用器画图式［M］. 上海：商务印书馆，1913.

⑨菊池大麓. 平面几何学新教科书［M］. 黄元吉，译. 上海：商务印书馆，1908.

⑩林鹤一，矢田吉熊. 代数学：幂法开法及无理虚数［M］. 黄元吉，译. 上海：商务印书馆，1926.

⑪东利作. 平面几何学：圆［M］. 黄元吉，译. 上海：商务印书馆，1929.

⑫林鹤一，武田登三. 平面几何学：面积［M］. 黄元吉，译. 上海：商务印书馆，1930.

⑬林鹤一，津村定一. 代数学：因数分解［M］. 黄元吉，译. 上海：商务印书馆，1929.

直线图形》①，林鹤一、淡中济的《算术：整数及小数》②，以及林鹤一、淡中济、大塚骥太郎的《算术：分数四则》③。除《平面几何学新教科书》外，其他 7 种译著均为商务印书馆"算学小丛书"中的著作，其中部分译著为商务印书馆的"万有文库"第 1 集的著作④。他还译有日本川濑元九郎、手岛仪太郎的《初等小学体操教科书》⑤。

刘大绅（1887—1954），字季英（亦作季缨），号贞观⑥，江苏镇江丹徒人，刘鹗第四子，罗振玉长婿。1903 年由时任两粤教育顾问的罗振玉派赴日本留学，返国后就职晚清学部编译图书局、商务印书馆，并做过银行高管⑦⑧⑨。他编撰的图书涉及动物、农业、园艺、商业等学科，有《生物界·动物篇》⑩、《师范学校新教科书农业》⑪⑫、《养蜂

① 林鹤一，菅集人. 平面几何学：直线图形 [M]. 黄元吉，译. 上海：商务印书馆，1930.

② 林鹤一，淡中济. 算术：整数及小数 [M]. 黄元吉，译述. 上海：商务印书馆，1926.

③ 林鹤一，淡中济，大塚骥太郎. 算术：分数四则 [M]. 黄元吉，译. 上海：商务印书馆，1930.

④ 这些译著中，作为"万有文库"第 1 集的著作的有《平面几何学：圆》《平面几何学：面积》《平面几何学：直线图形》《算术：整数及小数》《算术：分数四则》。

⑤ 川濑元九郎，手岛仪太郎. 初等小学体操教科书 [M]. 黄元吉，译. 上海：商务印书馆，1907.

⑥ 刘德隆，刘瑀. 诗是吾家事，人传世上情：《余沤集——刘成忠、刘鹗、刘大绅、刘蕙孙四世诗存》述议 [M] // 刘强. 原诗：第三辑：中西古今的互文与借镜. 长沙：岳麓书社，2019：116.

⑦ 同⑥116-117.

⑧ 陈鸿祥. 国学与王朝：罗振玉大传 [M]. 南京：江苏凤凰文艺出版社，2020：195.

⑨ 穆公. 我的外公刘季英 [M] // 冯克力. 老照片：第一百二十三辑. 济南：山东画报出版社，2019：58.

⑩ 刘大绅. 生物界·动物篇 [M]. 京师：京华印书局，1908.

⑪ 刘大绅. 师范学校新教科书农业：上卷 [M]. 上海：商务印书馆，1914.

⑫ 刘大绅. 师范学校新教科书农业：下卷 [M]. 上海：商务印书馆，1914.

法》①、《商事要项》②、供女子中学校和师范学校使用的《园艺教科书》③；在商务印书馆"共和国教科书"中，编撰了《共和国教科书簿记》④《共和国教科书新农业教授法》⑤；还与戴杰、庄俞、吕思勉等人编校了供高等小学使用的《新法国语教科书》⑥。

二、编撰理念与体例

商务印书馆"共和国教科书"中的中学数学教科书，大都按照1913年3月19日北洋政府教育部颁布的《中学校课程标准》设计课时和内容量。《中学校课程标准》规定，第1学年共设算术、代数两门，每周时数男生5，女生4⑦。依据该规定，这两门全年的课时共约200小时，寿孝天的《共和国教科书算术》在内容设计上供100小时之用⑧。按照《中学校课程标准》的规定，第1—3学年均设两门课程，其中之一为代数⑨。鉴于3年内代数所占课时，适为数学全科之半，骆师曾的《共和国教科书代数学》的内容量"即依此标准以定之，庶教材与时间，适相应而便于诵习"⑩。《中学校课程标准》规定，第

---

① 刘大绅. 养蜂法 [M]. 上海：商务印书馆，1930.
② 刘大绅. 商事要项 [M]. 上海：商务印书馆，1915.
③ 刘大绅. 园艺教科书 [M]. 上海：商务印书馆，1915.
④ 刘大绅. 共和国教科书簿记 [M]. 上海：商务印书馆，1917.
⑤ 刘大绅. 共和国教科书新农业教授法 [M]. 上海：商务印书馆，1915.
⑥ 该书分订6册，参见：刘大绅，戴杰，庄俞，等. 新法国语教科书：第一册至第二册 [M]. 上海：商务印书馆，1920；刘大绅，戴杰，于人骏，等. 新法国语教科书：第三册至第四册 [M]. 上海：商务印书馆，1920；刘大绅，戴杰，于人骏，等. 新法国语教科书：第五册 [M]. 上海：商务印书馆，1921；王国元，于人骏，戴杰，等. 新法国语教科书：第六册 [M]. 上海：商务印书馆，1921.
⑦ 佚名. 中学校课程标准 [J]. 教育部编纂处月刊，1913，1（3）：31.
⑧ 寿孝天. 共和国教科书算术 [M]. 上海：商务印书馆，1913：编辑大意.
⑨ 佚名. 中学校课程标准 [J]. 教育部编纂处月刊，1913，1（3）：31.
⑩ 骆师曾. 共和国教科书代数学：上卷 [M]. 上海：商务印书馆，1916：编辑大意.

2—4学年均设平面几何，前两学年与代数并设，第4学年设平面几何、立体几何、平三角大要①。3学年内平面几何和立体几何所占课时适为数学全科之半。黄元吉的《共和国教科书平面几何》和《共和国教科书立体几何》"即依此标准以定之，俾得于规定年限以内，从容毕业"②③。鉴于平三角大要课时仅为第4学年之半，黄元吉的《共和国教科书平三角大要》"内容力求简要，俾得于规定年限以内，从容毕业"④。《中学校课程标准》规定，图画课程第3、第4学年均设用器画（几何画）⑤。《共和国教科书用器画解说》和《共和国教科书中学用器画图式》在内容量上"适足应两学年之用"⑥。

"共和国教科书"中各种中学数学教科书亦有不同的编撰理念。寿孝天的《共和国教科书算术》含有一部分当时小学算术教科书已涉及的内容，对这部分内容"多探溯原理，更进一解，俾与中学之程度相应"⑦。骆师曾的《共和国教科书代数学》对知识的阐发力求简易，不涉及高深的高等代数学理论。如其"编辑大意"所说："中学程度，应以普通代数为范围，故阐发处无不力求简易。其繁赜深奥之理论，应属于高等代数者，仍不预为侵越。"⑧ 黄元吉的《共和国教科书平面几何》和《共和国教科书立体几何》虽各为1册，但出于"平面与立体，仍必循序而进"的考虑，两书"篇数、节数，皆蝉联一贯，并不各册独立"⑨⑩。

①佚名. 中学校课程标准 [J]. 教育部编纂处月刊，1913，1（3）：31.
②黄元吉. 共和国教科书平面几何 [M]. 上海：商务印书馆，1923：编辑大意.
③黄元吉. 共和国教科书立体几何 [M]. 上海：商务印书馆，1916：编辑大意.
④黄元吉. 共和国教科书平三角大要 [M]. 上海：商务印书馆，1914：编辑大意.
⑤佚名. 中学校课程标准 [J]. 教育部编纂处月刊，1913，1（3）：32.
⑥黄元吉. 共和国教科书用器画解说 [M]. 上海：商务印书馆，1920：编辑大意.
⑦寿孝天. 共和国教科书算术 [M]. 上海：商务印书馆，1913：编辑大意.
⑧骆师曾. 共和国教科书代数学：上卷 [M]. 上海：商务印书馆，1916：编辑大意.
⑨黄元吉. 共和国教科书平面几何 [M]. 上海：商务印书馆，1923：编辑大意.
⑩黄元吉. 共和国教科书立体几何 [M]. 上海：商务印书馆，1916：编辑大意.

　　1916 年 11 月 23 日，北洋政府教育部鉴于"社会需用最广，无过簿记一科"，规定中学校第一学年数学时间内，分出 1 小时专授簿记①。刘大绅的《共和国教科书簿记》依据该规定设计课时和内容量。该书"编辑大意"即说明："民国五年十一月二十三日，教育部通饬谓社会需用最广，无过簿记一科。兹定于中学校第一学年每学时间内，分出一小时，专授簿记云云。本书即本此编纂，专供中学校第一年教授簿记之用。"对于单记式簿记知识，《共和国教科书簿记》以世界通用的形式介绍，旨在逐渐改变中国相关记账整理方法的习惯。正如该书"编辑大意"所说："单记式簿记范围最广。本书所示取近于纯正单记式之一种，为近今各国所通用者，于我国素所通行之直行簿记形式虽异，然其理则相通，以期逐渐改正我国之习惯。"② 这反映出该书在编写理念上有追求国际化的一面。

　　在体例上，"共和国教科书"中的中学数学教科书基本统一。这 7 种中学数学教科书均先设"编辑大意"，介绍其用于中学何种科目、课时和内容量及其依据、特点、中文名词原名的标注方式、努力目标，或对书中某些内容或文字排列进行说明等。然后为目录，全书结构采用篇章式或编章式，即全书分若干篇或编，每篇或编下分若干章。采用篇章式结构的有 6 种：《共和国教科书算术》《共和国教科书代数学》《共和国教科书平面几何》《共和国教科书立体几何》《共和国教科书平三角大要》《共和国教科书用器画解说》③。采用编章式结构的有 1 种：《共和国教科书簿记》。

　　采用篇章式结构的 6 种教科书，均以西方和日本已通行的形式，

①教育部咨各省区请转饬各中学校添授簿记文 [J]. 政府公报，1916（322）：13.
②刘大绅. 共和国教科书簿记 [M]. 上海：商务印书馆，1917：编辑大意.
③与《共和国教科书用器画解说》配套的《共和国教科书中学用器画图式》不分篇章，从首页至末页各图统一编号。图的编号以中文"一""二""三"……表示，图中点、线等采用西方数学符号，图从左向右排列。参见：黄元吉. 共和国教科书中学用器画图式 [M]. 上海：商务印书馆，1913.

将知识点按款统一编号，都采用阿拉伯数码、西方数学符号，文字、公式从左至右横排。《共和国教科书算术》和《共和国教科书代数学》在书末都附有篇章中问题的答案。《共和国教科书平三角大要》书末附表3种："圆函数表"①"圆函数对数表""对数表"。《共和国教科书簿记》表格外的文字仍沿袭中国传统的从右往左竖排的编排方式，表格外的数字以中文数字"一""二""三"……表示，形式保守。但该书表格内的文字、数码从左至右横排，阿拉伯数码和中文数字混用，因而也有趋新的一面。

除《共和国教科书用器画解说》和《共和国教科书中学用器画图式》外，"共和国教科书"中的中学数学教科书对主要名词在其首次出现时，附注英文原名，以便于学习者理解其含义和避免产生歧义。

三、内容、特点与底本

为进一步了解和认识商务印书馆的"共和国教科书"中的中学数学教科书，有必要考察这些教科书的内容、特点和底本。由于其中部分教科书的底本尚难确定，因此仅就《共和国教科书算术》《共和国教科书代数学》《共和国教科书平面几何》《共和国教科书立体几何》的底本进行探讨。

（一）《共和国教科书算术》

寿孝天的《共和国教科书算术》② 由骆师曾校订，由"编辑大意"、目录、正文、"答数"构成，共 326 个知识点即 326 款。正文分12 篇。第 1 篇"绪论"，设"定义""命数法及记数法""小数命法及记法"3 章，介绍数、量、单位、不连续量、连续量、数量、不名数、名数、整数、分数、小数、数学、算术的定义，整数和小数的命数法、

---

① "圆函数"即三角函数。
② 寿孝天. 共和国教科书算术 ［M］. 上海：商务印书馆，1913.

记数法等知识。第 2 篇"四则"，设"定义及符号""加法""减法"
"乘法""除法""四则杂题例解"6 章，介绍数"四则""基法""法
数"①"实数"② 等的定义和四则运算符号及方法等知识。第 3 篇"复
名数"，设"复名数绪论""本国度量衡币""时间及角度""通法及命
法""复名数四则""密达制及他国度量衡"③ "中外度量衡之比较"
"外国货币及比较""时差、经差之计算""温度表之计算"10 章，介
绍辅助单位、基本单位、单名数、复名数等的定义，当时中国的度量
衡和币制、计日的历法和角度单位、复名数和单名数的互换方法，复
名数加、减、乘、除运算方法，米制和国外度量衡、中国度量衡与米
制及其他国外度量衡的换算、中外货币换算，时差和经差的计算、温
度表度数的换算等知识。

　　第 4 篇"整数之性质"，设"约数、倍数""去九法，去十一法"
"素数、复数求诸约数""最大公约数""最小公倍数"5 章，介绍约
数、倍数、偶数、奇数、素数、"复数"④、最大公约数、最小公倍数
等的定义，倍数、素数的性质、求约数法、求最大公约数法、求最小
公倍数法等知识。第 5 篇"分数"，设"分数总论""分数化法""分数
四则""最大公约数、最小公倍数""分数杂题例解"5 章，介绍分数、
分母、分子、单分数、繁分数等的定义，分数的化法、分数的四则运
算方法、求分数最大公约数和最小公倍数的方法等知识，以例题介绍
分数题的解法。第 6 篇"循环小数"，设"循环小数总论""循环小数
化法""循环小数四则"3 章，介绍有限小数、无限小数、循环小数等
的定义，循环小数与分数的互化方法、循环小数的四则运算方法等知
识。

---

①此处"法数"指四则运算中的自动之数，即加数、减数、乘数、除数。
②此处"实数"指四则运算中的被动之数，即被加数、被减数、被乘数、被除数。
③此处"密达制"即米制。
④此处"复数"指合数。

定審部育教

中學校用

共和國
教科書

算術

商務印書館出版

图 3-13　寿孝天《共和国教科书算术》

　　第 7 篇"比及比例",设"比""比例""单比例""复比例""连锁法""配分法""混合法"7 章,介绍比、前项、后项、正比、反比、单比、复比、连比、比例、单比例、复比例、连锁法、配分法、混合法等的定义,用各种比例法解应用题等知识。第 8 篇"分厘法",设"分厘总论""应用杂术""利息""关于利息之杂术"4 章,介绍"分厘法"、"分厘率"、百分法、利率等的定义,"分厘法"的应用、计算利息的单利法和复利法等知识。第 9 篇"开方",设"开方总论""开平方""开立方""开高次方"4 章,介绍方根、开方、"完全方数"、"不完全方数"等的意义,开平方和开立方的方法和相关定理、开高次方的方法。

　　第 10 篇"省略算",设"省略算总论""省略算加法""省略算减法""省略算乘法""省略算除法""省略算开方"6 章,介绍"省略算"、误差、误差之界限等的定义,关于小数加、减、乘、除、开平方和开立方的省略计算法则和方法。第 11 篇 "级数"①，设 "级数总论""等差级数""等比级数" 3 章，介绍数列、等差数列、等比数列等的知识。第 12 篇 "求积"，设 "求积总论""求平面积""求立体积" 3 章，介绍求积的定义，矩形、正方形、平行四边形、菱形、梯形、三角形、无法多边形、有法多边形、圆、扇形、椭圆等平面图形的面积求法，直方体即直六面体的体积求法，柱体、锥体、台体的侧面积、表面积、体积求法，以及球面积、体积求法等。

《共和国教科书算术》第 1—3 篇和第 9—12 篇的大部分章、第 4—8 篇各章在章末都设 "问题" 即习题。全书设 "问题" 的共有 50 章，"问题" 总计 458 道。除第 1 篇外，其他 11 篇各篇末均设杂题，共 238 道。

《共和国教科书算术》内容广泛。由前文可知，王永炅和胡树楷合编的《新制算术教本》不计绪论，设 8 编，依次为 "整数、小数四则""复名数（诸等数）""整数之性质""分数""比及比例""折成法""开方法""级数"。其中，第 4 编 "分数" 涉及循环小数化为分数的问题。寿孝天的《共和国教科书算术》不仅涉及这些内容，还介绍省略算、求积等《新制算术教本》未涉及的知识。

《共和国教科书算术》说理简明并大都举例说明。全书正文共 191 页，含 326 个知识点，每个知识点平均只有半页多。对于定义、法则、性质等的介绍，《共和国教科书算术》一般都要言不烦，并举例说明。如除法、被除数、除数的定义："自甲数累减乙数，求甲数中含有乙数几倍之简法，谓之除法 $Division$。其甲数即除法之实数，名曰被除数 $Dividend$。乙数即除法之法数，名曰除数 $Divisor$。例 $12-3-3-3-3=0$，减 4 次而尽，此为累减法。今用 $12÷3=4$，此为累减之减法，

---

①此处 "级数" 指数列。

即除法。其 12 为被除数，3 为除数。"① 再如对于素数的判定法则：
"欲知某数是否素数，可用素数 2，3，5……等一一除之，至其商小于
除数而止。如皆不能除，则其数为素数。例如 269，以 2，3，5……一
一除之，至 17 除得之商，已小于 17，仍不能绝，可知他数亦不能除
绝也，故为素数。"②

《共和国教科书算术》对"四则杂题"和"分数杂题"设有例解。
"四则杂题"例解共 4 款，即 4 个知识点：前 3 款以法则与例题结合的
形式，分有加减或乘除、加减乘除混合、有括号这 3 类情况介绍四则
运算法则，第 4 款以 7 道例题介绍四则运算不同问题的解法。如第 1
款法则为"凡＋，－或×，÷合演之式，可自左向右，顺次求之"③。
分别针对加减合演、乘除合演的情况，设两道例题"50＋8－17＋23－
31＝33""9×8÷6×4÷24＝2"，各有解法④。"分数杂题"例解是通
过 9 道例题介绍不同类型分数题的解法。前 2 题是纯粹的求分数问题，
后 7 题均为应用题，都有相应的解法⑤。

《共和国教科书算术》对重要内容加下划线，在转页处，其整段、
整句的文字和算式均终止。其目的是便于学习者阅读和学习。关于这
点，该书"编辑大意"有如下说明：本书"于词句紧要处特别标以黑
线，于篇幅转叶处，必令文字终止，无非为批阅者图其便利也"。

《共和国教科书算术》以日本藤泽利喜太郎《算术教科书》1907
年出版的第 3 版为主要底本之一。藤泽利喜太郎（Rikitaro Fujisawa，
1861—1933），日本数学家、统计学家和数学教育家，1882 年毕业于

---

①寿孝天. 共和国教科书算术 [M]. 上海：商务印书馆，1913：20.
②同①74.
③同①28.
④同①28.
⑤同①94－98.

东京大学，1886 年在德国斯特拉斯堡大学获博士学位①。1887 年返回日本，被聘为帝国大学理科大学教授。其《算术教科书》分上下卷，1896 年初版②③，上卷和下卷相继于 1897 和 1898 年出版订正版即第 2 版④⑤，两卷于 1907 年均出第 3 版⑥⑦。《算术教科书》第 1 至第 3 版均分 11 编，编内二级结构仅列标题。其第 1 至第 3 版，各编名称未变，但部分编的二级结构有变化，有的编的内容也有修订。如第 1 版第 2 编"四则"设"加法""减法""乘法""除法"4 部分，编末为"四则杂题"，第 2 版第 2 编结构未变，但第 3 版第 2 编则设"加法""减法""乘法""除法""四则余论"5 部分，篇末为"四则杂题"。《算术教科书》第 1 版第 11 编"求积"介绍求积的定义，三角形、梯形、圆的面积求法，柱体、锥体、球的面积、体积求法，第 2 版第 11 编内容未变，但第 3 版第 11 编则增加了矩形、正方形、多角形、菱形、扇形的面积求法，直方体的体积求法，截头锥的体积求法，并增加了插图。《共和国教科书算术》在结构上与《算术教科书》第 3 版最相似，表 3 - 13 为两书一级结构比较表。

---

① 龚鉴尧. 藤泽利喜太郎［M］// 龚鉴尧. 世界统计名人传记. 北京：中国统计出版社，2000：259 - 260.
② 藤澤利喜太郎. 算術教科書：上卷［M］. 東京：大日本図書株式会社，1896.
③ 藤澤利喜太郎. 算術教科書：下卷［M］. 東京：大日本図書株式会社，1896.
④ 藤澤利喜太郎. 算術教科書：上卷［M］. 東京：大日本図書株式会社，1897.
⑤ 藤澤利喜太郎. 算術教科書：下卷［M］. 東京：大日本図書株式会社，1898.
⑥ 藤澤利喜太郎. 算術教科書：上卷［M］. 東京：大日本図書株式会社，1907.
⑦ 藤澤利喜太郎. 算術教科書：下卷［M］. 東京：大日本図書株式会社，1907.

表 3 - 13　寿孝天《共和国教科书算术》与藤泽利喜太郎
《算术教科书》一级结构比较表

《共和国教科书算术》	《算術教科書》	
第一篇　绪论		第一編　緒論
第二篇　四则		第二編　四则
第三篇　复名数	上卷	第三編　諸等数
第四篇　整数之性质		第四編　整数ノ性質
第五篇　分数		第五編　分数
第六篇　循环小数	下卷	第六編　比及比例
第七篇　比及比例		
第八篇　分厘法		第七編　步合算及利息算
第九篇　开方		第八編　開平開立
第十篇　省略算		第九編　省略算
第十一篇　级数		第十編　級数
第十二篇　求积		第十一編　求積

资料来源：寿孝天编纂《共和国教科书算术》，商务印书馆，1913；藤澤利喜太郎：《算術教科書》（上下卷）（東京：大日本図書株式会社，1907）。

上表中，复名数和诸等数含义相同。比较可见，在一级结构上，《共和国教科书算术》有 9 篇即第 1—5 篇、第 7 篇、第 10—12 篇与《算术教科书》第 3 版第 1—5 编、第 6 编、第 9—11 编名称或含义相同，且排列顺序一致。《共和国教科书算术》其余 3 篇中，第 8 篇"分厘法"与《算术教科书》第 7 编"步合算及利息算"所指基本相同；《共和国教科书算术》第 9 篇"开方"与《算术教科书》第 8 编"开平开立"相似，仅是内容不限于开平方、开立方，还包括开高次方；《共和国教科书算术》唯有第 6 篇"循环小数"完全不在《算术教科书》一级结构中，但其内容含于《算术教科书》第 5 编"分数"之内。

在二级结构上，《共和国教科书算术》第 2、第 4、第 7、第 10、第 12 篇与《算术教科书》第 3 版第 2、第 4、第 6、第 9、第 11 编相仿。以《共和国教科书算术》第 2 篇 "四则" 为例。该篇设 "定义及符号" "加法" "减法" "乘法" "除法" "四则杂题例解" 6 章。《算术教科书》第 3 版第 2 编 "四则"，设 "加法" "减法" "乘法" "除法" "四则余论" 5 部分；其中 "四则余论" 与《共和国教科书算术》第 2 篇第 6 章 "四则杂题例解" 形式大同小异，都是通过例题介绍四则运算，且首个知识点都是介绍只有加减法或乘除法的式子的计算顺序问题，第 2 个知识点都是介绍加减乘除混合运算的计算顺序问题。因此，《共和国教科书算术》第 2 篇在二级结构仅是较《算术教科书》第 3 版第 2 编多出 "定义及符号" 1 章。

再以《共和国教科书算术》第 10 篇 "省略算" 为例。该篇设 "省略算总论" "省略算加法" "省略算减法" "省略算乘法" "省略算除法" "省略算开方" 6 章。其中，"省略算开方" 介绍开平方和开立方的省略计算方法。《算术教科书》第 3 版第 9 编 "省略算" 设 "省略算绪论" "省略算加法及减法" "省略算乘法" "省略算除法" "省略算开平及开立" 5 部分。前书第 10 篇和后书第 9 编的主要不同仅是前书将省略算加法、减法分为两章介绍，后书将省略算加法、减法合为一部分介绍。

在内容上，《共和国教科书算术》第 12 篇 "求积" 与《算术教科书》第 3 版第 11 编 "求积" 也有相仿之处。如前书第 12 篇第 2 章第 312 款与后书第 11 编第 220 款都是介绍矩形和正方形面积的求法，两者大致相同，如表 3-14。

表 3-14　寿孝天《共和国教科书算术》第 312 款与藤泽利喜太郎

《算术教科书》第 220 款比较表

《共和国教科书算术》	《算術教科書》
312. 凡四边形每相邻二边间之角皆为直角者，谓之矩形 *Oblong*。矩形之任一边称为底边 *Base*。底边相邻之任一边称为高 *Altitude*。若求其积，则 　　矩形之面积＝底边×高。 　　矩形之底边与高若相等，则四边皆相等，而成为正方形 *Square*。而底边乘高，即无异于任一边自乘。故正方形之面积等于其边之平方。此固吾人所熟知者也。	220. 矩形或ハ長方形ハ四辺形即四角形ノ相隣レル二辺ノ間ノ角ガ何レモ直角ナルモノナリ。矩形ノ何レカ一辺ヲ底辺ト称シ，底辺ト相隣レル辺ヲ高サト称ス，又底辺及高サヲ或ハ横，縦，或ハ長サ，幅トモイフコトアルハ既ニ前ニ述ベタルガ如シ 　　矩形ノ面積＝底辺×高サ。 　　矩形ノ底辺ト高サトガ相等シク従テ四ッノ辺ガ相等シキモノハ真四角ナル形即正方形ニシテ，正方形ノ面積ハ辺ノ平方ニ等シキコト吾人ガ既ニ善ク知レルガ如シ。

　　资料来源：寿孝天编纂《共和国教科书算术》，商务印书馆，1913，第 182 页；藤澤利喜太郎：《算術教科書》（下卷）（東京：大日本図書株式会社，1907），第 289 页。

　　比较可见，《算术教科书》第 3 版第 220 款仅有 "又底边及高サヲ或ハ横，縦，或ハ長サ，幅トモイフコトアルハ既ニ前ニ述ベタルガ如シ" 一句未体现于《共和国教科书算术》第 312 款。第 220 款最后的 "吾人ガ既ニ善ク知レルガ如シ"，并非像对某一公式、法则等的客观陈述，而是作者对正方形面积公式的感性认知，会因人而异，在相应教科书中也不多见。而《共和国教科书算术》第 312 款最后也是意义相同的一句："此固吾人所熟知者也。"

　　在插图上，《共和国教科书算术》第 12 篇 "求积" 与《算术教科书》第 3 版第 11 编 "求积" 有部分相同，如平行四边形、梯形、三角形、菱形、圆、直方体、角柱等的插图。下图为其中的三角形、角柱图形，从中可见一斑。

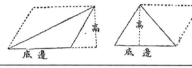

图 3-14　《共和国教科书算术》
第 12 篇中的三角形

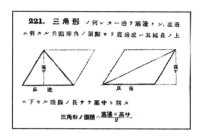

图 3-15　《算术教科书》第 3 版
第 11 编中的三角形

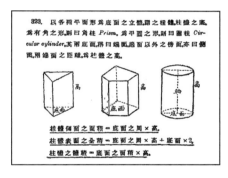

图 3-16　《共和国教科书算术》
第 12 篇中的角柱图形（左 1 和左 2）

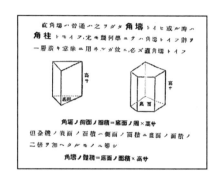

图 3-17　《算术教科书》第 3 版
第 11 编中的角柱图形

不过，《共和国教科书算术》有大量内容与《算术教科书》第 3 版和其他版的相应内容不同，特别是"问题"即习题，均不出自《算术教科书》。这些内容是否由寿孝天自撰或选自其他底本，尚待进一步研究。

（二）《共和国教科书代数学》

骆师曾的《共和国教科书代数学》由寿孝天校订，分上下卷，均由"编辑大意"、目录、正文、"答数"构成。上卷 117 款，下卷 136 款，共 253 款。上卷正文分 6 篇。第 1 篇"绪论"，设"定义及符号""代数式""正数及负数"3 章，介绍代数学、积、因数、系数、乘幂、乘根等的定义和基本符号，代数式中有理式、无理式、独项式、多项式、等式、不等式，正数和负数等知识。第 2 篇"整式"，设"加法"

"减法""括号""乘法""除法"5章，介绍代数式加法、减法、乘法、除法的定义和运算法则，以及括号用法等知识。第3篇"一次方程式"，设"一元一次方程式""一元一次方程式应用问题""联立一次方程式""联立一次方程式应用问题"4章，介绍一元一次方程式、解方程式等的定义，一元一次方程式的解法，解方程式注意事项，含有2个和3个未知数的联立一次方程式的解法等知识，以例题介绍不同类型一元一次方程式和联立一次方程式应用问题的解法。第4篇"因数"，设"因数分解法""最高公因数""最低公倍数"3章，介绍因数、因数分解、最高公因数、最低公倍数等的定义，因数分解法、最高公因数和最低公倍数的求法等知识。第5篇"分数式"，设"分数变化""分数加减""分数乘除""分数杂定理""续一次方程式"5章，介绍分数式、约分、通分、分数方程式等的定义，分数式的性质、分数式的加减乘除法、分数式的定理，一元一次分数方程式、联立一次分数方程式和一次分数方程式应用问题的解法等知识。第6篇"二次方程式"，设"一元二次方程式""二次方程式杂论""高次方程式""联立二次方程式""二次方程式应用问题"，介绍一元二次方程式、增根、无理方程式、高次方程式等的定义，一元二次方程式、无理方程式、联立二次方程式和二次方程式应用问题的解法，一元二次方程式根与系数的关系，以及解高次方程式的特例等①。

①骆师曾. 共和国教科书代数学：上卷 ［M］. 上海：商务印书馆，1916.

图 3-18 骆师曾《共和国教科书代数学》上卷

下卷正文分 9 篇，接续上卷篇序排序。第 7 篇 "乘幂、乘根及指数"，设 "乘幂" "乘根" "指数" 3 章，介绍乘幂的运算、方根的性质、方根的运算、开平方法、开立方法、分数指数和负数指数幂的运算等知识。第 8 篇 "不尽根、虚数"，设 "不尽根" "虚数" 2 章，介绍不尽根、虚数、"复虚数" 即复数、"共轭复虚式" 等的定义，不尽根的运算、"复虚数" 的运算等知识。第 9 篇 "比、比例、变数"，设 "比" "比例" "变数" 3 章，介绍比、优比、劣比、等比、复比、比例、连比例、变数、正变、反变等的定义，反比定理、更比定理、合比定理、分比定理等知识，以及有变数的应用题的例解。第 10 篇 "级数"，设 "等差级数" "等比级数" "调和级数" "杂级数" 4 章，介绍等差数列、等比数列、调和数列，前 n 个自然数的和、平方和、立方和的计算，堆垛求和、分数形式的数列求和方法等知识。第 11 篇 "错列及组合"，设 "错列" "组合" 2 章，介绍 "错列" 即排列、组合等的定义和排列、组合问题的求法等知识。第 12 篇 "二项式定理"，设

"二项式定理"1 章，介绍二项式定理和利用该定理求二项式展开式、$(1+x)^n$ 展开式系数的性质、利用该定理展开多项式等知识。第 13 篇"对数"，设"对数之性质""指数级数及对数级数""复利及年金"3 章，介绍对数的定义、性质，对数表的用法、指数级数、对数级数、对数表的造法、利用对数求复利和年金的方法等知识。第 14 篇"杂算法"，设"分离系数法""不等式""记数法""不定方程式"4 章，介绍分离系数法、不等式的性质、十进制记数法、未知数为正整数的不定方程的解法等知识。第 15 篇"图解"，设"定义""一次方程式之图解""二次方程式之图解"3 章，介绍图解、坐标、坐标轴、象限等的定义，一次方程式和二次方程式的图解等知识①。

《共和国教科书代数学》内容广泛，不仅涉及一些清末民初中学数学教科书已涉及的整式、一次方程式、二次方程式、因数、分数式、比和比例、数列、排列和组合、二项式定理、对数、复利和年金等基本知识，也涉及虚数、复数等清末民初中学数学教科书较少涉及的知识。而且，《共和国教科书代数学》第 15 篇"图解"介绍一次方程式和二次方程式的图解知识，开创了中国近代中学数学教科书设置该知识的先河。

《共和国教科书代数学》亦具有说理简明的特点。该书对定义、法则、公理、定理等的介绍，一般都文字简练、清楚易懂。同时，名词首次出现时，其后附注英文原名，以便于读者理解词义和避免读者理解有误。如"组合"的定义："从 n 个各异之物，每次取其 r 个为一群，不论其各群间诸物之顺序如何，但以其诸物至少有一相异为主，是谓从 n 个取 r 个之组合 Combination。"② 再如，该书对解联立二元一次方程组"加减消去法"的介绍：

——————————

①骆师曾. 共和国教科书代数学：下卷［M］. 上海：商务印书馆，1913.
②同①65.

> 以适宜之数乘二方程式，使其同未知之系数有一相等，
> 乃以乘得之二式相加或减，消去此未知数，使为一元一次方
> 程式而解之，可得其一未知数之值。又以其值代入题中任一
> 式可得其他未知数之值。[①]

该介绍简明扼要，使学习者易于理解"加减消去法"的步骤。

　　如同《共和国教科书算术》，《共和国教科书代数学》为了便于学习者阅读和学习，对重要内容加下划线，在转页处，其整段、整句的文字和算式均终止。

　　《共和国教科书代数学》以王家菼编撰的《代数学新教科书》第 2 版或第 3 版为主要底本。王家菼此书于宣统元年即 1909 年由商务印书馆初版[②]，1911 年再版[③]，民国元年即 1912 年出至第 3 版[④]，亦由寿孝天校订。《代数学新教科书》第 2 版订正了初版的一些错误。如初版第 4 编"因子"之问题 12 中第 3 题的"$axy-ay$"，在再版中被订正为"$axy-ay^2$"，第 3 版未变更该订正结果。《共和国教科书代数学》与该题对应的是第 4 篇之问题 18 中的第 5 题，其与《代数学新教科书》再版修订的相同。《共和国教科书代数学》和《代数学新教科书》一级结构相似，如表 3-15。

---

①骆师曾. 共和国教科书代数学：上卷 [M]. 上海：商务印书馆，1916：43.
②王家菼. 代数学新教科书 [M]. 上海：商务印书馆，1909.
③王家菼. 代数学新教科书 [M]. 上海：商务印书馆，1911.
④王家菼. 代数学新教科书 [M]. 上海：商务印书馆，1912.

表 3-15　骆师曾《共和国教科书代数学》与

王家菼《代数学新教科书》一级结构比较表

《共和国教科书代数学》		《代数学新教科书》
上卷	第1篇　绪论	第1编　绪论
	第2篇　整式	第2编　整式四则
	第3篇　一次方程式	第3编　方程式
	第4篇　因数	第4编　因子
	第5篇　分数式	第5编　分数式
	第6篇　二次方程式	第6编　方程式
下卷	第7篇　乘幂、乘根及指数	第7编　方乘、方根、分指数、负指数
	第8篇　不尽根、虚数	第8编　不尽根、虚数
	第9篇　比、比例、变数	第9编　比、比例、联变
	第10篇　级数	第10编　级数
	第11篇　错列及组合	第11编　错列及组合
	第12篇　二项式定理	第12编　二项例
	第13篇　对数	第13编　对数
	第14篇　杂算法	第14编　杂算法
	第15篇　图解	

　　资料来源：骆师曾编纂《共和国教科书代数学》（上卷），商务印书馆，1916；骆师曾编纂《共和国教科书代数学》（下卷），商务印书馆，1913；王家菼编纂《代数学新教科书》，商务印书馆，1911。

　　比较可见，仅有《共和国教科书代数学》第15篇"图解"在《代数学新教科书》中无对应的编。《共和国教科书代数学》有7篇即第1、第5、第8、第10、第11、第13、第14篇的名称与《代数学新教科书》相同序次编即第1、第5、第8、第10、第11、第13、第14编的名称相同。《共和国教科书代数学》余下的7篇即第2—4、第6、第7、第9、第12篇的名称与《代数学新教科书》相同序次编的名称有所不同，但所指内容相同或基本相同。从书中具体内容看，《共和国教科书代数学》第3、第4、第7、第9、第12篇名称与《代数学新教科书》第3、第4、第7、第9、第12编名称所指均相同。如《共和国教科书代数学》第3篇"一次方程式"共设4章，相继为"一元一次方程式""一元一次方程式应用问题""联立一次方程式""联立一次方程式应用问题"；《代数学新教科书》第3编"方程式"共设4节，相继为"一元一次方程式""一元一次方程式应用问题""多元一次联立方程式""一次联立方程式应用问题"；前书第3篇各章与后书第3编序次相同的节所指内容相同，前书第3篇前两章名称与后书第3编前两节名称都分别相同。另外，《共和国教科书代数学》第4篇"因数"与《代数学新教科书》第4编"因子"仅是译名不同而已。

《共和国教科书代数学》与《代数学新教科书》有大量内容相仿或相同。例如，《共和国教科书代数学》第3篇"一次方程式"第3章"联立一次方程式"第60款联立二元一次方程式的解法，与《代数学新教科书》第3编"方程式"第3节"多元一次联立方程式"第38款相仿。这两款都是介绍二元一次联立方程组的3种解法。第60款的3种解法为加减消去法、代入消去法、比较消去法，各解法依次与第38款的3种解法——消去法、代入法、等置法相同，如表3-16。

表3-16　骆师曾《共和国教科书代数学》第60款与
王家菼《代数学新教科书》第38款内容比较表

《共和国教科书代数学》	《代数学新教科书》
加减消去法 *Elimination by addition or subtraction* 　以适宜之数乘二方程式，使其同未知数之系数有一相等，乃以乘得之二式相加或减，消去此未知数，使为一元一次方程式而解之，可得其一未知数之值。又以其值代入题中任一式，可得其他未知数之值。	消去法 　以适宜之数乘二方程式，使二式中之同元系数有一相等。以乘得之二式相加或减，消去其同元等系之一项，使为一元一次方程式而解之，可得其一未知数之值。以其值代入题之任一式，求得其他未知数之值。

续表

《共和国教科书代数学》	《代数学新教科书》
代入消去法 *Elimination by substitution* 　　先从一方程式，令其任一未知数之一项独居于左边，而以其系数除其两边，用其右边所表之式代入他方程式之此未知数而解之，得一未知数之值。又以其值代入前所表之式，得又一未知数之值。	代入法 　　任以一方程式，令其有元之一项独居于左边，而以其系数除其两边，用其右边代表其左之未知数代入他方程式而解之，得一未知数之值。以其值代入前所代表者，得他未知数之值。
比较消去法 *Elimination by comparison* 　　将两方程式，令其同一未知数之项独居于左边，各以其系数除其两边，则其右边之二式皆表同一未知数之值，乃以等号联此二式，作为一新方程式而解之，得一未知数之值。又以其值代入前二式中之任一式，得又一未知数之值。	等置法 　　以两方程式，将同元之项独居于左边，各以其系数除其两边，所得两右边皆代表其同一未知数之值。乃以一为新方程式之此边，一为新方程式之彼边而解之，得一未知数之值。乃于前所代表者，以其值代入之，得他未知数之值。

　　资料来源：骆师曾编纂《共和国教科书代数学》（上卷），商务印书馆，1916，第43-46页；王家菼编纂《代数学新教科书》，商务印书馆，1911，第58-61页。

　　比较可见，左右两栏加减消去法和消去法，代入消去法和代入法、比较消去法和等置法本质相同，表述也相仿。而且《共和国教科书代数学》第60款加减消去法的两个例题、代入消去法的第1个例题、比较消去法的第1个例题，分别与《代数学新教科书》第38款消去法的两个例题、代入法的第1个例题、等置法的第1个例题相同。《共和国教科书代数学》第3篇问题12之第7、第8题为求解三元一次联立方程组的问题，分别与《代数学新教科书》第3编问题9之第7、第8题相同。

　　《共和国教科书代数学》第4篇"因数"问题18之第3—5、第6—8、9题，第11—18题，分别与《代数学新教科书》第4编"因子"问题 12 之第 1—3、5—7、4 题，第 9—16 题相同。《共和国教科书代数学》第 5 篇"分数式"第 1 章"分数变化"第 85 款"约分"的 4 道例题，与《代数学新教科书》第 5 编"分数式"第 1 节"分数变化"第 62 款的 4 道例题相同。《共和国教科书代数学》第 10 篇"级数"第 1 章"等差级数"第 173 款之例 2、例 3，分别与《代数学新教科书》第 10 编"级数"第 1 节"等差级数"第 130 款之例 1、例 2 相同。《共和国教科书代数学》第 10 篇的问题 43 共 17 题，其中有 14 题——第 1—10 题，第 14—17 题，分别与《代数学新教科书》第 10 编问题 33 的第 1—10 题，第 11—14 题相同。

再如，《共和国教科书代数学》第 1 篇"绪论"第 3 章"正数及负数"第 17 款"数之大小"与《代数学新教科书》第 1 编"绪论"第 3 节"负数"第 9 款部分内容相仿。前书第 17 款中有如下内容："从一数减他数，其减数愈大者，余数愈小。今以正数、负数示之，如 $4-1>4-2>4-3>4-4>4-5>4-6>4-7$，即 $3>2>1>0>-1>-2>-3$。"该内容与《代数学新教科书》第 1 编"绪论"第 3 节"负数"第 9 款的以下内容相仿："凡负数之绝对值愈大，其数值愈小，如 $4-1>4-2>4-3>4-4>4-5>4-6>4-7$，即 $3>2>1>0>-1>-2>-3$。"《共和国教科书代数学》第 3 篇"一次方程式"第 1 章"一元一次方程式"第 53 款的 4 个解方程常用公理，与《代数学新教科书》第 3 编"方程式"第 1 节"一元一次方程式"第 35 款解方程的 4 个公理相仿。第 53 款 4 个公理："一、相等之二数，各以同数或等数加之，其和仍相等；二、相等之二数，各以同数或等数减之，其差仍相等；三、相等之二数，各以同数或等数乘之，其积仍相等；四、相等之二数，各以同数或等数除之，其商仍相等。"第 35 款 4 个公理："一、方程式之两边，同以一数加之，其式仍相等；二、方程式之两边，同以一数减之，其式仍相等；三、方程式之两边，同以一数乘之，其式仍相等；四、方程式之两边，同以一数除之，其式仍相等。"只是前 4 个公理将后 4 个公理的"方程式之两边"改为"相等之二数",且增加了以等数加、减、乘、除的情况。

《共和国教科书代数学》第 3 篇第 4 章"联立一次方程应用问题"第 94 款例 1,与《代数学新教科书》第 3 编"方程式"第 4 节"一次联立方程式应用问题"第 41 款例 1 相仿。第 94 款例 1:"有甲乙二种笔,甲种 5 枝,乙种 4 枝,共值 2.1 元。而甲种 4 枝,乙种 8 枝,共值 2.4 元。问二种每枝各值若干。"第 41 款例 1:"有甲乙二种墨水,甲种五瓶,乙种四瓶,共值银二元一角。若甲种四瓶,乙种八瓶,共值洋二元四角。问甲乙二种墨水,每瓶价值各若干。"这两道例题的数字、解法相同①②。不同之处是第 94 款例 1 将第 41 款例 1 中的墨水改成了笔。

《共和国教科书代数学》和《代数学新教科书》都讲求一定的编辑策略。这主要体现于前书对知识点大都先以粗体字列出标题,再以标准文字介绍具体知识,后书对大量知识点以大号字标示标题或关键字词,以对读者做出提示。但对有些知识的介绍,前书较后书更简明。这点由前后两书对等差数列前 n 项和知识介绍的比较即表 3-17 所示,可见一斑。

---

①骆师曾. 共和国教科书代数学:上卷[M]. 上海:商务印书馆,1916:50-51.
②王家菼. 代数学新教科书[M]. 上海:商务印书馆,1911:69-70.

表 3-17　骆师曾《共和国教科书代数学》与王家菼《代数学新教科书》
关于等差数列前 n 项和知识内容比较表

《共和国教科书代数学》	《代数学新教科书》
172　n 项之和承上，设以 s 表 n 项之和，则 $$s=a+(a+d)+(a+2d)+\cdots\cdots+(l-d)+l$$ 又　$$s=l+(l-d)+(l-2d)+\cdots\cdots+(a+d)+a$$ 相加 $2s=(a+l)+(a+l)+(a+l)+\cdots\cdots(a+l)+(a+l)=n(a+l)$ 故　$s=\dfrac{n}{2}(a+l)$　　（Ⅱ） 　　又以（Ⅰ）式代入（Ⅱ）式，则得 $$s=\dfrac{n}{2}\{2a+(n-1)d\}　（Ⅲ）$$	130　等差级数若干项之和，为等于首末两项和之半，而以项数乘之。 　　即等于二倍首项，与项数减 1 乘公差之和（或二倍末项与项数减 1 乘公差之较）折半而以项数乘之。 　　假设首项 a，公差 d，末项 l，项数 n，其和 s $$s=a+(a+d)+(a+2d)+\cdots\cdots+(l-d)+l,$$ 　　又列记其各项反对之次序 $$s=l+(l-d)+(l-2d)+\cdots\cdots+a+d+a$$ 　　二式相加 $$2s=\underbrace{(a+l)}_{1}+\underbrace{(a+l)}_{2}+\underbrace{(a+l)}_{3}+\cdots\cdots+\underbrace{(a+l)}_{n}$$ $$=n(a+l)。$$ $$s=\dfrac{n}{2}(a+l)　　　　　　（1）$$ 惟 $l=a+(n-1)d$，以代入于（1）式，为 $$s=\dfrac{n}{2}(2a+(n-1)d)　　（2）$$ 又 $a=l-(n-1)d$，代入于（1）式，为 $$s=\dfrac{n}{2}(2l-(n-1)d)　　（3）$$ 于是由 a，d，l，n，s 之五数中，知其三数，可求得其余之二数。

资料来源：骆师曾编纂《共和国教科书代数学》（下卷），商务印书馆，1913，第 40-41 页；王家菼编纂《代数学新教科书》，商务印书馆，1911，第 258-260 页。

　　左右两栏中，l 为等差数列的第 n 项。左栏中所言（Ⅰ）式指《共和国教科书代数学》第 171 款中等差数列通项公式：$l=a+(n-1)d$。比较可见，这两栏的知识基本相同，但左栏的介绍明显较右栏的简明。

《共和国教科书代数学》与《代数学新教科书》涵括的绝大部分知识相同，但前书第 15 篇"图解"为后书所未有，故前书整体知识覆盖面略广。但对个别知识，如"杂算法"的介绍，《共和国教科书代数学》相对简单。其第 14 篇"杂算法"仅分"分离系数法""不等式""记数法""不定方程式"4 章，而《代数学新教科书》第 14 编"杂算法"分 8 节，其中 4 节与这 4 章名称相同，另外 4 节为"等势式""不定系数、分项分数、级数回求""连分数""整数论"。

《代数学新教科书》有少数名词，如表示因式分解法的"因子分括法"①，在 1913 年《共和国教科书代数学》出版之际已显陈旧。而对于这个名词，《共和国教科书代数学》则以较为通行的"因数分解法"替代②。

作为晚清时期的教科书，《代数学新教科书》因意识形态问题，在民国必然会遭到一定程度的排斥。而《共和国教科书代数学》属于北洋政府教育部审定的教科书，按照该部颁行的《中学校课程标准》设计课时和内容量，相对《代数学新教科书》具有被民国中等教育界接受的优势。

在上述因素综合作用下，1913 年《共和国教科书代数学》出版后取代《代数学新教科书》，成为历史的必然。

（三）《共和国教科书平面几何》与《共和国教科书立体几何》

黄元吉的《共和国教科书平面几何》《共和国教科书立体几何》由寿孝天校订，为一部中学几何教科书的两册，按篇建立一级结构，两册各篇与篇中各款统一排序。《共和国教科书平面几何》由"编辑大意"、目录、正文构成。正文分绪论和 4 篇，共 293 款。绪论介绍初等

---

①王家菼. 代数学新教科书［M］. 上海：商务印书馆，1911：78.
②骆师曾. 共和国教科代数学：上卷［M］. 上海：商务印书馆，1916：55.

平面几何学和立体几何学的基本定义、公理，包括几何学、平面几何学、立体几何学、点、线、面、体或立体、直线、平面、图形、公理、系、作图题等的定义，"全量必大于其分量""有两点必能联之成直线，惟所成直线限于一"等公理。第 1 篇为"直线"，设"平面角""平行直线""三角形""平行四边形""轨迹"5 章，介绍平面角、平角、直角、锐角、钝角、余角、补角、对顶角、平行线、三角形、平行四边形等的定义，关于平角、直角、平行线、三角形全等、平行四边形等的定理或系，以及一点与两点成等距之轨迹、一点与两直线成等距之轨迹等知识。第 2 篇为"圆"，设"圆形性质""圆心角""弦""圆周角""切线""两圆之关系""内接、外切""轨迹""作图题"9 章，介绍圆、直径、半径、圆心角、弦、圆周角、圆的切线等的定义，关于圆、圆心角、弦、圆周角和圆心角、圆的切线等的定理或系，以及平行的弦中点之轨迹、一既定直线所对点成定角之点的轨迹、初等几何学作图等知识。

　第 3 篇为"面积"，设"定理""作图题"2 章，介绍平行四边形之高、三角形之高等的定义，与平行四边形、三角形和矩形面积等有关的定理或系等，以及与平行四边形、正方形面积等相关的作图题。第 4 篇为"比例"，设"比及比例""基本定理""相似直线形""面积""轨迹及作图题"5 章，介绍比、比例、相似直线形等的定义，关于初等几何中比例、相似三角形、面积相等矩形、相似直线形之比等的定理或系，以及定点距相交两直线成定比之点的轨迹、定点与两点距离成定比之点的轨迹、求既定三直线之第四比例项、求既定两直线间之比例中项等作图题的知识[①]。

---

① 黄元吉. 共和国教科书平面几何 [M]. 上海：商务印书馆，1923.

图 3-19　黄元吉《共和国教科书平面几何》和《共和国教科书立体几何》

　　《共和国教科书立体几何》由"编辑大意"、目录、正文构成。正文分2篇，共138款。第1篇即全书第5篇"空间之平面及直线"，设"平行之平面及直线""垂线""二面角及立体角""多面体""多面体之体积"5章，介绍平面、"两平面相平行""直线与平面相平行"、垂线、二面角、立体角、多面体、平行六面体、角柱、四面体、体之体积等的定义，关于平行平面、平行直线、垂线、立体角、平行六面体、角柱、正多面体、多面体体积等的定理或系。第2篇即全书第6篇"球、圆柱、圆锥"，设"球""圆柱、圆锥"2章，介绍球、大圆、小圆、球之切线、球面角、球面三角形等的定义，关于球、大圆、球面角、球面三角形、圆柱、圆锥等的定理或系[1]。

　　前文述及长泽龟之助的《新几何学教科书：平面》注意代数学与

①黄元吉. 共和国教科书立体几何 [M]. 上海：商务印书馆，1916.

几何学的会通，专门有附录"代数学与几何学解法之比较"①②。黄元吉的《共和国教科书平面几何》借鉴了长泽龟之助所撰几何教科书的这一特点，有些内容以代数式表示。如《共和国教科书平面几何》第2篇"圆"第4章"圆周角"中第141款为定理"圆周角与圆心角若同立一弧，则圆周角得圆心角之半"，其证明中即用到代数式。其目的是使内容更明晰，亦有使代数与几何会通之意。正如该书"编辑大意"指出：

> 几何学虽系独具真理，无藉他种科学援引证明。然推勘时关于紧要及终结处，以代数式显之，反较专用文词传达者，更为明朗。日本长泽氏所撰几何，辄以算术、代数两科，相为印证，以示会通。本书亦间以代数式相错为用，盖即循其先例也③。

对于某些定义、定理、系、公理、作图题中应该特别注意的内容，《共和国教科书平面几何》和《共和国教科书立体几何》在该内容下加下划线，以提示学习者随时注意。这两本教科书的各篇各章或多或少都有这样加下划线的内容。关于这一特点，这两本教科书的"编辑大意"都强调："本书于每节纲要及证明处④，有应特别注意者，均加黑线为志，以便学者随时注重。"这说明了加"黑线"即下划线的目的。

《共和国教科书平面几何》和《共和国教科书立体几何》分别以日本菊池大麓《初等几何学教科书：平面几何学》和《初等几何学教科书：立体几何学》为底本。菊池大麓（Dairoku Kikuchi，1855—

①長澤龜之助. 新幾何学教科書：平面［M］. 東京：国定教科書共同販売所，1911：193-196.

②長澤龜之助. 新幾何学教科書：平面［M］. 東京：国定教科書共同販売所，1912：193-196.

③黄元吉. 共和国教科书平面几何［M］. 上海：商务印书馆，1923：编辑大意.

④这两本教科书"证明处"实际均无下划线。它们的"编辑大意"称证明处"有应特别注意者"加黑线，为误说。

1917），日本数学家和数学教育家，6 岁入蕃书调所学习英语和数学，1866 年由幕府派遣赴英国留学。1868 年因幕府不再支付留学费，返回日本。1870 年由明治政府派遣，再度赴英国留学，1877 年毕业于剑桥大学。1878 年出任东京大学理学部教授，1881 年升任部长。1886 年，东京大学理学部改为帝国大学理科大学，菊池大麓任校长至 1893 年。1889 年，他当选东京学士院会员。1897 年出任文部省学务局长，接着成为文部次官。1898 年出任东京帝国大学总长，1901 年成为第一次桂内阁的文部大臣[①]。他勤于编撰和翻译几何学教科书和著作，编撰有《初等几何学教科书：平面几何学》[②][③]《初等几何学教科书：立体几何学》[④]《几何学初步教科书》[⑤]《几何学新教科书：平面》[⑥]《几何学新教科书：立体》[⑦]《平面解析几何学》[⑧]，与泽田吾一合编《初等平面三角法教科书》[⑨]，与数藤斧三郎合译《近世平面几何学》[⑩] 等。1900 年日本的一个调查显示，菊池大麓的几何学教科书在日本中学和师范学校被广泛使用[⑪]。他对日本明治时期的数学、教育和学术发展做出重要贡献。

①《日本の数学 100 年史》編集委員会. 日本の数学 100 年史：上冊 ［M］. 東京：岩波書店，1984：117 - 122.

②菊池大麓. 初等幾何学教科書：平面幾何学：巻 1 ［M］. 東京：文部省編輯局，1888.

③菊池大麓. 初等幾何学教科書：平面幾何学：巻 2 ［M］. 東京：文部省編輯局，1889.

④菊池大麓. 初等幾何学教科書：立体幾何学 ［M］. 東京：文部省編輯局，1889.

⑤菊池大麓. 幾何学初歩教科書 ［M］. 東京：大日本図書株式会社，1904.

⑥菊池大麓. 幾何学新教科書：平面 ［M］. 東京：大日本図書株式会社，1915.

⑦菊池大麓. 幾何学新教科書：立体 ［M］. 東京：大日本図書株式会社，1916.

⑧菊池大麓. 平面解析幾何学 ［M］. 東京：大日本図書株式会社，1913.

⑨菊池大麓，澤田吾一. 初等平面三角法教科書 ［M］. 東京：大日本図書株式会社，1893.

⑩菊池大麓，数藤斧三郎. 近世平面幾何学 ［M］. 東京：大日本図書株式会社，1895.

⑪同①145.

菊池大麓的《初等几何学教科书：平面几何学》和《初等几何学教科书：立体几何学》是依据英国几何学教授法改良协会编纂的几何学书，为日本寻常中学和寻常师范学校编撰的教科书①。《初等几何学教科书：平面几何学》初版分 2 卷，第 1 卷和第 2 卷相继于 1888 和 1889 年由日本文部省编辑局出版②③。1889 年，该书由 2 卷合为 1 册再版④，并出版第 3 版。1890、1892 和 1894 年，相继出版第 4 至第 6 版。1895 年，出版第 7 和第 8 版，第 8 版由大日本图书株式会社出版⑤。1898 年出至第 10 版⑥。

《初等几何学教科书：平面几何学》初版分绪论和如下 5 编："直线""圆""面积""比及比例""比及比例的应用"。第 4 编"比及比例"前的内容属于第 1 卷，第 4 编和第 5 编"比及比例的应用"属于第 2 卷。该书第 2 版将这 2 卷合为 1 册，增加了附录。从初版至第 9 版，修订较少，结构上仅是将初版第 1 编"直线"下的"公理"改为"几何学公理 1，2"再改为"几何学公理 1，2，3"。该书第 10 版修订较多，将第 5 编第 2 节"相似形"改为"相似直线形"，对第 2 编"圆"第 3 节"弦"的内容做了较大的调整，在附录前增加了"杂问题"。

在这些版本中，黄元吉以《初等几何学教科书：平面几何学》第

---

① 菊池大麓. 凡例［M］//菊池大麓. 初等幾何学教科書：平面幾何学：卷 1. 東京：文部省編輯局，1888：1.

② 菊池大麓. 初等幾何学教科書：平面幾何学：卷 1［M］. 東京：文部省編輯局，1888.

③ 菊池大麓. 初等幾何学教科書：平面幾何学：卷 2［M］. 東京：文部省編輯局，1889.

④ 菊池大麓. 初等幾何学教科書：平面幾何学［M］. 東京：文部省編輯局，1889.

⑤ 菊池大麓. 初等幾何学教科書：平面幾何学［M］. 東京：大日本図書株式会社，1895.

⑥ 菊池大麓. 初等幾何学教科書：平面幾何学［M］. 東京：大日本図書株式会社，1898.

10 版为《共和国教科书平面几何》的底本①，原因如下：

首先，《共和国教科书平面几何》第 2 篇"圆"第 3 章"弦"的内容与《初等几何学教科书：平面几何学》第 10 版第 2 编"圆"第 3 节"弦"的内容大都相同，知识点排序基本一致。《共和国教科书平面几何》该章起于第 117 款，止于第 137 款，共 21 款。除第 126 款外②，其余 20 款在《初等几何学教科书：平面几何学》第 10 版第 2 编第 3 节中都有相同或相仿的内容，且对应内容排序一致。但这 20 款在《初等几何学教科书：平面几何学》第 10 版之前的版本中虽有相同内容，但对应内容排序差异较大。

其次，《共和国教科书平面几何》与《初等几何学教科书：平面几何学》第 10 版结构体系相仿，且"相似直线形"一章标题为后书第 10 版所独有。两书目录如表 3 - 18 所示。

①笔者所见菊池大麓《初等几何学教科书：平面几何学》最新版本是 1898 年出版的第 10 版。但该书是否存在高于第 10 版的版本，暂且存疑。因为 1908 年出版的黄元吉所译菊池大麓《平面几何学新教科书》，有大量内容与《初等几何学教科书：平面几何学》（第 10 版）相同，该译著还有 1899 年（明治三十二年）菊池大麓所写"凡例"，而笔者查阅日本国立国会图书馆网站和日本研究网站均未查到《初等几何学教科书：平面几何学》高于第 10 版的版本。该版本若存在，则应为《共和国教科书平面几何》的底本。参见：菊池大麓. 平面几何学新教科书 [M]. 黄元吉，译述. 上海：商务印书馆，1908.

②第 126 款为"弦之二等分处所作垂线必过圆心"。参见：黄元吉. 共和国教科书平面几何 [M]. 上海：商务印书馆，1923：53.

表 3-18 黄元吉《共和国教科书平面几何》与菊池大麓

《初等几何学教科书：平面几何学》第 10 版目录比较表

《共和国教科书平面几何》	《初等幾何学教科書：平面幾何学》
绪论	緒論
第一篇　直线 　　第一章　平面角 　　第二章　平行直线 　　第三章　三角形 　　第四章　平行四边形 　　第五章　轨迹	第一編　直線 　　定義 　　幾何学公理 1，2，3 　　第一節　一ッノ点ニ於テノ角 　　第二節　平行直線 　　第三節　三角形 　　第四節　平行四辺形 　　第五節　軌跡 　　問題
第二篇　圆 　　第一章　圆形性质 　　第二章　圆心角 　　第三章　弦 　　第四章　圆周角 　　第五章　切线 　　第六章　两圆之关系 　　第七章　内接外切 　　第八章　轨迹 　　第九章　作图题	第二編　圓 　　第一節　本原ノ性質 　　第二節　中心ニ於テノ角 　　第三節　弦 　　第四節　弓形ニ於テノ角 　　第五節　切線 　　第六節　二ッノ圓 　　第七節　内接形及外接形 　　第八節　作図題 　　問題
第三篇　面积 　　第一章　定理 　　第二章　作图题	第三編　面積 　　第一節　定理 　　第二節　作図題 　　問題

续表

《共和国教科书平面几何》	《初等幾何学教科書：平面幾何学》
第四篇　比例 　　第一章　比及比例 　　第二章　基本定理 　　第三章　相似直线形 　　第四章　面积 　　第五章　轨迹及作图题	第四編　比及比例 　　第一節　定義及緒論 　　第二節　定理
	第五編　比及比例ノ応用 　　第一節　基本ノ定理 　　第二節　相似直線形 　　第三節　面積 　　第四節　軌跡及作図題 　　問題 雑問題 附録

资料来源：黄元吉编纂《共和国教科书平面几何》，商务印书馆，1923；菊池大麓：《初等幾何学教科書：平面幾何学》（東京：大日本図書株式会社，1898）。

比较可见，《共和国教科书平面几何》前3篇与《初等几何学教科书：平面几何学》前3编的一级标题相同，二级标题大多数相同，相同标题在各书中先后顺序一致；除了后书第3编末的"问题"外，前书第3篇和后书第3编二级标题也相同；前书第4篇的一级标题与后书第4、5编的都不相同，但部分相同，前书第4篇与后书第4、5编的二级标题大都相同，相同标题在各书中先后顺序一致。前书第4篇第3章与后书第5编第2节的标题均为"相似直线形"，而后书第10版前的版本中该节标题是"相似形"。

第三，《共和国教科书平面几何》与《初等几何学教科书：平面几何学》第10版有大量内容相同。例如，绪论和第1编第1节前的引言有不少相同的内容。前书第1篇第1章末的"第一章之问题"第6、第7题与后书第1章第1节问题第7、第8题相同。前书第1篇第2章与后书第1编第2节内容基本相同，第2章末的"第二章之问题"第11—13题与第2节问题第12—14题相同。前书第1篇第3章末的"第三章之问题"共 23 题，即第 14—36 题，分别与后书第 1 编第 3 节问题第 15—22 题、第 24 题、第 26—29 题，第 33、第 34 题，第 36—41 题，第 43、第 44 题相同或基本相同。前书第 1 篇最后"第一篇之问题"共 8 题，前 7 题为第 46—52 题，分别与后书第 1 编最后的问题第 61—67 题相同或基本相同。

再如，《共和国教科书平面几何》第 2 篇第 1 章与《初等几何学教科书：平面几何学》第 10 版第 2 编第 1 节内容多有相同之处，其中前书第 108 款的同心圆定义、第 109—112 款的 4 个系，与后书第 2 编第 1 节定义 5 的同心圆定义及其后面的 4 个系相同，两书 4 个系的前后顺序一致。前书第 2 篇第 1 章末"第一章之问题"共 3 题，为第 54—56 题，分别与后书第 2 编第 1 节问题第 69—71 题相同。前书第 2 篇第 2 章末"第二章之问题"共 3 题，为第 57—59 题，分别与后书第 2 编第 2 节问题第 72—74 题相同。前书第 2 篇第 4 章末"第四章之问题"共 8 题，为第 66—73 题，分别与后书第 2 编第 4 节问题第 87—89 题，第 92—96 题相同或基本相同。前书第 4 篇第 3—5 章分别与后书第 5 编第 2—4 节内容大都相同。

菊池大麓的《初等几何学教科书：立体几何学》于 1889 年由日本文部省编辑局出版①，1894 年由大日本图书株式会社出版第 3 版②。该书初版分 2 编，与《初等几何学教科书：平面几何学》的编统一排序，为第 6 编"平面"和第 7 编"球、圆墙及圆锥"。从初版至第 3 版，该书编节结构未变，正文修订甚少，附录有大幅度的修订。

黄元吉以《初等几何学教科书：立体几何学》第 3 版为《共和国教科书立体几何》的底本。首先，《共和国教科书立体几何》有定理的插图与《初等几何学教科书：立体几何学》第 3 版的相同，而与其他

---

①菊池大麓. 初等幾何学教科書：立体幾何学［M］. 東京：文部省編輯局，1889.
②菊池大麓. 初等幾何学教科書：立体幾何学［M］. 東京：大日本図書株式会社，1894.

版本的不同。该定理为《共和国教科书立体几何》第 6 篇"球、圆柱、圆锥"第 1 章"球"第 395 款："两球相交，其交为圆周，此圆周之平面必与两球心之联结线成正交，而其圆心即在两球心之联结线上。"其证明如下："先设两球球心分别为 O 和 O'，在此圆上任取 H，K 两点，说明△OHO' 和△OKO' 全等。由此得出自 H，K 两点作公共底边 OO' 的垂线，两垂线相等，且同以 OO' 上 N 点为交点。因此，HN 和 KN 在垂直于 OO' 的平面上，且 HN 等于 KN，H，K 两点在以 N 为圆心的圆周上。"该定理及其证明与《初等几何学教科书：立体几何学》初版和第 3 版第 7 编第 1 节"球"中定理 6 及其证明相同。《初等几何学教科书：立体几何学》初版和第 3 版都分别针对两球相交，球心均在另一球外的情况，与两球相交，一球球心在另一球内的情况，配有甲、乙两幅插图。初版两幅插图中，H 和 O、H 和 O'、K 和 O、K 和 O' 之间均无连线，第 3 版则都有连线。《共和国教科书立体几何》第 395 款的插图，与《初等几何学教科书：立体几何学》第 3 版的相同。

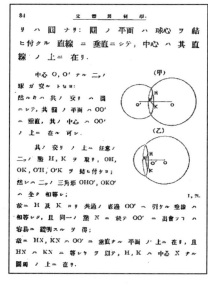
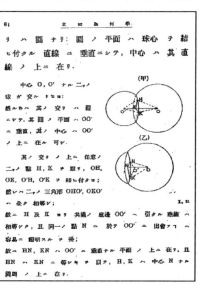

图 3-20　《初等几何学教科书：立体几何学》初版（左）和

第 3 版（右）第 7 编第 1 节定理 6（局部）

393. 系　球之切線，即係由其切點所成半徑之垂線。
394. 定義　兩球相切接者，爲兩球相交，於其球面相交之處，稱爲兩球之交。
395. 定理　兩球相交，其交爲圓周，此圓周之平面，必與兩球心之聯結線成正交，而其圓心，即在兩球心之聯結線上。
如圖，O,O′爲相交兩球，其交爲圓周，此圓周之平面，必與OO′直線成正交，而其圓心，必即在OO′直線上。
試任於其交取H,K兩點，聯結OH,OK,O′H,O′K,各直線，則OHO′,OKO′兩三角形全相等。
故自H,K兩點，作其公共底邊OO′之垂線，必相等，且必同以OO′上N點爲正交點。
故HN,KN同在垂直於OO′之平面上，且HN等於KN，而H,K兩點，係在中心N之圓周上。
396. 系　兩球心相距漸遠（如甲圖）或漸近（如乙圖），則其交之圓周，漸小至於無窮而爲一點。

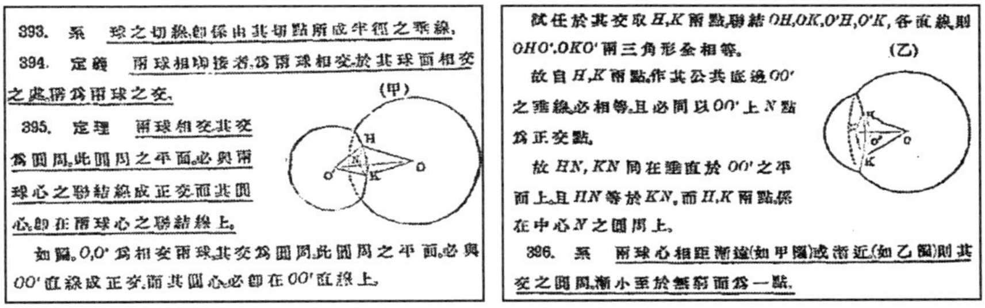

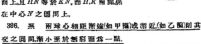

图 3－21　《共和国教科书立体几何》第 6 篇第 1 章第 395 款

其次，《共和国教科书立体几何》与《初等几何学教科书：立体几何学》第 3 版结构体系基本相同。两书目录比较见表 3－19。

表 3－19　黄元吉《共和国教科书立体几何》与菊池大麓《初等几何学教科书：立体几何学》第 3 版目录比较表

《共和国教科书立体几何》	《初等幾何学教科書：立体幾何学》
第五篇　空间之平面及直线 第一章　平行之平面及直线 第二章　垂线 第三章　二面角及立体角 第四章　多面体 第五章　多面体之体积	第六编　平面 第一節　平行ナル平面及直線 第二節　垂線 第三節　二面角及立体角 第四節　多面体 第五節　多面体ノ体積 問題
第六篇　球、圆柱、圆锥 第一章　球 第二章　圆柱、圆锥	第七编　球，圓壔，及圓錐 第一節　球 第二節　圓壔及圓錐 問題 附録 字彙及索引目録

资料来源：黄元吉编纂《共和国教科书立体几何》，商务印书馆，1916；菊池大麓：《初等幾何学教科書：立体幾何学》（東京：大日本図書株式会社，1894）。

其中，圆柱即圆墙。可见，除《初等几何学教科书：立体几何学》第 6 和 7 编末的"问题"外，两书正文结构相同。

再次，《共和国教科书立体几何》与《初等几何学教科书：立体几何学》第 3 版正文对应内容大都相同。前后两书还有部分习题相同。例如，前书第 5 篇第 1 章末的"第一章之问题"共 12 题，为第 225—236 题，分别与后书第 6 编第 1 节问题第 2—5 题，第 7—10 题，第 12—15 题相同。前书第 6 篇第 2 章末的"第二章之问题"共 3 题，为第 278—280 题，分别与后书第 7 编第 2 节问题第 69—71 题相同。

由于结构基本模仿底本，内容也大都取材于底本，《共和国教科书平面几何》和《共和国教科书立体几何》主要是模仿底本的产物。但黄元吉编撰这两本教科书时，没有完全照搬底本的体例。与许多西方和日本数学教科书不同，菊池大麓的《初等几何学教科书：平面几何学》和《初等几何学教科书：立体几何学》全书知识点并非按款统一排序，而是各编定义、定理、公理在各编内单独排序，其中的系不统一排序；两书的"问题"即习题，在各书中统一排序；两书各节的"问题"一部分置于正文中，一部分置于各节最后。《共和国教科书平面几何》和《共和国教科书立体几何》则是知识点（含定义、定理、公理、系等）按款统一排序，即前书知识点统一排序，后书知识点接续统一排序；"问题"是两书各自统一排序，各章"问题"都置于各章最后。

《共和国教科书平面几何》和《共和国教科书立体几何》有些内容是对底本内容增删或改编而成。例如，《共和国教科书平面几何》第 2 篇"圆"第 8 章"轨迹"是在底本外增加的内容。《共和国教科书平面几何》第 1 篇"直线"第 3 章"三角形"第 75 款为两个三角形全等的角角边判定法则及其证明。《初等几何学教科书：平面几何学》第 10 版仅于第 1 编"直线"第 3 节"三角形"问题第 23 题以习题形式介绍该判定法则，无证明。《初等几何教科书：平面几何学》第 10 版第 1

编第 4 节定理 28 的系 2 为三角形两边中点连成的直线，与其余一边平行，无证明。《共和国教科书平面几何》第 1 篇第 4 章"平行四边形"第 93 款为与该系相同的定理，增加了证明。

《共和国教科书平面几何》删除了《初等几何教科书：平面几何学》第 10 版末尾的"杂问题"和附录。同时，删除了该书第 1 编第 3 节定理 17、第 1 编第 4 节"平行四边形"定义 39 和 46、第 2 编"圆"第 7 节"内接形及外接形"定理 26 和定义 20 等内容。《共和国教科书平面几何》第 4 篇"比例"基于《初等几何教科书：平面几何学》第 10 版第 4 编"比及比例"和第 5 编"比和比例之应用"编撰而成。前书第 4 篇内容主要出自后书第 5 编，删除了后书第 4 编的大量内容。

《初等几何教科书：平面几何学》第 10 版第 3 编"面积"第 1 节"定理"的定理 9 为直角三角形斜边上的正方形面积等于其余两边上的正方形面积之和，即勾股定理，介绍两种证明方法。第 1 种证法为欧几里得的《几何原本》关于该定理的证明方法，即通过全等三角形面积相等的性质与三角形面积等于同底、同高平行四边形面积之半的定理推导出该定理①；第 2 种证法利用两个三角形全等面积相等的性质来证明。《共和国教科书平面几何》选取了第 1 种证法，删除了第 2 种证法②。《初等几何教科书：平面几何学》第 10 版第 1 编第 4 节定理 28 的系 2 为三角形两边中点连成的直线，与其余一边平行，无证明。《共和国教科书平面几何》将该系改为第 1 篇第 4 章"平行四边形"第 93 款的定理，增加了证明。

再如，《初等几何教科书：平面几何学》第 10 版第 1 编第 3 节定义 35 和 36，分别是钝角三角形和锐角三角形的定义。《共和国教科书平面几何》将这两个定义合并于第 1 篇第 3 章第 65 款的定义。《初等

①欧几里得. 几何原本 [M]. 利玛窦，口译，徐光启，笔受. 明万历三十五年刻本. [出版地不详]：[出版者不详]，1607.
②黄元吉. 共和国教科书平面几何 [M]. 上海：商务印书馆，1923：111-112.

几何教科书：平面几何学》第 10 版第 2 编第 1 节"本原的性质"定义 2 和 3，分别是直径和半径定义。《共和国教科书平面几何》将它们合并于第 2 篇第 1 章"圆形性质"第 100 款的定义。

《共和国教科书立体几何》删除了《初等几何教科书：立体几何学》第 3 版的附录和"字汇及索引目录"，增删部分习题；将《初等几何教科书：立体几何学》第 3 版第 6 编第 1 节"平行之平面及直线"定理 1 中作为类别序号的"甲、乙、丙、丁"分别改为"a，b，c，d"，将该定理的证明后的"附言"中的"甲、乙、丙"分别改为"ⅰ，ⅱ，ⅲ"。同时，《初等几何教科书：立体几何学》第 3 版第 6 编第 1 节定义 3 为"直线与平面平行，任意将其延长，不会相交。一平面与一直线的相对位置如下：（甲）直线全在平面上，（乙）直线与平面相交于一点，（丙）直线与平面平行"。《共和国教科书立体几何》将其中关于一平面与一直线相对位置的内容改为了"附志"，并将作为类别序号的"甲、乙、丙"改为了"ⅰ，ⅱ，ⅲ"。《共和国教科书立体几何》删除了《初等几何教科书：立体几何学》第 3 版第 6 编"平面"第 4 节"多面体"定理 26。相对《共和国教科书平面几何》而言，《共和国教科书立体几何》对底本的增删和改编较少。

（四）《共和国教科书平三角大要》

黄元吉的《共和国教科书平三角大要》由寿孝天和骆师曾校订，由"编辑大意"、目录、正文、附录构成。正文分两篇：第 1 篇为"锐角之圆函数"，设"圆函数之定义""角与圆函数之关系""45°等角之圆函数""直角三角形之解法""高及距离"5 章，介绍在锐角范围内的三角函数的定义、角与三角函数的关系，45°、30° 和 60°、18° 和 72°、0° 和 90° 的三角函数，以三角函数解直角三角形的方法、以三角函数求不能接近之点的高与水平距离的方法等知识；第 2 篇为"普通角之圆函数"，设"任意角之圆函数""于直角倍数相和或差之角之圆函数""合角之圆函数""普通三角形之关系""普通三角形之解法""测量之应用"6 章，介绍正负距离、正负角度、正弦函数和余弦函数的正负、三角函数的诱导公式、两角和差的三角函数公式，三角函数倍角、半角公式，以三角函数解任意三角形、三角函数在测量中的应用等知识。其中，"圆函数"即三角函数。附录为"表三种"："圆函数表""圆函数对数表""对数表"①。

图 3-22　黄元吉《共和国教科书平三角大要》

对于某些定理、系中应该特别注意之处或书中重要提示性文字，《共和国教科书平三角大要》加下划线，以提示学习者随时注意。该书内容尤其公式的推演和说明简明扼要。由第 1 篇"锐角之圆函数"第 1 章"圆函数之定义"第 3 款的定理证明可见一斑。该定理为"角之正余弦之平方和恒等于 1"。其令 OPM 为直角三角形，$\angle OMP$ 为直角，证明过程如下："OPM 为直角三角形，$\therefore \overline{PM}^2 + \overline{OM}^2 = \overline{OP}^2$，两边以 $\overline{OP}^2$ 除之，得 $\left(\dfrac{MP}{OP}\right)^2 + \left(\dfrac{OM}{OP}\right)^2 = 1$，即 $(\sin\alpha)^2 + (\cos\alpha)^2 \equiv 1$，$\therefore \sin^2\alpha + \cos^2\alpha \equiv 1$。"整个证明过程，公式推演无多余的步骤，文字简练。但该书内容失之较少，未包括陈文的《中等教科平面三角法》已

———————————

①黄元吉. 共和国教科书平三角大要［M］. 上海：商务印书馆，1921.

介绍的角的计算法、对数、反三角函数、三角方程式等内容①。

（五）《共和国教科书用器画解说》与《共和国教科书中学用器画图式》

黄元吉的《共和国教科书用器画解说》与《共和国教科书中学用器画图式》由寿孝天和骆师曾校订。《共和国教科书用器画解说》解说用器画的理法②，《共和国教科书中学用器画图式》为便于临摹之用③。由于后书有较大的图式，"非寻常纸幅所能容"，因而两书各订为1册，但为1种教科书④。

《共和国教科书用器画解说》由"编辑大意"、目录、正文构成。正文分两篇：第1篇为"平面几何画法"，设"总说""点、直线、角""尺度""圆""多角形""曲线"6章，介绍画具、画具检验和修正、制图的次序，点、线、直线、曲线、平行线、直角、锐角、钝角、平面几何画法、三角形、矩形、正方形、圆周、直径、半径等的定义，涉及点、直线、角的作图法，中国尺度中缩尺的作图法，有关圆的作图法，有关多角形的作图法，关于椭圆、抛物线、双曲线的作图法等；第2篇为"投影画法"，设"总说""点、线""平面、平面形""简易立体""投影面位置之变更""立体之截分、立体表面之展开""立体之交切形、螺旋""阴影""均角投影"9章，介绍投影画法的宗旨，投影线的定义，涉及点、线的投影画法，涉及平面、平面形的投影画法，简易立体图形的投影画法，位置变更的投影面的画法，立体截断平面图、截口、截断纵面图、侧面展开图的投影画法，两立体表面交切线、螺旋和螺旋的展开图、阴影的投影画法，以及均角投影的画法等知识。每篇各章均设若干节，其节相当于款，全书统一编号。除每篇第1章

---

①陈文. 中等教科平面三角法［M］. 上海：科学会编译部，1913.
②黄元吉. 共和国教科书用器画解说［M］. 上海：商务印书馆，1920.
③黄元吉. 共和国教科书中学用器画图式［M］. 上海：商务印书馆，1913.
④同②编辑大意.

"总说"外，这两篇其他章最后都配有练习题。

　　配合《共和国教科书用器画解说》（简称《解说》）的内容，《共和国教科书中学用器画图式》（简称《图式》）共提供 159 幅图。一般每幅图对应《解说》某 1 节求作的图，也有两幅图或 3 幅图对应《解说》某 1 节求作的图的情况。如《图式》第 1 图 "分一直线为二等分" 对应《解说》第 1 篇第 2 章第 6 节 "分 AB 直线为二等分"；《图式》第 2、第 3 图 "由线中之一点作其线之垂线" 对应《解说》第 1 篇第 2 章第 7 节 "由 AB 直线中 P 点作 AB 之垂线"，分别是 P 在 AB 中央和近 AB 一端的画法示意图；《图式》第 4—6 图 "由线外之一点作其线之垂线" 对应《解说》第 1 篇第 2 章第 8 节 "由 AB 线外 P 点作 AB 之垂线"，第 4 图是 P 点在 AB 中央上方的画法示意图，第 5、第 6 图是 P 点在 AB 一端上方的两种画法示意图。

图 3-23　黄元吉《共和国教科书中学用器画图式》

　　不同于晚清孙钺的《最新中学教科书用器画》和郭德裕的《最新用器画教科书》，《共和国教科书用器画解说》将解说与图示分离，附有专门的《共和国教科书中学用器画图式》，以便于学习者临摹。从实用的角度看，《共和国教科书用器画解说》的这种分离方式更适于学习者练习画法。

鉴于画法的基本内容对画制用器画的重要性，《共和国教科书用器画解说》重视介绍画法及其由来，使学习者以其几何知识，探知画法的根源。该书"编辑大意"即强调：

> 用器画之为术，系以适当之器具，依几何学之原理，摹各种形体于一纸面上。然若不明画法基本之所在，则或按诸实地而不切，或措诸应用而失当。故本书不专言画法，必兼就初等几何学范围以内略述画法之由来，俾学者随其几何学智识所及，以究知画法之根源①。

如该书第 1 篇第 4 章第 33 节"由圆周上一点引一切线"，分两种画法，每种画法都述其由来。第 1 种画法由圆心求作："P 为圆周上一点，O 为圆心，联结 PO，由 P 点引 PO 之垂线，若 Pa，即所求之切线。此因切线与由切点所引之半径必成正交故也。"第 2 种画法不由圆心求作："R 为圆周上一点，以 R 为圆心，任取半径，截圆周于 a，b 两点，联结 ab，由 R 点准与 ab 平行作 Rc，即所求之切线。此因由 R 引半径，必与 ab 弦正交于中点故也。"②

（六）《共和国教科书簿记》

刘大绅的《共和国教科书簿记》由"编辑大意"、目录、正文构成。正文分 3 编：第 1 编为"绪论"，设"簿记之意义""财产""交易""账簿""簿记之种类"5 章，介绍簿记的定义与功用。第 2 编为"单记式簿记"，分"概说""借贷""账簿及记账法""结算"4 章，介绍单记式簿记的组织、计算方法等。第 3 编为"复记式簿记"，分"概说""借贷分项之原理""会计科目之分类""账簿及记账法""结算"5 章，介绍复记式簿记的组织、计算方法等③。

---

① 黄元吉. 共和国教科书用器画解说 [M]. 上海：商务印书馆，1920：编辑大意.
② 同①25.
③ 刘大绅. 共和国教科书簿记 [M]. 上海：商务印书馆，1917.

图 3-24　刘大绅《共和国教科书簿记》

　　《共和国教科书簿记》讲求实用，介绍普通商业所用的簿记形式，第2、第3编最后都附练习例题，以便于学习者实际练习。对此，其"编辑大意"有明确说明："簿记之学，其理繁深，有非他科学所能比者。本书则按照部饬所指①，求便实用。但示其组织，记入会计之方法、原则、形式等，于簿记学之原理，仅述其大要，余概从略。……本书所示簿记形式皆为普通商业所应用者，以符部饬应社会需要，便商家应用之旨。形式例题之后，并附有练习例题，以便实习。"②

四、流传与影响

　　在"共和国教科书"的中学数学教科书中，除《共和国教科书簿记》外，其他6种教科书均是北洋政府教育部审定的教科书。《共和国教科书算术》的审定批语为"该书编辑条次尚属清晰，于中学学生应

①"部饬所指"即1916年11月23日北洋政府教育部鉴于"社会需用最广，无过
　簿记一科"，规定中学校第一学年数学时间内，分出1小时专授簿记。
②刘大绅. 共和国教科书簿记［M］. 上海：商务印书馆，1917：编辑大意1-2.

具之算术知识，叙述颇为详备"①。《共和国教科书代数学》的审定批语为"此书颇简单明晓，准作为中学校用教科书"②。《共和国教科书平面几何》和《共和国教科书立体几何》的审定批语为"改组尚属合法，准予审定作为中学校暨师范学校教科用书"③。《共和国教科书平三角大要》的审定批语为"是书按照新制选取教材，删繁就简尚属妥洽，准予审定作为中学教科书之用"④。这些审定批语都很简要，大都说明了所审定教科书的优点。

"共和国教科书"的中学数学教科书出版后，大都多次再版，流传较广。1913年出版后，《共和国教科书算术》1919年出至第24版⑤，《共和国教科书代数学》1926年出至第29版⑥，《共和国教科书平面几何》1919年出至第13版⑦，《共和国教科书平三角大要》1921年出至第16版⑧。《共和国教科书立体几何》1915年初版，次年即出至第4版⑨。另外，《共和国教科书用器画解说》1913年初版，1920年出至第5版⑩。在"共和国教科书"的中学数学教科书中，仅有《共和国教科书簿记》未再版。

据1920年或稍早南京高等师范学校附属中学数学教师倪尚达对全国480所中等学校数学学科教学状况的调查，这些学校共使用9种算术教科书，寿孝天的《共和国教科书算术》有130所中学、70所师范学校、20所实业学校、20所女子学校使用，使用学校数量排名第1；

①寿孝天. 共和国教科书算术 [M]. 上海：商务印书馆，1919：版权页.

②骆师曾. 共和国教科书代数学：上卷 [M]. 上海：商务印书馆，1919：版权页.

③黄元吉. 共和国教科书立体几何 [M]. 上海：商务印书馆，1919：版权页.

④黄元吉. 共和国教科书平三角大要 [M]. 上海：商务印书馆，1921：版权页.

⑤同①版权页.

⑥骆师曾. 共和国教科书代数学：上册 [M]. 上海：商务印书馆，1916：版权页.

⑦黄元吉. 共和国教科书平面几何 [M]. 上海：商务印书馆，1919：版权页.

⑧同④版权页.

⑨黄元吉. 共和国教科书立体几何 [M]. 上海：商务印书馆，1916：版权页.

⑩黄元吉. 共和国教科书用器画解说 [M]. 上海：商务印书馆，1920：版权页.

这些学校共使用 11 种代数教科书，骆师曾的《共和国教科书代数学》有 60 所中学、20 所师范学校、20 所实业学校使用，使用学校数量排名第 2；这些学校共使用 11 种几何教科书，黄元吉的《共和国教科书平面几何》和《共和国教科书立体几何》有 50 所中学、10 所师范学校、10 所实业学校使用，在使用学校数量上排名第 2；这些学校共使用 7 种三角教科书，黄元吉的《共和国教科书平三角大要》有 80 所中学、40 所师范学校、20 所实业学校使用，使用学校数量排名第 1①。1919 年，南开学校的数学教科书以外国原版课本为主，只有 1 种中文课本，即《共和国教科书算术》②。倪德基和郦禄琦合编的《数学辞典》参考了《共和国教科书算术》③。1941 年，西北大学数学系教授傅种孙在西北师院中等学校教员暑期讲习会的讲稿中介绍比的知识时，提到《共和国教科书平面几何》④。因此，"共和国教科书"中的这 5 种中学数学教科书对当时中国中等数学教育有广泛的影响。

第六节　"民国新教科书"中的数学教科书

商务印书馆的"民国新教科书"供中学、师范学校等使用。其数学教科书共 4 种：1913 年出版 2 种，为徐善祥和秦汾合编的《民国新

①倪尚达. 全国中等学校数学科教授状况之调查［J］. 教育杂志，1920，12（5）：4-8.

②天津南开中学校史资料征集办公室. 私立南开中学规章制度汇编：1904—1937［M］. 天津：天津教育出版社，2015：91-94.

③倪德基，郦禄琦. 数学辞典［M］. 上海：中华书局，1931：编纂大意.

④傅种孙. 关于数和量的浅近问题［M］∥傅种孙，李仲来. 傅种孙数学教育文选. 北京：人民教育出版社，2005：144-145.

教科书算术》①②、秦汾编撰的《民国新教科书三角学》③；1914 年出版 2 种，即秦汾和秦沅合编的《民国新教科书代数学》④⑤《民国新教科书几何学》⑥。"民国新教科书"中的数学教科书也是民国初期影响广泛的中学数学教科书。

一、编撰者生平

徐善祥（1882—1969），字凤石，上海人，化学工程专家。1904 年毕业于圣约翰大学，此后任教于南洋中学。1906 年作为江苏公费留美生，赴耶鲁大学深造，1909 年获理科学士学位。他归国后，任中国公学教务长，参与商务印书馆"民国新教科书"和"共和国教科书"的编撰工作。除与秦汾合编《民国新教科书算术》，他还自编《民国新教科书矿物学》⑦，与杜亚泉、杜就田合编《共和国教科书动物学》⑧，编译了《密尔根、盖尔物理学实验教程》⑨《麦费孙、罕迭生化学实验教程》⑩。1916—1927 年，徐善祥任长沙雅礼大学化学系主任；期间再

---

①徐善祥，秦汾. 民国新教科书算术：上编 [M]. 上海：商务印书馆，1916.

②徐善祥，秦汾. 民国新教科书算术：下编 [M]. 上海：商务印书馆，1916：版权页.

③秦汾. 民国新教科书三角学 [M]. 上海：商务印书馆，1924：版权页.

④秦汾，秦沅. 民国新教科书代数学：上编 [M]. 上海：商务印书馆，1918.

⑤秦汾，秦沅. 民国新教科书代数学：下编 [M]. 上海：商务印书馆，1918：版权页.

⑥秦沅，秦汾. 民国新教科书几何学 [M]. 上海：商务印书馆，1920：版权页.

⑦该书 1913 年初版。参见：徐善祥. 民国新教科书矿物学 [M]. 上海：商务印书馆，1921：版权页.

⑧该书 1915 年初版。参见：徐善祥，杜亚泉，杜就田. 共和国教科书动物学 [M]. 上海：商务印书馆，1920：版权页.

⑨该书 1913 年初版。参见：徐善祥. 密尔根、盖尔物理学实验教程 [M]. 上海：商务印书馆，1926.

⑩该书 1914 年初版。参见：徐善祥. 麦费孙、罕迭生化学实验教程 [M]. 上海：商务印书馆，1923.

次留学，于 1925 年获哥伦比亚大学化学工程博士学位。1927 年出任
南京第四中山大学教授，此后又任中央工业试验所所长，工商部技正、
技监。1949 年后，曾任商务印书馆董事、上海科技协会会长、上海文
史馆馆员等。他是中国科学社晚期主要领导人，曾任理事、常务理事、
会计理事、上海分社社务主席等职①②。

　　秦汾（1887—1972），字景阳，江苏嘉定人，数学教育家。1903
年考入天津北洋大学堂，未毕业即留学美国哈佛大学，攻读天文、数
学专业，1909 年获硕士学位③。1910 年归国后，历任上海浦东中学校
长、南京江南高等学堂教务长、上海南洋公学教员，参与商务印书馆
"民国新教科书"的编撰工作。1915 年到北京大学数学门任教④，1917
年出任该校理科研究所数学门研究主任⑤。1920 年步入政坛⑥，曾任
教育部专门教育司司长、代理次长、财政部国库司会办、会计司司长、
主计处主计官，全国经济委员会秘书长等。1922 年"壬戌学制"颁行
后，参与中华书局"新中学教科书"的编撰工作，编有《新中学教科
书代数学》⑦。1937 年 7 月抗日战争全面爆发后，任经济部政务次长、
行政院水利委员会常委等。抗日战争胜利后，任行政院赔偿委员会副
主席。1949 年赴香港，1951 年去台湾，主持中华纺织公司和中华建筑
公司⑧⑨。

---

①周桂发，杨家润，张剑. 书信选编［M］. 上海：上海科学技术出版社，2015：
　　319.
②徐善祥，秦汾. 民国新教科书算术：下编［M］. 上海：商务印书馆，1916：广告页.
③秦宝雄. 往事杂忆：童年岁月［M］∥《老照片》编辑部.《老照片》20 年精选
　　集：肆：民间记忆. 济南：山东画报出版社，2018：117 - 118.
④同③118.
⑤夏元瑮. 理科研究所第一次报告［N］. 北京大学日刊，1917 - 11 - 17（1）.
⑥周川. 中国近现代高等教育人物辞典［M］. 福州：福建教育出版社，2018：499.
⑦秦汾. 新中学教科书代数学［M］. 上海：中华书局，1923.
⑧宋林飞. 江苏历代名人词典［M］. 南京：江苏人民出版社，2019：308.
⑨厂民. 当代中国人物志［M］. 上海：中流书店，1937：290 - 291.

　　秦沅（1881—1951），字蘅江，江苏嘉定人，为秦汾的胞兄，早年东渡日本，毕业于东京物理学校①，加入同盟会。1910 年前后归国②，1911 年出任嘉定速成师范学校校长，嘉定军政分府参谋。1913 年与张公镠创办上海吴淞水产学校，任教务长。在此前后，参与商务印书馆"民国新教科书"的编撰工作。1922 年，任职于鲁案善后督办公署，参与青岛和胶济铁路收回的谈判，后任职于胶济铁路局。此后，赴北京观象台，主持历书编算工作。1928 年北伐战争结束后，任职于国民政府财务部，曾任全国度量衡委员会委员。抗日战争全面爆发后，出任经济部司长。其晚年寓居上海③。

二、编撰理念与体例

　　商务印书馆"民国新教科书"中的 4 种数学教科书，均依据北洋政府教育部令编辑，都专为"中学校、女子中学校，及师范学校、女子师范学校之用"④⑤⑥⑦。其中，《民国新教科书算术》兼顾温习小学算术知识和为学习代数、几何、工商、物理、化学等科做预备。如其"编辑大意"所说："一方面为温习计，故于浅易诸术，如四基法⑧之类，凡已为小学生徒所熟习者，仅述大概。一方面为预备计，故于实

---

① 崔朝庆. 民国新教科书几何学问题详解［M］. 上海：商务印书馆，1929：广告页.

② 秦宝雄. 往事杂忆：童年岁月［M］//《老照片》编辑部. 《老照片》20 年精选集：肆：民间记忆. 济南：山东画报出版社，2018：128.

③ 徐燕夫. 上海市嘉定区嘉定镇志［M］. 上海：上海人民出版社，1994：421.

④ 徐善祥，秦汾. 民国新教科书算术：上编［M］. 上海：商务印书馆，1916：编辑大意.

⑤ 秦汾. 民国新教科书三角学［M］. 上海：商务印书馆，1924：编辑大意.

⑥ 秦汾，秦沅. 民国新教科书代数学：上编［M］. 上海：商务印书馆，1918：编辑大意.

⑦ 秦沅，秦汾. 民国新教科书几何学［M］. 上海：商务印书馆，1920：编辑大意.

⑧ "四基法"即加法、减法、乘法、除法。

用诸题，如米制、量法、银行诸章，不厌其详。学者以此为阶梯，进习代数、几何，以及工商、理、化等科，庶几迎刃而解，可无扞格之虞。"

《民国新教科书代数学》为了使能解普通算术的学习者都能领会，务求说理简明易懂。为了激发学习者学习代数的兴趣，在绪论详述从算术到代数的过渡知识。该书认为"减""除"定义和"形式不易"原则是数学的筋节，因而对这些知识反复说明。对于"问题"即习题，选择严格，要求学习者逐问计算。其"编辑大意"指出："本书说理务求浅显，俾能解普通算术者，学时均能领会""本书绪论为算术、代数之过渡，故占篇幅甚多，提揭纲领，唤起兴味，胥在于是""'减'、'除'定义及'形式不易'之原则，乃数学之筋节，本书再三申说，不厌重复""本书问题，选择颇严，不矜丰富，学者务须逐问计算，不可略去"。

《民国新教科书几何学》力图通过该书"练习学生思想，使渐趋于严密"，对"书中理论，务求正确"①。鉴于学习者初学难以领会，对于该书绪论中的普通公理、"定理之模范"等理论，要求教师先述大要，讲授至第1编"直线"末尾再讲解，以使学生融会贯通。如该书"编辑大意"所言："本书绪论中所述论理学语数则，初学者或难领会。据编者经验，初授是书时，只述大要，而于第一编末复讲之。复讲时即引第一编中之定理以为佐证，则学者自能融会贯通。若初讲时即抱一〔必须人人领会〕② 之奢望，则必徒劳而无功矣。"

《民国新教科书三角学》"说理务求完备，俾学者思想得渐趋精密"③。同时，该书强调坐标、正负和任意角的观念是全书的基础，与高等学科关系密切，不能弃而不学。其"编辑大意"即说："本书首论坐标、正负及任何角等。此种观念，不独为全书之基础，并於高等学

---

① 秦沅，秦汾. 民国新教科书几何学［M］. 上海：商务印书馆，1920：编辑大意.
② 括号内文字为《民国新教科书几何学》原文。
③ 秦汾. 民国新教科书三角学［M］. 上海：商务印书馆，1924：编辑大意.

科大有关系，慎勿以其较难领会而舍之。"该书对已有中译名的西文名词，认为"间有不甚允洽或不甚便利者，狃于习惯不易更变"，但对尚无中译名的西文名词，则"特制新名，以便学者"。

在体例上，"民国新教科书"中的4种数学教科书都先设"编辑大意"，书中内容都采用阿拉伯数码、西方数学符号，文字、公式从左至右横排，全书最后均附"中西名词索引"。但各书结构形式、全书款的编号、习题设置位置并非完全统一。《民国新教科书算术》和《民国新教科书三角学》均以章为一级结构，前书各章下设若干部分，各部分有标题，无节的标志，后书则在各章下设若干节，各节有明确的节的标志。《民国新教科书代数学》和《民国新教科书几何学》都采用编节式结构。对于款，《民国新教科书算术》《民国新教科书代数学》和《民国新教科书三角学》在全书统一编号。《民国新教科书几何学》则是各编定义、定理、公理在各编内单独排序，其中的系不统一排序。这点与菊池大麓的《初等几何学教科书：平面几何学》和《初等几何学教科书：立体几何学》的款的排序方式相同。

"民国新教科书"中的4种数学教科书习题设置位置和设法不尽相同。《民国新教科书算术》在各章之中均设习题，上下编之末都设总习题。《民国新教科书几何学》则是在各节之中和之末大都设与习题相当的"问题"。《民国新教科书代数学》是在各节之中和之末大都设相当于习题的"例题"；有的节不仅在节中和节末设这种例题，而且在节末所设例题之后设相当于习题集的"问题集"，如上卷"绪论"第3节"关于各代数式之各定义及总则"；有的节则是在节中设这种例题，在节末仅设"问题集"，如上卷"绪论"第4节"简单之方程式"。《民国新教科书三角学》则是在部分节末设习题，部分节不设习题。

"民国新教科书"的4种数学教科书对主要名词在其首次出现时，附注英文原名，并在全书正文后附"中西名词索引"，以便于学习者理解其含义和避免产生歧义。

三、内容与特点

（一）《民国新教科书算术》

徐善祥和秦汾合编的《民国新教科书算术》分上下编，上编由"编辑大意"、目录、正文、"上编总习题"构成，下编由正文、3个附录、"下编总习题"、"中西名词索引"构成。上编169款，下编161款，共330款。该书上下编各章分若干部分，各部分标题在正文中有的显示，有的则不显示，其编撰并不十分规范。

图 3-25　徐善祥和秦汾合编的《民国新教科书算术》上编

全书共13章。上编分7章。第1章为"数及四基法之温习"，分"数量与单位""数字""记号""加、减、乘、除之捷速及核验法"4部分，介绍量与数、单位、名数与不名数、单名数与复名数、数字等的定义，指数记号，温习和总结加、减、乘、除法，介绍加、减、乘、除的速算法与验算等知识。第2章为"约数及倍数"，分"因数及质数""最大公约数""最小公倍数""弃公约法"4部分，介绍因素、质数、质因数、合数、偶数、奇数、约数、公约数、最大公约数、互质数、倍数、公倍数、最小公倍数、弃公约法的定义，决定质数之法，求质因数、最大公约数、最小公倍数之法等知识。第 3 章为"分数"，分"分数之界说及种类""分数之化分""分数之四基法""繁分数"4 部分，介绍分数、复分数、繁分数、假分数、带分数等的定义，分数的性质、约分、通分、四则运算，繁分数化简法等知识。第 4 章为"小数"，分"小数之界说及定理""小数之四基法""小数与分数之化分""循环小数"4 部分，介绍小数与分数的区别，小数的定理、四则运算、应用，小数与分数互化方法、循环小数等知识。第 5 章为"米制（即万国权度通制①），分"米制之各单位""米制之长度""米制之面积""米制之体积""米制之容量""米制之重量""比重""温度"8 部分，介绍米制下的长度、面积、体积、容量、重量单位，比重、温度等知识。第 6 章为"复名数总论"，分"中国之度量衡""外国之度量衡""名制之通法""各国货币""时间""角度、弧度""经纬""经度与时间之关系""标准时"9 部分，介绍中外度量衡、复名数转化方法、中外币制、时间单位、角度和弧度、经线和纬线，由经度求时差、由时差求经度差之法，世界通用标准时等知识。第 7 章为"比与比例"，分"比之界说、符号及定理""配比法""比例之界说、符号及定理""比例之求项法""正反比例""复比例""因果相求法""连比例""比例之应用"9 部分，介绍比、正比、反比、比例、单比、复比、复比例、连比等的定义，比和比例的重要定理、配比法、比例求项法、比例的普通求法、比例的因果相求法、连比例、比例的应用等知识。②

下编分 6 章，与上编统一排序。其首章即第 8 章为"百分法"，分"百分法之界说及符号""百分与分数及小数之化法""求子数法""求分率法""求母数法""百分法之应用"6 部分，介绍百分法、折扣、酬金、保险等的定义，百分与分数、小数的关系，百分化分数、小数

①括号内文字为《民国新教科书算术》原文。
②徐善祥，秦汾. 民国新教科书算术：上编［M］. 上海：商务印书馆，1916.

法，分数、小数化百分法，百分的演算中求子数法、求分率法、求母数法，百分法的应用等知识。第 9 章为"利息"，分"利息之界说及四要素""单利""实利""六厘法""复利""期利""摊款"7 部分，介绍利息、本利和、单利、复利、期利、摊款等的定义，利息的四要素，单利、复利、期利、摊款计算法，六厘法等知识。第 10 章为"银行计算"，分"银行之职务""贷款折扣""代贮存款""兑汇钱币""储蓄银行"5 部分，介绍银行贷款和折扣、代贮存款、汇兑钱币等业务，以及储蓄银行存款结算知识。第 11 章为"乘方及开方"，分"方次及方根""开平方""开立方"3 部分，介绍方次、平方、立方、方根、平方根、立方根、指数等的定义，开平方、开立方的方法等知识。第 12 章为"量法"，分"界说""平面形""立体"3 部分，介绍量法、点、线、面、立体、角、直角、锐角、钝角等的定义，三角形、平行四边形、梯形、"无法四边形"①、多角形、圆等面积求法，直棱柱、直圆柱、直棱锥、直圆锥、棱台、圆台侧面积和体积公式，长方体和立方体体积公式、球的面积和体积公式等知识。第 13 章为"级数"，分"级数之种类""差级数""倍级数""谐级数"4 部分，介绍等差数列、等比数列、调和数列等知识。下编 3 个附录分别为"对数""图解""中国地租一览表"。其中，附录一"对数"分"对数之界说、符号及性质""首数与尾数""对数表""对数求法""真数求法""对数之利用及余对数""对数之应用"7 部分。附录二"图解"分"变数及恒数""设例""纵横轴""正比例之图解""非单简正比例之图解""断线及例题"6 部分②。

　　关于《民国新教科书算术》的体例、习题来源，该书"编辑大意"有说明："至于是书体例，大致与最新之温德华士及司密斯 Wentworth

①无法四边形即不规则四边形。
②徐善祥，秦汾. 民国新教科书算术：下编 [M]. 上海：商务印书馆，1916.

and Smith 二氏合著之算术相仿。所设习题，亦多取材于该书。"其中，"司密斯"即美国数学家史密斯。

《民国新教科书算术》注重温习和实用。书中设有算术四则运算等小学算术知识，设有米制、利息、银行计算、量法等章，介绍相关实用知识，并在下编附"中国地租一览表"以便读者查阅。同时，该书有附录"对数""图解"，为一般中学算术教科书所未有，并各设以应用问题为主的习题，供学有余力的学生学习和演练。对于设置这两个附录的原因，该书"编辑大意"有如下说明："书末附录对数与图解二章，为他书所未及，似出算术范围之外。不知二者之原理，虽基于几何、代数，而对数表之检查与图解之应用，实为习算术者所不可不知。盖有对数而复杂之验算，化为简单。有图解而隐晦之义，不难明晰。本书于此二者，只择浅近之例，以算术解之。设题饶有趣味，且皆有裨实用。学有余暇，兼习及此，则思过半矣。"可见，该书作者认为查对数表和图解的应用是学习算术者应该知道的知识。作者也重视这两个附录的习题，设置趣味性和实用性习题。

《民国新教科书算术》讲求编辑策略。每款的标题以粗体较大号字显示。同时，给一些重要的知识点、提示性文字加下划线，以引起学习者注意。对于不太重要的内容和较难演算的习题标记"＊"，如第 2 章"约数及倍数"第 38 和第 39 款，该章习题 4 第 11、第 13—15、第 20—22、第 25、第 26、第 28 题；该书"编辑大意"说明，若教学时间不多，这些内容和习题可从略。

（二）《民国新教科书代数学》

秦汾和秦沅合编的《民国新教科书代数学》分上下编，上编由"编辑大意"、目录、正文构成，下编由正文、总习题、"中西名词索引"构成。上编 84 款，下编 46 款，共 130 款。上编正文分绪论和 4 编。绪论共 6 节，相继为"代数学之目的及使用之记号""代数学之效力""关于代数式之定义及定则""简单之方程式""代数学上之数"

"代数学上之数之计算",介绍未知数、代数式、单项式、多项式、系数、等式、方程式、方程式之根等的定义,代数学的主要目的,代数加法交换、结合定则,代数乘法交换、结合、分配定则,解方程式之法、应用问题解法、代数学上数的计算方法等知识。第 1 编为"整式",分"关于整式之各定义及整理之方法""整式之加减""整式之乘除""整式之扩张及系数分离之计算"4 节,介绍整式、同类项等的定义,整式的加、减、乘、除运算,分离系数法等知识。第 2 编为"一次方程式",分"普通一次方程式""应用问题""联立一次方程式""联立方程式解法""应用问题"5 节,介绍一元一次方程式的解法与解应用题、联立二元一次方程式的解法与解应用题等知识。第 3 编为"整式之读",分"乘算公式""因式""最高公因式""最低公倍式"4 节,介绍完全平方公式、平方差公式、完全立方公式、立方和与立方差公式、因式分解、最高公因式求法、最低公倍式求法等知识。第 4 编为"分式",分"分式之定义及变易外形""分式之加、减、乘、除""分方程式"3 节,介绍分式、约分、通分等的定义,分式的加、减、乘、除运算,分式方程式的解法和应用等知识①。

下编共 6 编,与上编统一排序。其首编,即第 5 编,为"二次方程式",分"无理数""普通二次方程式之解法""虚数""二次方程式之根""二次方程式应用问题""二次方程式之根与系数之关系"6 节,介绍二次方程式、无理数、虚数、实数等的定义,一元二次方程式的解法与解应用题、一元二次方程式根与系数的关系等知识。第 6 编为"特殊根",分"平方根""立方根"2 节,介绍求平方根和立方根的法则等知识。第 7 编为"各种方程式之归于二次方程式解法者",分"分方程式""无理方程式""高次方程式""联立方程式"4 节,介绍分式

①秦汾,秦沅. 民国新教科书代数学:上编［M］. 上海:商务印书馆,1918:1-158.

图 3-26　秦汾和秦沅合编的《民国新教科书代数学》上编

方程式、无理方程式、高次方程式与联立二元、三元方程式化为一元二次方程式的求解法，其中高次方程式涉及复方程式、逆系数方程式。第 8 编为"二项定理"，分"顺列""组合""二项定理"3 节，介绍排列、组合知识和二项式定理。第 9 编为"指数及对数"，分"指数""对数""对数表""复利及对数杂题"4 节，介绍对数、底数、真数、常用对数、假数等的定义，指数运算、对数运算、利用对数表求对数、复利等知识和求对数杂题。第 10 编为"比例及级数"，分"比""比例""等差级数""等比级数"4 节，介绍比、比例、等差数列、等比数列等知识①。

　　《民国新教科书代数学》重视介绍从算术到代数的过渡知识。这部分知识在绪论中介绍，篇幅为 39 页，逾全书内容的 13%。对此，该书"编辑大意"指出："本书绪论为算术、代数之过渡，故占篇幅甚多，提揭纲领，唤起兴味，胥在于是。幸勿以冗长责之。"该书对习题

———————

①秦汾，秦沅. 民国新教科书代数学：下编［M］. 上海：商务印书馆，1918：11-
　17.

的选择颇为严格，要求"学者务须逐问计算，不可略去"①。

《民国新教科书代数学》讲求编辑策略。定义中被定义的名词术语、一些法则名称以粗体较大号字显示，以引起读者注意。如绪论第7款的多项式定义："若干单项式，以加减号连结为一式者，其式曰**多项式**Polynomial。"② 其中，"多项式"为粗体的较大号字。再如，绪论第11款介绍的"加之交换定则""加之结合定则""乘之交换定则""乘之结合定则""乘之分配定则"中，这5个法则名均为粗体的较大号字。

（三）《民国新教科书几何学》

秦汾和秦沅合编的《民国新教科书几何学》由"编辑大意"、目录、正文、附录、"中西名词索引"构成。正文分绪论和7编③。绪论介绍几何学、立体、面、线、点、命题、公理、定理等的定义，普通公理、"定理之模范"等知识。第1—5编属于平面几何知识。第1编为"直线"，先述"定义及公理"，然后分"角""平行直线""直界形""平行四边形""轨迹"5节，介绍点、线、面、体、直线、平面、形、平面形、平面角、共轭角、优角、劣角、平角、直角、平行线等的定义，关于形、直线的公理等知识。第2编为"圆"，分"基础性质""圆心角""弦""圆界角""切线""二圆之关系""内接及外接形""作图法"8节，介绍圆、圆心、直径、半径、半圆、同心圆、弧、扇形、圆心角、弦、外接圆、外心、切线、"内接圆"④、内心等的定义，关于圆、两圆关系的基本定理、推论，初等几何作图法。第3编为"面积"，分"定理""作图"2节，介绍平行四边形之高、三角形之高、

---

① 秦汾，秦沅. 民国新教科书代数学：上编［M］. 上海：商务印书馆，1918：编辑大意.

② 同①9.

③ 秦沅，秦汾. 民国新教科书几何学［M］. 上海：商务印书馆，1920.

④ 此处"内接圆"即内切圆。

二直线所包之矩形、直线上之正方形、线分、内分、外分等的定义，关于平行四边形、三角形、矩形、正方形面积的定理、推论，以及相关作图法。

图 3-27　秦汾和秦沅合编的《民国新教科书几何学》

第 4 编为"比及比例"，分"定义及绪论""定理" 2 节，介绍倍量、约量、公度、比、比例、比例中率、等比、优比、劣比、反比、相乘比、二乘比、三乘比等的定义，关于比和比例的定理、推论。第 5 编为"比例之应用"，分"基础定理""相似直界形""面积""轨迹及作图" 4 节，介绍关于比例应用的基本定理、推论，比例知识在相似形、三角形、四边形等中的应用，以及与比例知识有关的点的轨迹和作图法。

第 6 和第 7 编属于立体几何知识。第 6 编为"平面"，分"平面与直线之平行""垂线""平面角及多面角""多面体" 4 节，介绍平面、平行平面、平面与直线平行、平面之垂线、直线之垂面、点与平面的距离、二面角、多面角、多面体等的定义，关于平面、平面与直线平行、平面之垂线、多面角、多面体的定理、推论等知识。第 7 编为"曲面形"，分"球""圆柱及圆锥" 2 节，介绍球、球面、球心、大圆、小圆、半球、球之切线、球面角、球面多角形、极三角形、圆柱、圆锥等的定义，关于球、圆柱、圆锥的定理与推论。

附录有二：一是"量之计算"，主要介绍计算平面形的面积、立体的表面积和体积的方法。二是计算题，共 171 道。

《民国新教科书几何学》的特点之一是兼顾平面几何和立体几何知识。其中，立体几何知识仅择要讲述，相对简略。同时，该书在绪论设"定理之模范"，介绍几何学的论证准则。关于该书"定理之模范"，魏庚人指出："秦汾的'定理之模范'是极重要的创见，奠定了论证的基础。一直到 1958 年，才重见于梁绍鸿的《平面几何》中。"① 该书还打破一般教科书的局限，对于比和比例的定义兼顾可通约量和不可通约量。关于这点，其"编辑大意"有明确的说明：

> 本书比及比例之定义，较为奇特，与学生在小学校所习之比例，颇有扞格之势，非编者故以艰深文陋也。盖比之性质，不因量之可以通约与否而异，而小学校所习之比例，则以可以通约者为限。苟不明揭不可通约之量，而漫以可以通约者之性质授之，非但不能启发学生之心思，实无异诱之以入歧途矣。编者于此，几费踌躇，然终守定理论正确之主义，不敢移易。如学生之学力必不能及，则不妨决然略去，而明示以理论上之缺陷，以俟后来之补习。②

兼顾可通约量和不可通约量来定义比和比例，提高了比和比例理论的严谨性，值得肯定。该书编撰者秦沉和秦汾有此考量，与其具有一定的数学水平有着必然的关系。他们"几费踌躇"后做出此举，也反映出他们具有科学家的理性。

《民国新教科书几何学》也讲求编辑策略。定义中被定义的名词术语

---

① 魏庚人. 魏庚人数学教育文集：九十寿辰纪念 [M]. 郑州：河南教育出版社，1991：119-120.

② 秦沉，秦汾. 民国新教科书几何学 [M]. 上海：商务印书馆，1920：编辑大意.

以粗体较大号字显示，以引起读者注意。如第 2 编第 1 节圆的定义："平面形之以一线为界，而界以内之一定点与界上任何点连结之直线，莫不相等，则名界此平面之线曰圆 Circle。"[①] 其中，"圆"为粗体较大号字。

（四）《民国新教科书三角学》

秦汾的《民国新教科书三角学》由"编辑大意"、目录、正文、"公式集要""中西名词索引"构成，全书共 146 款。正文分 8 章[②]。第 1 章为"论角"，分"角之计算法""角之广义""角之正负号""角之位置" 4 节，介绍角、60 分法、正角、负角、象限等的定义，广义的角、坐标、点和角在象限内的位置等知识。第 2 章为"锐角之三角函数"，分"三角比定义""余角之各比""同锐角诸比间之关系""45°，60°，30°等诸角之各比" 4 节，介绍锐角的三角函数、直角三角形互余两角三角函数关系、同一锐角三角函数关系，45°、60°、30°、18°角的三角函数、三角方程解法等知识。第 3 章为"对数及三角表、直角三角形"，分"对数""对数表及三角表检查""直角三角形""应用问题" 4 节，介绍对数、仰角、俯角、对角、向差等的定义，对数的性质，真数对数表、三角函数表、三角对数表的查表法与解题、不用对数和以对数解直角三角形等知识。第 4 章为"任何角之三角函数"，分"任何角之八比定义""各比之变更；0°，90°，180°，270°，360°之各比""任何一角诸比之关系""($90°\pm x$)，($180°\pm x$)，($270°\pm x$)，($360°\pm x$)之诸比""任何象限内诸比化至第一象限法""等比之角" 6 节，介绍任意角的三角函数定义、90°与 360°角间的三角函数、大于 360°角的三角函数、负角的三角函数、三角函数的变化规律，0°、90°、180°、270°、360°角的三角函数值，任意角三角函数的关系，($90°\pm x$)、($180°\pm x$)、($270°\pm x$)、($360°\pm x$)的三角函数，

---

① 秦沅，秦汾. 民国新教科书几何学［M］. 上海：商务印书馆，1920：55.
② 秦汾. 民国新教科书三角学［M］. 上海：商务印书馆，1924.

任意象限内三角函数化至第一象限法，等正弦之角、等余弦之角、等正切之角等知识。

图 3 - 28　秦汾《民国新教科书三角学》

第 5 章为"几角诸函数间之关系"，分"两角之和之函数""两角之较之函数""两角函数之和较及积""倍角之函数""分角之函数"5节，介绍两角和差的三角函数、三角函数的积化和差与和差化积、倍角和分角的三角函数知识。第 6 章为"斜角三角形"，分"三角形诸边及诸角间之关系""斜角三角形之解法"2 节，介绍三角形角的三角函数性质、三角形的边角关系、正弦定则、余弦定则、正切定则、解斜角三角形等知识。第 7 章为"三角形之性质及多边形"，分"三角形之性质""正式多边形"2 节，介绍以三角函数求三角形面积的公式，三角形外接圆半径、内切圆半径、傍切圆半径求法，圆内接和外切正多边形的边长、周长和面积求法等知识。第 8 章为"反函数，图形，消去法，及三角方程"，分"反三角函数""图形""消去法""三角方程解法"4 节，介绍反三角函数、三角函数的图形、三角方程的消去法、三角方程的解法。正文后的"公式集要"介绍关于三角函数、三角形面积、三角形的边和角的主要公式。

关于《民国新教科书三角学》的重要参考书籍和习题来源，该书"编辑大意"有说明："编辑时参考书籍，其重要者则为 Todhunter，Hobson，Casey，Locke，Hall and Knight，Loney，Wentworth，Granville 之作。习题亦多取于是。余则编者教授及试验时所命之题也。"其中，"Todhunter"即英国数学家、科学史家托德亨特，"Hobson"为英国数学家霍布森（Ernest William Hobson，1856—1933），"Casey"为英国数学家凯西，"Locke"应为英国学者洛克（John Bascombe Lock，1849—1921），"Hall and Knight"是英国学者霍尔（Henry Sinclair Hall，1848—1934）和奈特（Samuel Ratcliffe Knight），"Loney"是英国学者龙内（Sidney Luxton Loney，1860—1939），"Wentworth"即美国学者温德华士，"Granville"为美国学者葛蓝威尔。

《民国新教科书三角学》明确引入了坐标定义。这在此前中国引入和自编的中学三角学教科书中是鲜见的。同时，该书内容丰富，知识涵盖面明显超过黄元吉的《共和国教科书平三角大要》。其含有《共和国教科书平三角大要》未涉及的角的计算法、对数、反三角函数、三角函数的图形、三角方程的消去法、三角方程的解法等内容。

《民国新教科书三角学》讲求编辑策略。对于不太重要的内容和较难演算的习题标记"＊"，如第 5 章"几角诸函数间之关系"第 93—95 款、第 97 款、第 98 款中例题 5，第 8 章"反函数，图形，消去法，及三角方程"习题 20 第 13—19 题、习题 21 第 21—33 题。该书"编辑大意"说明，若时间不多，这些内容和习题"概可略去"。

四、流传与影响

"民国新教科书"的 4 种数学教科书均是北洋政府教育部审定的中学和师范学校用书，并都得到较高的评价。《民国新教科书算术》的审定批语为"是书取材宏博，印刷精良，秩序适当，条理清晰，且于浅易诸术仅述大概，而于实用诸题讨论详尽，不特可为代数、几何之阶梯，并可为高等科学之预备，共分十三章，后附对数及图解二章，专为高级生徒之用，习题新颖，饶有趣味"①。《民国新教科书代数学》的审定批语为"是书理论应用，均极谨严，编节次序，亦便教授，自是近出代数教科书之善本，准予审定作为中学校及师范学校教科书"②。《民国新教科书几何学》的审定批语为"是书理论谨严，始终一贯，足征著者学识不同凡庸"③。《民国新教科书三角学》的审定批语为"此书章节次序分配得宜，理论应用亦复精要。至附 * 号各节能与教习以伸缩之余地，用意更善，应准予审定作为中学校及师范学校用书"④。这 4 种教科书书名都印有"教育部审定"字样，版权页亦印有各自的审定批语。对这 4 种教科书来说，这无疑是最好的广告。当时商务印书馆也有广告予以宣传。如对《民国新教科书几何学》，商务印书馆的广告如下：

　　　　是书按照部令编纂，在练习学生之思想，使渐趋于严密。书中理论，务求正确，有时用代数之记号，按图申说，而用代数演算之，以期简便。第二编作图题甚多，足以引起学生之兴味。立体一端，只择要讲解，尤合中等几何之程度。⑤

　　"民国新教科书"的 4 种数学教科书出版后，均多次再版，广为流传。《民国新教科书算术》1913 年初版，于 1916 年出至第 6 版⑥，1919 年出至第 13 版⑦，1927 年出至第 21 版⑧，1932 年出版国难后第

①徐善祥，秦汾. 民国新教科书算术：下编［M］. 上海：商务印书馆，1916：版权页.
②秦汾，秦沅. 民国新教科书代数学：下编［M］. 上海：商务印书馆，1918：版权页.
③秦沅，秦汾. 民国新教科书几何学［M］. 上海：商务印书馆，1920：版权页.
④秦汾. 民国新教科书三角学［M］. 上海：商务印书馆，1924：版权页.
⑤陈文. 实用主义几何学教科书：立体［M］. 上海：科学会编译部，1917，广告页.
⑥同①.
⑦徐善祥，秦汾. 民国新教科书算术：下编［M］. 上海：商务印书馆，1919：版权页.
⑧徐善祥，秦汾. 民国新教科书算术：下编［M］. 上海：商务印书馆，1927：版权页.

1 至第 3 版。《民国新教科书代数学》1914 年初版，于 1918 年出至第 9 版[①]，1930 年出至第 31 版，1932 年 6 至 8 月出版国难后第 1 至第 8 版[②]。《民国新教科书几何学》1914 年初版，于 1920 年出至第 12 版[③]，1929 年出至第 23 版[④]。《民国新教科书三角学》1913 年初版，于 1924 年出至第 7 版[⑤]，1927 年出至第 10 版[⑥]，1932 年出版国难后第 1 版[⑦]。

前文已述，1920 年或稍早南京高等师范学校附属中学数学教师倪尚达对全国 480 所中等学校数学学科教学状况做过调查。这些学校共使用 9 种算术教科书，徐善祥和秦汾的《民国新教科书算术》有 20 所中学、30 所师范学校、10 所实业学校使用，使用学校数量排名第 2；这些学校共使用 11 种代数教科书，秦汾和秦沅的《民国新教科书代数学》有 50 所中学、50 所师范学校、20 所实业学校使用，使用学校数量排名第 1；这些学校共使用 11 种几何教科书，秦沅和秦汾的《民国新教科书几何学》有 20 所中学、60 所师范学校、20 所实业学校使用，在使用学校数量上排名第 1；这些学校共使用 7 种三角教科书，秦汾的《民国新教科书三角学》有 10 所中学、20 所师范学校使用，使用学校数量排名第 4[⑧]。倪德基和郦禄琦合编的《数学辞典》参考了《民国新教科书算术》[⑨]。因此，"民国新教科书"的 4 种数学教科书对当时中国中等数学教育有广泛的影响。

---

① 秦汾，秦沅. 民国新教科书代数学：下编 [M]. 上海：商务印书馆，1918：版权页.
② 秦汾，秦沅. 民国新教科书代数学：下编 [M]. 上海：商务印书馆，1932：版权页.
③ 秦沅，秦汾. 民国新教科书几何学 [M]. 上海：商务印书馆，1920：版权页.
④ 秦沅，秦汾. 民国新教科书几何学 [M]. 上海：商务印书馆，1929：版权页.
⑤ 秦汾. 民国新教科书三角学 [M]. 上海：商务印书馆，1924：版权页.
⑥ 秦汾. 民国新教科书三角学 [M]. 上海：商务印书馆，1927：版权页.
⑦ 秦汾. 民国新教科书三角学 [M]. 上海：商务印书馆，1932：版权页.
⑧ 倪尚达. 全国中等学校数学科教授状况之调查 [J]. 教育杂志，1920，12（5）：48.
⑨ 倪德基，郦禄琦. 数学辞典 [M]. 上海：中华书局，1931：编纂大意.

第七节 实用主义中学数学教科书

自 1916 年起，上海科学会编译部出版的中学用实用主义数学教科书，是中国近代一类独特的中学数学教科书。这类教科书由陈文编撰，其中《实用主义中学新算术》1916 年出版①，《实用主义几何学教科书：平面》《实用主义几何学教科书：立体》1917 年出版②③，《实用主义代数学教科书》1919 年 8 月出第 2 版④，《实用主义平面三角法》1919 年 12 月出第 3 版⑤。笔者见到《实用主义代数学教科书》和《实用主义平面三角法》的最早版本分别是第 2 版和第 3 版。1918 年 8 月 6 日，北洋政府内务部对上海科学会呈送的这两种教科书的样本作出过"应准注册给照"的批示⑥。由此推断，1918 年 8 月 6 日前这两种教科书已出样本，初版时间当在 1918 年，是在该日之后。

一、陈文生平

陈文，福建连江人，清末民国学者。1899 年广西巡抚黄槐森于桂林象鼻山前创设体用学堂，聘利文石为西学总教习⑦。1900 至 1901 年，陈文在体用学堂随利文石学习数学，进步很快。此后，陈文还研究各种科学知识，对数学的研究尤深。与陈文在体用学堂一起学习的

---

①陈文. 实用主义中学新算术 [M]. 上海：科学会编译部，1919：版权页.
②陈文. 实用主义几何学教科书：平面 [M]. 上海：科学会编译部，1917.
③陈文. 实用主义几何学教科书：立体 [M]. 上海：科学会编译部，1917.
④陈文. 实用主义代数学教科书 [M]. 上海：科学会编译部，1919.
⑤陈文. 实用主义平面三角法 [M]. 上海：科学会编译部，1919.
⑥佚名. 内务部批第四〇二号 [J]. 政府公报，1918（914）.
⑦陈学恂. 中国近代教育大事记 [M]. 上海：上海教育出版社，1981：105.

曾汝璟曾回忆说："君①与余当庚子辛丑间共学算于花县利文石先生。余既深佩其进功之速。别后君于各种科学力加研究，而算学尤为深邃。"离开体用学堂后，陈文到日本留学，1905 年与曾汝璟在日本晤过面。② 陈文曾任上海科学会经理③。

晚清后期，中国大兴学习日本之风。为顺应时代的潮流，1905 年陈文以日本桦正董的《改订算术教科书》为底本，编译出版《中学适用算术教科书》④。次年，陈文以日本长泽龟之助的英文增补本为底本，转译了英国数学家查理斯密的《初等代数学》，定名为《查理斯密小代数学》出版⑤。该书是我国较早的查理斯密的《初等代数学》汉译本，流行甚广。中华民国成立后，陈文成为实用主义数学教科书的主要编撰者，编撰了《实用主义中学新算术》《实用主义几何学教科书：平面》《实用主义几何学教科书：立体》《实用主义代数学教科书》《实用主义平面三角法》。陈文还编撰有《中等教科平面三角法》⑥《中等教育新式物理学》⑦ 《名学讲义》⑧⑨⑩ 《机器制造业大要：工业之部》⑪ 等。其中，《名学讲义》是一本逻辑学教科书。《机器制造业大

---

①"君"指陈文。

②曾汝璟. 序［M］//陈文. 中学适用算术教科书. 上海：科学会编译部，1909：1.

③佚名. 批上海科学会经理陈文小代数学一册速将原书及译本检送到部再予审查［J］. 教育公报，1915，2（3）：118.

④陈文. 中学适用算术教科书［M］. 上海：科学会编译部，1909：版权页.

⑤查理斯密. 查理斯密小代数学［M］. 陈文，译. 上海：科学会编译部，1908：版权页.

⑥陈文. 中等教科平面三角法［M］. 上海：科学会编译部，1913.

⑦该书 1907 初版. 参见：陈文. 中等教育新式物理学［M］. 上海：科学会编译部，1918：版权页.

⑧陈文. 名学讲义：上卷［M］. 上海：科学会编译部，1913.

⑨陈文. 名学讲义：中卷［M］. 上海：科学会编译部，1913.

⑩陈文. 名学讲义：下卷［M］. 上海：科学会编译部，1913.

⑪陈文. 机器制造业大要：工业之部［M］. 上海：科学会编译部，1918.

要：工业之部》是职业教育在机器制造业方面的教材。因此，他对中国近代中学数学、物理学、逻辑学教育，以及职业教育都做出了贡献。

二、实用主义中学数学教科书在中国出现的背景

进入 20 世纪以后，随着学术的进步和繁荣，国际数学界日益重视数学的应用。函数、图表等与数学应用密切相关的知识受到人们的关注。此前数学教科书大都仅注重解法，此时已不适用。在这种情况下，欧美各国均有改订数学课程之议。1901 年，美国哲学家佩里（Ralph Barton Perry，1876—1957）在英国学术协会提出相关改革议案。次年，美国数学会主席穆尔（Eliakim Hastings Moore，1862—1932）赞许佩里的议案，并在美国数学会会议上向会员做了报告。同时，德国有以格伦德（Grund）为中心的学术社团，议决了详细的改革案，并经德国教育部许可在某种学校试用。1902 年法国改订学科课程时，改订了原先的数学课程，嗣后遂本着实用主义授课。不久，有贺列尔的实用主义数学教科书问世①。1909 年，德国有白连德森（Otto Behrendsen，1850—1921）和涅精古（Eduard Götting，1860—1926）合著的《现代原理数学教科书》（*Lehrbuch der Mathematik nach modernen Grundsätzen*）②，几次再版，风靡全国③。

20 世纪第二个十年中前期，英美两国出版的数学教科书中，几何学明显多用代数式，并注重应用作图和实测，代数学多用图表，均为讲求实用主义数学的结果。1915 年和 1916 年，日本文部省分别翻译

---

①陈文. 实用主义数学编辑缘起［M］∥陈文. 实用主义几何学教科书：平面. 上海：科学会编译部，1917：1.

②BEHRENDSEN O，GÖTTING E. Lehrbuch der Mathematik nach modernen Grundsätzen［M］.Leipzig：B.G.Teubner，1909.

③同①

出版《新主义数学》上下卷①②，即白连德森和涅精古合著的《现代原理数学教科书》的日译本，展现出日本采用实用主义数学的倾向。当时中国虽然已翻译和编撰大量数学教科书，但还没有实用主义数学教科书。而在《新主义数学》出版前，江苏省署教育司司长黄炎培于1913年就发表文章，提倡中国学校教育采用与生活、社会实际相联系的实用主义教育③。这在当时引起较大的反响④。1915年，新文化运动在中国拉开帷幕。随着新文化运动的进行，国人对科学的重视程度不断提高。

正是在这样的背景下，陈文编撰了实用主义中学数学教科书⑤。由此，中国出现了这类数学教科书。

三、陈文所编实用主义数学教科书的内容与特点

陈文所编实用主义中学数学教科书，除《实用主义中学新算术》外，其他3种均以德国白连德森和涅精古合著的《现代原理数学教科书》为底本⑥，参考英美学说编撰而成。《实用主义中学新算术》未以《现代原理数学教科书》为底本，是因为后书没有算术内容。但鉴于算术为北洋政府教育部规定的中学数学课程之一，不可或缺，陈文将其1905年所编的《中学适用算术教科书》"删繁就简，并易以应用之新

---

① 文部省. 新主義数学：上卷 [M]. 東京：国定教科書共同販売所，1915.

② 文部省. 新主義数学：下卷 [M]. 東京：国定教科書共同販売所，1916.

③ 黄炎培. 学校教育采用实用主义之商榷 [J]. 中华教育界，1913（11）：155 - 160.

④ 许汉三. 黄炎培年谱 [M]. 北京：文史资料出版社，1985：10 - 11.

⑤ 陈文. 实用主义数学编辑缘起 [M] // 陈文. 实用主义几何学教科书：平面. 上海：社科学会编译部，1917：12.

⑥《实用主义几何学教科书：平面》和《实用主义几何学教科书：立体》是一部教科书的两册，算作一种。

事项，使与代数、几何相关联"，编撰成《实用主义中学新算术》①②。

（一）《实用主义中学新算术》

陈文的《实用主义中学新算术》由"编辑大意"、目录、正文、附录构成。正文共 9 编，213 款。"编辑大意"说明："本书按照中学课程标准，约授一百二十小时""本书之材料多取于余乙巳年所编之《中学适用算术》，然于各事项及各问题均已参酌现时情形，多所变更，条理亦与前书不同""算术为小学已习之学科，本书于小学已习各项，但述其原理，其小学未习各项，则述其原理并详解其计算之方法"。其中，"乙巳年所编之《中学适用算术》"即 1905 年陈文所编的《中学适用算术教科书》。

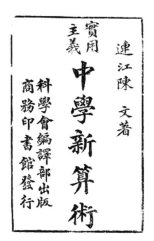

图 3－29　陈文《实用主义中学新算术》

《实用主义中学新算术》第 1 编为"命数法及记数法"，分"界说""命数法""记数法""小数命法及记法"4 章，介绍算术、数和单位、名数和不名数、连续量和不连续量、命数法、十进法、整数、分数、

---

① 陈文. 实用主义数学编辑缘起 ［M］//陈文. 实用主义几何学教科书：平面. 上海：科学会编译部，1917：12.
② 陈文. 实用主义中学新算术 ［M］. 上海：科学会编译部，1919：编辑大意.

小数、记数法等的定义，命数法的规则、记数的分节法、小数记法、小数读法等知识。第2编为"四则"，分"总论""定则""加法""减法""乘法""除法"6章，介绍四则、因数、乘方、指数等的定义，算术符号，四则运算中诸数的名称，交换律、结合律、分配律，多位数加法、减法、乘法、除法法则，乘法、除法的应用等知识。第3编为"诸等数"，分"绪论""本国权度及国币""时间及角度""诸等化法""诸等之四则""外国度量衡及钱币"6章，介绍定率、基本单位和辅助单位、诸等数、命法等的定义，中国度量衡和币制、时间、历法、弧度和角度、诸等数的化法、诸等数的四则运算、米制、英美和日本度量衡、外国币制等知识。第4编为"数性"，分"约数及倍数""质数及质因数""最大公约数及最小公倍数"3章，介绍约数、倍数、奇数、偶数、质数、公约数、最大公约数、公倍数、最小公倍数等的定义，倍数的和与差、奇数和偶数的判定、分解质因数之法、求最大公约数和最小公倍数的法则、最大公约数和最小公倍数的应用等知识。

第5编为"分数及小数"，分"绪论""小数与分数之交换""分数化法""分数之四则""循环小数"5章，介绍分数、带分数、假分数、真分数等的定义，分数的记法、小数与分数的区别、小数与分数互化法、分数大小的比较、假分数与带分数的互化法、约分、通分、分数四则运算、化循环小数为分数之法、循环小数四则运算等知识。第6编为"比例"，分"比""比例式""单比例""复比例""连锁比例""比例分配法""比例混合法""经度与时、温度"8章，介绍比、比例、正比例、反比例、复比例、连锁比例、经度等的定义，求比的法则、化分数比为整数比之法、求比例式未知项之法，正比例、反比例的计算，复比例问题的解法、连锁比例法则、比例之分配算法、比例之混合算法、经度与时间的关系、温度等知识。第7编为"百分算"，分"绪论""利息""日用诸算"3章，介绍百分算、利息、单利法、复利法等的定义，百分之计算、计算单利之法、计算复利之法，以及百分算和计算利息法的应用等知识。第 8 编为"开方",分"开平方法""开立方法""求积法"3 章,介绍开平方法、平方根、开立方法、立方根等的定义,100 以下数字开平方法、普通开平方法、整数和小数开平方法、分数开平方法、开平方法的应用、100 以下数字开立方法、普通开立方法、开立方的法则、开立方法的应用,矩形面积、平行四边形面积、梯形面积、三角形面积、圆面积、相似形之比、一般柱体体积、长方体体积、立方体体积、多角柱体和圆柱体体积、锥体的体积和面积、棱台和圆台的体积和面积、球的体积和面积、相似体等知识。第 9 编为"级数及省略计算",分"级数""省略计算"2 章,介绍等差数列、等比级数、省略加法、省略减法、省略乘法、省略除法等知识。

《实用主义中学新算术》第 2—8 编末均设杂题,全书每章课文后大都设例题;第 9 编后有"总问",以"比例"为界,分设两部分杂题:一部分为"比例以上之问题",另一部分为"比例以下之问题"。附录为"小数正名",介绍小数各位次的名称及其由来。

《实用主义中学新算术》的特点之一是例题、问题、杂题多与现实生活有关。同时,该书对知识的介绍重视以图表来说明。例如,第 2 编"四则"第 2 章"定则"对乘法和除法分配律的介绍,即分别配以表和图。其中,乘法分配律内容如下:"以一数乘诸数之和,其积等于以一数分乘诸数所得诸积之和。如$(7+5+3)\times 2=7\times 2+5\times 2+3\times 2$。此理由以次图明之。先求横列之和,得 $7+5+3$,二倍之,得$(7+5+3)\times 2$ 或 $7\times 2+5\times 2+3\times 2$,即全体,故其结果相等。"

图 3-30 《实用主义中学新算术》第 2 编第 2 章乘法分配律中的表

第 2 编第 2 章除法分配律内容为"以一数除诸数之和，其商等于以一数分除诸数所得诸商之和。如$(20+30+50)\div2=20\div2+30\div2+50\div2$。如图，$20+30+50$ 为本体，黑部分为全体二分之一，而黑部分中之 20、30、50，为各部分之二分之一，故全体之二分之一，与各部分二分之一之和等"。第 3 编"诸等数"对中国度量衡和币制、米制、英美和日本度量衡的介绍，使用了大量的表格。第 5 编"分数及小数"对分数概念的介绍，亦使用图表予以辅助说明。

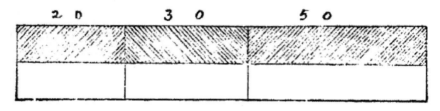

图 3-31　《实用主义中学新算术》第 2 编第 2 章除法分配律中的图

（二）《实用主义几何学教科书：平面》和《实用主义几何学教科书：立体》

陈文的《实用主义几何学教科书：平面》和《实用主义几何学教科书：立体》是一部教科书的两册。《实用主义几何学教科书：平面》由"实用主义数学编辑缘起"、目录、正文、附录构成。① "实用主义数学编辑缘起"简略介绍了陈文编辑实用主义数学的背景与原因，并说明了实用主义数学与"旧数学"相异之处，如表 3-20。

---

①陈文. 实用主义几何学教科书：平面 ［M］. 上海：科学会编译部，1917.

表 3-20　陈文《实用主义几何学教科书：平面》

对实用主义数学与"旧数学"相异之处的说明

	旧数学	实用主义数学
大体	旧数学注重学理方面，为纯然之科学（以公理为基，依次用演绎法证明)①	实用主义数学注重应用方面，为研究学理及其应用之科学（注重函数及图表务适于当世之用）
教授材料	旧数学教授材料用讲解式，为注入的教育（教材均为学理，依一定之次序解释，至应用之项，除二三例题外，殊少言及，且极有用之图表，亦未尝讲授）	实用主义数学教授材料用启发式，为自动的教育（教材以有生意且有效用者为限，于说明定理及法则之前，以预习题引起学生之思想，并注重与理化、天文、工艺诸学科相关之事项，及与生活相关之诸问题）
分科	旧数学依形与数之别，分科之界限极严，其诸分科，一若各自独立，不相为谋（如算术仅计算常用之数，代数学仅言数理，几何学仅研究图形，不脱宥克宜②式之窠臼。至坐标之用法及图表，必俟习解析几何学时始行讲授）	实用主义数学分科不似旧数学之谨严，常视数学如一有机物体，使其分科互相辅助，有相生相感之关系〔如算术不仅计算常用之数，并为代数学之基础，且与几何学相关联。代数学亦不仅言数理，时与几何学相通，且授坐标之用法，一面以几何的图形表代数式，一面以代数式显明几何关系，终则两者全然融合。（三角法亦然）务于初等数学之范围内，养成微分、积分之思想。总之，注重函数及图表，俾学者进习微分、积分及解析几何学较为容易。几何学亦不仅研究图形，初于图形，弃固定性，取可变性，教以回转及移动，并注重手与眼之练习，渐进始于定理，作图及练习用已证明之定理为根据，并举其实际应用之事项，而与代数学及解析几何学相通，更如前述，与宥克宜式之几何学迥然不同〕

①括号内文字为《实用主义几何学教科书：平面》原文，下同。
②"宥克宜"指欧几里得。

续表

	旧数学	实用主义数学
问题	旧数学之问题，除算术外，大都偏重学理（如代数学注重各式之解法，几何学注重各事项之证法。所设之题往往陷于不自然及臆造之弊，而实际之应用问题转属缺如）	实用主义数学之问题，多属应用问题（以合于自然现象及实际之事务者为限。其不自然及臆造之问题，概不列入。故代数学于解法外注重图表，几何学于证法外注重活动的作图及实测，要以不离于实用为务）

资料来源：《实用主义数学编辑缘起》，载陈文《实用主义几何学教科书：平面》，科学会编译部，1917，第2-4页。

其中，"旧数学"泛指实用主义数学出现之前的数学。这份说明从4个方面做了说明，条理清晰，观点明确，体现了陈文对实用主义数学与"旧数学"相异之处的深刻认识。

图3-32　陈文《实用主义几何学教科书：平面》

《实用主义几何学教科书：平面》的正文分2部分，共306款。第1部分为编首"几何初步"，有如下14章：第1章"立体、面、线、点"，介绍几何学的定义①，空间的点的表示方法，点、线、面、立体的性质等知识。第 2 章"直线"，介绍直线、射线，线份②等的定义，关于直线的定理。第 3 章"平面"，介绍平面的定义与性质。第 4 章"线份之比较及大"，介绍"长之度数"、线段长短之比较、长度单位等知识。第 5 章"平面图形、圆"，介绍圆、中心、半径、弧、弦、直径、弓形、扇形、半圆等的定义，以直线为定界的图形、关于圆的定理等知识。第 6 章"直角"，介绍垂直、直角、角之边、顶点、点至直线的距离等的定义，关于直角的定理等知识。第 7 章"矩形及方形"，介绍矩形、正方形的定义，关于矩形的定理等知识。第 8 章"长及积之测定"，介绍面积、体积的单位，关于矩形面积名数定理、长方体体积名数定理等知识。第 9 章"圆柱、圆锥、球"，介绍圆柱、圆锥、球的共性和截断面图形，圆柱和圆锥的定界、轴、高、实例，球与圆的关系等知识。第 10 章"立体之模型及其展开面"，介绍立方体、长方体、棱柱、棱锥、圆柱的展开面与模型制作，圆锥的展开面及其制作等知识。第 11 章"角及回转"，介绍直角、斜角、平角、凹角、凸角、锐角、钝角、补角、余角等的定义，角的记法、比较、测定等知识。第 12 章"接角及对顶角"，介绍接角、对顶角的定义与相关定理。第 13 章"平行线及平行面"，介绍两直线平行、两平面平行、敛、发等的定义，关于平行线的定理等知识。第 14 章"平行移动及平行线上之角"，介绍平行移动、同位角、错角、同方对角等的定义，关于平行移动的直线、平行线的定理等知识。第 14 章后，有第 1 部分的结论，提出了几何学的新定义③，还有几何图形、平面几何学、立体几何学的

①此处几何学的定义是"论物体之形状及大，或举数物体论其相关之位置"。参见：
　陈文. 实用主义几何学教科书：平面 ［M］. 上海：科学会编译部，1917：1.
②线份即线段。
③此处几何学的定义是"论几何图形及其应用之科学"。参见：陈文. 实用主义几
　何学教科书：平面 ［M］. 上海：科学会编译部，1917：50.

定义。

第 2 部分为"平面几何学",分 7 编。第 1 编为"三角形",分如下 10 章：第 1 章"平面图形",介绍平面图形、平面图形之周、对角线等的定义,三角形、四角形之记法。第 2 章"三角形之边",介绍三角形三边关系、等边三角形、等脚三角形①、不等边三角形等知识。第 3 章"三角形之角",介绍锐角三角形、直角三角形、钝角三角形、勾、股、弦等的定义,关于三角形的定理、推论等知识。第 4 章"三角形之作图题",通过例题介绍三角形的作图法。第 5 章"全同之定理",介绍两三角形全等判定定理和推论。第 6 章"对称轴",介绍对称轴的定义与相关定理,离两定点等距离的点的轨迹、离两相交直线等距离的点的轨迹、离两平行线等距离的点的轨迹等知识。第 7 章"等脚三角形及等边三角形",介绍三角形角的二等分线、中线,三角形的高、垂直二等分线等的定义,关于等腰三角形、等边三角形的定理。第 8 章"三角形之边及角之关系",介绍关于三角形边和角关系的定理等知识。第 9 章"基本作图题",介绍依据已证明的定理,仅用界尺和两脚规的作图法。第 10 章"练习及作图问题",介绍由边和角作三角形的方法、由边和角以外条件作三角形的方法、用轨迹作图的方法,以及用卷尺、测角器和杆在郊外测量高、远的方法。

第 2 部分第 2 编为"四角形及多角形",分"普通四角形""平行四边形""梯形""多角形"4 章,介绍梯形、平行四边形、矩形、菱形、方形、正多角形等的定义,关于四角形、平行四边形、矩形、菱形、梯形、正多角形、多角形的定理,以及正多角形的作图等知识。第 3 编为"圆",分"弧、中心角及弦""切线""二圆""圆周角""外接圆及内切圆"5 章,介绍圆的中心角、切线、切线角、中心线、中心距离、圆周角、弓形角、外接圆、内切圆等的定义,关于圆的弧、

---

①等脚三角形即等腰三角形。

中心角、弦、切线，两圆关系、圆周角的定理，以及作三角形外接圆、内切圆、傍切圆等知识。

第 2 部分第 4 编为"面积"，分"矩形之求积""平行四边形、三角形、梯形及多角形之求积""面之比较及变化""比达哥拉士之定理"4 章，介绍矩形、正方形、平行四边形、三角形、梯形、任意多角形的面积公式及部分公式的证明，关于平行四边形面积和比较的定理，平面图形的变化、射影定理、毕达哥拉斯定理等知识。第 5 编为"比例及相似"，分"线份之比例""相似""关于直角三角形之比例、比例中项""关于圆之比例"4 章，介绍比、比例、内分、外分、射线束、截线、相似多角形、连比例等的定义，比例定理、两三角形相似判定定理，关于相似三角形、多角形的定理，关于相似图形圆的定理，关于直角三角形的比例的定理，比例中项的作图法、割线定理和切线定理，关于圆的比例等知识。第 6 编为"代数学与几何学之关系"，分"代数式之作图""代数的函数之图表""正十角形之作图、黄金截法""几何作图题之代数的解法"4 章，介绍代数式作图、函数图像、正十角形的作图法、黄金分割，以及代数解法在几何作图题中的应用等知识。第 7 编为"三角形、正多角形及圆之计算"，分"三角形之计算""正多角形之计算""圆之计算""关于作图问题之通法"4 章，介绍直角三角形、等边三角形、等腰三角形、斜角三角形的计算，四角形、六角形、十角形的计算，圆周长、圆面积、圆环面积的计算，作图问题的通法等知识。附录为"不可通约之线份及无理数"。

《实用主义几何学教科书：立体》由目录、正文、附录构成[①]。正文分 3 编，接排《实用主义几何学教科书：平面》之编序，这 3 编为第 8—10 编，共 78 款。第 8 编为"立体总论"，分"在空间之直线及

---

①陈文. 实用主义几何学教科书：立体 [M]. 上海：科学会编译部，1917.

平面之位置""立体之射影像""平行射影""角柱①及圆柱""角锥②及圆锥""球"6章，介绍立体的射影、平行射影、中心射影、正平行射影、斜平行射影等的定义，关于空间的平面、直线的定理，空间的平面位置的决定条件，关于点、直线、线段、平面图形、平行线的射影的定理，关于棱柱和圆柱的定理，直棱柱和直圆柱的侧面积、表面积、体积公式，关于棱锥和圆锥的定理，直棱锥和直圆锥的侧面积公式、直圆锥侧面积公式、棱锥和圆锥体积公式、球的体积和表面积公式等知识。第9编为"空间之直线及平面"，分"在空间之直线及平面之位置""平面之垂线、直线之垂直面""平行直线及平行平面、互掞直线""直线及平面间之倾角"4章，介绍空间的平面、互掞等的定义，定一平面的决定条件、直线与平面的关系、平面的轨迹，关于直线的垂直面、平面垂线的定理和作图题，关于直线与平面平行、平面与平面平行、平行平面的定理、互掞直线的定理，直线对平面的倾角、射影图形面积等知识。第10编为"体积"，分"角柱及圆柱""角锥及圆锥""截头角锥及截头圆锥""球""球及其部分之计算""正多面体""关于多面体之'欧烈尔'定理"7章，介绍棱柱、圆柱体积公式，棱锥体积公式证明方法，棱台和圆台的侧面积、体积公式，关于球的定理，球、球层和球缺体积公式、球表面积和球带面积公式证明方法，正四面体、正八面体、正二十面体、正六面体、正十二面体、"欧烈尔定理"等知识。附录为"希腊文字之发音"。其中，"欧烈尔定理"即欧拉定理："以单一联结平面之面为界之单一联结多面体（即无孔又无陷入之面者），其顶点之数与面数之和，较棱数多2。"③ 也就是，凸多面体的顶点数与面数之和等于棱数加2。

---

①角柱即棱柱。
②角锥即棱锥。
③陈文. 实用主义几何学教科书：立体［M］. 上海：科学会编译部，1917：101.

　　与此前中国中学几何教科书不同，《实用主义几何学教科书：平面》重视几何图形的可变性。该书于第 1 部分"几何初步"第 11 章"角及回转"、第 14 章"平行移动及平行线上之角"介绍了几何图形回转和移动知识。同时，该书注重代数学与几何学的关系，于第 2 部分"平面几何学"专设第 6 编"代数学与几何学之关系"，介绍了代数式作图、代数解法在几何作图题中的应用等知识。

　　《实用主义几何学教科书：平面》还注重以启发式介绍课本知识。书中有 20 章设有预习题，预习题均与题后知识有关联，可以启发学习者对预习题后要学习的知识的思考。这 20 章为第 1 部分编首"几何初步"第 11—13 章，第 2 部分"平面几何学"第 1 编第 2—4 章、第 7 章和第 8 章，第 2 编第 1—4 章、第 3 编第 3 章和第 4 章，第 4 编第 1、第 2、第 4 章，第 5 编第 1、第 2、第 4 章。如下一例，可见一斑。该书第 2 部分第 5 编"比例及相似"第 1 章"线份之比例"第 256 款设如下预习题："分线份 $a=4\,\mathrm{cm}$ 为七等分，（依 §162）何点内分其线份为比 $3:4$，其各部分之大若何？求外分 a 为比 $3:10$ 之点，于此例，其各部分之大如何？分线份为比 $m:n$，当作如何之图示之？"该题有提示："此等例题所用之图形，为任意之二直线，从而对于某线束之诸射线，可依直观，导出次之普通定理。"其后，该书给出第 257 款"比例定理 I"："某线束之射线，被二或多数之平行截线截，则在其射线上对应线份，依对应分点分为等比。"该预习题与该定理有关联，对学习者学习该定理有启发性，提示在其中起到桥梁作用。

　　《实用主义几何学教科书：平面》和《实用主义几何学教科书：立体》都重视作图。《实用主义几何学教科书：平面》第 2 部分第 1 编"三角形"专设第 4 章"三角形之作图题"，介绍三角形作图法，第 9 章"基本作图题"还介绍依据已证明的定理，仅用界尺和两脚规的作图法；第 10 章"练习及作图问题"，介绍作三角形的方法、用轨迹作图的方法；第 7 编"三角形、正多角形及圆之计算"，专设第 4 章"关于作图问题之通法"，介绍作图问题的通法。《实用主义几何学教科书：立体》第9编"空间之直线及平面"第2章"平面之垂线、直线之垂直面"第343、344、352款，第3章"平行直线及平行平面、互揆之直线"第357、第358款均为作图题；第10编"体积"第2章"角锥及圆锥"第378款中亦有作图题。作图是所学知识的几何应用，也有助于学习者练习动手能力。

《实用主义几何学教科书：立体》第10编"体积"对棱柱和圆柱、棱锥、球和球层的体积公式，球表面积和球带面积公式的证明方法，使用了函数和求定积分的知识。这在此前的中国中学几何学教科书中是没有的。

（三）《实用主义代数学教科书》

陈文的《实用主义代数学教科书》由弁言、目录、正文、附录构成①。弁言指出"代数学之能直接施诸实用者"，当以《实用主义代数学教科书》为嚆矢。《实用主义代数学教科书》正文含绪论和10编，共110款。绪论介绍代数学的定义，代数中已知数和未知数的字母表示、数列初步知识。第1编为"四则"，分"总论""加法及减法""乘法""除法"4章，介绍负数、正数、绝对值、相对数等的定义，四则运算算式各部分名称、加法运算、减法运算、加法和减法混合运算、乘法运算、乘法的公式、除法运算、商的性质、倍分和约分、多项式的因数分解等知识。第2编为"坐标"，分"坐标之概念""坐标之应用、图表之描写"2章，介绍坐标的定义、应用和图表表示，直线的函数表示与图像。第3编为"比、比例"，分"比""比例"2章，介绍二量之比、比例及其定理、群比例等知识。第4编为"一次方程式"，分"方程式之原理""一元一次方程式""多元一次方程式"3章，介绍恒等式、方程式、根等的定义，计算的公理、等式的变形、

---

①陈文. 实用主义代数学教科书［M］. 上海：科学会编译部，1919.

方程式的次数、一元一次方程式的图式解法和代数解法、方程式在物体运动中的应用与函数图像、汽车运行表的图式表示、多元一次方程式的图式解法和代数解法、解方程式的消法等知识。第 5 编为"乘方及方根"，分"乘方""方根"2 章，介绍累乘法、乘方、基数、指数、指数函数等的定义，乘方值的计算、乘方值为基数的函数的图像、方程式所表示的抛物线、三次抛物线、指数函数的图像、乘方的法则、以 0 及相对数为指数的乘方、具负指数的乘方的法则、根的计算、无理数、求平方根近似值的简便方法、立方根近似值的求法、根的法则和变形、具分指数的乘方等知识。

图 3-33　陈文《实用主义代数学教科书》

第 6 编为"二次方程式"，分"一元二次方程式""虚数""普通二次方程式"3 章，介绍一元二次方程式的要素、纯二次方程式、虚数、复数的图像、普通二次方程式的经验解法和几何解法、一元二次方程式的代数解法、二次方程式根与系数的关系等知识。第 7 编为"对数"，分"界说""常用对数"2 章，介绍对数及其底、真数、常用对数、半负对数等的定义，对数函数的图像、常用对数函数的图像、常用对数的运算性质、常用对数的应用、半负对数负指标的意义、半负

对数的计算、用对数表检假数的方法、自然对数等知识。第 8 编为
"级数、复利及年金",分"级数""复利""年金"3 章,介绍算术数
列、高次算术数列、平方数和立方数的数列之和、等比数列、复利公
式、年金公式及其应用等知识。第 9 编为"复素数之算法",分"复素
数之图表""复素数之四则""复素数之乘方及方根"3 章,介绍极坐
标、"复素数率"①、极角等的定义,复数的图式和三角式、复数的四
则运算、复数的乘方和方根。第 10 编为"二元二次方程式",分"二
元二次方程式之图式的解法""二元二次方程式之代数的解法"2 章,
介绍二元二次方程式的图像,二次曲线之圆和等边双曲线、椭圆、双
曲线、轴被回转的曲线、以示解曲线解方程式、二元二次方程式的代
数解法。附录有 4 个,依次为"三次方程式""高次方程式之数的解
法""奈端之近似法""指数之方程式"。

　　《实用主义代数学教科书》注重函数与图表。函数与图表是当时国
际上物理、化学、工艺等学科所必需的知识。在该书中,第 2 编"坐
标"、第 4 编"一次方程式"、第 5 编"乘方及方根"、第 6 编"二次方
程式"、第 7 编"对数"、第 10 编"二元二次方程式"都有函数和图表
内容。该书代数式大都用图表表示或用图式求解。同时,《实用主义代
数学教科书》注重介绍复数及其图式、计算知识,设第 9 编"复素数
之算法"予以介绍。从晚清时期至该书出版前,中国的中学数学教科
书都鲜有函数内容,更缺乏函数图像的知识,重视介绍复数知识的也
有限。《实用主义代数学教科书》打破了这些局限。这是中国近代中学
代数学教科书建设的进步。

（四）《实用主义平面三角法》

　　陈文的《实用主义平面三角法》由目录、记法、正文构成②。记

──────────

①"复素数率"即极径。
②陈文. 实用主义平面三角法 [M]. 上海:科学会编译部,1919.

法介绍三角形顶点、角、角的对边、角的二等分线、中线、高，内切圆、外接圆、傍切圆半径，三角形面积、三边和之半等的记法。正文共 22 节，第 1 节为"绪论"，介绍求一角为 30°、45°或 60°的直角三角形的边值比的方法，指出须讲求对任意角均能实施的方法。第 2 节为"角函数、正弦及余弦"，介绍变角函数、正弦、余弦的定义，正弦与余弦的关系等知识。第 3 节为"正弦及余弦之图示的描写"，介绍正弦曲线、余弦曲线，正弦和余弦的应用。第 4 节为"正切及余切"，介绍正切、余切的定义，正切与余切的关系，正切函数与余切函数的图像。第 5 节为"依函数之值求角、补间法"，介绍已知三角函数求对应的角、已知角求对应的三角函数的方法，以及已知两个相近角度的三角函数求其间各角度的三角函数的方法等知识。第 6 节为"直角三角形及等脚三角形之三角法的计算"，介绍以三角函数和毕达哥拉斯定理解直角三角形、等腰三角形、正多角形的计算。第 7 节为"钝角及优角之正弦及余弦"，介绍正弦函数和余弦函数的诱导公式。第 8 节为"钝角及优角之正切及余切"，介绍正切函数和余切函数的诱导公式。第 9 节为"逆圆函数（即逆三角函数）"，介绍反三角函数与反正弦函数、反正切函数的图像等知识。第 10 节为"四函数互相之关系"，介绍正弦函数、余弦函数、正切函数、余切函数的相互关系。第 11 节为"斜角三角形、正弦定理"，介绍正弦定理及其应用。

第 12 节为"一般的比达哥拉士定理"，介绍任意三角形 ABC 边角关系公式 $c^2 = a^2 + b^2 - 2ab\cos\gamma$ 及其应用。其中，$AB = c$，$AC = b$，$BC = a$，$\angle ACB = \gamma$。该公式被称为"一般的比达哥拉士定理"。第 13 节为"余弦定理"，介绍任意三角形 ABC 边角关系如下公式及其应用：$\cos\alpha = \dfrac{b^2 + c^2 - a^2}{2bc}$，$\cos\beta = \dfrac{a^2 + c^2 - b^2}{2ac}$，$\cos\gamma = \dfrac{a^2 + b^2 - c^2}{2ab}$。其中，$\angle BAC = \alpha$，$\angle ABC = \beta$；$a$，$b$，$c$，$\gamma$ 代表的元素与第 12 节的相同。该公式被称为"余弦定理"。第 14 节为"正切定理"，介绍正切定

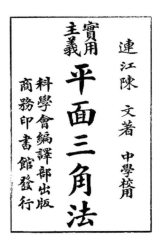

图 3-34　陈文《实用主义平面三角法》

理及其应用。第 15 节为"摩尔瓦德定理"，介绍任意三角形 ABC 边角

关系如下公式及其应用：$(c+b)\sin\dfrac{\alpha}{2}=a\cos\dfrac{\gamma-\beta}{2}$，$(c-b)\cos\dfrac{\alpha}{2}=$

$a\sin\dfrac{\gamma-\beta}{2}$。该公式被称为"摩尔瓦德定理"。第 16 节为"角之和及差

之函数"，介绍两角和与差的正弦、余弦公式。第 17 节为"大于 90° 之

和角之正弦及余弦"，说明第 16 节两角和与差的正弦、余弦公式适用

于大于 90° 的和角。第 18 节为"二角之和及差之正切及余切"，介绍两

角和与差的正切、余切公式。第 19 节为"倍角及分角之函数"，介绍

倍角和半角的正弦、余弦公式。第 20 节为"相异角之函数之和及差"，

介绍和差化积公式。第 21 节为"余弦定理之变形"，介绍通过半角的

正弦、余弦公式和第 13 节的"余弦定理"等推演的便于对数计算的三

角函数公式。第 22 节为"三角形之解法"，介绍解三角形的几何学和

代数学方法。

　　《实用主义平面三角法》的特点有二：首先，该书注重三角函数的

图表。正文 22 节中，有 8 节及第 2—5、7—9 节、第 16 节都有三角函

数的图或表。其次，该书注重介绍实测知识和三角函数知识在物理中的应用。例如，第 3 节"正弦及余弦之图示的描写"专设"应用"部分，以正弦和余弦求距离问题，其中用到角镜、测角器等设备进行测量。第 6 节"直角三角形及等脚三角形之三角法的计算"中设有求关于飞艇高度、两桥距离、河宽等实测问题的例题。第 12 节"一般的比达哥拉士定理"设关于物理学的例题："二力 $P = 477$（殆）（Dyne），$Q = 311$（殆），二力互成 $\varphi = 117°$ 之角，其合力大小若何？"其中，殆为力的单位 dyne[①] 的中译名。

四、陈文所编实用主义数学教科书的流传与影响

陈文所编实用主义中学数学教科书均非北洋政府教育部审定的教科书。不过，作为发行商，商务印书馆给《实用主义几何学教科书：平面》和《实用主义几何学教科书：立体》《实用主义平面三角法》做了广告。前两种书是一部教科书的两册，关于它们的广告如下：

> 是书以德国最通行之几何学教科书为底本，参以英美之学说编纂而成。编首几何初步，教以实测回转及移动，并注重手与眼之练习。第一部平面几何学，除证明定理外，注重应用的作图及实测，且授坐标之用法，一面以几何的图形表代数式，一面以代数式显明几何关系，可为作图表之基础，又于实地之测量计算，多用新法，与旧几何学迥然不同。第二部立体几何学，注重立体之射影，应用之作图，及体积周面之函数变化。教授诸君，苟所授之几何学，悉能施诸实用，尤宜以是书为教本[②]。

这则广告指出了该书的主要特点与出新之处，也对该书的底本和编撰

①dyne 现译为达因。
②黄元吉. 共和国教科书立体几何 [M]. 上海：商务印书馆，1920：广告页.

有所介绍。其中"德国最通行之几何学教科书"即白连德森和涅精古的《现代原理数学教科书》。

商务印书馆对于《实用主义平面三角法》的广告是"此书与本馆前出《实用主义新算术》《代数学》《几何学》等同一主义①。内容简而不繁，说明多用图表，于三角法之原理及应用阐发靡遗，诚近今平面三角法中之善本也"②。

在陈文所编的实用主义中学数学教科书中，《实用主义中学新算术》流传最广，影响最大，1916 年初版，1917 年出至第 3 版，1919 年出至第 6 版③，1920 年出至第 8 版，1924 年出至第 13 版，1926 年出至第 14 版④。《实用主义代数学教科书》次之，其 1919 年出第 2 版，1921 年出至第 4 版⑤。1923 年该书"稍加删改"⑥，更名为《实用主义中学新代数》，分 2 册出版，以"适合于初级中学二三年教科之用"⑦。《实用主义平面三角法》1919 年出至第 3 版⑧。《实用主义几何学教科书：平面》和《实用主义几何学教科书：立体》1917 年出版后未再版，1923 年分 4 册出版，分别为《实用主义中学新几何：几何初步》⑨《实用主义中学新几何：平面上》⑩《实用主义中学新几何：平面

①"《实用主义新算术》《代数学》《几何学》"分别指《实用主义中学新算术》《实用主义代数学教科书》《实用主义几何学教科书：平面》和《实用主义几何学教科书：立体》。

②陈文. 中等教科平面三角法 [M]. 上海：科学会编译部，1921：广告页.

③陈文. 实用主义中学新算术 [M]. 上海：科学会编译部，1919.

④王有朋. 中国近代中小学教科书总目 [M]. 上海：上海辞书出版社，2010：621.

⑤同④635.

⑥删除内容有第 9 编"复素数之算法"。

⑦陈文. 实用主义中学新代数：第二册 [M]. 上海：科学会编译部，1923.

⑧陈文. 实用主义平面三角法 [M]. 上海：科学会编译部，1919.

⑨陈文. 实用主义中学新几何：几何初步 [M]. 上海：科学会编译部，1923.

⑩陈文. 实用主义中学新几何：平面上 [M]. 上海：科学会编译部，1923.

下》①《实用主义中学新几何：立体》②。

本章小结

　　1912 年中华民国成立，清朝覆灭，中国近代中学数学教科书发展迎来新的时代。由于南京临时政府禁用晚清学部颁行的教科书，北洋政府教育部颁行"壬子·癸丑学制"，晚清政府颁行的"癸卯学制"被废除，适合新学制的新式教科书成为全国各级学校的亟需品。这是中华民国成立后以中华书局、商务印书馆和科学会编译部为代表的图书编译出版机构竞相出版新式教科书的重要原因之一。1915 年开始的新文化运动，高举民主和科学两面大旗，使中国发生影响深远的文化和思想变革，促进了中学数学教科书和中国其他科学教科书的现代化进程。中华民国成立后，实用主义教育思想在中国的广泛传播，对实用主义教科书的出版和采用具有积极影响。

　　民国初期的中学数学教科书约有 60 种。国人自编中学数学教科书占半数以上，取代了汉译日本中学数学教科书，成为中学数学教科书的主体。这是中国近代中学教科书从译介为主走上自编为主的阶段的标志。民国初期汉译中学数学教科书的底本源自日本、美国和英国的数学教科书，其中日本的最多。这反映出清朝覆灭后汉译日本中学数学教科书虽然走向衰落，但在民国初期仍是汉译中学数学教科书的重要组成部分。

　　民国初期，商务印书馆和中华书局对国人自编中学数学教科书出版在全国占统治地位，商务印书馆对汉译中学数学教科书的出版是主

---

①陈文. 实用主义中学新几何：平面下 [M]. 上海：科学会编译部，1923.
②陈文. 实用主义中学新几何：立体 [M]. 上海：科学会编译部，1923.

角。国人自编中学数学教科书的作者与汉译中学数学教科书的译者，多为无留学经历的本土学者。新的现象是国人自编中学数学教科书有留学经历的作者中，出现了有留美经历者。以秦汾、胡敦复为代表的国人自编中学数学教科书作者数学素养较高，为所编教科书的质量提供了学术保障。

成套的国人自编中学数学教科书的出现，是民国初期中学数学教科书建设较晚清时期进步的一个表征。民国最早的成套国人自编中学数学教科书是中华书局出版的"中华教科书"中赵秉良编撰的中学数学教科书。民国初期重要的成套国人自编中学数学教科书有中华书局出版的王永炅和胡树楷所编的新制数学教本，商务印书馆出版的"共和国教科书"中的中学数学教科书、"民国新教科书"中的数学教科书，上海科学会编译部出版的陈文所编中学用实用主义数学教科书。后4套教科书涵盖算术、代数、几何、三角等主科，学科齐全。1920年或稍早，《共和国教科书算术》《民国新教科书算术》《民国新教科书代数学》《共和国教科书代数学》《民国新教科书几何学》《共和国教科书平三角大要》分别在中等学校算术、代数、几何、三角教科书中是使用学校数量最多或次多的教科书①。

"中华教科书"中赵秉良所编中学数学教科书、王永炅和胡树楷所编新制数学教本，"共和国教科书"中的《共和国教科书算术》《共和国教科书平面几何》《共和国教科书立体几何》，均以日本数学教科书为底本，都属于主要模仿底本的产物。但这些国人自编中学数学教科书都并非完全拘泥于底本，不乏对底本的增删、改编或改进之处。其中有的改编是颠覆性的。如王永炅和胡树楷所编《新制算术教本》对知识的表述没有采用长泽龟之助的《新算术教科书》的归纳推理方式，

---

① 倪尚达. 全国中等学校数学科教授状况之调查 [J]. 教育杂志，1920，12（5）：4-8.

而是采用了与之相反的演绎推理方式。而且，《新制算术教本》对《新算术教科书》1904 年初版或 1905 年订正版、1911 年改订版、1913 年再订 4 版都有模仿和取材。王永炅和胡树楷所编《新制立体几何学教本》主要对《新几何学教科书：立体》1911 年版或 1912 年订正版做了模仿，有少量内容参考了该书 1915 年的大正版和 1911 年前的某一版本。这从侧面反映出民国初期国人自编中学数学教科书的部分作者力求在一定程度上突破底本，编撰适于新学制的中学数学教科书。这些表明日本对民国初期国人自编中学数学教科书产生过深刻影响，模仿并改造日本教科书是民国初期国人自编中等学校数学教科书的一条重要途径。

陈文所编实用主义中学数学教科书主要以德国白连德森和涅精古《现代原理数学教科书》为底本。在陈文所编的这套教科书中，《实用主义代数学教科书》注重函数与图表、重视介绍复数知识，在内容设计上较之此前的中学代数教科书有较大的突破。这是模仿该书底本的结果，反映了德国对民国初期国人自编中学数学教科书的影响。

第四章
民国中后期中学数学教科书的流变

"壬子·癸丑学制"颁行后对全国中小学教育和教科书发展提供了制度保障，但其存在的问题亦逐渐显露。国人要求出台新学制的声浪与日俱增。经过充分酝酿和制定，1922 年 11 月 1 日《学校系统改革案》即"壬戌学制"颁行。中国中学由一级制变为二级制，分为初中、高中两级。1928 年 5 月，在修订"壬戌学制"的基础上，南京国民政府颁行"戊辰学制"。1923—1948 年，从北洋政府到国民政府 6 次出台中学课程标准。在市场需求下，全国多家出版机构、社团竞相出版适合新学制和课程标准的中学数学教科书。本章考察"壬戌学制"和"戊辰学制"的制定和颁行情况，论述 1922—1948 年中国中学数学课程的标准化历程，介绍和分析民国中后期中国中学数学教科书的出版活动，对"复兴教科书"中的中学数学教科书、段育华编撰的《新学制混合算学教科书》、陈建功编撰的高中数学教科书进行个案研究。

第一节　新学制的制定与颁行

"壬子·癸丑学制"颁行三四年后，湖南省教育会对该学制就有批评。1915 年全国教育联合会第一次会议在天津举行期间，湖南省教育会提出《改革学校系统案》。该提案指出"壬子·癸丑学制"的 6 种弊害：一是"学校之种类太单简，不足谋教育多面之发展"，认为小学采用单行制，中学亦仅一种，导致多数人就学校，而不是学校就多数人，不宜于国民发育，与教育本旨相背。二是"学校之名称不正确，名误实受其害矣"，认为小学视为中学之准备，中学视为大学之准备，这误会了中小学的名称，使中小学失去了独立的作用。三是"学校的目的不贯彻，致令求学之人三四年一易其宗旨"，认为从初小、高小、中学到中学以上学校预科的宗旨不连贯，均不同，对青年和国家人才有害。四是"学校的教育不完成，依规定之学科时间，恒有充其所教，罄其所学，不能得具足之生活力者，而毕业反为社会之累"，认为高小作用不明，中学不分文科、实科，培养的人一般不能生活，往往扰害社会，以攫取生计。五是"学校的阶段不衔接，非失之过，则失之不及"，认为师范学校与高等师范学校之间重复 1 年，中学第 1 年课程与高小课程几乎重复 1 年，中学与专门大学之间须预备 1 至 3 年，是劳民伤财，耗时误人。六是"学校的年限不适当，全系学年失之长，而各校分配又不适当，大学毕业至二十四岁，大学校费去六年或七年未免多，中学校反止四年未免少也"①。鉴于该提案所涉"问题重大，其应否改革，宜以郑重之手续出之"，这次会议决定"征集各省意见，以三个月为限，详细备具意见书，送由教育部解决"②。

关于学制问题，湖南省教育会发出先声后，1919 年浙江省教育会于全国教育会联合会第五次会议又提出改革师范教育案。这次会议决定第六次会议应以革新学制作为提案方针之一③。全国教育会联合会于 1920 年举行第六次会议期间，又收到安徽、奉天、云南、福建诸省提出的关于改革学制系统案。会议鉴于"此等重大议案，似未可以短促之时期，少数之意见骤行"，决定"请各省区教育会于明年本会开会两个月以前（尽暑假期内），先组织学制系统研究会，以研究之结果制成议案，分送各省区教育会及第七次全国教育会联合会事务所""第七

①佚名. 湖南省教育会提议：改革学校系统案［M］//璩鑫圭，唐良炎. 中国近代教育史资料汇编：学制演变. 上海：上海教育出版社，1991：833－836.
②佚名. 全国省教育会一次联合会记略［J］. 教育杂志，1915，7（6）：37－41.
③佚名. 第七届全国教育会联合会纪略［J］. 教育杂志，1922，14（1）：5.

次教育会联合会应先将学制系统案议决，再议其他各案""明年本会开会时，请部派专员发表关于学制之意见"①。

1921年10月27日至11月7日，全国教育会联合会第七次会议在广州举行②。会议期间，各省区关于学制问题的提案有11件之多。10月27日下午，大会对各提案进行了详细研究，议决"即席组织审查会，将本案审查"。以全体会员为审查员，推举黄炎培为审查长。10月28日审查会审查后，认为广东省的提案较为完备，议决"审查方法即以广东案为根据，与其他各案比较审查"。此后推举黄炎培、袁希涛、金曾澄为起草员，草定审查报告。报告提交审查会，于10月29日审议通过。后经"三十一日提出于大会二读，十一月一日续二读，二日三读"，最终通过"研究两年未决之学制系统草案"③。会议期间，为调查学制访华的美国教育家孟禄（Paul Monroe，1869—1947）与会并做了讲演，还召开3次谈话会，其言论主张对会议产生了直接影响④。

全国教育会联合会第七次会议议决通过的新学制系统草案，以广东省提案为根据，参考黑龙江、甘肃、浙江、湖南、江西、山西、奉天、云南、福建等各省提案，将学制系统分3段，即初等教育、中等教育、高等教育。"各段之划分大致以儿童身心发达时期为根据"，即童年时期（6—12岁）为初等教育段，少年时期（12—18岁）为中等教育段，成年时期（18—24岁）为高等教育段。其中，小学修业年限为6年，自满6岁起至12岁止，分为2期，第1期4年，第2期2年；中等教育采用选科制；中学采用三三制，分初、高两期，于6年中第3年定为小结束；中等教育包括1年期、2年期、3年期完全职业科，

---

①佚名. 全国教育会联合会六次议决案：续 [J]. 教育公报，1921，8（7）：2‑10.
②佚名. 第七届全国教育会联合会纪略 [J]. 教育杂志，1922，14（1）：1.
③同②6‑9.
④同②5.

渐减普通渐增职业学科的 4 年期、5 年期职业科，以及完足 3 年普通、继续 3 年职业学科的职业科；大学毕业期限定为 4—6 年，大学不设预科，其入学资格以高级中学毕业者或有同等学力者为限①。

新学制系统草案的精髓是废"四三四制"为"六三三制"。该草案是"壬戌学制"的雏形，其大部分内容后来被纳入"壬戌学制"，为该学制的制定奠定了坚实基础。当时中国正值军阀混战之际，战乱频仍，社会动荡不安。一些国人认为该学制系统草案给中国带来了希望。1922 年《教育杂志》"学制课程研究号"征文便指出：

> 去年十一月，全国教育会在广东开第七次联合会，顺应国人的希望，采撷欧美的新潮，议决了一种新学制。在国本飘摇，国事蜩螗的时候，居然有这种成绩，不能不算是教育界的觉悟和国家唯一的希望了②。

新学制系统草案公布后还引起国人的广泛注意与讨论，兴起"新学制运动"。1921 年 11 月，舒新城撰就《中学学制问题》一文。文中指出"壬子·癸丑学制"的中学学制存在年限过短、第一年课程与高小三年级课程重复、课程规定太机械等弊端③。舒新城刚撰就此文，便注意到全国教育会联合会第七次会议议决通过的学制系统草案中大部分合于他意，遂在文末附加一段文字，指出这一草案"采用单轨制，中小学共十二年，小学、中学各六年，中学六年之中，又分一年、二年、三年职业科，四年、五年半职业科、半普通科，又将中学分为两级，前三年普通，后三年职业与师范，并采用选科制；其中大部分与我们底计画相同"④。1921 年 11 月 10 日，《时事新报》记者发表《评

---

① 佚名. 第七届全国教育会联合会纪略 [J]. 教育杂志，1922，14（1）：10 - 13.

② 佚名. 教育杂志"学制课程研究号"征文 [J]. 教育杂志，1922，14（1）：目录前 1 页.

③ 舒新城. 中学学制问题 [J]. 教育杂志，1922，14（1）：1.

④ 同③21.

全国教育会联合会改革学制系统案》一文，说"我所认为最满意者，中等教育之采用选科制，与中学校延长为六年，于后三年分科，把职业教育升学预备都能顾到"①。12 月，余家菊在《时事新报》发表《评教育联合会之学制改造案》一文，认为"此次新案之创制，有二点颇值吾人之牢记，而可视为吾国民新精神之觉醒：一为从儿童身心发育阶段以为划分学级之大体标准；一为顾虑各方情形而采富于弹性之方案，而免去一派硬行其主张之险象"。但他不赞成小学由 7 年制改为 6 年制②。

自 1921 年 11 月起，全国多地教育社团、教育界人士围绕新学制草案组织大量活动。11 月 30 日，江浙教育协进会在浙江省教育会开会，讨论新学制草案③。12 月 8 日，江苏教育界在南京公共演讲厅召开新学制草案讨论会。讨论后，组织成立各股委员会，分初等、中等、师范、大学专门、教育、行政 6 股，每股主任 2 人④。12 月 15 日，实际教育调查社在北京美术学校开会，由孟禄与北京各校代表讨论学制等问题⑤⑥。12 月 24 日，江苏新学制草案讨论会委员会在江苏省教育会开会讨论⑦。1922 年 2 月 23 日，江苏教育界又在南京公共演讲厅召开新学制草案讲演会。与会者有江苏省教育会代表、教育行政人员及各学校校长等 138 人。同济大学校董会常务董事沈恩孚⑧、曾任教育部代理部长的袁希涛分别做题为《新学制草案议决经过情形》和《新学制与各国学制之比较》的讲演。2 月 24—25 日，江苏教育界召开新

①佚名. 新学制运动 [J]. 教育杂志，1922，14 (2)：1.

②同①1‐2.

③佚名. 新学制的运动 [J]. 教育杂志，1922，14 (1)：21.

④同①2.

⑤佚名. 孟禄博士来华后之行踪与言论 [J]. 教育杂志，1922，14 (1)：4.

⑥同③.

⑦同③.

⑧翁智远. 同济大学史：第 1 卷 [M]. 上海：同济大学出版社，1987：15‐16.

学制草案讨论会。广东省自新学制系统草案通过后，即组织新学制实施研究会，相继于 1922 年 2 月 11 日、2 月 18 日、3 月 4 日、3 月 11 日召开 4 次大会，讨论相关事宜①。

　　新学制系统草案公布后，蔡元培、沈恩孚、陶知行②、陶孟和、经亨颐、胡适、汪懋祖、廖世承、俞子夷、余家菊、俞大同、孟禄等中外学者都发表了意见③。赞同的意见居多数，但也有一些异议和批评意见。如蔡元培反对中学实行"三三制"，认为"中学宜以四二制为通则"④。经亨颐认为改革学制必先讨论教材不可，不先研究教材就议决新学制系统草案是不妥的，提出"中等教育段负担实在太重"。在他看来，新学制系统草案是"明三期暗五期"，即明分初等教育、中等教育、高等教育 3 期，暗分 5 期："第一期小学一期，第二期小学一期，初级中学一期，高级中学一期，大学一期"，分期数实际与旧学制相同。他建议新学制改为平均 4 期制，即第 1 期小学称第 1 期学校，第 2 期小学 2 年和初级中学 2 年合称第 2 期学校，初级中学后 1 年和高级中学 3 年称为第 3 期学校，分科中学预科 1 年、本科 3 年，大学以上概称为第 4 期学校⑤。这些意见后来均未被采纳。

　　新学制系统草案公布后，在全国学制将改未改之际，一些学校进行了试办。当时广东教育界人士认为"欲求学制之推行，当先有试办机关"，决定先在该省政学两界发起的执信学校试办。于是，该校完全根据"六三三制"，定小学 6 年，中学分初级中学、高级中学，各 3

①佚名. 三志新学制运动［J］. 教育杂志，1922，14（4）：1-2.
②陶知行即陶行知，原名文濬，后改名知行，再改名行知。参见：张东. 陶行知职业教育思想研究［M］. 成都：西南交通大学出版社，2017：1.
③这些学者的意见，详见：《新教育》（学制研究号）1922 年 4 卷 2 期；《教育丛刊》1922 年 3 卷 2 集；《中华教育界》1922 年 11 卷 7 期。
④蔡元培. 全国教育会联合会所议决之学制系统草案评［J］. 新教育（学制研究号），1922，4（2）：125-126.
⑤经亨颐. 新学制研究［J］. 教育丛刊，1922，3（2）：1-3.

年。高级中学先办普通、家政、师范 3 科①。该校还制定了相应的课程表②。1922 年春季"国立东南大学附中"即筹备试行新学制，先组织委员会拟定课程大纲，由各分科会议拟定各科课程纲要，然后统一由全体职教员会议议决，后于该年秋季开始试行③。

在这样的形势下，北洋政府教育部鉴于学制改革已不容缓，于 1922 年 9 月 20—30 日组织召开学制会议。会议共召开大会十次、审查会若干次，议决了学校系统改革案与县教育行政机关组织大纲案、特别市教育行政机关组织大纲等提案和文件。其中，学校系统改革案与全国教育会联合会第七次会议议决通过的学制系统草案性质相同，均属于关于全国学制的议案。但两者存在明显不同之处，其中之一是前者将中学改为"四二制"，规定初级中学 4 年，高级中学 2 年，而将初级中学和高级中学各 3 年作为例外，规定"依地方情形"而定④。当时会场主张中学实行"三三制"者不少，但教育部所交议案主张采用"四二制"。会议最后决定"两者并存，以四二为原则，以三三为例外"⑤。

不过，新学制最终由全国教育会联合会决定。1922 年 10 月 11—21 日，全国教育联合会在济南举行第八次会议⑥。这次会议的中心议题即制定新学制。主要参考该会于广州举行的第七次会议议决通过的新学制系统草案与学制会议议决的学校系统改革案，胡适和姚金绅起草了供讨论的新学制底本。该底本被胡适称为"审查底案"，其"精神

①佚名. 广州执信学校试办"六三三制" [J]. 新教育（学制研究号），1922，4（2）：296.
②佚名. 广州执信学校试验"六三三制"之课程表 [J]. 新教育（学制研究号），1922，4（3）：487 - 492.
③廖世承. 施行新学制后之东大附中 [M]. 上海：中华书局，1924：57.
④佚名. 教育部召集之学制会议及其议决案 [J]. 教育杂志，1922，14（10）：1 - 6.
⑤佚名. 学制会议之经过 [J]. 中华教育界，1922，12（2）：1.
⑥佚名. 八次全国教育会联合会开会情形 [J]. 江苏省教育会月报，1922（11）：8.

上大部分用广州案，而词句上多采用学制会议案""中等教育一段，采学制会议案，以四二制为原则，以三三制为副则，但加一条'三年期之初级中学课程，应与四年期之初级中学前三年之课程一律'"。后经甲组召开 5 次审查会，于 10 月 14 日全案讨论完毕。其间，关于中学"以四二制为原则，以三三制为副则"一条，讨论最热烈且最久。讨论后，决定以"三三制"为原则，以"四二制"和"二四制"为副则，"文句仍用广州案"。公推袁希涛、胡适和许倬云根据讨论的结果，修正胡适和姚金绅起草的"审查底案"，于 10 月 15 日草成修正案，是为"起草员案"。关于中学学制，"起草员案"新添一点为："中学校用三三制为原则，四二制为副则，但二四制不列入正文，而加一附注'四二制之中学校，其初级前二年得并设于小学校'。"10 月 17 日上午，甲组召开第八次审查会，讨论"起草员案"。全文经文字上修正后，均予通过，唯有"二四制"不列入正文一项未能通过。最后删去附注，仍将"二四制"列入正文作为副则之一。经过 10 月 18 日第三次大会逐条讨论表决，10 月 19 日继续讨论，全案于 10 月 20 日完全通过。最终通过的全案关于中学学制并无大的修订①。

　　1922 年 11 月 1 日，北洋政府教育部颁行《学校系统改革案》，即"壬戌学制"。"壬戌学制"对全国教育会联合会第八次会议通过的全案

---

①胡适. 记八届全国教育会联合会讨论新学制的经过 [J]. 新教育，1922，5（5）：1034－1043.

增补了 3 条"标准"，修改了一些规定①，但全案的原则性规定未有改变。增补后的标准共 7 条：①适应社会进化之需要；②发挥平民教育精神；③谋个性之发展；④注意国民经济力；⑤注意生活教育；⑥使教育易于普及；⑦多留各地方伸缩余地。除第 5 条外，其他 6 条均采自全国教育会联合会第七次会议议决通过的新学制系统草案规定的标准②③。

---

①关于初等教育，基本未修改，仅于全案 3 条"义务教育年限暂以四年为准"和"各地方至适当时期，得延长之"之间加一"但"字。关于中等教育，对全案 14、18 两条做了修改。将全案 14 条中"中等教育得设补习学校，或补习科"改为"各地方得设中等程度之补习学校或补习科"，18 条"师范学校得单设后三年，收受初级中学毕业生"改为"师范学校得单设后二年或后三年收受初级中学毕业生"。关于高等教育，对全案 21、22、24、26 条做了修改。将全案第 21 条中"其单设一科者，称某科大学校，如医科大学校，法科大学校，师范大学校之类"改为"其单设一科者称某科大学校，如医科大学校，法科大学校之类"，在第 22 条"医科大学校及法科大学校修业年限至少五年"之后加"师范大学校修业年限四年"，第 24 条"专门学校修业年限三年或四年，四年毕业者其待遇与大学四年毕业者同，医学及法政专门学校修业年限定为四年"改为"因学科及地方特别情形得设专门学校，高级中学毕业生入之，修业年限三年以上，年限与大学校同者，待遇亦同"，并增补"附注五：依旧制设立之专门学校应于相当时期内提高程度，收受高级中学毕业生"。将全案第 26 条中"为补充初级中学教员之不足，得设二年期之师范专修科"的"二年期"改为"二年"。参见：胡适. 记第八届全国教育会联合会讨论新学制的经过 [J]. 新教育，1922，5 (5)，1041-1043；佚名. 学校系统改革案 [J]. 教育公报，1922，9 (10)：1-4.

②佚名. 第七届全国教育会联合会纪略 [J]. 教育杂志，1922，14 (1)：11.

③佚名. 学校系统改革案 [J]. 教育公报，1922，9 (10)：1.

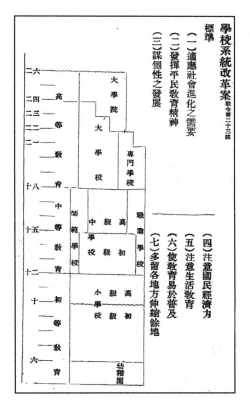

图 4-1 1922 年 11 月 1 日，北洋政府教育部
颁行的《学制系统改革案》（局部）

关于中等教育，"壬戌学制"规定中学修业年限 6 年，分为初、高
两级：初级 3 年，高级 3 年，但依设科性质，得定为初级 4 年，高级 2
年，或初级 2 年，高级 4 年；初级中学可单设；高级中学应与初级中
学并设，但有特别情形可单设；初级中学施行普通教育，但得视地方
需要，兼设各种职业科；高级中学分普通、农、工、商、师范、家事
等科，但得酌量地方情形，单设一科，或兼设数科；中等教育得用选
科制等①。

①佚名. 学校系统改革案 [J]. 教育公报，1922，9 (10)：2-3.

1927 年 4 月 18 日，以蒋介石为首的南京国民政府成立。次年，经宁汉合流、第二次北伐和东北易帜，南京国民政府实现了在形式上对全国的统一。出于为适应民生需要，须广设补习学校，职业中学亦须改变办法，为提高教育效率，师范教育应独立，高中应集中等的考虑，"壬戌学制"被修订①。1928 年 5 月，中华民国大学院（简称"大学院"）第一次全国教育会议修正通过《整理中华民国学校系统案》②，即"戊辰学制"。"戊辰学制"基本没有改变"壬戌学制"的学校系统，仅在初等教育的高小一级、中等教育中增加了补习学校，将高等教育中的专门学校改为专修科，修订了"壬戌学制"的局部内容。关于中等教育，主要是增加了"高级中学以集中设立为原则"，将"中等教育得用选科制"改为"中学校初级三年以上得酌行选科制"③④。因此，"戊辰学制"与"壬戌学制"区别不大。

"戊辰学制"颁行后，国民政府于 1937 年做过修订，全面抗战时期对学制系统也有修订，但基本都与"壬戌学制"的学校系统相同，仅是局部内容有所不同⑤。

第二节　中学数学课程的标准化

1922 年"壬戌学制"颁行之际，全国从幼稚园到大学在课程上尚无统一标准。在这种情况下，1922 年至 1923 年全国教育会联合会组织制定了针对中小学课程的《新学制课程标准纲要》，开启了中国中学

①中华民国大学院. 全国教育会议报告［M］. 上海：商务印书馆，1928：97.
②同①93 - 96.
③佚名. 学校系统改革案［J］. 教育公报，1922，9（10）：1 - 4.
④同②.
⑤孙培青. 中国教育史［M］. 上海：华东师范大学出版社，2000：423.

数学课程标准化历程。1927 年南京国民政府成立后，中华民国大学院和教育部相继推进针对从幼稚园到中小学的课程标准化工作。1929 至1948 年，国民政府教育部先后 5 次修订和颁布相应的课程标准。随之，中国中学数学课程标准化历程逐步展开。

一、　中学数学课程标准化的开端

全国教育会联合会于 1922 年着手制定《新学制课程标准纲要》。该年，全国教育会联合会在济南举行第八次会议期间，议决通过新学制系统全案，提议组织新学制课程标准起草委员会，投票选举袁希涛、金曾澄、胡适、黄炎培、经亨颐为委员。1922 至 1923 年，全国教育会联合会新学制课程标准起草委员会请托专家分科拟定针对中小学课程的《新学制课程标准纲要》，于 1923 年颁布[①]。这一举措改变了全国中小学自由决定课程内容的局面。

《新学制课程标准纲要》规定，初级中学授课以学分计，每半年度每周上课 1 小时为 1 学分，毕业需修满 180 学分。初级中学必修科目和学分如下：外国语 36 学分、国语 32 学分、数学 30 分、自然 16 分、艺术（图画、手工、音乐）12 分、体育 12 分、生理 4 分、历史 8 分、地理 8 分、公民 6 分，共计 164 学分[②]。其中，数学学分排第 3 位，占必修科目学分的 18.3％。

针对初中数学，《新学制课程标准纲要》中有《初级中学算学课程纲要》[③]，由大同大学教授胡明复起草，新学制课程标准起草委员会覆

---

① 佚名. 新学制课程标准纲要 ［J］. 广东省教育会杂志，1924，2（4）：17 - 18.
② 同①21 - 22.
③《广东省教育会杂志》1924 年 2 卷 5 号将标题误为《初级中学算术课程纲要》，今校正。参见：佚名. 新学制课程标准纲要：续 ［J］. 广东省教育会杂志，1924，2（5）：15 - 16.

订①。胡明复（1891—1927），名达，江苏省桃源县（今泗阳县）人，1917 年在哈佛大学研究院获博士学位，是中国首位数学博士，也是中国科学社的创办人之一。1917 年由美国返国，襄助其胞兄胡敦复办理大同学院②③。胡明复起草的《初级中学算学课程纲要》分"目的""内容和方法""毕业最低限度的标准" 3 部分。"目的"规定 4 点：一是"使学生能依据数理的关系，推求事物当然的结果"。二是"供给研究自然科学的工具"。三是"适应社会上生活的需求"。四是"以数学的方法，发展学生论理的能力"④。"内容和方法"中规定：

> 初中算学，以初等代数、几何为主，算术、三角辅之，采用混合方法。始授算术，约占全部分量六分之一，与小学相衔接，加以补充；注重基本原理，并随时输入代数、几何观念，藉资联络，然后转入代数、几何，余如开方、求积、比例、利息等项，及其他应用问题，可以插入代数、几何中相当地位，以节时间而收速效。代数、几何，分量约等，二科关系甚密，参酌并授，尤多便利。再由代数、几何，渐渐引入三角大意，三角分量亦略占全部六分之一⑤。

此规定明确了初中数学课程采用混合法，算术、代数为主，几何、三角为辅。同时，规定了这 4 科内容在整个数学课程中的分量、讲授顺序，算术内容应注意之处和重点，以及开方、求积、比例、利息和其他应用问题等在代数、几何中的安排方法。

---

①佚名. 新学制课程标准纲要：续 [J]. 广东省教育会杂志，1924，2（5）：15 - 16.

②胡彬夏. 亡弟明复的略传 [M] //大同大学数理研究会. 胡明复博士纪念刊. 上海：大同大学数理研究会，1928：1 - 8.

③张祖贵. 中国一位现代数学博士胡明复 [J]. 中国科技史料，1991，12（3）：46 - 47.

④同①15.

⑤同④.

　　《初级中学算学课程纲要》在"内容和方法"中规定了算术、代数、几何、三角的标准内容，如表 4 - 1，要求"编制上务宜混合贯通"①。

表 4 - 1　1923 年《初级中学算学课程纲要》课程标准内容表

内容名称	标准内容
算术	四则、质数、因数、约数及倍数、大公约、小公倍、分数、小数、比及比例、乘方、开方、求积、利息
代数	符号、式与项、正负数、四则、一次方程、因数、倍数、分数、联立一次式、二次方程、联立二次式、指数、虚数、比例、级数、对数、利息
几何	公理、直线、角、垂线、平行线、三角形、平行四边形、多边形、平圆、弦切、作图、面积、比例、相似形
三角	角之量法、正负角、弦切割各线、浅近公式、边角相求、三角应用大意

　　资料来源：《新学制课程标准纲要（续）》，《广东省教育会杂志》1924 年第 2 卷第 5 号，第 15 页。

　　在算术的标准内容中，有比例、开方、求积、利息，而由上述"开方、求积、比例、利息等项，及其他应用问题，可以插入代数、几何中相当地位，以节时间而收速效"的规定可知②，算术的这 4 项内容可混合贯通于代数、几何之中。从几何的标准内容看，其知识限于平面几何。

　　《初级中学算学课程纲要》中的"毕业最低限度的标准"要求学生能熟习算术各项演法，并能应用于日常生活，不致错误，能做代数普通应用问题（不包括高次方程），能证解平面几何普通问题，略知平面

---

①佚名. 新学制课程标准纲要：续 [J]. 广东省教育会杂志，1924，2（5）：15.
②同①.

三角初步知识①。

据《新学制课程标准纲要》规定，全国高级中学分两类。一类以职业为目的，分师范科、商业科、工业科、农业科、家事科。一类以升学为主要目的，称为普通科，分两组：第一组注重文学及社会科学，即文科，有公共必修课和分科专修课，在分科必修课中要求学生必修数学或自然科学的一种；第二组注重数学和自然科学，即理科，有公共必修课、分科专修课、纯粹选修课，分科专修课包括三角（3 学分）、高中几何（6 学分）、高中代数（6 学分）、解析几何大意（3 学分）、用器画（4 学分），以及物理、化学、生物（在物理、化学、生物中选两项，每项 6 学分）。高级中学各科毕业需 150 学分②。第二组分科专修课共 34 学分，前 5 门都是数学课程，为 22 学分，占这类课程学分的 64.7%，其中高中几何和高中代数在数学课程中分量最重。

在《新学制课程标准纲要》中，高级中学普通科第二组三角、代数课程纲要，由汪桂荣起草③。汪桂荣生于 1898 年，字静斋，江苏省江都县人。1919 年 6 月毕业于南京高等师范学校，为工艺专修科第一班学生。毕业后，任南京高等师范学校附属中学教员两年，先为工科教员，后改任数学教员。后入江苏省立扬州中学担任高中部数学教员。④⑤ 高级中学普通科第二组几何、解析几何大意课程纲要，分别由何鲁、倪若水起草⑥。何鲁（1894—1973），四川省广安县人，中国现代数学的早期开拓者之一，早年留学法国，1919 年获里昂大学数学硕士学位，返国后曾任南京高等师范学校数学教授、中山大学数学天文

---

①佚名. 新学制课程标准纲要：续 [J]. 广东省教育会杂志，1924，2（5）：16.

②同①23 - 28.

③佚名. 新学制课程标准纲要：续 [J]. 广东省教育会杂志，1925，2（6）：21 - 24.

④佚名. 作者小传 [J]. 江苏教育，1935，4（8）：199 - 200.

⑤佚名. 毕业同学录 [J]. 国立东南大学一览，1935：121.

⑥同③22 - 26.

学系主任等职①②③。

　　高级中学普通科第二组三角、代数、解析几何大意课程纲要，都分"教授时间及学分""教材""说明"3部分。高级中学普通科第二组几何课程纲要分"总纲""平面部""空间部""说明"4个部分。按照各课程纲要的规定，三角课程每周授课2小时，一学期授毕；代数课程每周授课3小时，一学年授毕；解析几何大意课程应在高中最后一年讲授，每周授课3小时，一学年授毕；几何课程每周课时和授毕时间未有规定④。各课程纲要对各科目内容的规定，如表4-2。

表4-2　1923年《新学制课程标准纲要》高中第二组
数学课程纲要科目内容表

科目名称	科目内容
三角	锐角三角倚数、直角三角形解法、高低及距离之测量、任意角之三角倚数、三角倚数之关系、斜角三角形、正弦定律、余弦定律、正切定律、三角形之各种性质、诸角三角倚数之关系、和较角之三角倚数，倍角、半角之三角倚数，反三角倚数、三角方程式、极限论、指数级数与对数级数、对数表造法、杂数论及马氏定理、航海术、方程式之三角解法

①吴新谋. 奎垣何（鲁）先生传［M］//程民德. 中国现代数学家传：第二卷. 南京：江苏教育出版社，1995：59-60.

②高希尧. 何鲁［M］//程民德. 中国现代数学家传：第二卷. 南京：江苏教育出版社，1995：43-56.

③佚名. 中山大学新聘定之各科系主任［J］. 政治训育，1927（4）：12.

④佚名. 新学制课程标准纲要：续［J］. 广东省教育会杂志，1925，2（6）：21-27.

续表

科目名称	科目内容
代数	基本运算及原则、因子分括法、分数、最大公生数、最低公倍数、分项分数、指数及根数、虚数及杂数、对数、比、比例及变数、排列组合及机会、二项式定理、一元一次方程式，二元一次方程系、行列式、倚数及其图解、一元二次方程式、分数方程式，无理方程式，反商方程式及二项方程式、二元二次方程式系、不等式、极大与极小，不定方程式、对数方程式及指数方程式、方程式论、三次方程式及四次方程式，等差、等比及调和级数，极限论、发级数及敛级数、级数求和法、复利及年金、重要级数（如指数、对数、三角级数等），连分数
几何	总纲：几何之目的、空间之特性，几何之基本图——点、线、平面；几何原理——联合原理、相等原理、平行原理；几何通用名词——辞、定理、假设、结论；几何方法
	平面部：1. 点、线、角、垂线与斜线、三角形、平行线、平行四边形、对称轨迹、作图法。2. 圆、弦与弧、圆心角、圆界角、可容四边形、两圆之相对位置，作图法——垂线、分角线、平行线、切线、两圆之公切线；定图之条件——求线法、求点法、平移与转移、平面图之移动、际枢动点轨迹之曲线。3. 比与比例、三角形分角线之特性、形位图、相似三角形、位似图、三角形各线之关系、射影定义，正弦、余弦等定义，三角学普通公式、求末率、求中率、求内外率、二次方程之几何解法、定圆之要件，求切圆、圆幂、两圆之等幂轴、三圆之等幂心、丛率与调和率、穿线、极与极轴、反图及其特性。4. 内容整多边形、求 π 法、周长、多边形面积、圆面积、等积多边形
	空间部：1. 平行线与平行面、正交线与正交面、两面角、两直线之公垂线、射影、三面角、多面角、三面角相等条件。2. 多面体——棱形与锥形及其体积、空间对称图、空间位似图。3. 圆柱、圆锥、圆球、旋转体
	二次曲线：椭圆、抛物线、双曲线、二次曲线之公性、作图法

续表

科目名称	科目内容
解析几何大意	德卡尔坐标①与点、正射影及其定理、轨迹与方法、直线与一次方程 $Ax+By+C=0$、两直线之交角、两直线平行与垂直之条件、直线系、两线交点之直线系、圆与二次方程 $Ax^2+Ay^2+2Gx+2Fy+C=0$、极坐标、坐标之变换、锥分线与二次方程 $Ax^2+2Hxy+By^2+2Gx+2Fy+C=0$、锥分线之极方程，切线、法线、次切线及次法线，极与极线、锥分线之性质（包括下列三种线：抛物线②、椭圆线、双曲线）、高等平曲线

资料来源：《新学制课程标准纲要（续）》，《广东省教育会杂志》1925 年第 2 卷第 6 号，第 21 - 27 页。

其中，"倚数"即函数，"反商方程式"即互反方程。三角课程中"三角倚数"即三角函数的内容所占比例较大。代数课程主要内容为初等代数的知识，但也有行列式、极限、方程论等现代数学知识。几何课程的主要内容为平面几何和立体几何知识，但也有部分现代数学知识，即属于解析几何的二次曲线。按照规定，二次曲线内容在教学时间上有伸缩的余地，教师可视教学时间灵活教授③。解析几何大意限于平面部分。

二、 从《中学暂行条例》 到中学数学暂行课程标准

1927 年南京国民政府成立后，掀起教育改革大潮，举措之一是成立中华民国大学院（简称"大学院"）。大学院于 1927 年 10 月 1 日成

---

①德卡尔坐标即笛卡尔坐标。
②本表所引原文误为"惩物线"。
③佚名. 新学制课程标准纲要：续 [J]. 广东省教育会杂志，1925，2（6）：24.

立①，是全国最高学术教育机关，承担国民政府之命，管理全国学术和教育行政事宜②。1928 年 3 月 10 日，大学院公布《中学暂行条例》。该条例沿用"壬戌学制"中中学修业年限 6 年，分为初、高两级，初级 3 年，高级 3 年，初级中学施行普通教育，高级中学分普通、农、工、商、师范、家事各科等的规定；也沿用了《新学制课程标准纲要》中初级中学毕业需 180 学分，高级中学各科毕业需 150 学分的规定③。

　　不同于"壬戌学制"，《中学暂行条例》规定了中学教育的目的："应根据三民主义，继续小学之基础训练，增进学生之智识、技能，为预备研究高深学术及从事各种职业，以达适应社会生活之目的。"④ 这体现了国民政府对提高中学生知识技能、培养中学生社会谋生能力与国家学术研究事业的重视。将中学教育作为研究高深学术的预备在中国史无前例，反映了《中学暂行条例》制定者的远见卓识。同时，《中学暂行条例》规定中学须采用中华民国大学院审定的中学教科书⑤，删除了中等教育得用选科制的规定⑥。

　　作为北洋政府时期的产物，《新学制课程标准纲要》被以吴研因为代表的学者视为应另行编订的"政制"之一，同时与南京国民政府中小学教育制度不尽相符，与国人一般需要的实际生活亦不甚适切⑦。当时我国要求制定新的中小学课程标准的呼声颇高。1928 年 5 月，大学院组织召开全国教育会议。会议通过"组织中小学课程标准起草委

---

①孔庆泰. 国民党政府政治制度史词典［M］. 合肥：安徽教育出版社，2000：168.

②佚名. 中华民国大学院组织法（国民政府十六年七月四日公布）［J］. 大学院公报，1928，1（1）：49.

③佚名. 中学暂行条例［J］. 大学院公报，1928，1（4）：1-5.

④同③1.

⑤同③2.

⑥同③.

⑦吴研因. 请规定简则组织委员会编订中小学课程标准案［M］//中华民国大学院. 全国教育会议报告. 上海：商务印书馆，1928：313-315.

员会起草中小学课程标准案"。该提案在办法上提出"请大学院组织中小学课程标准起草委员会，以六个月制定草案，三个月征集各方意见，三个月整理完毕"①。

1928 年 8 月，《大学院中小学课程标准起草委员会组织大纲》公布。此大纲规定该委员会为大学院专门委员会之一，专司中小学课程标准起草事宜。大学院普通教育处及文化事业处处长、科长为该委员会当然委员。大学院延聘"现任小学、中学、大学教职员各三人""现任教育行政人员三人""教育专家五人""各科专家若干人"，为该委员会聘任委员②。延聘的聘任委员为王乐平、经亨颐、孟宪承、郑宗海、廖世承、沈履、陈鹤琴、庄泽宣、竺可桢、严济慈、刘大白、杨廉、俞子夷、施仁夫、胡叔异。当然委员 7 人：许寿棠、朱经农、赵乃传、吴研因、钱端升、高君珊、薛光锜。10 月，大学院改组为教育部。教育部修订了该委员会组织大纲。许寿棠、钱端升、高君珊、薛光锜因职务变更，改为聘任委员。由于中央党部方面聘任委员已不在南京，而高中职业科课程标准亦将着手编订，教育部先后加聘王克仁、丘景尼、徐逸樵、陶知行、艾伟、杨保康、过探先、傅焕光、王舜成、李熙谋、陈有丰、王祖廉、李权时为聘任委员。当然委员加入朱葆勤、洪式间，将朱经农、赵乃传、吴研因改为常务委员。该委员会所聘起草、整理课程标准草案，以及审查课程标准草案的人员共逾 100 人③。

历经逾 1 年时间，至 1929 年 8 月，中小学课程标准起草委员会完成幼稚园、小学、初级中学、高级中学普通科课程标准草案。鉴于完成的标准草案"总不免有许多可以商榷的地方，还应该由全国中小学

①中华民国大学院. 全国教育会议报告 [M]. 上海：商务印书馆，1928：312.
②佚名. 大学院中小学课程标准起草委员会组织大纲 [J]. 大学院公报，1928，1
　(9)：45 - 46.
③教育部中小学课程标准起草委员会常务委员. 编订中小学课程标准的缘起 [J].
　辽宁教育公报，1930 (2)：1 - 2.

实地试行，以便修订"，该委员会在各种课程标准草案上都加了"暂行"两字①。这些草案均于 1929 年由国民政府教育部颁布②③④⑤⑥。

关于初级中学科目和学分，中小学课程标准起草委员会决议分 14 科，共 180 学分，具体如下：党义 6 学分、国文 36 学分、外国语 20 或 30 学分、历史 12 学分、地理 12 学分、数学 30 学分、自然科 15 学分、生理卫生 4 学分、图画 6 学分、音乐 6 学分、体育（包括国术）9 学分、工艺 9 学分、职业科目 15 或 5 学分、党童军（不计学分）⑦。总学分显然依据 1928 年 3 月 10 日大学院公布的《中学暂行条例》中初中毕业需 180 学分的规定。其中，数学学分排第 2 位，占总学分六分之一，反映出数学在该课程体系中的重要地位。

这次课程标准起草工作关于初级中学数学的成果是《初级中学算学暂行课程标准》，整理和审查人为艾伟、吴在渊、汪桂荣、段育华、褚士荃⑧。其中多为大学、中学数学或数理教师，也有教育学和心理学家。艾伟是有留美背景的心理学家，为美国哥伦比亚大学教育学硕士、华盛顿大学心理学博士，时为国立中央大学教育系副教授⑨。吴在渊是大同大学数学系教授兼系主任⑩。汪桂荣为江苏省立扬州中学

①教育部中小学课程标准起草委员会常务委员. 编订中小学课程标准的缘起 [J]. 辽宁教育公报，1930（2）：3.
②佚名. 幼稚园课程暂行标准 [J]. 教育杂志，1929，21（10）：129-131.
③佚名. 小学课程暂行标准 [J]. 教育杂志，1929，21（11）：129-136.
④佚名. 小学课程暂行标准：续 [J]. 教育杂志，1929，21（12）：141-153.
⑤佚名. 教育部颁布初级中学暂行课程标准 [J]. 浙江教育行政周刊，1929（10）：1-8.
⑥佚名. 中小学课程暂行标准 [J]. 天津特别市教育局教育公报，1929（15）：1-88.
⑦同⑤1-2.
⑧教育部中小学课程标准起草委员会. 中小学课程暂行标准：第二册 [M]. 上海：卿云图书公司，1930：5.
⑨佚名. 教育学院教职员一览 [J]. 中央大学一览，1928：20.
⑩高希尧. 吴在渊 [M] //中国科学技术协会. 中国科学技术专家传略：理学编·数学卷 1. 石家庄：河北教育出版社，1996：16.

高中部数学教师①。段育华是美国加利福尼亚大学化学硕士，曾任国立东南大学数学教授，时为光华大学数学教授及江苏教育厅第一科科长②。褚士荃毕业于国立东南大学物理系，1928 年参加该工作时为南京女中数理教师，1929 年转任上海吴淞中学数理教师③。

《初级中学算学暂行课程标准》包括"目标""教材大纲""时间支配""教法要点""作业要项""毕业最低限度"6 部分，与《新学制课程标准纲要》中《初级中学算学课程纲要》差异较大。首先，课程目标较《初级中学算学课程纲要》的目标要高。课程目标为"助长学生日常生活中算学的知识和经验""使学生能了解并应用数量的概念及其关系，以发展正确的思想、分析的能力，并养成敏速的计算习惯""引起学生研究自然环境中关于数量问题的兴趣"④。《初级中学算学课程纲要》对养成敏速的计算习惯与引起学生研究自然环境中关于数量问题的兴趣未有要求。

其次，课程内容改为按年级规定，课程各部分内容均有增加或删除，增加的内容较多。一年级课程包括算术和代数两部分，二年级课程包括代数和几何两部分，三年级课程包括代数、几何、三角大意 3 部分。一年级课程的算术内容包括算术的起源和定义，整数四则和杂题、诸等数四则，整数的性质、分数四则和杂题、小数四则、比例和应用题、百分法和应用题、统计图表、速算法、省略算法、利息和应用题、开方求积，并附珠算四则⑤。其中，算术的起源和定义、百分法和应用题、珠算四则等是增加的内容，而《新学制课程标准纲要》

①佚名. 作者小传 [J]. 江苏教育，1935，4 (8)：199.
②樊荫南. 当代中国名人录 [M]. 上海：良友图书印刷公司，1931：164.
③周文业，胡康健，周广业，等. 清华名师风采：增补卷下册 [M]. 郑州：中州古籍出版社，2016：929.
④佚名. 初级中学算学暂行课程标准 [J]. 湖南教育，1929 (13)：25.
⑤同④25－26.

初级中学数学课程纲要算术标准内容中的质数、因数、约数及倍数、大公约等内容均被删除。

一至三年级课程中的代数内容：一年级为代数的定义和起源、代数式、简易方程和应用题、正负数、整式四则；二年级为一元一次方程和应用题、图解法、联立一次方程和应用题（附图解）、乘方和开方、因式分解、最高公因式、最低公倍式、分式、一元二次方程和应用题（附图解）、根数和虚数；三年级为分式和根式方程、简易高次联立方程组（附图解）、不等式、指数、对数、比例、级数①。其中，代数的定义和起源、图解法、分式和根式方程、简易高次联立方程组、不等式等是增加的内容，而《新学制课程标准纲要》初级中学数学课程纲要代数标准内容中的符号、式与项、利息等内容被删除。

二至三年级课程中的几何内容：二年级为几何的定义和起源、几何图形、用量法发见角、直线形和圆、公理和公法、直线、三角形、推证法、不等定理、平行四边形、多角形、圆、轨迹、作图法；三年级为相似形、图的比例线、圆的弧度、面积、三角形三边的关系、正多角形和圆、圆周、积和面积②。其中，几何的定义和起源、推证法、不等定理、轨迹、正多角形和圆等是增加的内容。

三年级课程中的三角大意内容为三角的定义和起源、三角函数的意义、三角函数的关系、特别角三角函数、三角表、解直角三角形及应用问题、浅易测量、用解直角三角形法解斜角三角形③。其中，三角的定义和起源、三角函数的意义、三角表、浅易测量、用解直角三角形法解斜角三角形等为增加的内容。

在时间支配上，《初级中学算学暂行课程标准》规定算术在一年级上学期每周 5 小时，在一年级下学期每周 2 小时；代数在一年级下学

---

①佚名. 初级中学算学暂行课程标准 [J]. 湖南教育，1929（13）：26.
②同①.
③同①.

期和二年级上学期都是每周 3 小时，在二年级下学期和三年级上学期都是每周 2 小时；几何在二年级上学期每周 2 小时，在二年级下学期和三年级上学期都是每周 3 小时，在三年级下学期每周 2 小时；三角大意在三年级下学期每周 3 小时①。

　　当时，我国不少初级中学的数学和自然等课程已采用混合教学法，但由于师资和教科书准备不足，实施多有扞格。有鉴于此，中小学课程标准起草委员会对初级中学数学和自然两科，特订分科制和混合制两种标准，由各校自由采用②。《初级中学算学暂行课程标准》在"教法要点"中规定："本科用分科教学或混合教学，可由各校依自己方便而施行，但混合教学时，不宜分列分科教学时间，并须注意取材，第一年以算术为教材中心，第二年以代数为教材中心，第三年以几何为教材中心。"③

　　对于高级中学课程，这次课程标准起草工作限于普通科。鉴于普通科"分文理两科，虽曰适合学生个性，便于升学，惟分化过早，于研究高深学术，殊多窒碍"，"为学首贵沟通"等原因，不再分科④。关于高级中学科目和学分，中小学课程标准起草委员会决议减少公共必修科目，且不特立公共必修科目之名，初定 15 个科目，教育部鉴定时删除 2 个科目，最终定 13 个科目，同时设选修科目，总计 150 学分。具体如下：党义 6 学分、国文 24 学分、外国文 26 学分、数学 19 学分、本国历史 6 学分、外国历史 6 学分、本国地理 3 学分、外国地理 3 学分、物理 8 学分、化学 8 学分、生物学 8 学分、军事训练 6 学分、体育 9 学分、选修科目 18 学分⑤。总学分应该依据 1928 年 3 月

①佚名. 初级中学算学暂行课程标准 [J]. 湖南教育，1929（13）：26.
②佚名. 教育部颁布初级中学暂行课程标准 [J]. 浙江教育行政周刊，1929，（10）：3.
③同①26-27.
④佚名. 中小学课程暂行标准 [J]. 湖南教育，1930（15）：1-2.
⑤同④2.

10 日大学院公布的《中学暂行条例》中高中毕业需 150 学分的规定。数学学分在必修科目中排第 3 位，占总学分的 12.7％。

　　这次课程标准起草工作关于高级中学数学的成果是《高级中学普通科算学暂行课程标准》，起草、整理及审查人员为褚士荃、严济慈①。严济慈（1901—1996）是法国国家科学博士，同时在大同大学、中国公学、暨南大学、南京第四中山大学担任过物理学、数学教授②，时为中央研究院物理研究所研究员③。由于严济慈 1929 年 1 月赴法国从事研究工作，《高级中学普通科算学暂行课程标准》最终可能由褚士荃完成。该课程标准分"目标""教材大纲""时间支配""教法要点""作业要项""毕业最低限度标准" 6 部分。课程为代数、几何、三角、解析几何，"目标"如下：

　　（一）继续供给现今社会生活上、普通科学研究上必需的算学智识，完成初等的算学教育。（二）充分介绍形、数的基本观念，普通原理和一般的论证，确立普通算学教育基础。（三）切实贯④输说理的方式，增进推证的能力，养成准确的思想和严密的习惯，完成人生普通教育。（四）引起学者对于自然界及社会现象，都有数量的认识和考究，并能依据数理关系，推求事物当然的结果⑤。

　　以这 4 个目标为导向，《高级中学普通科算学暂行课程标准》规定了教材大纲，如表 4 - 3。

---

①佚名. 高级中学普通科暂行课程标准起草整理及审查人员 ［J］. 湖南教育，1930
　（15）：3 - 4.
②何仁甫. 严济慈 ［M］//中国科学技术协会. 中国科学技术专家传略：理学编·
　物理学卷 1. 石家庄：河北教育出版社，1996：217.
③张沪. 严济慈 ［M］. 石家庄：河北教育出版社，2000：316.
④"贯"为原文所用字.
⑤佚名. 高级中学普通科算学暂行课程标准 ［J］. 湖南教育，1930（15）：13.

表 4 - 3　1929 年《高级中学普通科算学暂行课程标准》规定的教材大纲

科目名称	教材大纲
代数	代数式的运算：1. 基本四则、剩余定理、二项式定理；2. 因子分解、最高公因式、最低公倍式；3. 指数、根式、对数
	方程式及方程式组：1. 总论：方程式的解、同解原理；2. 一次方程式：解法及应用问题；3. 二元及三元一次联立方程式：解法及讨论（独解、无解及有无数解之条件）、应用问题；4. 二次方程式：解法，实根、虚根及等根之讨论，根与系数之关系、根之均称式、求作以与数（Given Numbers）为根之二次方程式、两个二次方程式有公根之条件、应用问题；5. 二元二次联立方程式：解法及应用问题
	初等代数函数之变值与变迹：1. 变数、函数、极限、无定式之值；2. 纵横直位表；3. 一次二项式 $ax+b$ 之变值及变迹；4. 二次三项式 ax^2+bx+c 号之研究，极大、极小，二次方程式根与数（Given Number）之比较、二次三项式之变迹；5. 一次及二次不等式之解法、无理方程式；6. $\dfrac{ax+b}{cx+d}$ 及 $\dfrac{ax^2+bx+c}{a'x+b'}$ 之变值及变迹
	其他：1. 排列、组合、或然率；2. 级数：等差级数、等比级数、调和级数
几何	总纲：1. 几何之目的；2. 空间之特性；3. 几何之基本图：点、线、平面；4. 几何原理：联合原理、相等原理、平行原理①；5. 几何通用名词：辞、定理、假设；6. 几何证题法：直证法、逆证法、归纳法

①本表所引原文误为"平等原理"。

续表

科目名称	教材大纲
几何	平面部：1. 直线图：点、线、角、垂线与斜线、平行线、三角形、四边形、多角形；2. 圆：弦与弧、圆心角、圆周角、切线、内容形及外切形、二圆之相对位置、圆幂、两圆之等幂轴、三圆之等幂心；3. 对称：轴对称、心对称；4. 轨迹；5. 作图法：垂线、平行线、分角线、切线、两圆之公切线、三角形、四边形、多角形及圆等；6. 比及比例：线分、相似三角形、相似图、位似图、三角形各线之关系、射影，锐角之正、余弦、正切的定义和浅近的性质与关系，求比率、求中率、求内外率、几何图形求数、二次方程式之几何解法；7. 内容及外切整多边形、求圆周率、三角形面积、四边形面积、多角形面积、圆面积、等积多边形、作图
	空间部：1. 平行线与平行面、正交线与正交面、两面角、两直线之公垂线、射影、三面角、多面角、三面角相等条件；2. 四面体、六面体，柱体与锥体及其面积、体积，空间对称图、空间位似图；3. 圆柱、圆锥、圆球、旋转体、切面
	二次曲线：椭圆、抛物线及双曲线之几何定义、画法、公性、切线、法线、作图法
三角	角之各种量法、正负角；三角函数（正、余弦，正切）之定义、三角函数间之关系式，30°、40°、60°之三角函数之值，三角函数之变值及变迹；和较角之三角函数，倍角、半角之三角函数；反三角函数；正弦定律、余弦定律、正切定律、三角形之解法；应用问题、测量及航海术；三角在代数学上之应用

续表

科目名称	教材大纲
解析几何	德卡尔坐标——有向直线、德卡尔坐标与点；正射影及其定理——二有向直线间之角、直线之正射影、二点间之距离、倾斜及斜度、分点及中点、三角形之面积、折线之正射影；轨迹与方程式——轨迹之证法、合于定条件之点之轨迹、合于定条件之点之轨迹的方程式、求作方程式、求已知方程式之轨迹；直线与一次方程式——直线与一次方程式 $Ax+By+C=0$、二直线平行与垂直之条件、各种形式之直线方程式、二直线之交角、直线系；圆与二次方程式——圆与二次方程式 $x^2+y^2+Dx+Ey+F=0$、切线及切线之长、圆系；极坐标——极坐标、极坐标与直角坐标之变换；坐标轴之移转——轴之移位、轴之回转；圆锥曲线与二次方程式——圆锥曲线之极方程式、圆锥曲线之标准方程式、切线及法线、次切线及次法线、极与极线、圆锥曲线系；一般之二次方程式——二次方程式 $Ax^2+Bxy+Cy^2+Dx+Ey+F=0$、不变式、二次方程式之轨迹之性状之决定；高次平面曲线及超越曲线

资料来源：《高级中学普通科算学暂行课程标准》，《湖南教育》1930 年第 15 期，第 13‒16 页。

相较《新学制课程标准纲要》中的高级中学普通科第二组代数课程纲要，《高级中学普通科算学暂行课程标准》中的代数教材大纲系统性较强，方程式和方程式组、初等代数函数的变值与变迹的内容比重较大，有些内容是前者未涉及的。如初等代数函数的变值与变迹、方程式和方程式组中的方程式的解、同解原理，二元和三元一次联立方程式的解法与有独解、无解及有无数解之条件的讨论，二次方程式的解法与实根、虚根及等根的讨论及根与系数的关系等。而《新学制课程标准纲要》中的高级中学普通科第二组代数课程纲要包括的比、比例、"发级数"及"敛级数"、复利及年金、连分数等内容，未在《高级中学普通科算学暂行课程标准》中的代数教材大纲之列。相较《新学制课程标准纲要》中的高中普通科第二组几何课程纲要，《高级中学普通科算学暂行课程标准》中的几何教材大纲的平面部增设对称、轨迹两部分内容，删除定图条件、丛率与调和率、穿线、极与极轴、反图及其特性等内容，空间部增加切面的内容等。相较《新学制课程标准纲要》中的高级中学普通科第二组三角课程纲要，《高级中学普通科算学暂行课程标准》中的三角教材大纲删除极限论、杂数论及马氏定理等内容，增加正负角、三角函数之变值及变迹、三角在代数学上之应用等内容。《高级中学普通科算学暂行课程标准》中的解析几何教材大纲较《新学制课程标准纲要》中的高级中学普通科第二组解析几何大意课程纲要，增加不变式、二次方程式之轨迹性状的决定、超越曲线等内容。

在时间支配上，《高级中学普通科算学暂行课程标准》规定代数在一年级上学期每周 4 小时，在一年级下学期每周 2 小时；几何在一年级下学期每周 2 小时，在二年级上学期每周 4 小时；三角在二年级下学期每周 2 小时；解析几何在二年级下学期和三年级上学期都是每周 2 小时①。

三、 中学数学课程的进一步标准化

1930 年 10 月，国民政府教育部延聘专家组成"中小学课程及设备标准起草委员会"，汇集各方意见，修订 1929 年颁布的暂行课程标准。1932 年 11 月，教育部颁布修订的中学课程标准，令全国中学遵行。其中，包括《初级中学算学课程标准》《高级中学算学课程标准》。《初级中学算学课程标准》分"目标""时间支配""教材大纲""实施方法概要"4 部分。它的目标对 1929 年颁布的《初级中学算学暂行课程标准》的课程目标有所吸纳，但扩充较多，内容如下：

（壹）使学生能分别了解形象与数量之性质及关系，并知运算之理由与法则。（贰）训练学生关于计算及作图之技能，

---

①佚名. 高级中学普通科算学暂行课程标准［J］. 湖南教育，1930（15）：16.

养成计算纯熟准确，作图美洁精密之习惯。（叁）供给学生日
常生活中算学之知识，及研究自然环境中数量问题之工具。
（肆）使学生能明了算学之功用，并欣赏其立法之精，应用之
博，以启向上搜讨之志趣。（伍）据"训练在相当情形能转
移"之原则，以培养学生良好之心理习惯与态度，如：（一）
富有研究事理之精神与分析之能力；（二）思想正确，见解透
澈；（三）注意力能集中，持久不懈；（四）有爱好条理明洁
之习惯。①

扩充的内容涉及学生对形象与数量性质及关系的了解、作图技能的训
练和作图美洁精密习惯的养成，以及对学生"向上搜讨"志趣的启发
和良好心理习惯的养成等。这对课程提出更高的要求。

《初级中学算学课程标准》规定实行时数单位制，不再是学分制，
对于采用分科并教制还是混合制，由各校自行酌定。数学课程包括算
术、代数、几何。第一学年开设算术（附简易代数），第一、第二学期
均是每周 4 小时；第二学年开设代数、几何（附数值三角），代数在第
一、第二学期均是每周 3 小时，几何在第一、第二学期均是每周 2 小
时，几何在第一学期教授实验几何；第三学年开设代数、几何，代数
在第一、第二学期均是每周 2 小时，几何在第一、第二学期均是每周
3 小时。相较于《初级中学算学暂行课程标准》，《初级中学算学课程
标准》未单设三角大意，但几何所附数值三角，与三角大意类似；算
术由一年级上学期 5 小时和下学期 2 小时改为一年级第一、第二学期
均是每周 4 小时，分量略有增加；代数由一年级下学期、二年级全年、
三年级上学期开设改为第二、第三学年全年开设，总学时未变；几何
开设时间和总学时均无变化②③。《初级中学算学课程标准》规定的算

①佚名. 初级中学算学课程标准 ［J］. 安徽教育行政周刊，1932，5（46）：24 - 25.
②佚名. 初级中学算学暂行课程标准 ［J］. 湖南教育，1929（13）：26.
③同①25 - 27.

术、代数、几何 3 科教材大纲见表 4 - 4。

表 4 - 4   1932 年颁布的《初级中学算学课程标准》规定的教材大纲

科目名称	大纲内容
算术	第一学年：记数法、命数法、整数四则、速算法、四则难题、复名数、整数性质、析因数、求最大公因数与最小公倍数法、分数与小数四则及应用题近似计算〔亦称省略算（Approximate Calculation）〕、比例及应用题、百分法及应用题、利息算、开方、统计图表、统计大意（如平均数及物价指数等问题）
代数	第二学年：代数学目的、代数式、公式之构成与应用、图解、正负数、整式四则，一元一次方程、联立一次方程及其应用问题（附图解法）、特殊积与析因式法、用析因式法解一元二次方程、简易不等式、最高公因式、最低公倍式、分式、分式方程
	第三学年：乘方及开方、根数与虚数，指数、对数检表法及应用、一元二次方程解法及应用问题、可化为二次方程之简易高次方程（一元及二元者）、因数、变数法、比例、级数
几何	第二学年：1. 实验几何学（Experimental Geometry）部分：平面几何图形、基本作图题，用量法发见直线形、圆等之特性，三角形作图题及图解法、平面形之度量、空间几何图形、立体面积及体积之度量；2. 几何部分：定义及公理、基本图形（直线及圆）之主要性质（关于圆者，如同圆及等圆之半径皆相等诸理）、三角形、全等定理、等线段与等角、不等定理、平行线、平行四边形、多角形、基本轨迹、关于直线形作图题之证明
	第三学年：圆之基本性质、基本作图题之证明、比例相似形、比例之应用、毕氏定理及推广、直线形之面积、正多角形、圆之度量；附数值三角（Numerical Trigonometry）部分有三角函数定义、基本关系式、表之用法、直角三角形解法（直数解法）、简易测量问题

资料来源：《初级中学算学课程标准》，《安徽教育行政周刊》1932 年第 5 卷第 46 期，第 25 - 26 页。

　　关于算术、代数纲要，《初级中学算学课程标准》较《初级中学算学暂行课程标准》都有变化。算术纲要删除算术的起源和定义，增加记数法、命数法、析因数、求最大公因数与最小公倍数法等内容。代数纲要删除代数的起源和定义、简易方程和应用题等内容，增加函数、变数法等内容①②。关于几何纲要，《初级中学算学课程标准》较《初级中学算学暂行课程标准》删除几何的起源、用量法发见角、推证法等内容。实验几何学中用量法发见直线形、空间几何图形等是《初级中学算学暂行课程标准》几何未涉及的内容。几何所附"数值三角"纲要，较《初级中学算学暂行课程标准》三角内容缩减，不含三角函数的意义、用解直角三角形法解斜角三角形等。

　　《初级中学算学课程标准》的"实施方法概要"规定了"教法要点"，其中涉及教学制度、教学内容、练习题的选择、教学方法、学生习惯训练、历史材料等方面。对于教学制度，规定用分科并教制或混合制，可由各校自行酌定，"惟不拘用何方式，须随时注意各科之联络并保持固有精神"。对于教学内容，规定"初中算学以计算为中心，基本观念，务求澈底明了，教材不取复杂、繁重。其偏重理解（如较难之几何轨迹及代数中方程式解法原理），及形式训练（如艰深之析因式法及过于细密之几何推理）之教材，均应留待高中时补充"。对于几何科目，提出"几何事项本为直观教材，故应从实验几何入手，俾易引起学生兴趣而输入明确之基本观念"。对于练习题的选择，提出应注意"（甲）多选实际问题，少选抽象问题；（乙）多选常态生活问题，少选假设疑难问题"。对于新方法与原理的教学，要求"应多从问题研究及实际意义出发，逐步解析归纳，不宜仅用演绎推理"。对于教学方法，强调应引导学生常有正确思想，"并养成其分析能力，更应随时提倡自

①佚名. 初级中学算学暂行课程标准 [J]. 湖南教育，1929（13）：25-26.
②佚名. 初级中学算学课程标准 [J]. 安徽教育行政周刊，1932，5（46）：25.

动，一扫依赖、虚伪之积弊"。对于学生习惯训练，要求"凡速写、整洁等习惯，均应随时训练，使渐进于纯熟、自然，而臻于艺术化"。对于历史材料，提出"凡教材具有特别历史兴味者，教师最好能随时提及，以引起学生之兴趣"①。

1932 年颁布的《高级中学算学课程标准》亦包括"目标""时间支配""教材大纲""实施方法概要"4 部分。"目标"规定如下 6 点：①"充分介绍形、数之基本观念，使学生认识二者之关联，明了代数、几何各科呼应一贯之原理，而确立普通算学教育之基础"；②"切实灌输说理、推证之方式，使学生确认算学方法之性质"；③"继续训练学生计算及作图之技能，使益为丰富、敏捷"；④"供给各学科研究上必需之算理知识，以充实学生考验自然与社会现象之能力"；⑤"算理之深入与其应用之广阔，务使成平行之发展，俾学生愈能认识算理本身之价值，与其效力之宏大，而油然生不断努力之趋向"；⑥"仍据'训练可为相当转移'之原则，注意培养学生之良好心习与态度（参看初中算学标准目标第五条下②），使之益为巩固"③。

"目标"中的①、②与《高级中学普通科算学暂行课程标准》的前3 个目标有相同之处，都规定充分介绍形、数的基本观念，确立普通数学教育的基础，切实灌输说理方式。不同于《高级中学普通科算学暂行课程标准》，《高级中学算学课程标准》在目标上要通过切实灌输说理、推证的方式，使学生确认数学方法的性质，而不是增进推证能力，养成准确的思想和严密的习惯，完成人生普通教育。另一个不同

---

① 佚名. 初级中学算学课程标准［J］. 安徽教育行政周刊，1932，5（46）：26 - 29.
②"参看初中算学标准目标五条下"指上述《初级中学算学课程标准》规定的 5 个课程目标后半部分关于学生良好心理习惯与态度的 4 种表现：富有研究事理之精神与分析之能力；思想正确，见解透澈；注意力能集中，持久不懈；有爱好条理明洁之习惯。参见：佚名. 初级中学算学课程标准［J］. 安徽教育行政周刊，1932，5（46）：25.
③ 佚名. 高级中学算学课程标准［J］. 安徽教育行政周刊，1932，5（48）：17.

是，重视接续初中的课程目标，训练学生的计算和作图技能，培养学生良好的心理习惯与态度。

《高级中学算学课程标准》规定开设代数、几何、三角、解析几何4科。在课程时间支配上，《高级中学算学课程标准》与《高级中学普通科算学暂行课程标准》有所不同。代数由后者规定的第一学年第一学期每周4小时、第二学期每周2小时，改为第二学年全年每周3小时、第三学年第一学期每周2小时，课程分量增加。几何由后者规定的第一学年第二学期每周2小时、第二学年第一学期每周4小时，改为第一学年第一学期每周3小时、第二学期每周2小时，课程分量减轻。三角由后者规定的第二学年第二学期每周2小时，改为第一学年第一学期每周1小时、第二学期每周2小时，课程分量增加。解析几何将授课时间由第二学年第一学期、第三学年第一学期，改为第三学年全年开设，课时均为每周2小时，课程分量未变①②。

相比之下，不仅课程目标、课程时间支配不尽相同，课程内容也变化较大。表4－5所列为1932年颁布的《高级中学算学课程标准》规定的教材大纲。

---

①佚名. 高级中学普通科算学暂行课程标准 [J]. 湖南教育，1930 (15)：16.
②佚名. 高级中学算学课程标准 [J]. 安徽教育行政周刊，1932，5 (48)：17.

表 4 - 5　1932 年颁布的《高级中学算学课程标准》规定的教材大纲

科目名称	大纲内容
代数	第二学年 　　（一）基本原理与观念：1. 代数学目的和方法（与算术比较）；2. 运算律：形式变易率（加法与乘法对易律 Commutative Law、指数率等）、推演律、Rules of Equality and Inequality；3. 数系（Number System）大意；4. 变数、函数、极限、坐标、图解 　　（二）基本法则：1. 基本四则、分离系数法、综合除法；2. 余式定理、因式定理、析因式法；3. 公因式与公倍式、整除法（对算术上之应用）；4. 恒等式性质、证法、未定系数法、对称式之析因式法；5. 比例、变数法；6. 方程解法性质、同解原理 　　（三）一次方程及函数：1. 一元方程及应用问题、解之讨论；2. 一次函数图解、含参变数之函数、一次方程解法之几何解释；3. 联立方程（以二元者为主）及应用问题、解之讨论（附行列式大意）、非齐次式与齐次式；4. 不定方程之整数解 　　（四）不等式：1. 基本法则、绝对不等式；2. 条件不等式解法及几何说明 　　（五）高次方程（附应用问题）及有理整函数：1. 一元二次方程：解之类别（附论复素数①）、根与系数之关系、根之对称式、作已知根之方程、方程之变易；2. 高次方程之有理根（综合除法之应用）；3. 可化为二次方程之高次方程；4. 公根、消去法、高次联立方程（以二元及二次者为主）；5. 二次函数之变值与极大、极小、图解、含参变数之函数、根与已知数之比较；6. 分数式运算、简易不定值式之极限、分数方程式解、分项分数（Partial Fraction）、原理及解法 　　（六）无理函数：1. 多项式开方、根式运算、有理化因式；2. 无理方程式解法、增根之讨论、应用题 　　（七）指数、对数、级数：1. 指数之推广（分指数、负指数）；2. 对数：特性与应用、应用题（如利息计算等，须注意所得结果之精确度）、造表法略论、表之精确度；3. 级数：等差、等比、调和级数应用题（年金等）

---

① 复素数，即复数。

续表

科目名称	大纲内容
代数	第三学年 （一）复素数：特性及四则、极坐标式与图解、棣美弗（De Moivre）定理、复素数方根 （二）方程论：方程通性、根与系数之关系、根之对称函数、方程之变易、重根（附有理整函数之微商）、笛卡式符号律（Descartes Rule of Signs）、无理根之近似求法（忽拿 Horner 氏法） （三）行列式：定义及特性、子式、展开法、消去法及其应用 （四）无尽连级数：收敛与发散、正项连级数、交错连级数、复项连级数等之主要审敛法，幂连级数、收敛性、重要幂连级数之研究、和之近似值 （五）排列分析（Combinatory Analysis）、二项式定理（附论算学归纳法）、或然率（Probability）及其应用
几何	第一学年 （一）基本原理：1. 几何学目的与观念；2. 几何公理；3. 几何证题法 （二）图形之基本性质：1. 直线形：全等形、平行线、线段之比较（相等条件与不等条件）、角之比较、三角形内之共点线、对称形；2. 圆：弦、弧、角之关系，弦、切线、割线之性质，二圆之相对位置、内接形、外切形；3. 比例与相似形；4. 度量计算：直线形面积、圆之度量、几何算题，极大、极小 （三）轨迹与作图：1. 轨迹：分析与证实、基本轨迹及其应用；2. 作图题：基本作图题、轨迹交截法、代数分析法、变形与变位 （四）立体几何大意：1. 直线与平面、二面角、三面角；2. 多面体及其面积、体积；3. 圆柱、圆锥、球
三角	第一学年 （一）广义之三角函数、基本关系式、三角函数变迹（图解） （二）和角公式、化和为积法、三角恒等式 （三）任意三角形性质 （四）任意三角形解法、对数、测量及航海方面之应用问题 （五）反三角函数、三角方程 （六）三角函数造表法略论、表之精确度

续表

科目名称	大纲内容
解析几何大意	第三学年 （一）笛卡尔坐标、射影定理、几何量之解析表示（如角、距离、面积、斜率、分点等） （二）轨迹与方程式、直线之各种方程式及应用、圆、切线、圆幂、等幂轴 （三）圆锥曲线大意、模范式、特性及应用、普通二次方程式、坐标轴之变换及应用、切线、法线、次切距、次法距、配径、直径 （四）极坐标、与笛氏坐标之互换法、重要高等平曲线及超性曲线

资料来源：《高级中学算学课程标准》，《安徽教育行政周刊》1932 年第 5 卷第 48 期，第 17 - 24 页。

将表 4 - 5 与表 4 - 3 比较可知，关于三角课程，《高级中学算学课程标准》较《高级中学普通科算学暂行课程标准》规定的内容略少，不包括角之各种量法、正负角、正弦定律、余弦定律、正切定律、三角在代数学上之应用等，增加了三角函数造表法略论、表之精确度等。

相较《高级中学普通科算学暂行课程标准》，《高级中学算学课程标准》规定的代数课程增加内容较多。这包括代数学目的和方法、数系大意、分离系数法、综合除法、余式定理、因式定理、析因式法、比例、一次函数图解、含参变数之函数、不定方程之整数解、不等式、高次方程之有理根（综合除法之应用）、可化为二次方程的高次方程、分项分数、多项式开方、根式运算、有理化因式、无理方程式解法、增根的讨论、复素数、无理根的近似求法、行列式、无穷级数（含收敛和发散）等。其中，比例、无穷级数的收敛和发散是《新学制课程标准纲要》中高中普通科第二组代数课程纲要所规定的。但也删除无定式之值、纵横直位表等内容。

而对于几何课程，《高级中学算学课程标准》较《高级中学普通科算学暂行课程标准》删减内容较多，增加内容较少。如本来作为一部分的二次曲线内容，被整体删除。空间的特性、几何通用名词、对称、射影、旋转体、切面等内容也被删除。仅度量计算所包括的直线形面积、圆之度量、几何算题，极大、极小等内容被加入。上述内容的增减应与《高级中学算学课程标准》中代数课程分量加重，几何课程分量减轻有关。

关于解析几何课程，《高级中学算学课程标准》较《高级中学普通科算学暂行课程标准》规定的内容变化不大，但不再把直线与一次方程式、圆与二次方程式等作为独立的知识点。

《高级中学普通科算学暂行课程标准》和《高级中学算学课程标准》都规定了"教法要点"①，但也不尽相同。对于代数课程，后者规定高中代数"应以函数及方程为中心"，高等代数"以方程论为中心"②。前者也重视函数、方程，但未将方程论作为重点③。对于几何课程，后者规定"应训练学生自动探求之能力"④，而前者未做要求⑤。对于三角课程，后者规定"高中三角应以三角函数为中心"⑥，前者未指出，而是强调"三角函数是函数的一种，所以教授三角应当作代数的一部分看"⑦。对于解析几何课程，后者与前者的规定有相同之处，均指出解析几何应与代数、几何、三角相互联络，以解决几何问题，而后者还指出"欲图形与数量得相应之关联，不得不用推广之几何元素，故解析几何遂不能不与综合几何互有出入""综合法作图之范围，非解析莫能决，如有充分时间，宜略示作图不能（Impossible con-

---

①《高级中学算学课程标准》在"实施方法概要"中规定了"教法要点"。
②佚名. 高级中学算学课程标准 [J]. 安徽教育行政周刊，1932，5（48）：22-23.
③佚名. 高级中学普通科算学暂行课程标准 [J]. 湖南教育，1930（15）：16-17.
④同②23.
⑤同③17.
⑥同②24.
⑦同⑤.

struction）之意义"①②。因而，后者的规定更充分、具体。

四、 中学数学课程标准的修正

1932 年颁布的中小学课程标准施行 3 年后，多方建议修改，以渐臻完备。国民政府教育部于 1935 年 10 月召集实际办学者与专家开会研讨，1936 年 2 月又延请专家"分科逐加检讨，详度事实，综合众意"③，修正了 1932 颁布的课程标准，于 1936 年 2 月 18 日颁布④。其中，包括《初级中学算学课程标准》和《高级中学算学课程标准》。

《初级中学算学课程标准》分"目标""时间支配""教材大纲""实施方法概要" 4 部分。内容与 1932 年颁布的《初级中学算学课程标准》没有实质性变化，仅于"实施方法概要"的"作业要项"中增加应添的特殊教材，包括罗盘针、经纬仪、水平仪的计算实习，普通级军事上之简易测量等。在教学制度方面，对于用分科并教制还是用混合制，仍规定可由各校自行酌定⑤。

1936 年颁布的《高级中学算学课程标准》亦分"目标""时间支配""教材大纲""实施方法概要" 4 部分，保留了 1932 年颁布的《高级中学算学课程标准》的课程目标，主要对后者的课程及其安排与教学大纲作了修正。按照规定，课程分三角、平面几何、立体几何、代数、解析几何 5 门；自第二学年起，课程分甲、乙两组进行，甲组标准高于乙组⑥。课程安排见表 4-6。

---

①佚名. 高级中学普通科算学暂行课程标准 [J]. 湖南教育，1930（15）：17.

②佚名. 高级中学算学课程标准 [J]. 安徽教育行政周刊，1932，5（48）：24.

③郑震寰. 中学教育制度改革声中之修正课程标准 [J]. 青岛教育，1936，4（1）：14.

④老古. 修正课程标准后 [J]. 生生，1936，4（4）：4.

⑤佚名. 初级中学算学课程标准 [J]. 江西教育，1936（22）：76-81.

⑥佚名. 高级中学算学课程标准 [J]. 江西教育，1936（23）：105-113.

表 4 - 6　1936 年颁布的《高级中学算学课程标准》课程安排①

课程		第一学年		第二学年		第三学年	
		第一学期	第二学期	第一学期	第二学期	第一学期	第二学期
三角		2	1				
几何	平面	2	3				
	立体			2（甲）	2（甲）		
代数				4（甲），3（乙）	4（甲），3（乙）	2（甲）	2（甲）
解析几何						4（甲），3（乙）	4（甲），3（乙）

资料来源：《高级中学算学课程标准》，《江西教育》1936 年第 23 期，第 105 页。

　　可见，甲组每周 6 小时，乙组每周 3 小时，甲组的课程时数是乙组的 2 倍。甲组几何、代数、解析几何的每周时数都多于 1932 年颁布的《高级中学算学课程标准》各该科每周时数。代数时数增加最多，由第二学年全年每周 3 小时增至每周 4 小时，由第三学年第一学期每周 2 小时增至该学年全年每周 2 小时。其次是解析几何，由第三学年全年每周 2 小时增至第三学年全年每周 4 小时。再次是几何，由第一学年第一学期每周 3 小时，第二学期每周 2 小时，改为第一学年第一学期每周 2 小时，第二学期每周 3 小时，第二学年全年每周 2 小时。

　　乙组不学几何的立体部分，所学代数课程每周时数低于 1932 年颁布的《高级中学算学课程标准》的各该科每周时数，但其解析几何课程每周时数相对要多，为第三学年每周 3 小时，较 1932 年颁布的《高级中学算学课程标准》中的第三学年每周 2 小时多 1 小时。

　　1936 年颁布的《高级中学算学课程标准》对三角、几何、代数、解析几何内容均有修正，各科教材大纲如表 4 - 7。

―――――――――

①表中数字为每周课时数。

表 4 – 7 1936 年颁布的《高级中学算学课程标准》规定的教材大纲

科目名称	大纲内容
三角	第一学年 （一）广义之三角函数、基本关系式、弧度法 （二）三角函数之变值与变迹①、图解 （三）和角及倍角之三角函数、三角函数之和与积、三角恒等式 （四）任意三角形之边与角及其面积、半角之三角函数 （五）解任意三角形、对数之理论及其用法、测量及航海方面之应用问题 （六）反三角函数、三角方程式 （七）三角函数造表法略论、表之精确度
代数	第二学年（甲组用） （一）基本原理与观念：1. 运算律；2. 数系（Number System）大意；3. 变数、函数及其极限 （二）基本法则：1. 基本四则、分离系数法、综合除法；2. 依余式定理析因式；3. 应用整除性求公因式及公倍式；4. 恒等式证法、未定系数法、对称式之析因式法；5. 比例、变数法 （三）一次方程及函数：1. 方程解法原理；2. 一元方程及应用问题；3. 一次函数图解；4. 联立方程及应用问题；5. 不定方程之整数解 （四）不等式：1. 绝对不等式；2. 条件不等式 （五）高次方程及有理整函数：1. 一元二次方程及应用问题、根之讨论；2. 高次方程；3. 可化为二次方程之高次方程；4. 高次联立方程；5. 二次函数之变值与极大、极小，图解；6. 分式运算、简易不定式之极限、分式方程、分项分数（Partial Fraction） （六）无理函数：1. 多项式开方、根式运算；2. 无理方程及应用问题 （七）指数、对数、级数：1. 指数之扩充（分指数、负指数）；2. 对数之特性及其应用、造表法略论、表之精确度；3. 等差、等比、调和级数及其应用

---

①本表所引原文误为"变踪"。

续表

科目名称	大纲内容
代数	第二学年（乙组用） 　　（一）初等代数之复习及补充：1. 基本四则、分离系数法、综合除法；2. 分析因式之常法、对称式之因式分析法；3. 未定系数法、分项分数；4. 各种方程式解法（尤注意于分数方程、无理方程、准二次方程、联立二次方程等）；5. 各种方程之应用问题；6. 二次方程式之理论；7. 多项式之开方、根式运算；8. 对数之特性及其应用；9. 比例、变数法；10. 等差、等比、调和级数及其应用 　　（二）一次、二次函数之图解 　　（三）不等式 　　（四）二项式定理（附数学归纳法） 　　（五）顺列及组合、或然率略论 　　（六）复素数 　　（七）方程论：1. 三次、四次方程解法；2. m 次方程近似的解法 　　（八）行列式 第三学年（甲组用） 　　（一）复素数：1. 特性及四则、极坐标；2. 棣美弗（De Moivre）定理、复素数方根 　　（二）方程论：1. 方程通性、根与系数之关系、根之对称函数；2. 方程之变易、有理整函数之微商、根之分离；3. 无理根之近似求法（Horner 及 Newton 二氏之方法） 　　（三）行列式：1. 定理及特性；2. 子式、展开法；3. 消去法及其应用 　　（四）无穷级数：1. 收敛与发散、各种级数之主要审敛法；2. 幂级数之收敛性、重要幂级数之研究；3. 和之近似值；4. 循环级数、无穷积 　　（五）排列分析（Combinatory Analysis）：1. 二项式定理（附数学归纳法）；2. 顺列及组合；3. 或然率及其应用 　　（六）无限连级数①

————————

①本表所引原文误为"无限连分数"。

续表

科目名称	大纲内容
几何	**第一学年（平面几何）** （一）基本原理：1. 几何学的目的与观念；2. 几何公理；3. 几何证题法 （二）直线形：1. 全等形与平行线；2. 线段之比较与角之比较；3. 共点线与共线点；4. 对称形 （三）圆：1. 弦、弧、角之关系；2. 弦、切线、割线之性质；3. 二圆之相对位置；4. 内接形、外切形及共圆点 （四）比例及相似形：1. 比例线段、相似与位似；2. 调和列点与线束；3. Ceva 氏定理及 Menelaus 氏定理 （五）面积：1. 直线形之面积、比例线段与面积；2. 几何算题；3. 圆之度量；4. 极大及极小 （六）轨迹：1. 轨迹之分析与证明；2. 基本轨迹及其应用 （七）作图：1. 基本作图与基本作图题；2. 作图法——轨迹交截法、代数分析法、变形法及变位法 **第二学年（立体几何，甲组用）** （一）空间直线与平面之平行、斜交及垂直之关系 （二）二面角、多面角 （三）角柱、角锥、角锥台、相似多面体、正多面体之性质及其面积与体积 （四）圆柱、圆锥、圆锥台之性质及其面积与体积 （五）球面图形之相交与相切，大圆、小圆及其极、球面角 （六）球面三角形、极三角形、多边形之性质 （七）球面图形之量法及面积与体积 （八）关于多面体及回转体之各种应用问题

续表

科目名称	大纲内容
解析几何	第三学年［乙组自（十）以下不用］ 　　（一）笛卡尔坐标：1. 射影定理；2. 几何量之解析的表示（角、距离、面积、斜率、分点等） 　　（二）轨迹与方程式：1. 关于轨迹与方程式之间之基本定理；2. 代数函数及超越函数之变迹、图解 　　（三）一次方程式——直线：1. 各种直线方程式及直线族；2. 垂直距离及两直线间之交角 　　（四）二次方程式——圆锥曲线：1. 圆之方程式及其性质；2. 椭圆及双曲线方程式及其性质；3. 圆锥曲线族 　　（五）坐标轴之转移：1. 平行移动；2. 回转移动 　　（六）直线与圆锥曲线之关系：1. 切线及法线；2. 渐近线；3. 圆锥曲线之心及径 　　（七）一般二次方程式：1. 二次曲线之分类条件；2. 变态圆锥曲线族 　　（八）极坐标：1. 各种轨迹之极方程式及其图解；2. 与笛氏坐标之互换 　　（九）三变数方程式及高级平面曲线 　　（十）圆锥曲线之反形 　　（十一）极及极线 　　（十二）空间坐标与轨迹：1. 正射影、方向余弦；2. 几何量之解析的表示；3. 平面、直线与方程式 　　（十三）平面及直线：1. 各种平面及直线方程式；2. 平面与直线之关系 　　（十四）特殊曲面：1. 球面、柱面及锥面；2. 回转面及直纹面 　　（十五）空间坐标轴之转移 　　（十六）二次曲面：1. 二次曲面方程式之讨论及其图形；2. 二次曲面与平面、直线之关系 　　（十七）空间曲线方程式及其性质

资料来源：《高级中学算学课程标准》，《江西教育》1936 年第 23 期，第 105 - 110 页。

比较教材大纲可知，关于三角内容，1936 年颁布的《高级中学算学课程标准》对 1932 年颁布的《高级中学算学课程标准》修正较少，基本未有删减，仅增加弧度法、倍角之三角函数等内容。关于几何内容，1936 年颁布的《高级中学算学课程标准》对 1932 年颁布的《高级中学算学课程标准》的修正主要集中于立体几何，对于多面体、圆柱、圆锥、球的内容做了明确规定。关于代数内容，1936 年颁布的《高级中学算学课程标准》的甲组课程基本照搬 1932 年颁布的《高级中学算学课程标准》的规定，仅在方程论等方面删除重根、笛卡尔符号律等内容；乙组代数由 1932 年颁布的《高级中学算学课程标准》的代数课程缩减而成，不包括无理函数、无穷级数等程度较高的知识。关于解析几何，1936 年颁布的《高级中学算学课程标准》的甲组和乙组内容，均较 1932 年颁布的《高级中学算学课程标准》解析几何内容有所增加，程度明显要高。甲组增加内容较多，不仅有圆锥曲线之反形等平面解析几何内容，还有空间坐标与轨迹、特殊曲面、空间坐标轴之转移、二次曲面等空间解析几何内容。

五、 抗日战争全面爆发后中学数学课程标准的再修正

1937 年 7 月 7 日晚，驻北平丰台的日军在卢沟桥附近龙王庙、大瓦窑一带实施演习，以失落 1 名士兵为由，要求进入宛平城搜查。当地中国驻军第 29 军军部拒绝了日军的要求。7 月 8 日早晨，日军下令向卢沟桥一带的中国军队发动攻击，并炮轰宛平县城。中国驻军第 29 军第 110 旅广大官兵在旅长何基沣的指挥下奋起抗击。该旅第 219 团即吉星文团连续击退日军 3 次进攻①。由此，抗日战争全面爆发。此后，日军加快了侵略中国的步伐，中国抗战形势不断恶化，民族危机

①刘金田. 中国的抗日战争［M］. 上海：上海人民出版社，2016：70-71.

日益加剧。国民政府与全国大多数学校、文化机构内迁至大后方。

围绕战时教育政策问题，国民政府提出"战时须作平时看"的教育方针①。该方针对国统区各级各类学校都产生积极影响。1938 年 4 月，中国国民党临时全国代表大会通过《中国国民党抗战建国纲领》。该纲领在教育方面要求"改订教育制度及教材，推行战时教程，注重于国民道德之修养，提高科学的研究与扩充其设备"②。同时，这次大会通过《战时各级教育实施方案纲要》。该纲要规定："对于各级学校各科教材，应澈底加以整理，使之成为一贯之体系，而应抗战与建国之需要。尤宜尽先编辑中小学公民、国文、史、地等教科书及各地乡土教材，以坚定爱国、爱乡之观念。"该纲要还规定："对于中小学教学科目，应加以整理，毋使过于繁重，致损及学生身心之健康。"③

在上述背景下，国民政府教育部修正了 1936 年颁布的中小学课程标准。在中学数学方面，修正的成果为《修正初级中学数学课程标准》④ 和《修正高级中学数学课程标准》⑤，均于 1941 年 5 月公布。

《修正初级中学数学课程标准》与 1936 年颁布的《初级中学算学课程标准》结构相同，均分"目标""时间支配""教材大纲""实施方法概要"4 部分。大部分内容亦相同，课程均为算术、代数、几何 3 门。两者的区别主要在于：第一，在目标上，《修正初级中学数学课程标准》删除了后者中的"据'训练在相当情形能转移'之原则，以培养学生良好之心理习惯与态度"，以及 4 个例子，增加了"培养学生分

①教育部教育年鉴编纂委员会. 第二次中国教育年鉴［M］. 上海：商务印书馆，1948：10.

②佚名. 中国国民党抗战建国纲领［J］. 教育部公报，1938，10（8）：7－9.

③佚名. 战时各级教育实施方案纲要［J］. 教育通讯，1938（4）：8－10.

④佚名. 修正初级中学数学课程标准［J］. 浙江教育，1941，4（1）：55－57.

⑤佚名. 修正高级中学数学课程标准［J］. 浙江教育，1941，4（1）：57－60.

析能力，归纳方法，函数观念及探讨精神"①②。

第二，《修正初级中学数学课程标准》中的算术不再附简易代数，几何不再附数值三角，压缩了算术、代数、几何的课时。其中，算术由第一学年第一、第二学期每周 4 小时，压缩为第一学年第一、第二学期每周 3 小时；代数由第二学年第一、第二学期每周 3 小时，第三学年第一、第二学期每周 2 小时，压缩为第二学年第一、第二学期每周 2 小时，第三学年第一、第二学期每周 2 小时；几何由第二学年第一、第二学期每周 2 小时，第三学年第一、第二学期每周 3 小时，压缩为第二学年第一、第二学期每周 2 小时，第三学年第一、第二学期每周 2 小时③。

第三，《修正初级中学数学课程标准》在各科教材大纲上较 1936 年颁布的《初级中学算学课程标准》均有修正。在教材大纲上，《修正初级中学数学课程标准》中的算术在整数四则和复名数中都增加了应用题，增加了"各种几何形之面积及体积"的内容；代数增加了函数及其图解、一次函数及其图解、乘除公式、复利等内容；几何增加证明之重要、证明之程序等内容，融入三角中的锐角三角函数等内容，将三角形的内容具体化，具体规定了三角形之角、三角形之心、直角三角形解法、直角三角形之比例线段等内容④。

第四，《修正初级中学数学课程标准》删除了 1936 年颁布的《初级中学算学课程标准》中"用分科并教制或混合制，可由各校自行酌定"的规定⑤⑥。这意味着历时 18 年的双轨并行的分科制与混合制，改为单轨运行的分科制。

---

①佚名. 初级中学算学课程标准 [J]. 江西教育，1936（22）：76.
②佚名. 修正初级中学数学课程标准 [J]. 浙江教育，1941，4（1）：55.
③同②.
④同②55－56.
⑤同①79.
⑥同②56－57.

第五，在教学要点上，《修正初级中学数学课程标准》增加"练习题之选择，宜多选与国防、军事、民生、日用有关之数字及问题，引起思考实际问题之习练，题数宜多，分配宜当"①。其中，练习题多选有关国防、军事的数字与问题，与中国正处于战时状态、国防军事教育的地位被空前提高直接相关。

《修正高级中学数学课程标准》与1936年颁布的《高级中学算学课程标准》的结构相同，亦均分"目标""时间支配""教材大纲""实施方法概要"4部分，课程均为三角、平面几何、立体几何、代数、解析几何5门；前者较后者内容变化不大，区别主要在于：第一，在目标上，《修正高级中学数学课程标准》删除了后者中的"仍据'训练可为相当转移'之原则，注意培养学生之良好心理习惯与态度（参看初中算学标准目标第五条下），使之益为巩固"，增加了"注意启发学生之科学精神，养成学生函数观念"②③。

第二，《修正高级中学数学课程标准》增加了三角的课时，压缩了平面几何、立体几何（甲组）、代数（甲组）的课时。其中，三角由第一学年第一学期每周2小时，第二学期每周1小时，增加为第一学年第一、第二学期每周2小时；平面几何由第一学年第一学期每周2小时，第二学期每周3小时，压缩为第一学年第一、第二学期每周2小时；立体几何（甲组）由第二学年第一、第二学期每周2小时，压缩为第二学年第一学期每周2小时，第二学期每周1小；代数（甲组）由第二学年第一、第二学期每周4小时，第三学年第一、第二学期每周2小时，压缩为第二学年第一学期每周3小时，第二学期每周4小时，第三学年第一学期每周2小时④。

---

① 佚名. 修正初级中学数学课程标准［J］. 浙江教育，1941，4（1）：56.
② 佚名. 高级中学算学课程标准［J］. 江西教育，1936（23）：104-105.
③ 佚名. 修正高级中学数学课程标准［J］. 浙江教育，1941，4（1）：57.
④ 同③.

第三，相较 1936 年颁布的《高级中学算学课程标准》，《修正高级中学数学课程标准》的三角、立体几何（甲组）、代数（甲组）、解析几何教材大纲均有修正。在教材大纲上，《修正高级中学数学课程标准》中的三角增加正弦、余弦、正切定律，三角形面积等内容；平面几何，在直线形中删除了对称形；立体几何（甲组）删除关于多面体及回转体之各种应用问题的内容；代数（甲组）删除一次方程及函数中不定方程之整数解、复素数中极坐标、无穷级数中和之近似值，无穷积，以及无限连分数等内容，增加复利的内容；解析几何删除甲乙两组教材大纲均有的圆锥曲线之反形的内容，删除甲组中的极及极线、空间曲线方程式及其性质①。

除《修正初级中学数学课程标准》和《修正高级中学数学课程标准》外，1941 年 9 月国民政府教育部还公布《六年制中学数学课程标准草案》，供不分初中和高中的 6 年制中学使用。《六年制中学数学课程标准草案》的结构也分"目标""时间支配""教材大纲""实施方法概要"4 部分，规定了算术、代数、平面几何、立体几何、三角、解析几何 6 门课程的标准②。

全面抗战胜利后，国民政府教育部为适应社会的需求，对 1941 年 5 月公布的《修正初级中学数学课程标准》和《修正高级中学数学课程标准》进行了修订，1948 年公布了《修订初级中学数学课程标准》③和《修订高级中学数学课程标准》④。

《修订初级中学数学课程标准》与 1941 年 5 月公布的《修正初级

①佚名. 修正高级中学数学课程标准 [J]. 浙江教育，1941，4（1）：57 - 59.
②佚名. 六年制中学数学课程标准草案 [M] //课程教材研究所. 20 世纪中国中小学课程标准·教学大纲汇编：数学卷. 北京：人民教育出版社，1999：265 - 274.
③佚名. 修订初级中学数学课程标准 [M] //课程教材研究所. 20 世纪中国中小学课程标准·教学大纲汇编：数学卷. 北京：人民教育出版社，1999：275 - 278.
④佚名. 修订高级中学数学课程标准 [M] //课程教材研究所. 20 世纪中国中小学课程标准·教学大纲汇编：数学卷. 北京：人民教育出版社，1999：279 - 284.

中学数学课程标准》区别较大，主要不同之处如下：第一，在目标上，《修订初级中学数学课程标准》删除了后者中的"培养学生分析能力，归纳方法，函数观念及探讨精神""使学生明了数学之功用，并欣赏起立法之精，应用之博，以启发向上搜讨之兴趣"，增加了"培养以简御繁，以已知推未知之能力"①②。

第二，《修订初级中学数学课程标准》压缩了算术、几何的课时。其中，算术由第一学年第一、第二学期每周 3 小时，压缩为第一学年第一学期每周 3 小时，第二学期每周 1 小时；几何由第二学年第一、第二学期每周 2 小时，第三学年第一、第二学期每周 2 小时，压缩为第二学年第二学期每周 1 小时，第三学年第一学期每周 2 小时，第二学期每周 3 小时③。

第三，《修订初级中学数学课程标准》的算术、几何教材大纲较《修正初级中学数学课程标准》的有修订。前者的算术教材大纲删除了后者中的算术增加的"各种几何形之面积及体积"内容与在整数四则和复名数中都增加的应用题。相较《修正初级中学数学课程标准》，《修订初级中学数学课程标准》中的几何教材大纲变化较大，仅保留了前者中几何教材大纲的部分内容，删除了实验几何的内容，图形画法占有很大比例，其内容如下：

①作图用具之准备及其使用法（圆规、尺、三角板、量角器、丁字尺、画图板）；②直线、圆、圆弧及其画法；③角、分、角线及其画法，角之等分法、画等角法；④垂直线、垂直平分线及其画法、线段等分法；⑤直角三角形、等腰三角形、正三角形及其画法；⑥平行线及其画法、平行假设；⑦平行四边形及其画法；⑧一般三角形决定法、

---

①佚名. 修正初级中学数学课程标准 ［J］. 浙江教育，1941，4（1）：55.
②佚名. 修订初级中学数学课程标准 ［M］//课程教材研究所编 20 世纪中国中小学课程标准·教学大纲汇编：数学卷. 北京：人民教育出版社，1999：275.
③同②275.

作图解题之讨论；⑨相等三角形及其作图题；⑩三角形的中线、分角线及高度；⑪三角形的内心、旁心、内切圆、旁切圆及其画法；⑫三角的垂心、重心、外心、外接圆及其画法；⑬圆心角及圆周角、角之度量；⑭弦、直径、弦之比较、弧之比较、圆弧等分法；⑮四边形之决定法、作图题（正方形、矩形、平行四边形、菱形、梯形、任意四边形）；⑯正多边形及其画法；⑰圆周等分法、内接圆；⑱圆之切线、割线、相切圆及其画法；⑲圆之外切形及其画法；⑳相似形及其画法；㉑位似形及其画法；㉒对称形及其画法；㉓比例线段、切线、割线之比例线段；㉔直线形之面积计算法、面积之比；㉕圆周及圆面积；㉖扇形、弓形、带形面积之计算；㉗一般角定义、角之单位、弧度角；㉘三角比定义、三角函数；㉙直角三角形解法及其应用、三角函数表；㉚正弦定律及其应用；㉛余弦定律及其应用；㉜简易立体面积及体积之计算①。

《修订高级中学数学课程标准》与 1941 年 5 月公布的《修正高级中学数学课程标准》也区别较大，主要不同之处在于：第一，在目标上，前者借鉴 1941 年 5 月公布的《修正初级中学数学课程标准》，将"注意启发学生之科学精神，养成学生函数观念"②，修订为"培养分析能力，归纳方法，函数观念及探讨精神"，并增加"明了数学之功用，并欣赏其立法之精，组织之严，应用之博，以启发向上搜讨之兴趣"这一目标③④。

---

①佚名. 修订初级中学数学课程标准［M］//课程教材研究所. 20 世纪中国中小学课程标准·教学大纲汇编：数学卷. 北京：人民教育出版社，1999：276 - 277.

②佚名. 修正高级中学数学课程标准［J］. 浙江教育，1941，4（1）：57.

③佚名. 修正初级中学数学课程标准［J］. 浙江教育，1941，4（1）：55.

④佚名. 修订高级中学数学课程标准［M］//课程教材研究所. 20 世纪中国中小学课程标准·教学大纲汇编：数学卷. 北京：人民教育出版社，1999：279.

第二，《修订高级中学数学课程标准》在课程上不分甲组、乙组，在第三学年第二学期增加了"数学复习"一科（每周 3 小时），压缩了立体几何、代数的课时。其中，立体几何由《修正高级中学数学课程标准》中的甲组第二学年第一学期每周 2 小时、第二学期每周 1 小时，压缩为第二学年第一学期每周 2 小时；代数由甲组第二学年第一学期每周 3 小时、第二学期每周 4 小时，第三学年第一学期每周 2 小时，压缩为第二学年第一学期每周 2 小时、第二学期每周 4 小时，第三学年第一、第二学期每周 1 小时。《修订高级中学数学课程标准》将"解析几何"改为"解析几何大意"，将课时由甲组第三学年第一学期每周 3 小时、第二学期每周 5 小时，压缩为第三学年第一学期每周 3 小时，课时大幅度减少①。

　　第三，相较《修正高级中学数学课程标准》，《修订高级中学数学课程标准》中三角、平面几何、代数、解析几何大意的教材大纲均有修订，修订以删减大纲内容为主。其中，三角删除三角函数造表法略论和表之精确度的内容；平面几何在圆中删除角之度量，在比例及相似形中删除调和列点与线束、Ceva 氏定理及 Menelaus 氏定理，增加切线、割线之比例线段，在面积中删除几何计算题，极大、极小，增加毕氏定理，并增加正多边形，极大、极小大意的内容；代数删除高次方程及有理整函数的内容；解析几何删除内容较多，包括在轨迹与方程式中删除代数函数和超越函数的轨迹的内容，删除圆锥曲线族、空间坐标与轨迹、平面及直线、特殊曲线、空间坐标轴之转移、二次曲面等内容②。

　　在这次修订的课程标准公布之际，中国国民党和中国共产党正进行全面内战，国民党在战场上已渐落下风，其政局已处于风雨飘摇之

---

① 佚名. 修订高级中学数学课程标准［M］//课程教材研究所. 20 世纪中国中小学课程标准·教学大纲汇编：数学卷. 北京：人民教育出版社，1999：279 - 280.

② 同①280 - 283.

中。国统区各出版机构、社团基本未再根据这次修订的课程标准重新组织编撰新的教科书。

第三节　中学数学教科书的出版活动

1922 年"壬戌学制"颁行后，随着学制变革与 1923 年《新学制课程标准纲要》的颁布，原有国人自编、汉译的中学教科书与一些中学使用的国外数学教材已不适用。高中作为中国中等教育事业的新建制，也需要适合新学制课程标准的教科书。于是，陆续有国人自编与翻译、编译的中学数学教科书出版。此后随着每次中学课程标准的修订，各地中学都需要新的数学教科书。1937 年抗日战争全面爆发前，全国多个出版机构、社团竞相出版适于新课程标准的中学数学教科书，以适应潮流。但抗日战争全面爆发后，情况则大相径庭。

一、　商务印书馆的中学数学教科书出版活动

1922 年"壬戌学制"颁行后，商务印书馆为实行分科教学的中学出版了"现代初中教科书"。其中有严济慈编《现代初中教科书算术》，1923 年初版[①]；吴在渊编《现代初中教科书代数学》（上下册），上册 1923 年初版[②]，下册 1924 年初版[③]；周宣德编《现代初中教科书几何》（上下册），1924 年初版[④][⑤]；刘正经编《现代初中教科书三角术》，1923 年初版[⑥]。

---

①严济慈. 现代初中教科书算术［M］. 上海：商务印书馆，1923.
②吴在渊. 现代初中教科书代数学：上册［M］. 上海：商务印书馆，1923.
③吴在渊. 现代初中教科书代数学：下册［M］. 上海：商务印书馆，1933：版权页.
④周宣德. 现代初中教科书几何：上册［M］. 上海：商务印书馆，1924.
⑤周宣德. 现代初中教科书几何：下册［M］. 上海：商务印书馆，1930：版权页.
⑥刘正经. 现代初中教科书三角术［M］. 上海：商务印书馆，1929：版权页.

图4-2　严济慈
《现代初中教科书算术》

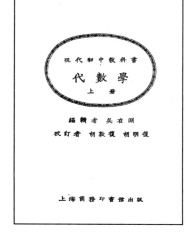

图4-3　吴在渊《现代
初中教科书代数学》上册

　　为了满足"壬戌学制"颁行后中学对高中教科书的需求，商务印书馆出版了"新学制高级中学教科书"。其中有何鲁编《新学制高级中学教科书代数学》，1923年初版①；赵修乾编《新学制高级中学教科书三角术》，1924年初版②；段子燮编《新学制高级中学教科书解析几何学》，1928年初版③。

　　1923年颁布的《新学制课程标准纲要》中的《初级中学算学课程纲要》规定："初中算学，以初等代数、几何为主，算术、三角辅之，采用混合方法。"④ 但因师资和教科书准备不足，实施多有扞格⑤。针对中学对混合数学教科书的需求，商务印书馆自1923至1926年陆续

①何鲁. 新学制高级中学教科书代数学［M］. 上海：商务印书馆，1924：版权页.
②赵修乾. 新学制高级中学教科书三角术［M］. 上海：商务印书馆，1924.
③段子燮. 新学制高级中学教科书解析几何学［M］. 上海：商务印书馆，1929：
　版权页.
④佚名. 新学制课程标准纲要：续［J］. 广东省教育会杂志，1924，2（5）：15.
⑤佚名. 教育部颁布初级中学暂行课程标准［J］. 浙江教育行政周刊，1929（10）：
　3.

出版段育华编撰的 6 册本《新学制混合算学教科书》①。1924 年和
1934 年商务印书馆分别出版文亚文和唐楩献译述的《布利氏新式算学
教科书》第三编②、余介石译述的该书第四编③，分别译自美国数学家
布利氏的《中学第三年数学：附对数和三角表与数学公式》（*Third-
Year Mathematics for Secondary Schools with Logarithmic and Trig-
onometric Tables and Mathematical Formulas*）④ 和《专科学校相关
数学》（*Correlated Mathematics for Junior Colleges*）⑤。这两种译著
与前述商务印书馆分别于 1920 年和 1922 年版的徐甘棠译述《布利氏
新式算学教科书》》⑥、王自芸译述《布利氏新式算学教科书》第二编⑦，
都是混合数学教科书。

　　1932 年 1 月 28 日晚，日军侵犯上海闸北，"一·二八"事变爆
发。次日晨，商务印书馆总务处、印刷制造总厂、各存货栈房、尚公

---

①第一、第二册于 1923 年初版，第三册于 1924 年初版，第四、第五册于 1925 年
　初版，第六册于 1926 年初版。参见：段育华. 新学制混合算学教科书：第一册
　至第二册［M］. 上海：商务印书馆，1923；段育华. 新学制混合算学教科书：
　第三册［M］. 上海：商务印书馆，1924；段育华. 新学制混合算学教科书：第
　四册至第五册［M］. 上海：商务印书馆，1925；段育华. 新学制混合算学教科
　书：第六册［M］. 上海：商务印书馆，1926.
②布利氏. 布利氏新式算学教科书：第三编［M］. 文亚文，唐楩献，译述. 上海：
　商务印书馆，1924.
③布利氏. 布利氏新式算学教科书：第四编［M］. 余介石，译述. 上海：商务印
　书馆，1934.
④BRESLICH E R. Third‐Year Mathematics for Secondary Schools with Logarith-
　mic and Trigonometric Tables and Mathematical Formulas［M］. Chicago：the
　University of Chicago Press，1917.
⑤BRESLICH E R. Correlated Mathematics for Junior Colleges［M］. Chicago：the
　University of Chicago Press，1919.
⑥布利氏. 布利氏新式算学教科书［M］. 徐甘棠，译述. 上海：商务印书馆，
　1920.
⑦布利氏. 布利氏新式算学教科书：第二编［M］. 王自芸，译述. 上海：商务印
　书馆，1922.

小学校、养真幼稚园等均被日机掷弹炸毁，焚烧一空。2 月 1 日，该馆东方图书馆和编译所又被焚毁。综计有形之损失达 1600 余万元。①商务印书馆遭此重创虽然损失惨重，元气大伤，但依然决定"勉力继续其贡献吾国文化教育之使命"②，主张"既为国难而牺牲，复为文化而奋斗"③，8 月 1 日宣布复业④。

图 4-4　1932 年"一·二八"事变中被日军炸毁的商务印书馆及其设备（局部）

　　鉴于 1932 年国民政府教育部颁布修订的课程标准后，"新教育之基础同时奠定，其影响于民族复兴者至深且巨"，商务印书馆出版了初小至高中使用的全套"复兴教科书"。这是中国自有教科书以来涵盖年级最多、学科最全的一套教科书。关于这套教科书，商务印书馆指出：

---

①商务印书馆. 商务印书馆复业后概况［M］. 上海：商务印书馆，1934：3.
②佚名. 上海商务印书馆被毁记［M］//汪耀华. 商务印书馆史料选：1897—1950，上海：上海书店出版社，2017：142.
③同①广告页.
④同①4.

"该书在内容方面完全遵照新课程标准，并充分表现其精神；在形式方面，尽量顾及美术兴趣。"①

在"复兴教科书"中，初中数学教科书最初有 4 种，均于 1933 年初版，分别为骆师曾编著的《复兴初级中学教科书算术》②、虞明礼编著的《复兴初级中学教科书代数》（上下册）③④、余介石和徐子豪编著的《复兴初级中学教科书几何》（上下册）⑤⑥、周元谷编著的《复兴初级中学教科书三角》⑦。不晚于 1935 年，周元瑞和周元谷合编了新的《复兴初级中学教科书三角》⑧。由此，"复兴教科书"中的初中数学教科书增至 5 种。

在"复兴教科书"中，高中数学教科书最初有 4 种：余介石、张通谟编著的《复兴高级中学教科书几何学》⑨，李蕃编著的《复兴高级中学教科书三角学》⑩，均于 1934 年初版；虞明礼编著的《复兴高级中学教科书代数学》（上中下册），上册 1934 年初版⑪，中册和下册 1935 年初版⑫⑬；徐任吾、仲子明编著的《复兴高级中学教科书解析

---

①商务印书馆. 商务印书馆复业后概况 [M]. 上海：商务印书馆，1934：9.

②骆师曾. 复兴初级中学教科书算术 [M]. 上海：商务印书馆，1933.

③虞明礼. 复兴初级中学教科书代数：上册 [M]. 上海：商务印书馆，1934：版权页.

④虞明礼. 复兴初级中学教科书代数：下册 [M]. 上海：商务印书馆，1933.

⑤余介石，徐子豪. 复兴初级中学教科书几何：上册 [M]. 上海：商务印书馆，1934：版权页.

⑥余介石，徐子豪. 复兴初级中学教科书几何：下册 [M]. 上海：商务印书馆，1935：版权页.

⑦周元谷. 复兴初级中学教科书三角 [M]. 上海：商务印书馆，1933.

⑧周元瑞，周元谷. 复兴初级中学教科书三角 [M]. 上海：商务印书馆，1935.

⑨余介石，张通谟. 复兴高级中学教科书几何学 [M]. 上海：商务印书馆，1934.

⑩李蕃. 复兴高级中学教科书三角学 [M]. 上海：商务印书馆，1934.

⑪虞明礼. 复兴高级中学教科书代数学：上册 [M]. 上海：商务印书馆，1935：版权页.

⑫虞明礼. 复兴高级中学教科书代数学：中册 [M]. 上海：商务印书馆，1935.

⑬虞明礼. 复兴高级中学教科书代数学：下册 [M]. 上海：商务印书馆，1935.

几何学》，1934 年初版①。余介石、张通谟编著《复兴高级中学教科书几何学》后，胡术五、余介石、张通谟编著了新的《复兴高级中学教科书几何学》，初版时间不晚于 1935 年②。由此，"复兴教科书"中的高中数学教科书增至 5 种。

由前文可知，1936 年 2 月 18 日，国民政府教育部颁布了修正的课程标准。其中，《高级中学算学课程标准》规定自第二学年起，课程分甲、乙两组进行，甲组标准高于乙组③。当年，商务印书馆基于虞明礼编著的《复兴高级中学教科书代数学》，出版了虞明礼原编、荣方舟改编的《复兴高级中学教科书代数学》（甲组用，上下册）④⑤；新推出了荣方舟编著的《复兴高级中学教科书代数学》（乙组用，上下册）⑥⑦，胡敦复、荣方舟编著的《复兴高级中学教科书平面几何学》⑧《复兴高级中学教科书立体几何学》⑨。

①徐任吾，仲子明. 复兴高级中学教科书解析几何学 ［M］. 上海：商务印书馆，1934.

②胡术五，余介石，张通谟. 复兴高级中学教科书几何学 ［M］. 上海：商务印书馆，1935.

③佚名. 高级中学算学课程标准 ［J］. 江西教育，1936（23）：105-113.

④虞明礼，荣方舟. 复兴高级中学教科书代数学：甲组用：上册 ［M］. 上海：商务印书馆，1938：版权页.

⑤虞明礼，荣方舟. 复兴高级中学教科书代数学：甲组用：下册 ［M］. 上海：商务印书馆，1936：版权页.

⑥荣方舟. 复兴高级中学教科书代数学：乙组用：上册 ［M］. 上海：商务印书馆，1946：版权页.

⑦荣方舟. 复兴高级中学教科书代数学：乙组用：下册 ［M］. 上海：商务印书馆，1946：版权页.

⑧胡敦复，荣方舟. 复兴高级中学教科书平面几何学 ［M］. 上海：商务印书馆，1936.

⑨胡敦复，荣方舟. 复兴高级中学教科书立体几何学 ［M］. 上海：商务印书馆，1936.

二、 中华书局的中学数学教科书出版活动

1922 年"壬戌学制"酝酿期间，中华书局开始推出"新中学教科书"。其中，数学教科书至少有 8 种：吴在渊和胡敦复合编的《新中学教科书算术》①《新中学教科书几何学》②，分别于 1922 和 1923 年初版；秦汾编的《新中学教科书代数学》，1923 年初版③；张鹏飞编的《新中学教科书高级代数学》，1927 年初版④；吴在渊编的《新中学教科书初级几何学》，1924 年初版⑤；胡敦复和吴在渊合编的《新中学教科书高级几何学》，1925 年初版⑥；胡仁源编的《新中学教科书平面三角法》，1923 年初版⑦；佘恒编的《新中学教科书解析几何学》，1925 年初版⑧。这 8 种教科书中，《新中学教科书高级代数学》适合高中使用⑨，《新中学教科书高级几何学》⑩《新中学教科书解析几何学》⑪ 供高中、后期师范学校等教学使用。

————————————————

①吴在渊，胡敦复. 新中学教科书算术 [M]. 上海：中华书局，1922.

②胡敦复，吴在渊. 新中学教科书几何学 [M]. 上海：中华书局，1924：版权页.

③秦汾. 新中学教科书代数学 [M]. 上海：中华书局，1924：版权页.

④张鹏飞. 新中学教科书高级代数学 [M]. 上海：中华书局，1927.

⑤吴在渊. 新中学教科书初级几何学 [M]. 上海：中华书局，1925.

⑥胡敦复，吴在渊. 新中学教科书高级几何学 [M]. 上海：中华书局，1925.

⑦胡仁源. 新中学教科书平面三角法 [M]. 上海：中华书局，1923.

⑧佘恒. 新中学教科书解析几何学 [M]. 上海：中华书局，1925.

⑨同④编辑大意.

⑩同⑥编辑大意.

⑪同⑧解析几何学编辑大意.

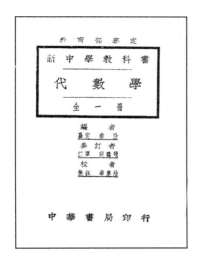 

图 4-5　秦汾《新中学 教科书代数学》　　　图 4-6　胡敦复和吴在渊合编的 《新中学教科书高级几何学》

　　1932 年国民政府教育部颁布修订的课程标准后，中华书局于 1933 年出版陆子芬、孙振宪和石濂水合编的《初中算术》（上下册）[1][2]，1934 年出版余介石编的《高中代数学》[3]《高中三角学》[4]，黄泰编著的《高中解析几何学》[5]。1936 年国民政府教育部颁布修正课程标准后，中华书局又于 1937 年出版吴在渊和陶鸿翔合编的《高中立体几何

①陆子芬，孙振宪，石濂水. 初中算术：上册［M］. 上海：中华书局，1934：版权页.

②陆子芬，孙振宪，石濂水. 初中算术：下册［M］. 上海：中华书局，1934：版权页.

③余介石. 高中代数学［M］. 上海：中华书局，1934.

④余介石. 高中三角学［M］. 上海：中华书局，1934.

⑤黄泰. 高中解析几何学［M］. 上海：中华书局，1936：版权页.

学》①、余介石编的《高中甲组代数学》（4 册）② 等。

自 1923 年起，中华书局面对中学需求混合数学教科书商机，在"新中学教科书"中几乎同时开始出版两种混合数学教科书。一种是程廷熙、傅种孙合编的《新中学教科书初级混合数学》（6 册），第一、第二册于 1923 年初版③④，第三、第四册于 1924 年初版⑤⑥，第五、第六册 1925 年初版⑦⑧。另一种是张鹏飞编的《新中学教科书初级混合法算学》（6 册），第一册于 1923 年初版⑨，第二、第三册于 1924 年

---

①吴在渊，陶鸿翔. 高中立体几何学 ［M］. 上海：中华书局，1937.

②该书分订 4 册，共 17 章，有 102 组习题，分四大段。第 1—5 章为第一段，讲授代数学的基本原理和方法，并和算术充分联系；第 6—11 章为第二段，研究各种函数和方程式解法；第 12—13 章为第三段，注重代数的实际问题、计算方法，这三段供高二学生使用。最后 4 章为第四段，介绍高等代数，专供高三学生一学年使用。参见：余介石. 高中甲组代数学：第一册至第四册 ［M］. 上海：中华书局，1937.

③程廷熙，傅种孙. 新中学教科书初级混合数学：第一册 ［M］. 上海：中华书局，1923.

④程廷熙，傅种孙. 新中学教科书初级混合数学：第二册 ［M］. 上海：中华书局，1924：版权页.

⑤程廷熙，傅种孙. 新中学教科书初级混合数学：第三册 ［M］. 上海：中华书局，1924.

⑥程廷熙，傅种孙. 新中学教科书初级混合数学：第四册 ［M］. 上海：中华书局，1924.

⑦程廷熙，傅种孙. 新中学教科书初级混合数学：第六册 ［M］. 上海：中华书局，1925.

⑧王有朋. 中国近代中小学教科书总目 ［M］. 上海：上海辞书出版社，2010：616.

⑨张鹏飞. 新中学教科书初级混合法算学：第一册 ［M］. 上海：中华书局，1924：版权页.

初版①②，第四、第五册于 1925 年初版③④，第六册于 1926 年初版⑤。

　　1927 年南京国民政府成立后，全国形成南京、武汉、北京三个政权对峙的政治局面。中华书局于 1927 年开始出版面向中小学的"新中华教科书"。为了避免与政治触礁，中华书局以一个虚拟的"新国民图书社"的名义出版这套教科书⑥，对外则称中华书局印行。这套教科书中有初中和高中两类数学教科书。笔者查阅到的其中的初中数学教科书有如下 4 种，均由张鹏飞编：《新中华教科书算学》（6 册），第一册⑦和第二册于 1928 年初版，第三至六册于 1929 年初版⑧；《新中华代数教本》（上下册），1929 年初版⑨⑩；《新中华几何学教本》（上下册），1930 年初版⑪⑫；《新中华算术（语体）》（上下册），上册于 1930 年初版⑬，下册于 1931 年初版⑭。《新中华教科书算学》介于混合和分科数学教科书之间，其"编辑大意"指出：

　　　　近今通行之中学算学教科书，其编纂方法有用混合制者，

　　有用分科制者。本书斟酌于二者之间，撷取众长，将算术、

①张鹏飞. 新中学教科书初级混合法算学：第二册 [M]. 上海：中华书局，1924.

②张鹏飞. 新中学教科书初级混合法算学：第三册 [M]. 上海：中华书局，1924.

③张鹏飞. 新中学教科书初级混合法算学：第四册 [M]. 上海：中华书局，1925.

④张鹏飞. 新中学教科书初级混合法算学：第五册 [M]. 上海：中华书局，1926：版权页.

⑤张鹏飞. 新中学教科书初级混合法算学：第六册 [M]. 上海：中华书局，1926.

⑥吴永贵. 民国出版史 [M]. 福州：福建人民出版社，2011：447.

⑦张鹏飞. 新中华教科书算学：第一册 [M]. 上海：新国民图书社，1928.

⑧王有朋. 中国近代中小学教科书总目 [M]. 上海：上海辞书出版社，2010：617.

⑨张鹏飞. 新中华代数教本：上册 [M]. 上海：新国民图书社，1932：版权页.

⑩张鹏飞. 新中华代数教本：下册 [M]. 上海：新国民图书社，1929.

⑪张鹏飞. 新中华几何学教本：上册 [M]. 上海：新国民图书社，1930.

⑫张鹏飞. 新中华几何学教本：下册 [M]. 上海：新国民图书社，1930.

⑬张鹏飞. 新中华算术（语体）：上册 [M]. 上海：新国民图书社，1930.

⑭张鹏飞. 新中华算术（语体）：下册 [M]. 上海：新国民图书社，1931.

代数、几何、三角依次相间排列，使各科系统清晰，而彼此
之关系周密，最适近今初级中学之用①。

这套教科书中的高中数学教科书，有余介石编的《新中华代数学》，于
1932年初版②。

在这套教科书之外，中华书局还以"新国民图书社"的名义于
1932出版黄泰编的《解析几何学》，供高中使用③。而且以"新国民图
书社"的名义，相继于1932年和1934年出版仲光然、严幼芝和徐任
吾译的《三S平面几何学》④《三S立体几何学》⑤，分别供初中和高中
使用⑥。这两本教科书译自美国学者舒塞斯、塞末诺克合著，斯凯勒
修订的《平面和立体几何学》⑦，出版后广为流行，影响很大。其中，
《三S平面几何学》于1950年出至第61版⑧，《三S立体几何学》于
1948年出至第26版⑨。

---

①张鹏飞. 新中华教科书算学：第一册 [M]. 上海：新国民图书社，1928：初级
　算学编辑大意.
②余介石. 新中华代数学 [M]. 上海：新国民图书社，1932.
③黄泰. 解析几何学 [M]. 上海：新国民图书社，1932.
④仲光然，严幼芝，徐任吾. 三S平面几何学 [M]. 上海：新国民图书社，1933：
　版权页.
⑤仲光然，严幼芝，徐任吾. 三S立体几何学 [M]. 上海：新国民图书社，1935：
　版权页.
⑥同④序言.
⑦SCHULTZE A，SEVENOAK F L，SCHUYLER E. Plane and Solid Geometry
　[M]. New York：The Macmillan Company，1925.
⑧王有朋. 中国近代中小学教科书总目 [M]. 上海：上海辞书出版社，2010：
　663.
⑨同⑧669.

三、　世界书局的中学数学教科书出版活动

　　世界书局由曾任中华书局经理的沈知方于 1917 年在上海创办，1921 年正式成立为股份有限公司①。它是民国重要出版机构之一，在民国出版史上的地位仅次于商务印书馆和中华书局。1929 年国民政府教育部颁布暂行课程标准前，世界书局开始推出"初级中学教科书"，之后推出"高级中学教科书"。

　　"初级中学教科书"中的数学教科书有如下 4 种，均于该暂行课程标准颁布之次年即 1930 年初版：薛溙舲、龚昂云和杨哲明编的《初中算术》（上下册）②③、薛溙舲编的《初中代数》（上下册）④⑤、沈志坚和倪道鸿编的《初中几何》⑥、胡雪松和龚昂云编的《初中三角》⑦。在这套教科书之外，1931 年世界书局还出版了《世界初中代数学》（上下册），上册由励乃骥、徐骥和应怀新编⑧，下册由励乃骥和吴菊辰编⑨。

　　"高级中学教科书"中的数学教科书，均由傅溥编著，有如下 5 种：《高中代数学》，1931 年初版⑩；《高中平面几何学》，1932 年初

①陈真，姚洛. 中国近代工业史资料：第一辑［M］. 北京：生活·读书·新知三联书店，1957：584.

②薛溙舲，龚昂云，杨哲明. 初中算术：上册［M］. 上海：世界书局，1931：版权页.

③薛溙舲，龚昂云，杨哲明. 初中算术：下册［M］. 上海：世界书局，1931：版权页.

④薛溙舲. 初中代数：上册［M］. 上海：世界书局，1931：版权页.

⑤薛溙舲. 初中代数：下册［M］. 上海：世界书局，1930.

⑥沈志坚，倪道鸿. 初中几何［M］. 上海：世界书局，1930.

⑦胡雪松，龚昂云. 初中三角［M］. 上海：世界书局，1930.

⑧励乃骥，徐骥，应怀新. 世界初中代数学：上册［M］. 上海：世界书局，1931.

⑨励乃骥，吴菊辰. 世界初中代数学：下册［M］. 上海：世界书局，1931.

⑩傅溥. 高中代数学［M］. 上海：世界书局，1931.

版①；《高中解析几何学》，1932 年初版②；《高中三角法》，1932 年初版③；《高中立体几何学》，1933 年初版④。在这套教科书之外，1933年世界书局还出版汉译数学教科书《新三角法》，薛仲华译，可供高中使用⑤。

　　1932 年国民政府教育部颁布修订的课程标准后，世界书局推出"新课程标准世界中学教本"。1936 年修正的课程标准颁布后，世界书局遵照该标准，继续出版这套教本。这套教本多以作者姓氏命名。其中，初中数学教科书有如下 8 种：王刚森编著的《王氏初中算术》（上下册），1933 年初版⑥⑦；骆师曾编著的《骆氏初中算术》（上下册），上册于 1933 年初版⑧⑨，下册于 1934 年初版⑩；薛天游编著的《薛氏初中代数》（上下册），1933 年初版⑪⑫；陈建功和薛溱舲合编的《陈薛两氏初中代数》（上下册），1933 年初版⑬⑭；黄泰编著的《黄氏初中几何（附数值三角）》（上下册），1933 年初版⑮⑯；何时慧编著的

①傅溥. 高中平面几何学［M］. 上海：世界书局，1932.

②王有朋. 中国近代中小学教科书总目［M］. 上海：上海辞书出版社，2010：672.

③傅溥. 高中三角法［M］. 上海：世界书局，1932.

④傅溥. 高中立体几何学［M］. 上海：世界书局，1933.

⑤波邻特，剖洛脱. 新三角法［M］. 薛仲华，译. 上海：世界书局，1933：例言.

⑥王刚森. 王氏初中算术：上册［M］. 上海：世界书局，1934：版权页.

⑦王刚森. 王氏初中算术：下册［M］. 上海：世界书局，1934：版权页.

⑧骆师曾. 骆氏初中算术：上册［M］. 上海：世界书局，1934：版权页.

⑨骆师曾. 骆氏初中算术：下册［M］. 上海：世界书局，1934：版权页.

⑩同②624.

⑪薛天游. 薛氏初中代数：上册［M］. 上海：世界书局，1933.

⑫薛天游. 薛氏初中代数：下册［M］. 上海：世界书局，1933.

⑬陈建功，薛溱舲. 陈薛两氏初中代数：上册［M］. 上海：世界书局，1933.

⑭薛溱舲，陈建功. 陈薛两氏初中代数：下册［M］. 上海：世界书局，1933.

⑮黄泰. 黄氏初中几何（附数值三角）：上册［M］. 上海：世界书局，1933.

⑯黄泰. 黄氏初中几何（附数值三角）：下册［M］. 上海：世界书局，1933.

《何氏初中几何（附数值三角）》（上下册），上册于 1933 年初版①，下册于 1934 年初版②。1936 年修正的课程标准颁布后，出版有蔡泽安编著的《初中新算术》（上下册），1937 年初版③④；蔡研深编著的《初中新代数》（上下册），1937 年初版⑤⑥。

图 4-7 薛天游《薛氏高中代数学》

　　"新课程标准世界中学教本"中的高中数学教科书，1936 年前出版的至少有如下 5 种：1 种为薛天游编著的《薛氏高中代数学》，1933年初版⑦；其余 4 种均由傅溥编著，分别为 1933 年出版的《傅氏高中

①何时慧. 何氏初中几何（附数值三角）：上册 [M]. 上海：世界书局，1934：版权页.
②何时慧. 何氏初中几何（附数值三角）：下册 [M]. 上海：世界书局，1934.
③蔡泽安. 初中新算术：上册 [M]. 上海：世界书局，1937.
④蔡泽安. 初中新算术：下册 [M]. 上海：世界书局，1937.
⑤蔡研深. 初中新代数：上册 [M]. 上海：世界书局，1937.
⑥蔡研深. 初中新代数：下册 [M]. 上海：世界书局，1937.
⑦薛天游. 薛氏高中代数学 [M]. 上海：世界书局，1933.

代数学》① 和 1934 年出版的《傅氏高中平面几何学》②《傅氏高中立体几何学》③《傅氏高中解析几何学》④。1936 年修正的课程标准颁布后出版的至少有 4 种：傅溥编著的《傅氏高中三角法》，1937 年初版⑤；裘友石编著的《高中新三角》，1936 年初版⑥；裘友石编著的《高中新代数（乙组用）》⑦《高中新平面几何》⑧，1937 年初版。其中，傅溥的 5 种教科书是由其在"高级中学教科书"中的上述 5 种教科书，依据 1936 年颁布的《高级中学算学课程标准》改编而成。

四、 开明书店的中学数学教科书出版活动

开明书店由章锡琛、章锡珊兄弟于 1926 年 8 月合资创设于上海，其前身为章锡琛创办的《新女性》杂志社。1928 年开明书店改组为股份有限公司，邵力子任董事长，杜海生、章锡琛、范洗人先后任经理，夏丏尊、叶圣陶先后主持编务工作⑨。夏丏尊（1886—1946），浙江上虞人，现代作家、教育家，主持开明书店的编务工作后，该书店出版方向逐渐明确以中等学校为服务对象⑩。

1929 年 7 月，开明书店推出用于初中的"开明算学教本"，由周为群、刘薰宇、章克标和仲光然合编，共 4 种：《开明算学教本算术》

①傅溥. 傅氏高中代数学 [M]. 上海：世界书局，1933.

②傅溥. 傅氏高中平面几何学 [M]. 上海：世界书局，1934.

③傅溥. 傅氏高中立体几何学 [M]. 上海：世界书局，1934.

④傅溥. 傅氏高中解析几何学 [M]. 上海：世界书局，1934.

⑤傅溥. 傅氏高中三角法 [M]. 上海：世界书局，1937.

⑥王有朋. 中国近代中小学教科书总目 [M]. 上海：上海辞书出版社，2010：681.

⑦裘友石. 高中新代数：乙组用 [M]. 上海：世界书局，1937.

⑧裘友石. 高中新平面几何 [M]. 上海：世界书局，1937.

⑨熊月之. 上海名人名事名物大观 [M]. 上海：上海人民出版社，2005：456.

⑩吴洪成，田谧，李晨，等. 中国近现代教科书史论 [M]. 北京：知识产权出版社，2017：212.

（上下册）①②、《开明算学教本代数》（上下册）③④、《开明算学教本几何》（上下册）⑤⑥、《开明算学教本三角》⑦。这 4 种教科书于 1930 年至 1931 年间各由国民政府教育部审定为初中数学教科书⑧。1933 年 10 月 16 日，《开明算学教本算术》由国民政府教育部审定为新课程标准适用初中数学教科书⑨。1935 年 10 月，开明书店又推出章克标和刘薰宇合编的适于初中学生自学、自修数学的《开明代数讲义》⑩《开明几何讲义》⑪。这两种教科书曾在开明中学函授学校使用⑫。

---

①周为群，刘薰宇，章克标，等. 开明算学教本算术：上册［M］. 上海：开明书店，1931：版权页.

②周为群，刘薰宇，章克标，等. 开明算学教本算术：下册［M］. 上海：开明书店，1933：版权页.

③周为群，刘薰宇，章克标，等. 开明算学教本代数：上册［M］. 上海：开明书店，1929.

④周为群，刘薰宇，章克标，等. 开明算学教本代数：下册［M］. 上海：开明书店，1931：版权页.

⑤周为群，刘薰宇，章克标，等. 开明算学教本几何：上册［M］. 上海：开明书店，1931：版权页.

⑥周为群，刘薰宇，章克标，等. 开明算学教本几何：下册［M］. 上海：开明书店，1932：版权页.

⑦周为群，刘薰宇，章克标，等. 开明算学教本三角［M］. 上海：开明书店，1931：版权页.

⑧审定时间如下：《开明算学教本算术》为 1930 年 6 月 26 日，《开明算学教本代数》为 1930 年 3 月，《开明算学教本几何》为 1931 年 4 月 7 日，《开明算学教本三角》为 1930 年 9 月 16 日. 参见：周为群，刘薰宇，章克标，等. 开明算学教本算术：上册［M］. 上海：开明书店，1931：版权页；周为群，刘薰宇，章克标，等. 开明算学教本代数：下册［M］. 上海：开明书店，1931：版权页；周为群，刘薰宇，章克标，等. 开明算学教本几何：上册［M］. 上海：开明书店，1931：封面；周为群，刘薰宇，章克标，等. 开明算学教本三角［M］. 上海：开明书店，1931：封面.

⑨周为群，刘薰宇，章克标，等. 开明算学教本算术：上册［M］. 上海：开明书店，1934：封面.

⑩章克标，刘薰宇. 开明代数讲义［M］. 上海：开明书店，1935.

⑪章克标，刘薰宇. 开明几何讲义［M］. 上海：开明书店，1935.

⑫开明书店. 开明书店分类书目［M］. 上海：开明书店，1937：47.

1932 年《高级中学算学课程标准》颁布后，开明书店推出适用于新课程标准的高中数学教科书。1933 年 11 月和 1935 年 1 月，相继出版陈建功和毛路真编的《高中代数学》①、陈建功和郦福绵编的《高中几何学》②。1933 年还出版了刘薰宇编的《解析几何学》③。

五、 正中书局的中学数学教科书出版活动

正中书局原名正中书店，1931 年由陈立夫在南京创办，是国民党统治时期以编印和发行书刊为职志的出版机构④。正中书局属于国民党的附属企业，其名取"扶风正俗，以兴中华"之意⑤。如同商务印书馆、中华书局、世界书局、开明书店等出版机构，正中书局亦重视编纂和出版中小学教科书。1935 年，正中书局出版"新课程标准适用"初中教科书。其中，数学教科书有 5 种：余信符和汪桂荣编著的《初级中学算术》（上下册）⑥⑦、黄泰和戴维清编著的《初级中学代数学》（上下册）⑧⑨、万颐祥编著的《初级中学几何学》（上下册）⑩⑪、汪桂荣编著的《初级中学实验几何学》⑫ 和《初级中学数值三角法》⑬。

---

①陈建功，毛路真. 高中代数学 ［M］. 上海：开明书店，1933.

②陈建功，郦福绵. 高中几何学 ［M］. 上海：开明书店，1935.

③刘薰宇. 解析几何学 ［M］. 上海：开明书店，1933.

④傅荣恩. 有关正中书局的几点回忆 ［M］//全国政协文史资料委员会. 文史资料存稿选编·文化. 北京：中国文史出版社，2002：418－419.

⑤黎子遗. 概述国民党正中书局 ［M］//全国政协文史资料委员会. 文史资料存稿选编·文化. 北京：中国文史出版社，2002：405－407.

⑥余信符，汪桂荣. 初级中学算术：上册 ［M］. 南京：正中书局，1935.

⑦余信符，汪桂荣. 初级中学算术：下册 ［M］. 南京：正中书局，1935.

⑧黄泰，戴维清. 初级中学代数学：上册 ［M］. 南京：正中书局，1935.

⑨黄泰，戴维清. 初级中学代数学：下册 ［M］. 南京：正中书局，1935.

⑩万颐祥. 初级中学几何学：上册 ［M］. 南京：正中书局，1935.

⑪万颐祥. 初级中学几何学：下册 ［M］. 南京：正中书局，1935.

⑫汪桂荣. 初级中学实验几何学 ［M］. 南京：正中书局，1935.

⑬汪桂荣. 初级中学数值三角法 ［M］. 南京：正中书局，1935.

1936 年国民政府教育部颁布修正课程标准后，正中书局推出"建国教科书"。其中，初中数学教科书有薛德炯编著的《建国教科书初级中学几何学》（上下册），1937 年初版①②；高中数学教科书均于 1936 年初版，有尹国均编著的《建国教科书高级中学代数学（甲组用）》③，余介石编著的《建国教科书高级中学平面解析几何学》④ 和《建国教科书高级中学三角学》⑤。

　　抗日战争全面爆发后，国民政府决定强化对教科书的统一，于1943 年 6 月针对中小学教科书正式施行国定制。6 月 16 日，国民政府教育部发布第 28500 号训令，规定"自三十二年度第一学期起，中小学应分别采用国定教科书"。⑥ 因此，民间出版机构、社团组织出版中小学教科书的自由空间大为缩减，基本都很少再出版新编撰的教科书，最多只是对出版过的教科书进行修订或翻印而已。享有特殊政治地位的正中书局是唯一的例外⑦。

　　根据 1941 年国民政府教育部公布修正的中小学课程标准，正中书局组织编撰了一套供小学和中学使用的新中国教科书。其中，初中数学教科书有如下 3 种，均于 1944 年初版：汪桂荣和余信符编著的《新中国教科书初级中学算术》（2 册）⑧⑨，黄泰和戴维清编著的《新中国

---

①薛德炯. 建国教科书初级中学几何学：上册［M］. 南京：正中书局，1937.

②薛德炯. 建国教科书初级中学几何学：下册［M］. 南京：正中书局，1937.

③尹国均. 建国教科书高级中学代数学：甲组用［M］. 南京：正中书局，1936.

④余介石. 建国教科书高级中学平面解析几何学［M］. 南京：正中书局，1936.

⑤余介石. 建国教科书高级中学三角学［M］. 重庆：正中书局，1944：版权页.

⑥佚名. 教育部训令：第二八五〇〇号［J］. 教育部公报，1943，15（6）：56.

⑦石鸥，吴小鸥. 中国近现代教科书史：上册［M］. 长沙：湖南教育出版社，2012：441－442.

⑧汪桂荣，余信符. 新中国教科书初级中学算术：第一册［M］. 重庆：正中书局，1944.

⑨汪桂荣，余信符. 新中国教科书初级中学算术：第二册［M］. 重庆：正中书局，1944.

教科书初级中学代数学》（4 册）①②③④，汪桂荣和余传绶、万颐祥和余传绶分别编著的《新中国教科书初级中学几何学》第一册和第三册⑤⑥、第二册和第四册⑦⑧。

新中国教科书中的高中数学教科书有如下 7 种：李仲珩和孙振宪编著的《新中国教科书高级中学代数学》（甲组用）⑨、《新中国教科书高级中学代数学》（乙组用，2 册）⑩⑪，马遵廷编著的《新中国教科书高级中学立体几何学》（第二学年甲组用）⑫，居秉瑶编著的《新中国教科书高级中学平面几何学》⑬，余介石编著的《新中国教科书高级中

①黄泰，戴维清. 新中国教科书初级中学代数学：第一册［M］. 重庆：正中书局，1944.

②黄泰，戴维清. 新中国教科书初级中学代数学：第二册［M］. 重庆：正中书局，1944.

③黄泰，戴维清. 新中国教科书初级中学代数学：第三册［M］. 重庆：正中书局，1944.

④黄泰，戴维清. 新中国教科书初级中学代数学：第四册［M］. 重庆：正中书局，1944.

⑤汪桂荣，余传绶. 新中国教科书初级中学几何学：第一册［M］. 重庆：正中书局，1944.

⑥汪桂荣，余传绶. 新中国教科书初级中学几何学：第三册［M］. 重庆：正中书局，1944.

⑦万颐祥，余传绶. 新中国教科书初级中学几何学：第二册［M］. 重庆：正中书局，1944.

⑧万颐祥，余传绶. 新中国教科书初级中学几何学：第四册［M］. 重庆：正中书局，1944.

⑨李仲珩，孙振宪. 新中国教科书高级中学代数学：甲组用［M］. 重庆：正中书局，1941.

⑩李仲珩，孙振宪. 新中国教科书高级中学代数学：乙组用：第一册［M］. 重庆：正中书局，1945.

⑪王有朋. 中国近代中小学教科书总目［M］. 上海：上海辞书出版社，2010，645.

⑫马遵廷. 新中国教科书高级中学立体几何学：第二学年甲组用［M］. 重庆：正中书局，1943.

⑬居秉瑶. 新中国教科书高级中学平面几何学［M］. 上海：正中书局，1947.

学三角学》①、《新中国教科书高级中学平面解析几何学》（2 册)②③、
《新中国教科书高级中学立体解析几何学》（第三学年甲组用)④。

六、　算学丛刻社的中学数学教科书出版活动

　　算学丛刻社由傅种孙联合北平师范大学附中教师于 1929 年创
办⑤，是该附中的图书编辑出版社团。起初，算学丛刻社影印一些流
行较广的大学和高中英文数学课文出售。该社经营获得盈余后，傅种
孙聘请专家编译初中和高中数学教科书⑥。其中，初中数学教科书有 3
种：王鹤清、魏元雄⑦和程廷熙编的《初中算术教科书》（上下卷），
1933 年初版⑧⑨；程廷熙编译的《初中代数学教科书》（上下卷），上
卷于 1933 年初版⑩，下卷于 1934 年初版⑪，底本为日本竹内端三的
《中等代数学教科书》⑫⑬；韩清波编的《初中几何教科书》（上下册），

①余介石. 新中国教科书高级中学三角学［M］. 重庆：正中书局，1944.
②余介石. 新中国教科书高级中学平面解析几何学：第一册［M］. 上海：正中书
　　局，1946
③余介石. 新中国教科书高级中学平面解析几何学：第二册［M］. 上海：正中书
　　局，1946.
④余介石. 新中国教科书高级中学立体解析几何学：第三学年甲组用［M］. 重庆：
　　正中书局，1943.
⑤赵慈庚，白尚恕. 傅种孙［M］//中国科学技术协会. 中国科学技术专家传略：
　　理学编·数学卷 1. 石家庄：河北教育出版社，1996，119.
⑥同⑤.
⑦魏元雄即魏庚人。
⑧王鹤清，魏元雄，程廷熙. 初中算术教科书：上卷［M］. 北平：算学丛刻社，
　　1933.
⑨王有朋. 中国近代中小学教科书总目［M］. 上海：上海辞书出版社，2010，
　　624.
⑩程廷熙. 初中代数学教科书：上卷［M］. 北平：算学丛刻社，1933.
⑪程廷熙. 初中代数学教科书：下卷［M］. 北平：算学丛刻社，1934.
⑫竹内端三. 中等代数学教科书：上卷［M］. 東京：三省堂，1921.
⑬竹内端三. 中等代数学教科书：下卷［M］. 東京：三省堂，1925.

上册于 1936 年初版①，下册于 1937 年初版②。

算学丛刻社编译的高中数学教科书有 4 种：傅种孙著的《高中平面几何教科书》，1933 年初版③；韩清波、魏元雄和李恩波编译的《高中立体几何学教科书》，1933 年初版④；韩桂丛、李耀春和王乔南编译的《高中平面三角法教科书》，1933 年初版⑤；黄恭宪和郎好常编译的《高中解析几何教科书》，1934 年初版⑥，1936 年将其作为同名教科书的上卷出版⑦，并于 1937 年出版下卷⑧。

除了高中代数教科书短缺，算学丛刻社编译的教科书涵盖了 1932 年国民政府颁布的课程标准规定的初中全部科目与高中大部分科目，基本构成一套由初中到高中的数学教科书。

七、 其他机构和社团的中学数学教科书出版活动

民国中后期，我国出版中学数学教科书的机构和社团还有很多。上海的大东书局、民智书局、青光书局、北新书局、中学生书局、新亚书店、中国科学图书仪器公司、中国编译社、科学会编译部等都出版了中学数学教科书⑨。例如，大东书局主要出版有如下初中数学教

---

① 韩清波. 初中几何教科书：上册 [M]. 北平：算学丛刻社，1936.

② 韩清波. 初中几何教科书：下册 [M]. 北平：算学丛刻社，1937.

③ 傅种孙. 高中平面几何教科书 [M]. 北平：算学丛刻社，1933.

④ 韩清波，魏元雄，李恩波. 高中立体几何学教科书 [M]. 北平：算学丛刻社，1933.

⑤ 韩桂丛，李耀春，王乔南. 高中平面三角法教科书 [M]. 北平：算学丛刻社，1933.

⑥ 黄恭宪，郎好常. 高中解析几何教科书 [M]. 北平：算学丛刻社，1934.

⑦ 黄恭宪，郎好常. 高中解析几何教科书：上卷 [M]. 北平：算学丛刻社，1936.

⑧ 黄恭宪，郎好常. 高中解析几何教科书：下卷 [M]. 北平：算学丛刻社，1937.

⑨ 王有朋. 中国近代中小学教科书总目 [M]. 上海：上海辞书出版社，2010：615-685.

科书：张轶庸编著的《初中算术教本》（上下册），1930 年初版①②；薛元鹤和戴味青编著的《算术》（上下册）③，1933 年初版④⑤；薛元鹤和黄应韶编著的《几何》（上下册）⑥，上册于 1935 年初版，下册于 1936 年初版⑦；张鸿溟编著的《初中代数教本》（上下册），1933 年 5 月，上册出至第 7 版⑧，下册出至第 6 版⑨；薛邦迈编著的《平面三角法教本》，1933 年 1 月出至第 4 版⑩。

再如，民智书局 1932 年出版薛元龙编的《初中新算术》（上下册）⑪⑫，1933 年出版薛元龙和蒋息岑编的《初级中学用三角教本》⑬、汪桂荣编的《高级中学用平面三角学》⑭。1935 年中学生书局出版孙宗堃和胡尔康合编的 4 种初中数学教科书：《初中标准算学算术》（上下册）⑮⑯、《初中标准算学代数》（上下册）⑰⑱、《初中标准算学几何》

————————————

①张轶庸. 初中算术教本：上册 ［M］. 上海：大东书局，1930.

②张轶庸. 初中算术教本：下册 ［M］. 上海：大东书局，1930.

③《算术》为大东书局"新生活教科书"的一种，后更名为《新生活初中教科书算术》再版。

④王有朋. 中国近代中小学教科书总目 ［M］. 上海：上海辞书出版社，2010：625.

⑤薛元鹤，戴味青. 算术：下册 ［M］. 上海：大东书局，1933.

⑥《几何》为大东书局"新生活教科书"的一种。

⑦同④654.

⑧张鸿溟. 初中代数教本：上册 ［M］. 上海：大东书局，1933.

⑨张鸿溟. 初中代数教本：下册 ［M］. 上海：大东书局，1933.

⑩薛邦迈. 平面三角法教本 ［M］. 上海：大东书局，1933.

⑪薛元龙. 初中新算术：上册 ［M］. 上海：民智书局，1932.

⑫薛元龙. 初中新算术：下册 ［M］. 上海：民智书局，1932.

⑬薛元龙，蒋息岑. 初级中学用三角教本 ［M］. 上海：民智书局，1933.

⑭汪桂荣. 高级中学用平面三角学 ［M］. 上海：民智书局，1933.

⑮孙宗堃，胡尔康. 初中标准算学算术：上册 ［M］. 上海：中学生书局，1935.

⑯孙宗堃，胡尔康. 初中标准算学算术：下册 ［M］. 上海：中学生书局，1935.

⑰孙宗堃，胡尔康. 初中标准算学代数：上册 ［M］. 上海：中学生书局，1935.

⑱孙宗堃，胡尔康. 初中标准算学代数：下册 ［M］. 上海：中学生书局，1935.

（上下册）①②、《初中标准算学数值三角》③。

  作为中国科学社创办的科学图书出版机构，中国科学图书仪器公司出版有吴在渊编撰的 3 种初中数学教科书：《中国初中教科书算术》，1932 年初版④；《中国初中教科书代数学》（上下册），上册于 1932 年初版，下册于 1933 年初版⑤；《中国初中教科书几何学》（上中下册），上册于 1933 年初版，中册于 1934 年初版，下册于 1943 年 7 月出至第 5 版⑥。1933 年，科学会编译部出版陈文的《陈氏标准算术》（4 册）⑦。

  北平的新亚印书局、戊辰学会⑧、正大学社、华北科学社、北平科学社、北平文化学社等都出版了中学数学教科书。例如，新亚印书局出版有杨尔琮编著的《新标准初中算术》（上下册），上册于 1935 年初版⑨。戊辰学会分别于 1928 年和 1931 年出版马文元编著的《新中学教科书代数学》⑩《新中学教科书平面几何学》⑪，1932 年出版马文元编译的《汉译赫奈二氏平面三角法》⑫。《新中学教科书代数学》经增删改订，更名为《新中学教科书初中代数学》，于 1936 年由戊辰学

①孙宗堃，胡尔康. 初中标准算学几何：上册［M］. 上海：中学生书局，1935.

②孙宗堃，胡尔康. 初中标准算学几何：下册［M］. 上海：中学生书局，1935.

③孙宗堃，胡尔康. 初中标准算学数值三角［M］. 上海：中学生书局，1935.

④吴在渊. 中国初中教科书算术［M］. 上海：中国科学图书仪器公司，1932.

⑤王有朋. 中国近代中小学教科书总目［M］. 上海：上海辞书出版社，2010：637 - 638.

⑥同⑤653.

⑦同⑤624.

⑧戊辰学会不晚于 1933 年改称戊辰学社。

⑨杨尔琮. 新标准初中算术：上册［M］. 北平：新亚印书局，1935. 该书下册出版时间不详。

⑩马文元. 新中学教科书代数学［M］. 北平：戊辰学会，1933：版权页.

⑪马文元. 新中学教科书平面几何学［M］. 北平：戊辰学会，1933：版权页.

⑫马文元. 汉译赫奈二氏平面三角法［M］. 北平：戊辰学会，1932.

社再版①。戊辰学社 1933 年出版王国香译述的《汉译葛蓝威尔平面三角法教科书》②，1935 年出版马文元编著的《新中学教科书实验几何学》③、马文元编译的《节译范氏高中代数学》④。1935 年，正大学社出版郑文华编的《高中平面几何学》⑤。

　　北平科学社重视出版中学用汉译数学教科书。该社于 1933 年出版高佩玉、卢晏海、王俊奎和王周卿合译的《汉译葛氏平面三角学》⑥，丁梦松和王俊奎译的《汉译斯盖尼新解析几何学》⑦；1934 年出版高佩玉、王俊奎、王乔南和李士奇译的《汉译范氏大代数学》⑧，杨凤孙、高焕文、万允元、纪明远和杨尔琼译的《汉译温德华氏初等代数学》⑨，高佩玉编译的《汉译郝克氏高级代数学》⑩；1935 年出版赵国昌、黄颂尧和于勤伯合译的《汉译斯米司盖尔解析几何学》⑪，万允元、于勤伯、赵国昌、高焕文合译的《汉译温斯二氏平面几何学》⑫等。

——————————

①马文元. 新中学教科书初中代数学［M］. 北平：戊辰学社，1936.

②王国香. 汉译葛蓝威尔平面三角法教科书［M］. 北平：戊辰学社，1933.

③北京图书馆参考部，人民教育出版社图书馆. 民国时期总书目：中小学教材［M］. 北京：书目文献出版社，1995：257.

④马文元. 节译范氏高中代数学［M］. 北平：戊辰学社，1935.

⑤郑文华. 高中平面几何学［M］. 北平：正大学社，1935.

⑥高佩玉，卢晏海，王俊奎，等. 汉译葛氏平面三角学［M］. 北平：北平科学社，1934：版权页.

⑦丁梦松，王俊奎. 汉译斯盖尼新解析几何学［M］. 北平：北平科学社，1933.

⑧高佩玉，王俊奎，王乔南，等. 汉译范氏大代数学［M］. 北平：北平科学社，1934.

⑨杨凤孙，高焕文，万允元，等. 汉译温德华氏初等代数学［M］. 北平：北平科学社，1934.

⑩高佩玉. 汉译郝克氏高级代数学［M］. 北平：北平科学社，1935：版权页.

⑪赵国昌，黄颂尧，于勤伯. 汉译斯米司盖尔解析几何学［M］. 北平：北平科学社，1935.

⑫万允元，于勤伯，赵国昌，等. 汉译温斯二氏平面几何学［M］. 北平：北平科学社，1935.

华北科学社和北平文化学社也有中学用汉译数学教科书出版。例如，华北科学社 1935 年出版江泽、黄彭年译述的《汉译斯盖尼三氏新解析几何学》①，1936 年出版田镜波译述的《汉译温德华氏初等代数学》②。北平文化学社于 1928 和 1931 年分别出版马纯德译述的《初等几何学》③《汉译改订版高等代数学》④，1932 年出版李耀春译述的《舒塞斯立体几何学》⑤，1933 年出版褚保熙翻译的《汉译葛氏平面三角学》⑥，1936 年出版李树菜翻译的《汉译温德华氏初等代数学》⑦。

在上海和北平之外，江西艺文书社于 1935 年至 1937 年出版徐谷生编著的《初中三角》、《算术》（上下册）、《初中代数》（上下册）⑧。南京中等算学研究会出版有余介石、何商友、钱介夫合编的《简明几何学》，该书于 1932 年出至第 3 版⑨。

八、 民国中后期中学数学教科书统计

民国中后期，国人自编中学数学教科书分初中和高中两类。关于这两类教科书，笔者就目力所及制成表 4-8 和表 4-9⑩。鉴于 1922 年"壬戌学制"酝酿时期，中华书局已推出"新中学教科书"中的

---

① 江泽，黄彭. 汉译斯盖尼三氏新解析几何学［M］. 北平：华北科学社，1936：版权页.

② 田镜波. 汉译温德华氏初等代数学［M］. 北平：华北科学社，1936.

③ 马纯德. 初等几何学［M］. 北平：北平文化学社，1932：版权页.

④ 马纯德. 汉译改订版高等代数学［M］. 北平：北平文化学社，1933：版权页.

⑤ 李耀春. 舒塞斯立体几何学［M］. 北平：北平文化学社，1932.

⑥ 褚保熙. 汉译葛氏平面三角学［M］. 北平：北平文化学社，1933.

⑦ 王有朋. 中国近代中小学教科书总目［M］. 上海：上海辞书出版社，2010：639.

⑧ 同⑦679.

⑨ 同⑦651.

⑩ 有些中学数学教科书初版后更名再版，或者仅做较小修订后再版。对于这类教科书，表 4-8 和表 4-9 仅按初版信息收入 1 次.

《新中学教科书算术》①，表4－8亦收入该书。

表4－8　民国中后期国人自编初中数学教科书一览表

类别	序号	书名	作者	出版机构、社团	出版年②
数学	1	新中华教科书算学（6册）	张鹏飞	新国民图书社	1928—1929
算术	1	新中学教科书算术	吴在渊、胡敦复	中华书局	1922
	2	现代初中教科书算术	严济慈	商务印书馆	1923
	3	开明算学教本算术（上下册）	周为群、刘薰宇、章克标、仲光然	开明书店	1929
	4	初中算术（上下册）	薛溙舲、龚昂云、杨哲明	世界书局	1930
	5	初中算术教本（上下册）	张轶庸	大东书局	1930
	6	新中华算术（语体）（上下册）	张鹏飞	新国民图书社	上册1930年初版，下册1931年初版
	7	北新算术（上下册）	甘源淹、余介石	北新书局	1931
	8	初中新算术（上下册）	薛元龙	民智书局	1932
	9	中国初中教科书算术	吴在渊	中国科学图书仪器公司	1932
	10	初中算术（上下册）	陆子芬、孙振宪、石濂水	中华书局	1933

---

①《新中学教科书算术》1922年6月初版。参见：吴在渊，胡敦复. 新中学教科书
　　算术［M］. 上海：中华书局，1922；版权页.
②所标一般为初版时间，否则予以说明。

续表

类别	序号	书名	作者	出版机构、社团	出版年
算术	11	复兴初级中学教科书算术	骆师曾	商务印书馆	1933
	12	王氏初中算术（上下册）	王刚森	世界书局	1933
	13	骆氏初中算术（上下册）	骆师曾	世界书局	上册1933年初版，下册1934年初版
	14	初中算术教科书（上下卷）	王鹤清、魏元雄、程廷熙	算学丛刻社	1933
	15	算术（上下册）	薛元鹤、戴味青	大东书局	1933
	16	陈氏标准算术（4册）	陈文	科学会编译部	1933
	17	实验初中算术（上下册）	张幼虹	建国书局	1934
	18	初中算数课本	魏怀谦	信记文化社	1934
	19	初级中学算术（上下册）	余信符、汪桂荣	正中书局	1935
	20	初中标准算学算术（上下册）	孙宗堃、胡尔康	中学生书局	1935
	21	新标准初中算术（上下册）	杨尔琮	新亚印书局	上册1935年初版，下册出版时间不详
	22	算术教科书	满洲帝国教育会	满洲帝国教育会	1936
	23	初中算术（上下册）	陈文	中国科学图书仪器公司	上册1936年初版，下册1941年初版
	24	算术（上下册）	徐谷生	江西艺文书社	1937年3月，上册出版第21版，下册出版第15版

续表

类别	序号	书名	作者	出版机构、社团	出版年
算术	25	初中新算术（上下册）	蔡泽安	世界书局	1937
	26	初中算术（上下册）	毛季敏、顾序东	大时代书局	1938
	27	新编初中算术	魏怀谦	中华书局	1939
	28	初中算术教本（上下册）	刘薰宇、孙瀚、张志渊	开明书店	1939
	29	初中算术	（伪）教育总署编审会	新民印书馆股份有限公司	1939
	30	新中国教科书初级中学算术	汪桂荣、余信符	正中书局	1944
	31	开明新编初中算术教本（上下册）	夏承法、叶至善	开明书店	1946
	32	初级中学算术（上下册）	国立编译馆主编	正中书局	1948
	33	易进初中算术（上下册）	郁祖同	易进出版社	1948
	34	初中算术（上下册）	中等数学研究会主编，余介石编	中国科学图书仪器公司	上册1948年初版，下册1949年初版
	35	实用算术	丁江、颜泗南、徐宜、朱德让	上海联合出版社	1949
代数	1	新中学教科书代数学	秦汾	中华书局	1923
	2	现代初中教科书代数学（上下册）	吴在渊	商务印书馆	上册1923年初版，下册1924年初版
	3	初学代数学	华桂馨	商务印书馆	1924

续表

类别	序号	书名	作者	出版机构、社团	出版年
代数	4	新中学教科书代数学	马文元	戊辰学会	1928
	5	新中华代数教本（上下册）	张鹏飞	新国民图书社	1929
	6	开明算学教本代数（上下册）	周为群、刘薰宇、章克标、仲光然	开明书店	1929
	7	初中代数（上下册）	薛溙龄	世界书局	1930
	8	世界初中代数学（上下册）	上册励乃骥、徐骥、应怀新，下册励乃骥、吴菊辰	世界书局	1931
	9	初等代数学	马纯德	北平文化学社	1932年出版第2版
	10	初级中学北新代数（上下册）	余介石、胡术五、陆子芬	北新书局	上册1932年初版，下册1933年初版
	11	中国初中教科书代数学（上下册）	吴在渊	中国科学图书仪器公司	上册1932年初版，下册1933年初版
	12	初中代数教本（上下册）	张鸿溟	大东书局	1933年5月上册出版第7版，下册出版第6版
	13	薛氏初中代数（上下册）	薛天游	世界书局	1933
	14	陈薛两氏初中代数（上下册）	陈建功、薛溙龄	世界书局	1933

续表

类别	序号	书名	作者	出版机构、社团	出版年
代数	15	复兴初级中学教科书代数（上下册）	虞明礼	商务印书馆	1933
	16	初中代数学	王绍颜	北平文化学社	1934
	17	开明代数讲义	章克标、刘薰宇	开明书店	1935
	18	初级中学代数学（上下册）	黄泰、戴维清	正中书局	1935
	19	初中标准算学代数（上下册）	孙宗堃、胡尔康	中学生书局	1935
	20	初中代数	桂叔超、金品	光华附中华社	1935
	21	新初等代数学（上下册）	马纯德	北平文化学社	1935
	22	初中新代数（上下册）	蔡研深	世界书局	1937
	23	初中代数（上下册）	徐谷生	江西艺文书社	1937 年 6 月，上册出版第21版，下册出版第14版
	24	新编初中代数（4 册）	高季可	中华书局	1937
	25	初等代数学	南秉阳	华北科学社	1937
	26	初中代数教本（上下册）	杨晓初、杨明轩	开明书店	1939
	27	初中代数	（伪）教育总署编审会	新民印书馆股份有限公司	1939
	28	初中代数	刘质赅、卢梦生	文通书局	1942
	29	新中国教科书初级中学代数学（4 册）	黄泰、戴维清	正中书局	1944

续表

类别	序号	书名	作者	出版机构、社团	出版年
代数	30	初等代数（上下册）	胡术五、李修睦	中华书局	1946
	31	开明新编初中代数教本（上下册）	叶至善	开明书店	1946
	32	新修正标准初中代数（上下册）	薛元鹤	大东书局	1946
	33	初中代数（上下册）	罗运矩、张通谟、余介石	北新书局	1947
	34	易进初中代数	郁祖同	易进出版社	1948
	35	初级中学代数（上下册）	国立编译馆主编	正中书局	1948
几何	1	新中学教科书几何学	胡敦复、吴在渊	中华书局	1923
	2	新中学教科书初级几何学	吴在渊	中华书局	1924
	3	现代初中教科书几何（上下册）	周宣德	商务印书馆	1924
	4	开明算学教本几何（上下册）	周为群、刘薰宇、章克标、仲光然	开明书店	1929
	5	初中几何	沈志坚、倪道鸿	世界书局	1930
	6	新中华几何学教本（上下册）	张鹏飞	新国民图书社	1930
	7	平面几何	劳启祥	长沙私立雅礼中学校	1930
	8	新中学教科书平面几何学	马文元	戊辰学会	1931
	9	平面几何教本	曹绍模	民智书局	1931

续表

类别	序号	书名	作者	出版机构、社团	出版年
几何	10	简明几何学	余介石、何商友、钱介夫	南京中等算学研究会	1932 年出版第 3 版
	11	初中几何（上下册）	余介石、胡术五	青光书局	上册 1932 年初版，下册 1934 年初版
	12	复兴初级中学教科书几何（上下册）	余介石、徐子豪	商务印书馆	1933
	13	黄氏初中几何（附数值三角）（上下册）	黄泰	世界书局	1933
	14	初中算学：几何学（上下册）	薛德炯	新亚书店	1933
	15	何氏初中几何（附数值三角）（上下册）	何时慧	世界书局	上册 1933 年初版，下册 1934 年初版
	16	中国初中教科书几何学（上中下册）	吴在渊	中国科学图书仪器公司	上册 1933 年初版，中册 1934 年初版，下册 1943 年 7 月出版第 5 版
	17	初中几何（上下册）	余介石、徐子豪、胡术五	中华书局	1934
	18	开明几何讲义	章克标、刘薰宇	开明书店	1935
	19	初级中学几何学（上下册）	万颐祥	正中书局	1935
	20	初级中学实验几何学	汪桂荣	正中书局	1935
	21	初中标准算学几何（上下册）	孙宗堃、胡尔康	中学生书局	1935

续表

类别	序号	书名	作者	出版机构、社团	出版年
几何	22	几何（上下册）	薛元鹤、黄应韶	大东书局	上册 1935 年初版，下册 1936 年初版
	23	新中学教科书实验几何学	马文元	戊辰学社	1935
	24	初中几何教科书（上下册）	韩清波	算学丛刻社	上册 1936 年初版，下册 1937 年初版
	25	建国教科书初级中学几何学（上下册）	薛德炯	正中书局	1937
	26	新编初中几何（4 册）	陈修仁	中华书局	1939
	27	初中新几何	俞鹏、石超	世界书局	1939
	28	初中几何（上下册）	（伪）教育总署编审会	新民印书馆股份有限公司	1939
	29	初中几何教本（上下册）	骆师曾	开明书店	1939
	30	初中几何（上下册）	李绪文、徐子豪	中华书局	1944
	31	新中国教科书初级中学几何学（4 册）	第 1 和第 3 册汪桂荣、余传绶编著；第 2 和第 4 册万颐祥、余传绶编著	正中书局	1944
	32	新修正标准初中几何	薛元鹤、黄应韶	大东书局	1945
	33	初级中学实验几何	国立编译馆主编	中华书局	1947

续表

类别	序号	书名	作者	出版机构、社团	出版年
几何	34	初级中学几何（上册）	国立编译馆主编	正中书局	1948
	35	初中新几何（2 册）	叶述武、李铭棨	荣兴书局	1949
三角	1	新中学教科书平面三角法	胡仁源	中华书局	1923
	2	现代初中教科书三角术	刘正经	商务印书馆	1923
	3	开明算学教本三角	周为群、刘薰宇、章克标、仲光然	开明书店	1929
	4	初中三角	胡雪松、龚昂云	世界书局	1930
	5	平面三角法教本	薛邦迈	大东书局	1933 年 1 月出版第 4 版
	6	复兴初级中学教科书三角	周元谷	商务印书馆	1933
	7	初级中学用三角教本	薛元龙、蒋息岑	民智书局	1933
	8	复兴初级中学教科书三角	周元瑞、周元谷	商务印书馆	不晚于 1935 年
	9	初级中学数值三角法	汪桂荣	正中书局	1935
	10	初中标准算学数值三角	孙宗塈、胡尔康	中学生书局	1935
	11	初中三角	徐谷生	江西艺文书社	1935
	12	初中三角法	张鹏飞	中华书局	1937 年 8 月再版
	13	数值三角法	陈怀书、黄锡祺	商务印书馆	1939 年出版第 7 版
	14	易进三角	郁祖同	易进出版社	1946
	15	初中三角学	王海云	世界书局	1948

续表

类别	序号	书名	作者	出版机构、社团	出版年
混合数学	1	新中学教科书初级混合数学（6册）	程廷熙、傅种孙	中华书局	1923—1925
	2	新中学教科书初级混合法算学（6册）	张鹏飞	中华书局	1923—1926
	3	新学制混合算学教科书（6册）	段育华	商务印书馆	1923—1926
	4	混合算学	陈岳生等	商务印书馆	1927

资料来源：表4-8大部分教科书；王有朋主编《中国近代中小学教科书总目》，上海辞书出版社，2010，第615-683页；北京图书馆参考部，人民教育出版社图书馆编《民国时期总书目：中小学教材》，书目文献出版社，1995，第257页。

表4-8所列国人自编初中数学教科书共125种。其中，算术、代数、几何教科书均为35种，三角教科书为15种，混合数学教科书4种，介于混合和分科数学教科书之间的教科书1种。这125种教科书中，1937年7月抗日战争全面爆发前出版约91种，占72.8%。

表4-9　民国中后期国人自编高中数学教科书一览表

类别	序号	书名	作者	出版机构、社团	出版年①
代数	1	新学制高级中学教科书代数学	何鲁	商务印书馆	1923
	2	新中学教科书高级代数学	张鹏飞	中华书局	1927
	3	高中代数学	傅溥	世界书局	1931
	4	傅氏高中代数学	傅溥	世界书局	1933
	5	薛氏高中代数学	薛天游	世界书局	1933
	6	高中代数学	陈建功、毛路真	开明书店	1933

——————

①所标一般为初版时间，否则予以说明。

续表

类别	序号	书名	作者	出版机构、社团	出版年
代数	7	高中代数学	余介石	中华书局	1934
	8	复兴高级中学教科书代数学（上中下册）	虞明礼	商务印书馆	上册1934年初版，中册和下册1935年初版
	9	复兴高级中学教科书代数学（甲组用，上下册）	虞明礼原编，荣方舟改编	商务印书馆	1936
	10	复兴高级中学教科书代数学（乙组用，上下册）	荣方舟	商务印书馆	1936
	11	建国教科书高级中学代数学（甲组用）	尹国均	正中书局	1936
	12	新编高中乙组代数学（上下册）	陈荩民、王疏九	中华书局	上册1936年初版，下册1937年初版
	13	高中新代数（乙组用）	裘友石	世界书局	1937
	14	高中甲组代数学（4册）	余介石	中华书局	1937
	15	高中代数	（伪）教育总署编审会	新民印书馆股份有限公司	1939
	16	新中国教科书高级中学代数学（甲组用）	李仲珩、孙振宪	正中书局	1941
	17	新中国教科书高级中学代数学（乙组用，2册）	李仲珩、孙振宪	正中书局	第1册1945年初版，第2册1946年6月出版沪10版
几何	1	新中学教科书高级几何学	胡敦复、吴在渊	中华书局	1925
	2	高中平面几何学	傅溥	世界书局	1932

续表

类别	序号	书名	作者	出版机构、社团	出版年
几何	3	高中立体几何学	傅溥	世界书局	1933
	4	高中平面几何教科书	傅种孙	算学丛刻社	1933
	5	高中立体几何学教科书	韩清波、魏元雄、李恩波	算学丛刻社	1933
	6	傅氏高中平面几何学	傅溥	世界书局	1934
	7	傅氏高中立体几何学	傅溥	世界书局	1934
	8	复兴高级中学教科书几何学	余介石、张通谟	商务印书馆	1934
	9	复兴高级中学教科书几何学	胡术五、余介石、张通谟	商务印书馆	不晚于1935年
	10	高中几何学	陈建功、郦福绵	开明书店	1935
	11	高中平面几何学	郑文华	正大学社	1935
	12	高中平面几何	王绍颜主编	北平文化学社	1935
	13	复兴高级中学教科书平面几何学	胡敦复、荣方舟	商务印书馆	1936
	14	复兴高级中学教科书立体几何学	胡敦复、荣方舟	商务印书馆	1936
	15	建国高中平面几何学	居秉瑶	正中书局	1936
	16	高中新平面几何	裴友石	世界书局	1937
	17	高中立体几何学	吴在渊、陶鸿翔	中华书局	1937
	18	新编高中平面几何学（上下册）	余介石	中华书局	1937
	19	新编高中立体几何学	余介石	中华书局	1938

续表

类别	序号	书名	作者	出版机构、社团	出版年
几何	20	高中几何	（伪）教育总署编审会	新民印书馆股份有限公司	1939
	21	高中平面几何	（伪）教育总署编审会	新民印书馆股份有限公司	1939
	22	高中平面几何学	金品	建国出版社	1941
	23	新中国教科书高级中学立体几何学	马遵廷	正中书局	1943
	24	新中国教科书高级中学平面几何学	居秉瑶	正中书局	1946
三角	1	新学制高级中学教科书三角术	赵修乾	商务印书馆	1924
	2	高中三角法	傅溥	世界书局	1932
	3	高级中学用平面三角学	汪桂荣	民智书局	1933
	4	高中平面三角法教科书	韩桂丛、李耀春、王乔南	算学丛刻社	1933
	5	复兴高级中学教科书三角学	李蕃	商务印书馆	1934
	6	高中三角学	余介石	中华书局	1934
	7	建国教科书高级中学三角学	余介石	正中书局	1936
	8	高中新三角	裘友石	世界书局	1936
	9	傅氏高中三角法	傅溥	世界书局	1937
	10	高级中学三角法教科书	王邦珍	中华书局	1937 年出版沪 5 版

续表

类别	序号	书名	作者	出版机构、社团	出版年
三角	11	高中三角	（伪）教育总署编审会	新民印书馆股份有限公司	1941
	12	新中国教科书高级中学三角学	余介石	正中书局	1944
	13	最新实用三角学	钱克仁	开明书店	1946
	14	高中新三角学	姚晶	新农企业股份有限公司	1947
解析几何	1	新中学教科书解析几何学	佘恒	中华书局	1925
	2	新学制高级中学教科书解析几何学	段子燮	商务印书馆	1928
	3	高中解析几何学	傅溥	世界书局	1932
	4	解析几何学	黄泰	新国民图书社	1932
	5	解析几何学	刘薰宇	开明书店	1933
	6	高中解析几何学	黄泰	中华书局	1934
	7	复兴高级中学教科书解析几何学	徐任吾、仲子明	商务印书馆	1934
	8	傅氏高中解析几何学	傅溥	世界书局	1934
	9	高中解析几何教科书（上下卷）	黄恭宪、郎好常	算学丛刻社	上卷1934年初版，下卷1937年初版
	10	建国教科书高级中学平面解析几何学	余介石	正中书局	1936
	11	解析几何学教科书	陈守绂	算学丛刻社	1937
	12	高级中学教科书解析几何学（上下册，上册甲组用）	陈怀书	商务印书馆	上册1938年初版，下册1936年初版

续表

类别	序号	书名	作者	出版机构、社团	出版年
解析几何	13	高中新解析几何（乙组用）	许渭泉	世界书局	1939
	14	高中解析几何学	李蕃	开明书店	1941
	15	高中解析几何学	余文琴	商务印书馆	1942
	16	新中国教科书高级中学立体解析几何学（第三学年甲组用）	余介石	正中书局	1943
	17	新中国教科书高级中学平面解析几何学（2册）	余介石	正中书局	1944
	18	解析几何学大意	余源庆、刘遂生	中华书局	1948

资料来源：表4-9部分教科书；王有朋主编《中国近代中小学教科书总目》，上海辞书出版社，2010，第615-683页。

表4-9所列国人自编高中教科书共73种。其中，几何教科书最多，有24种；其次是解析几何教科书，有18种；再次是代数教科书，有17种；最少的是三角教科书，有14种。在这73种教科书中，1937年7月抗日战争全面爆发前出版约53种，占72.6%。

由表4-8和表4-9可知，民国中后期国人自编中学数学教科书至少有198种。数量为1912—1922年国人自编中学数学教科书（38种）的5倍多。这198种教科书中，抗日战争全面爆发前出版的约有144种，占72.7%。这表明民国中后期国人自编中学数学教科书主要出版于抗日战争全面爆发前，此后12年的出版活动明显衰落。

这198种教科书由34个机构和社团出版①。其中初中数学教科书，中华书局出版最多，有20种；其次是世界书局，有15种；第三是商务印书馆，有13种；第四是正中书局，有12种；第五是开明书

———————

①新国民图书社与中华书局算1个出版机构。

店，有 11 种；其他机构、社团各出版不到 10 种。其中高中数学教科书，世界书局出版最多，有 15 种；其次是商务印书馆和中华书局，各有 14 种；再次是正中书局，有 11 种；其他机构、社团各出版不到 10 种。当时国人自编中学数学教科书的出版由世界书局、中华书局、商务印书馆、正中书局、开明书店等大出版机构担任主角，多点开花的特点显著。

这 198 种教科书的作者不乏中学、大学数学教师，部分作者有国外留学背景，有的获学士、硕士或博士学位。例如，开明书店出版的"开明算学教本"的作者周为群、刘薰宇、章克标和仲光然均是上海立达学园的数学教师，其中刘薰宇留学法国巴黎大学，章克标、仲光然均留学日本；余介石、吴在渊、胡敦复、何鲁、傅种孙、陈建功、毛路真、陈荩民、段子燮、陆子芬都是大学数学教师；胡敦复留学美国康奈尔大学，获理学学士学位[①]；何鲁、段子燮都留学法国里昂大学，获硕士学位[②③]；陈荩民留学法国底雄大学，获硕士学位[④]；陈建功留学日本东北帝国大学，获理学博士学位[⑤]。有的作者是在校大学生，如 1923 年商务印书馆出版的《现代初中教科书算术》作者严济慈，撰写该书时是南京高等师范学校学生[⑥]。

---

①张友余. 胡敦复［M］//中国科学技术协会. 中国科学技术专家传略：理学编·数学卷 1. 石家庄：河北教育出版社，1996：18 - 19.

②高希尧. 何鲁［M］//程民德. 中国现代数学家传：第二卷. 南京：江苏教育出版社，1995：44 - 45.

③周川. 中国近现代高等教育人物辞典［M］. 福州. 福建教育出版社，2018：476.

④陈以一. 陈荩民［M］//程民德. 中国现代数学家传：第一卷. 南京：江苏教育出版社，1994：49 - 50.

⑤谢庭藩，嵇耀明. 陈建功［M］//中国科学技术协会. 中国科学技术专家传略：理学编·数学卷 1. 石家庄：河北教育出版社，1996：82.

⑥何仁甫. 严济慈［M］//中国科学技术协会. 中国科学技术专家传略：理学编·物理学卷 1. 石家庄：河北教育出版社，1996：217.

这 198 种教科书中，部分由大学数学教师和中学数学教师合编。如商务印书馆的《复兴高级中学教科书几何学》，1934 年的初版由余介石和张通谟编著①，1935 年的增订版由胡术五、余介石、张通谟编著②，其中胡术五（即胡光岳）是中学教师，余介石是国立中央大学数学系讲师或重庆大学数学系教师；1935 年开明书店出版的《高中几何学》作者陈建功是浙江大学数学系教授，郦福绵是浙江省立七中教师。这种合作可以将大学数学教师的学养、视野与中学数学教师的教学经验结合在一起，相互取长补短，有利于编撰出优秀的中学数学教科书。在当时中学数学教科书作者中，余介石、吴在渊、傅溥等都相当活跃、勤奋，编撰了多种教科书。

民国中后期，汉译中学数学教科书在种类上远少于国人自编中学数学教科书，但较 1912—1922 年汉译中学数学教科书的种类明显增加。笔者将查阅到的民国中后期汉译中学数学教科书列于表 4 - 10。

表 4 - 10 民国中后期汉译中学数学教科书一览表

类别	序号	书名	原作者	译者	出版机构、社团③	出版年④
代数	1	汉译改订版高等代数学	（美）霍克斯	马纯德	北平文化学社	1931
	2	舒尔慈初等代数学	（美）舒塞斯	孙天民、鞠霖三	—	1933

---

①余介石，张通谟. 复兴高级中学教科书几何学［M］. 上海：商务印书馆，1934.
②胡术五，余介石，张通谟. 复兴高级中学教科书几何学［M］. 上海：商务印书馆，1935.
③本栏标示"—"处为情况不详。
④所标一般为初版时间，否则予以说明。

续表

类别	序号	书名	原作者	译者	出版机构、社团	出版年
代数	3	初中代数学教科书（上下卷）	（日）竹内端三	程廷熙	算学丛刻社	上卷1933年初版，下卷1934年初版
	4	霍奈二氏初中代数学（上下册）	（英）霍尔、（英）奈特	张瑾	信记文化社	上册出版时间不详，下册1934年初版
	5	节译范氏高中代数学	（美）范因（Henry Burchard Fine）	马文元	戊辰学社	1935
	6	汉译范氏大代数学	（美）范因	高佩玉、王俊奎、王乔南、李士奇	北平科学社	1934
	7	汉译温德华氏初等代数学	（美）温德华士	杨凤孙、高焕文、万允元、纪明远、杨尔琮	北平科学社	1934
	8	汉译郝克氏高级代数学	（美）霍克斯	高佩玉	北平科学社	1934
	9	威斯两氏大代数	（美）维尔钦斯基（Ernest Julius Wilczynski）、（美）斯劳特（Herbert Ellsworth Slaught）	萧文灿	商务印书馆	1934

续表

类别	序号	书名	原作者	译者	出版机构、社团	出版年
代数	10	汉译郝克氏高等代数学	（美）霍克斯	李士奇	北平科学社	1934
	11	范氏高等代数学	（美）范因	沈璇、曹隆	新亚书店	1934
	12	汉译范氏大代数	（美）范因	田长和	华盛书局、中华印书局	1935
	13	汉译范氏大代数	（美）范因	苏盛甫	华北科学社	1935
	14	韩译范氏高等代数学（上下卷）	（美）范因	韩桂丛	算学丛刻社	上卷1935年初版，下卷1936年初版
	15	汉译温德华氏初等代数学	（美）温德华士	田镜波	华北科学社	1936
	16	汉译温德华氏初等代数学	（美）温德华士	李树棻	北平文化学社	1936
	17	汉译范氏大代数	（美）范因	王绍颜、路科名	北平文化学社	1937
	18	范氏大代数	（美）范因	骆师曾、吴维一	世界书局	1940年7月出版第3版
	19	霍奈二氏代数学（上下册）	（英）霍尔、（英）奈特	姚元基、吴廉方	商务印书馆	1940
	20	霍氏高级代数	（美）霍克斯	顾均正	开明书店	1947
几何	1	初等几何学	（美）舒塞斯、（美）塞未诺克、（美）斯凯勒	马纯德	北平文化学社	1928

续表

类别	序号	书名	原作者	译者	出版机构、社团	出版年
几何	2	三 S 平面几何学	（美）舒塞斯、（美）塞未诺克、（美）斯凯勒	仲光然、严幼芝、徐任吾	新国民图书社	1932
	3	舒塞斯立体几何学	（美）舒塞斯、（美）塞未诺克、（美）斯凯勒	李耀春	北平文化学社	1932
	4	高级中学用立体几何学	（美）舒塞斯、（美）塞未诺克、（美）斯凯勒	黄泰	民智书局	1933
	5	三 S 立体几何学	（美）舒塞斯、（美）塞未诺克、（美）斯凯勒	仲光然、严幼芝、徐任吾	新国民图书社	1934
	6	汉译司塞司三氏高中立体几何学	（美）舒塞斯、（美）塞未诺克、（美）斯凯勒	徐子豪、徐梦云、余介石	南京书店	1934
	7	汉译温斯二氏平面几何学	（美）温德华士、（美）史密斯（David Eugene Smith）	万允元、于勤伯、赵国昌、高焕文	北平科学社	1935
	8	三 S 平面几何学	（美）舒塞斯、（美）塞未诺克、（美）斯凯勒	南秉阳、韩镜湖	华北科学社	1935

续表

类别	序号	书名	原作者	译者	出版机构、社团	出版年
几何	9	三 S 立体几何学	（美）舒塞斯、（美）塞末诺克、（美）斯凯勒	南秉阳、张庆玺	华北科学社	1935
	10	平面几何学（汉译三 S 本）	（美）舒塞斯、（美）塞末诺克、（美）斯凯勒	萧奉宗、骆风和、董树德	宣明学社	1935
	11	新译三 S 平面几何学	（美）舒塞斯、（美）塞末诺克、（美）斯凯勒	马君常	上海东方书店	1937 年 3 月再版
	12	三 S 平面几何学	（美）舒塞斯、（美）塞末诺克、（美）斯凯勒	薛德炯、吴载耀、薛鸿达	开明书店	1937
	13	汉译 S.S.S. 平面几何学	（美）舒塞斯、（美）塞末诺克、（美）斯凯勒	陈岳生等	中外图书公司	1938
	14	三 S 平面几何学	（美）舒塞斯、（美）塞末诺克、（美）斯凯勒	骆承绪	广文社	1939 年再版
	15	三 S 立体几何学	（美）舒塞斯、（美）塞末诺克、（美）斯凯勒	骆承绪	广文社	1939

续表

类别	序号	书名	原作者	译者	出版机构、社团	出版年
几何	16	汉译温斯二氏立体几何学	（美）温德华士、（美）史密斯（David Eugene Smith）	王周卿、高焕文	北平科学社	1940
	17	三 S 立体几何学	（美）舒塞斯、（美）塞未诺克、（美）斯凯勒	徐曼英①	兼声编译社	1943
	18	新三 S 平面几何学	（美）舒塞斯、（美）塞未诺克、（美）斯通	余源庆、刘遂生	中华书局	1944
	19	三 S 新平面几何学	（美）舒塞斯、（美）塞未诺克、（美）斯通	骆师曾	世界书局	1945
	20	新三 S 平面几何学	（美）舒塞斯、（美）塞未诺克、（美）斯通	周文	上海科学社	1946 年 9 月出版第 4 版
	21	三 S 平面几何学	（美）舒塞斯、（美）塞未诺克、（美）斯凯勒	钱介夫、李修睦	大东书局	1946 年 8 月出版第 5 版
	22	S.S.S. 重编平面几何学	（美）舒塞斯、（美）塞未诺克、（美）斯通	薛德炯、薛鸿陆	中国科学图书仪器公司	1947
	23	立体几何学	（美）舒塞斯等	李熙如	北平文化学社	1947 年 2 月出版第 5 版

①徐曼英即徐子豪。

续表

类别	序号	书名	原作者	译者	出版机构、社团	出版年
几何	24	三Ｓ平面几何学	（美）舒塞斯、（美）塞未诺克等	黄锡祺等	上海书局	1947 年 8 月出版第 8 版
	25	新三Ｓ平面几何学	（美）舒塞斯、（美）塞未诺克等	许彦生	开明书店	1948
	26	汉译三Ｓ平面几何学	（美）舒塞斯、（美）塞未诺克等	高佩玉、王乔南、卢子权、王佑民、苏其昌	北平科学社	1948 年 9 月出版新 1 版
	27	改编三Ｓ平面几何学	（美）舒塞斯、（美）塞未诺克等	赵型	新中国联合出版社	1949
三角	1	平面三角学	（美）温德华士、（美）史密斯（David Eugene Smith）	高佩玉、王俊奎	北平文化学社	1932 年再版
	2	汉译赫奈二氏平面三角法	（英）霍尔、（英）奈特	马文元	戊辰学会	1932
	3	新三角法	波郤特（W. G. Borchardt）、剖洛脱（A. D. Perrott）①	薛仲华	世界书局	1933

---

①波郤特和剖洛脱，国籍不详。

续表

类别	序号	书名	原作者	译者	出版机构、社团	出版年
三角	4	汉译葛氏平面三角学	（美）葛蓝威尔	高佩玉、卢晏海、王俊奎、王周卿	北平科学社	1933
	5	汉译葛氏平面三角学	（美）葛蓝威尔	褚保熙	北平文化学社	1933
	6	汉译葛蓝威尔平面三角法教科书	（美）葛蓝威尔	王国香	戊辰学社	1933
	7	增编葛兰氏高中平三角术	（美）葛蓝威尔	陈湛銮	清华印书馆	1933
	8	汉译格氏高中平面三角学	（美）葛蓝威尔	庄子信、李修睦译，余介石主译	南京书店	1934
	9	汉译温斯二氏平面三角学	（美）温德华士、（美）史密斯（David Eugene Smith）	封嘉义	北平科学社	1936
	10	汉译葛氏平面三角学	（美）葛蓝威尔	程汉卿	科学书局	1939
	11	葛氏平面三角学	（美）葛蓝威尔、（美）史密斯（Percey Franklyn Smith）、（美）米凯什（J. S. Mikesh）	邱调梅	广文社	1939

续表

类别	序号	书名	原作者	译者	出版机构、社团	出版年
三角	12	汉译霍尔乃特高中三角学	（英）霍尔、（美）奈特	李友梅	湘芬书局	1943 年 7 月出版第 9 版
	13	葛斯密平面三角学	（美）葛蓝威尔原著，（美）史密斯（Percey Franklyn Smith）、（美）米凯什修订	余立蕃	中华书局	1946 年 12 月出版第 4 版
	14	汉译葛氏平面三角学	（美）葛蓝威尔	王绍颜	华北科学社	1947 年 6 月出版第 4 版
	15	葛氏重编平面三角学	（美）葛蓝威尔原著，（美）史密斯（Percey Franklyn Smith）、（美）米凯什重编	周文德	中国科学图书仪器公司	1947
	16	罗氏平面三角法	（美）罗思罗克（David Adrew Rothrock）	刘遂生、严春山	中华书局	1949

续表

类别	序号	书名	原作者	译者	出版机构、社团	出版年
解析几何	1	汉译斯盖尼新解析几何学	（美）史密斯（Percey Franklyn Smith）、（美）盖尔（Arthur Sullivan Gale）、（美）尼利（John Haven Neelley）	丁梦松、王俊奎	北平科学社	1933
	2	施盖倪三氏新解析几何	（美）史密斯（Percey Franklyn Smith）、（美）盖尔、（美）尼利	李熙如	北平文化学社	1934
	3	汉译斯米司盖尔解析几何学	（美）史密斯（Percey Franklyn Smith）、（美）盖尔	赵国昌、黄颂尧、于勤伯	北平科学社	1935
	4	施盖倪解析几何学（上下册）	（美）史密斯（Percey Franklyn Smith）、（美）盖尔、（美）尼利	缪玉源	北新书局	1942

续表

类别	序号	书名	原作者	译者	出版机构、社团	出版年
解析几何	5	施盖倪三氏解析几何学	（美）史密斯（Percey Franklyn Smith）、（美）盖尔、（美）尼利	邱调梅	世界书局	1946 年 12 月出版新 9 版
	6	汉译 Smith-Gale 二氏解析几何学	（美）史密斯（Percey Franklyn Smith）、（美）盖尔	黄松尧、赵国昌	北平科学社	1948 年 9 月出版新 1 版
混合数学	1	布利氏新式算学教科书（第 3 编）	（美）布利氏	文亚文、唐槐献	商务印书馆	1924
	2	布利氏新式算学教科书（第 4 编）	（美）布利氏	余介石	商务印书馆	1934

资料来源：表 4-10 大部分教科书；王有朋主编《中国近代中小学教科书总目》，上海辞书出版社，2010，第 615-683 页。

表 4-10 所列教科书共 71 种，数量为 1912—1922 年汉译中学数学教科书（22 种）的 3 倍多。其中，几何教科书最多，有 27 种；其次是代数教科书，有 20 种；第三是三角教科书，有 16 种；第四是解析几何教科书，有 6 种；混合数学教科书最少，有 2 种。这 71 种教科书中，1937 年 7 月抗日战争全面爆发前出版的约有 43 种，占 60.6％。这表明抗日战争全面爆发后汉译中学数学教科书的出版活动虽有减弱，但不明显。

这 71 种教科书近半数由北平科学社、北平文化学社、华北科学社等社团与中华书局、商务印书馆和世界书局等大出版机构出版。其中，北平科学社出版 12 种，北平文化学社出版 9 种，华北科学社出版 5

种，中华书局出版 5 种，商务印书馆和世界书局各出版 4 种，戊辰学社（含戊辰学会）出版 3 种，算学丛刻社和中国科学图书仪器公司各出版 2 种，其他机构和社团各出版 1 种。

这 71 种教科书的原作者中，竹内端三为日本学者；霍克斯、舒塞斯、范因、温德华士、维尔钦斯基、斯劳特、塞末诺克、斯凯勒、斯通、史密斯（David Eugene Smith）、葛蓝威尔、史密斯（Percey Franklyn Smith）、盖尔、尼利、米凯什、罗思罗克、布利氏为美国学者；霍尔、奈特为英国学者。这 71 种教科书中，有 1 种（代数类序号 3）教科书的原作者为日本学者；有 4 种（代数类序号 4 和 19、三角类序号 2 和 12）教科书的原作者为英国学者；其余教科书，除三角类序号 3 教科书的原作者国籍不明外，有 65 种的原作者为美国学者。这表明，民国中后期汉译中学数学教科书主要译自美国数学教科书，译自英国、日本的数学教科书有限，汉译中学数学教科书主要译自日本数学教科书的局面已经完全改变。

这 71 种教科书的译者中有不少中学、大学数学教师。如仲光然、严幼芝、徐任吾当时都是江苏省立上海中学数学教师[①]；文亚文是湖南长沙岳云中学教师[②]；程廷熙时为北平大学工学院教师，1931 年 8 月至 1932 年 7 月曾任中国学院教授兼任北平师范大学附中教员[③]；余

---

① 仲光然，严幼芝，徐任吾. 三 S 平面几何学 ［M］. 上海：新国民图书社，1933：序言.

② 谭正修. 文亚文新传 ［M］// 中国人民政治协商会议湖南省衡山县委员会文史资料研究委员会. 衡山文史：4 辑. 衡阳：政协湖南省衡山县委员会，1991：125.

③ 李仲来. 北京师范大学数学科学学院史：1915—2015 ［M］. 北京：北京师范大学出版社，2015：203 - 204.

介石时为重庆大学数学系教授①；萧文灿为武汉大学数学系助教②；徐子豪为国立中央大学数学系助教③；马纯德时为河南大学讲师或赴美留学生④。同时，译者中也有一些国内重要大学数学系的毕业生或在读生，如高佩玉毕业于北京大学数学系，王俊奎毕业于该系或在读，田长和是该系在读生⑤，均受到过良好的高等数学教育。

这 71 种教科书中，代数类译自温德华士、范因代数学教科书的较多，几何类译自舒塞斯、塞末诺克、斯凯勒合编几何教科书的较多，三角类译自葛蓝威尔几何教科书的较多，混合数学教科书均译自布利氏混合数学教科书。这反映了国人对引入用作中学数学教科书的国外数学教科书的取向。尽管这些汉译数学教科书在某种程度上都存在不合于"壬戌学制"下的中学数学课程标准之处，但由于本身的优点，有些被一些中学青睐和采用，成为当时中学数学教学的有益补充。例如，高佩玉、王俊奎、王乔南、李士奇合译的《汉译范氏大代数学》1934 年由北平科学社出版后，风行全国高中⑥；仲光然、严幼芝、徐任吾合译的《三 S 平面几何学》《三 S 立体几何学》相继于 1932 和 1934 年由新国民图书社出版后，颇为流行，前书于 1948 年出至第 55 版⑦，后书于 1947 年出至第 25 版⑧。

---

①余宁旺，李培业. 余介石 [M] //程民德. 中国现代数学家传：第四卷. 南京：江苏教育出版社，2000：53－54.

②郭金海. 现代数学在中国的奠基：全面抗战前的大学数学系及其数学传播活动 [M]. 广州：广东人民出版社，2019：421.

③同②319.

④刘卫东. 河南大学百年人物志 [M]. 郑州：河南大学出版社，2012：324.

⑤同②144－145.

⑥高佩玉，王乔南，王俊奎，等. 汉译范氏大代数 [M]. 北平：北平科学社，1940：修正新版序.

⑦仲光然，严幼芝，徐任吾. 三 S 平面几何学 [M]. 上海：中华书局，1948.

⑧仲光然，严幼芝，徐任吾. 三 S 立体几何学 [M]. 上海：新国民图书社，1947.

第四节 "复兴教科书"中的中学数学教科书

"复兴教科书"是商务印书馆在 1932 年遭受日军重创与国民政府教育部颁布修订的课程标准后以民族复兴之义,自 1933 年出版的初小至高中的全套教科书。1933 至 1935 年,商务印书馆在"复兴教科书"中出版 5 种初中数学教科书。1934 至 1935 年在"复兴教科书"中出版 5 种高中数学教科书。1936 年国民政府教育部颁布修正的课程标准后,商务印书馆在"复兴教科书"中又出版 4 种高中数学教科书。"复兴教科书"中的中学数学教科书科目齐全,出版后大都风行全国,对民国中等数学教育产生了广泛而深远的影响。

一、 编著者生平

(一)初中数学教科书编著者生平

"复兴教科书"中的 5 种初中数学教科书分别为骆师曾编著的《复兴初级中学教科书算术》①,虞明礼编著的《复兴初级中学教科书代数》②③,余介石和徐子豪编著的《复兴初级中学教科书几何》④⑤,周元谷编著的《复兴初级中学教科书三角》⑥,周元瑞、周元谷编著的《复兴初级中学教科书三角》⑦。

---

①骆师曾. 复兴初级中学教科书算术 [M]. 上海:商务印书馆,1933.

②虞明礼. 复兴初级中学教科书代数:上册 [M]. 上海:商务印书馆,1934.

③虞明礼. 复兴初级中学教科书代数:下册 [M]. 上海:商务印书馆,1933.

④余介石,徐子豪. 复兴初级中学教科书几何:上册 [M]. 上海:商务印书馆,1934.

⑤余介石,徐子豪. 复兴初级中学教科书几何:下册 [M]. 上海:商务印书馆,1935.

⑥周元谷. 复兴初级中学教科书三角 [M]. 上海:商务印书馆,1933.

⑦周元瑞,周元谷. 复兴初级中学教科书三角 [M]. 上海:商务印书馆,1935.

图 4-8　骆师曾《复兴初级
中学教科书算术》

图 4-9　余介石和徐子豪
《复兴初级中学教科书几何》上册

　　骆师曾是民国知名的中小学数学教科书作者，1906 年由杜亚泉介绍入商务印书馆编译所工作。在商务印书馆 1912 年开始推出的"共和国教科书"中，他编撰了《共和国教科书代数学》①②《共和国教科书新算术》③。1932 年商务印书馆复业后，他编著了"复兴教科书"中的《复兴初级中学教科书算术》④。

　　虞明礼（1900—1944），字叔和，江苏江浦⑤人，中学就读安徽全椒中学，后考入南京高等师范学校⑥。1925 年，他在中国科学社创办

①骆师曾. 共和国教科书代数学：上卷［M］. 上海：商务印书馆，1916.

②骆师曾. 共和国教科书代数学：下卷［M］. 上海：商务印书馆，1913.

③该书为高等小学学生学习算术而编，分订为 6 册，每学年用两册。参见：骆师曾. 共和国教科书新算术：第一册至第六册［M］. 上海：商务印书馆，1913.

④骆师曾. 复兴初级中学教科书算术［M］. 上海：商务印书馆，1933.

⑤江苏江浦为现在的南京浦口区。

⑥刘荣喜. 张汝舟在湖南［C］//滁州学院. 纪念张汝舟先生诞辰 120 周年全国学术研讨会文集. 滁州：滁州学院，2019：275-276.

的《科学》发表《文字方程式之新解法》①一文。在商务印书馆的"复兴教科书"中，他编著有《复兴初级中学教科书代数》和《复兴高级中学教科书代数学》。他编著这两种教科书时，是江苏省立松江女中教师②。他于 1941 年出任江浦县代理县长③，次年至 1944 年任县长④，1943 年出任江苏江浦县立中学校长。

余介石（1901—1968），生于安徽省黟县，1924 年毕业于国立东南大学文理科，后留校任教。1927 年国立东南大学改组后，他任国立中央大学数学系助教，1930 年 8 月升任讲师，1934 改任重庆大学数学系教授，1936 年又改任国立四川大学数学系教授。他编著多种中学数学教科书和数学通俗读物，与陆子芬合著《高等方程式论》，翻译《高等代数通论》等现代数学著作。⑤ 在国立中央大学数学系任教期间，他与徐子豪编著了《复兴初级中学教科书几何》⑥⑦。

徐子豪（1901—1979），名曼英，江苏江阴人，毕业于国立东南大学，1927 年 4 月至 1929 年 5 月任集美学校女子中学数理教员⑧，1933 年或 1934 年出任国立中央大学数学系助教。除与余介石编著《复兴初

①虞明礼. 文字方程式之新解法 [J]. 科学，1925，10（8）：1001 - 1006.

②虞明礼. 复兴高级中学教科书代数学：上册 [M]. 上海：商务印书馆，1935：编辑大意.

③赵振荣. 江浦县抗日时期的西政府 [M] //政协江浦县委员会文史委员会. 江浦文史资料：第 3 辑. 南京：政协江浦县委员会，1988：25.

④江浦县地方志编纂委员会. 江浦县志 [M]. 南京：河海大学出版社，1995：468.

⑤郭金海. 现代数学在中国的奠基：全面抗战前的大学数学系及其数学传播活动 [M]. 广州：广东人民出版社，2019：313.

⑥余介石，徐子豪. 复兴初级中学教科书几何：上册 [M]. 上海：商务印书馆，1935.

⑦余介石，徐子豪. 复兴初级中学教科书几何：下册 [M]. 上海：商务印书馆，1935.

⑧集美学校二十周纪念刊编辑部. 集美学校二十周纪念刊 [M]. 厦门：集美学校秘书处，1933：142.

级中学教科书几何》外，他还与徐梦云、余介石合译《汉译司塞司三氏高中立体几何学》①，与李绪文合编《初中几何》② 等。

周元谷在商务印书馆的"复兴教科书"中编著有《复兴初级中学教科书三角》。除该书外，他还编著有商务印书馆"高中复习丛书"中的《三角术》。《三角术》是一本供学习者准备升学、会考的复习教材，主要介绍三角学的基本知识与习题及其解答，其于 1935 年初版③，1943 年出版蓉一版④。

周元瑞（1899—?），字典卿，号辑臣，毕业于浙江省立第一师范学校、国立南京高等师范学校，曾任商务印书馆编译⑤。除与周元谷编著《复兴初级中学教科书三角》，还与段育华合编《算学辞典》⑥、合译《西洋近世算学小史》⑦，自译有《圣地及叙利亚》⑧。

（二）高中数学教科书编著者生平

"复兴教科书"中的高中数学教科书共 9 种。1934 至 1935 年出版 5 种：余介石、张通谟编著的《复兴高级中学教科书几何学》⑨，李蕃编著的《复兴高级中学教科书三角学》⑩，虞明礼编著的《复兴高级中

---

①徐子豪，徐梦云，余介石. 汉译司塞司三氏高中立体几何学［M］. 南京：南京书店，1934.
②李绪文，徐子豪. 初中几何：上册［M］. 上海：中华书局，1944.
③周元谷. 三角术［M］. 上海：商务印书馆，1943：版权页.
④周元谷. 三角术［M］. 上海：商务印书馆，1943.
⑤周增辉. 藏绿周氏志［M］. 杭州：浙江古籍出版社，2018：121.
⑥段育华，周元瑞. 算学辞典［M］. 上海：商务印书馆，1938.
⑦斯密斯. 西洋近世算学小史［M］. 段育华，周元瑞，译. 上海：商务印书馆，1931.
⑧CARPENTER F G. 圣地及叙利亚［M］. 周元瑞，译. 上海：商务印书馆，1934.
⑨余介石，张通谟. 复兴高级中学教科书几何学［M］. 上海：商务印书馆，1934.
⑩李蕃. 复兴高级中学教科书三角学［M］. 上海：商务印书馆，1934.

学教科书代数学》①②③，徐任吾、仲子明编著的《复兴高级中学教科书解析几何学》④，胡术五、余介石、张通谟编著的《复兴高级中学教科书几何学》⑤。1936 年教育部颁布修正的课程标准后，出版 4 种：虞明礼原编、荣方舟改编的《复兴高级中学教科书代数学（甲组用）》上下册⑥⑦，荣方舟编著的《复兴高级中学教科书代数学（乙组用）》上下册⑧⑨，胡敦复、荣方舟编著的《复兴高级中学教科书平面几何学》⑩《复兴高级中学教科书立体几何学》⑪。

————————————

①虞明礼. 复兴高级中学教科书代数学：上册 [M]. 上海：商务印书馆，1935.

②虞明礼. 复兴高级中学教科书代数学：中册 [M]. 上海：商务印书馆，1935.

③虞明礼. 复兴高级中学教科书代数学：下册 [M]. 上海：商务印书馆，1935.

④徐任吾，仲子明. 复兴高级中学教科书解析几何学 [M]. 上海：商务印书馆，1934.

⑤胡术五，余介石，张通谟. 复兴高级中学教科书几何学 [M]. 上海：商务印书馆，1935.

⑥虞明礼，荣方舟. 复兴高级中学教科书代数学：甲组用：上册 [M]. 长沙：商务印书馆，1938.

⑦虞明礼，荣方舟. 复兴高级中学教科书代数学：甲组用：下册 [M]. 上海：商务印书馆，1936.

⑧荣方舟. 复兴高级中学教科书代数学：乙组用：上册 [M]. 上海：商务印书馆，1946.

⑨荣方舟. 复兴高级中学教科书代数学：乙组用：下册 [M]. 上海：商务印书馆，1946.

⑩胡敦复，荣方舟. 复兴高级中学教科书平面几何学 [M]. 上海：商务印书馆，1937.

⑪胡敦复，荣方舟. 复兴高级中学教科书立体几何学 [M]. 上海：商务印书馆，1936.

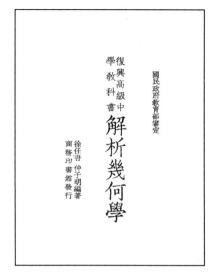 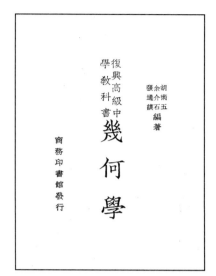

图 4 - 10　徐任吾和仲子明　　　　图 4 - 11　胡术五、余介石和张通谟
《复兴高级中学教科书解析几何学》　　《复兴高级中学教科书几何学》

　　张通谟早年就读于江苏省立第八中学①，1929 年 1 月毕业于国立中央大学数学系②，与余介石为师生关系。全面抗战时期，张通谟曾任贵州安顺黔江中学教务主任③。1949 年中华人民共和国成立后，曾任上海师范学院数学系主任④。

　　胡术五（1897—1980），名光岳，安徽祁山镇人，1926 年毕业于国立东南大学数学系。1939 年与程以人创办祁阊初级中学，任校长⑤。

①张云谷、张通谟、陈白尘致李崇淮的信 ［M］//中国人民政治协商会议江苏省
　　清江市委员会文史资料研究委员会. 清江文史资料：第三辑. 清江：政协江苏省
　　清江市委员会，1982：25 - 26.
②郭金海. 现代数学在中国的奠基：全面抗战前的大学数学系及其数学传播活动
　　［M］. 广州：广东人民出版社，2019：366.
③刘士型. 我所知道的黔江中学 ［M］//胡石波，葛美. 黔江中学回忆录. 安顺：
　　安顺黔江中学，2008：15.
④同①24.
⑤祁门县地方志编纂委员会办公室. 祁门县志 ［M］. 合肥：安徽人民出版社，
　　1990：713.

除参与增订《复兴高级中学教科书几何学》，他还与余介石合编《初中几何》①②，与李修睦合编《初等代数》③④。

李蕃（1903—1987），即李锐夫，浙江平阳人，1923 年 6 月毕业于浙江省第十中学⑤。1925 年考入国立东南大学数学系，后于 1929 年 6 月在国立中央大学数学系毕业⑥，毕业后一度在中学任教⑦。他于 1935 年出任山东大学数学系讲师⑧。1937 年到重庆大学数学系任教，1939 年晋升为教授。1946 年赴英国进修，1948 年回国后先后担任暨南大学、国立交通大学、复旦大学数学教授。1952 年他改任华东师范大学数学系教授兼副教务长，1960 年出任副校长。⑨ 除《复兴高级中学教科书三角学》，他还编著有《高中解析几何学》⑩ 《统计应用数学》⑪《太阳系》⑫ 等教科书和著作。

徐任吾与仲子明编著《复兴高级中学教科书解析几何学》时，是江苏省立上海中学数学教师。据《视察省立上海中学报告》，1934 年 4

①胡术五，余介石. 初中几何：上册 ［M］. 上海：青光书局，1932.

②胡术五，余介石. 初中几何：下册 ［M］. 上海：青光书局，1934.

③胡术五，李修睦. 初等代数：上册 ［M］. 上海：中华书局，1947.

④胡术五，李修睦. 初等代数：下册 ［M］. 上海：中华书局，1947.

⑤潘国存. 泪痕染遍浙潮红：记陈亮、陈骏二烈士为国牺牲 ［M］//温州市鹿城区政协学习文史委员会. 鹿城文史资料：第 14 辑. 温州：政协温州市鹿城区委员会，2002：98.

⑥郭金海. 现代数学在中国的奠基：全面抗战前的大学数学系及其数学传播活动 ［M］. 广州：广东人民出版社，2019：366.

⑦李蕃. 复兴高级中学教科书三角学 ［M］. 上海：商务印书馆，1935：序.

⑧山东大学校史编写组. 山东大学校史（1901—1966）［M］. 济南：山东大学出版社，1986：70.

⑨胡毓达. 数学家之乡 ［M］. 上海：上海科学技术出版社，2011：83 - 91.

⑩李蕃. 高中解析几何学 ［M］. 上海：开明书店，1941.

⑪李锐夫. 统计应用数学 ［M］. 上海：正中书局，1948.

⑫李锐夫. 太阳系 ［M］. 重庆：正中书局，1943.

月徐任吾在该校教授初一乙算术课程①。除《复兴高级中学教科书解析几何学》，他还著有《商业算术》②，与仲光然、严幼芝合译《三 S 平面几何学》③《三 S 立体几何学》④。

仲子明早年留学日本，后来成为江苏省立上海中学教师，教过物理。1934—1935 年间物理化学家唐有祺在上海中学求学时，听过仲子明讲授的物理课，认为他教得非常好⑤。在上海中学上过仲子明物理课的盛庆琭回忆说："仲子明老师讲话慢条斯理，从容不迫。我最为欣赏。"⑥

荣方舟（1889—1976），即荣鉴心，江苏无锡人，是无锡梁溪企业家、教育家荣福龄次子。荣方舟先后就读于复旦公学、大同学院，从大同学院毕业后，由胡敦复聘请，在大同中学任数学教师⑦，并曾在大同大学任教⑧。

胡敦复（1886—1978），江苏无锡人，数学教育家，中国现代数学事业早期重要组织者之一。他于 1907 年赴美留学，入美国康奈尔大学主修数学，1909 年获理学学士学位，返国后在北京游美学务处主持考选留美生。1911 年 1 月出任清华学堂教务长，是年初夏与在清华学堂任教的顾澄、吴在渊、朱香晚等 10 位中国教员成立立达学社，出任社

---

①金宗华，周毓莘，谢彬. 视察省立上海中学报告 [J]. 江苏教育，1934，3（12）：165.

②徐任吾. 商业算术 [M]. 上海：商务印书馆，1933.

③仲光然，严幼芝，徐任吾. 三 S 平面几何学 [M]. 上海：新国民图书社，1933.

④仲光然，严幼芝，徐任吾. 三 S 立体几何学 [M]. 上海：新国民图书社，1934.

⑤朱晶，叶青. 根深方叶茂：唐有祺传 [M]. 北京：中国科学技术出版社，2016：22‐23.

⑥盛庆琭. 上中老师特写 [M] // 傅国涌. 过去的中学. 北京：同心出版社，2012：273.

⑦荣敬本，荣勉韧，等. 梁溪荣氏家族史 [M]. 北京：中央编译出版社，1995：76‐77.

⑧王仁中，王槐昌，徐志雄. 爱国办学的范例：立达学社与大同大学、大同附中一院史料实录 [M]. 上海：上海古籍出版社，2002：354.

长。1911 年秋，他从清华学堂辞职，嗣后出任复旦公学教务长。1912年 12 月离开复旦公学，他专心致力于和立达学社其他同人于 1912 年 3 月创办的大同学院（1922 年 11 月改称大同大学，统称大同大学）的工作。1912 年 3 月至 1928 年 10 月，1941 年秋至 1945 年夏，他两度担任大同大学校长。在大同大学期间，他曾教授数学。1930 年秋至 1945 年夏，他任上海交通大学数学系主任①。1935 年，他参与创建中国数学会，出任董事会主席②。胡敦复重视编撰数学教科书，除与荣方舟编著了《复兴高级中学教科书平面几何学》《复兴高级中学教科书立体几何学》，还与吴在渊合编了《新中学教科书算术》③《新中学教科书几何学》④《新中学教科书高级几何学》⑤ 等教科书。

二、 编撰理念与体例

（一）初中数学教科书编撰理念与体例

《复兴初级中学教科书算术》是骆师曾"汇集二十余年编辑校订上的经验和历年在学生杂志社同全国学生通讯答问的心得，并参考西文名著十余种，调查社会上、教育上的实际情形编纂成功的"⑥。在编撰理念上，《复兴初级中学教科书算术》强调"处处以便于教学，切合实用为主""教材不取重复、繁重，凡是小学已经学过的，只略述大意，以资温习，没有学过的，就择要详述，并且于社会生活特别注重，使将来涉世应用，不致隔膜"⑦。

---

①张友余. 胡敦复［M］//中国科学技术协会. 中国科学技术专家传略：理学编·数学卷 1. 石家庄：河北教育出版社，1996：17 - 29.
②佚名. 中国数学会成立大会记录［J］. 数学杂志，1936，1（2）：138.
③吴在渊，胡敦复. 新中学教科书算术［M］. 上海：中华书局，1922.
④胡敦复，吴在渊. 新中学教科书几何学［M］. 上海：中华书局，1924.
⑤胡敦复，吴在渊. 新中学教科书高级几何学［M］. 上海：中华书局，1925.
⑥骆师曾. 复兴初级中学教科书算术［M］. 上海：商务印书馆，1933：编辑大意.
⑦同⑥.

　　虞明礼编著的《复兴初级中学教科书代数》注重学习者的学习心理，提出专重逻辑次序而不顾学习心理编撰的代数教科书"虽为良好之算书，要非良好之教本"。该书强调"不惜将一切传统式之编法全部打破，而另代以新法，自信可以提高学习兴趣，增进教学效能，非故为立异也"。同时，该书提出"对于任何算法，不采平铺直叙方式，务必提出问题，吸引学生注意，树立学习目标，启其向前探讨之志趣"[①]。

　　余介石和徐子豪编著的《复兴初级中学教科书几何》"详于直线形，而略于圆及以后各部分，轨迹及作图题，仅言大要"，不涉及不可通约的定理。该书"求于初学所能了解之范围中，达于适当严谨的程度"，提出"旧时几何教本往往拘泥于理论的严谨"，"完备的严谨决非初中程度所能谈到"。同时，该书强调"习题与正文关系密切，尤其是在实验几何中，习题简直就是正文的一部分，教师、学子对此宜特加注意"。该书还讲求"纯用简洁的白话讲解，使学生不至生文字上困难，致阻其学习的兴趣"[②]。

　　周元谷编著的《复兴初级中学教科书三角》强调对习题仅选择实际问题，"以切于学生生活状况者为限"；除应用上必需的三角函数公式外，省略其他一切恒等式。同时，该书内容有弹性，若授课时间不足，可将第 4 章"对数解法"和第 5 章"任意三角形的解法"的内容酌量缩短，或将第 6 章"三角法的应用"完全省略[③]。在编撰理念上，周元瑞、周元谷编著的《复兴初级中学教科书三角》与周元谷编著的《复兴初级中学教科书三角》相同。

―――――――――

① 虞明礼. 复兴初级中学教科书代数：上册 [M]. 上海：商务印书馆，1934：编辑大意.

② 余介石，徐子豪. 复兴初级中学教科书几何：上册 [M]. 上海：商务印书馆，1934：编辑大意.

③ 周元谷. 复兴初级中学教科书三角 [M]. 上海：商务印书馆，1933：编辑大意.

在体例上，"复兴教科书"中的初中数学教科书不完全统一。这 5
种教科书均先设"编辑大意"，然后为目录，全书结构采用 3 种形式：
第 1 种是章节式，即全书分若干章，每章分若干节，节以 §1、§2、
§3 等标示，节号全书统一编号。骆师曾编著的《复兴初级中学教科
书算术》和虞明礼编著的《复兴初级中学教科书代数》的结构采用章
节式。第 2 种是章款式，即全书分若干章，每章分若干款，款号全书
统一编号。两种《复兴初级中学教科书三角》结构均采用章款式。第
3 种是编款式，即全书分若干编，每编分若干款，款号全书统一编号。
余介石和徐子豪编著的《复兴初级中学教科书几何》结构采用编款式。

　　骆师曾编著的《复兴初级中学教科书算术》、余介石和徐子豪编著
的《复兴初级中学教科书几何》在有些名词首次出现时，在其后附注
英文原名。不同的是，《复兴初级中学教科书算术》在名词后直接附
注，《复兴初级中学教科书几何》则在名词后加括号进行附注。虞明礼
编著的《复兴初级中学教科书代数》和两种《复兴初级中学教科书三
角》则不在名词后附注英文原名。

　　这 5 种教科书均采用阿拉伯数码、西方数学符号，文字、公式从
左至右横排。骆师曾编著的《复兴初级中学教科书算术》无附录。虞
明礼编著的《复兴初级中学教科书代数》下册有附录"乘方及开方"
"图解"①。余介石和徐子豪编著的《复兴初级中学教科书几何》下册
末有总习题②。两种《复兴初级中学教科书三角》均附"对数表""正
余弦对数表""正余切对数表"③。

---

① 虞明礼. 复兴初级中学教科书代数：下册 ［M］. 上海：商务印书馆，1933，364－
　390.
② 余介石，徐子豪. 复兴初级中学教科书几何：下册 ［M］. 上海：商务印书馆，
　1935，100－130.
③ 周元瑞，周元谷. 复兴初级中学教科书三角 ［M］. 上海：商务印书馆，1935，
　104－117.

（二）高中数学教科书编撰理念与体例

1936 年前出版的 5 种高中数学教科书中，除《复兴高级中学教科书解析几何学》外，其他 4 种均提出明确的编撰理念。鉴于 1932 年国民政府教育部颁布的《高级中学算学课程标准》规定高一几何、三角并授，余介石和张通谟编著的《复兴高级中学教科书几何学》力求与《复兴高级中学教科书三角学》"切实联络，同时采用"，以"收互相启发之益"。《复兴高级中学教科书几何学》强调"几何一科最重系统，初高中所授教材应有亲切之联络"，与《复兴初级中学教科书几何》密切衔接。同时，《复兴高级中学教科书几何学》注重理论的严密性，对不可通约量等理论，皆有较完密的讨论，但仍以学生程度所能了解的为限。如同《复兴初级中学教科书几何》，该书亦讲求"纯用简洁白话讲解，使学生不至生文字上的困难，以阻其学习的兴趣"①。胡术五、余介石、张通谟编著的《复兴高级中学教科书几何学》是余介石和张通谟编著的《复兴高级中学教科书几何学》的改编本，两书编撰理念相同。

李蕃编著的《复兴高级中学教科书三角学》提出普通三角教科书都将锐角函数与任意角函数分别叙述，容易使读者分锐角函数与任意角函数为二物，强调"本书力矫此弊，所有定理与公式之证明，不分锐角与任意角，使读者有普遍之观念"②。

虞明礼编著的《复兴高级中学教科书代数学》强调"各章各节之间力谋前后衔接，一矫往昔教科书各章独立之弊"，"注重学生自动研习"，提出"除于理论方面严密注意外，关于应用技能亦极注意"③。

---

①余介石，张通谟. 复兴高级中学教科书几何学［M］. 上海：商务印书馆，1934：编辑大意.
②李蕃. 复兴高级中学教科书三角学［M］. 上海：商务印书馆，1934：编辑大意.
③虞明礼. 复兴高级中学教科书代数学：上册［M］. 上海：商务印书馆，1935：编辑大意.

同时，该书注重学习者的学习心理需求，对各种方程式集中论述，将行列式紧接在联立一次方程式之后。对此，该书"编辑大意"有如下说明：

> 本书对于各种方程式集中论述，以应学习心理的需求。盖当一次方程式学完之后，学者切望易了一次以上之方程式。本书由一次而二次、三次、四次以至 n 次，连续讨论，而不间以他种教材。原原本本，一贯相承，比之分期叙述，零零碎碎，实有事半功倍之效。
>
> 本书将行列式紧接联立一次方程式之后。因学生在求解多元联立一次方程式，正苦手续繁难时，忽然利用行列式，予以极简便的解法，使前此消元困难完全免除。此在学习心理上实有无上的愉快。学者于此，自然折服算学家心思之巧，油然起向上之心。①

这一说明是客观的，表明了该书注重学习者学习心理需求的目的是使教学事半功倍，使学习者学习愉快，自然而然地产生上进之心。

虞明礼编著的《复兴高级中学教科书代数学》还强调不滥用函数名称，提出"本书非至确有需要时，决不滥用函数名称，以免头绪繁多，学者感受辨别不清之苦"。该书还强调其"极富弹性"，说明"如学生程度较有根底，则于附有星标＊诸节，可择要复习或全部略去；如学生程度较低，则较难习题可以不做，艰深理论可取简易者代之。〔例如，论高级行列式可取四级为代表；论 n 元一次方程组，可取特例 $n＝4$ 言之，不必详论其通例。〕② 斟酌损益，是在教师之活用耳"③。

虞明礼原编、荣方舟改编的《复兴高级中学教科书代数学（甲组

---

① 虞明礼. 复兴高级中学教科书代数学：上册［M］. 上海：商务印书馆，1935：编辑大意.
② 中括号及其中内容为《复兴高级中学教科书代数学》"编辑大意"原文。
③ 同①.

用）》，改编自虞明礼编著的《复兴高级中学教科书代数学》。前书强调"注重学生自动复习"①，这基本沿袭了后书"注重学生自动研习"的编撰理念。如同后书，前书亦注重学习者的学习心理需求，强调"本书将理论较深之各章，如高次方程式、行列式、〔序〕② 列、组合、无尽级数等编入下册，使学生于已习知代〔数〕学之大体后而进修之，庶无格格不入之虞"③。但与后书不同，前书未将行列式紧接在联立一次方程式之后。

　　荣方舟编著的《复兴高级中学教科书代数学（乙组用）》强调温故知新，重视复习初等代数。对此，该书"编辑大意"说明道：

　　　　本书于初等代数之复习甚为重视。凡代数学中主要名词之定义，以及各种基本算法皆重行讲述，务令学者将初中时所已知或略知而未透彻者熟谙之。盖惟温故方可以知新。若对于初等代数尚未透彻了解，而即欲进修较高之理论，势必格格不入，徒劳而无功也④。

同时，该书重视学习者的学习心理，提出"对于较高之理论，讲解务必浅显易明，过于深邃不易明晓者略去之，使学习者不生畏难之心，致隳其进修之志"。该书讲求"以简洁文言文叙述，故篇幅较少而代数学之主要节目已备"⑤。

　　胡敦复、荣方舟编著的《复兴高级中学教科书平面几何学》认为

---

①虞明礼，荣方舟. 复兴高级中学教科书代数学：甲组用：上册［M］. 长沙：商务印书馆，1938：编辑大意.
②中括号内的字，为笔者所补原文脱字，下同。
③虞明礼，荣方舟. 复兴高级中学教科书代数学：甲组用：上册［M］. 长沙：商务印书馆，1938：编辑大意.
④荣方舟. 复兴高级中学教科书代数学：乙组用：上册［M］. 上海：商务印书馆，1946：编辑大意.
⑤同④.

"几何学为最谨严之学，一语不可随便，语语须有根据"①，因而重视定理：一方面将一切需要用的定理，从头依次证明；另一方面将学习者在初中几何中已习知的定理用最简括的方法叙述，使学习者既收复习之功，而又不感到重复、乏味。该书不认同几何教科书先论比例，除等积形外的面积定理均归纳于比例中，面积内容甚为简略的内容设计，认为这将使学习者失去面积的观念，"几视矩形为两线分之相乘积，不复知其为一二向度之平面部分之量矣"。因此，该书特在未讲比例之前，先专论面积②。

胡敦复、荣方舟编著的《复兴高级中学教科书立体几何学》强调重视理论，提出"本书依据最近部颁课程标准，立体几何学专为高中理组修习，故对于理论较多，并于第十一编杂举各例，以示各种解法之一斑"③。

"复兴教科书"中的高中数学教科书均采用阿拉伯数码、西方数学符号，文字、公式从左至右横排，但体例不完全统一。1936年前出版的5种中，余介石、张通谟编著的《复兴高级中学教科书几何学》，李蕃编著的《复兴高级中学教科书三角学》，虞明礼编著的《复兴高级中学教科书代数学》，胡术五、余介石、张通谟编著的《复兴高级中学教科书几何学》，均设"编辑大意"，但徐任吾、仲子明编著的《复兴高级中学教科书解析几何学》无此内容。在结构上，《复兴高级中学教科书解析几何学》为章款式，款号全书统一编号；两种《复兴高级中学教科书几何学》为编款式，款号全书统一编号；《复兴高级中学教科书三角学》为章节式，节号每章单独编号；《复兴高级中学教科书代数

---

①胡敦复，荣方舟. 复兴高级中学教科书平面几何学［M］. 上海：商务印书馆，1937：编辑大意.

②同①.

③胡敦复，荣方舟. 复兴高级中学教科书立体几何学［M］. 上海：商务印书馆，1936：编辑大意.

学》为章节式，节号全书统一编号。两种《复兴高级中学教科书几何学》和《复兴高级中学教科书解析几何学》《复兴高级中学教科书三角学》在有些名词首次出现时，在其后附注英文原名，《复兴高级中学教科书代数学》则未有。《复兴高级中学教科书解析几何学》有附录"中西名词对照表"①；胡术五、余介石、张通谟编著的《复兴高级中学教科书几何学》有"索引（附英文原名）"②，类似中西名词对照表；其他3种教科书则未有类似的内容。

1936年国民政府教育部颁布修正的课程标准后，商务印书馆出版的4种高中数学教科书的体例也不完全统一。在结构上，虞明礼原编、荣方舟改编的《复兴高级中学教科书代数学（甲组用）》，荣方舟编著的《复兴高级中学教科书代数学（乙组用）》为章节式，节号全书统一编号；胡敦复、荣方舟编著的《复兴高级中学教科书平面几何学》《复兴高级中学教科书立体几何学》为篇章式。《复兴高级中学教科书平面几何学》和《复兴高级中学教科书立体几何学》在有些名词首次出现时，在其后附注英文原名；《复兴高级中学教科书代数学（甲组用）》和《复兴高级中学教科书代数学（乙组用）》则不附注。《复兴高级中学教科书代数学（甲组用）》有"汉英名词索引""英汉名词索

---

① 徐任吾，仲子明. 复兴高级中学教科书解析几何学 ［M］. 上海：商务印书馆，1934：209-211.

② 胡术五，余介石，张通谟. 复兴高级中学教科书几何学 ［M］. 上海：商务印书馆，1935：292-296.

引"①, 其他 3 种则有附录"英汉名词对照表" "汉英名词对照表"②③④。

三、 内容与特点

（一）初中数学教科书的内容与特点

《复兴初级中学教科书算术》和《复兴初级中学教科书三角》均明确说明依据 1932 年国民政府教育部颁布的《初级中学算学课程标准》编著⑤⑥。《复兴初级中学教科书代数》说明"依照教育部最近颁布课程标准编辑"⑦。《复兴初级中学教科书几何》说明"完全是按照最近部颁课程标准编辑"⑧。后两种教科书所言"课程标准"即 1932 年国民政府教育部颁布的《初级中学算学课程标准》。这 4 种初中数学教科书的大概内容，可由表 4-11 了解。

①虞明礼，荣方舟. 复兴高级中学教科书代数学：甲组用：下册 [M]. 上海：商务印书馆，1936：177-190.

②荣方舟. 复兴高级中学教科书代数学；乙组用：下册 [M]. 上海：商务印书馆，1946：1-13.

③胡敦复，荣方舟. 复兴高级中学教科书平面几何学 [M]. 上海：商务印书馆，1937：361-371.

④胡敦复，荣方舟. 复兴高级中学教科书立体几何学 [M]. 上海：商务印书馆，1936：139-144.

⑤骆师曾. 复兴初级中学教科书算术 [M]. 上海：商务印书馆，1933：编辑大意.

⑥周元谷. 复兴初级中学教科书三角 [M]. 上海：商务印书馆，1933：编辑大意.

⑦虞明礼. 复兴初级中学教科书代数：上册 [M]. 上海：商务印书馆，1934：编辑大意.

⑧余介石，徐子豪. 复兴初级中学教科书几何：上册 [M]. 上海：商务印书馆，1934：编辑大意.

表 4-11　"复兴教科书"中初中数学教科书内容概况表

序号	书名	作者	出版年	内容概况
1	复兴初级中学教科书算术	骆师曾	1933	全书 10 章，共 133 节。第 1 章"整数四则"、第 2 章"整数性质"、第 3 章"分数"、第 4 章"小数同省略算"、第 5 章"复名数"、第 6 章"中外货币"、第 7 章"百分法"、第 8 章"利息"、第 9 章"比同比例"、第 10 章"开方"
2	复兴初级中学教科书代数	虞明礼	1933	上册 9 章，共 98 节。第 1 章"简易应用问题"、第 2 章"联立一次方程式（一）"、第 3 章"负数"、第 4 章"一次方程之续，负数之应用"①、第 5 章"整式四则"、第 6 章"乘除速算法，公式之应用"、第 7 章"因子分解法，乘法公式之逆转应用"、第 8 章"二次方程式，因子分解应用之一"、第 9 章"分式，因子分解应用之二" 下册 4 章，与上册统一排序，为第 10—13 章，共 61 节。第 10 章"不尽根数，虚数，根式方程"、第 11 章"级数"②、第 12 章"比、比例、变数法"、第 13 章"指数，对数"。书末有 2 个附录："乘方及开方"和"图解"

①《复兴初级中学教科书代数》第 4、6—10、12、13 章章名含 2 个或 3 个知识单元，各单元以空格隔开，本书以逗号代替空格。
②此处"级数"指数列。

续表

序号	书名	作者	出版年	内容概况
3	复兴初级中学教科书几何	余介石、徐子豪	1933	上册5编，共126款。第1编"基本图形及其作图"、第2编"量法"、第3编"理解几何引论"、第4编为"三角形"、第5编"平行论"
				下册3编，与上册统一排序，为第6—8编，共75款。第6编"圆和轨迹"、第7编"比例论"、第8编"几何计算"。下册末设140道总习题
4	复兴初级中学教科书三角	周元谷	1933	全书6章，共39款。第1章"绪论"、第2章"基本公式"、第3章"三角表之用法"、第4章"对数解法"、第5章"任意三角形的解法"、第6章"三角法的应用"。书末有3个附录："对数表""正余弦对数表""正余切对数表"
5	复兴初级中学教科书三角	周元瑞、周元谷	1935	全书6章，共36款。第1章"三角比"、第2章"基本公式"、第3章"三角函数及其应用"、第4章"对数解法"、第5章"任意三角形的解法"、第6章"三角法的应用"。书末有3个附录："对数表""正余弦对数表""正余切对数表"

资料来源：骆师曾编著《复兴初级中学教科书算术》，商务印书馆，1933；虞明礼编著《复兴初级中学教科书代数》（上册），商务印书馆，1934；虞明礼编著《复兴初级中学教科书代数》（下册），商务印书馆，1933；余介石、徐子豪编著《复兴初级中学教科书几何》（上册），商务印书馆，1934；余介石、徐子豪编著《复兴初级中学教科书几何》（下册），商务印书馆，1935；周元谷编著《复兴初级中学教科书三角》，商务印书馆，1933；周元瑞、周元谷编著《复兴初级中学教科书三角》，商务印书馆，1935。

比较可知，这5种教科书的内容在不同程度上契合1932年国民政府教育部颁布的《初级中学算学课程标准》相应科目教材大纲内容。

《复兴初级中学教科书几何》第 1 编"基本图形及其作图"、第 2 编"量法"为实验几何内容，与该课程标准提出的几何科目"应从实验几何入手"① 的要求一致。该课程标准三角科目教材大纲内容都在《复兴初级中学教科书三角》之内。

这 5 种初中教科书在内容设置上均未完全局限于 1932 年国民政府教育部颁布的《初级中学算学课程标准》的规定。如《复兴初级中学教科书算术》第 6 章"中外货币"内容不在该课程标准规定之内，该课程标准规定的统计图表、统计大意等内容亦不在该书之内。《复兴初级中学教科书几何》未有该课程标准规定的"基本作图题之证明"的内容②。《复兴初级中学教科书代数》第 6 章中的乘除速算法，不在该课程标准规定的内容之内。两种《复兴初级中学教科书三角》第 5 章"任意三角形的解法"的内容超出该课程标准的规定。

通过比对，可知周元瑞、周元谷编著的《复兴初级中学教科书三角》是周元谷编著的《复兴初级中学教科书三角》的改编本。主要改编之处是前书改编了后书第 1 和第 3 章的结构，以新内容基本完全替换了后书第 1 章内容。同时，前书对后书第 2 至 6 章内容亦有不同程度的修订。

《复兴初级中学教科书算术》内容简明扼要。以第 1 章"整数四则"第 5 节"加法速算"为例，该节仅不到 1 页篇幅，先介绍"加法速算 Short Methods of Addition 把每行的数，照心算配成 10 或 5 或 15，加起来就迅速了"。接着，以图示法举了 3 个例子，简单明了地介绍了该方法的实际运用。同时，该书习题丰富，密切结合社会生活。该书在有的节或几节之后设有练习题，每章均设总练习题，其中大量

———————

① 国民政府教育部. 初级中学算学课程标准 ［J］. 安徽教育行政周刊，1932，5（46）：28.

② 国民政府教育部. 初级中学算学课程标准 ［J］. 安徽教育行政周刊，1932，5（46）：26.

习题取材于社会生活。第 1 章"整数四则"第 5 节后有 5 道练习题，4 道都取材于社会生活，涉及清朝同外国议和的赔款数、东三省的面积和人口、从上海到汉口各地的航路里数、"近十年来，我国进口的粮食值银两数"，由此可窥一斑。

《复兴初级中学教科书代数》落实了注重学习者学习心理的编撰理念，打破了中学代数教科书惯用的结构。中学代数教科书在结构上一般先有绪论，再有正负数、整式四则、一次方程、因式分解等。《复兴初级中学教科书代数》则是先有"简易应用问题"，再述联立一次方程，然后介绍负数，对整数四则知识比较靠后，"图解"则列入附录。这一结构根据学习者的学习心理安排，可使学习者有"由浅入深之趣，而无枯涩、艰难之感"①。同时，该书注重以提出问题的方式来讲解知识。该书部分节即以提问题的形式设标题。如第 1 章 §4 标题为"如何解应用问题"②，§5 标题为"如何解方程式"③；第 9 章 §83 标题为"如何求 H. C. F"④ 等。这有助于启发学生"向前探讨之志趣"⑤。

与英美国家将实验和理论混合的新几何教科书不同，《复兴初级中学教科书几何》引入了实验几何学知识，将其与"理解几何"即理论几何学分开介绍。该书前 2 编为实验几何学知识，第 3 至 8 编为理论几何学知识。关于这点，该书在"编辑大意"中指出："英美新著几何每混合实验、理论二方面，自是引导初学循序渐进之良法。对于作图题，这点区别尤为重要。本书对此特加注意，以救新派几何之弊。"⑥

----

①虞明礼. 复兴初级中学教科书代数：上册［M］. 上海：商务印书馆，1934：编辑大意.
②同①10.
③同①11.
④同①215.
⑤同①.
⑥余介石，徐子豪. 复兴初级中学教科书几何：上册［M］. 上海：商务印书馆，1934：编辑大意.

同时,《复兴初级中学教科书几何》注重以白话讲解,文字易于理解。

两种《复兴初级中学教科书三角》均注重实际应用,均设第 6 章介绍三角法在物理和测量上的应用,并有部分习题为实际问题。如周元瑞和周元谷编著的《复兴初级中学教科书三角》第 1 章 "三角比" 习题 2 共 12 题,其中 5 题为实际问题;第 3 章 "三角函数及其应用" 习题 8 共 18 题,其中 3 题为实际问题;第 5 章 "任意三角形的解法" 习题 22 共 12 题,其中 9 题为实际问题。周元谷编著的《复兴初级中学教科书三角》第 4 章 "对数解法" 习题 14 共 8 题,均为实际问题;第 5 章 "任意三角形的解法" 习题 21 共 12 题,其中 9 题为实际问题。

(二) 高中数学教科书的内容与特点

以 1936 年国民政府教育部颁布修正的课程标准为界,"复兴教科书" 中的高中数学教科书分前 5 种与后 4 种。在前 5 种中,除《复兴高级中学教科书解析几何学》外,其他 4 种对编著依据均有说明。两种《复兴高级中学教科书几何学》均说明 "完全按照最近部颁课程标准编辑"①②。《复兴高级中学教科书代数学》说明 "依据教育部最近颁布课程标准编辑"③。《复兴高级中学教科书三角学》说明 "依照教育部所颁布之高中三角课程标准" 编述④。这 4 种教科书所言 "课程标准" 均指 1932 年国民政府教育部颁布的《高级中学算学课程标准》或其中关于三角科目的规定。前 5 种教科书的大概内容见表 4 - 12。

---

① 余介石,张通谟. 复兴高级中学教科书几何学 [M]. 上海:商务印书馆,1934:编辑大意.

② 胡术五,余介石,张通谟. 复兴高级中学教科书几何学 [M]. 上海:商务印书馆,1935:编辑大意.

③ 虞明礼. 复兴高级中学教科书代数学:上册 [M]. 上海:商务印书馆,1935:编辑大意.

④ 李蕃. 复兴高级中学教科书三角学 [M]. 上海:商务印书馆,1934:编辑大意.

表 4 - 12　"复兴教科书"中 1934 至 1935 年出版的
高中数学教科书内容概况表

序号	书名	作者	出版年	内容概况①
1	复兴高级中学教科书几何学	余介石、张通谟	1934	全书分预编、平面几何学、立体几何学 3 部分。平面几何学部分 6 编，立体几何学部分 3 编，统一排序，共 238 款。预编为"初中平面几何复习"。平面几何学部分：第 1 编"绪论"、第 2 编"证法各论"、第 3 编"证法各论（续）"、第 4 编"度量与计算"、第 5 编"轨迹论"、第 6 编"作图题"。立体几何学部分：第 7 编"空间直线与平面"、第 8 编"多面角，多面体"、第 9 编"柱面，圆锥，球"。书末有 1 个附录："立体几何公式汇览"
2	复兴高级中学教科书几何学	胡术五、余介石、张通谟	不晚于1935 年	全书分平面几何学、立体几何学两部分。平面几何学部分 6 编，立体几何学部分 3 编，统一排序，共 320 款。平面几何学部分：第 1 编"绪论"、第 2 编"直线形"、第 3 编"圆"、第 4 编"比例及相似形"、第 5 编"计算"、第 6 编"轨迹及作图"。立体几何学部分：第 7 编"空间直线与平面"、第 8 编"多面角，多面体"、第 9 编"柱面，锥面，球"。书末有 2 个附录"立体几何公式汇览"和"索引（附英文原名）"

---

①本栏原书各编编名含 2 个或 3 个知识单元的，各单元以空格隔开，本书以逗号代替空格。

续表

序号	书名	作者	出版年	内容概况
3	复兴高级中学教科书三角学	李蕃	1934	全书 11 章，每章分节，每章各节独立编号。第 1 章"角之量法"、第 2 章"三角函数及其基本性质"、第 3 章"直角三角形之解法，对数"、第 4 章"三角分析"、第 5 章"三角形边与角之函数之关系"、第 6 章"斜三角形之解法"、第 7 章"三角形之性质"、第 8 章"反三角函数，三角方程式"、第 9 章"三角函数之图解"、第 10 章"德摩定理及三角级数"、第 11 章"三角函数造表法，表之精确度"。书末有 3 个附录："平面三角重要公式之集合""希腊字母""三角函数及对数表"
4	复兴高级中学教科书代数学	虞明礼	上册 1934 年，中册和下册 1935 年	上册 11 章，共 80 节。第 1 章"总论"、第 2 章"整式四则"、第 3 章"因子分解"、第 4 章"公因式，公倍式"、第 5 章"分式"、第 6 章"比及比例，变数法"、第 7 章"二项式定理，数学归纳法"、第 8 章"开方，二项定理之逆用"、第 9 章"根式"、第 10 章"指数论"、第 11 章"对数"
				中册 9 章，与上册统一排序，为第 12—20 章，共 90 节。第 12 章"一元一次方程式"、第 13 章"不定方程式及矛盾方程式"、第 14 章"联立一次方程式"、第 15 章"行列式，一次方程组的简便解法"、第 16 章"一元二次方程式"、第 17 章"多元二次方程式"、第 18 章"复素数，一元二项方程式"、第 19 章"三次、四次方程式"①、第 20 章"一元高次方程式通论"

---

① 第 19 章章名中"三次"和"四次"间原无符号，为规范起见，加顿号。

续表

序号	书名	作者	出版年	内容概况
4	复兴高级中学教科书代数学	虞明礼	上册1934年，中册和下册1935年	下册6章，与上册、中册统一排序，为第21—26章，共71节。第21章"函数的图解，方程式之图解法"、第22章"不等式"、第23章"序列，组合，或然率"、第24章"简易级数及其求和法"①、第25章"极限"、第26章"无尽连级数"
5	复兴高级中学教科书解析几何学	徐任吾、仲子明	1934	全书10章，共106款。第1章"坐标"、第2章"曲线"、第3章"轨迹"、第4章"直线"、第5章"圆"、第6章"极坐标"、第7章"圆锥曲线"、第8章"抛物线之续"、第9章"椭圆及双曲线之续"、第10章"高等平曲线及超性曲线"。书末有2个附录："公式集"和"中西名词对照表"

　　资料来源：余介石、张通谟编著《复兴高级中学教科书几何学》，商务印书馆，1934；胡术五、余介石、张通谟编著《复兴高级中学教科书几何学》，商务印书馆，1935；李蕃编著《复兴高级中学教科书三角学》，商务印书馆，1934；虞明礼编著《复兴高级中学教科书代数学》（上中下册），商务印书馆，1935；徐任吾、仲子明编著《复兴高级中学教科书解析几何学》，商务印书馆，1934。

　　比较可知，这5种教科书的内容与1932年国民政府教育部颁布的《高级中学算学课程标准》相应科目教材大纲内容基本一致。李蕃编著的《复兴高级中学教科书三角学》较该课程标准三角科目教材大纲内容略为丰富，其第10章"德摩定理及三角级数"中的三角级数内容在该课程标准中未有规定。余介石和张通谟编著的《复兴高级中学教科书几何学》中几何证题法内容有两编，所占篇幅较大，而直线形、圆、比例及相似形等内容所占篇幅较小，内容失衡问题明显。胡术五、余

————————
①此处"级数"指数列。

介石、张通谟编著的《复兴高级中学教科书几何学》是余介石和张通谟编著的《复兴高级中学教科书几何学》的增订本，纠正了此问题，专门设置了第 2 编"直线形"、第 3 编"圆"、第 4 编"比例及相似形"。

　　余介石和张通谟编著的《复兴高级中学教科书几何学》取材和效法于如下底本：（1）舒塞斯、塞未诺克合著，斯凯勒修订的《平面几何学》（*Plane Geometry*）①；（2）段育华编撰的《新学制混合算学教科书》；（3）严济慈编的《几何证题法》②；（4）日本柳原吉次著的《几何学：轨迹及作图》③；（5）美国黑尔特（Leonard Daum Haertter）的《立体几何》（*Solid Geometry*）④。《复兴高级中学教科书几何学》的主要特点是以白话讲解，文字易于理解，注重与初中几何学衔接，设有预编专门复习初中几何知识，同时注重几何证题法。胡术五、余介石、张通谟编著的《复兴高级中学教科书几何学》主要以舒塞斯、塞未诺克合著，斯凯勒修订的《平面几何学》和黑尔特的《立体几何》为底本，在结构上较余介石和张通谟编著的《复兴高级中学教科书几何学》合理，更适合作为高中几何学教科书。

　　虞明礼编著的《复兴高级中学教科书代数学》基本符合 1932 年国民政府教育部颁布的《高级中学算学课程标准》关于高中代数"应以函数及方程为中心"、高等代数"以方程论为中心"的要求⑤。为满足学习者的学习心理需求，该书中册集中论述各种方程式。内容始于一元一次方程式，然后相继介绍不定方程式及矛盾方程式、联立一次方

①SCHULTZE A，SEVENOAK F L，SCHUYLER E. Plane Geometry［M］. New York：The Macmillan Company，1925.

②严济慈. 几何证题法［M］. 上海：商务印书馆，1933.

③柳原吉次. 几何学：轨迹及作图［M］. 崔朝庆，译. 上海：商务印书馆，1931.

④余介石，张通谟. 复兴高级中学教科书几何学［M］. 上海：商务印书馆，1934：编辑大意.

⑤国民政府教育部. 高级中学算学课程标准［J］. 安徽教育行政周刊，1932，5（48）：22－23.

程式、行列式与一次方程组的简便解法、一元二次方程式、多元二次方程式、复素数和一元二项方程式，最后介绍三次、四次方程式，一元高次方程式通论，由浅入深、循序渐进。

李蕃编著的《复兴高级中学教科书三角学》在"编辑大意"中说明该书"依照教育部所颁布之高中三角课程标准，更参考 Hobson，Loney，Todhunter，Rothrock，Granville，Wentworth-Smith，Ferval，Commissaire 诸书而编述"。其中，"Hobson"即霍布森，"Loney"即龙内，"Todhunter"即托德亨特，"Rothrock"为美国罗思罗克，"Granville"即葛蓝威尔，"Wentworth-Smith"即温德华士和史密斯（David Eugene Smith）。李蕃此书的特点是内容丰富，不分锐角和任意角，以普遍的观点证明公式和定理。

徐任吾、仲子明编著的《复兴高级中学教科书解析几何学》多数内容运用了数形结合的思想和方法，部分内容融汇了代数、几何和三角学的知识。后一特点，由该书第 4 章"直线"第 19 款"经过一已知点及已知方向之直线"的内容可见一斑：

设一直线经过一已知点 P_1：$(x_1，y_1)$，又已知其斜率 $m=\tan a$，求其方程式。

设在直线上任取一点 P：$(x，y)$，则在三角形 P_1MP 内，

$$\tan a=\frac{MP}{P_1M}=m；\text{即}\frac{y-y_1}{x-x_1}=m，$$

或 $y-y_1=m(x-x_1)$　　公式（8）

〔注意 1〕此乃重要标准方程式之一。

〔注意 2〕若直线与 y 轴平行，则 $m=\tan 90°$，此式不能应用，可用公式（7a）之方程式 $x=x_1$。①

――――――――――

① 徐任吾，仲子明. 复兴高级中学教科书解析几何学 ［M］. 上海：商务印书馆，1934：40.

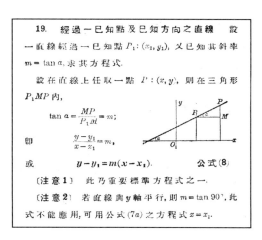

图 4 - 12　徐任吾和仲子明《复兴高级
中学教科书解析几何学》第 4 章第 19 款

　　"复兴教科书"后 4 种高中数学教科书对编著依据均有说明。虞明礼原编、荣方舟改编的《复兴高级中学教科书代数学（甲组用）》说明"依据教育部最近修正课程标准编辑"①。荣方舟编著的《复兴高级中学教科书代数学（乙组用）》说明"依据教育部最近颁布修正算学课程标准编辑"②。胡敦复、荣方舟编著的《复兴高级中学教科书平面几何学》《复兴高级中学教科书立体几何学》说明"依照民国二十五年部颁修正高中算学课程标准编著"③④。最后 2 种明确说明依据 1936 年国民政府教育部颁布的《高级中学算学课程标准》编著。其他 2 种所言"课程标准"亦指该课程标准。这 4 种教科书的大概内容见表 4 - 13。

---

①虞明礼，荣方舟. 复兴高级中学教科书代数学：甲组用：上册［M］. 长沙：商
　务印书馆，1938：编辑大意.

②荣方舟. 复兴高级中学教科书代数学：乙组用：上册［M］. 上海：商务印书馆，
　1946：编辑大意.

③胡敦复，荣方舟. 复兴高级中学教科书平面几何学［M］. 上海：商务印书馆，
　1937：编辑大意.

④胡敦复，荣方舟. 复兴高级中学教科书立体几何学［M］. 上海：商务印书馆，
　1936：编辑大意.

表 4 - 13 1936 年教育部颁布修正的课程标准后出版的
"复兴教科书"中高中数学教科书内容概况表

序号	书名	作者	出版年	内容概况①
1	复兴高级中学教科书代数学（甲组用）	虞明礼原编、荣方舟改编	1936	上册 19 章，共 167 节。第 1 章"总论"、第 2 章"整式四则"、第 3 章"因子分解"、第 4 章"最高公因式，最低公倍式"、第 5 章"分式"、第 6 章"对称式，待定系数法，分项分式"，第 7 章"比及比例，变数法"、第 8 章"开方"，第 9 章"根式"，第 10 章"指数论"、第 11 章"对数"、第 12 章"一元一次方程式"、第 13 章"不定方程式及矛盾方程式"、第 14 章"联立一次方程式"、第 15 章"一元二次方程式"、第 16 章"多元二次方程式"、第 17 章"函数的图表，方程式之图解法"、第 18 章"不等式"，第 19 章"简易级数及其求和法"②
				下册 9 章，与上册统一排序，为第 20—28 章，共 87 节。第 20 章"复素数，一元二项方程式"、第 21 章"一元三次或四次方程式"、第 22 章"一元高次方程式通论"、第 23 章"行列式"、第 24 章"序列，组合，或然率"、第 25 章"数学归纳法"、第 26 章"二项式定理"、第 27 章"极限"、第 28 章"无尽连级数"。书末有 2 个附录："汉英名词索引"和"英汉名词索引"

① 本栏原书各章章名或编名分别含 2 个或 3 个知识单元的，有些无空格，有些以空格隔开。本书统一在知识单元间用逗号隔开。

② 第 19 章中的"级数"指数列。

续表

序号	书名	作者	出版年	内容概况
2	复兴高级中学教科书代数学（乙组用）	荣方舟	1936	上册 11 章，共 110 节。第 1 章"绪论"、第 2 章"整式四则"、第 3 章"乘方，开方"、第 4 章"因式分析法"、第 5 章"最高公因式，最低公倍式"、第 6 章"分式"、第 7 章"无理数，虚数"、第 8 章"函数及其图线"、第 9 章"一次方程式"、第 10 章"二次方程式"、第 11 章"不等式"
				下册 13 章，与上册统一排序，共 79 节。第 12 章"指数论"、第 13 章"对数"、第 14 章"对称式，待定系数法，分项分式"、第 15 章"级数"①、第 16 章"比，比例"、第 17 章"变数法"、第 18 章"顺列，组合，或然率"、第 19 章"数学归纳法"、第 20 章"二项式定理"、第 21 章"复素数"、第 22 章"行列式"、第 23 章"一元高次方程式解法"、第 24 章"一元三次、四次方程式之通解"②。书末有 2 个附录："英汉名词对照表"和"汉英名词对照表"

---

①此处"级数"指数列。

②第 24 章章名中"三次"和"四次"间原无符号，为规范起见，加顿号。

续表

序号	书名	作者	出版年	内容概况
3	复兴高级中学教科书平面几何学	胡敦复、荣方舟	1936	全书分绪论、7编，共33章、524节。第1编"直线形"，分第1章"线分与角"、第2章"三角形"、第3章"不等量"、第4章"平行线"、第5章"平行四边形"、第6章"三角形之心"、第7章"多角形"、第8章"对称形"、第9章"证题之方法及杂例"。第2编"圆"，分第10章"圆之基础性质"、第11章"直线与圆之关系"、第12章"二圆之关系"、第13章"关于圆之各角"、第14章"圆之应用及杂例"、第15章"轨迹"、第16章"作图题"。第3编"面积"，分第17章"等积形"、第18章"正方形，矩形"、第19章"正方形，矩形与圆"、第20章"面积题证法及杂例"。第4编"比例"，分第21章"比及比例概论"、第22章"比例线分"、第23章"相似多角形"、第24章"面积之比"、第25章"量之度数"。第5编"正多角形及圆"，分第26章"圆内接及外切正多角形"、第27章"圆之度数"。第6编"杂定理及杂例"，分第28章"根轴及根心"、第29章"相似中心及相似轴"、第30章"Menelaus氏定理，Ceva氏定理，调和线束，极线及极点"、第31章"极大，极小"、第32章"杂例"。第7编"作图题解法"，含第33章"作图题解法"。书末有2个附录："英汉名词对照表"和"汉英名词对照表"

续表

序号	书名	作者	出版年	内容概况
4	复兴高级中学教科书立体几何学	胡敦复、荣方舟	1936	全书4编，与《复兴高级中学教科书平面几何学》统一排序，共13章、283节。第8编"平面与直线"，分第34章"平行线及平行面"、第35章"垂线及垂面"、第36章"角"、第37章"多面角"。第9编"多面体，圆柱，圆锥"，分第38章"角柱"、第39章"角锥"、第40章"正多面体"、第41章"圆柱，圆锥"。第10编"球"，分第42章"球之基本性质"、第43章"球面多角形"、第44章"极三角形"、第45章"关于球之度数"。第11编"立体几何题之解法"，含第46章"立体几何题之解法及杂例"。书末有2个附录："英汉名词对照表"和"汉英名词对照表"

资料来源：虞明礼原编，荣方舟改编《复兴高级中学教科书代数学（甲组用）》（上册），商务印书馆，1938；虞明礼原编，荣方舟改编《复兴高级中学教科书代数学（甲组用）》（下册），商务印书馆，1936；荣方舟编著《复兴高级中学教科书代数学（乙组用）》（上下册），商务印书馆，1946；胡敦复、荣方舟编著《复兴高级中学教科书平面几何学》，商务印书馆，1937；胡敦复、荣方舟编著《复兴高级中学教科书立体几何学》，商务印书馆，1936。

虞明礼原编、荣方舟改编的《复兴高级中学教科书代数学（甲组用）》是虞明礼编著的《复兴高级中学教科书代数学》的改编本。荣方舟改编的该书和荣方舟编著的《复兴高级中学教科书代数学（乙组用）》的内容基本都在1936年国民政府教育部颁布的《高级中学算学课程标准》教材大纲之内。《复兴高级中学教科书代数学（甲组用）》共28章，有9章介绍方程知识，体现了以方程为中心的特点。

胡敦复、荣方舟编著的《复兴高级中学教科书平面几何学》《复兴高级中学教科书立体几何学》都相对 1936 年国民政府教育部颁布的《高级中学算学课程标准》的相应教材大纲内容丰富。《复兴高级中学教科书平面几何学》第 6 编"杂定理及杂例"中调和线束、极线及极点、极大、极小等内容,《复兴高级中学教科书立体几何学》第 11 编"立体几何题之解法"的内容是该课程标准未规定的。《复兴高级中学教科书平面几何学》对重要定理基本都有证明,体现了其严谨和重视定理的特点。

四、 流传、 影响及评价

在"复兴教科书"中的中学数学教科书中,周元谷编著的《复兴初级中学教科书三角》,余介石、张通谟编著的《复兴高级中学教科书几何学》与虞明礼编著的《复兴高级中学教科书代数学》,比较特殊。这 3 种教科书出版一两年内即被改编本或增订本取代,流传和影响有限。

"复兴教科书"中的其他中学数学教科书都广为流行,在全国中学普遍使用,对民国中等数学教育产生了广泛而深远的影响。在初中数学教科书中,骆师曾编著的《复兴初级中学教科书算术》于 1937 年 10 月分上下册出版国民政府教育部初审核定本;至 1946 年 6 月,初审核定本的上册出版 200 余版[1],下册出版第 143 版[2]。虞明礼编著的《复兴初级中学教科书代数》于 1937 年 7 月出版国民政府教育部审定

---

[1]骆师曾. 复兴初级中学教科书算术:上册 [M]. 上海:商务印书馆,1946:版权页.

[2]骆师曾. 复兴初级中学教科书算术:下册 [M]. 上海:商务印书馆,1946:版权页.

本①②；至 1947 年 4 月，审定本上册出版第 187 版③，下册出版第 156 版④。余介石和徐子豪编著的《复兴初级中学教科书几何》亦出版了国民政府教育部审定本；审定本上册于 1947 年出至第 196 版，下册出至第 195 版⑤。周元瑞和周元谷编著的《复兴初级中学教科书三角》于 1947 年 11 月出至第 148 版⑥；该书也出版了国民政府教育部审定本，1948 年审定本出至第 143 版⑦。

在高中数学教科书中，胡术五、余介石、张通谟编著的《复兴高级中学教科书几何学》于 1935 年 5 月出版增订第 11 版，1946 年 4 月出版增订第 34 版⑧。李蕃编著的《复兴高级中学教科书三角学》于 1936 年 12 月出版国民政府教育部审定本，1947 年 5 月审定本出至第 72 版⑨。徐任吾、仲子明编著的《复兴高级中学教科书解析几何学》于 1935 年 11 月出版国民政府教育部审定本，1946 年审定本出至第 27 版⑩。虞明礼原编、荣方舟改编的《复兴高级中学教科书代数学（甲组用）》上册于 1946 年 9 月出至第 2 次订正第 53 版⑪，下册于 1949

①虞明礼. 复兴初级中学教科书代数：上册［M］. 上海：商务印书馆，1946：版权页.

②虞明礼. 复兴初级中学教科书代数：下册［M］. 上海：商务印书馆，1947：版权页.

③王有朋. 中国近代中小学教科书总目［M］. 上海：上海辞书出版社，2010：638.

④虞明礼. 复兴初级中学教科书代数：下册［M］. 上海：商务印书馆，1947.

⑤同③653.

⑥周元瑞，周元谷. 复兴初级中学教科书三角［M］. 上海：商务印书馆，1947.

⑦同③679.

⑧胡术五，余介石，张通谟. 复兴高级中学教科书几何学［M］. 上海：商务印书馆，1946：版权页.

⑨李蕃. 复兴高级中学教科书三角学［M］. 上海：商务印书馆，1947：版权页.

⑩徐任吾，仲子明. 复兴高级中学教科书解析几何学［M］. 上海：商务印书馆，1946：版权页.

⑪虞明礼，荣方舟. 复兴高级中学教科书代数学：甲组用：上册［M］. 上海：商务印书馆，1946：版权页.

年 12 月出至第 59 版①。荣方舟编著的《复兴高级中学教科书代数学（乙组用）》于 1946 年 1 月上册出至第 30 版②，下册出至第 23 版③；1947 年 5 月上册出至第 40 版，1948 年 7 月下册出至第 34 版④。胡敦复、荣方舟编著的《复兴高级中学教科书平面几何学》于 1946 年 8 月出至第 61 版⑤，1948 年 12 月出至第 109 版⑥。胡敦复、荣方舟编著的《复兴高级中学教科书立体几何学》于 1946 年 4 月出至第 24 版⑦，1947 年 3 月出至第 38 版⑧。

　　1936 年或稍早，华北基督教教育协会对所属中等学校各科教学用书做了调查。调查报告记录了部分学校教师对所用"复兴教科书"中初中数学教科书的评价。其中既有赞誉，亦有批评。例如，关于骆师曾编著的《复兴初级中学教科书算术》，烟台培贞女中杨润生认为："书中教材简而理明，且于数节之后、每章之后皆附练习题，初中采用，颇称完善。"⑨胶县瑞华中学郑䜣之认为该书"理论简明，材料新颖，但分量嫌少，四则杂题及代数材料太略，缺少混合比例法"⑩。关

---

①虞明礼，荣方舟. 复兴高级中学教科书代数学：甲组用：下册 [M]. 上海：商务印书馆，1949：版权页.

②荣方舟. 复兴高级中学教科书代数学：乙组用：上册 [M]. 上海：商务印书馆，1946：版权页.

③荣方舟. 复兴高级中学教科书代数学：乙组用：下册 [M]. 上海：商务印书馆，1946：版权页.

④王有朋. 中国近代中小学教科书总目 [M]. 上海：上海辞书出版社，2010：644.

⑤胡敦复，荣方舟. 复兴高级中学教科书平面几何学 [M]. 上海：商务印书馆，1946：版权页.

⑥同④666.

⑦胡敦复，荣方舟. 复兴高级中学教科书立体几何学 [M]. 上海：商务印书馆，1946：版权页.

⑧同④670.

⑨汪祥庆. 中等学校各科教学用书调查报告 [R]. 北平：华北基督教教育协会，1936：61.

⑩同⑨52.

于虞明礼编著的《复兴初级中学教科书代数》，太原尊德女中赵西园认为"说理透澈，堪称善本"①。潍县广文中学张俊源认为该书"材料尚丰富，编辑欠研究，差错更是太多"②。天津究真中学路彦认为该书上册"材料甚好且丰，惟第三章负数应作第一章讲述之，使学生对负数意义既清，则解一次方程可直接利用之，无须与四则并述"③。

关于余介石和徐子豪编著的《复兴初级中学教科书几何》，墨信义中学石华亭评价说："是书共分两册，其在第一册论的名词太多，似乎在教授上不感兴趣，如能再加些定理、问题，必能使读者兴趣多。然此教本用在初中能将属几何的名词④熟记在心，为将来再读几何学的基础，亦是要事。"⑤ 济宁育才书院张永庆认为该书的优点是"深浅适合初中程度""藉实验引入，理解颇饶兴趣"，缺点是"定义眉目不清""理论不谨严""紧要定理不应列入习题之内""一二六节⑥之逆定理似欠说明"⑦。关于周元瑞和周元谷编著的《复兴初级中学教科书三角》，威海卫育华中学田树三认为"教材及习题均属简要"⑧。这些评价从侧面反映了当时中学教师对"复兴教科书"中初中数学教科书的看法。

---

①汪祥庆. 中等学校各科教学用书调查报告［R］. 北平：华北基督教教育协会，1936：50.

②同①53.

③同①61.

④原文误为"名辞"。

⑤同②.

⑥余介石和徐子豪编著的《复兴初级中学教科书几何》第126节为平行线内等线段定理："一组平行线在另一线上截取等长线段，则这组平行线在任何直线上都截取等长线段。"参见：余介石，徐子豪. 复兴初级中学教科书几何：上册［M］. 上海：商务印书馆，1934：139.

⑦同①62.

⑧同①69.

第五节 段育华编撰的《新学制混合算学教科书》

1923 年颁布的《新学制课程标准纲要》中的《初级中学算学课程纲要》明确规定初中数学课程采用混合法，"以初等代数、几何为主，算术、三角辅之"①。此后，我国不少初中数学课程采用混合教学法。所用教科书中，段育华编撰的 6 册本《新学制混合算学教科书》流行较广，影响较大。

一、 段育华生平

段育华，字抚群，江西南昌人，美国加利福尼亚大学化学硕士②。1919 年出任江西省立第三中学校长③，后任国立东南大学教授。1921 至 1922 年间，出任商务印书馆编译所算学部部长④。1923 年 7 月，参加科学名词审查会的数学名词审查工作⑤。1925 年私立光华大学成立后，担任理学院教授⑥。1929 年出任江苏省教育厅第一科科长⑦。除了《新学制混合算学教科书》，段育华还与周元瑞合编《算学辞典》⑧、

---

① 全国教育联合会，新学制课程标准起草委员会. 新学制课程标准纲要：续 ［J］. 广东省教育会杂志，1924，2（5）：15.

② 佚名. 学生会两次欢迎回国学生 ［N］. 申报，1918 - 08 - 29（10）.

③ 佚名. 九江近事 ［N］. 申报，1919 - 10 - 04（7）.

④ 王云五. 八十自述：上册 ［M］. 北京：九州出版社，2013：88.

⑤ 佚名. 科学名词审查会之各组纪事 ［N］. 申报，1923 - 07 - 11（15）.

⑥ 佚名. 十年来理学院之概况 ［M］//光华大学. 光华大学十周纪念册. 上海：光华大学，1935：67.

⑦ 佚名. 苏教厅科长之人选 ［N］. 申报，1929 - 11 - 12（11）.

⑧ 段育华，周元瑞. 算学辞典 ［M］. 上海：商务印书馆，1938.

合译《西洋近世算学小史》①，辑有《韩氏对数表》②，重编了德国天文学家卜龙士（C. Bruhns）的《卜氏七位对数表》③。

图 4 - 13　段育华

对于"复兴教科书"中的中学数学教科书的作者组织和内容编撰，段育华发挥了积极作用。他邀请余介石编著了《复兴初级中学教科书几何》。1933 年 1 月，余介石在《复兴初级中学教科书几何》"编辑大意"中讲道："此次部颁课程标准④，初中算学部分，以几何特色最多，与旧案颇多出入。编者虽系该标准案起草之一人，只以学校需要甚急，且奉段师令嘱编，期限至迫，以数月之力，仓促成书，疵谬在所难免。"⑤ 其中，"段师"即段育华。段育华对余介石编著的《复兴高级中学教科书几何学》进行过督促和指导。1934 年 1 月，余介石在

①斯密斯. 西洋近世算学小史［M］. 段育华，周元瑞，译. 上海：商务印书馆，1931.

②段育华. 韩氏对数表［M］. 上海：商务印书馆，1931.

③卜龙士，段育华. 卜氏七位对数表［M］. 上海：商务印书馆，1931.

④此处指 1932 年 11 月国民政府教育部颁布的修订的中学课程标准。

⑤余介石，徐子豪. 复兴初级中学教科书几何：上册［M］. 上海：商务印书馆，1934：编辑大意.

《复兴高级中学教科书几何学》"编辑大意"中有相关说明："此次部颁课程标准，高中算学部分，几何中平面部分编制最为新颖，故中西佳著虽多，均不能供他山攻错之用，编时至感困难。著者虽系该案起草人之一，亦深苦不易着手，只以学校需要甚急，复承段师抚群之督责与指导，不得不勉力以赴。"①

二、 编撰理念与内容、 特点

段育华的 6 册本《新学制混合算学教科书》按照"壬戌学制"和1923 年颁布的《新学制课程标准纲要》编撰。初中 3 年，每学期可讲授 1 册，课时是每周 5 小时。该书强调：根据《新学制课程标准纲要》中的《初级中学算学课程纲要》的规定，"采用混合方法"，全书以"代数、几何为主，算术、三角为辅，合一炉而冶；不拘门类，循着数理自然的秩序；编法特出心裁，和一切旧本，迥然不同"②。该书为白话文，并加新式标点，旨在使学生没有文字上的困难，引起学生学习数学的兴趣；部分名词首次出现时附注英文原名，以为学生将来研究西书提供帮助，并免去迻译失真的毛病③。在结构上，该书采用章款式，每章分若干款，款号每章独立编号。该书大概内容见表 4 - 14。

---

①余介石，张通谟. 复兴高级中学教科书几何学 [M]. 上海：商务印书馆，1934：编辑大意.

②段育华. 新学制混合算学教科书：第一册 [M]. 上海：商务印书馆，1923：编辑大意.

③同②.

表 4 - 14　段育华《新学制混合算学教科书》内容概况表

册序	出版年	内容概况
第一册	1923	共 8 章。第 1 章 "数的表示"、第 2 章 "基本四法"、第 3 章 "直线与角"、第 4 章 "简易方程"、第 5 章 "整数"、第 6 章 "分数"、第 7 章 "小数"、第 8 章 "乘方与积"
第二册	1923	共 8 章。第 1 章 "正负数"、第 2 章 "加法与减法"、第 3 章 "乘法与除法"、第 4 章 "简易几何作图"、第 5 章 "面积、乘法及公式"、第 6 章 "一次方程"、第 7 章 "开平方"、第 8 章 "比与比例"
第三册	1924	共 8 章。第 1 章 "几何的证明"、第 2 章 "相关角与全等三角形"、第 3 章 "不等量与三线形"、第 4 章 "整式与分式"、第 5 章 "公式：变与比例"、第 6 章 "联立一次方程"、第 7 章 "立体的表面与容积"、第 8 章 "开立方"
第四册	1925	共 8 章。第 1 章 "二次乘积及因子"、第 2 章 "二次方程"、第 3 章 "平行四边形"、第 4 章 "面积与二次根"、第 5 章 "比例线段"、第 6 章 "相似三角形与多角形"、第 7 章 "三角比与直角三角形"、第 8 章 "近似算与误差"
第五册	1925	共 8 章。第 1 章 "几何证辞法"、第 2 章 "圆与直线"、第 3 章 "圆与比例线段"、第 4 章 "点的轨迹"、第 5 章 "方程的轨迹"、第 6 章 "联立二次方程"、第 7 章 "级数"①、第 8 章 "圆与多角形"
第六册	1926	共 8 章。第 1 章 "三角函数"、第 2 章 "三角形三大定律"、第 3 章 "三角形解法"、第 4 章 "二次方程及其图形"、第 5 章 "分指数与负指数"、第 6 章 "对数与复利息"、第 7 章 "三角形对数解法"、第 8 章 "全书的总温习"

　　资料来源：段育华编辑《新学制混合算学教科书》（第一、二册），商务印书馆，1923；段育华编辑《新学制混合算学教科书》（第三册），商务印书馆，1924；段育华编辑《新学制混合算学教科书》（第四、五册），商务印书馆，1925；段育华编辑《新学制混合算学教科书》（第六册），商务印书馆，1926。

①此处 "级数" 指数列。

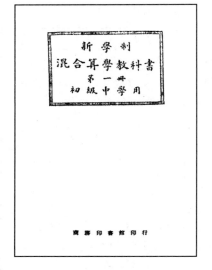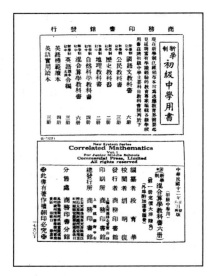

图 4－14　段育华《新学制混合算学教科书》第一册封面及其版权页

　　《新学制混合算学教科书》第一册主要介绍算术知识，旨在为与高级小学衔接，但"时时输入代数、几何的观念，以为辅助，使学生同时得温故知新的益处"①。第二册以代数开始，也插入算术，几何只讲作图，为"算术同几何、代数的过渡"②。第三册至第五册代数和几何知识"参伍并授"，"分量略相称，时合时分，全看数理上的可能，不稍牵强"③。第六册介绍代数和三角知识，其第 8 章"全书的总温习"按照算术、求积、几何、代数、三角 5 部分列出各部分的主要公式、原则、定理、定律等，旨在"使学生于混合之余，仍得略知分科的系统"④。

①段育华. 新学制混合算学教科书：第一册 ［M］. 上海：商务印书馆，1923：编辑大意.

②段育华. 新学制混合算学教科书：第二册 ［M］. 上海：商务印书馆，1923：编辑大意.

③段育华. 新学制混合算学教科书：第三册 ［M］. 上海：商务印书馆，1924：编辑大意.

④段育华. 新学制混合算学教科书：第六册 ［M］. 上海：商务印书馆，1926：编辑大意.

关于《新学制混合算学教科书》"特出心裁"之处，该书第一册"编辑大意"有明确说明："混合算学，我国向来没有，西人偶然有几种，也都不合我国的用，所以编辑上不得不出自心裁，譬如质因数检验法、最大公约图解、去括号图解、分数乘除图解、连九分数同循环小数单位的关系等，都是本书独创。"

《新学制混合算学教科书》主要有两个特点。一是以代数、几何为重点，重视代数、几何"参伍并授"①。该书第一册至第六册均有代数、几何内容，第二册至第五册绝大部分都是代数、几何内容。其中，不乏代数和几何"参伍并授"的内容。例如，第三册第 5 章"公式：变与比例"介绍变数与常数时，举了圆周长公式的例子："在 $C=2\pi r$ 里边，C 同 r 是变数，2 同 π 是常数。"第三册第 6 章"联立一次方程"

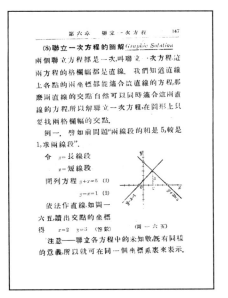

图 4-15　段育华《新学制混合算学教科书》第三册第 6 章中
"联立一次方程的图解"的内容（局部）

①段育华. 新学制混合算学教科书：第三册 [M]. 上海：商务印书馆，1924：编辑大意.

介绍联立一次方程的图解时，举了“两线段的和是 5，较是 1，求两线段”的例子。解法是“令 y＝长线段，x＝短线段，开列方程

$$y+x=5 \tag{1}$$

$$y-x=1 \tag{2}$$

依法作直线，如图一六五，读出交点的坐标，得 $x=2$，$y=3$（答数）”。

再如，《新学制混合算学教科书》第三册第 6 章介绍联立一次方程应用问题时，举了如下例子：“等腰三角形的底边两端的角，比顶角大 30°，求这三角形的三个角。〔解〕令 x＝底边两端的角，y＝顶角，从内角和定理 $2x+y=180$　(1)，从题里的关系 $x-y=30$　(2)。解这联立方程得 $x=70$，$y=40$”。该书第四册第 4 章“面积与二次根”介绍二次根的线段表示时，说明利用毕达哥拉斯定理，可以作一线段代表任意数的二次根，举了如下的例子：“给一单位线段，要作一线段表示 $\sqrt{6}$。用单位线段叠次作直角三角形即得。$\sqrt{1+1}=\sqrt{2}$，$\sqrt{1+2}=\sqrt{3}$……$\sqrt{1+5}=\sqrt{6}$”。《新学制混合算学教科书》的这一特点可以将代数、几何知识融会贯通。

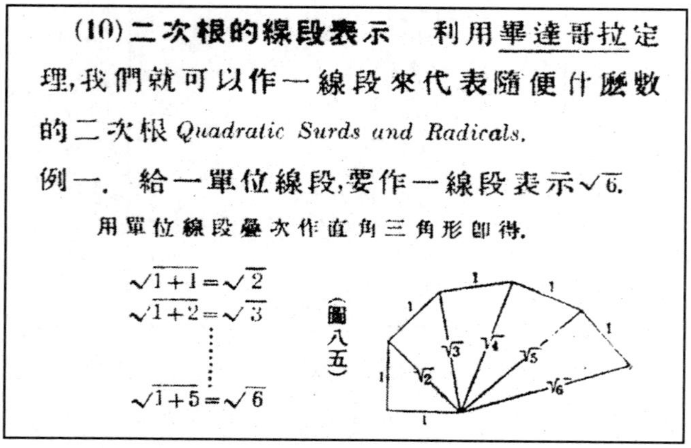
(10)二次根的線段表示　利用畢達哥拉定理，我們就可以作一線段來代表隨便什麽數的二次根 *Quadratic Surds and Radicals.*

例一．給一單位線段，要作一線段表示 $\sqrt{6}$.

用單位線段疊次作直角三角形即得.

$\sqrt{1+1}=\sqrt{2}$

$\sqrt{1+2}=\sqrt{3}$

⋮

$\sqrt{1+5}=\sqrt{6}$

(圖八五)

图 4－16　段育华《新学制混合算学教科书》第四册第 4 章中“二次根的线段表示”的内容（局部）

二是重视数学史教育。《新学制混合算学教科书》中插有古今中外数学家肖像 30 幅，并附载这些数学家小传。其中的数学家有牛顿（Isaac Newton，1643—1727）[①]、欧几里得、笛卡尔（René Descartes，1596—1650）、韦达（François Viète，1540—1603）、毕达哥拉斯、费马（Pierre de Fermat，1601—1665）、莱布尼兹（Gottfried Wilhelm Leibniz，1646—1716）、高斯、塔尔塔利亚（Nicolò Tartaglia，约 1499—1557）、巴罗、欧拉（Leonhard Euler，1707—1783）、徐光启、利玛窦、李善兰等。《新学制混合算学教科书》力图通过这些数学家的肖像和传记，"引起学生崇拜学者的观念，立高尚的志向，同时也可知道这些算学发达的历史"[②]。

三、 流传与影响

段育华的 6 册本《新学制混合算学教科书》多次再版，流传较广，1932 年更名为《新学制初级中学教科书混合算学》出版国难后第 1 版[③]，对 20 世纪二三十年代中国初中数学教育影响较大。该书第一册于 1930 年 7 月出至第 126 版[④]，1932 年 11 月出版国难后第 7 版[⑤]；第

---

①按儒略历，牛顿出生于 1642 年 12 月 25 日。

②段育华. 新学制混合算学教科书：第一册 [M]. 上海：商务印书馆，1923：编辑大意.

③除更新封面和删除数学家肖像外，该书在内容上与《新学制混合算学教科书》没有变化。参见：段育华. 新学制初级中学教科书混合算学：第一册至第六册 [M]. 上海：商务印书馆，1932.

④段育华. 新学制混合算学教科书：第一册 [M]. 上海：商务印书馆，1930：版权页.

⑤段育华. 新学制初级中学教科书混合算学：第一册 [M]. 上海：商务印书馆，1932：版权页.

二册于 1929 年 7 月出至第 79 版①，1932 年 11 月出版国难后第 6 版②；第三册于 1930 年 10 月出至第 62 版③，1932 年 6 月出版国难后第 2 版④；第四册于 1930 年 9 月出至第 45 版⑤，1932 年 6 月出版国难后第 2 版⑥；第五册于 1930 年 9 月出至第 32 版⑦，1932 年 11 月出版国难后第 5 版⑧；第六册于 1927 年 6 月出至第 25 版⑨，1932 年 11 月出版国难后第 5 版⑩。华北基督教教育协会所属中学中，昌黎会文中学、德州博文中学都使用过段育华的《新学制混合算学教科书》⑪。不过，由于未经教育部审定，《新学制混合算学教科书》在中学的使用受到影响，因此昌黎汇文中学改用算学丛刻社出版的算术、代数教科书和三 S 本几何教科书⑫。

———————

①王有朋. 中国近代中小学教科书总目［M］. 上海：上海辞书出版社，2010：616.

②段育华. 新学制初级中学教科书混合算学：第二册［M］. 上海：商务印书馆，1932：版权页.

③王有朋. 中国近代中小学教科书总目［M］. 上海：上海辞书出版社，2010：616.

④段育华. 新学制初级中学教科书混合算学：第三册［M］. 上海：商务印书馆，1932：版权页.

⑤同①.

⑥段育华. 新学制初级中学教科书混合算学：第四册［M］. 上海：商务印书馆，1932：版权页.

⑦同①.

⑧段育华. 新学制初级中学教科书混合算学：第五册［M］. 上海：商务印书馆，1932：版权页.

⑨同①.

⑩段育华. 新学制初级中学教科书混合算学：第六册［M］. 上海：商务印书馆，1932：版权页.

⑪汪祥庆. 中等学校各科教学用书调查报告［R］. 北平：华北基督教教育协会，1936：50 - 68.

⑫同⑨50.

第六节　陈建功编撰的高中数学教科书

1932 年 11 月修订后的中学课程标准颁布后，数学家、浙江大学数学系教师陈建功与毛路真合编了《高中代数学》，与郦福绵合编了《高中几何学》，相继于 1933 年 11 月[①]、1935 年 1 月由开明书店出版[②]。这两种高中数学教科书水平较高，流传较广，在中国近代高中同类教科书中具有代表性。

一、　编撰者生平

陈建功（1893—1971），字业成，浙江绍兴人，是中国研究函数论的先驱，首位在日本以数学专业获博士学位的中国人。1910—1913年，他在杭州两级师范的高级师范求学[③]，1913 年赴日本留学，次年7 月入日本东京高等工业学校特别预科学习，1915 年 9 月编入该校染色本科，1918 年 9 月毕业。他还于 1916 年入私立东京物理学校（夜校）学习，1919 年 2 月在该校数学科毕业，此后归国，任教于浙江甲种工业学校。1920 年 7 月，他再次赴日本留学，入东北帝国大学理学部数学科深造，1923 年 3 月毕业。此后归国，他相继于 1923 和 1924年任教于浙江工业专门学校、国立武昌大学数学系[④]。1926 年 9 月，他第三次赴日本留学，入东北帝国大学大学院做研究生，由林鹤一和藤原松三郎指导，1929 年获理学博士学位[⑤]。同年，陈建功归国，出

---

① 陈建功，毛路真. 高中代数学［M］. 上海：开明书店，1933.
② 陈建功，郦福绵. 高中几何学［M］. 上海：开明书店，1935.
③ 谢庭藩，嵇耀明. 陈建功［M］//中国科学技术协会. 中国科学技术专家传略：理学编·数学卷 1. 石家庄：河北教育出版社，1996：81.
④ 同③82.
⑤ 浙江大学档案馆藏陈建功的博士学位申请与授予材料。

任国立浙江大学数学系副教授兼系主任，1932 年卸任系主任之职，1933—1935 年间晋升为教授①。

陈建功主要从事高等数学教学与研究工作，但关心中学数学教育。1930 年开明书店创办的《中学生》出版后，他便发表《数学与天才》②《再谈完全数》③ 等文章。前文针对当时社会上许多人持有的"数学是专配'天才'学的东西"的观点，以大量实例予以驳斥，以消除这种"天才论"对中学生的影响。

毛路真（1904—1961），别字信桂，浙江奉化人，早年毕业于国立武昌师范大学④。1930 年出任国立浙江大学数学系助教⑤，与陈建功成为同事。郦福绵（1906—1984），浙江诸暨人，早年毕业于浙江省立第一师范学校⑥，曾任教于浙江省立七中、上海市西中学，1952 年在全国高校院系调整中调入复旦大学数学系任教⑦。

二、《高中代数学》 与《高中几何学》 的内容和编撰情况

（一）两书的内容

陈建功与毛路真合编的《高中代数学》正文前有"编辑大意"，说

---

① 郭金海. 现代数学在中国的奠基：全面抗战前的大学数学系及其数学传播活动 ［M］. 广州：广东人民出版社，2019：374 - 378.

② 陈建功. 数学与天才 ［J］. 中学生，1930（2）：59 - 63.

③ 陈建功. 再谈完全数 ［J］. 中学生，1930（9）：75 - 79.

④ 佚名. 国立浙江大学二十一年度职教员一览 ［J］. 国立浙江大学一览（二十一年度），1932：326.

⑤ 新聘下学年教员 ［J］. 国立浙江大学校刊，1930（12）：133.

⑥ 董舒林. 省立杭州高级中学 ［M］//杭州市政协文史委. 杭州文史丛编：教育医卫社会卷. 杭州：杭州出版社，2002：173 - 175.

⑦ 郑宝恒，余子道，钱益民. 1952 年院系调整复旦大学人员变动名录 ［M］//姜义华，梁元生. 20 世纪中国人物传记与数据库建设研究. 上海：上海书店出版社，2014：257.

明该书"依照教育部颁布的《高级中学算学课程标准》编辑"。该课程标准即1932年国民政府教育部颁布的《高级中学算学课程标准》。《高中代数学》正文共19章、329款，各章依次为第1章"代数式之基本演算"、第2章"一次方程式"、第3章"因数分解"、第4章"分数式"、第5章"根数及复素数"、第6章"二次方程式"、第7章"比及比例"、第8章"特种级数"①、第9章"顺列及组合"、第10章"二项式定理及多项式定理"、第11章"对数"、第12章"不等式"、第13章"无限级数"、第14章"连分数"、第15章"不定方程式"、第16章"数论"、第17章"或然率"、第18章为"行列式"、第19章"方程式论"。

图4-17　陈建功和毛路真合编的《高中代数学》

　　陈建功与郦福绵合编的《高中几何学》正文前亦有"编辑大意"，说明该书"依照二十一年十一月教育部所颁布之《高级中学算学课程标准》编辑"。该书正文分绪论、平面几何学、立体几何学3部分，共461款，后两部分共35章。平面几何学部分共24章，依次为第1章

────────────

①此处"级数"指数列。

"几何图形"、第2章"角"、第3章"三角形"、第4章"垂线与平行线"、第5章"直线形之角"、第6章"平行四边形"、第7章"对称"、第8章"轨迹"、第9章"圆弧及弦"、第10章"相交及相切"、第11章"弓形角"、第12章"圆之内接图形及外切图形"、第13章"直线图形之作图"、第14章"切线及圆之作图"、第15章"线分之比与比例"、第16章"多角形之面积"、第17章"圆幂"、第18章"多角形之相似"、第19章"位似图形"、第20章"三角形中各量之关系"、第21章"关于比例之作图"、第22章"关于面积之作图"、第23章"正多角形"、第24章"圆周及圆面积",后接附录"比与比例之基础性质"。立体几何学部分共11章,与平面几何学部分统一排序,依次为第25章"直线与平面"、第26章"二面角"、第27章"多面角"、第28章"多面体"、第29章"角柱"、第30章"角锥"、第31章"柱"、第32章"锥"、第33章"球"、第34章"球面多角形"、第35章"球之面积及体积"。

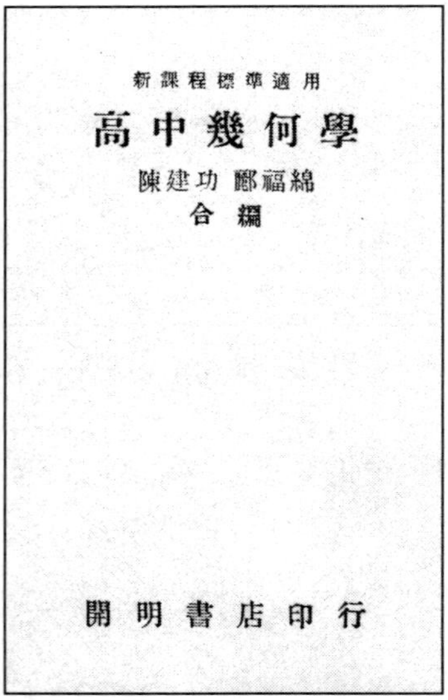

图 4 - 18　陈建功和郦福绵合编的《高中几何学》

这两本教科书大部分内容都在《高级中学算学课程标准》教材大纲之内。《高中代数学》也基本符合该课程标准中高中代数"以函数及方程为中心",高等代数"以方程论为中心"的规定①。但这两本教科书并非严格依照《高级中学算学课程标准》编撰,在内容上均有所增删。《高中代数学》第10章"二项式定理及多项式定理"中的多项式定理、第14章"连分数"、第16章"数论"的内容,都不在《高级中学算学课程标准》之列。而《高级中学算学课程标准》规定的无理方程式增根的讨论、方程无理根的近似求法,《高中代数学》则没有。《高中几何学》中平面几何学部分第7章"对称"、第17章"圆幂"、第24章"圆周及圆面积"的内容,立体几何学部分第27章"多面角"、第29章"角柱"、第30章"角锥"的内容,均不在《高级中学算学课程标准》之列。而《高级中学算学课程标准》规定的有关作图的变形与变位,《高中几何学》则阙如。

(二)两书的编撰情况

据笔者考察,陈建功等人编撰《高中代数学》和《高中几何学》时,主要选取美、英等国流行的数学教材内容,将之移植于基本参照《高级中学算学课程标准》自行建构的章节框架中。对此,陈建功等人未予说明,研究者也鲜有关注。《高中代数学》大量内容取材于美国范因的《大学代数》(A College Algebra)② 与英国霍尔和奈特的《高等代数:学校初等代数续篇》(Higher Algebra:A Sequel to Elementary Algebra for Schools)③。范因的《大学代数》即一般所称的《范氏大代数》,取材宏富,囊括了学生在高中和大学所需的大量代数知识。

---

① 佚名. 高级中学算学课程标准 [J]. 安徽教育行政周刊,1932,5 (48):22-23.
② FINE H B. A College Algebra [M]. Boston:Ginn & Company,1905.
③ HALL H S,KNIGHT S R. Higher Algebra:A Sequel to Elementary Algebra for Schools [M]. London:Macmillan and Co.,Limited,1910.

1901 年出版后成为美国同类著作中的佼佼者①②。霍尔和奈特的《高等代数：学校初等代数续篇》于 1887 年出版后，在英、美等国颇受欢迎，次年即再版，1889 和 1891 年相继刊出第 3、4 版，至 1910 年各版本已重印 18 次③。

陈建功与毛路真合编的《高中代数学》第 2、3、5、6、17、19章，均有内容取材于范因的《大学代数》。如《高中代数学》第 19 章"方程式论"大部分内容，与《大学代数》第 2 部分第 29 章"方程论"大部分内容、第 30 章"三次和四次方程"部分内容相仿，其中包括 60 道习题相同或相仿。而且，《高中代数学》第 19 章中"方程式之根"与《大学代数》第 2 部分第 29 章中"方程之根"的表述形式基本相同，如表 4 - 15。

①WRIGHT J E. A College Algebra by Henry Burchard Fine ［J］. Science，new se-
　　ries，1906，24（601）：18 - 19.
②JOURDAIN P E B. A College Algebra by Henry Burchard Fine ［J］. The Mathe-
　　matical Gazette ，1907，4（64）：85.
③HALL H S，KNIGHT S R. Higher Algebra：A Sequel to Elementary Algebra for
　　Schools ［M］. London：Macmillan and Co.，Limited，1910.

表 4 - 15　《高中代数学》的"方程式之根"与《大学代数》的
"方程之根"表述比较表

《高中代数学》的表述	《大学代数》的表述
方程式 $f(x)=0$ 之根，为能使 $f(x)$ 等于零之 x 之值。换言之，凡 x 之值能满足于 $f(x)=0$ 者，即为此方程式之根。 　由根之定义，如 a_n 为 0，则 $f(x)=0$ 之一根为 0；又若 $f(x)=0$ 之系数皆为正数，则此方程式不能有正根；如完全方程式 $f(x)=0$ 之系数正负相间，则不能有负根。 　例如 $2x^3+x^2+1=0$ 不能有正根，因 x 之值如为正数，则多项式 $2x^3+x^2+1$ 决不能为 0 故也。 　又 $2x^3-x^2+3x-1=0$ 则不能有负根，因 x 为负数时，$2x^3-x^2+3x-1$ 不能为 0 故也。	The *roots* of the equation $f(x)=0$ are the values of x for which the polynomial $f(x)$ vanishes，§§332,333. It is sometimes convenient to call the roots of the equation the roots of the polynomial. 　From the definition of root it follows that when a_n is 0 one of the roots of $f(x)=0$ is 0；also that an equation $f(x)=0$ all of whose coefficients are positive can have no positive root，and that a complete equation $f(x)=0$ whose coefficients are alternately positive and negative can have no negative root. 　Thus，$2x^3+x^2+1=0$ can have no positive root since the polynomial $2x^3+x^2+1$ cannot vanish when x is positive；and $2x^3-x^2+3x-1=0$ can have no negative root since $2x^3-x^2+3x-1$ cannot vanish when x is negative.

　　资料来源：陈建功、毛路真：《高中代数学》，开明书店，1933，第 306 - 307 页；Henry Burchard Fine, *A College Algebra*（Boston，New York，Chicago and London：Ginn & Company，1905），p. 426.

　　比较可见，两书上述对应部分的知识表述差别很小，只是《大学代数》在第一句中多出"§332，333"而已。

　　陈建功与毛路真合编的《高中代数学》第 5—8 章、第 18 章均有内容取材于霍尔和奈特的《高等代数：学校初等代数续篇》。如《高中代数学》第 7 章"比及比例"第 2 节"比例"第 140—146 款定理及其证明，与《高等代数：学校初等代数续篇》第 2 章"比例"第 21—23

款内容及其证明，对应内容基本相同、顺序一致，证明及所用符号基本相同。《高中代数学》第 8 章"特种级数"第 3 节"调和级数"第 163 款"调和中项"内容及其例题、第 164 款"等差等比及调和中项之关系"内容、第 165 款"余论"内容及其例题，"习题一八"第 1、2、5 题，与《高等代数：学校初等代数续篇》第 6 章"调和数列，与数列有关的定理"第 64 款内容及其例题、第 65 款内容、第 66 款内容及其例 1，例题Ⅵ. a 第 2、3、6 题，对应内容基本相同。

陈建功与郦福绵合编的《高中几何学》多取材于两本有影响的美国几何学教科书。一本是美国数学家史密斯（David Eugene Smith）修订的温德华士的《平面和立体几何学》①。温德华士的《平面和立体几何学》是美国中学数学教材的一个标杆。经史密斯修订后，修订本保留了原书处理简单、表述清晰、页面对称的特点②。另一本是美国舒塞斯、塞末诺克合著，斯凯勒修订的《平面和立体几何学》（简称"三 S《平面和立体几何学》"）③。三 S《平面和立体几何学》于 1901 年初版，后于 1913、1925 年再版④，在美国普遍作为中等学校的教本，1935 年在中国华北、华南各地不少中学也用作教本⑤。

《高中几何学》第 11、第 25、第 27—29 章均有内容取材于史密斯修订的温德华士《平面和立体几何学》。如《高中几何学》第 25 章"直线与平面"定理 6、定理 7 及其"系 1""系 2"，与这本《平面和立体几何学》第 6 章"立体空间中的直线与平面"第 431、第 432 款定

①WENTWORTH G，SMITH D E. Plane and Solid Geometry ［M］. Boston：Ginn and Company，1913.

②Wentworth's Plane and Solid Geometry ［J］. The Journal of Education，1911，74（16）：440.

③SCHULTZE A，SEVENOAK F L，SCHUYLER E. Plane and Solid Geometry ［M］. New York：The Macmillan Company，1925.

④同③.

⑤南秉阳，韩镜湖. 三 S 平面几何学 ［M］. 北平：华北科学社，1935：序言.

理，第 433、第 434 款分别所列推论 1、推论 2，对应内容相同。定理 6、定理 7 的"系 2"的插图与第 431 款、第 434 款的插图也基本相同。《高中几何学》第 29 章"角柱"共有 13 个定理，均见于这本《平面和立体几何学》第 7 章"多面体、圆柱体和圆锥体"中有关棱锥的定理和推论，见表 4 - 16。

表 4 - 16　《高中几何学》第 29 章定理与史密斯修订的温德华士《平面和立体几何学》第 7 章对应内容比较表

原书定理编号	《高中几何学》定理	原书内容编号	《平面和立体几何学》内容
定理 33	角柱之平行截面为全相等之多角形	510	The sections of a prism made by parallel planes cutting all the lateral edges are congruent polygons.
定理 34	角柱之侧面积等于直截面之周与侧棱之乘积	512	The lateral area of a prism is equal to the product of a lateral edge by the perimeter of a right section.
定理 35	平行六面体之相对二面全相等而且平行	526	The opposite faces of a parallelepiped are congruent and parallel.
定理 36	若一角柱中夹三面角之三面各与他角柱中夹三面角之三面全相等，则两角柱全相等	522	Two prisms are congruent if the three faces which include a trihedral angle of the one are respectively congruent to three faces which include a trihedral angle of the other, and are similarly placed.

续表

原书定理编号	《高中几何学》定理	原书内容编号	《平面和立体几何学》内容
定理 37	斜角柱与以其直截面为底，侧棱为高之直角柱等积	525	An oblique prism is equivalent to a right prism whose base is equal to a right section of the oblique prism，and whose altitude is equal to a lateral edge of the oblique prism.
定理 38	过平行六面体二相对棱之平面，分此平行六面体为等积之两三角柱	527	The plane passed through two diagonally opposite edges of a parallelepiped divides the parallelepiped into two equivalent triangular prisms.
定理 39	底全相等之两长方体（体积）之比等于其高之比	528	Two rectangular parallelepipeds having congruent bases are to each other as their altitudes.
定理 40	等高两长方体之比等于其底之比	531	Two rectangular parallelepipeds having equal altitudes are to each other as their bases.
定理 41	两长方体之比等于其三元乘积之比	533	Two rectangular parallelepipeds are to each other as the products of their three dimensions.
定理 42	长方体之体积等于其三元之乘积	534	The volume of a rectangular parallelepiped is equal to the product of its three dimensions.

续表

原书定理编号	《高中几何学》定理	原书内容编号	《平面和立体几何学》内容
定理 43	平行六面体之体积等于其底面积与高之乘积	535	The volume of a rectangular parallelepipeds is equal to the product of its base and altitude.
定理 44	三角柱之体积等于其底面积与高之乘积	538	The volume of a triangular prism is equal to the product of its base by its altitude.
定理 45	任意角柱之体积等于其底面积与高之乘积	539	The volume of any prism is equal to the product of its base by its altitude.

资料来源：陈建功、郦福绵合编《高中几何学》，开明书店，1935，第 363 - 374 页；George Wentworth and David Eugene Smith，*Plane and Solid Geometry*（Boston，New York，Chicago and London：Ginn and Company，1913），pp. 319 - 335.

比较可知，《高中几何学》第 29 章的 13 个定理，与史密斯修订的温德华士的《平面和立体几何学》第 7 章中对应的有关棱锥的定理和推论相同，前后排列顺序亦一致。而且，左栏中定理 33、34、36—40、44、45 的插图，与史密斯修订的温德华士的《平面和立体几何学》对应内容的插图完全相同（含字母）。而左栏中定理 33、34、38 等的插图，与史密斯修订前的温德华士的《平面和立体几何学》对应内容的插图所用字母不同。

《高中几何学》第 16、25、29、30、33 章均有内容取材于三 S《平面和立体几何学》。如《高中几何学》第 16 章"多角形之面积"定理 82 及其"系"、定理 83、定理 84 及其"系"、定理 85 及其"系 1""系 2""系 3""系 4"、定理 86 及其"系 1""系 2""系 3""系 4"，与三 S《平面和立体几何学》第 4 章"多角形的面积"第 347—351 款、

第 353—362 款内容，对应内容基本相同。定理 83 与 349 款均列 3 个
插图，图形也基本相同。《高中几何学》第 33 章"球"的 9 个定理中
有 8 个定理与三 S《平面和立体几何学》第 8 编"球"的球面定义、
前 7 个定理相同，且对应内容排列顺序一致，两书紧接这些定理的作
图题亦相同，如表 4 - 17。

表 4 - 17　《高中几何学》第 33 章与三 S《平面和立体几何学》
第 8 编对应内容比较表

原书定理编号	《高中几何学》定理和作图题	原书内容编号	三 S《平面和立体几何学》定理和作图题
定理 63	球面者与一定点有定距离之点之轨迹也	702	A sphere is surface, all the points of which are equally distant from a fixed point.
定理 64	平面与球面相交之处为一圆	706	Every section of a sphere made by a plane is a circle.
定理 66	球之大圆或小圆，其圆周上所有之点，与其任意一极之球面距离相等	718	All points in a circle of a sphere are equidistant from a pole of the circle.
定理 67	小圆周上有三点 P，A，B，若 P，A 间与 P，B 间之球面距离皆等于一象限，则 A，B 二点决定一大圆，而 P 为此大圆之极	722	On a sphere, a point at a quadrant's distance from two other points, not the extremities of a diameter, is the pole of the great circle passing through these points.

续表

原书定理编号	《高中几何学》定理和作图题	原书内容编号	三S《平面和立体几何学》定理和作图题
定理 68	一平面 P 过球面上之一点 A，且垂直于半径 OA，则 P 为球之一切面。其逆亦真	729	A plane perpendicular to a radius of a sphere at its outer extremity is tangent to the sphere.
定理 69	二球面若相交而不相切，则其相交处为一圆	731	The intersection of two spheres is a circle.
定理 70	任何四面体 ABCD 得内接于一球	733	A sphere can be circumscribed about any tetrahedron.
定理 71	任何四面体得外切于球	735	A sphere can be inscribed in any given tetrahedron.
	作图题：求球之直径	737	To construct the diameter of a material sphere.

资料来源：陈建功、郦福绵编《高中几何学》，开明书店，1935，第 405－413 页；Arthur Schultze，Frank L. Sevenoak and Elmer Schuyler，*Plane and Solid Geometry*（New York：The Macmillan Company，1925），pp. 416－425.

不仅表 4－17 中两书对应内容相同，对应内容的插图也基本相同，仅是所用字母略有差别。同时，《高中几何学》部分习题可见于三 S《平面和立体几何学》。如前书第 33 章的习题第 1 题与后书 717 款内容后的习题 2 相同。前题："一球之半径为 15 寸，一小圆之平面离此球心 9 寸，问此小圆之半径若干？"后题："What is the radius of a small circle，if the distance of its plane from the center of the sphere is 9 in.，and the radius of the sphere is 15 in.？"

陈建功等人在向上述美国、英国数学教科书取材时，基本没有整章、整节地简单照搬，而是从中挑选部分内容，将之移植于自行建构的章节框架中。有时还对挑选的内容进行了改编。如《高中代数学》

第 6 章 "二次方程式"第 1 节 "二次方程式之理论"中关于 "极大与极小"的内容，取材自范因的《大学代数》第 2 部分第 14 章 "二次方程讨论，极大与极小"中 "极大与极小""二次三项式的变值"这两小节内容。陈建功等人从这两小节各挑选了部分内容，将它们组合在一起，并对其中的例 2（将一个给定的线段分为两段，求由它们分别作为长和宽的矩形的最大面积）改编后，作为《高中代数学》"极大与极小"的内容。《高中代数学》第 8 章 "特种级数"第 1 节 "等差级数"的内容，取材于霍尔和奈特的《高等代数：学校初等代数续篇》第 4 章 "等差数列"的内容。陈建功等人从此章中挑选了第 n 项公式的推导、等差数列求和公式的推导、两个关于等差级数的例题（一个为求前 17 项和，一个为求项数、公差）等内容，但对第 n 项公式的推导进行了改编。

再如，《高中几何学》第 11 章 "弓形角"的部分内容，取材于史密斯修订的温德华士的《平面和立体几何学》第 2 章 "圆"。陈建功等人选取了后书第 214 款定理 "圆内接角等于截弧的一半"及其证明与随后 4 个推论等内容，但将定理改为 "立于同弧上之圆周角，等于中心角之半"，并相应地改编了证明过程和 4 个推论。《高中几何学》第 33 章 "球"的绝大部分内容，取材于三 S《平面和立体几何学》第 8 章 "球面"。"球面"一章共 106 款，内容相当丰富。陈建功等人选取了其中 12 款内容，将 702—704 款关于球面及其半径、直径的定义改编为一个定理，并将 705 款中由这些定义导出的 4 个推论做了改编。他们在选取 "球面"一章 706 款的定理 "球面与平面的截线是个圆"和证明时，对证明亦有改编。

在篇章结构上，《高中代数学》《高中几何学》与上述各自所取材的教科书存在明显的差异。《高中代数学》相对简约，而范因的《大学代数》、霍尔和奈特的《高等代数：学校初等代数续篇》均相对宏大，篇章分别多达 43 章、35 章，与《高中代数学》所设章大都不同；《高中几何学》细化程度较高，史密斯修订的温德华士的《平面和立体几何学》、三Ｓ《平面和立体几何学》都相对简括，均仅设 8 章。《高中几何学》几章内容往往基本包含于史密斯修订的温德华士的《平面和立体几何学》、三Ｓ《平面和立体几何学》一章内容之内。

三、《高中代数学》 与《高中几何学》 的特色、流传和反响

（一）两书的特色

陈建功等人分别在《高中代数学》《高中几何学》的"编辑大意"中提出努力的目标。前书为"本书理论务求严密，说明务求简洁，习题务求得其要领"，后书是"本书说理力求简洁，证法前后保持一律，俾学者易得要领"。"证法前后保持一律"主要指该书对定理的证明皆给出从"假设""求证"到"证"的一律的过程。陈建功等人此举实际是摆明具体的假设条件、需要求证的结果、求证的方法，使学生易得要领，对几何学教学是重要的。这些目标基本得到落实，成为两书各自的特点之一。

通过与先前和同时期的同类教科书相比，笔者发现《高中代数学》和《高中几何学》下述特点也是鲜明的。

第一，注重与初中知识的衔接，循序渐进。《高中代数学》体现于先温习初中的代数式基本演算，再学习一次方程、因数分解、分数式等，深入到数论、概率、行列式、方程论等；《高中几何学》体现于先从初中平面几何学的一些基本公理、定义、定理入手，然后按照知识类别与内容连续性，相继深入到高中平面几何学和立体几何学知识。反观与之同类的教科书，有的内容与初中知识衔接或循序渐进的特点并不明显。何鲁的《新学制高级中学教科书代数学》便是其中之一。该书依次分"代数之基本运算""代数推广之方法""分析之基本概念"

"代数之本身问题" 4 编。第 3 编分 "初等倚数分论" "无穷小" "引数" "倚数展式，极大与极小" 4 章。第 4 编分 "方程式论" "数字方程式解法" "对称倚数之消去法" 3 章①。这两编之间与第 4 编各章之间的循序渐进性均不明显。再如，傅种孙的《高中平面几何教科书》依次分 "征引录" "推证通法" "证题杂术" "几何计算" "作图" "轨迹" "极限及极大、极小" 7 篇②，注重与初中知识的衔接，但内容并非循序渐进。

第二，《高中代数学》知识覆盖面较广，对方程与方程论等高中代数学核心内容的介绍相对详备。其中，方程论为专章即第 19 章，分 9 节，依次为 "基本定理及有理根" "根与系数之关系" "方程式之变形" "实数根与虚数根" "实数根之近似值" "重根" "施斗模之定理" "根之对称函数" "三次方程式及四次方程式"。在这方面，从何鲁的《新学制高级中学教科书代数学》到薛天游的《薛氏高中代数学》③，再到余介石的《高中代数学》④、傅溥的《傅氏高中代数学》⑤，都较陈建功和毛路真合编的《高中代数学》逊色。而且，陈建功等人此书中的连分数、不定方程式、数论、概率，以及方程论中的施图姆（J. C. F. Sturm，1803—1855）定理、四次方程式等内容都是何鲁的《新学制高级中学教科书代数学》未涉及的。陈建功等人此书中的连分数、数论、不定方程、多项式定理，方程论中的施图姆定理、三次方程式、四次方程式等内容，薛天游的《薛氏高中代数学》亦未涉及。余介石的《高中代数学》、傅溥的《傅氏高中代数学》的内容在同类教科书中都相对丰富，但未涉及连分数、数论等内容。关于方程论知识介绍的

---

①何鲁. 新学制高级中学教科书代数学 [M]. 上海：商务印书馆，1924.
②傅种孙. 高中平面几何教科书 [M]. 北平：算学丛刻社，1933.
③薛天游. 薛氏高中代数学 [M]. 上海：世界书局，1933.
④余介石. 高中代数学 [M]. 上海：中华书局，1934.
⑤傅溥. 傅氏高中代数学 [M]. 上海：世界书局，1933.

完备程度，与陈建功和毛路真合编的《高中代数学》基本相当，但未涉及施图姆定理。当然，有些同类教科书的某些内容的详备程度，也是陈建功和毛路真合编的《高中代数学》所不及的。如薛天游的《薛氏高中代数学》、余介石的《高中代数学》关于无理函数均专设一章详细介绍，而陈建功和毛路真合编的《高中代数学》仅在第 5 章第 2 节"多项式之开方法"等章节有所涉及。

第三，《高中代数学》比较注意融入具有现代数学意义的中国古代数学成就。如第 8 章第 4 节"自然数之级数"介绍了朱世杰《四元玉鉴》中"三角垛"与等同"四角垛"的"正方垛"等的求和公式。后来，陈建功等人在《高中代数学》修正 3 版中，还将原第 19 章第 5 节"实数根之近似值"中第 318 款"根之近似值"［内容为用霍纳（William George Horner，1786—1837）法求解数字方程根的近似值］的标题改为"中国古法"，所指即秦九韶的正负开方术，内容改为用"中国古法"求数字方程根的近似值，并强调"求数字方程式根之近似值，其法虽多，然以中国古法最称简捷，故特述之"。而且，"中国古法"的脚注中指出"西书多称此法为霍纳（Horner）氏法，其实中国早已有之"[1]。这有助于宣扬中国古代数学成就和激发学习者的民族自信心，也是陈建功等人促进高中数学教科书本土化的重要表征之一。而这一特点在先前和同期出版的高中代数学教科书中并不多见。

此外，与多数同类教科书相同，陈建功等人编撰的《高中代数学》和《高中几何学》注重采用科学名词审查会公布的数学名词中译名，但有部分名词采用日译名。如《高中代数学》中的复素数（complex number）[2]、矛盾方程式（inconsistent or incompatibleequation）[3]、极

①陈建功，毛路真. 高中代数学［M］. 上海：开明书店，1939：406-407.
②科学名词审查会. 算学名词［J］. 科学，1925，10（3）：414.
③科学名词审查会. 算学名词［J］. 科学，1925，10（4）：525.

大（maximum）①、极小（minimum）②、横坐标（abscissa）③、纵坐标（ordinate）④、顺列（permutation）⑤ 等，均采用科学名词审查会公布的数学名词中译名。书中组合律（associative law）、交换律（commutative law）等，分别受到日译名"组合定则"⑥"交换定则"⑦的影响。再如，《高中几何学》中的正多角形（regular polygon）⑧、角锥（pyramid）⑨ 等，都采用科学名词审查会公布的数学名词中译名。而角柱（prism）则来自日译名"角柱体"⑩。这与当时数学名词中译名在我国仍"极不统一"⑪，陈建功留学日本多年，深受日本数学影响有关。

（二）两书的流传和反响

陈建功等人编撰的上述两书均再版十余次，流传广泛。其中，《高中代数学》于1951年2月出至第14版⑫，《高中几何学》于1946年7月出至第11版⑬。这两本教科书的再版次数在同类教科书中是较多的。

这两本教科书出版后，在一些中学教师、学习者中有积极的反响，由下述案例可见一斑。由于《高中代数学》未附习题解答，"学者解证，无所景附"，1941年成都县立中学校教师何籽嵌决定编辑针对此

---

① 科学名词审查会. 算学名词 [J]. 科学，1925，10（6）：773.
② 同①.
③ 科学名词审查会. 算学名词 [J]. 科学，1926，11（9）：1279.
④ 同③.
⑤ 科学名词审查会. 算学名词 [J]. 科学，1925，10（4）：533.
⑥ 科学名词审查会. 算学名词 [J]. 科学，1925，10（3）：402.
⑦ 同⑥.
⑧ 科学名词审查会. 算学名词 [J]. 科学，1926，11（8）：1142.
⑨ 同⑧1148.
⑩ 同⑧1149.
⑪ 傅溥. 傅氏高中代数学 [M]. 上海：世界书局，1933：编辑大意.
⑫ 王有朋. 中国近代中小学教科书总目 [M]. 上海：上海辞书出版社，2010：643.
⑬ 陈建功，郦福绵. 高中几何学 [M]. 上海：开明书店，1946.

书的题解，遂"函讬诸友各解数章，历时一载，始观厥成"，定名为
《陈建功氏高中代数题解》，由成都的复兴书店、新智书局，重庆的新
生书局、永生书局销售①。该题解自 1942 年 12 月问世至 1946 年 8 月，
出至第 3 版，至 1949 年仍再版，较受欢迎。何籽钦对《高中代数学》
评价颇高，在此题解序中说：

　　　陈建功博士自东京归国，主讲浙大有年，以其余力，编

　　成是书，条目不紊，选材唯精。洵高中善本也②。

　　鉴于《高中几何学》亦未附习题解答，何籽钦于 1942 年夏又与师
友萧晓畋、冯克忠、曾茂柏同解《高中几何学》习题，"阅岁乃成"，
于 1943 年 4 月编辑了《陈建功氏高中几何学题解》，由成都四达书局、
新智书局、建国书局销售。1943 年 11 月此题解即出第 2 版③。不仅如
此，学者田长和也解答了《高中几何学》的习题，编辑成《高中几何
学题解》于 1943 年 5 月由中西书局发行，使读者在短时间内，以"最
少之精力，完成高中几何学一部分学业"，使"会考、升学、自修者自
通"；同时，使"教者免东翻西阅之劳，收事半功倍之效"④。

本章小结

　　1937 年 7 月抗日战争全面爆发是民国中后期中国中学数学教科书
发展的分水岭。前 15 年，即从"壬戌学制"颁行至抗日战争全面爆发
是中国中学数学教科书有史以来的最佳发展阶段。在这一阶段，由于

---

①徐荣中，孙炳章，何籽钦，等. 陈建功氏高中代数题解［M］.［出版地不详］:
　［出版者不详］，1946.
②同①序.
③萧晓畋，何籽钦，冯克忠，等. 陈建功氏高中几何学题解［M］. 编者自印本.
　1943.
④田长和. 高中几何学题解［M］. 成都：中西书局，1943.

"壬戌学制"和"戊辰学制"的颁行、新课程标准的制定和修订，以及政府允许学校自行选定教科书的有力驱动，全国大小图书出版机构、社团竞相出版适于新学制课程标准的中学数学教科书。中学数学教科书出版出现多点开花、"一纲多本"的蓬勃发展和多元化局面。这反映了政府的教育制度与自由的教科书出版和使用政策对科学教科书发展的深刻影响。同时，中学数学教科书出现了由一级发展到初中和高中两级的转变。汉译中学数学教科书出现了译自日本数学教科书快速下降，译自美国的数学教科书成为绝对主体的转变。但抗日战争全面爆发后的 12 年，中国自编中学数学教科书的出版活动明显衰落。这与全面抗战期间，战乱频仍，灾荒处处，全国出版事业遭受重创，中小学教科书实行国定制限制了民间机构、社团出版教科书的活动，有着直接的关联。

从"壬戌学制"颁行至抗日战争全面爆发前，国人自编中学数学教科书种类增长较快，至抗日战争全面爆发前不少于 144 种。在国人自编中学数学教科书中，初中数学教科书多于高中数学教科书，出版机构由世界书局、中华书局、商务印书馆、正中书局、开明书店等大出版机构担任主角。国人自编中学数学教科书作者中，中学和大学数学教师较民国初期明显增多，其中不乏陈建功、胡敦复、何鲁、傅种孙、余介石、吴在渊、陈荩民、段子燮等知名数学家。这体现了国人自编中学数学教科书作者群数学水平和素养的提升。

民国中后期，汉译中学数学教科书的出版基本保持稳定，未因抗日战争而有大的衰落。北平科学社、北平文化学社、华北科学社等社团与中华书局、商务印书馆和世界书局等大出版机构在出版这类教科书中扮演了重要角色。温德华士、范因的代数教科书，舒塞斯、塞未诺克、斯凯勒的几何教科书，葛蓝威尔的三角教科书，布利氏的混合数学教科书，是民国中后期汉译中学各科数学教科书的主体。

从"壬戌学制"颁行至抗日战争全面爆发前，依照新学制课程标准编撰的成套的国人自编中学数学教科书涌现。中华书局自 1922 年推出的"新中学教科书"中的数学教科书是最早的一套中学数学教科书。商务印书馆出版的"复兴教科书"中的中学数学教科书，虽然体例不尽统一，但学科齐全，大都特点明显，满足学习者的学习心理，由浅入深安排知识内容，知识体系较为完备，在这一时期成套国人自编中学数学教科书中影响最为广泛而深远。

"壬戌学制"颁行后，国人自编混合数学教科书的出现是中学数学教科书发展的一个突破。具有代表性的教科书是段育华编撰的 6 册本《新学制混合算学教科书》。该书不拘门类，将代数、几何、算术、三角合一炉而冶，具有以代数、几何为重点，重视代数、几何"参伍并授"，重视数学史教育等特点。20 世纪 20 年代，该书在中国流行较广，影响较大。当然，该书也存在对代数、几何、算术、三角各科知识的介绍不系统、不全面的缺点。进入 20 世纪 40 年代，《新学制混合算学教科书》逐渐淡出历史舞台。

民国中后期，国人自编的高中数学教科书中，陈建功等人编撰的《高中代数学》《高中几何学》是具有代表性的两种。这两本教科书参照 1932 年颁布的《高级中学算学课程标准》编撰。在编撰过程中，陈建功等人主要选取流行的美、英等国数学教材的内容，将之移植于自行建构的章节框架中，以满足国内高中数学教学的需求。《高中代数学》大量内容取材于范因的《大学代数》与霍尔、奈特的《高等代数：学校初等代数续篇》。《高中几何学》多取材于史密斯修订的温德华士的《平面和立体几何学》与舒塞斯、塞未诺克合著，斯凯勒修订的《平面和立体几何学》。而这两本教科书并非简单照搬或拼凑之作，在篇章结构和某些章节内容安排上与所取材的教材差异较大。这些反映了陈建功等人对所取材之国外数学教材所做的调整与在实现高中数学教科书本土化方面所做的尝试。这种尝试在 20 世纪二三十年代并非个例。

陈建功等人编撰的这两本教科书均具特色，都再版十余次，流传广泛，在一些中学教师、学习者中产生积极的反响。直至 1952 年全国在学习苏联教材的基础上编写了统一的中学数学教科书后，它们才被淘汰。它们的编撰表征了处于中小学教育变革中的中国在自主编撰高中数学教科书方面向美、英等国的学习和借鉴，对解决《高级中学算学课程标准》颁布后，高中急需相应数学教科书的困难起到积极作用。从更深的层次看，它们的编撰是国人通过向国外数学教材取材，打造适合新课程标准的高中数学教科书的一次成功尝试，促进了中国近代高中数学教科书的本土化。

第五章
中国近代中学数学教科书的演变与历史启示

    中国近代中学数学教科书的发展经历了四个阶段，历时近百年。所出版的中学数学教科书不少于 470 余种，自编教科书至少 250 余种。其中有一大批教科书影响广泛而深远。如 19 世纪中叶至 1895 年甲午战争结束期间，狄考文及其合作者编译的《形学备旨》《代数备旨》；晚清甲午战争后陈文编译的《中学适用算术教科书》；民国初期，王永炅和胡树楷合编的《新制算术教本》，寿孝天编撰的《共和国教科书算术》，骆师曾编撰的《共和国教科书代数学》，黄元吉编撰的《共和国教科书平三角大要》，徐善祥和秦汾合编的《民国新教科书算术》，秦汾和秦沅合编的《民国新教科书代数学》《民国新教科书几何学》，陈文编撰的《实用主义中学新算术》；民国中后期，严济慈编撰的《现代初中教科书算术》，骆师曾编著的《复兴初级中学教科书算术》，虞明礼编著的《复兴初级中学教科书代数》，余介石和徐子豪编著的《复兴初级中学教科书几何》，周元瑞和周元谷编著的《复兴初级中学教科书三角》，李蕃编著的《复兴高级中学教科书三角学》，虞明礼原编、荣方舟改编的《复兴高级中学教科书代数学（甲组用）》，胡敦复、荣方舟编著的《复兴高级中学教科书平面几何学》，段育华编撰的《新学制混合算学教科书》，陈建功等人编撰的《高中代数学》《高中几何学》等。

    这批中学数学教科书不仅对晚清以降中学数学教育的展开与教师科学、合理地教学，学生有效理解和掌握数学知识发挥了直接作用，为国人编撰同类教科书提供了范本，而且促进了初等数学知识在中国的传播，对规范和统一数学名词起到积极作用。当然，中国近代也有不少中学数学教科书出版时间不长便被淘汰，影响有限。

　　作为本书结语，本章将在前文的基础上考察中国近代中学数学教科书的演变过程和特征，分析中国近代中学数学教科书的发展动力，总结中国近代中学数学教科书发展的经验和教训，提出中国近代中学数学教科书的发展经历两次转向和两次高潮，国际化、本土化与模仿、改造贯穿于中国近代中学数学教科书演变过程之中，社会政治、教育制度变革与民间力量推动是中国近代中学数学教科书发展的关键动力等观点。

第一节　　两次转向与两次高潮

　　中学数学教科书的产生方式经历由 19 世纪中叶至甲午战争结束期间中外人士合作翻译、编译，到晚清甲午战争后国人翻译、编译为主，国人自编为辅，再到民国时期国人自编为主，国人翻译和编译为辅的转变。在 19 世纪中叶至甲午战争结束期间，中学程度的数学教科书主要是学习欧美的产物。这一时期具有代表性的教科书《形学备旨》《代数备旨》均以欧美数学教科书为底本编译。如《形学备旨》的底本有美国罗密士的《几何与圆锥曲线基础》及其修订本、罗宾逊的《几何、平面和球面三角基础》、派克的《几何与圆锥曲线手册》，英国沃森的《平面与立体几何基础》，还有利玛窦、徐光启、伟烈亚力、李善兰合译的《几何原本》15 卷本。《几何原本》的原作者是古希腊的欧几里得。《代数备旨》的底本有美国罗宾逊的《新大学代数》、罗密士的《代数论》修订版，英国托德亨特的《大学和学校用代数学：配有大量例题》，以及傅兰雅和华蘅芳合译的《代数术》。《代数术》的底本是英国数学家华里司为《大英百科全书》第 7 版撰写的条目"Algebra"。因此，中国近代中学数学教科书的源头是在欧美。

　　1895 年甲午战争后，中国中学数学教科书的发展主流发生第一次转向：由学习欧美转向学习日本。晚清甲午战争后的汉译日本中学数学教科书至少有 109 种，占该时期全部中学数学教科书（约 144 种）的 75.7％。这次转向将日本桦正董、藤泽利喜太郎、长泽龟之助、小林盈、三轮桓一郎、田中矢德、上野清、奥平浪太郎、三木清二、高木贞治、宫崎繁太郎、松冈文太郎、真野肇和宫田耀之助、寺尾寿和吉田好九郎、菊池大麓、林鹤一、饭岛正之助、远藤又藏、泽田吾一等一批数学教育家或数学家的数学教科书或数学译著引入中国。这使中国迎来了中日数学交流的一个黄金时期。主要由于这次转向与日本中学数学教科书的大规模汉译，中国近代中学数学教科书发展在晚清甲午战争后出现第一个高潮。

　　至民国初期，尽管中国中学数学教科书学习日本的热潮已衰退，但仍深受日本的影响。"中华教科书"中赵秉良所编中学数学教科书，王永炅和胡树楷所编新制数学教本，"共和国教科书"中的《共和国教科书算术》《共和国教科书平面几何》《共和国教科书立体几何》，均以日本数学教科书为蓝本。

　　1922 年"壬戌学制"颁行后，中国中学数学教科书的发展主流发生第二次转向：由学习日本又转向学习欧美，特别是美国。民国中后期出版的汉译中学数学教科书主要译自美国数学教科书，译自英国、日本的数学教科书有限，汉译中学数学教科书主要译自日本数学教科书的局面已经完全改变。同时，"壬戌学制"颁行后，不乏参考和取材于欧美，特别是美国数学教科书的国人自编中学数学教科书。如陈建功和毛路真合编的《高中代数学》主要取材于美国范因的《大学代数》与英国霍尔、奈特的《高等代数：学校初等代数续篇》；陈建功和郦福绵合编的《高中几何学》多取材于美国史密斯修订的温德华士的《平面和立体几何学》，美国舒塞斯和塞未诺克合著、斯凯勒修订的《平面和立体几何学》。李蕃编著的《复兴高级中学教科书三角学》参考了美国霍布森、罗思罗克、葛蓝威尔、温德华士和史密斯（David Eugene Smith），以及英国龙内、托德亨特的数学教科书。当然，也有国人自编中学数学教科书参考了日本数学教科书。如余介石和张通谟编著的《复兴高级中学教科书几何学》，在参考美国舒塞斯和塞未诺克合著、斯凯勒修订的《平面几何学》和美国黑尔特的《立体几何》的同时，还参考了日本柳原吉次的《几何学——轨迹及作图》。

伴随着第二次转向，中国中学数学教科书的发展在"壬戌学制"颁行后至抗日战争全面爆发前出现第二次高潮。这 15 年间，国人自编中学数学教科书约有 144 种，占民国中后期国人自编中学数学教科书总数（约 198 种）的 72.7%。民国中后期出版的产生广泛而深远影响的国人自编中学数学教科书主要产生于这 15 年间。抗日战争全面爆发后，中国近代中学数学教科书走向衰落，新编的成套的中学数学教科书甚少，更没有出现像"复兴教科书"中的中学数学教科书一样具有影响力的国人自编的中学数学教科书。

第二节　国际化、本土化与模仿、改造贯穿演变过程

中国近代中学数学教科书在 19 世纪中叶至 1895 年甲午战争结束期间萌芽之际，译者即在教科书的国际化、本土化方面付出了努力，同时也有对底本的模仿和改造。狄考文及其合作者编译的《形学备旨》《代数备旨》都采用了西方国家通用的阿拉伯数码和西方数学符号，同时将底本中带有西方特质的内容，特别是问题、习题做了本土化处理。他们模仿底本建构知识体系，同时对底本内容做了适当的改造，增加了一些底本未有的内容。但狄考文及其合作者在教科书的国际化方面的努力具有保守性，这主要表现在他们以中文表示已知量和未知量，

算式以竖行书写，未能在数学知识表示形式上完全与国际接轨。

晚清甲午战争后，大量汉译日本中学数学教科书学习日本，采用了对数码、数学符号、文字和公式的西化做法，其中有些教科书模仿底本时，没有完全拘泥于底本，对不适宜中国之处做了删改，而且改编了底本的部分内容。陈文编译的《中学适用算术教科书》是其中之一。该书基本采用底本即桦正董的《改订算术教科书》的框架，大部分内容照译自该书，但对于不适宜中国之处，悉数删除，将例题中的日本名称、单位改为中国名称、单位，变更了底本的例题300余道，对底本"诸等法""百分算"两编进行了大量的改编。

民国初期，国人自编中学数学教科书已普遍采用西方通行的数码、数学符号和文字、公式横排的排版方式。其中，部分教科书以日本数学教科书为底本，在模仿底本的同时对于一些内容做了本土化处理，对底本部分内容进行了改造。如赵秉良编撰的《中华中学代数教科书》，以日本高木贞治的《普通教育代数教科书》上卷为底本，高度模仿了底本。但赵秉良在《中华中学代数教科书》中对底本中的少量例题、习题做了本土化的改编。同时，赵秉良在《中华中学代数教科书》中删除了底本少量例题，加入了少量不在《普通教育代数教科书》上卷内的例题、问题。王永炅和胡树楷合编的新制数学教本，选取长泽龟之助的"数学新教科书"中的5种主要著作为底本或主要底本。王永炅和胡树楷对新制数学教本的编撰，并非完全对底本或主要底本依样画葫芦，而是力求在一定程度上突破底本或主要底本，编撰适于新学制的中等学校数学教科书。因此，他们在模仿底本或主要底本时，也对底本或主要底本内容做了一些改编和改进。其中有的改编是颠覆性的，如《新制算术教本》对知识的表述没有采用《新算术教科书》的归纳推理方式，而是采用了与之相反的演绎推理方式。《新制算术教本》第1编在底本之外增加的"四则应用杂题"中的"鸡兔算法""盈脑算法"，体现了王永炅和胡树楷在该书本土化方面付出的努力。

民国中后期，国人自编的部分中学数学教科书既有国际化、本土化的努力，亦有对底本的模仿和改造。如陈建功等人编撰的《高中代数学》《高中几何学》对底本做了大量模仿，但在篇章结构和某些章节内容安排上与底本差异较大。这些反映了陈建功等人对所取材之国外数学教材所做的调整与在实现高中数学教科书本土化方面所做的尝试。其中，《高中代数学》比较注意融入具有现代数学意义的中国古代数学成就。该书第 8 章第 4 节介绍了朱世杰《四元玉鉴》中"三角垛"与等同"四角垛"的"正方垛"等的求和公式。陈建功在《高中代数学》修正 3 版中，还将原第 19 章第 5 节中第 318 款"根之近似值"的标题改为"中国古法"，并将该款内容改为以"中国古法"求数字方程根的近似值。这体现了《高中代数学》的本土化表征。

因此，国际化、本土化与对底本的模仿和改造贯穿于中国近代中学数学教科书的演变过程之中。

第三节　社会政治、教育变革与民间力量推动是重要动力

中国近代中学数学教科书的萌芽发生于 19 世纪中叶至甲午战争结束期间。由于两次鸦片战争的失败，中国在 19 世纪 40 至 60 年代出现了前所未有的民族危机。面对民族危机，采西学、制洋器是国家自强之道，而数学乃西人制器之根本的思想，在奕䜣、李鸿章、左宗棠等洋务运动领袖人物中达成了共识，"算学"与国家"自强"产生直接关联并上升为国家意识形态。在这样的背景下，不仅晚清新式学堂，教会中学也重视数学教育。这为中国近代中学数学教科书的出现提供了重要动力。作为民间组织，益智书会对教会学校教师编撰中学程度的数学教科书起到重要推动作用。狄考文及其合作者编译的《形学备旨》

《代数备旨》等教科书就是在这两股动力作用下产生的。

甲午战争后，中国民族危机加重。学习日本成为晚清政府倡导和推动的救亡图存、富国强兵的新路，得到中国社会的积极响应。因此，学习日本成为中国的社会热潮。广大国人积极留学日本、翻译和编译日本书，图书编译出版机构和社团也大量涌现。1904 年，晚清政府颁行"癸卯学制"，中学数学教育在晚清大规模展开，中学亟须新式中学数学教科书。全国包括商务印书馆、文明书局、科学书局、群益书社等在内的多家出版机构激烈竞争出版教科书。因此，日本中学数学教科书被大规模汉译，成为晚清甲午战争后中国近代中学数学教科书出现兴盛局面的主要原因。晚清甲午战争后，中学数学教科书的翻译、编译、编撰和出版主要由民间出版机构、社团组织进行。尽管京师大学堂设立了译书局，并在上海设立译书分局，学部设立了编纂各级各类学堂教科书的专职机构编译图书局，编译出版包括中学教科书在内的图书，但这些书局都没有大的作为。

1912 年，中华民国成立，统治中国 260 余年的清朝在辛亥革命的直接冲击下被推翻。新政权禁用晚清学部颁行的教科书，废除"癸卯学制"，颁行"壬子·癸丑学制"。这是中国近代的重大政治和教育变革。不仅如此，1915 年开始的新文化运动，高举民主和科学两面大旗，使中国发生影响深远的文化和思想变革。这些有力地推进了适合新学制的新式中学数学教科书的出版活动，也加快了中学数学教科书和中国其他科学教科书的现代化进程。民国初期，中华书局、商务印书馆和科学会编译部等民间图书出版机构和社团在组织翻译、编译、编撰和出版中学数学教科书中扮演了重要角色。

1922 年"壬戌学制"颁行至 1937 年 7 月抗日战争全面爆发，由于"壬戌学制""戊辰学制"的颁行、课程标准的制定和 3 次修订，中国教育制度，尤其中小学教育制度发生了深刻变革。随着教育制度变革的进行，中学需要更新相应的数学教科书。同时，政府允许学校自行选定教科书。因此，全国图书出版机构、社团竞相出版适于新学制和课程标准的中学数学教科书。在这 15 年中，国人自编中学数学教科书和汉译中学数学教科书的种类都增长较快，中国中学数学教科书出现"一纲多本"的蓬勃发展和多元化局面，继晚清甲午战争后再次迎来发展的高潮。中学数学教科书出版多点开花，世界书局、中华书局、商务印书馆、正中书局、开明书店等大出版机构担任主角。其中，仅正中书局具有官方地位，属于国民党的附属企业。抗日战争全面爆发后，国人自编的中学数学教科书式微。正中书局因推出新中国教科书，对中学数学教科书建设的贡献突出。同时，中华书局、开明书店、世界书局、中国科学图书仪器公司、大东书局、易进出版社、大时代书局等民间出版机构仍在零星地出版中学数学教科书，合起来的种类多于新中国教科书中的中学数学教科书。

总之，社会政治、教育变革与民间力量推动是中国近代中学数学教科书发展的重要动力。这深刻反映了中国近代数学教科书发展与社会政治、教育变革和民间力量推动的重要关系。

第四节　作者群体与知识体系的演变

一、　作者群体的演变

作者是教科书生产的主体，其知识结构、科学造诣、教学经验等与教科书的水平和质量密切相关。19 世纪中叶至甲午战争结束期间，中国中学程度的数学教科书大都是编译的著作。编译者是来华的外国人，特别是传教士与中国本土学者。其中，来华的外国人大都受过专业的科学训练，具有一定的科学造诣和教学经验。如狄考文毕业于美国宾夕法尼亚州杰弗逊学院，在西方神学院学习过，曾任宾夕法尼亚州比弗学院校长。来华后，他在登州文会馆长期任教。他的合作者邹立文、刘永锡、生福维都是登州文会馆的毕业生，数学水平都在狄考文之下。邹立文和生福维对于编译数学教科书主要做笔译书稿的工作，刘永锡做准备习题、画图、参阅全书等辅助工作。在 19 世纪中叶至甲午战争结束期间，来华的外国人对中学程度数学教科书的编译处于主导地位。

晚清甲午战争后，汉译中学数学教科书译者群体发生演变，国人成为绝对的主体，外国人中仅有少数日本学者参与汉译日本中学数学教科书的工作。汉译日本中学数学教科书的译者多数为中国留日学生，还有一部分是无留学经历的中国本土学者和少数日本学者。当时的留日学生虽然大都并非专攻数学，但通晓日文，对翻译、编译汉译日本中学数学教科书占有优势。晚清甲午战争后，汉译欧美中学数学教科书的译者均为国人，有谢洪赉、马君武、陈榥、李国钦、邓彬、屠坤华等，整体知识水平较高。晚清甲午战争后，编撰的中学数学教科书作者均为国人，由中国留日学生与没有留学经历的本土学者组成。

民国初期，汉译中学数学教科书译者的主体，由中国留日学生演变为无留学经历的中国本土学者。当时汉译中学数学教科书大体一半译自日本数学教科书，一半分别译自美国和英国数学教科书，但译者中有留日经历的中国学者较少。编撰的中学数学教科书的作者多数为无留学经历的本土学者，一部分为有留日经历的中国学者，少数为有留美经历的中国学者。在无留学经历的本土学者中，吴在渊具有不俗的数学水平，是大同学院数学教师。具有留美经历的中国学者作为作者是此前没有的现象。其中，秦汾、胡敦复等作者在美国都受到过专业的数学训练，数学素养较高。

民国中后期，中学数学教科书译者和编撰者以中学、大学数学教师为中坚力量。其中，余介石、吴在渊、胡敦复、何鲁、傅种孙、陈建功、陈荩民、段子燮、程廷熙等都是数学水平较高的知名数学家。

陈建功留学日本东北帝国大学，是在日本获得理学博士学位的首位中国人；何鲁、段子燮都留学法国里昂大学，获硕士学位；陈荩民留学法国底雄大学，获硕士学位。同时，中学数学教科书的编译者中有一些国内重要大学数学系的毕业生或在读生。较之此前，中学数学教科书作者群的整体数学水平明显提高。

二、 知识体系的演变

19 世纪中叶至甲午战争结束期间，中国中学程度的数学教科书不多，知识体系相对单一，与欧美流行数学教科书接轨。如狄考文及其合作者编译的《形学备旨》在结构框架上与美国罗密士的《几何与圆锥曲线基础》及其修订本高度相似，仿照底本以公理化方法建立了逻辑演绎体系，知识体系的具体内容主要来自底本。狄考文及其合作者编译的《代数备旨》在结构上模仿了罗密士的《代数论》修订版的部分结构，亦仿照底本以公理化方法建立了逻辑演绎体系，知识体系的具体内容也主要来自底本。

晚清甲午战争后，中国中学数学教科书的知识体系主要与日本数学教科书接轨。当时汉译日本数学教科书占中国中学数学教科书的大部分。这些教科书的底本绝大部分是日本学者的数学教科书，仅有几本是由日本学者翻译自英国学者的数学教科书。这些教科书的知识体系有的照搬底本，有的模仿和改造自底本，与底本差别不大。这点由如下两例可见一斑。一例是黄元吉编译的《平面几何学新教科书》，其以日本菊池大麓的《几何学小教科书：平面几何学》为底本，分为"直线""圆""面积""比及比例"4 编；其与底本的体例、框架完全相同，内容基本相同。另一例是陈文编译的《中学适用算术教科书》，其以日本桦正董的《改订算术教科书》为底本，基本采用了底本的框架，大部分内容照译自底本。晚清甲午战争后，有的国人自编中学数学教科书也以日本数学教科书为底本。如陈元鼎所编《中学代数学教科书》，参考了上野清、长泽龟之助、三木清二、原滨吉、松冈文太郎、平井善太郎、藤泽利喜太郎等人的著作。该书知识体系与这些日本学者的相关著作接轨。

晚清甲午战争后，少量中学数学教科书与美国、英国数学教科书接轨。如谢洪赉编译的《最新中学教科书代数学》《最新中学教科书几何学：平面部》《最新中学教科书几何学：立体部》均采用或模仿美国宓尔相关数学教科书的知识体系。陈榥编译的《初等代数学》，李国钦和邓彬编译的《平面三角法》分别采用或模仿英国查理斯密、翰卜林斯密士相关数学教科书的知识体系。

相较于19世纪中叶至甲午战争结束期间，晚清甲午战争后中学数学教科书知识体系的一个重要变化是代数教科书方程内容的前移。狄考文及其合作者编译的《代数备旨》13章本，至第8章"一次方程"才开始介绍方程知识。晚清甲午战争后，陈元鼎所编《中学代数学教科书》，权量所译真野肇、宫田耀之助的《最新代数学教科书》，彭世俊、陈尔锡、张藻六所译桦正董的《改订代数学教科书》，陈榥所译查理斯密的《初等代数学》，谢洪赉所译宓尔的《最新中学教科书代数学》，都将方程知识安排得比较靠前。

民国初期，中国中学数学教科书的知识体系与日本数学教科书接轨的程度下降，但受日本的影响仍然较大。当时汉译日本中学数学教科书的种类较晚清甲午战争后大幅度下降，在中学数学教科书中所占比例不到20％。但是国人自编的中学数学教科书中，以日本数学教科书为底本的不在少数。"中华教科书"中赵秉良所编中学数学教科书、王永炅和胡树楷所编新制数学教本，"共和国教科书"中的《共和国教科书算术》《共和国教科书平面几何》《共和国教科书立体几何》均是如此。这些教科书的知识体系主要以底本为参照，因而与底本接轨。

不过，欧美对中国中学数学教科书知识体系的影响加大。当时汉译欧美数学教科书在种类上已与汉译日本中学数学教科书相当。在国人自编中学数学教科书中，陈文所编《实用主义几何学教科书：平面》《实用主义几何学教科书：立体》《实用主义代数学教科书》《实用主义平面三角法》，以德国白连德森和涅精古的《现代原理数学教科书》为底本，并参考英美学说编撰而成。这些实用主义中学数学教科书的知识体系直接受到欧美的影响。

1919 年或稍早，陈文所编《实用主义代数学教科书》引入了函数与图表。该书第 2 编"坐标"、第 4 编"一次方程式"、第 5 编"乘方及方根"、第 6 编"二次方程式"、第 7 编"对数"、第 10 编"二元二次方程式"，都有函数和图表内容。同时，该书注重介绍复数及其图式、计算知识。该书出版前，中国中学数学教科书鲜有函数与图表的内容，对复数的介绍很有限，更没有复数图式的知识。因此，这是晚清到民国初期中国中学代数教科书知识体系的重要变化。

民国中后期，中国中学数学教科书的知识体系主要与欧美数学教科书，特别是美国数学教科书接轨，受到日本的影响有限。这一时期汉译中学数学教科书主要译自美国数学教科书。有些国人自编中学数学教科书以欧美尤其美国数学教科书为底本。陈建功等人编撰的《高中代数学》《高中几何学》，李蕃编著的《复兴高级中学教科书三角学》，具有代表性。与此前不同的是，这一时期有的中学数学教科书的篇章结构设计的创新性明显提高，与底本存在明显的差异。陈建功等人编撰的《高中代数学》《高中几何学》就是其中一例。这是民国中后期中学数学教科书自主创新性提高的一个缩影。

民国中后期，中学数学教科书的知识体系出现一些明显的变化。第一，1937 年 7 月抗日战争全面爆发前，随着中学课程标准的制定和 3 次修订，函数与方程论在高中代数教科书知识体系中的地位提高，成为核心内容之一。第二，1932 年《初级中学算学课程标准》颁布后，实验几何学成为一些中学数学教科书的重点内容，出现了汪桂荣编著的《初级中学实验几何学》、马文元编的《新中学教科书实验几何

学》等专门介绍实验几何学的中学数学教科书。第三，在 1923 年颁布
的《新学制课程标准纲要》中的《初级中学算学课程纲要》影响下，
自此年起中国自编初中数学教科书中出现混合数学教科书。如段育华
编撰的《新学制混合算学教科书》，程廷熙、傅种孙合编的《新中学教
科书初级混合数学》，张鹏飞编的《新中学教科书初级混合法算学》，
陈岳生等编的《混合算学》等。这类教科书与美国布利氏、德国大数
学家克莱因（F. Klein，1849—1925）主张的混合教学思想接轨①，不
拘门类，将代数、几何、算术、三角知识混合在一起，合一炉而冶，这
是中国中学数学教科书在知识体系上的一个突破。

从整体看，从 19 世纪中叶到民国中后期，中国近代中学数学教科
书的知识体系大致呈现出螺旋上升、不断改进的形态。这一形态的出
现是国人在欧美、日本循环影响下对中学数学课程与数学教科书不断
探索和实践的结果。不过，其间也有倒退、反复。如虚数知识在狄考
文及其合作者编译的《代数备旨》、谢洪赉翻译的《最新中学教科书代
数学》②、陈福咸编译的《普通教育代数学教科书》中已出现，1916 至
1917 年出版的王永炅和胡树楷合编的《新制代数学教本》则阙如。
1923 年《初级中学算学课程纲要》规定的混合制，1941 年被国民政府
教育部取消，中学混合数学教科书因此退出历史舞台。耐人寻味的是，
37 年后，即 1978 年我国颁布的《全日制十年制学校中学数学教学大
纲（试行草案）》又规定数学教学内容要有利于数学知识的综合运用，
把精选出的代数、几何、三角等内容和新增的微积分等内容综合成一
门数学课③。这实际是主张数学教学内容实行综合编排和混合教学，

---

①仲光然. 中学数学教科书之研究［J］. 中华教育界，1931，19（4）：222.

②宓尔. 最新中学教科书代数学：下册［M］. 谢洪赉，译. 上海：商务印书馆，
 1905：175 - 180.

③中华人民共和国教育部. 全日制十年制学校中学数学教学大纲（试行草案）
 ［M］//课程教材研究所. 20 世纪中国中小学课程标准·教学大纲汇编：数学
 卷. 北京：人民教育出版社，1999：454.

其背后的原因值得研究。

第五节　历史启示：经验与教训

中国近代中学数学教科书的发展，留下了值得重视的历史经验。首先，包括中学数学教科书在内的科学教科书的发展，需要重视科学、民主的社会氛围，宽松、自由的图书出版环境。1922年"壬戌学制"颁行至1937年7月抗日战争全面爆发是中国中学数学教科书发展的一个黄金时期。这一时期的出现并非偶然，与"壬戌学制"颁行、中小学课程标准制定和3次修订带来的深刻教育变革，民间出版机构和社团的有力推动密不可分。但这些动力植根于当时重视科学和相对民主的社会氛围，相对宽松、自由的图书出版环境。在国内教育界不断批评下，"壬戌学制"得以制定，"壬子·癸丑学制"被废除，就是当时中国社会具有重视科学与相对民主的社会氛围的重要表征。

其次，良好的中学数学教科书的产生需要较高数学素养的作者或具有中学教学经验的作者。从民国初期到民国中后期，质量优良的中学数学教科书《民国新教科书算术》《民国新教科书代数学》《民国新教科书几何学》的作者之一秦汾，《复兴初级中学教科书几何》的作者余介石，《复兴高级中学教科书平面几何学》的作者胡敦复和荣方舟，都具有较高的数学素养。《复兴初级中学教科书代数》的作者虞明礼、《复兴高级中学教科书几何学》增订版的作者之一胡术五，均为具有教学经验的中学数学教师。合编《高中几何学》的陈建功和郦福绵是具有较高数学素养的数学家和具有教学经验的中学数学教师的结合。

再次，良好的中学数学教科书在内容上不仅要逻辑清晰、简明扼要、通俗易懂，而且要注重学习者的学习心理、提高学习者的学习兴趣。虞明礼编著的《复兴初级中学教科书代数》《复兴高级中学教科书代数学》即是中国近代中学数学教科书中注重学习者学习心理、提高学习者学习兴趣的代表作。

中国近代中学数学教科书的发展，也留下了值得吸取的历史教训。首先，社会动荡和中小学教科书国定制的推行对民国后期中学数学教科书发展造成严重影响。1937 年 7 月抗日战争全面爆发后，由于日军的大规模侵略，中国战乱频仍，民不聊生。在这种大动荡的情况下，以上海为中心，以北平、南京、天津为次中心的中国出版业，遭遇前所未有的沉重打击①。全面抗战结束一年左右，1946 年国共两党内战继起，中国社会又处于动荡之中。1946 年开明书店孟通如曾说："开明创立二十年了，而我也在这个大家庭里生活了十二个年头。这是一个动乱的时代！战乱年代，灾荒处处，出版事业受到了惨酷无情的摧残，不能发育滋长"②。这是民国后期中学数学教科书衰落的主要原因之一。另一个原因是，1943 年中小学教科书国定制的正式施行，使民间出版机构、社团组织出版中小学教科书的自由空间大为缩减。

其次，中学数学教科书与社会隔膜太深，影响学习者所学知识在社会中的应用。民国中期不少中学数学教科书存在这一问题，尤其以初中算术教科书表现突出。甘源淹和余介石在所编《初中算术》中指出了这一问题和根本原因："现在学校和社会隔膜太深，在学校所学的，往往不能到社会里去应用，已成近来学校通病，而尤以所学的算术一门最易显出骨子来……今日坊间流行之教科书——尤其是算术教科书——不切实际应用，不合学习心理，不适社会生活环境，以致造成不合辙的教育的危机，实为根本的一大原因。因为课本为学校教育的工具，虽有优良的教学法，要是工具的本身没有精良，也属徒然。"③ 这段话反映了民国中期这一问题的普遍性，表明造成这一问题

①吴永贵. 民国出版史 [M]. 福州：福建人民出版社，2011：61 - 63.
②孟通如. 我爱开明 [J]. 明社消息，1946（17）：1.
③甘源淹，余介石. 初中算术：上册 [M]. 上海：青光书局，1934：编辑大意.

的根本原因在于中学数学教科书不切合实际应用，不符合学习心理，不适应社会生活环境。

这些经验与教训在今天并未过时，对于中国中学数学教科书编撰与发展仍具有启示意义。

参考文献

中文文献

◉ 原始文献

著作

[1] 北京大学校史研究室. 北京大学史料：第一卷 [M]. 北京：北京大学出版社，1993.

[2] 布利氏. 布利氏新式算学教科书 [M]. 徐甘棠，译述. 上海：商务印书馆，1920.

[3] 布利氏. 布利氏新式算学教科书：第二编 [M]. 王自芸，译述. 上海：商务印书馆，1922.

[4] 布利氏. 布利氏新式算学教科书：第三编 [M]. 文亚文，唐楩献，译述. 上海：商务印书馆，1924.

[5] 布利氏. 布利氏新式算学教科书：第四编 [M]. 余介石，译述. 上海：商务印书馆，1934.

[6] CASEY J. 新撰平面三角法教科书 [M]. 顾澄，编译. 上海：商务印书馆，1913.

[7] 查理斯密. 查理斯密初等代数学 [M]. 王家菼，译述. 上海：商务印书馆，1919.

[8] 查理斯密. 查理斯密小代数学 [M]. 陈文，译. 上海：科学会编译部，1909.

[9] 长泽龟之助. 新几何学教科书：平面 [M]. 周达，译. 东京：东亚公司，1913.

[10] 陈建功，毛路真. 高中代数学 [M]. 上海：开明书店，1933.

[11] 陈建功，郦福绵. 高中几何学 [M]. 上海：开明书店，1935.

［12］陈榥. 中等算术教科书：上卷［M］. 东京：教科书译辑社，1906.

［13］陈榥. 中等算术教科书：下卷［M］. 东京：教科书译辑社，1906.

［14］陈文. 中学适用算术教科书［M］. 上海：科学会编译部，1909.

［15］陈文. 实用主义中学新算术［M］. 上海：科学会编译部，1919.

［16］陈文. 实用主义几何学教科书：平面［M］. 上海：科学会编译部，1917.

［17］陈文. 实用主义几何学教科书：立体［M］. 上海：科学会编译部，1917.

［18］陈文. 实用主义代数学教科书［M］. 上海：科学会编译部，1919.

［19］陈文. 实用主义平面三角法［M］. 上海：科学会编译部，1919.

［20］陈学恂，田正平. 中国近代教育史资料汇编：留学教育［M］. 上海：上海教育出版社，2007.

［21］狄考文. 代数备旨［M］. 邹立文，生福维，笔述. 上海：上海美华书馆，1890.

［22］狄考文. 代数备旨：下卷［M］. 范震亚，校录. 上海：上海会文编译社，1902.

［23］狄考文. 形学备旨［M］. 邹立文，笔述，刘永锡，参阅. 上海：上海美华书馆，1885.

［24］棣么甘. 代数学［M］. 伟烈亚力，口译，李善兰，笔受. 上海活字印刷本. 上海：［出版者不详］，1859.

［25］丁福保. 初等代数学讲义［M］. 上海：文明书局，1905.

［26］东野十治郎. 最新算术教科书［M］. 西师意，译. 东京：东亚公司，1906.

［27］段育华. 新学制混合算学教科书：第一册［M］. 上海：商务印书

馆，1923.

［28］段育华. 新学制混合算学教科书：第二册 ［M］. 上海：商务印书
馆，1923.

［29］段育华. 新学制混合算学教科书：第三册 ［M］. 上海：商务印书
馆，1924.

［30］段育华. 新学制混合算学教科书：第四册 ［M］. 上海：商务印书
馆，1925.

［31］段育华. 新学制混合算学教科书：第五册 ［M］. 上海：商务印书
馆，1925.

［32］段育华. 新学制混合算学教科书：第六册 ［M］. 上海：商务印书
馆，1926.

［33］费烈伯，史德朗. 最新中学教科书三角术 ［M］. 谢洪赉，编译.
上海：商务印书馆，1907.

［34］郭书春. 中国科学技术典籍通汇·数学卷：第五册 ［M］. 郑州：
河南教育出版社，1993.

［35］翰卜林斯密士. 平面三角法 ［M］. 李国钦，邓彬，译. 上海：群
益书社，1908.

［36］胡敦复，荣方舟. 复兴高级中学教科书平面几何学 ［M］. 上海：
商务印书馆，1936.

［37］胡敦复，荣方舟. 复兴高级中学教科书立体几何学 ［M］. 上海：
商务印书馆，1936.

［38］胡术五，余介石，张通谟. 复兴高级中学教科书几何学 ［M］. 上
海：商务印书馆，1935.

［39］华里司. 代数术 ［M］. 傅兰雅，口译，华蘅芳，笔述. 上海：江
南机器制造总局，1874.

［40］黄元吉. 共和国教科书平面几何 ［M］. 上海：商务印书馆，
1913.

［41］黄元吉. 共和国教科书立体几何［M］. 上海：商务印书馆，1915.

［42］黄元吉. 共和国教科书平三角大要［M］. 上海：商务印书馆，1913.

［43］黄元吉. 共和国教科书用器画解说［M］. 上海：商务印书馆，1913.

［44］黄元吉. 共和国教科书中学用器画图式［M］. 上海：商务印书馆，1913.

［45］欧几里得. 几何原本［M］. 利玛窦，伟烈亚力，口译，徐光启，李善兰，笔受. 清刻本.［出版地不详］：［出版者不详］，1865.

［46］教育部. 第一次中国教育年鉴［M］. 上海：开明书店，1934.

［47］教育部教育年鉴编纂委员会. 第二次中国教育年鉴［M］. 上海：商务印书馆，1948.

［48］菊池大麓. 平面几何学新教科书［M］. 黄元吉，译述. 上海：商务印书馆，1908.

［49］课程教材研究所. 20 世纪中国中小学课程标准·教学大纲汇编：数学卷［M］. 北京：人民教育出版社，1999.

［50］李蕃. 复兴高级中学教科书三角学［M］. 上海：商务印书馆，1934.

［51］刘大绅. 共和国教科书簿记［M］. 上海：商务印书馆，1917.

［52］刘真，王焕琛. 留学教育：中国留学教育史料：第一册［M］. 台北："国立"编译馆，1980.

［53］刘真，王焕琛. 留学教育：中国留学教育史料：第二册［M］. 台北："国立"编译馆，1980.

［54］罗密士. 代微积拾级［M］. 伟烈亚力，口译，李善兰，笔述. 上海：墨海书馆，1859.

［55］骆师曾. 复兴初级中学教科书算术［M］. 上海：商务印书馆，

1933.

[56] 骆师曾. 共和国教科书代数学：上册 [M]. 上海：商务印书馆，
1913.

[57] 骆师曾. 共和国教科书代数学：下册 [M]. 上海：商务印书馆，
1913.

[58] 秦汾. 民国新教科书三角学 [M]. 上海：商务印书馆，1924.

[59] 秦汾，秦沅. 民国新教科书代数学：上卷 [M]. 上海：商务印书
馆，1918.

[60] 秦汾，秦沅. 民国新教科书代数学：下卷 [M]. 上海：商务印书
馆，1918.

[61] 秦沅，秦汾. 民国新教科书几何学 [M]. 上海：商务印书馆，
1920.

[62] 璩鑫圭，唐良炎. 中国近代教育史资料汇编：学制演变 [M]. 上
海：上海教育出版社，1991.

[63] 荣方舟. 复兴高级中学教科书代数学：乙组用：上册 [M]. 上
海：商务印书馆，1946.

[64] 荣方舟. 复兴高级中学教科书代数学：乙组用：下册 [M]. 上
海：商务印书馆，1946.

[65] 商务印书馆编译所. 中学代数学教科书：上卷 [M]. 上海：商务
印书馆，1906.

[66] 商务印书馆编译所. 中学代数学教科书：下卷 [M]. 上海：商务
印书馆，1906.

[67] 寿孝天. 共和国教科书算术 [M]. 上海：商务印书馆，1913.

[68] 孙铖. 最新中学教科书用器画：第一卷 [M]. 上海：商务印书
馆，1907.

[69] 孙铖. 最新中学教科书用器画：平面几何画、投影画 [M]. 上
海：商务印书馆，1912.

[70] 孙钺. 最新中学教科书用器画：透视画 [M]. 上海：商务印书馆，1912.

[71] 孙祝耆. 中学校师范学校代数学教科书 [M]. 上海：中华书局，1914.

[72] 汤志钧，陈祖恩. 中国近代教育史资料汇编：戊戌时期教育 [M]. 上海：上海教育出版社，1993.

[73] 田中矢德. 中等算术教科书：上册 [M]. 崔朝庆，编译. 上海：文明书局，1908.

[74] 田中矢德. 中等算术教科书：下册 [M]. 崔朝庆，编译. 上海：文明书局，1908.

[75] 汪祥庆. 中等学校各科教学用书调查报告 [M]. 北平：华北基督教教育协会，1936.

[76] 王扬宗. 近代科学在中国的传播：下册 [M]. 济南：山东教育出版社，2009.

[77] 王永炅，胡树楷. 新制算术教本：上卷 [M]. 上海：中华书局，1921.

[78] 王永炅，胡树楷. 新制算术教本：下卷 [M]. 上海：中华书局，1921.

[79] 王永炅，胡树楷. 新制代数学教本：上卷 [M]. 上海：中华书局，1920.

[80] 王永炅，胡树楷. 新制代数学教本：下卷 [M]. 上海：中华书局，1918.

[81] 王永炅，胡树楷. 新制平面几何学教本 [M]. 上海：中华书局，1918.

[82] 王永炅，胡树楷. 新制立体几何学教本 [M]. 上海：中华书局，1918.

[83] 王永炅，胡树楷. 新制平面三角法教本 [M]. 上海：中华书局，

1919.

[84] 温德华士. 汉译温德华士三角法 [M]. 顾裕魁，译述. 上海：商务印书馆，1914.

[85] 温德华士. 温特渥斯立体几何学 [M]. 马君武，译. 上海：科学会编译部，1910.

[86] 温德华士. 温特渥斯平面几何学 [M]. 马君武，译. 上海：科学会编译部，1910.

[87] 徐任吾，仲子明. 复兴高级中学教科书解析几何学 [M]. 上海：商务印书馆，1934.

[88] 徐善祥，秦汾. 民国新教科书算术：上编 [M]. 上海：商务印书馆，1916.

[89] 徐善祥，秦汾. 民国新教科书算术：下编 [M]. 上海：商务印书馆，1916.

[90] 学部编订名词馆. 数学中英名词对照表 [M]. 北京大学图书馆藏铅印本. [出版地不详]：[出版者不详]，[1910].

[91] 余介石，徐子豪. 复兴初级中学教科书几何：上册 [M]. 上海：商务印书馆，1934.

[92] 余介石，徐子豪. 复兴初级中学教科书几何：下册 [M]. 上海：商务印书馆，1935.

[93] 余介石，张通谟. 复兴高级中学教科书几何学 [M]. 上海：商务印书馆，1934.

[94] 虞明礼. 复兴初级中学教科书代数：上册 [M]. 上海：商务印书馆，1934.

[95] 虞明礼. 复兴初级中学教科书代数：下册 [M]. 上海：商务印书馆，1933.

[96] 虞明礼. 复兴高级中学教科书代数学：上册 [M]. 上海：商务印书馆，1935.

[97] 虞明礼. 复兴高级中学教科书代数学：中册 [M]. 上海：商务印书馆，1935.

[98] 虞明礼. 复兴高级中学教科书代数学：下册 [M]. 上海：商务印书馆，1935.

[99] 虞明礼. 复兴高级中学教科书代数学：甲组用：上册 [M]. 荣方舟，改编. 上海：商务印书馆，1938.

[100] 虞明礼. 复兴高级中学教科书代数学：甲组用：下册 [M]. 荣方舟，改编. 上海：商务印书馆，1936.

[101] 周元谷. 复兴初级中学教科书三角 [M]. 上海：商务印书馆，1933.

[102] 周元瑞，周元谷. 复兴初级中学教科书三角 [M]. 上海：商务印书馆，1935.

[103] 最新中学教科书代数学：上册 [M]. 谢洪赉，译. 上海：商务印书馆，1905.

[104] 最新中学教科书代数学：下册 [M]. 谢洪赉，译. 上海：商务印书馆，1905.

[105] 最新中学教科书几何学：平面部 [M]. 谢洪赉，编译，上海：商务印书馆，1906.

[106] 最新中学教科书几何学：立体部 [M]. 谢洪赉，编辑. 上海：商务印书馆，1913.

[107] 张百熙. 钦定学堂章程 [M]. 清光绪间石印本. [出版地不详]：[出版者不详]，[1903].

[108] 张百熙，荣庆，张之洞. 奏定学堂章程 [M]. [武昌]：湖北学务处，[1904].

[109] 张之洞. 劝学篇 [M]. 李凤仙，评注. 北京：华夏出版社，2002.

[110] 赵秉良. 中华中学代数教科书：第一册 [M]. 上海：中华书局，

1913.

[111] 赵秉良. 中华中学代数教科书：第二册 ［M］. 上海：中华书局，
1913.

[112] 赵秉良. 中华中学算术教科书：上册 ［M］. 上海：中华书局，
1913.

[113] 赵秉良. 中华中学算术教科书：下册 ［M］. 上海：中华书局，
1916.

[114] 中国史学会. 洋务运动：第二册 ［M］. 上海：上海人民出版社，
2000.

[115] 朱有瓛. 中国近代学制史料：第一辑上册 ［M］. 上海：华东师
范大学出版社，1983.

[116] 朱有瓛. 中国近代学制史料：第一辑下册 ［M］. 上海：华东师
范大学出版社，1986.

[117] 朱有瓛，高时良. 中国近代学制史料：第四辑 ［M］. 上海：华
东师范大学出版社，1993.

[118] 周达. 日本调查算学记 ［M］. 上海：上海通社，1903.

期刊文献

[1] 国民政府教育部. 初级中学算学课程标准 ［J］. 江西教育，1936
（22）：76－81.

[2] 国民政府教育部. 初级中学算学课程标准 ［J］. 安徽教育行政周
刊，1932，5（46）：24－29.

[3] 国民政府教育部. 初级中学算学暂行课程标准 ［J］. 湖南教育，
1929（13）：25－28.

[4] 国民政府教育部. 高级中学普通科算学暂行课程标准 ［J］. 湖南教
育，1930（15）：13－18.

[5] 国民政府教育部. 高级中学算学课程标准 ［J］. 安徽教育行政周

刊，1932，5（48）：17－24.

[6] 国民政府教育部. 高级中学算学课程标准 [J]. 江西教育，1936（23）：104－113.

[7] 全国教育联合会，新学制课程标准起草委员会. 新学制课程标准纲要 [J]. 广东省教育会杂志，1924，2（4）：15－22.

[8] 全国教育联合会，新学制课程标准起草委员会. 新学制课程标准纲要：续 [J]. 广东省教育会杂志，1924，2（5）：15－16，23－28.

[9] 全国教育联合会，新学制课程标准起草委员会. 新学制课程标准纲要：续 [J]. 广东省教育会杂志，1925，2（6）：21－27.

[10] 国民政府教育部. 训修正初级中学数学课程标准 [J]. 浙江教育，1941，4（1）：55－57.

[11] 国民政府教育部. 修正高级中学数学课程标准 [J]. 浙江教育，1941，4（1）：57－60.

[12] 国民政府教育部. 学部审定中学教科书提要 [J]. 教育杂志，1909，1（1）：1－8.

[13] 国民政府教育部. 学部审定中学教科书提要：续 [J]. 教育杂志，1909，1（2）：9－18.

[14] 国民党临时全国代表大会. 战时各级教育实施方案纲要 [J]. 教育通讯，1938（4）：8－10.

[15] 国民党临时全国代表大会. 中国国民党抗战建国纲领 [J]. 教育部公报，1938，10（8）：7－9.

◉ **研究文献**

著作

[1] 毕苑. 建造常识：教科书与近代中国文化转型 [M]. 福州：福建教育出版社，2010.

［2］陈婷. 中国初中几何教科书百年回眸［M］. 北京：人民教育出版社，2019.

［3］陈翊林. 最近三十年中国教育史［M］. 上海：太平洋书店，1930.

［4］费舍. 狄考文传：一位在中国山东生活了四十五年的传教士［M］. 关志远，苗凤波，关志英，译. 桂林：广西师范大学出版社，2009.

［5］杜石然，等. 中国科学技术史稿［M］. 北京：北京大学出版社，2012.

［6］冯立昇. 中日数学关系史［M］. 济南：山东教育出版社，2009.

［7］顾长声. 传教士与近代中国［M］. 上海：上海人民出版社，1983.

［8］关晓红. 晚清学部研究［M］. 广州：广东教育出版社，1993.

［9］郭大松，杜学霞. 中国第一所现代大学：登州文会馆［M］. 济南：山东人民出版社，2012.

［10］李家驹. 商务印书馆与近代知识文化的传播［M］. 北京：商务印书馆，2005.

［11］李俨. 中算史论丛：第四集［M］. 北京：科学出版社，1955.

［12］梁启超. 李鸿章传［M］. 何卓恩，评注. 武汉：湖北人民出版社，2004.

［13］石鸥. 百年中国教科书论［M］. 长沙：湖南师范大学出版社，2013.

［14］石鸥，吴小鸥. 中国近现代教科书史：上册［M］. 长沙：湖南教育出版社，2012.

［15］石鸥，方成智. 中国近现代教科书史：下册［M］. 长沙：湖南教育出版社，2012.

［16］石鸥，吴小鸥. 简明中国教科书史［M］. 北京：知识产权出版社，2015.

［17］实藤惠秀. 中国人留学日本史［M］. 谭汝谦，林启彦，译. 北

京：北京大学出版社，2012.

[18] 覃兵，胡蓉. 近代中华书局理科教科书文本研究 [M]. 北京：光明日报出版社，2016.

[19] 汪家熔. 民族魂：教科书变迁 [M]. 北京：商务印书馆，2008.

[20] 王广超. 中国近代物理教科书初步研究 [M]. 广州：广东人民出版社，2019.

[21] 王建军. 中国近代教科书发展研究 [M]. 广州：广东教育出版社，1996.

[22] 魏庚人，李俊秀，高希尧. 中国中学数学教育史 [M]. 北京：人民教育出版社，1989.

[23] 吴小鸥. 启蒙之光：浙江知识分子与中国近现代教科书发展 [M]. 杭州：浙江工商大学出版社，2016.

[24] 熊月之. 西学东渐与晚清社会 [M]. 修订版. 北京：中国人民大学出版社，2011.

[25] 章建跃. 中国百年教科书史：中学数学卷 [M]. 北京：人民教育出版社，2021.

[26] 章建跃. 中国百年教科书专题研究：中学数学卷 [M]. 北京：人民教育出版社，2021.

[27] 邹振环. 20 世纪上海翻译出版与文化变迁 [M]. 南宁：广西教育出版社，2001.

论文

[1] 常红梅. 中国初中算术教科书发展史研究（1902—1949）[D]. 呼和浩特：内蒙古师范大学，2020.

[2] 常红梅，代钦. 中国初中算术教科书中分数概念表述演变考（1902—1949）[J]. 数学通报，2019，58（8）：6 - 12，18.

[3] 陈婷. 20 世纪我国初中几何教科书编写的沿革与发展 [D]. 重庆：

西南大学，2008.

[4] 陈婷. 20 世纪 20 年代末中国初中混合数学教科书考察 [J]. 教育学报，2010，6 (2)：48-53.

[5] 陈婷，吕世虎. 二十世纪混合数学教科书的先河：《布利氏新式算学教科书》之考察 [J]. 数学教育学报，2013，22 (2)：84-86，102.

[6] 代钦. 民国时期初中数学教科书发展及其特点 [J]. 数学通报，2014，53 (8)：1-8，11.

[7] 代钦，刘冰楠. 民国时期高中数学教科书发展及其特点 [J]. 数学通报，2015，54 (4)：1-7.

[8] 李瑶. 清末民国时期三套中学数学教科书的比较研究 [D]. 成都：四川师范大学，2018.

[9] 刘冰楠. 中国中学三角学教科书发展史研究（1902—1949）[D]. 呼和浩特：内蒙古师范大学，2015.

[10] 刘秋华. 傅兰雅翻译的数学著作的底本问题 [J]. 自然辩证法通讯，2015，37 (6)：14-19.

[11] 王靖宇. 中国近现代高中立体几何教科书研究（1902—1949）[D]. 呼和浩特：内蒙古师范大学，2012.

[12] 王树槐. 基督教教育会及其出版事业 [J]. 中央研究院近代史研究所集刊，1971 (2)：365-396.

[13] 王扬宗. 清末益智书会统一科技术语工作述评 [J]. 中国科技史料，1991 (2)：9-19.

[14] 张彩云. 中国中学几何作图教科书发展史（1902—1949）[D]. 呼和浩特：内蒙古师范大学，2019.

[15] 张冬莉. 中国数学教科书中勾股定理内容设置变迁研究（1902—1949）[D]. 呼和浩特：内蒙古师范大学，2020.

[16] 张美霞. 清末民国时期中学解析几何学教科书研究 [D]. 呼和浩

特：内蒙古师范大学，2018.

［17］张涛. 温德华氏数学教科书之研究［D］. 呼和浩特：内蒙古师范大学，2014.

［18］仲光然. 中学数学教科书之研究［J］. 中华教育界，1931，19（4）：221－233.

［19］祝捷. 狄考文《形学备旨》和《代数备旨》研究［D］. 合肥：中国科学技术大学，2017.

［20］祝捷.《形学备旨》的特点与影响初探［J］. 中国科技史杂志，2014，35（1）：16－25.

［21］祝捷.《形学备旨》底本考［J］. 自然科学史研究，2019，38（1）：76－86.

◉ **工具书**

［1］北京图书馆参考部，人民教育出版社图书馆. 民国时期总书目：中小学教材［M］. 北京：书目文献出版社，1995.

［2］李迪. 中国算学书目汇编［M］. 北京：北京师范大学出版社，2000.

［3］王有朋. 中国近代中小学教科书总目［M］. 上海：上海辞书出版社，2010.

外文文献

◉ **原始文献**

日文文献

［1］長澤龜之助. 新代数学教科書：上卷［M］. 東京：国定教科書共同販売所，1911.

［2］長澤龜之助. 新代数学教科書：下卷［M］. 東京：国定教科書共

同販売所，1911.

[3] 長澤亀之助. 新幾何学教科書：立体 [M]. 東京：国定教科書共
同販売所，1911.

[4] 長澤亀之助. 新幾何学教科書：平面 [M]. 東京：国定教科書共
同販売所，1911.

[5] 長澤亀之助. 新三角法教科書 [M]. 東京：国定教科書共同販売
所，1911.

[6] 長澤亀之助. 新算術教科書：上巻 [M]. 東京：日本書籍株式会
社，1904.

[7] 長澤亀之助. 新算術教科書：下巻 [M]. 東京：日本書籍株式会
社，1904.

[8] 高木貞治. 廣算術教科書：上巻 [M]. 東京：開成館，1909.

[9] 高木貞治. 廣算術教科書：下巻 [M]. 東京：開成館，1909.

[10] 高木貞治. 普通教育代数教科書：上巻 [M]. 東京：開成館，
1909.

[11] 高木貞治. 新式算術教科書 [M]. 東京：開成館，1911.

[12] 菊池大麓. 初等幾何学教科書：立体幾何学 [M]. 東京：大日本
図書株式会社，1894.

[13] 菊池大麓. 初等幾何学教科書：平面幾何学 [M]. 東京：大日本
図書株式会社，1898.

[14] 菊池大麓. 幾何学小教科書：平面幾何学 [M]. 東京：大日本図
書株式会社，1899.

[15] 藤澤利喜太郎. 算術教科書：上巻 [M]. 東京：大日本図書株式
会社，1907.

[16] 藤澤利喜太郎. 算術教科書：下巻 [M]. 東京：大日本図書株式
会社，1907.

英文和德文文献

［1］ BEHRENDSEN O, GÖTTING E. Lehrbuch der Mathematik nach modernen Grundsätzen ［M］. Leipzig und Berlin: B. G. Teubner, 1909.

［2］ BRESLICH E R. First-Year Mathematics for Secondary Schools ［M］. Chicago: the University of Chicago Press, 1916.

［3］ BRESLICH E R. Second-Year Mathematics for Secondary Schools ［M］. Chicago: the University of Chicago Press, 1916.

［4］ BRESLICH E R. Third-Year Mathematics for Secondary Schools with Logarithmic and Trigonometric Tables and Mathematical Formulas ［M］. Chicago: the University of Chicago Press, 1917.

［5］ BRESLICH E R. Correlated Mathematics for Junior Colleges ［M］. Chicago: the University of Chicago Press, 1919.

［6］ FINE H B. A College Algebra ［M］. Boston: Ginn & Company, 1905.

［7］ HALL H S, KNIGHT S R. Higher Algebra: A Sequel to Elementary Algebra for Schools ［M］. London: Macmillan and Co., Limited, 1910.

［8］ LOOMIS E. A Treatise on Algebra ［M］. New York: Harper & Brothers, Publishers, 1869.

［9］ LOOMIS E. Elements of Geometry and Conic Sections ［M］. New York: Harper & Brothers, Publishers, 1849.

［10］ LOOMIS E. Elements of Geometry, Conic Sections and Plane Trigonometry ［M］. New York: Harper & Brothers, Publishers, 1871.

［11］ MILNE W J. High School Algebra: Embracing a Complete

Course for High Schools and Academies [M]. New York: A-merican Book Company, 1892.

[12] MILNE W J. Plane and Solid Geometry [M]. New York: A-merican Book Company, 1899.

[13] PECK W G. Manual of Geometry and Conic Sections, with Applications to Trigonometry and Mensuration [M]. New York: A. S. Barnes & Company, 1876.

[14] Records of the General Conference of the Protestant Missionaries of China Held at Shanghai, May 10—24, 1877 [M]. Shanghai: Presbyterian Mission Press, 1878.

[15] Records of the General Conference of the Protestant Missionaries of China Held at Shanghai, May 7—20, 1890 [M]. Shanghai: American Presbyterian Mission Press, 1890.

[16] ROBINSON H N. Elements of Geometry, and Plane and Spherical Trigonometry; with Numerous Practical Problems [M]. New York: Ivison, Phinney, Blakeman & Co., 1867.

[17] ROBINSON H N. New University Algebra: A Theoretical and Practical Treatise, Designed for Use in Colleges and High Schools [M]. New York: Ivison, Blakeman, Taylor & Co., 1878.

[18] ROBINSON H N. New Elementary Algebra: Containing the Rudiments of the Science for Schools and Academies [M]. New York: Ivison, Blakeman, Taylor & Co., 1875.

[19] SCHULTZE A, SEVENOAK F L, SCHUYLER E. Plane and Solid Geometry [M]. New York: The Macmillan Company, 1925.

[20] SMITH C. Elementary Algebra [M]. London: Macmillan and

Co.，1890.

[21] SMITH J H. Elementary Trigonometry ［M］. Toronto：Adam Miller & Co.，1879.

[22] The Encyclopaedia Britannica or Dictionary of Arts，Sciences，and General Literature ［M］. Vol. Ⅱ. Edinburgh：Adam and Charles Black，1842.

[23] TODHUNTER I. Algebra for the Use of Colleges and Schools：With Numerous Examples ［M］. London：Macmillan and Co.，1875.

[24] WENTWORTH G A. Elements of Analytic Geometry ［M］. Boston：Ginn & Company，1886.

[25] WENTWORTH G A. Elements of Plane and Solid Geometry ［M］. Boston：Ginn and Heath，1879.

[26] WENTWORTH G A. Plane and Solid Geometry ［M］. Boston：Ginn & Company，1899.

[27] WENTWORTH G A. Plane and Spherical Trigonometry ［M］. Boston：Ginn，Heath，& Co.，1882.

[28] WENTWORTH G，Smith D E. Plane and Solid Geometry ［M］. Boston：Ginn and Company，1913.

[29] WENTWORTH G A. Plane Trigonometry and Tables ［M］. Boston：Ginn & Company，Publishers，1903.

◉ 研究文献

日文文献

[1]《日本の数学 100 年史》編集委員会. 日本の数学 100 年史：上册 ［M］. 東京：岩波書店，1984.

英文文献

[1] GREGG A H. China and Educational Autonomy: The Changing Role of the Protestant Educational Missionary in China, 1807—1937 [M]. Syracuse: Syracuse University Press, 1946.

[2] FINKEL B F. Biography of George Albert Wentworth [J]. School Science and Mathematics, 1907 (7): 485 – 487.

[3] MATEER C W. School Books for China [J]. The Chinese Recorder and Missionary Journal, 1877, 8 (5): 427 – 432.

[4] MATEER C W. Mathematics in Chinese [J]. The Chinese Recorder and Missionary Journal, 1878, 9 (5): 372 – 378.

[5] VICEDO M. The Secret Lives of Textbooks [J]. ISIS, 2012, 103 (1): 83 – 87.

后　记

　　我涉猎中国近代中学数学教科书研究与我从事中国数学史研究有关，但主要原因是中国科学院大学王扬宗教授的指引。2010 年，时为中国科学院自然科学史研究所研究员、副所长的王扬宗先生认识到中国近现代科学教科书的重要研究价值，在研究所组织了"中国近现代教科书读书班"，带领王广超博士、何涓博士和我分头研读中国近现代物理、化学和数学教科书。在读书班的第一次活动上，王扬宗先生做了关于中国近现代教科书研究的纲领性报告。这个读书班虽然时间不长即停止活动，但对我研究中国近代中学数学教科书起到了启蒙作用。本书完稿后，王扬宗先生作为《中国近代中学科学教科书研究》丛书主编，还提出了非常中肯的修改意见。因此，我十分感谢王扬宗先生。

　　中国科学院自然科学史研究所罗桂环研究员是我的前辈和同事，知道我参加过王扬宗先生组织的"中国近现代教科书读书班"。广西科学技术出版社副总编辑黄敏娴策划《中国近代中学科学教科书研究》丛书不久，罗桂环研究员便和我联系，积极推荐我参加这套丛书中《中国近代中学数学教科书研究》的撰著工作。在我撰写本书过程中，黄敏娴副总编辑给予鼓励，并宽容地允许我推迟交稿时间。广西科学技术出版社方振发编辑多次与我联系，询问书稿进展，这对我能够最终完成书稿起到了促进作用；彭溢楚编辑认真、细致、高效地编辑了书稿，这对保障本书按期出版做出重要贡献。在此谨向罗桂环研究员、黄敏娴副总编辑、方振发编辑、彭溢楚编辑表示衷心的感谢！

　　天津师范大学数学科学学院李兆华教授和中国科学院自然科学史研究所郭书春研究员相继指导我攻读中国数学史方向的硕士和博士学位。两位先生为人谦和，治学严谨，勤于著述，学术造诣深厚，为我树立了学习的榜样。他们的言传身教，对我产生了潜移默化的影响，使我受益匪浅。在此谨向两位先生表示感谢和敬意。同时感谢中国科学院自然科学史研究所邹大海研究员、天津师范大学数学科学学院高红成教授对书稿部分内容提出的宝贵建议和修订意见。我的博士研究生郑鸳鸯帮助校订了本书的三校样，发现了一些我未校订出的问题。在此亦致谢忱。

中国科学院自然科学史研究所是我国首屈一指的科学技术史研究机构。我于 2000 年到研究所攻读博士学位，2003 年毕业后留研究所工作。在研究所的 22 年中，我深刻体认到研究所尊重原始文献、注重史实和考证的学术传统。这一传统对我的学术研究风格的形成产生了重要影响。这一影响在本书的内容上有明显的体现。

内子赵丽对我撰写本书给予了大力支持。为了让我安心工作，她承担了所有家务。孩子郭默志学习勤奋、生活自律，甚少让我操心。因此，我能够把几乎全部精力投入工作中。这为本书的完成提供了重要保障。

中国近代中学数学教科书种类繁多，收集齐全和进行系统研究，都存在难度。在本书撰写过程中，我深刻感受到了这一点，但也体味到了探索未知的乐趣，从而增强了我对科学史研究的兴趣。希冀本书能够推进中国近代中学数学教科书的研究，为人们进一步从事这一研究提供帮助。受个人视野、学识和水平所限，书中错误和不妥之处在所难免。衷心欢迎海内外广大专家、读者不吝赐教，大力斧正。

郭金海

记于中国科学院自然科学史研究所